中國國家圖書館編

國家圖書館藏敦煌遺書

第七十五冊　北敦〇五五四八號——北敦〇五六三六號

北京圖書館出版社

圖書在版編目(CIP)數據

國家圖書館藏敦煌遺書·第七十五册/中國國家圖書館編;任繼愈主編.—北京:北京圖書館出版社,2007.12

ISBN 978-7-5013-3227-4

Ⅰ.國… Ⅱ.①中…②任… Ⅲ.敦煌學—文獻 Ⅳ.K870.6

中國版本圖書館 CIP 數據核字(2007)第 178565 號

書　　名　國家圖書館藏敦煌遺書·第七十五册
著　　者　中國國家圖書館編　任繼愈主編
責任編輯　徐　蜀　孫　彦
封面設計　李　璀

出　　版　北京圖書館出版社　(100034　北京西城區文津街 7 號)
發　　行　010-66139745　66151313　66175620　66126153
66174391(傳真)　66126156(門市部)
E-mail　cbs@nlc.gov.cn(投稿)　btsfxb@nlc.gov.cn(郵購)
Website　www.nlcpress.com
經　　銷　新華書店
印　　刷　北京文津閣印務有限責任公司

開　　本　八開
印　　張　50.5
版　　次　2007 年 12 月第 1 版第 1 次印刷
印　　數　1-250 册(套)

書　　號　ISBN 978-7-5013-3227-4/K·1454
定　　價　990.00 圓

編輯委員會

主　　編　任繼愈

常務副主編　方廣錩

副 主 編　李際寧　張志清

編委（按姓氏筆畫排列）　王克芬　王姿怡　吳玉梅　胡新英　陳　穎　黄　霞（常務）　程佳羽　劉玉芬

出版委員會

主　任　詹福瑞

副主任　陳　力

委　員（按姓氏筆畫排列）　李　健　姜　紅　郭又陵　徐　蜀　孫　彦

攝製人員（按姓氏筆畫排列）

于向洋　王富生　王遂新　谷韶軍　張　軍　張紅兵　張　陽　曹　宏　郭春紅　楊　勇　嚴　平

原件修整人員（按姓氏筆畫排列）

朱振彬　杜偉生　李　英　胡玉清　胡秀菊　張　平　劉建明

目錄

身自然殊特妙好　如天樹王　其華開敷
佛放一光　我及衆會　見此國界　種種殊妙
諸佛神力　智慧希有　放一淨光　照无量國
我等見此　得未曾有　佛子文殊　願決衆疑
四衆欣仰　瞻仁及我　世尊何故　放斯光明
佛子時答　決疑令喜　何所饒益　演斯光明
佛坐道場　所得妙法　為欲說此　為當授記
示諸佛土　衆寶嚴淨　及見諸佛　此非小緣
文殊當知　四衆龍神　瞻察仁者　為說何等
尒時文殊師利語弥勒菩薩摩訶薩及諸
大士善男子等如我惟忖今佛世尊欲說大
雨大法雨吹大法螺擊大法鼓演大法義諸
善男子我於過去諸佛曾見此瑞放斯光已
即說大法是故當知今佛現光亦復如是欲令
衆生咸得聞知一切世間難信之法故現斯瑞
諸善男子如過去无量无邊不可思議阿僧
祇劫尒時有佛号日月燈明如來應供正遍
知明行足善逝世間解无上士調御丈夫天
人師佛世尊演說正法初善中善後善其
義深遠其語巧妙純一无雜具足清白梵
行之相為求聲聞者說應四諦法度生老

衆生咸得聞知一切世間難信之法故現斯瑞
諸善男子如過去无量无邊不可思議阿僧
祇劫尒時有佛号日月燈明如來應供正遍
知明行足善逝世間解无上士調御丈夫天
人師佛世尊演說正法初善中善後善其
義深遠其語巧妙純一无雜具足清白梵
行之相為求聲聞者說應四諦法度生老
病死究竟涅槃為求辟支佛者說應十二因
緣法為諸菩薩說應六波羅蜜令得阿耨
多羅三藐三菩提成一切種智次復有佛亦名日
月燈明次復有佛亦名日月燈明如是二万佛
皆同一字号日月燈明又同一姓姓頗羅墮弥勒
當知初佛後佛皆同一字名日月燈明十号具
足所可說法初中後善其最後佛未出家
時有八王子一名有意二名善意三名无量意
四名寶意五名增意六名除疑意七名嚮意八
名法意是八王子威德自在各領四天下是
諸王子聞父出家得阿耨多羅三藐三菩
提悉捨王位亦隨出家發大乘意常脩梵
行皆為法師已於千万佛所殖諸善本是時
日月燈明佛說大乘經名无量義教菩薩法
佛所護念說是經已即於大衆中結跏趺坐
入於无量義處三昧身心不動是時天雨曼
陁羅華摩訶曼陁羅華曼殊沙華摩訶
曼殊沙華而散佛上及諸大衆普佛世界六
種震動尒時會中比丘比丘尼優婆塞優婆
夷天龍夜叉乾闥婆阿脩羅迦樓羅緊那羅
摩睺羅伽人非人及諸小王轉輪聖王等是

入於无量義處三昧身心不動是時天雨曼
陁羅華摩訶曼陁羅華曼殊沙華摩訶
曼殊沙華而散佛上及諸大衆普佛世界六
種震動尒時會中比丘比丘尼優婆塞優婆
夷天龍夜叉乾闥婆阿脩羅迦樓羅緊那羅
摩睺羅伽人非人及諸小王轉輪聖王等是
諸大衆得未曾有歡喜合掌一心觀佛尒時
如来放眉間白豪相光照東方万八千佛土靡
不周遍如今所見是諸佛土弥勒當知尒時
會中有二十億菩薩樂欲聽法是諸菩薩
見此光明普照佛土得未曾有欲知此光
所為因緣時有菩薩名曰妙光有八百弟子是
時日月燈明佛從三昧起因妙光菩薩說大
乘經名妙法蓮華教菩薩法佛所護念六十
小劫不起于座時會聽者亦坐一處六十小劫
身心不動聽佛所說謂如食頃是時衆中
无有一人若身若心而生懈惓日月燈明佛
於六十小劫說是經已即於梵魔沙門婆羅
門及天人阿脩羅衆中而宣此言如来於今
日中夜當入无餘涅槃時有菩薩名曰徳藏
日月燈明佛即授其記告諸比丘是徳藏菩
薩次當作佛号曰淨身多陁阿伽度阿羅
訶三藐三佛陁佛授記已便於中夜入无餘
涅槃佛滅度後妙光菩薩持妙法蓮華經
滿八十小劫為人演說日月燈明佛八子皆師
妙光妙光教化令其堅固阿耨多羅三藐三
菩提是諸王子供養无量百千万億佛已皆
成佛道其最後成佛者名曰然燈八百弟

訶三藐三佛陁佛授記已便於中夜入无餘
涅槃佛滅度後妙光菩薩持妙法蓮華經
滿八十小劫為人演說日月燈明佛八子皆師
妙光妙光教化令其堅固阿耨多羅三藐三
菩提是諸王子供養无量百千万億佛已皆
成佛道其最後成佛者名曰然燈八百弟
子中有一人号曰求名貪著利養雖復讀
誦衆經而不通利多所忘失故号求名是人
亦以種諸善根因緣故得值无量百千万億諸
佛供養恭敬尊重讚歎弥勒當知尒時妙光
菩薩豈異人乎我身是也求名菩薩汝身是
也今見此瑞與本无異是故惟忖今日如来當說
大乘經名妙法蓮華教菩薩法佛所護念尒時文
殊師利於大衆中欲重宣此義而說偈言

我念過去世　无量无數劫　有佛人中尊　号日月燈明
世尊演說法　度无量衆生　无數億菩薩　令入佛智慧
佛未出家時　所生八王子　見大聖出家　亦隨脩梵行
時佛說大乘　經名无量義　於諸大衆中　而為廣分別
佛說此經已　即於法座上　跏趺坐三昧　名无量義處
天雨曼陁華　天鼓自然鳴　諸天龍鬼神　供養人中尊
一切諸佛土　即時大震動　佛放眉間光　現諸希有事
此光照東方　万八千佛土　示一切衆生　生死業報處
又見諸佛土　以衆寶莊嚴　琉璃頗梨色　斯由佛光照
又見諸天人　龍神夜叉衆　乾闥緊那羅　各供養其佛
又見諸如来　自然成佛道　身色如金山　端嚴甚微妙
如淨瑠璃中　内現真金像　世尊在大衆　敷演深法義
一一諸佛土　聲聞衆无數　因佛光所照　悉見彼大衆

此光照東方　万八千佛土　示一切衆生　生死業報處
又見諸佛土　以衆寶莊嚴　琉璃頗梨色　斯由佛光照
及見諸天人　龍神夜叉衆　乾闥婆緊那羅　各供養其佛
又見諸如來　自然成佛道　身色如金山　端嚴甚微妙
如淨瑠璃中　內現真金像　世尊在大衆　敷演深法義
一一諸佛土　聲聞衆无數　因佛光所照　悉見彼大衆
或有諸比丘　在於山林中　精進持淨戒　猶如護明珠
又見諸菩薩　行施忍辱等　其數如恒沙　斯由佛光照
又見諸菩薩　深入諸禪定　身心寂不動　以求无上道
又見諸菩薩　知法寂滅相　各於其國土　說法求佛道
尒時四部衆　見日月燈佛　現大神通力　其心皆歡喜
各各自相問　是事何因緣
天人所奉尊　適從三昧起　讚妙光菩薩　汝為世間眼
一切所歸信　能奉持法藏　如我所說法　唯汝能證知
世尊既讚歎　令妙光歡喜　說是法華經　滿六十小劫
不起於此座　所說上妙法　是妙光法師　悉皆能受持
佛說是法華　令衆歡喜已　尋即於是日　告於天人衆
諸法實相義　已為汝等說　我今於中夜　當入於涅槃
汝一心精進　當離於放逸　諸佛甚難值　億劫時一遇
世尊諸子等　聞佛入涅槃　各各懷悲惱　佛滅一何速
聖主法之王　安慰无量衆　我若滅度時　汝等勿憂怖
是德藏菩薩　於无漏實相　心已得通達　其次當作佛
号曰為淨身　亦度无量衆
佛此夜滅度　如薪盡火滅　分布諸舍利　而起无量塔
比丘比丘尼　其數如恒沙　倍復加精進　以求无上道
是妙光法師　奉持佛法藏　八十小劫中　廣宣法華經
是諸八王子　妙光所開化　堅固无上道　當見无數佛

是德藏菩薩　於无漏實相　心已得通達　其次當作佛
号曰為淨身　亦度无量衆
佛此夜滅度　如薪盡火滅　分布諸舍利　而起无量塔
比丘比丘尼　其數如恒沙　倍復加精進　以求无上道
是妙光法師　奉持佛法藏　八十小劫中　廣宣法華經
是諸八王子　妙光所開化　堅固无上道　當見无數佛
供養諸佛已　隨順行大道　相繼得成佛　轉次而授記
最後天中天　号曰然燈佛　諸仙之導師　度脫无量衆
是妙光法師　時有一弟子　心常懷懈怠　貪著於名利
求名利无厭　多遊族姓家　棄捨所習誦　廢忘不通利
以是因緣故　号之為求名　亦行衆善業　得見无數佛
供養於諸佛　隨順行大道　具六波羅蜜　今見釋師子
其後當作佛　号名曰弥勒　廣度諸衆生　其數无有量
彼佛滅度後　懈怠者汝是　妙光法師者　今則我身是
我見燈明佛　本光瑞如此　以是知今佛　欲說法華經
今相如本瑞　是諸佛方便　今佛放光明　助發實相義
諸人今當知　合掌一心待　佛當雨法雨　充足求道者
諸求三乘人　若有疑悔者　佛當為除斷　令盡无有餘

妙法蓮華經方便品第二

尒時世尊從三昧安詳而起告舍利弗諸佛智
慧甚深无量其智慧門難解難入一切聲聞辟
支佛所不能知所以者何佛曾親近百千万
億无數諸佛盡行諸佛无量道法勇猛精進
名稱普聞成就甚深未曾有法隨宜所說意
趣難解舍利弗吾從成佛已來種種因緣種
種譬喻廣演言教无數方便引導衆生令離
諸著所以者何如來方便知見波羅蜜皆已
具足舍利弗如來知見廣大深遠无量无礙

億无數諸佛盡行諸佛无量道法勇猛精進
名稱普聞成就甚深未曾有法隨宜所說意
趣難解舍利弗吾從成佛已來種種因緣種
種譬喻廣演言教无數方便引導衆生令離
諸著所以者何如來方便知見波羅蜜皆已
具足舍利弗如來知見廣大深遠无量无礙
力无所畏禪定解脫三昧深入无際成就一
切未曾有法舍利弗如來能種種分別巧說
諸法言辭柔軟悅可衆心舍利弗取要言之
无量无邊未曾有法佛悉成就止舍利弗不
須復說所以者何佛所成就第一希有難解
之法唯佛與佛乃能究盡諸法實相所謂諸
法如是相如是性如是體如是力如是作如
是因如是緣如是果如是報如是本末究竟
等尒時世尊欲重宣此義而說偈言

世雄不可量　諸天及世人　一切衆生類　无能知佛者
佛力无所畏　解脫諸三昧　及佛諸餘法　无能測量者
本從无數佛　具足行諸道　甚深微妙法　難見難可了
於无量億劫　行此諸道已　道場得成果　我已悉知見
如是大果報　種種性相義　我及十方佛　乃能知是事
是法不可示　言辭相寂滅　諸餘衆生類　无有能得解
除諸菩薩衆　信力堅固者　諸佛弟子衆　曾供養諸佛
一切漏已盡　住是最後身　如是諸人等　其力所不堪
假使滿世間　皆如舍利弗　盡思共度量　不能測佛智
政使滿十方　皆如舍利弗　及餘諸弟子　亦滿十方刹
盡思共度量　亦復不能知　辟支佛利智　无漏最後身
亦滿十方界　其數如竹林　斯等共一心　於億无量劫

BD05548號　妙法蓮華經卷一　（18–7）

諸佛弟子衆　曾供養諸佛
一切漏已盡　住是最後身　如是諸人等　其力所不堪
假使滿世間　皆如舍利弗　盡思共度量　不能測佛智
政使滿十方　皆如舍利弗　及餘諸弟子　亦滿十方刹
盡思共度量　亦復不能知　辟支佛利智　无漏最後身
亦滿十方界　其數如竹林　斯等共一心　於億无量劫
欲思佛實智　莫能知少分　新發意菩薩　供養无數佛
了達諸義趣　又能善說法　如稻麻竹葦　充滿十方刹
一心以妙智　於恒河沙劫　咸皆共思量　不能知佛智
不退諸菩薩　其數如恒沙　一心共思求　亦復不能知
又告舍利弗　无漏不思議　甚深微妙法　我今已具得
唯我知是相　十方佛亦然　舍利弗當知　諸佛語无異
於佛所說法　當生大信力　世尊法久後　要當說真實
告諸聲聞衆　及求緣覺乘　我令脫苦縛　逮得涅槃者
佛以方便力　示以三乘教　衆生處處著　引之令得出

尒時大衆中有諸聲聞漏盡阿羅漢阿若憍
陳如等千二百人及發聲聞辟支佛心比丘比
丘尼優婆塞優婆夷各作是念今者世尊何
故慇懃稱歎方便而作是言佛所得法甚深
難解有所言說意趣難知一切聲聞辟支佛
所不能及佛說一解脫義我等亦得此法到
於涅槃而今不知是義所趣尒時舍利弗知
四衆心疑自亦未了而白佛言世尊何因何緣
慇懃稱歎諸佛第一方便甚深微妙難解之
法我自昔來未曾從佛聞如是說今者四衆
咸皆有疑唯願世尊敷演斯事世尊何故慇
懃稱歎甚深微妙難解之法尒時舍利弗
欲重宣此義而說偈言

BD05548號　妙法蓮華經卷一　（18–8）

四衆心疑自亦未了而白佛言世尊何因何緣
慇懃稱歎諸佛第一方便甚深微妙難解之
法我自昔来未曾從佛聞如是說今者四衆
咸皆有疑唯願世尊敷演斯事世尊何故慇
懃稱歎甚深微妙難解之法尒時舍利弗
欲重宣此義而說偈言
慧日大聖尊　久乃說是法　自說得如是　力无畏三昧
禪定解脫等　不可思議法　道場所得法　无能發問者
我意難可測　亦无能問者　无問而自說　稱歎所行道
智慧甚微妙　諸佛之所得　无漏諸羅漢　及求涅槃者
今皆墮疑網　佛何故說是　其求緣覺者　比丘比丘尼
諸天龍鬼神　及乾闥婆等　相視懷猶豫　瞻仰兩足尊
是事為云何　願佛為解說　於諸聲聞衆　佛說我第一
我今自於智　疑惑不能了　為是究竟法　為是所行道
佛口所生子　合掌瞻仰待　願出微妙音　時為如實說
諸天龍神等　其數如恒沙　求佛諸菩薩　大數有八万
又諸万億國　轉輪聖王至　合掌以敬心　欲聞具足道
尒時佛告舍利弗止止不須復說若說是事
一切世間諸天及人皆當驚疑舍利弗重白佛
言世尊唯願說之唯願說之所以者何是會无
數百千万億阿僧祇衆生曾見諸佛諸根猛
利智慧明了聞佛所說則能敬信尒時舍利
弗欲重宣此義而說偈言
法王无上尊　唯說願勿慮　是會无量衆　有能敬信者
佛復止舍利弗若說是事一切世間天人阿脩
羅皆當驚疑增上慢比丘將墜於大坑尒時
世尊重說偈言
止止不須說　我法妙難思　諸增上慢者　聞必不敬信

利智慧明了聞佛所說則能敬信尒時舍利
弗欲重宣此義而說偈言
法王无上尊　唯說願勿慮　是會无量衆　有能敬信者
佛復止舍利弗若說是事一切世間天人阿脩
羅皆當驚疑增上慢比丘將墜於大坑尒時
世尊重說偈言
止止不須說　我法妙難思　諸增上慢者　聞必不敬信
尒時舍利弗重白佛言世尊唯願說之唯願
說之今此會中如我等比百千万億世世已曾
從佛受化如此人等必能敬信長夜安隱多所
饒益尒時舍利弗欲重宣此義而說偈言
无上兩足尊　願說第一法　我為佛長子　唯垂分別說
是會无量衆　能敬信此法　佛已曾世世　教化如是等
皆一心合掌　欲聽受佛語　我等千二百　及餘求佛者
願為此衆故　唯垂分別說　是等聞此法　則生大歡喜
尒時世尊告舍利弗汝已慇懃三請豈得不
說汝今諦聽善思念之吾當為汝分別解說
說此語時會中有比丘比丘尼優婆塞優婆夷
五千人等即從坐起礼佛而退所以者何此輩罪
根深重及增上慢未得謂得未證謂證有如
此失是以不住世尊嘿然而不制止尒時佛告
舍利弗我今此衆无復枝葉純有貞實舍利
弗如是增上慢人退亦佳矣汝今善聽當為
汝說舍利弗言唯然世尊願樂欲聞佛告舍
利弗如是妙法諸佛如來時乃說之如優曇
鉢華時一現耳舍利弗汝等當信佛之
所說言不虛妄舍利弗諸佛隨宜說法意
趣難解所以者何我以无數方便種種因緣

弗如是增上慢人退亦佳矣汝今善聽當為
汝說舍利弗言唯然世尊願樂欲聞佛告舍
利弗如是妙法諸佛如來時乃說之如優曇
鉢華時一現耳舍利弗汝等當信佛之
所說言不虛妄舍利弗諸佛隨宜說法意
趣難解所以者何我以无數方便種種因緣
譬喻言辭演說諸法是法非思量分別之所能
解唯有諸佛乃能知之所以者何諸佛世尊
唯以一大事因緣故出現於世舍利弗云何
名諸佛世尊唯以一大事因緣故出現於世諸
佛世尊欲令衆生開佛知見使得清淨故出
現於世欲示衆生佛之知見故出現於世欲
令衆生悟佛知見故出現於世欲令衆生入
佛知見道故出現於世舍利弗是為諸佛
以一大事因緣故出現於世佛告舍利弗諸
佛如來但教化菩薩諸有所作常為一事唯
以佛之知見示悟衆生舍利弗如來但以一佛
乘故為衆生說法无有餘乘若二若三舍利弗
一切十方諸佛法亦如是舍利弗過去諸佛
以无量无數方便種種因緣譬喻言辭而
為衆生演說諸法是法皆為一佛乘故是
諸衆生從諸佛聞法究竟皆得一切種智
舍利弗未來諸佛當出於世亦以无量无數
方便種種因緣譬喻言辭而為衆生演說
諸法是法皆為一佛乘故是諸衆生從佛
聞法究竟皆得一切種智舍利弗現在十方
无量百千万億佛土中諸佛世尊多所饒益

舍利弗未來諸佛當出於世亦以无量无數
方便種種因緣譬喻言辭而為衆生演說
諸法是法皆為一佛乘故是諸衆生從佛
聞法究竟皆得一切種智舍利弗現在十方
无量百千万億佛土中諸佛世尊多所饒益
安樂衆生是諸佛亦以无量无數方便種種
因緣譬喻言辭而為衆生演說諸法是法皆
為一佛乘故是諸衆生從佛聞法究竟皆得
一切種智舍利弗是諸佛但教化菩薩欲以佛
之知見示衆生故欲以佛之知見悟衆生故欲
令衆生入佛之知見故舍利弗我今亦復如
是知諸衆生有種種欲深心所著隨其本性
以種種因緣譬喻言辭以方便力故而為說法
舍利弗如此皆為得一佛乘一切種智故舍利
弗十方世界中尚无二乘何況有三舍利弗
諸佛出於五濁惡世所謂劫濁煩惱濁衆生濁
見濁命濁如是舍利弗劫濁亂時衆生垢重
慳貪嫉妬成就諸不善根故諸佛以方便力
於一佛乘分別說三舍利弗若我弟子自謂
阿羅漢辟支佛者不聞不知諸佛如來但教
化菩薩事此非佛弟子非阿羅漢非辟支佛
又舍利弗是諸比丘比丘尼自謂已得阿羅漢
是最後身究竟涅槃便不復志求阿耨多羅
三藐三菩提當知此輩皆是增上慢人所以者
何若有比丘實得阿羅漢若不信此法无有
是處除佛滅度後現前无佛所以者何佛滅
度後如是等經受持讀誦解義者是人難
得若遇餘佛於此法中便得決了舍利弗汝

又舍利弗是諸比丘比丘尼自謂已得阿羅漢
是最後身究竟涅槃便不復志求阿耨多羅
三藐三菩提當知此輩皆是增上慢人所以者
何若有比丘實得阿羅漢若不信此法无有
是處除佛滅度後現前无佛所以者何佛滅
度後如是等經受持讀誦解義者是人難
得若遇餘佛於此法中便得決了舍利弗汝
等當一心信解受持佛語諸佛如來言无虛
妄无有餘乘唯一佛乘尒時世尊欲重宣此
義而說偈言
比丘比丘尼　有懷增上慢　優婆塞我慢　優婆夷不信
如是四衆等　其數有五千　不自見其過　於戒有缺漏
護惜其瑕疵　是小智已出　衆中之糟糠　佛威德故去
斯人尠福德　不堪受是法　此衆无枝葉　唯有諸貞實
舍利弗善聽　諸佛所得法　无量方便力　而為衆生說
衆生心所念　種種所行道　若干諸欲性　先世善惡業
佛悉知是已　以諸緣譬喻　言辭方便力　令一切歡喜
或說脩多羅　伽陀及本事　本生未曾有　亦說於因緣
譬喻并祇夜　優波提舍經　鈍根樂小法　貪著於生死
於諸无量佛　不行深妙道　衆苦所惱亂　為是說涅槃
我設是方便　令得入佛慧　未曾說汝等　當得成佛道
所以未曾說　說時未至故　今正是其時　決定說大乘
我此九部法　隨順衆生說　入大乘為本　以故說是經
有佛子心淨　柔軟亦利根　无量諸佛所　而行深妙道
為此諸佛子　說是大乘經　我記如是人　來世成佛道
以深心念佛　脩持淨戒故　此等聞得佛　大喜充遍身
佛知彼心行　故為說大乘　聲聞若菩薩　聞我所說法

我設是方便　令得入佛慧　未曾說汝等　當得成佛道
所以未曾說　說時未至故　今正是其時　決定說大乘
我此九部法　隨順衆生說　入大乘為本　以故說是經
有佛子心淨　柔軟亦利根　无量諸佛所　而行深妙道
為此諸佛子　說是大乘經　我記如是人　來世成佛道
以深心念佛　脩持淨戒故　此等聞得佛　大喜充遍身
佛知彼心行　故為說大乘　聲聞若菩薩　聞我所說法
乃至於一偈　皆成佛无疑　十方佛土中　唯有一乘法
无二亦无三　除佛方便說　但以假名字　引導於衆生
說佛智慧故　諸佛出於世　唯此一事實　餘二則非真
終不以小乘　濟度於衆生　佛自住大乘　如其所得法
定慧力莊嚴　以此度衆生　自證无上道　大乘平等法
若以小乘化　乃至於一人　我則墮慳貪　此事為不可
若人信歸佛　如來不欺誑　亦无貪嫉意　斷諸法中惡
故佛於十方　而獨无所畏
我以相嚴身　光明照世間　无量衆所尊　為說實相印
舍利弗當知　我本立誓願　欲令一切衆　如我等无異
如我昔所願　今者已滿足　化一切衆生　皆令入佛道
若我遇衆生　盡教以佛道　无智者錯亂　迷惑不受教
我知此衆生　未曾脩善本　堅著於五欲　癡愛故生惱
以諸欲因緣　墜墮三惡道　輪迴六趣中　備受諸苦毒
受胎之微形　世世常增長　薄德少福人　衆苦所逼迫
入邪見稠林　若有若无等　依止此諸見　具足六十二
深著虛妄法　堅受不可捨　我慢自矜高　諂曲心不實
於千万億劫　不聞佛名字　亦不聞正法　如是人難度
是故舍利弗　我為設方便　說諸盡苦道　示之以涅槃
我雖說涅槃　是亦非真滅　諸法從本來　常自寂滅相
佛子行道已　來世得作佛　我有方便力　開示三乘法

深著虛妄法 堅受不可捨 我慢自矜高 諂曲心不實
於千万億劫 不聞佛名字 亦不聞正法 如是人難度
是故舍利弗 我為設方便 說諸盡苦道 示之以涅槃
我雖說涅槃 是亦非真滅 諸法從本來 常自寂滅相
佛子行道已 來世得作佛 我有方便力 開示三乘法
一切諸世尊 皆說一乘道 今此諸大眾 皆應除疑惑
諸佛語无異 唯一无二乘 過去无數劫 无量滅度佛
百千万億種 其數不可量 如是諸世尊 種種緣譬喻
无數方便力 演說諸法相 是諸世尊等 皆說一乘法
化无量眾生 令入於佛道 又諸大聖主 知一切世間
天人群生類 深心之所欲 更以異方便 助顯第一義
若有眾生類 值諸過去佛 若聞法布施 或持戒忍辱
精進禪智等 種種脩福慧 如是諸人等 皆已成佛道
諸佛滅度已 若人善軟心 如是諸眾生 皆已成佛道
諸佛滅度已 供養舍利者 起万億種塔 金銀及頗梨
車𤦲與馬瑙 玫瑰瑠璃珠 清淨廣嚴飾 莊校於諸塔
或有起石廟 栴檀及沉水 木櫁并餘材 塼瓦泥土等
若於曠野中 積土成佛廟 乃至童子戲 聚沙為佛塔
如是諸人等 皆已成佛道 若人為佛故 建立諸形像
刻雕成眾相 皆已成佛道 或以七寶成 鍮石赤白銅
白鑞及鉛錫 鐵木及與泥 或以膠漆布 嚴飾作佛像
如是諸人等 皆已成佛道 綵畫作佛像 百福莊嚴相
自作若使人 皆已成佛道 乃至童子戲 若草木及筆
或以指爪甲 而畫作佛像 如是諸人等 漸漸積功德
具足大悲心 皆已成佛道 但化諸菩薩 度脫无量眾
若人於塔廟 寶像及畫像 以華香幡蓋 敬心而供養
若使人作樂 擊鼓吹角貝 簫笛琴箜篌 琵琶鐃銅鈸

或以指爪甲 而畫作佛像 如是諸人等 漸漸積功德
具足大悲心 皆已成佛道 但化諸菩薩 度脫无量眾
若人於塔廟 寶像及畫像 以華香幡蓋 敬心而供養
若使人作樂 擊鼓吹角貝 簫笛琴箜篌 琵琶鐃銅鈸
如是眾妙音 盡持以供養 或以歡喜心 歌唄頌佛德
乃至一小音 皆以成佛道 若人散亂心 乃至以一華
供養於畫像 漸見无數佛 或有人礼拜 或復但合掌
乃至舉一手 或復小低頭 以此供養像 漸見无量佛
自成无上道 廣度无數眾 入无餘涅槃 如薪盡火滅
若人散亂心 入於塔廟中 一稱南无佛 皆已成佛道
於諸過去佛 在世或滅後 若有聞是法 皆已成佛道
未來諸世尊 其數无有量 是諸如來等 亦方便說法
一切諸如來 以无量方便 度脫諸眾生 入佛无漏智
若有聞法者 无一不成佛 諸佛本誓願 我所行佛道
普欲令眾生 亦同得此道 未來世諸佛 雖說百千億
无數諸法門 其實為一乘 諸佛兩足尊 知法常无性
佛種從緣起 是故說一乘 是法住法位 世間相常住
於道場知已 導師方便說 天人所供養 現在十方佛
其數如恒沙 出現於世間 安隱眾生故 亦說如是法
知第一寂滅 以方便力故 雖示種種道 其實為佛乘
知眾生諸行 深心之所念 過去所習業 欲性精進力
及諸根利鈍 以種種因緣 譬喻亦言辭 隨應方便說
今我亦如是 安隱眾生故 以種種法門 宣示於佛道
我以智慧力 知眾生性欲 方便說諸法 皆令得歡喜
舍利弗當知 我以佛眼觀 見六道眾生 貧窮无福慧
入生死嶮道 相續苦不斷 深著於五欲 如犛牛愛尾
以貪愛自蔽 盲瞑无所見 不求大勢佛 及與斷苦法
深入諸邪見 以苦欲捨苦 為是眾生故 而起大悲心

今我亦如是　安隱衆生故　以種種法門　宣示於佛道
我以智慧力　知衆生性欲　方便說諸法　皆令得歡喜
舍利弗當知　我以佛眼觀　見六道衆生　貧窮无福慧
入生死嶮道　相續苦不斷　深著於五欲　如犛牛愛尾
以貪愛自蔽　盲瞑无所見　不求大勢佛　及與斷苦法
深入諸邪見　以苦欲捨苦　為是衆生故　而起大悲心
我始坐道場　觀樹亦經行　於三七日中　思惟如是事
我所得智慧　微妙最第一　衆生諸根鈍　著樂癡所盲
如斯之等類　云何而可度
尒時諸梵王　及諸天帝釋　護世四天王　及大自在天
并餘諸天衆　眷屬百千万　恭敬合掌礼　請我轉法輪
我即自思惟　若但讚佛乘　衆生没在苦　不能信是法
破法不信故　墜於三惡道　我寧不說法　疾入於涅槃
尋念過去佛　所行方便力　我今所得道　亦應說三乘
作是思惟時　十方佛皆現　梵音慰喻我　善哉釋迦文
弟一之導師　得是无上法　隨諸一切佛　而用方便力
我等亦皆得　最妙弟一法　為諸衆生類　分別說三乘
少智樂小法　不自信作佛　是故以方便　分別說諸果
雖復說三乘　但為教菩薩
舍利弗當知　我聞聖師子　深淨微妙音　稱南无諸佛
復作如是念　我出濁惡世　如諸佛所說　我亦隨順行
思惟是事已　即趣波羅柰　諸法寂滅相　不可以言宣
以方便力故　為五比丘說　是名轉法輪　便有涅槃音
及以阿羅漢　法僧差別名　從久遠劫來　讚示涅槃法
生死苦永盡　我常如是說
舍利弗當知　我見佛子等　志求佛道者　无量千万億
咸以恭敬心　皆來至佛所　曾從諸佛聞　方便所說法
我即作是念　所以出於世　為說佛慧故　今政其是時

BD05548 號　妙法蓮華經卷一　（18–17）

弟一之導師　得是无上法　隨諸一切佛　而用方便力
我等亦皆得　最妙弟一法　為諸衆生類　分別說三乘
少智樂小法　不自信作佛　是故以方便　分別說諸果
雖復說三乘　但為教菩薩
舍利弗當知　我聞聖師子　深淨微妙音　稱南无諸佛
復作如是念　我出濁惡世　如諸佛所說　我亦隨順行
思惟是事已　即趣波羅柰　諸法寂滅相　不可以言宣
以方便力故　為五比丘說　是名轉法輪　便有涅槃音
及以阿羅漢　法僧差別名　從久遠劫來　讚示涅槃法
生死苦永盡　我常如是說
舍利弗當知　我見佛子等　志求佛道者　无量千万億
咸以恭敬心　皆來至佛所　曾從諸佛聞　方便所說法
我即作是念　所以出於世　為說佛慧故　今政其是時
舍利弗當知　鈍根小智人　著相憍慢者　不能信是法
今我喜无畏　於諸菩薩中　正直捨方便　但說无上道
菩薩聞是法　疑網皆已除　千二百羅漢　悉亦當作佛
如三世諸佛　說法之儀式　我今亦如是　說无分別法
諸佛興出世　懸遠值遇難　政使出于世　說是法復難
无量无數劫　聞是法亦難　能聽是法者　斯人亦復難
譬如優曇華　一切皆愛樂　天人所希有　時時乃一出

BD05548 號　妙法蓮華經卷一　（18–18）

BD05548 號背　勘記　　（1–1）

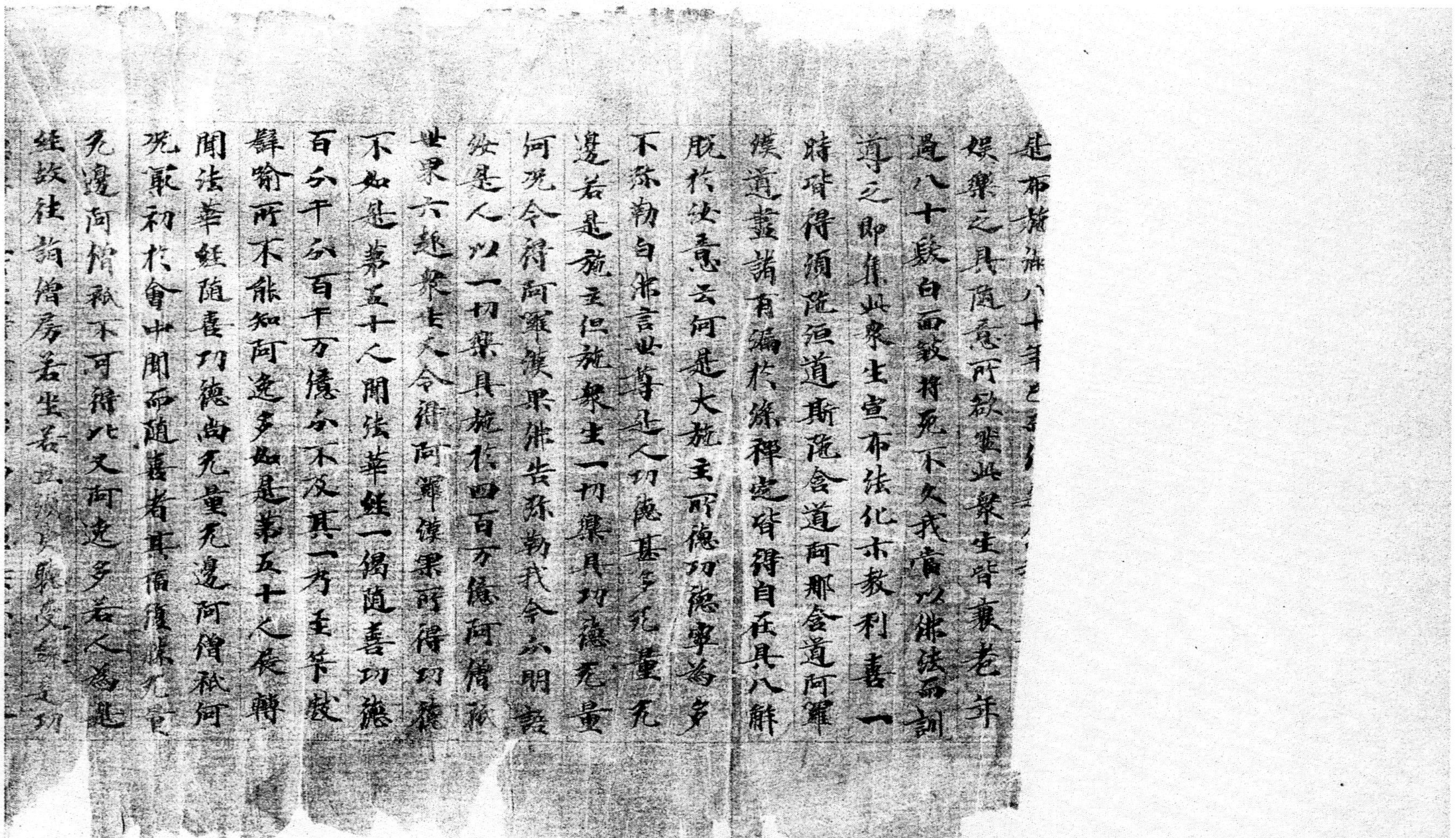

是布施滿八十年已而作是念
娛樂之具隨意所欲然此衆生皆衰老年
過八十髮白面皺將死不久我當以佛法而訓
導之即集此衆生宣布法化示教利喜一
時皆得須陀洹道斯陀含道阿那含道阿羅
漢道盡諸有漏於深禪定皆得自在具八解
脫於汝意云何是大施主所得功德寧為多
不彌勒白佛言世尊是人功德甚多无量无
邊若是施主但施衆生一切樂具功德无量
何況令得阿羅漢果佛告彌勒我今分明語
汝是人以一切樂具施於四百万億阿僧祇
世界六趣衆生又令得阿羅漢果所得功德
不如是第五十人聞法華經一偈隨喜功德
百分千分百千万億分不及其一乃至筭數
譬喻所不能知阿逸多如是第五十人展轉
聞法華經隨喜功德尚无量无邊阿僧祇何
況最初於會中聞而隨喜者其福復勝无量
无邊阿僧祇不可得比又阿逸多若人為是
經故往詣僧坊若坐若立須臾聽受緣是功

BD05549 號　妙法蓮華經卷六　　（2–1）

邊若是施主但施衆生一切樂具功德无量
何況令得阿羅漢果佛告彌勒我今分明語
汝是人以一切樂具施於四百万億阿僧祇
世界六趣衆生又令得阿羅漢果所得功德
不如是第五十人聞法華經一偈隨喜功德
百分千分百千万億分不及其一乃至筭數
譬喻所不能知阿逸多如是第五十人展轉
聞法華經隨喜功德尚无量无邊阿僧祇何
況最初於會中聞而隨喜者其福復勝无量
无邊阿僧祇不可得比又阿逸多若人為是
經故往詣僧房若坐若立須臾聽受緣是功
德轉身所生得好上妙象馬車乘珎寶輦轝
及乘天宮若復有人於講法處坐更有人來
勸令坐聽若分座令坐是人功德轉身得帝
釋坐處若梵王坐處若轉輪聖王所坐之處
阿逸多若復有人語餘人言有經名法華可
共往聽即受其教乃至須臾間聞是人功德轉

BD05549 號　妙法蓮華經卷六　（2–2）

一切智智清淨若不變異性清淨無二無二分
無別無斷故一切智智清淨故道相智一切
相智清淨道相智一切相智清淨故不變異
性清淨何以故若一切智智清淨若道相智
一切相智清淨若不變異性清淨無二無二
分無別斷故善現一切智智清淨故一切陀
異性清淨何以故若一切智智清淨若一切
陀羅尼門清淨若不變異性清淨無二無二
分無別無斷故一切智智清淨故一切三摩
地門清淨一切三摩地門清淨故不變異性
清淨何以故若一切智智清淨若一切三摩
地門清淨若不變異性清淨無二無二分無
別無斷故
善現一切智智清淨故預流果清淨預流果
清淨故不變異性清淨何以故若一切智智
清淨若預流果清淨若不變異性清淨無二
無二分無別無斷故一切智智清淨故一來
不還阿羅漢果清淨一來不還阿羅漢果清
淨故不變異性清淨何以故若一切智智清
淨若一來不還阿羅漢果清淨若不變異性

BD05550 號　大般若波羅蜜多經（兌廢稿）卷二五九　（2–1）

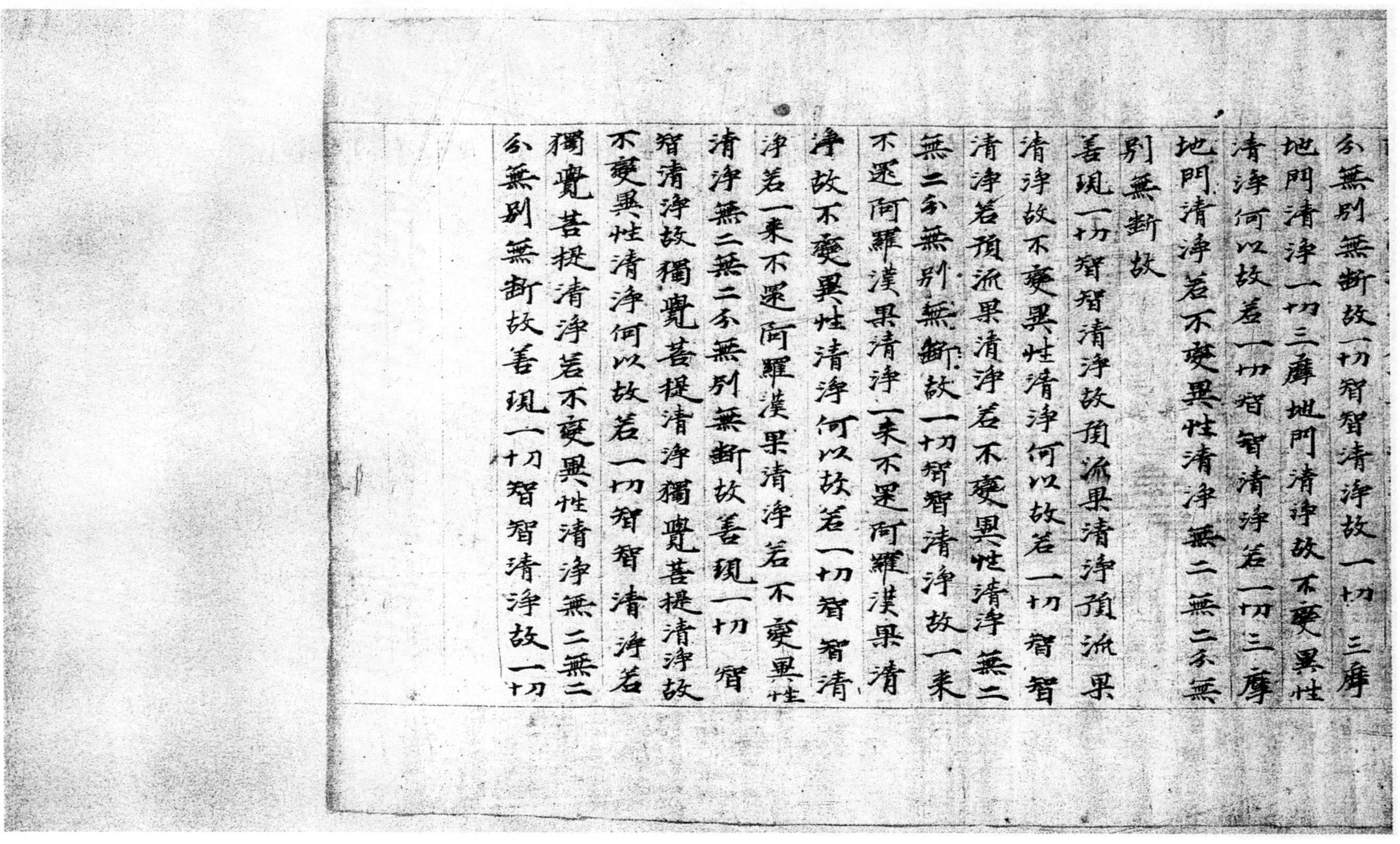

分無別無斷故一切智智清淨故一切三摩
地門清淨一切三摩地門清淨故不變異性
清淨何以故若一切智智清淨若一切三摩
地門清淨若不變異性清淨無二無二分無
別無斷故
善現一切智智清淨故預流果清淨預流果
清淨故不變異性清淨何以故若一切智智
清淨若預流果清淨若不變異性清淨無二
無二分無別無斷故一切智智清淨故一來
不還阿羅漢果清淨一來不還阿羅漢果清
淨故不變異性清淨何以故若一切智智清
淨若一來不還阿羅漢果清淨若不變異性
清淨無二無二分無別無斷故善現一切智
智清淨故獨覺菩提清淨獨覺菩提清淨故
不變異性清淨何以故若一切智智清淨若
獨覺菩提清淨若不變異性清淨無二無二
分無別無斷故善現一切智智清淨故一切

BD05550 號　大般若波羅蜜多經（兌廢稿）卷二五九　（2–2）

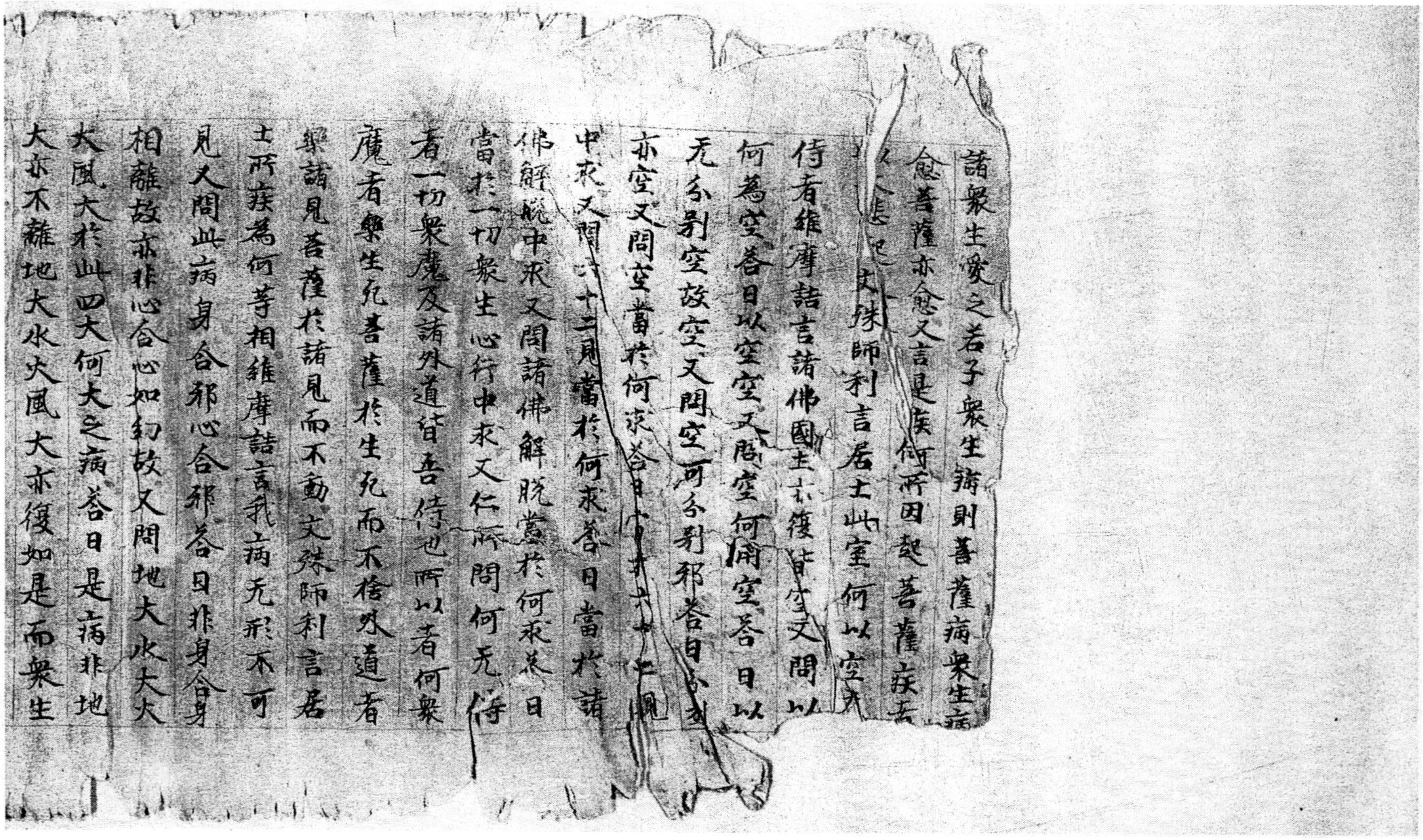

諸衆生愛之若子衆生病則菩薩病衆生病
愈菩薩亦愈又言是疾何所因起菩薩疾者
以大悲起文殊師利言居士此室何以空无
侍者維摩詰言諸佛國土亦復皆空又問以
何為空答曰以空空又問空何用空答曰以
无分別空故空又問空可分別耶答曰分別
亦空又問空當於何求答曰當於六十二見
中求又問六十二見當於何求答曰當於諸
佛解脫中求又問諸佛解脫當於何求答曰
當於一切衆生心行中求又仁所問何无侍
者一切衆魔及諸外道皆吾侍也所以者何衆
魔者樂生死菩薩於生死而不捨外道者
樂諸見菩薩於諸見而不動文殊師利言居
士所疾為何等相維摩詰言我病无形不可
見又問此病身合耶心合耶答曰非身合身
相離故亦非心合心如幻故又問地大水大火
大風大於此四大何大之病答曰是病非地
大亦不離地大水火風大亦復如是而衆生

BD05551 號　維摩詰所說經卷中　（3–1）

樂諸見菩薩於諸見而不動文殊師利言居
士所疾為何等相維摩詰言我病无形不可
見又問此病身合耶心合耶答曰非身合身
相離故亦非心合心如幻故又問地大水大火
大風大於此四大何大之病答曰是病非地
大亦不離地大水火風大亦復如是而衆生
病從四大起以其有病是故我病尒時文殊
師利問維摩詰言菩薩應云何慰喻有疾
菩薩維摩詰言說身无常不說厭離於身說
身有苦不說樂於涅槃說身无我而說教導
衆生說身空寂不說畢竟寂滅說悔先罪而
不說入於過去以己之疾愍於彼疾當識宿
世无數劫苦當念饒益一切衆生憶所脩福
念於淨命勿生憂惱常起精進當作醫王
療治衆病菩薩應如是慰喻有疾菩薩令其
歡喜文殊師利言居士有疾菩薩云何調伏其
心維摩詰言有疾菩薩應作是念今我此病
皆從前世妄想顛倒諸煩惱生无有實法誰
受病者所以者何四大合故假名為身四大
无主身亦无我又此病起皆由著我是故於
我不應生著既知病本即除我想及衆生想
當起法想應作是念但以衆法合成此身起
唯法起滅唯法滅又此法者各不相知起時
不言我起滅時不言我滅彼有疾菩薩為滅
法想當作是念此法想者亦是顛倒顛倒者

BD05551號 維摩詰所說經卷中 （3–2）

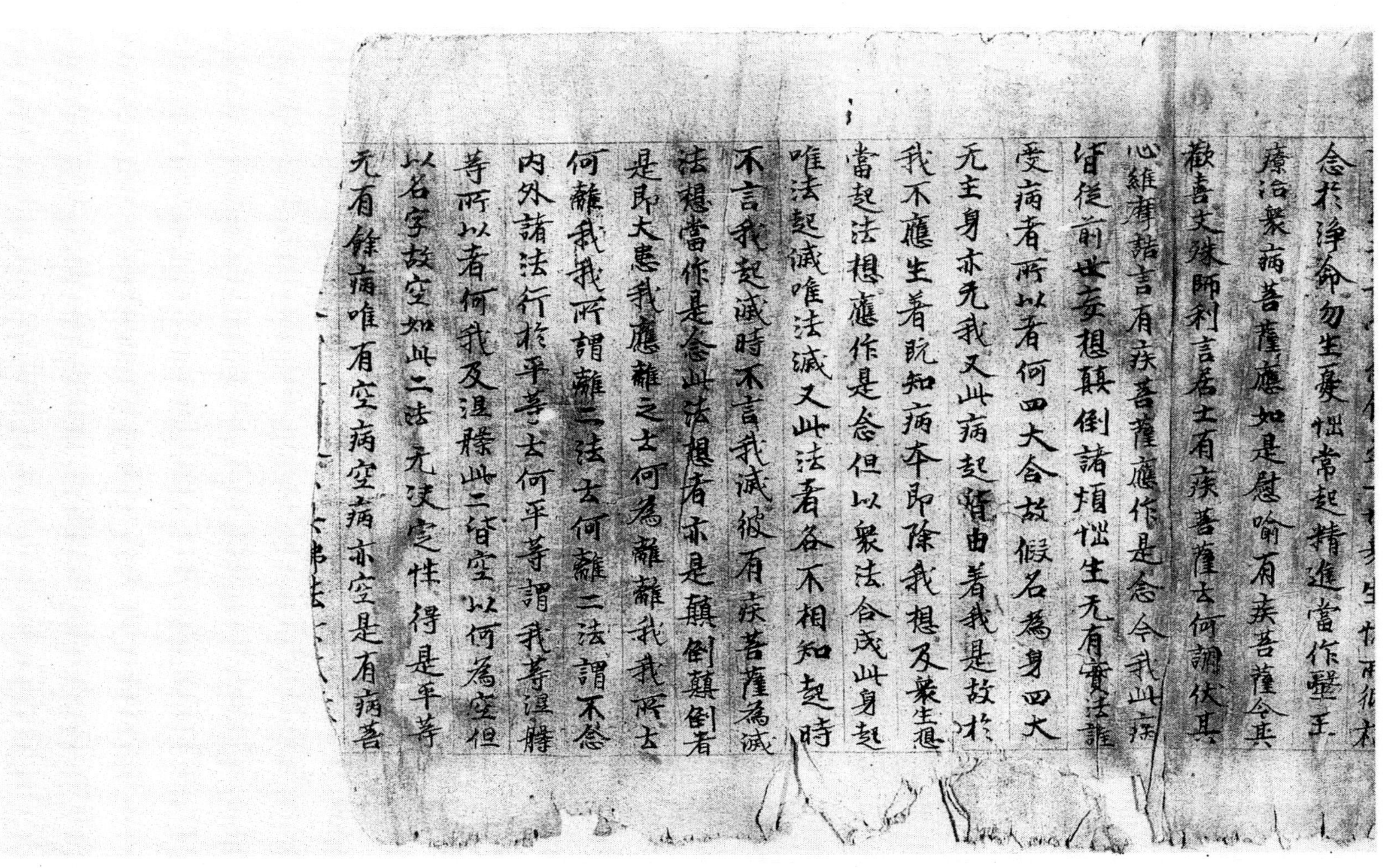
念於淨命勿生憂惱常起精進當作醫王
療治衆病菩薩應如是慰喻有疾菩薩令其
歡喜文殊師利言居士有疾菩薩云何調伏其
心維摩詰言有疾菩薩應作是念今我此病
皆從前世妄想顛倒諸煩惱生无有實法誰
受病者所以者何四大合故假名為身四大
无主身亦无我又此病起皆由著我是故於
我不應生著既知病本即除我想及衆生想
當起法想應作是念但以衆法合成此身起
唯法起滅唯法滅又此法者各不相知起時
不言我起滅時不言我滅彼有疾菩薩為滅
法想當作是念此法想者亦是顛倒顛倒者
是即大患我應離之云何為離離我我所云
何離我我所謂離二法云何離二法謂不念
内外諸法行於平等云何平等謂我等涅槃
等所以者何我及涅槃此二皆空以何為空但
以名字故空如此二法无決定性得是平等
无有餘病唯有空病空病亦空是有病菩

BD05551號 維摩詰所說經卷中 （3–3）

入八解脫以耶相入正法以一食施一切供養
諸佛及衆賢聖然後可食如是食者非有
煩惱非離煩惱非入定意非起定意非住
世間非住涅槃其有施者无大福无小福不
為益不為損是為正入佛道不依聲聞迦葉
若如是食為不空食人之施也時我世尊聞
說是語得未曾有即於一切菩薩深起敬心
復作是念斯有家名辯才智慧乃能如是其
誰不發阿耨多羅三藐三菩提心我從是來
不復勸人以聲聞辟支佛行是故不任詣彼
問疾
佛告須菩提汝行詣維摩詰問疾須菩提白
佛言世尊我不堪任詣彼問疾所以者何憶
念我昔入其舍從乞食時維摩詰取我鉢盛
滿飯謂我言唯須菩提若能於食等者諸法
亦等諸法等者於食亦等如是行乞乃可取
食若須菩提不斷婬怒癡亦不與俱不壞於
身而隨一相不滅癡愛起於明脫以五逆相而

佛言世尊我不堪任詣彼問疾所以者何憶
念我昔入其舍從乞食時維摩詰取我鉢盛
滿飯謂我言唯須菩提若能於食等者諸法
亦等諸法等者於食亦等如是行乞乃可取
食若須菩提不斷婬怒癡亦不與俱不壞於
身而隨一相不滅癡愛起於明脫以五逆相而
得解脫亦不解不縛不見四諦非不見諦非
得果非凡夫非離凡夫法非聖人非不聖
人雖成就一切法而離諸法相乃可取食若須
菩提不見佛不聞法彼外道六師富蘭那迦
葉末伽梨拘賖梨子那闍夜毗羅胝子阿耆
多翅舍欽婆羅迦羅鳩䭾迦栴延尼揵陀若
提子等是汝之師因其出家彼師所墮汝
亦隨墮乃可取食若須菩提入諸邪見不到
彼岸住於八難不得无難同於煩惱離清淨
法汝得无諍三昧一切衆生亦得是定其施
汝者不名福田供養汝者墮三惡道為與衆
魔共一手作諸勞侶汝與衆魔及諸塵勞等
无有異於一切衆生而有怨心謗諸佛毀於
法不入衆數終不得滅度汝若如是乃可取
食時我世尊聞此茫然不識是何言不知以
何荅便置鉢欲出其舍維摩詰言唯須菩提
取鉢勿懼於意云何如來所作化人若以是
事詰寧有懼不我言不也維摩詰言一切諸
法如幻化相汝今不應有所懼也所以者何
一切言說不離是相至於智者不著文字故

何荅便置鉢欲出其舍維摩詰言唯須菩提
取鉢勿懼於意云何如來所作化人若以是
事詰寧有懼不我言不也維摩詰言一切諸
法如幻化相汝今不應有所懼也所以者何
一切言說不離是相至於智者不著文字故
无所懼何以故文字性離无有文字是則解
脫解脫相者則諸法也維摩詰說是法時二百天
子得法眼淨故我不任詣彼問疾
佛告富樓那弥多羅尼子汝行詣維摩詰問
疾富樓那白佛言世尊我不堪任詣彼問疾
所以者何憶念我昔於大林中在一樹下為諸
新學比丘說法時維摩詰來謂我言唯富樓
那先當入定觀此人心然後說法无以穢食置於
寶器當知是比丘心之所念无以瑠璃同彼
水精汝不能知衆生根原无得發起以小
乘法彼自无創勿傷之也欲行大道莫示小
徑无以大海內於牛跡无以日光等彼螢火
富樓那此比丘久發大乘心中忘此意如何
以小乘法而教導之我觀小乘智慧微淺猶
如盲人不能分別一切衆生根之利鈍時維摩
詰即入三昧令此比丘自識宿命曾於五百佛
所殖衆德本迴向阿耨多羅三藐三菩提即
時豁然還得本心於是諸比丘稽首礼維摩
詰足時維摩詰因為說法於阿耨多羅三
藐三菩提不復退轉我念聲聞不觀人根
不應說法是故不任詣彼問疾
佛告摩訶迦旃延汝行詣維摩詰問疾迦旃

BD05552號　維摩詰所說經卷上　（9–3）

詰足時維摩詰因為說法於阿耨多羅三
藐三菩提不復退轉我念聲聞不觀人根
不應說法是故不任詣彼問疾
佛告摩訶迦旃延汝行詣維摩詰問疾迦旃
延白佛言世尊我不堪任詣彼問疾所以者
何憶念昔者佛為諸比丘略說法要我即於
後敷演其義謂无常義苦義空義无我義
寂滅義時維摩詰來謂我言唯迦旃延无以生
滅心行說實相法迦旃延諸法畢竟不生不
滅是无常義五受陰通達空无所起是苦義
諸法究竟无所有是空義於我无我而不二
是无我義法本不然今則无滅是寂滅義說
是法時彼諸比丘心得解脫故我不任詣彼
問疾
佛告阿那律汝行詣維摩詰問疾阿那律白
佛言世尊我不堪任詣彼問疾所以者何憶
念我昔於一處經行時有梵王名曰嚴淨與
万梵俱於淨光明來詣我所稽首作礼問我
言幾何阿那律天眼所見我即荅言仁者吾
見此釋迦牟尼佛土三千大千世界如觀掌
中阿摩勒菓時維摩詰來謂我言唯阿那律
天眼所見為作相耶无作相耶假使作相則與外
道五通等若无作相即是无為不應有見世
尊我時嘿然彼諸梵聞其言得未曾有即
為作礼而問曰世孰有真天眼者維摩詰言
有佛世尊得真天眼常在三昧悉見諸佛國不

BD05552號　維摩詰所說經卷上　（9–4）

天眼為作相耶无作相耶假使作相則與外
道五通等若无作相即是无為不應有見世
尊我時嘿然彼諸梵聞其言得未曾有即
為作礼而問曰世孰有真天眼者維摩詰言
有佛世尊得真天眼常在三昧悉見諸佛國不
以二相於是嚴淨梵王及其眷屬五百梵天
皆發阿耨多羅三藐三菩提心礼維摩詰足
已忽然不現故我不任詣彼問疾
佛告優波離汝行詣維摩詰問疾優波離白
佛言世尊我不堪任詣彼問疾所以者何憶
念昔者有二比丘犯律行以為恥不敢問佛
来問我言唯優波離我等犯律誠以為恥不
敢問佛願解疑悔得勉斯咎我即為其如法
解說時維摩詰来謂我言唯優波離无重增
此二比丘罪當直除滅勿擾其心所以者何
彼罪性不在内不在外不在中間如佛所說
心垢故衆生垢心淨故衆生淨心亦不在内不
在外不在中間如其心然罪垢亦然諸法亦然
不出於如如優波離以心相得解脫時寧有
垢不我言不也維摩詰言一切衆生心相无垢
亦復如是唯優波離妄相是垢无妄想是
淨顛倒是垢无顛倒是淨取我是垢不取
我是淨優波離一切法生滅不住如幻如電
諸法不相待乃至一念不住諸法皆妄見
如夢如炎如水中月如鏡中像以妄想生
其知此者是名奉律其知此者是名善解於

BD05552 號　維摩詰所說經卷上　（9–5）

我是淨優波離一切法生滅不住如幻如電
諸法不相待乃至一念不住諸法皆妄見
如夢如炎如水中月如鏡中像以妄想生
其知此者是名奉律其知此者是名善解於
是二比丘言上智哉是優波離所不及持律
之上而不能說我答言自捨如来未有聲聞
及菩薩能制其樂說之辯其智慧明達為若
此也時二比丘疑悔即除發阿耨多羅三藐三
菩提心作是願言令一切衆生皆得是辯故
我不任詣彼問疾
佛告羅睺羅汝行詣維摩詰問疾羅睺羅白
佛言世尊我不堪任詣彼問疾所以者何憶
念昔時毗耶離諸長者子来詣我所稽首
作礼問我言唯羅睺羅汝佛之子捨轉輪王位
出家為道其出家者有何等利我即如法為
說出家功德之利時維摩詰来謂我言唯羅
睺羅不應說出家功德之利所以者何无利
无功德是為出家有為法者可說有利有功
德夫出家者為无為法无為法中无利无功
德羅睺羅夫出家者无彼无此亦无中間離
六十二見處於涅槃智者所受聖所行處降
伏衆魔度五道淨五眼得五力立五根不惱
於彼離衆雜惡摧諸外道超越假名出淤泥
无繫著无我所无所受无擾亂内懷喜護彼
意隨禪定離衆過若能如是是真出家於是
維摩詰語諸長者子汝等於正法中宜共出

BD05552 號　維摩詰所說經卷上　（9–6）

伏衆魔度五道淨五眼得五力立五根不惱
於彼離衆雜惡摧諸外道超越假名出於泥
无繫著无我所无所受无擾乱内懷喜護彼
意隨禪定離衆過若能如是是真出家於是
維摩詰語諸長者子言汝等於正法中宜共出
家所以者何佛世難值諸長者子言居士我
聞佛言父母不聽不得出家維摩詰言然汝
等便發阿耨多羅三藐三菩提心即是出家
即是具足尒時卅二長者子皆發阿耨多羅
三藐三菩提心故我不任詣彼問疾
佛告阿難汝行詣維摩詰問疾阿難白佛言
世尊我不堪任詣彼問疾所以者何憶念昔
時世尊身小有疾當用牛乳我即持鉢詣大
婆羅門家門下立時維摩詰来謂我言唯阿
難何為晨朝持鉢住此我言居士世尊身小
有疾當用牛乳故来至此維摩詰言止止阿
難莫作是語如来身者金剛之體諸惡已斷
衆善普會當有何疾當有何惱嘿往阿難勿
謗如来莫使異人聞此麁言无令大威德諸
天及他方淨土諸来菩薩得聞斯語阿難轉
輪聖王以少福故尚得无病豈况如来无量
福會普勝者哉行矣阿難勿使我等受斯
恥世外道梵志若聞此語當作是念何名為
師自疾不能救而能救諸疾人可密速去勿使
人聞當知阿難諸如来身即是法身非思欲
身佛為世尊過於三界佛身无漏諸漏已盡
當有何秘

BD05552 號　維摩詰所說經卷上　（9–7）

恥世外道梵志若聞此語當作是念何名為
師自疾不能救而能救諸疾人可密速去勿使
人聞當知阿難諸如来身即是法身非思欲
身佛為世尊過於三界佛身无漏諸漏已盡
當有何秘
佛身无為不墮諸數如此之身當有何疾時
我世尊實懷慚愧得无近佛而謬聽耶即
聞空中聲曰阿難如居士言但為佛出五濁惡
世現行斯法度脫衆生行矣阿難取乳勿慚
世尊維摩詰智慧辯才為若此也是故不任
詣彼問疾如是五百大弟子各各向佛說其
本緣稱述維摩詰所言皆曰不任詣彼問疾

菩薩品第四

於是佛告彌勒菩薩汝行詣維摩詰問疾彌
勒白佛言世尊我不堪任詣彼問疾所以者何
憶念我昔為兜率天王及其眷屬說不退
轉地之行時維摩詰来謂我言彌勒世尊授
仁者記一生當得阿耨多羅三藐三菩提為
用何生得授記乎過去耶未来耶現在耶若
過去生過去生已滅若未来生未来生未至
若現在生現在生无住如佛所說比丘汝今即
時亦生亦老亦滅若以无生得受記者无生
即是正位於正位中亦无受記亦无得阿耨
多羅三藐三菩提云何彌勒受一生記乎為
從如生得受記耶為從如滅得受記耶若
以如生得受記者如无有生若以如滅得受記
者如无有滅一切衆生皆如也一切法亦如

BD05552 號　維摩詰所說經卷上　（9–8）

世尊維摩詰智慧辯才為若此也是故不任
詣彼問疾如是五百大弟子各各向佛說其
本緣稱述維摩詰所言皆曰不任詣彼問疾
菩薩品第四
於是佛告彌勒菩薩汝行詣維摩詰問疾彌
勒白佛言世尊我不堪任詣彼問疾所以者何
憶念我昔為兜率天王及其眷屬說不退
轉地之行時維摩詰來謂我言彌勒世尊授
仁者記一生當得阿耨多羅三藐三菩提為
用何生得授記乎過去耶未來耶現在耶若
過去生過去生已滅若未來生未來生未至
若現在生現在生无住如佛所說比丘汝今即
時亦生亦老亦滅若以无生得受記者无生
即是正位於正位中亦无受記亦无得阿耨
多羅三藐三菩提云何彌勒受一生記乎為
從如生得受記耶為從如滅得受記耶若
以如生得受記者如无有生若以如滅得受記
者如无有滅一切衆生皆如也一切法亦如

BD05552號　維摩詰所說經卷上　（9–9）

承洗足石若隨園邊若草園多少一一波逸
提比丘尼突吉羅式叉摩那沙彌沙彌尼突
吉羅是謂為犯不犯者若先不知者故
壞僧伽藍者无犯无犯者最初未制戒癡狂
心亂痛惱所纏　第一百七十四竟
爾時婆伽婆在舍衛國祇樹給孤獨園時世
尊制戒聽百歲比丘尼見新受戒比丘當起
迎禮拜恭敬問訊与敷坐具彼諸比丘尼
不起迎逆禮拜恭敬問訊諸比丘尼聞中有少
欲知足行頭陀樂學戒知慚愧者嫌責諸比
丘尼云言何世尊制戒聽百歲比丘尼見新
受戒比丘應起迎逆恭敬禮拜問訊与敷坐
具云何不起迎逆耶即白諸比丘諸比丘往
白世尊世尊以此因緣集比丘僧呵責諸比
丘尼言汝所為非非威儀非沙門法非淨行
非隨順行所不應為云何世尊百歲比丘尼
見新受戒比丘不起迎逆禮拜恭敬問訊与
敷坐具耶以无數方便呵責已告諸比丘此

BD05553號　四分律二分卷七　（5–1）

具云何不起迎逆耶即白諸比丘諸比丘往
白世尊世尊以此因緣集比丘僧呵責諸比
丘尼言汝所為非非威儀非沙門法非淨行
非隨順行所不應為云何汝等百歲比丘尼
見新受戒比丘不起迎逆禮拜恭敬問訊与
敷坐具耶以无數方便呵責已告諸比丘此
比丘尼多種有漏處最初犯戒自今已去与
比丘尼結戒集十句義乃至正法久住欲說戒
者當如是說若百歲比丘尼見新受戒比
丘應起迎逆恭敬禮拜問訊若不者波逸提
如是世尊与比丘尼結戒尼或有一食不作
餘食法食或病者或有乏食者而不起疑佛
言自今已去聽語言大德懺悔我有如是如
是因緣不得起迎逆自今已去當如是說戒
若比丘尼見新受戒比丘應起迎逆恭敬
禮拜問訊請与坐不者除因緣波逸提比丘
尼義如上彼比丘尼見比丘不起除因緣波
逸提比丘突吉羅式叉摩那沙弥沙弥尼突
吉羅是謂為犯不犯者若起迎逆或一坐食
或不餘食法食或病或乏食語言大德忍我
有如是如是因緣或病倒地或為強力者所
執或命難梵行難无犯无犯者最初未制戒
癡狂心亂痛惱所纏　第一百七十五竟
尒時婆伽婆在舍衛國祇樹給孤獨園時六
群比丘尼著衣搖身趍行為好故時諸居士
見譏嫌言此比丘尼等不知慚愧犯梵行外
自稱言我知正法如是何有正法為好故搖
身趍行猶如賊女婬女時諸比丘尼聞其中

尒時婆伽婆在舍衛國祇樹給孤獨園時六
群比丘尼著衣搖身趍行為好故時諸居士
見譏嫌言此比丘尼等不知慚愧犯梵行外
自稱言我知正法如是何有正法為好故搖
身趍行猶如賊女婬女時諸比丘尼聞其中
有少欲知足行頭陀樂學戒知慚愧者嫌責
六群比丘尼言汝等云何為好故搖身趍行
猶若婬女賊女即白諸比丘諸比丘往白世
尊世尊以此因緣集比丘僧呵責六群比丘
尼言汝所為非非威儀非沙門法非淨行非
隨順行所不應為云何比丘尼為好故搖身
趍行无數方便呵責已告諸比丘此比丘尼
多種有漏處最初犯戒自今已去与比丘尼
結戒集十句義乃至正法久住欲說戒者當
如是說若比丘尼為好故搖身趍行者波逸
提比丘尼義如上彼比丘尼為好故搖身趍
行者波逸提比丘突吉羅式叉摩那沙弥沙
弥尼突吉羅是謂為犯不犯者或時有如是
病或他所打避杖或時有暴象來或遇賊或
惡獸狩或棘刺來以手遮或度河水或度
溝渠汪水若度泥或時欲齊整衣恐有高下參
差偏鼻多羅葉細攝披如是左右顧視搖身
者无犯无犯者最初未制戒癡狂心亂痛惱所
纏　第一百七十六竟
尒時婆伽婆在舍衛國祇樹給孤獨園時六
群比丘尼自莊嚴身孫陀香塗身諸居士見
皆共嗤咲言我等婦嚴其身踈陀香塗摩身
此比丘尼亦復如是便生嫌心不恭敬時諸

種　第一百七十六竟
爾時婆伽婆在舍衛國祇樹給孤獨園時六
群比丘尼自莊嚴身瓔珞香塗身諸居士見
皆共譏嫌言我等婦嚴其身瓔珞香塗摩身
此比丘尼亦復如是便生慢心不恭敬時諸
比丘尼聞其中有少欲知足行頭陀樂學戒
知慚愧者嫌責六群比丘尼言汝等出家云
何如是莊嚴其身即白諸比丘諸比丘往白
世尊世尊以此因緣集比丘僧呵責六群比
丘尼言汝所為非非威儀非沙門法非淨行
非隨順行所不應為云何六群比丘尼莊嚴
其身以無數方便呵責已告諸比丘此比丘尼
多種有漏處最初犯戒自今已去与比丘
尼結戒集十句義乃至正法久住欲說戒者
當如是說若比丘尼作女人莊嚴香塗摩身
波逸提比丘尼義如上彼比丘尼作婦女莊
嚴香塗摩身乃至一點者一切波逸提比丘
突吉羅式叉摩那沙弥沙弥尼突吉羅是謂
為犯不犯者或時有如是病或時父母得病
被繫閉為洗沐梳治若有篤信優婆夷遇賊
被繫閉与浴洗為強力者所執無犯無犯者
最初未制戒癡狂心亂痛惱所纏　第一百七十七竟
爾時佛在舍衛國祇樹給孤獨園時有伽羅
補池比丘尼是出家外道女婦時彼比丘
尼使此外道婦香塗摩身時諸居士見皆共
嫌言此比丘尼無有慚愧犯梵行外自稱言
我知正法如是有何正法使外道婦香塗摩

BD05553號　四分律二分卷七

(5-4)

最初未制戒癡狂心亂痛惱所纏　第一百七十七竟
爾時佛在舍衛國祇樹給孤獨園時有伽羅
補池比丘尼是出家外道女婦時彼比丘
尼使此外道婦香塗摩身時諸居士見皆共
嫌言此比丘尼無有慚愧犯梵行外自稱言
我知正法如是有何正法使外道婦香塗摩
身如婬女賊女無異諸比丘尼聞其中有少
欲知足行頭陀樂學戒知慚愧者呵責伽羅
補池比丘尼言汝云何乃使外道婦香塗摩
身耶呵責已即白諸比丘諸比丘往白世尊
世尊以此因緣集比丘僧呵責伽羅補池比
丘尼言汝所為非非威儀非沙門法非淨行
非隨順行所不應為云何比丘尼乃使外道婦
香塗摩身以無數方便呵責已告諸比丘此
比丘尼多種有漏處最初犯戒自今已去与
比丘尼結戒集十句義乃至正法久住欲說
戒者當如是說若比丘尼使外道女香塗摩
身波逸提比丘尼義如上彼比丘尼使外道
婦香塗身者波逸提比丘突吉羅式叉摩那
沙弥沙弥尼犁突吉羅是謂為犯不犯者或
時有如是病或為強力所執無犯無犯者最

BD05553號　四分律二分卷七

(5-5)

薩以无所受而受諸受未具佛法亦不滅受
而取證也設身有苦當念惡趣衆生起大悲心
我既調伏亦當調伏一切衆生但除其病而
不除法爲斷病本而教導之何謂病本謂有
攀緣從有攀緣則有爲病本何所攀緣謂之
三界云何斷攀緣以无所得若无所得則无攀
緣何謂无所得謂離二見何謂二見謂內見
外見是无所得文殊師利是爲有疾菩薩調
伏其心爲斷老病死苦是菩薩菩提若不如
是已所修治爲无惠利譬如勝怨乃可爲勇
如是兼除老病死者菩薩之謂也彼有疾菩
薩應復作是念如我此病非真非有衆生病亦
非真非有作是觀時於諸衆生若起愛見大
悲即應捨離所以者何菩薩斷除客塵煩惱
而起大悲愛見悲者則於生死有疲厭心
若能離此无有疲厭在在所生不爲愛見之
所覆也所生无縛能爲衆生說法解縛如佛所
說若自有縛能解彼縛无有是處若自无縛
能解彼縛斯有是處是故菩薩不應起縛何
謂縛何謂解貪著禪味是菩薩縛以方便生
是菩薩解又无方便惠縛有方便惠解无惠

BD05554號　維摩詰所說經卷中　（2–1）

而起大悲愛見悲者則於生死有疲厭心
若能離此无有疲厭在在所生不爲愛見之
所覆也所生无縛能爲衆生說法解縛如佛所
說若自有縛能解彼縛无有是處若自无縛
能解彼縛斯有是處是故菩薩不應起縛何
謂縛何謂解貪著禪味是菩薩縛以方便生
是菩薩解又无方便惠縛有方便惠解无惠
方便縛有惠方便解何謂无方便惠縛謂菩
薩以愛見心莊嚴佛土成就衆生於空无相
无作法中而自調伏是名无方便惠縛何謂有
方便惠解謂不以愛見心莊嚴佛土成就
衆生於空无相无作法中以自調伏而不疲厭
是名有方便惠解何謂无惠方便縛謂菩
薩住貪欲瞋恚邪見等諸煩惱而殖衆德本
是名无惠方便縛何謂有惠方便解謂離諸
貪欲瞋恚邪見等諸煩惱而殖衆德本迴向
阿耨多羅三藐三菩提是名有惠方便解文
殊師利彼有疾菩薩應如是觀諸法又復觀
身无常苦空非我是名爲惠雖身有疾常
在生死饒益一切而不厭惓是名方便又復觀
[illegible]病不離身是[illegible]

BD05554號　維摩詰所說經卷中　（2–2）

身身不調[illegible]

是名為惠設身有疾而不永滅是名方便文

殊師利有疾菩薩應如是調伏其心不住其

中亦復不住不調伏心所以者何若住不調伏心

是愚人法若住調伏心是聲聞法是故菩

薩不當住於調伏不調伏心離此二法是菩

薩行在於生死不為汙行住於涅槃不永滅

度是菩薩行非凡夫行非賢聖行是菩薩

行非垢行非淨行是菩薩行雖過魔行而現

降伏衆魔是菩薩行求一切智无非時求是

菩薩行雖觀諸法不生不滅而不入正位是菩

薩行雖觀十二緣起而入諸邪見是菩薩行雖

攝一切衆生而不愛著是菩薩行雖樂遠離

而不依身心盡是菩薩行雖行三界而不壞

法性是菩薩行雖行於空而殖衆德本是菩

薩行雖行无相而度衆生是菩薩行雖行无

作而現受身是菩薩行雖行无起而起一切

善行是菩薩行雖行六波羅蜜而遍知衆生

心心數法是菩薩行雖行六通而不盡漏是

BD05555號　維摩詰所說經卷中

（3–1）

降伏衆魔是菩薩行求一切智无非時求是

菩薩行雖觀諸法不生不滅而不入正位是菩

薩行雖觀十二緣起而入諸邪見是菩薩行雖

攝一切衆生而不愛著是菩薩行雖樂遠離

而不依身心盡是菩薩行雖行三界而不壞

法性是菩薩行雖行於空而殖衆德本是菩

薩行雖行无相而度衆生是菩薩行雖行无

作而現受身是菩薩行雖行无起而起一切

善行是菩薩行雖行六波羅蜜而遍知衆生

心心數法是菩薩行雖行六通而不盡漏是

菩薩行雖行四无量心而不貪著生於梵世

是菩薩行雖行禪定解脫三昧而不隨禪生

是菩薩行雖行四念處而不永離身受心法

是菩薩行雖行四正勤而不捨身心精進是

菩薩行雖行四如意足而得自在神通是菩

薩行雖行五根而分別衆生諸根利鈍是菩

薩行雖行五力而樂求佛十力是菩薩行雖

行七覺分而分別佛之智惠是菩薩行雖行

八正道而樂行无量佛道是菩薩行雖行止

觀助道之法而不畢竟墮於寂滅是菩薩行

雖行諸法不生不滅而以相好莊嚴其身是

菩薩行雖現聲聞辟支佛威儀而不捨佛法

是菩薩行雖隨諸法究竟淨相而隨所應為

現其身是菩薩行雖觀諸佛國土永寂如空

而現種種清淨佛土是菩薩行雖得佛道轉

于法輪入於涅槃而不捨於菩薩之道是菩

BD05555號　維摩詰所說經卷中

（3–2）

菩薩行雖行四如意足而得自在神通是菩
薩行雖行五根而分別衆生諸根利鈍是菩
薩行雖行五力而樂求佛十力是菩薩行雖
行七覺分而分別佛之智慧是菩薩行雖行
八正道而樂行无量佛道是菩薩行雖行止
觀助道之法而不畢竟墮於寂滅是菩薩行
雖行諸法不生不滅而以相好莊嚴其身是
菩薩行雖現聲聞辟支佛威儀而不捨佛法
是菩薩行雖隨諸法究竟淨相而隨所應為
現其身是菩薩行雖觀諸佛國土永寂如空
而現種種清淨佛土是菩薩行雖得佛道轉
于法輪入於涅槃而不捨於菩薩之道是菩
薩行說是語時文殊師利所將大衆其中八
千天子皆發阿耨多羅三藐三菩提心

不思議品第六

尒時舍利弗見此室中无有林坐作是念斯
諸菩薩大弟子衆當於何坐長者維摩詰知
其意語舍利弗言云何仁者為法來耶求林
坐耶舍利弗言我為法來非為林坐維摩詰
言唯舍利弗夫求法者不貪軀命[illegible]

BD05555 號　維摩詰所說經卷中　（3–3）

未現在諸佛我於[illegible]
地獄餓鬼傍生之苦便為已
億轉輪聖王釋梵天主善根種子當令无量
百千万億衆生出生死苦得涅槃樂積集无
量无邊不可思議福德之聚後宮眷屬及諸
人民皆蒙安隱國土清泰无諸災厄毒害惡
人他方怨敵不來侵擾遠離憂患四王當知時
彼人王應作如是尊重正法亦於受持是妙
經典苾芻苾芻尼鄔波索迦鄔波斯迦供養
恭敬尊重讚歎所獲善根先以勝福施與汝
等及諸眷屬彼之人王有大福德善業因緣
於現世中得大自在增益威光吉祥妙相皆
悉莊嚴一切怨敵能以正法而摧伏之
尒時四天王白佛言世尊若有人王能作如
是恭敬正法聽此經王并於四衆持經之人
恭敬供養尊重讚歎時彼人王欲為我等生
歡喜故當在一邊近於法座香水灑地散衆
名花安置處所設四王座我與彼王共聽正
法其王所有自利善根亦以福分施及我等

BD05556 號　金光明最勝王經卷六　（3–1）

尒時四天王白佛言世尊若有人王能作如
是恭敬正法聽此經王并於四衆持經之人
恭敬供養尊重讚歎時彼人王欲為我等生
歡喜故當在一邊近於法座香水灑地散衆
名花安置處所設四王座我與彼王共聽正
法其王所有自利善根亦以福分施及我等
世尊時彼人王請說法者昇座之時便為我
等燒衆名香供養是經世尊時彼香烟於一
念頃上昇虛空即至我等諸天宮殿於虛空
中變成香蓋我等天衆聞彼妙香香有金光
照曜我等所居宮殿乃至梵宮及以帝釋大
辯才天大吉祥天堅牢地神正了知大將二
十八部諸藥叉神大自在天金剛密主寶賢大
將訶利底母五百眷屬无熱惱池龍王大海
龍王所居之處世尊如是等衆於自宮殿見
彼香烟一剎那頃變成香蓋聞香芬馥覩色
光明遍至一切諸天神宮佛告四天王是香
光明非但至此宮殿變成香蓋放大光明由
彼人王手執香爐燒衆名香供養經時其香
烟氣於一念頃遍至三千大千世界百億日
月百億妙高山王百億四洲於此三千大千世
界一切天龍藥叉健闥婆阿蘇羅揭路荼
緊那羅莫呼洛伽宮殿之所於虛空中充滿
而住種種香烟變成雲蓋其蓋金色普照
天宮如是三千大千世界所有種種香雲香
蓋皆是金光明最勝王經威神之力是諸人
王手持香爐供養經時種種香氣非但遍此

BD05556號　金光明最勝王經卷六

（3–2）

緊那羅莫呼洛伽宮殿之所於虛空中充滿
而住種種香烟變成雲蓋其蓋金色普照
天宮如是三千大千世界所有種種香雲香
蓋皆是金光明最勝王經威神之力是諸人
王手持香爐供養經時種種香氣非但遍此
三千大千世界於一念頃亦遍十方无量无
邊恒河沙等百千万億諸佛國土於諸佛上
虛空之中變成香蓋金色普照亦復如是時
彼諸佛聞此妙香覩斯雲蓋及以金色於十
方界恒河沙等諸佛世尊現神變已彼諸世尊
悉共觀察異口同音讚法師曰善哉善哉汝
大丈夫能廣流布如是甚深微妙經典則
為成就无量无邊不可思議福德之聚若有
聽聞如是經者所獲功德其量甚多何况書
寫受持讀誦為他敷演如說修行何以故善
男子若有衆生聞此金光明最勝王經者即
於阿耨多羅三藐三菩提不復退轉
尒時十方有百千俱胝那庾多无量无數恒
河沙等諸佛剎土彼諸剎土一切如來異口
同音於法座上讚彼法師言善哉善哉善男
子汝於未來世以精勤力當修无量百千苦行

BD05556號　金光明最勝王經卷六

（3–3）

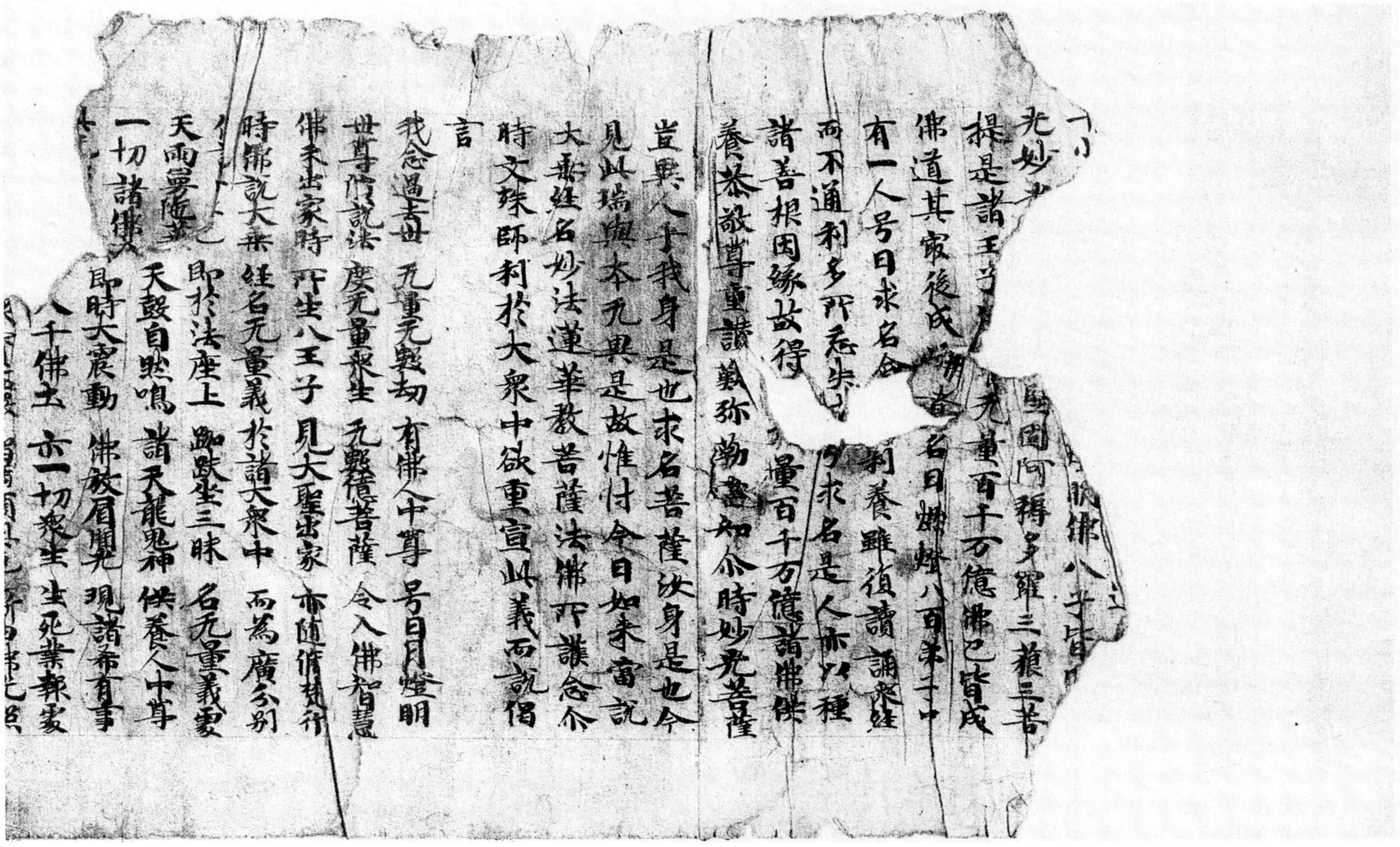

…佛八子皆…
光妙…堅固阿耨多羅三藐三菩
提是諸王子…无量百千万億佛已皆成
佛道其最後成佛者名曰燃燈八百弟子中
有一人号曰求名貪著利養雖復讀誦眾經
而不通利多所忘失故号求名是人亦以種
諸善根因緣故得值无量百千万億諸佛供
養恭敬尊重讚歎弥勒當知尒時妙光菩薩
豈異人乎我身是也求名菩薩汝身是也今
見此瑞與本无異是故惟忖今日如来當說
大乘經名妙法蓮華教菩薩法佛所護念尒
時文殊師利於大眾中欲重宣此義而說偈
言
我念過去世　无量无數劫　有佛人中尊　号日月燈明
世尊演說法　度无量眾生　无數億菩薩　令入佛智慧
佛未出家時　所生八王子　見大聖出家　亦隨修梵行
時佛說大乘　經名无量義　於諸大眾中　而為廣分別
佛…　即於法座上　跏趺坐三昧　名无量義處
天雨曼陁華　天鼓自然鳴　諸天龍鬼神　供養人中尊
一切諸佛土　即時大震動　佛放眉間光　現諸希有事
…八千佛土　示一切眾生　生死業報處
…

BD05557 號　妙法蓮華經卷一　（16–1）

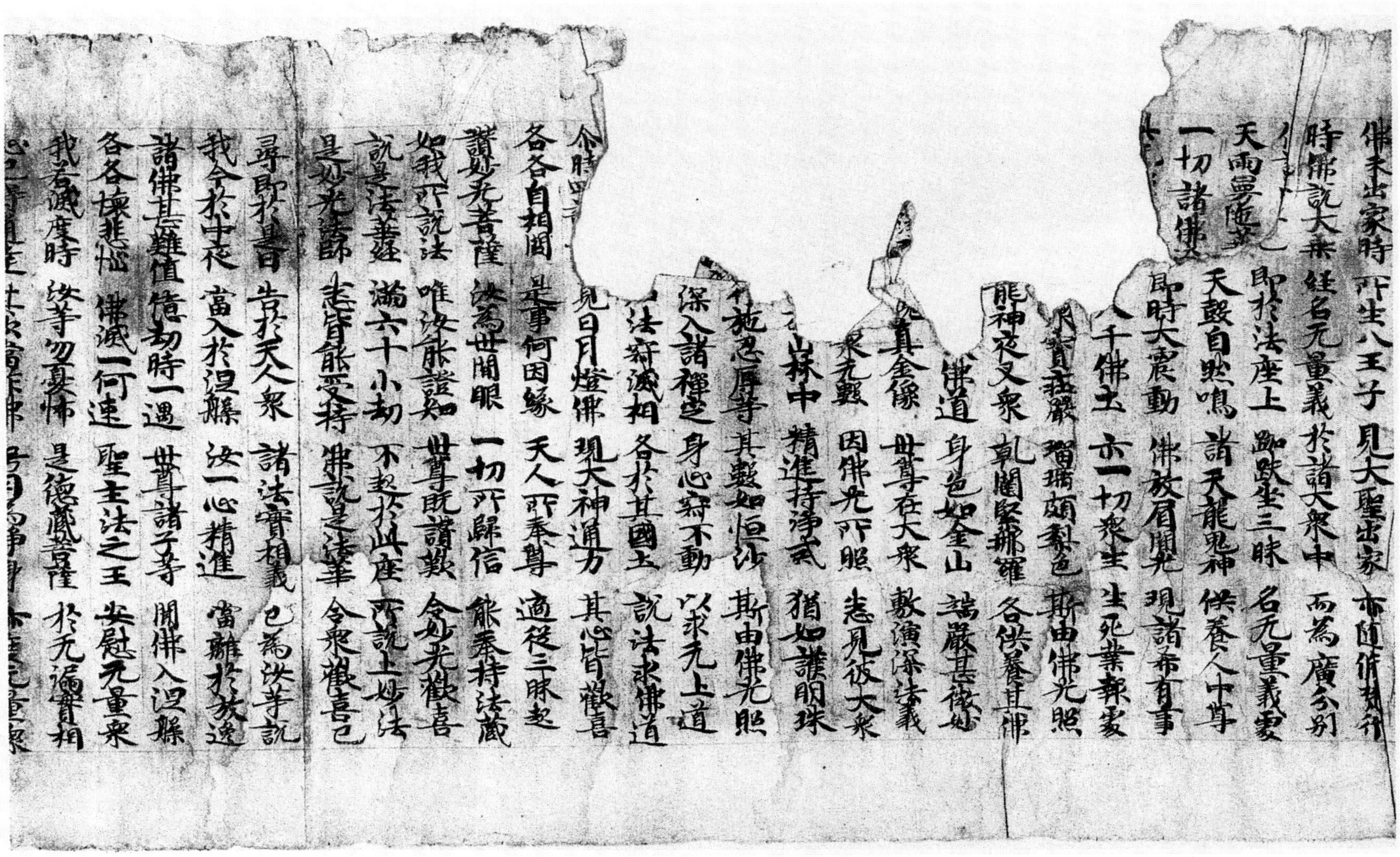

佛未出家時　所生八王子　見大聖出家　亦隨修梵行
時佛說大乘　經名无量義　於諸大眾中　而為廣分別
佛…　即於法座上　跏趺坐三昧　名无量義處
天雨曼陁華　天鼓自然鳴　諸天龍鬼神　供養人中尊
一切諸佛土　即時大震動　佛放眉間光　現諸希有事
…八千佛土　示一切眾生　生死業報處
…寶莊嚴　瑠璃頗梨色　斯由佛光照
…龍神夜叉眾　乾闥緊那羅　各供養其佛
…佛道　身色如金山　端嚴甚微妙
…真金像　世尊在大眾　敷演深法義
…眾无數　因佛光所照　悉見彼大眾
…林中　精進持淨戒　猶如護明珠
…施忍辱等　其數如恒沙　斯由佛光照
深入諸禪定　身心寂不動　以求无上道
…法寂滅相　各於其國土　說法求佛道
尒時四…　見日月燈佛　現大神通力　其心皆歡喜
各各自相問　是事何因緣　天人所奉尊　適從三昧起
讚妙光菩薩　汝為世間眼　一切所歸信　能奉持法藏
如我所說法　唯汝能證知　世尊既讚歎　令妙光歡喜
說是法華經　滿六十小劫　不起於此座　所說上妙法
是妙光法師　悉皆能受持　佛說是法華　令眾歡喜已
尋即於是日　告於天人眾　諸法實相義　已為汝等說
我今於中夜　當入於涅槃　汝一心精進　當離於放逸
諸佛甚難值　億劫時一遇　世尊諸子等　聞佛入涅槃
各各懷悲惱　佛滅一何速　聖主法之王　安慰无量眾
我若滅度時　汝等勿憂怖　是德藏菩薩　於无漏實相
心已得通達　其次當作佛　号曰為淨身　亦度无量眾

BD05557 號　妙法蓮華經卷一　（16–2）

尋即於是日　告於天人衆　諸法實相義　已為汝等說
我今於中夜　當入於涅槃　汝一心精進　當離於放逸
諸佛甚難值　億劫時一遇　世尊諸子等　聞佛入涅槃
各各懷悲惱　佛滅一何速　聖主法之王　安慰无量衆
我若滅度時　汝等勿憂怖　是德藏菩薩　於无漏實相
心已得通達　其次當作佛　号曰為淨身　亦度无量衆
佛此夜滅度　如薪盡火滅　分布諸舍利　而起无量塔
比丘比丘尼　其數如恒沙　倍復加精進　以求无上道
是妙光法師　奉持佛法藏　八十小劫中　廣宣法華經
是諸八王子　妙光所開化　堅固无上道　當見无數佛
供養諸佛已　隨順行大道　相繼得成佛　轉次而授記
最後天中天　号曰燃燈佛　諸仙之導師　度脫无量衆
是妙光法師　時有一弟子　心常懷懈怠　貪著於名利
求名利无猒　多遊族姓家　棄捨所習誦　廢忘不通利
以是因緣故　号之為求名　亦行衆善業　得見无數佛
供養於諸佛　隨順行大道　具六波羅蜜　今見釋師子
其後當作佛　号名曰弥勒　廣度諸衆生　其數无有量
彼佛滅度後　懈怠者汝是　妙光法師者　今則我身是
我見燈明佛　本光瑞如此　以是知今佛　欲說法華經
今相如本瑞　是諸佛方便　今佛放光明　助發實相義
諸人今當知　合掌一心待　佛當雨法雨　充足求道者
諸求三乘人　若有疑悔者　佛當為除斷　令盡无有餘

妙法蓮華經方便品第二

尒時世尊從三昧安詳而起告舍利弗諸佛
智慧甚深无量其智慧門難解難入一切聲
聞辟支佛所不能知所以者何佛曾親近百

BD05557號　妙法蓮華經卷一

（16–3）

諸求三乘人　若有疑悔者　佛當為除斷　令盡无有餘

妙法蓮華經方便品第二

尒時世尊從三昧安詳而起告舍利弗諸佛
智慧甚深无量其智慧門難解難入一切聲
聞辟支佛所不能知所以者何佛曾親近百
千万億无數諸佛盡行諸佛无量道法勇猛
精進名稱普聞成就甚深未曾有法隨宜所
說意趣難解舍利弗吾從成佛已來種種因
緣種種譬喻廣演言教无數方便引導衆生
令離諸著所以者何如來方便知見波羅蜜
皆已具足舍利弗如來知見廣大深遠无量
无礙力无所畏禪定解脫三昧深入无際成
就一切未曾有法舍利弗如來能種種分別
巧說諸法言辭柔軟悅可衆心舍利弗取要
言之无量无邊未曾有法佛悉成就止舍利
弗不須復說所以者何佛所成就第一希有
難解之法唯佛與佛乃能究盡諸法實相所
謂諸法如是相如是性如是體如是力如是
作如是因如是緣如是果如是報如是本末究
竟等尒時世尊欲重宣此義而說偈言
世雄不可量　諸天及世人　一切衆生類　无能知佛者
佛力无所畏　解脫諸三昧　及佛諸餘法　无能測量者
本從无數佛　具足行諸道　甚深微妙法　難見難可了
於无量億劫　行此諸道已　道場得成果　我已悉知見
如是大果報　種種性相義　我及十方佛　乃能知是事
是法不可示　言辭相寂滅　諸餘衆生類　无有能得解

BD05557號　妙法蓮華經卷一

（16–4）

世雄不可量 諸天及世人 一切衆生類 无能知佛者
佛力无所畏 解脫諸三昧 及佛諸餘法 无能測量者
本從无數佛 具足行諸道 甚深微妙法 難見難可了
於无量億劫 行此諸道已 道場得成果 我已悉知見
如是大果報 種種性相義 我及十方佛 乃能知是事
是法不可示 言辭相寂滅 諸餘衆生類 无有能得解
除諸菩薩衆 信力堅固者 諸佛弟子衆 曾供養諸佛
一切漏已盡 住是最後身 如是諸人等 其力所不堪
假使滿世間 皆如舍利弗 盡思共度量 不能測佛智
正使滿十方 皆如舍利弗 及餘諸弟子 亦滿十方刹
盡思共度量 亦復不能知 辟支佛利智 无漏最後身
亦滿十方界 其數如竹林 斯等共一心 於億无量劫
欲思佛實智 莫能知少分 新發意菩薩 供養无數佛
了達諸義趣 又能善說法 如稻麻竹葦 充滿十方刹
一心以妙智 於恒河沙劫 咸皆共思量 不能知佛智
不退諸菩薩 其數如恒沙 一心共思求 亦復不能知
又告舍利弗 无漏不思議 甚深微妙法 我今已具得
唯我知是相 十方佛亦然 舍利弗當知 諸佛語无異
於佛所說法 當生大信力 世尊法久後 要當說真實
告諸聲聞衆 及求緣覺乘 我令脫苦縛 逮得涅槃者
佛以方便力 示以三乘教 衆生處處著 引之令得出
尒時大衆中有諸聲聞漏盡阿羅漢阿若憍
陳如等千二百人及發聲聞辟支佛心比丘
比丘尼優婆塞優婆夷各作是念今者世尊
何故慇懃稱歎方便而作是言佛所得法甚
深難解有所言說意趣難知一切聲聞辟支
佛所不能及佛說一解脫義我等亦得此法

陳如等千二百人及發聲聞辟支佛心比丘
比丘尼優婆塞優婆夷各作是念今者世尊
何故慇懃稱歎方便而作是言佛所得法甚
深難解有所言說意趣難知一切聲聞辟支
佛所不能及佛說一解脫義我等亦得此法
到於涅槃而今不知是義所趣尒時舍利弗
知四衆心疑自亦未了而白佛言世尊何因
何緣慇懃稱歎諸佛第一方便甚深微妙難
解之法我自昔來未曾從佛聞如是說今者
四衆咸皆有疑唯願世尊敷演斯事世尊何
故慇懃稱歎甚深微妙難解之法尒時舍利
弗欲重宣此義而說偈言
慧日大聖尊 久乃說是法 自說得如是 力无畏三昧
禪定解脫等 不可思議法 道場所得法 无能發問者
我意難可測 亦无能問者 无問而自說 稱歎所行道
智慧甚微妙 諸佛之所得 无漏諸羅漢 及求涅槃者
今皆墮疑網 佛何故說是 其求緣覺者 比丘比丘尼
諸天龍鬼神 及乾闥婆等 相視懷猶豫 瞻仰
是事為云何 願佛為解說 於諸聲聞衆 佛說
我今自於智 疑惑不能了 為是究竟法 為是所行道
佛口所生子 合掌瞻仰尊 願出微妙音 時為如實說
諸天龍神等 其數如恒沙 求佛諸菩薩 大數有八万
又諸万億國 轉輪聖王至 合掌以敬心 欲聞具足道
尒時佛告舍利弗止止不須復說若說
一切世間諸天及人皆當驚疑舍利弗重白
佛言世尊唯願說之唯願說之所以者何是
會无數百千万億阿僧祇衆生曾見諸佛諸

尒時佛告舍利弗止止不須復說若說
一切世間諸天及人皆當驚疑舍利弗重白
佛言世尊唯願說之唯願說之所以者何是
會无數百千万億阿僧祇衆生曾見諸佛諸
根猛利智慧明了聞佛所說則能敬信尒時
舍利弗欲重宣此義而說偈言
法王无上尊　唯說願勿慮　是會无量衆　有能敬
佛復止舍利弗若說是事一切世間天人阿
脩羅皆當教疑增上慢比丘將墜於大坑尒
時世尊重說偈言
止止不須說　我法妙難思　諸增上慢者　聞必不敬信
尒時舍利弗重白佛言世尊唯願說之唯願
說之今此會中如我等比百千万億世世
曾從佛受化如此人等必能敬信長夜安隱
多所饒益尒時舍利弗欲重宣此義而說偈言
无上兩足尊　願說第一法　我為佛長子　唯垂分別說
是會无量衆　能敬信此法　佛已曾世世　教化如是等
皆一心合掌　欲聽受佛語　我等千二百　及餘求佛者
願為此衆故　唯垂分別說　是等聞此法　則生大歡喜
尒時世尊告舍利弗汝已慇懃三請豈得不
說汝今諦聽善思念之吾當為汝分別解說
說此語時會中有比丘比丘尼優婆塞優婆
夷五千人等即從座起礼佛而退所以者何此
輩罪根深重及增上慢未得謂得未證謂
證有如此失是以不住世尊黙然而不制止
尒時佛告舍利弗我今此衆无復枝葉純有

BD05557 號　妙法蓮華經卷一　（16–7）

說汝今諦聽善思念之吾當為汝分別解說
說此語時會中有比丘比丘尼優婆塞優婆
夷五千人等即從座起礼佛而退所以者何此
輩罪根深重及增上慢未得謂得未證謂
證有如此失是以不住世尊黙然而不制止
尒時佛告舍利弗我今此衆无復枝葉純有
貞實舍利弗如是增上慢人退亦佳矣汝今
善聽當為汝說舍利弗言唯然世尊願樂欲
聞佛告舍利弗如是妙法諸佛如來時乃說之
之如優曇鉢華時一現耳舍利弗汝等當信
佛之所說言不虛妄舍利弗諸佛隨宜說法
意趣難解所以者何我以无數方便種種因
緣譬喻言辭演說諸法是法非思量分別之
所能解唯有諸佛乃能知之所以者何諸佛
世尊唯以一大事因緣故出現於世舍利弗云
何名諸佛世尊唯以一大事因緣故出現於
世諸佛世尊欲令衆生開佛知見使得清
淨故出現於世欲示衆生佛知見故出現於
世欲令衆生悟佛知見故出現於世欲令衆
生入佛知見道故出現於世舍利弗是為諸
佛以一大事因緣故出現於世佛告舍利弗
諸佛如來但教化菩薩諸有所作常為一事
唯以佛之知見示悟衆生舍利弗如來但以一
佛乘故為衆生說法无有餘乘若二若三
舍利弗一切十方諸佛法亦如是舍利弗過
去諸佛以无量无數方便種種因緣譬喻言
辭而為衆生演說諸法是法皆為一佛乘故

BD05557 號　妙法蓮華經卷一　（16–8）

唯以佛之知見示悟衆生舍利弗如來但以一
佛乘故為衆生説法无有餘乘若二若三
舍利弗一切十方諸佛法亦如是舍利弗過
去諸佛以无量无數方便種種因緣譬喻言
辭而為衆生演説諸法是法皆為一佛乘故
是諸衆生從諸佛聞法究竟皆得一切種智
舍利弗未來諸佛當出於世亦以无量无數
方便種種因緣譬喻言辭而為衆生演説諸
法是法皆為一佛乘故是諸衆生從佛聞法
究竟皆得一切種智舍利弗現在十方无量
百千万億佛土中諸佛世尊多所饒益安樂
衆生是諸佛亦以无量无數方便種種因緣
譬喻言辭而為衆生演説諸法是法皆為一
佛乘故是諸衆生從佛聞法究竟皆得一切
種智舍利弗是諸佛但教化菩薩欲以佛之
知見示衆生故欲以佛之知見悟衆生故欲
令衆生入佛之知見故舍利弗我今亦復如
是知諸衆生有種種欲深心所著隨其本性
以種種因緣譬喻言辭方便力故而為説法
舍利弗如此皆為得一佛乘一切種智故舍
利弗十方世界中尚无二乘何況有三舍利
弗諸佛出於五濁惡世所謂劫濁煩惱濁衆
生濁見濁命濁如是舍利弗劫濁亂時衆生
垢重慳貪嫉妬成就諸不善根故諸佛以方
便力於一佛乘分別説三舍利弗若我弟子
自謂阿羅漢辟支佛者不聞不知諸佛如來
但教化菩薩事此非佛弟子非阿羅漢非辟

BD05557號　妙法蓮華經卷一　（16–9）

弗諸佛出於五濁惡世所謂劫濁煩惱濁衆
生濁見濁命濁如是舍利弗劫濁亂時衆生
垢重慳貪嫉妬成就諸不善根故諸佛以方
便力於一佛乘分別説三舍利弗若我弟子
自謂阿羅漢辟支佛者不聞不知諸佛如來
但教化菩薩事此非佛弟子非阿羅漢非辟
支佛又舍利弗是諸比丘比丘尼自謂已得
阿羅漢是最後身究竟涅槃便不復志求
阿耨多羅三藐三菩提當知此輩皆是增上
慢人所以者何若有比丘實得阿羅漢若不信
此法无有是處除佛滅度後現前无佛所以
者何佛滅度後如是等經受持讀誦解義者
是人難得若遇餘佛於此法中便得決了舍
利弗汝等當一心信解受持佛語諸佛如來
言无虛妄无有餘乘唯一佛乘尒時世尊欲
重宣此義而説偈言
比丘比丘尼　有懷增上慢　優婆塞我慢　優婆夷不信
如是四衆等　其數有五千　不自見其過　於戒有缺漏
護惜其瑕疵　是小智已出　衆中之糟糠　佛威德故去
斯人尠福德　不堪受是法　此衆无枝葉　唯有諸貞實
舍利弗善聽　諸佛所得法　无量方便力　而為衆生説
衆生心所念　種種所行道　若干諸欲性　先世善惡業
佛悉知是已　以諸緣譬喻　言辭方便力　令一切歡喜
或説脩多羅　伽陁及本事　本生未曾有　亦説於因緣
譬喻并祇夜　優婆提舍經　鈍根樂小法　貪著於生死
於諸无量佛　不行深妙道　衆苦所惱亂　為是説涅槃
我設是方便　令得入佛慧　未曾説汝等　當得成佛道

BD05557號　妙法蓮華經卷一　（16–10）

衆生心所念　種種所行道　若干諸欲性　先世善惡業
佛悉知是已　以諸緣譬喻　言辭方便力　令一切歡喜
或說脩多羅　伽陀及本事　本生未曾有　亦說於因緣
譬喻并祇夜　優婆提舍經　鈍根樂小法　貪著於生死
於諸無量佛　不行深妙道　衆苦所惱亂　為是說涅槃
我設是方便　令得入佛慧　未曾說汝等　當得成佛道
所以未曾說　說時未至故　今正是其時　決定說大乘
我此九部法　隨順衆生說　入大乘為本　以故說是經
有佛子心淨　柔軟亦利根　無量諸佛所　而行深妙道
為此諸佛子　說是大乘經　我記如是人　來世成佛道
以深心念佛　脩持淨戒故　此等聞得佛　大喜充遍身
佛知彼心行　故為說大乘　聲聞若菩薩　聞我所說法
乃至於一偈　皆成佛無疑　十方佛土中　唯有一乘法
無二亦無三　除佛方便說　但以假名字　引導於衆生
說佛智慧故　諸佛出於世　唯此一事實　餘二則非真
終不以小乘　濟度於衆生　佛自住大乘　如其所得法
定慧力莊嚴　以此度衆生　自證無上道　大乘平等法
若以小乘化　乃至於一人　我則墮慳貪　此事為不可
若人信歸佛　如來不欺誑　亦無貪嫉意　斷諸法中惡
故佛於十方　而獨無所畏　我以相嚴身　光明照世間
無量衆所尊　為說實相印　舍利弗當知　我本立誓願
欲令一切衆　如我等無異　如我昔所願　今者已滿足
化一切衆生　皆令入佛道　若我遇衆生　盡教以佛道
無智者錯亂　迷惑不受教　我知此衆生　未曾脩善本
堅著於五欲　癡愛故生惱　以諸欲因緣　墜墮三惡道
輪迴六趣中　備受諸苦毒　受胎之微形　世世常增長

BD05557 號　妙法蓮華經卷一　（16–11）

欲令一切衆　如我等無異　如我昔所願　今者已滿足
化一切衆生　皆令入佛道　若我遇衆生　盡教以佛道
無智者錯亂　迷惑不受教　我知此衆生　未曾脩善本
堅著於五欲　癡愛故生惱　以諸欲因緣　墜墮三惡道
輪迴六趣中　備受諸苦毒　受胎之微形　世世常增長
薄德少福人　衆苦所逼迫　入邪見稠林　若有若無等
依止此諸見　具足六十二　深著虛妄法　堅受不可捨
我慢自矜高　諂曲心不實　於千万億劫　不聞佛名字
亦不聞正法　如是人難度　是故舍利弗　我為設方便
說諸盡苦道　示之以涅槃　我雖說涅槃　是亦非真滅
諸法從本來　常自寂滅相　佛子行道已　來世得作佛
我有方便力　開示三乘法　一切諸世尊　皆說一乘道
今此諸大衆　皆應除疑惑　諸佛語無異　唯一無二乘
過去無數劫　無量滅度佛　百千万億種　其數不可量
如是諸世尊　種種緣譬喻　無數方便力　演說諸法相
是諸世尊等　皆說一乘法　化無量衆生　令入於佛道
又諸大聖主　知一切世間　天人群生類　深心之所欲
更以異方便　助顯第一義　若有衆生類　值諸過去佛
若聞法布施　或持戒忍辱　精進禪智等　種種脩福德
如是諸人等　皆已成佛道　諸佛滅度已　若人善軟心
如是諸衆生　皆已成佛道　諸佛滅度已　供養舍利者
起万億種塔　金銀及頗梨　車璖與馬瑙　玫瑰瑠璃珠
清淨廣嚴飾　莊校於諸塔　或有起石廟　栴檀及沈水
木櫁并餘材　塼瓦泥土等　若於曠野中　積土成佛廟
乃至童子戲　聚沙為佛塔　如是諸人等　皆已成佛道
若人為佛故　建立諸形像　刻雕成衆相　皆已成佛道
或以七寶成　鍮石赤白銅　白鑞及鉛錫　鐵木及[illegible]

BD05557 號　妙法蓮華經卷一　（16–12）

金銀及頗梨　車璩與馬瑙　玫瑰琉璃珠
清淨廣嚴飾　莊校於諸塔　或有起石廟　栴檀及沉水
木櫁并餘材　塼瓦泥土等　若於曠野中　積土成佛廟
乃至童子戲　聚沙為佛塔　如是諸人等　皆已成佛道
若人為佛故　建立諸形像　刻彫成衆相　皆已成佛道
或以七寶成　鍮石赤白銅　白鑞及鈆錫　鐵木及與泥
或以膠漆布　嚴飾作佛像　如是諸人等　皆已成佛道
綵畫作佛像　百福莊嚴相　自作若使人　皆已成佛道
乃至童子戲　若草木及筆　或以指爪甲　而畫作佛像
如是諸人等　漸漸積功德　具足大悲心　皆已成佛道
但化諸菩薩　度脫无量衆　若人於塔廟　寶像及畫像
以華香幡蓋　敬心而供養　若使人作樂　擊鼓吹角貝
簫笛琴箜篌　琵琶鐃銅䥫　如是衆妙音　盡持以供養
或以歡喜心　歌唄頌佛德　乃至一小音　皆已成佛道
若人散亂心　乃至以一華　供養於畫像　漸見无數佛
或有人禮拜　或復但合掌　乃至舉一手　或復小低頭
以此供養像　漸見无量佛　自成无上道　廣度无數衆
入无餘涅槃　如薪盡火滅　若人散亂心　入於塔廟中
一稱南无佛　皆已成佛道　於諸過去佛　在世或滅後
若有聞是法　皆已成佛道　未來諸世尊　其數无有量
是諸如來等　亦方便說法　一切諸如來　以无量方便
度脫諸衆生　入佛无漏智　若有聞法者　无一不成佛
諸佛本誓願　我所行佛道　普欲令衆生　亦同得此道
未來世諸佛　雖說百千億　无數諸法門　其實為一乘
諸佛兩足尊　知法常无性　佛種從緣起　是故說一乘
是法住法位　世間相常住　於道場知已　導師方便說
天人所供養　現在十方佛　其數如恒沙　出現於世間

BD05557號　妙法蓮華經卷一　（16-13）

諸佛本誓願　我所行佛道　普欲令衆生　亦同得此道
未來世諸佛　雖說百千億　无數諸法門　其實為一乘
諸佛兩足尊　知法常无性　佛種從緣起　是故說一乘
是法住法位　世間相常住　於道場知已　導師方便說
天人所供養　現在十方佛　其數如恒沙　出現於世間
安隱衆生故　亦說如是法　知第一寂滅　以方便力故
雖示種種道　其實為佛乘　知衆生諸行　深心之所念
過去所習業　欲性精進力　及諸根利鈍　以種種因緣
譬喻亦言辭　隨應方便說　今我亦如是　安隱衆生故
以種種法門　宣示於佛道　我以智慧力　知衆生性欲
方便說諸法　皆令得歡喜　舍利弗當知　我以佛眼觀
見六道衆生　貧窮无福慧　入生死險道　相續苦不斷
深著於五欲　如犛牛愛尾　以貪愛自蔽　盲瞑无所見
不求大勢佛　及與斷苦法　深入諸邪見　以苦欲捨苦
為是衆生故　而起大悲心　我始坐道場　觀樹亦經行
於三七日中　思惟如是事　我所得智慧　微妙最第一
衆生諸根鈍　著樂癡所盲　如斯之等類　云何而可度
尒時諸梵王　及諸天帝釋　護世四天王　及大自在天
并餘諸天衆　眷屬百千万　恭敬合掌禮　請我轉法輪
我即自思惟　若但讚佛乘　衆生沒在苦　不能信是法
破法不信故　墜於三惡道　我寧不說法　疾入於涅槃
尋念過去佛　所行方便力　我今所得道　亦應說三乘
作是思惟時　十方佛皆現　梵音慰喻我　善哉釋迦文
第一之導師　得是无上法　隨諸一切佛　而用方便力
我等亦皆得　最妙第一法　為諸衆生類　分別說三乘
少智樂小法　不自信作佛　是故以方便　分別說諸果

BD05557號　妙法蓮華經卷一　（16-14）

作是思惟時　十方佛皆現　梵音慰喻我　善哉釋迦文
第一之導師　得是无上法　隨諸一切佛　而用方便力
我等亦皆得　最妙第一法　為諸衆生類　分別說三乘
少智樂小法　不自信作佛　是故以方便　分別說諸果
雖復說三乘　但為教菩薩　舍利弗當知　我聞聖師子
深淨微妙音　喜稱南无佛　復作如是念　我出濁惡世
如諸佛所說　我亦隨順行　思惟是事已　即趣波羅柰
諸法寂滅相　不可以言宣　以方便力故　為五比丘說
是名轉法輪　便有涅槃音　及以阿羅漢　法僧差別名
從久遠劫來　讚示涅槃法　生死苦永盡　我常如是說
舍利弗當知　我見佛子等　志求佛道者　无量千万億
咸以恭敬心　皆來至佛所　曾從諸佛聞　方便所說法
我即作是念　所以出於世　為說佛慧故　今正是其時
舍利弗當知　鈍根小智人　著相憍慢者　不能信是法
今我喜无畏　於諸菩薩中　正直捨方便　但說无上道
菩薩聞是法　疑網皆已除　千二百羅漢　悉亦當作佛
如三世諸佛　說法之儀式　我今亦如是　說无分別法
諸佛興出世　懸遠值遇難　正使出于世　說是法復難
无量无數劫　聞是法亦難　能聽是法者　斯人亦復難
譬如優曇華　一切皆愛樂　天人所希有　時時乃一出
聞法歡喜讚　乃至發一言　則為已供養　一切三世佛
是人甚希有　過於優曇華　汝等勿有疑　我為諸法王
普告諸大衆　但以一乘道　教化諸菩薩　无聲聞弟子
汝等舍利弗　聲聞及菩薩　當知是妙法　諸佛之祕要
以五濁惡世　但樂著諸欲　如是等衆生　終不求佛道
當來世惡人　聞佛說一乘　迷惑不信受　破法墮惡道

BD05557號　妙法蓮華經卷一　（16–15）

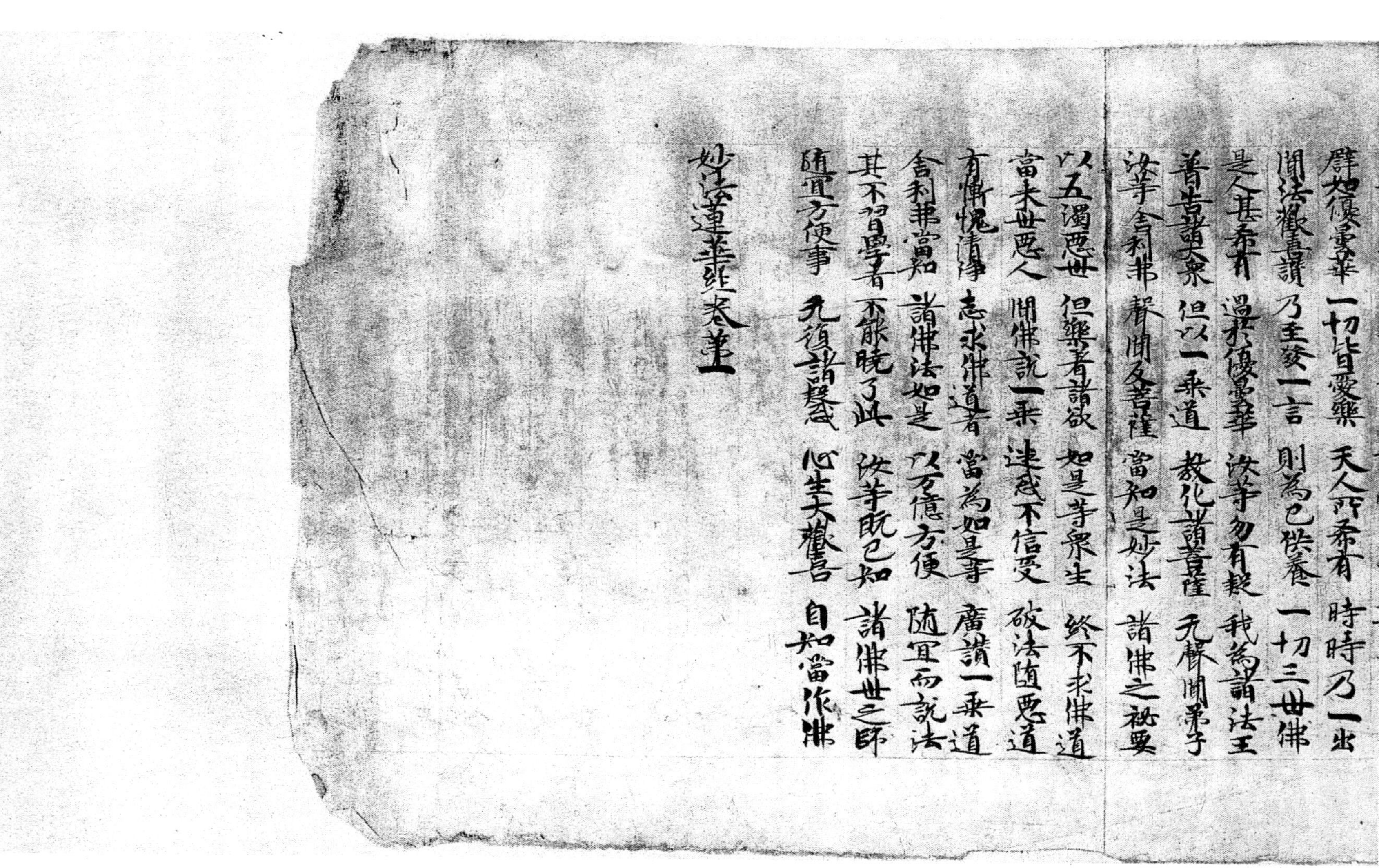

譬如優曇華　一切皆愛樂　天人所希有　時時乃一出
聞法歡喜讚　乃至發一言　則為已供養　一切三世佛
是人甚希有　過於優曇華　汝等勿有疑　我為諸法王
普告諸大衆　但以一乘道　教化諸菩薩　无聲聞弟子
汝等舍利弗　聲聞及菩薩　當知是妙法　諸佛之祕要
以五濁惡世　但樂著諸欲　如是等衆生　終不求佛道
當來世惡人　聞佛說一乘　迷惑不信受　破法墮惡道
有慚愧清淨　志求佛道者　當為如是等　廣讚一乘道
舍利弗當知　諸佛法如是　以万億方便　隨宜而說法
其不習學者　不能曉了此　汝等既已知　諸佛世之師
隨宜方便事　无復諸疑惑　心生大歡喜　自知當作佛

妙法蓮華經卷第一

BD05557號　妙法蓮華經卷一　（16–16）

BD05557號背　雜寫　（1–1）

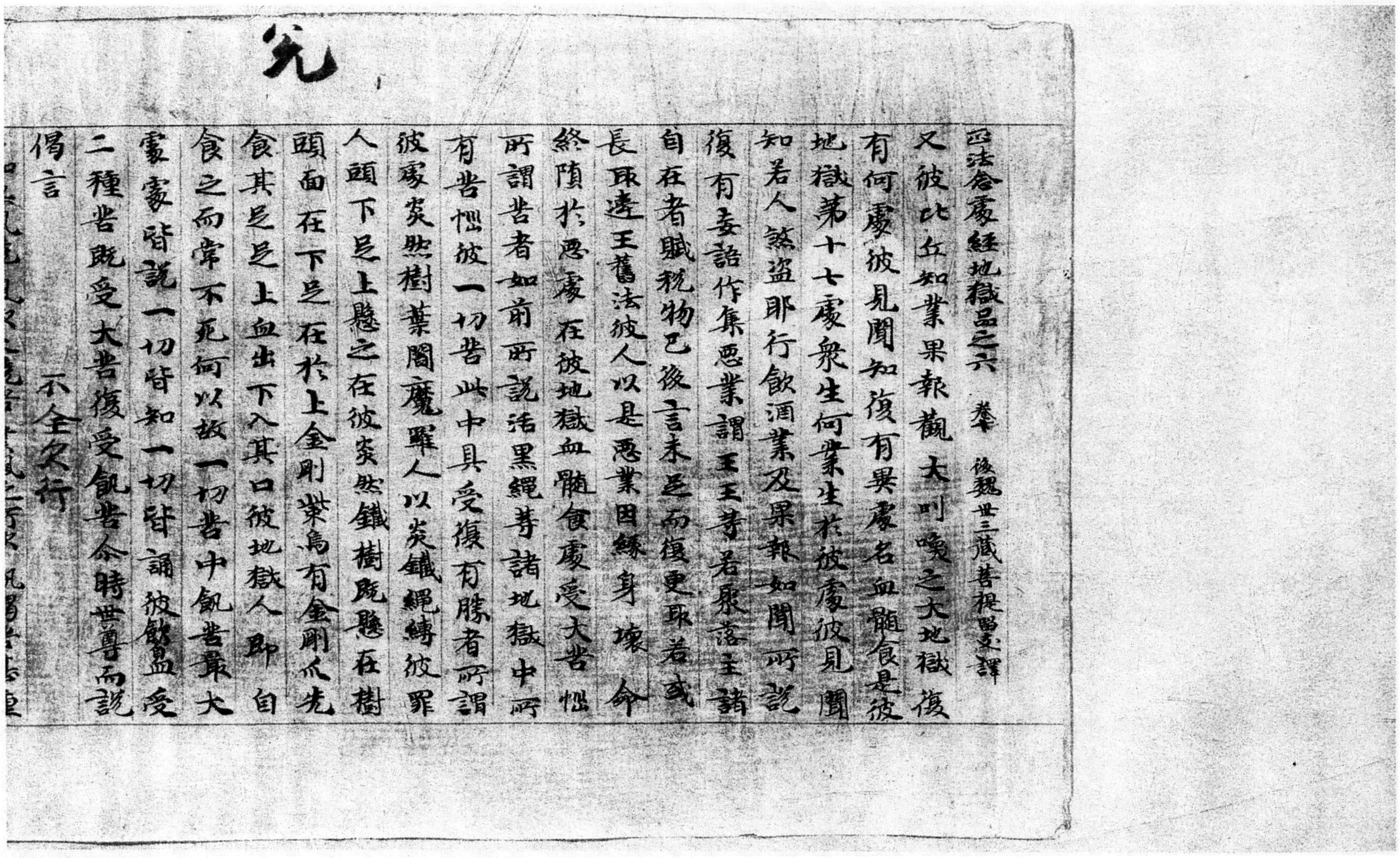

兌

正法念處經地獄品之六　卷十　後魏世三藏菩提留支譯
又彼比丘知業果報觀大叫喚之大地獄復
有何處彼見聞知復有異處名血髓食是彼
地獄第十七處衆生何業生於彼處彼見聞
知若人殺盜邪行飲酒業及果報如聞所說
復有妄語作集惡業謂王王等若聚落主諸
自在者賦稅物已後言未足而復更取若或
長取違王舊法彼人以是惡業因緣身壞命
終墮於惡處在彼地獄血髓食處受大苦惱
所謂苦者如前所說活黑繩等諸地獄中所
有苦惱彼一切苦此中具受復有勝者所謂
彼處炎然樹葉閻魔羅人以炎鐵繩縛彼罪
人頭下足上懸之在彼炎然鐵樹既懸在樹
頭面在下足在於上金剛嘴鳥有金剛爪先
食其足足上血出下入其口彼地獄人即自
食之而常不死何以故一切苦中飢苦最大
處處皆說一切皆知一切皆誦彼飲血受
二種苦既受大苦復受飢苦尒時世尊而說
偈言　不全欠行

BD05558號　正法念處經（兌廢稿）卷一〇　（2–1）

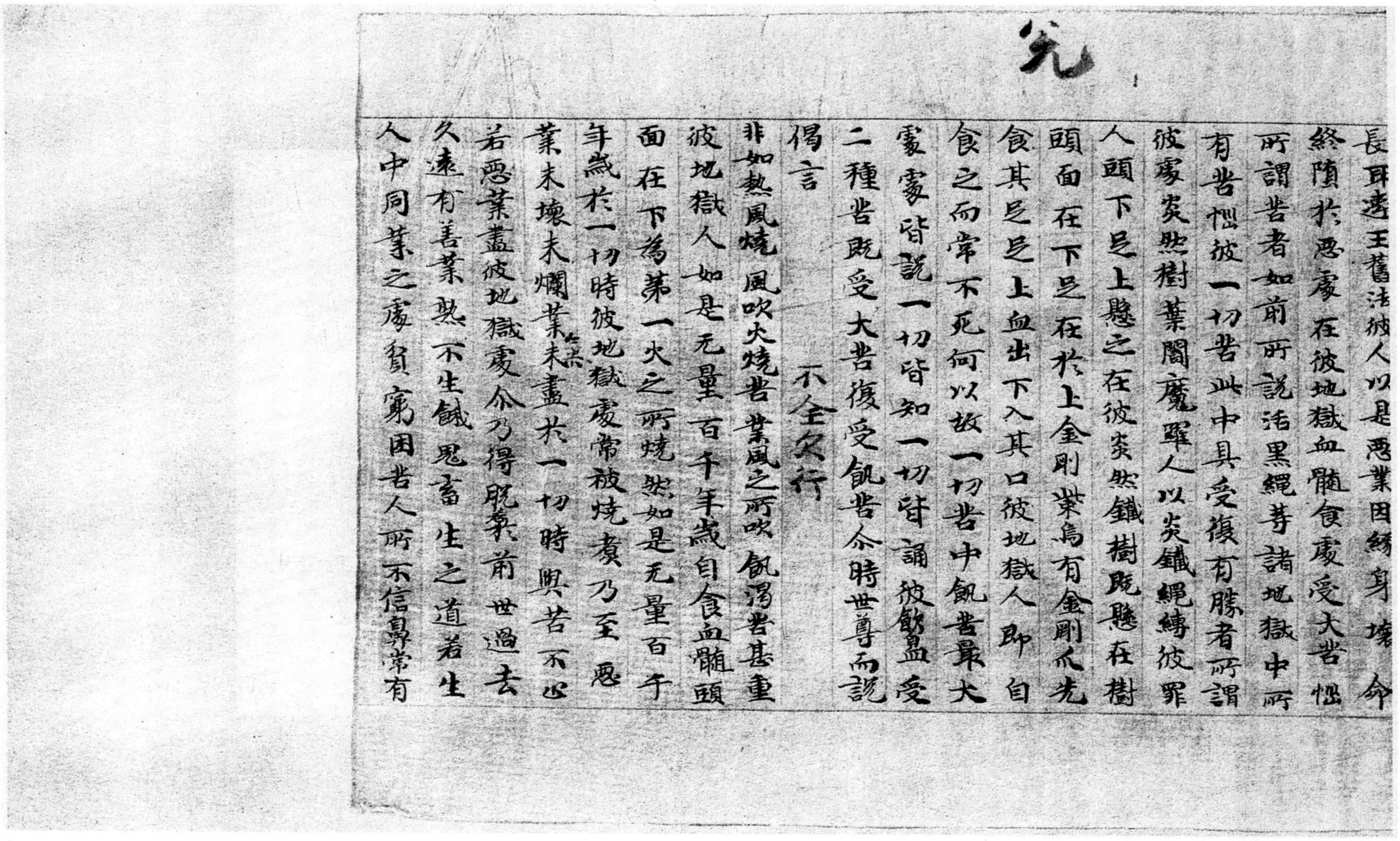

長耳遶王舊活彼人以是惡業因緣身壞命
終墮於惡處在彼地獄血髓食處受大苦惱
所謂苦者如前所說活黑繩等諸地獄中所
有苦惱彼一切苦此中具受復有勝者所謂
彼處炎然樹葉閻魔羅人以炎鐵繩縛彼罪
人頭下足上懸之在彼炎然鐵樹既懸在樹
頭面在下足在於上金剛嘴烏有金剛爪先
食其足足上血出下入其口彼地獄人即自
食之而常不死何以故一切苦中飢苦最大
處處皆說一切皆知一切皆誦彼飲血受
二種苦既受大苦復受飢苦尒時世尊而說
偈言　不全欠行
非如熱風燒　風吹火燒苦　業風之所吹　飢渴苦甚重
彼地獄人如是无量百千年歲自食血髓頭
面在下為第一火之所燒然如是无量百千
年歲於一切時彼地獄處常被燒煮乃至惡
業未壞未爛業朽未盡於一切時與苦不离
若惡業盡彼地獄處尒乃得脫彼前世過去
久遠有善業熟不生餓鬼畜生之道若生
人中同業之處貧窮困苦人所不信鼻常有

BD05558號　正法念處經（兑廢稿）卷一〇　（2–2）

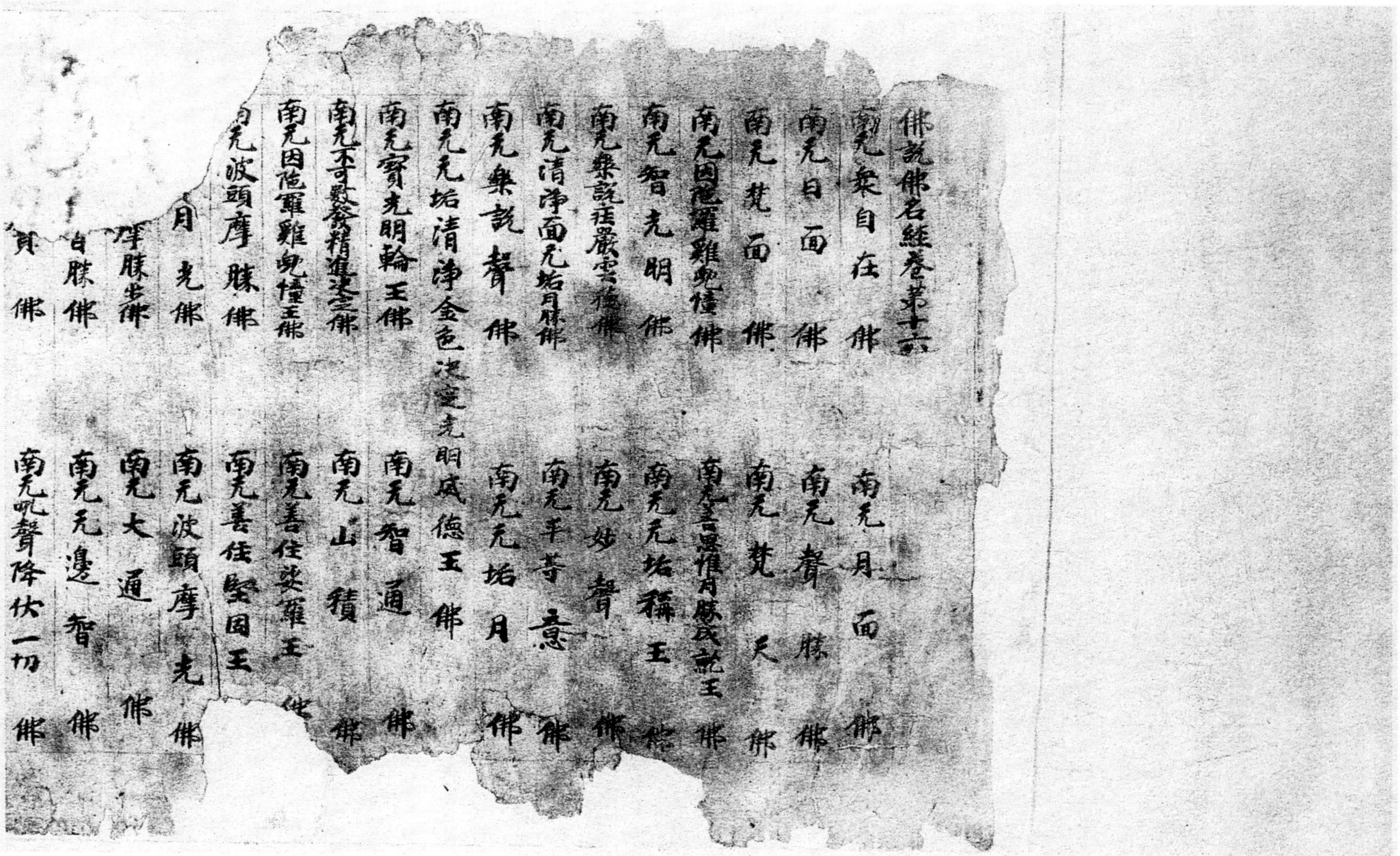

佛說佛名經卷第十六
南无衆自在佛　南无月面佛
南无日面佛　南无聲勝佛
南无梵面佛　南无梵天佛
南无因陁羅雞兜幢佛　南无善思惟月勝成就王佛
南无智光明佛　南无无垢稱王佛
南无衆說莊嚴雲王佛　南无妙聲佛
南无清淨面无垢月勝佛　南无平等意佛
南无衆說聲佛　南无无垢月佛
南无无垢清淨金色決定光明威德王佛
南无寶光明輪王佛　南无智通佛
南无不可思議精進決定佛　南无山積佛
南无因陁羅雞兜幢王佛　南无善住娑羅王佛
南无波頭摩勝佛　南无善住堅固王佛
月光佛　南无波頭摩光佛
勝藏佛　南无大通佛
白勝佛　南无无邊智佛
貝佛　南无吼聲降伏一切佛

BD05559號　佛名經（十六卷本）卷一六　（31–1）

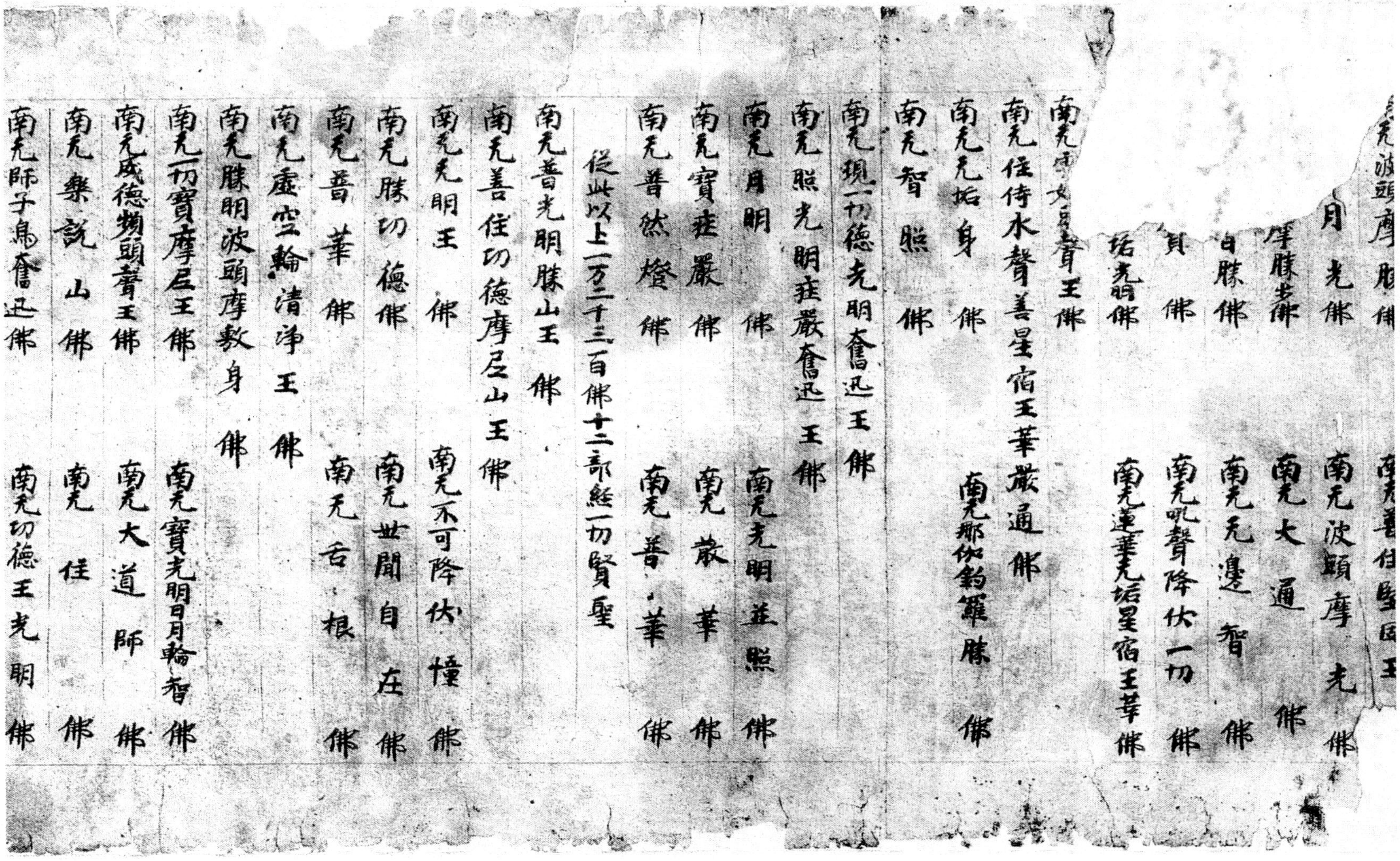

[illegible]无波頭摩勝佛　南无善住堅固王[illegible]
[illegible]月光佛　南无波頭摩光佛
[illegible]勝步佛　南无大通佛
[illegible]日勝佛　南无无邊智佛
[illegible]貝佛　南无吼聲降伏一切佛
[illegible]垢光明佛　南无蓮華光垢星宿王華佛
南无[illegible]聲王佛
南无住持水聲善星宿王華嚴通佛
南无无垢身佛　南无那伽鈎羅勝佛
南无智照佛
南无現一切德光明奮迅王佛
南无照光明莊嚴奮迅王佛
南无月明佛　南无光明普照佛
南无寶莊嚴佛　南无嚴華佛
南无普然燈佛　南无普華佛
從此以上一万二千三百佛十二部經一切賢聖
南无普光明勝山王佛
南无善住功德摩尼山王佛
南无无明王佛　南无不可降伏幢佛
南无勝功德佛　南无世間自在佛
南无普華佛　南无舌根佛
南无虛空輪清淨王佛
南无勝明波頭摩數身佛
南无一切寶摩尼王佛　南无寶光明日月輪智佛
南无威德蜘頭聲王佛　南无大道師佛
南无樂說山佛　南无住佛
南无師子鳥奮迅佛　南无功德王光明佛

BD05559號　佛名經（十六卷本）卷一六　（31–2）

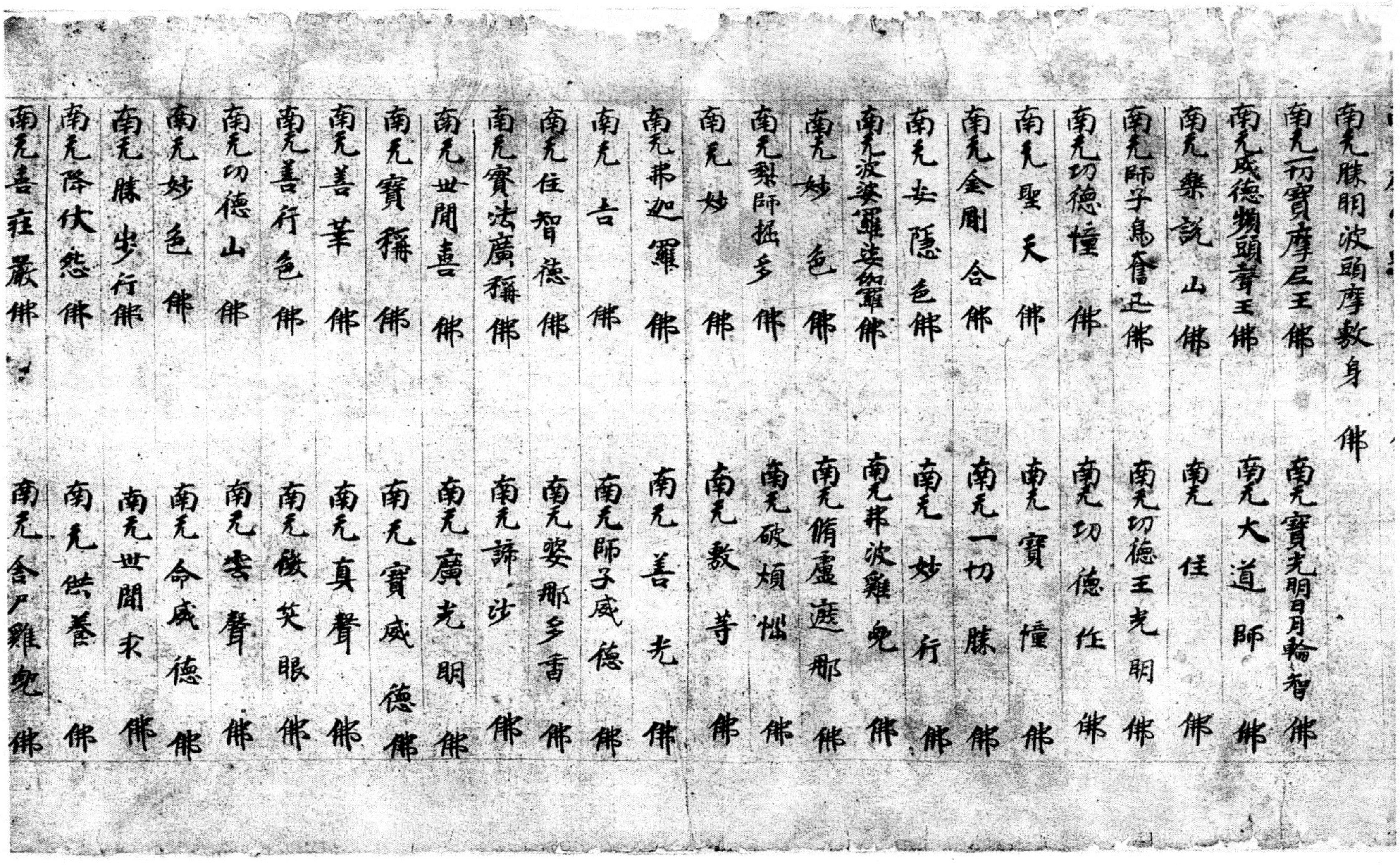

南无勝明波頭摩數身佛
南无一切寶摩尼王佛　南无寶光明日月輪智佛
南无威德蜘頭聲王佛　南无大道師佛
南无樂說山佛　南无住佛
南无師子鳥奮迅佛　南无功德王光明佛
南无功德幢佛　南无功德作佛
南无聖天佛　南无寶幢佛
南无金剛合佛　南无一切勝佛
南无安隱色佛　南无妙行佛
南无波婆羅娑留羅佛　南无弗波難兜佛
南无妙色佛　南无脩盧遮那佛
南无梨師掘多佛　南无破煩惱佛
南无妙佛　南无數等佛
南无弗迦羅佛　南无善光佛
南无吉佛　南无師子威德佛
南无住智德佛　南无婆耶多香佛
南无實法廣稱佛　南无諦沙佛
南无世間喜佛　南无廣光明佛
南无寶稱佛　南无寶威德佛
南无善華佛　南无真聲佛
南无善行色佛　南无微笑眼佛
南无功德山佛　南无雲聲佛
南无妙色佛　南无命威德佛
南无勝步行佛　南无世間求佛
南无降伏怨佛　南无供養佛
南无善莊嚴佛　南无舍尸難兜佛

BD05559號　佛名經（十六卷本）卷一六　（31–3）

南无善[illegible]色佛　南无[illegible]明佛
南无功德山佛　南无雲聲佛
南无妙色佛　南无命威德佛
南无勝步行佛　南无世間求佛
南无降伏怨佛　南无供養佛
南无喜莊嚴佛　南无舍尸難勉佛
南无弗若功德光佛　南无大威德佛
南无等寶蓋佛　南无那羅延佛
南无成就行佛　南无離優佛
南无无垢喜佛　南无无垢光明佛
南无摩堅固佛　南无无垢雲王佛
南无勝讓佛　南无梵功德天王佛
南无虛空步佛　南无妙智佛
南无法寶佛　南无不空見佛
南无難降伏光佛　南无月光佛
南无月佛　南无普光明佛
南无寶勝佛　南无普觀佛
南无不可數見佛　南无通佛
南无清淨光明寶佛　南无无垢辟佛
南无善洗淨无垢成就无邊功德勝王佛
南无義成就佛　南无第一然燈佛
南无功德寶勝佛　南无无垢光明佛
南无樂說莊嚴佛　南无无垢月難勉稱佛
南无鉤蘇摩莊嚴佛　南无火步佛
南无寶上佛　南无无畏觀佛
南无師子奮迅佛　南无離畏佛
從此以上一万二千四百佛十二部經一切賢聖

南无功德寶勝佛　南无无垢光明佛
南无樂說莊嚴佛　南无无垢月難勉稱佛
南无鉤蘇摩莊嚴佛　南无火步佛
南无寶上佛　南无无畏觀佛
南无師子奮迅佛　南无離畏佛
從此以上一万二千四百佛十二部經一切賢聖
南无不怯弱離驚怖佛
南无金王威德佛　南无梵勝天王佛
南无善月佛　南无光明王佛
南无難勉稱佛　南无閻浮光明佛
南无多摩羅跋旃檀香佛
南无不動佛　南无弥留山佛
南无師子聲佛　南无師子幢佛
南无住虛空佛　南无常入涅槃佛
南无因陁羅幢佛　南无甘露佛
南无降伏一切世間怨佛　南无得度佛
南无弥留劫佛　南无多摩羅跋旃檀香佛
南无雲自在佛　南无能破一切驚怖畏佛
南无普光明佛　南无法光明佛
南无海住持奮迅通佛　南无法虛空勝王佛
南无七寶波頭摩步佛　南无寶難勉佛
南无一切衆生愛見佛　南无滿足百千光明幢佛
南无娑羅自在王佛　南无法莊嚴王佛
南无普一寶蓋佛　南无星宿佛
南无普光明奮迅王佛　南无法莊嚴王佛
南无燈佛　南无堅精進佛

南无一切衆生愛見佛　南无滿足百千光明幢佛
南无娑羅自在王佛　南无法莊嚴王佛
南无普一寶蓋佛　南无星宿佛
南无普光明奮迅佛　南无法莊嚴王佛
南无燈佛　南无堅精進佛
南无法照光佛　南无住清淨眼佛
南无善住淨境界佛　南无月山佛
南无畢竟莊嚴无邊功德王佛
南无離諸煩惱佛
南无不空見佛　南无智上光明佛
南无成就无垢无邊清淨功德勝王佛
南无寶勝智成德莊嚴自在王佛
南无清淨光佛　南无敷華娑羅自在王佛
南无大華敷王佛　南无月輪清淨佛
南无寂靜月聲王佛　南无无邊堅精進住勝佛
南无波頭摩勝佛　南无法難兜佛
南无然燈佛　南无功德難兜佛
南无功德成佛　南无聖天佛
南无寶山佛　南无金剛山佛
南无一切勝佛　南无普香佛
南无善華佛　南无善勝佛
南无功德山佛　南无勝成就佛
南无拘隣佛　南无善明佛
南无頭陀羅吒佛　南无善生佛
南无梵勝佛　南无寂靜佛
南无梵德佛　南无因陀羅幢佛

南无功德山佛　南无勝成就佛
南无拘隣佛　南无善明佛
南无頭陀羅吒佛　南无善生佛
南无梵勝佛　南无寂靜佛
南无梵德佛　南无因陀羅幢佛
南无月色佛　南无无垢色佛
南无味佛　南无勝龍佛
南无龍天佛　南无金光明佛
南无勝聲因陀羅王佛　南无善須彌山佛
南无善色藏佛　南无大光佛
南无威德因陀羅佛　南无地迦佛
南无琉璃華佛　南无勝琉璃金光明佛
南无月勝佛　南无日吼佛
南无散華莊嚴光明佛
南无娑伽羅勝智奮迅通佛
南无水光明佛　南无大香行光明佛
南无離一切瞋恨意佛　南无寶勝佛
從此以上一万二千五百佛十二部經一切賢聖
南无勝積佛　南无勝山佛
南无住持多功德通法佛　南无日月琉璃光佛
南无心菩提華勝佛　南无日月佛
南无日光佛　南无華頭色王佛
南无駒脩彌多通佛　南无水月光明佛
南无破无明闇佛　南无普蓋寶佛
南无增長法樂佛　南无種師子聲增長吼佛
南无梵自在龍吼佛　南无世間自在佛

南无心菩提華勝佛　南无日月佛
南无日光佛　南无華髻色王佛
南无鉤脩弥多通佛　南无水月光明佛
南无破无明闇佛　南无普蓋寶佛
南无增長法樂佛　南无種師子聲增長吼佛
南无梵自在龍吼佛　南无世間自在佛
南无世間自在王佛　南无難勝佛
南无寶住佛　南无甘露聲佛
南无勝光佛　南无龍天佛
南无增上力佛　南无垢光佛
南无師子佛　南无世間增上佛
南无德山佛　南无人王佛
南无華勝佛　南无德无畏佛
南无能平等住佛　南无金剛步佛
南无初發諸畏一切煩惱勝德佛
南无寶光明步為佛　南无離諸魔難佛
南无初發心成就不退輪勝佛
南无寶蓋勝光明佛　南无能教化諸菩薩佛
南无初發心金斷一切煩惱染佛
南无降伏煩惱佛　南无勝光明王佛
南无三勝才勝佛
南无波頭摩上勝佛　南无日輪光明佛
南无日輪光明勝佛　南无均寶蓋佛
南无增上三勝奮迅佛　南无寶華普照勝佛
南无眾妙波頭摩步佛　南无寶輪光明勝德佛
南无寶藏佛　南无寶勝佛
南无寶燈王佛　南无堅精進思惟成就義佛

BD05559號　佛名經（十六卷本）卷一六　（31–8）

南无波頭摩上勝佛　南无日輪光明佛
南无日輪光明勝佛　南无均寶蓋佛
南无增上三勝奮迅佛　南无寶華普照勝佛
南无眾妙波頭摩步佛　南无寶輪光明勝德佛
南无寶藏佛　南无寶勝佛
南无寶燈王佛　南无堅精進思惟成就義佛
南无普光明稱佛　南无慧莊嚴功德稱佛
南无稱一切眾生念勝功德佛　南无吉稱功德佛
南无畢竟慚愧稱勝佛　南无廣光明佛
南无樂說莊嚴思惟佛　南无无垢月雜兔稱佛
南无鉤脩摩莊嚴光明佛　南无寶稱佛
南无无畏觀佛　南无師子力奮迅佛
南无伽那歌王光明佛　南无賢住佛
南无无垢光明佛　南无功德寶光明佛
南无精進力成就佛　南无善清淨光佛
南无得尊一切縛佛　南无无垢波頭摩藏勝佛
南无得无鄣导力解脫佛　南无十方稱名无畏佛
南无金剛勢佛　南无大寶聚佛
南无无邊功德莊嚴成德王劫佛
南无功德寶山佛　南无說一切莊嚴勝佛
南无无邊樂說莊嚴成就智佛
南无千雲吼聲王佛
南无妙金色光明威德勝照佛
南无種種威德王劫佛
南无阿僧祇億劫成就智佛
南无清淨金虛空吼光明佛

BD05559號　佛名經（十六卷本）卷一六　（31–9）

南无千雲吼聲王佛
南无妙金色光明威德勝照佛
南无種種威德王劫佛
南无阿僧祇億劫成就智佛
南无清淨金虗空吼光明佛
南无普光明佛　南无功德多寶海王佛
南无不空功德佛　南无妙鼓聲佛
南无照一切處佛
南无法自在佛　南无普見佛
南无大夫乘佛　南无光明幢佛
南无智難勝佛　南无娑羅胎佛
從此以上一万二千六百佛十二部經一切賢聖
南无寶尸棄佛　南无波頭摩藏佛
南无一切勝佛　南无婆伽羅佛
南无波頭摩藏佛　南无娑羅自在王佛
南无華佛　南无勝稱佛
次礼十二部尊經大藏法輪
南无五恐怖經　南无父母因緣經
南无内外无為經　南无五失蓋經
南无浮木經　南无内外六波羅蜜經
南无佛莊嚴淨經　南无鬼子母經
南无難龍王經　南无佛說菩薩經
南无觀行移四事經　南无難提和羅經
南无佛有百比丘經　南无旃陁越經
南无光世音大勢至受決經　南无梅有八事經
南无佛從上所行卅偈經　南无目連上淨居士經

南无難龍王經　南无佛說菩薩經
南无觀行移四事經　南无難提和羅經
南无佛有百比丘經　南无旃陁越經
南无光世音大勢至受決經　南无梅有八事經
南无佛從上所行卅偈經　南无目連上淨居士經
南无佛在竹園經　南无堅心經
南无目佉經　南无佛告舍利日經
次礼十方諸大菩薩
南无日慧世界堅固林菩薩
南无清淨慧世界如来林菩薩
南无梵慧世界智林菩薩
南无因陁羅世界法慧菩薩
南无蓮華世界一切慧菩薩
南无衆寶世界勝慧菩薩
南无優鉢羅世界功德慧菩薩
南无妙行世界精進慧菩薩
南无善行世界善慧菩薩
南无歡喜世界智慧菩薩
南无星宿世界真寶慧菩薩
南无歌懿世界无上慧菩薩
南无虗空世界堅固慧菩薩
南无堅固寶世界金剛幢菩薩
南无堅固寶王世界幢菩薩
南无堅固金世界夜光幢菩薩
南无堅固摩尼世界智幢菩薩
南无堅固金剛世界寶幢菩薩

[illegible]

南无堅固寶世界金剛幢　菩薩

南无堅固寶王世界幢　菩薩

南无堅固金世界定光幢　菩薩

南无堅固摩尼世界智幢　菩薩

南无堅固金剛世界寶幢　菩薩

南无堅固蓮華世界精進幢菩薩

南无堅固青華世界離垢　菩薩

南无堅固旃檀世界真寶幢　菩薩

南无堅固香世界法幢　菩薩

南无淨世界念意　菩薩

次礼聲聞緣覺一切賢聖

南无香辟支佛　南无有香辟支佛

南无見一切義勝辟支佛　南无可波羅辟支佛

南无桑摩利辟支佛　南无日淨辟支佛

南无善智辟支佛　南无脩陁羅辟支佛

南无善法辟支佛　南无應求辟支佛

南无路求辟支佛　南无大勢辟支佛

南无脩行不著辟支佛　南无難捨辟支佛

南无寶辟支佛　南无不可比辟支佛

南无散毒辟支佛　南无毒辟支佛

南无十二波羅蜜辟支佛　南无隨毒辟支佛

南无十同名迦羅辟支佛　南无大身辟支佛

礼三寶已次復懺悔

弟子今以捴相懺悔一切諸業今當次第更復別相懺悔

若捴若別若麁若細若軽若重若說不說品類相從願皆消

滅別相懺者先懺身三次懺口四其餘諸鄣次第稽顙身

BD05559號　佛名經（十六卷本）卷一六

（31–12）

南无十同名迦羅辟支佛　南无大身辟支佛

礼三寶已次復懺悔

弟子今以捴相懺悔一切諸業今當次第更復別相懺悔

若捴若別若麁若細若軽若重若說不說品類相從願皆消

滅別相懺者先懺身三次懺口四其餘諸鄣次第稽顙身

三業者第一殺害如經所明恕己可為喻勿煞勿行杖雖

復禽獸之殊保命畏死其事是一若尋此衆生无始以來或

是我父母兄弟六親眷屬以業因緣輪迴六道出生入死改

形易報不復相識而今興害食噉其肉傷慈之甚是故

佛語設得魚肉也又言為利煞衆生以錢納衆肉二俱是惡業

死墮叫呼地獄故知煞害及以食噉罪深河海過重丘岳

然弟子等无始以來不遇善友皆為此業是故經言煞害之罪

能令衆生墮於地獄餓鬼受苦若在畜生則受虎豹豺狼

鷹鷂等身或受毒蛇蝮蝎等身常懷惡心或受麞鹿熊

羆等身常懷恐怖若生人中得二種果報一者多病二者短

命煞害食噉既有如是无量種種諸惡果報是故弟子

至到稽顙歸依佛

南无東方滅諸怖畏佛　南无南方日月燈明佛

南无西方覺華光佛　南无方發功德佛

南无東南方除衆憂惱佛　南无西南方无生自在佛

南无西北方大神通王佛　南无東北方空離垢心佛

南无下方像同空无佛　南无上方瑠璃藏勝佛

如是十方盡虛空界一切三寶至心歸命常住三寶

弟子自從无始以來至於今日有此心識常懷慘毒无慈愍心

或因貪起煞因瞋因癡及以憍慢煞或興惡方便誓煞願煞及以呪

煞或破決湖池焚燒山野田獵魚捕或因風放火飛鷹放犬惱

BD05559號　佛名經（十六卷本）卷一六

（31–13）

南无下方像同空无佛　南无上方瑠璃藏勝佛
如是十方盡虛空界一切三寶至心歸命常住三寶
弟子自從无始以來至於今日有此心識常懷慘毒无慈愍心
或因貪起煞因瞋因癡及以慢煞或興惡方便誓煞願煞及以呪
煞或破決湖池焚燒山野田獵魚捕或因風放火飛鷹放犬惱
害一切如是等罪今悉懺悔至心歸命常住三寶
或以檻擸坑撥杈戟弓弩彈射飛鳥走獸之類或以罺網罾
鈎杴漉水性魚鼈黿鼉蝦蜆螺蚌溼居之屬使水陸之与空
行藏竄无地或畜養雞豬牛羊犬豕鵝鴨之屬自供庖廚或
貨他宰煞使哀聲未盡毛羽脫落鱗甲傷毀身首分離
骨肉銷碎剝裂屠割炮燒煮炙楚毒酸切横加无辜但取
一時之快口得味甚寡不過三寸舌根而已然其罪報殃各
累劫如是等罪今日至誠皆悉懺悔至心歸命常住三
寶
又復无始以來至於今日或復興師相伐壃埸交諍兩陣相
向更相煞害或自煞教煞聞煞歡喜或習屠鱠債爲刑戮烹
宰他命行於不忍或恣忿怒揮戈擧刃或斬或刺或推著
坑塹或以沉溺或塞穴壞巢土石塠壓或以車馬雷轢踐
蹋一切衆生如是等罪无量无邊今日發露皆悉懺悔
至心歸命常住三寶又復无始以來或墮胎破卵毒藥蠱道
傷煞衆生墾土掘地種殖田園養蠶煑繭傷煞滋其或
甚或打撲蚊蝱噆蚤虱或燒除糞掃開决溝渠枉害一切
或噉菓實或用穀米或水或菜横煞衆生或然樵薪或露
燈燭焚燒諸虫類或食醬酢不看搖動或寫湯水澆煞虫蟻
如是乃至行住坐卧四威儀中恒常傷煞飛空著地細微
衆生弟子以凡夫識暗不覺不知今日發露皆悉懺悔至心

BD05559號　佛名經（十六卷本）卷一六　（31–14）

甚或打撲蚊蝱噆蚤虱或燒除糞掃開决溝渠枉害一切
或噉菓實或用穀米或水或菜横煞衆生或然樵薪或露
燈燭焚燒諸虫類或食醬酢不看搖動或寫湯水澆煞虫蟻
如是乃至行住坐卧四威儀中恒常傷煞飛空著地細微
衆生弟子以凡夫識暗不覺不知今日發露皆悉懺悔至心
歸命常住三寶又復弟子无始以來至於今日或以鞭杖枷鎖
桁械壓拉考掠打擲手脚蹴蹋拘縛籠繫斷絕水穀如
種種諸惡方便苦惱衆生今日至誠向十方佛尊法聖衆
皆悉懺悔至心歸命常住三寶
願弟子等承是懺悔煞害等罪所生功德生生世世得金剛
身壽命无窮永離怨憎无煞害想於諸衆生得一子地若見
危難急厄之者不惜身命方便救解令得解脫然後爲說
微妙正法使諸衆生覩形見影皆蒙安樂聞名聽聲恐
怖悉除至心歸命常住三寶佛說罪業報應化地獄經
復有衆生五根不具何罪所致佛言以前世時飛鷹走狗
彈射鳥獸或破其頭或斷其足生拔羽翼故獲斯罪
復有衆生癃殘背僂腰髖不隨跛蹇手折不能行步何
罪所致佛言以前世時爲人疽魁行道安鏘或施射弋陷墜
衆生前後非一故獲斯罪
復有衆生爲諸獄卒執繫其身枷桁苦厄不能得免何罪所
生龍繫六畜或爲宰主令長貪取民物枉繫良善怨訴无
所故獲斯罪
復有衆生或顛或癡或狂或騃不別好醜何罪所致佛言以
前世時飲酒醉亂犯卅六失後得癡身如似醉人不別尊
卑故獲斯罪
南无見寶佛　南无智弥留佛

BD05559號　佛名經（十六卷本）卷一六　（31–15）

所致獲斯罪
復有衆生或顛或瘂或狂或騃不別好醜何罪所致佛言以
前世時飲酒醉亂犯卅六失後得瘂身如似醉人不別尊
卑故獲斯罪
南无見寶佛　南无智弥留佛
南无龍德佛　南无勝行佛
南无星宿佛　南无大莊嚴佛
南无光明王佛　南无能人佛
南无自在山佛　南无日面佛
南无善意佛　南无龍勝佛
南无弗沙佛　南无藥王佛
從此以上一万二千七百佛十二部經一切賢聖
南无師子山佛　南无住持勝德佛
南无飲甘露佛　南无放炎佛
南无山佛　南无護世間供養佛
南无多伽羅尸棄佛　南无離勝佛
南无大燈佛　南无波頭摩上佛
南无法幢佛　南无能然燈佛
南无離勝佛　南无離可意佛
南无真聲佛　南无妙聲佛
南无娑羅步佛　南无寶炎佛
南无愛見佛　南无須弥劫佛
南无旃檀光佛　南无日光佛
南无藥樹勝佛　南无覺佛
南无記佛　南无愛作佛
南无作无畏佛　南无波頭摩寶香佛

BD05559號　佛名經（十六卷本）卷一六　（31–16）

[illegible]佛　南[illegible]寶炎佛
南无愛見佛　南无須弥劫佛
南无旃檀光佛　南无日光佛
南无藥樹勝佛　南无覺佛
南无記佛　南无愛作佛
南无作无畏佛　南无波頭摩寶香佛
南无勝德佛　南无无垢佛
南无照佛　南无无煩惱佛
南无善来佛　南无善光佛
南无金色佛　南无能作光明佛
南无清淨佛　南无得脫佛
南无迦陵頻伽聲佛　南无能与法佛
南无善讃諸門佛　南无得意佛
南无離愛佛　南无不生寶佛
南无善讃諸根佛　南无梵聲佛
南无勝聲佛　南无妙聲佛
南无大慧佛　南无諸濁佛
南无不可動佛　南无樂解脫佛
南无勝二足佛　南无具足一切德莊嚴佛
南无相莊嚴佛　南无拘牟陀語佛
南无不可降伏語佛　南无常相應語佛
南无梵聲安隱衆生佛　南无娑羅華佛
南无金杖華佛　南无拘牟陀相佛
南无妙項佛　南无大牟尼佛
南无一切法到彼岸佛　南无除佛
南无不散心佛　南无荷吒伽色佛
南无善安成就佛　南无睺頭羅步佛

BD05559號　佛名經（十六卷本）卷一六　（31–17）

南无金枝華佛　南无拘羊陀相佛
南无妙項佛　南无大牟尼佛
南无一切法到彼岸佛　南无除佛
南无不散心佛　南无荷吒伽色佛
南无善寂成就佛　南无睺頭羅步佛
南无清淨手佛　南无常來佛
南无畢竟成就大悲佛　南无成就堅佛
南无常行成佛　南无離諍濁佛
南无清淨功德相佛　南无不千尼羅佛
南无勝藏佛　南无般若聲佛
南无般若寶畢竟佛　南无滿足意佛
南无世間自在王佛　南无无量命佛
南无大炎積佛　南无无邊寶佛
南无淨勝天佛　南无內外淨佛
南无寂諸根佛　南无軍燈佛
南无成就不思惟頻婆羅王佛　南无師子意佛
南无降伏力佛　南无住持速行佛
南无放光明王佛　南无毗頭奚吼佛
南无无念覺法王佛　南无國土莊嚴身佛
南无智根本華幢佛　南无化稱佛
從此以上一万二千八百佛十二部經一切賢聖
南无一切色摩尼藏佛　南无法藏自在佛
南无法藏波婆羅佛　南无无邊寶功德藏佛
南无淨華聲佛　南无大法王鈎脩摩勝佛
南无一切无盡藏佛　南无功德山藏佛

BD05559 號　佛名經（十六卷本）卷一六　（31–18）

南无智根本華幢佛　南无化稱佛
從此以上一万二千八百佛十二部經一切賢聖
南无一切色摩尼藏佛　南无法藏自在佛
南无法藏波婆羅佛　南无无邊寶功德藏佛
南无淨華聲佛　南无大法王鈎脩摩勝佛
南无一切无盡藏佛　南无功德山藏佛
南无星宿藏佛　南无虛空智山佛
南无智力天王佛　南无无障导海隨順智佛
南无无邊覺海藏佛　南无智王无盡稱佛
南无心意念迅佛　南无自性清淨智佛
南无智自在法王佛　南无差別去佛
南无自在見佛　南无隨順香見法滿佛
南无龍月佛　南无因陀羅波婆羅无障导王佛
南无智雞兜佛　南无智燈佛
南无大光明照佛　南无不可勝佛
南无照佛　南无銀雞兜幢蓋佛
南无威德自在王佛　南无覺王佛
南无寶藏佛　南无大婆伽羅佛
南无十方差佛　南无降伏魔佛
南无降伏貪佛　南无降伏瞋佛
南无降伏癡佛　南无无惱惕佛
南无降伏瞋恨諍佛　南无清淨佛
南无業勝得名佛　南无如意清淨得名佛
南无得施起名佛　南无得清淨戒名佛
南无起忍辱成就佛　南无得起精進名佛
南无得起禪名佛　南无得起般若名佛
南无成就施不可思議名佛

BD05559 號　佛名經（十六卷本）卷一六　（31–19）

南无降伏瞋恨垢佛　南无清淨佛
南无葉勝得名佛　南无如意清淨得名佛
南无得施起名佛　南无得清淨戒名佛
南无起忍辱成就佛　南无得起精進名佛
南无得起禪名佛　南无得起般若名佛
南无成就施不可思議名佛
南无成就戒不可思議名佛
南无成就禪不可思議名佛
南无成就般若不可思議佛
南无行成就得名佛
南无成就陀羅尼清淨得名佛
南无陀羅尼色清淨得名佛
南无陀羅尼施清淨得名佛
南无空无我自在得名佛　南无眼陀羅尼自在佛
南无耳陀羅尼自在佛　南无鼻陀羅尼自在佛
南无舌陀羅尼自在佛　南无身陀羅尼自在佛
南无意陀羅尼自在佛　南无色陀羅尼自在佛
南无聲陀羅尼自在佛　南无香陀羅尼自在佛
南无味陀羅尼自在佛　南无觸陀羅尼自在佛
南无陀(法)羅尼自在佛　南无地羅尼自在佛
南无法陀羅尼自在佛　南无水陀羅尼自在佛
南无風陀羅尼自在佛　南无苦自在佛
南无集自在佛　南无滅自在佛
南无道自在佛　南无陰自在佛
南无界自在佛　南无入自在佛
南无三世自在佛　南无陀羅尼華自在佛

BD05559號　佛名經（十六卷本）卷一六　（31–20）

南无法陀羅尼自在佛　南无水陀羅尼自在佛
南无風陀羅尼自在佛　南无苦自在佛
南无集自在佛　南无滅自在佛
南无道自在佛　南无陰自在佛
南无界自在佛　南无入自在佛
南无三世自在佛　南无陀羅尼華自在佛
南无吉光明佛　南无香燈衣自在光明佛
南无法幢佛　南无師子聲佛
南无照藏佛　南无法明敷身佛
南无一切通光佛　南无月智佛
南无妙勝佛　南无賢勝佛
南无普滿佛　南无普賢佛
南无那羅延王佛　南无成就一切義佛
南无住持威德佛　南无无畏觀佛
從此以上一万二千九百佛十二部經一切賢聖
南无如是等現在過去未來无量无邊佛
南无十千同名滿足佛　南无三万同名能聖佛
南无二千同名拘隣佛　南无十八億同名寶體戒佛
南无十八億同名日月燈佛　南无千五百同名大威德佛
南无一万五千同名歡喜佛　南无八万四千同名龍王佛
南无一万五千同名日佛　南无一万八千同名娑羅王佛
南无一万八千同名因陀羅王佛　南无八千同名善光佛
南无八百同名寂滅佛　南无卅六億十一佛
九千五百同名佛此諸佛名百千万劫不可
聞如憂曇鉢華若人受持讀誦此諸佛名畢
竟遠離諸煩惱
金剛幢應當敬礼波頭摩勝如來佛

BD05559號　佛名經（十六卷本）卷一六　（31–21）

南无一万八千同名因陁羅佛王　南无八千同名善光佛
南无八百同名寂滅佛　南无卅六億十一佛
九千五百同名佛此諸佛名百千万劫不可
聞如優曇鉢華若人受持讀誦此諸佛名畢
竟遠離諸煩惱
舍利弗應當敬礼波頭摩勝如来佛
南无寂王佛　南无　　佛
南无天光佛　南无德山佛
南无勝上佛　南无娑羅王佛
南无淨王佛　南无大慧梁佛
南无須弥佛　南无大智慧須慧佛
南无寶住佛　南无寶歲佛
南无破金剛佛　南无賢智不動佛
南无香善佛　南无甘露命佛
南无難勝佛　南无月光佛
南无日照佛　南无智雞兔佛
南无大師子佛　南无弥留山佛
南无香光佛　南无德山佛
南无大光佛　南无阿摩羅藏佛
南无寶圓佛　南无金剛藏佛
南无優波羅藏佛　南无大日佛
南无搞梁戴佛　南无月勝佛
南无樂堅固佛　南无不可思議法身佛
南无勝藏佛　南无不空王佛
南无金剛无㝵智佛　南无寶炎佛
南无賒施燈佛　南无降伏一切怨佛
南[illegible]佛　南[illegible]佛

BD05559號　佛名經（十六卷本）卷一六　（31–22）

南无搞梁戴佛　南无月勝佛
南无樂堅固佛　南无不可思議法身佛
南无勝藏佛　南无不空王佛
南无金剛无㝵智佛　南无寶炎佛
南无賒施燈佛　南无降伏一切怨佛
南无自在佛　南无大智真聲佛
南无般若香爲佛
舍利弗若善男子善女人聞此諸佛名受持讀誦不生疑者是人八千
億劫不入地獄不入畜生不入鬼道不生邊地不生貧窮家不生下賤家常
生天人豪貴之家常得歡喜遍樂无㝵常得一切世間尊重供養乃
至得大涅槃
舍利弗汝等應當敬礼不可燋身佛
南无稱聲佛　南无稱威佛
南无稱名佛　南无葉隨佛
南无聲炎佛　南无聲分勇猛佛
南无智勝佛　南无智善智佛
南无梵勝佛　南无淨婆藪佛
南无淨佛　南无淨天佛
南无淨聲佛　南无梵自在佛
南无威德佛　南无毗摩勝佛
南无毗摩意佛　南无毗摩面佛
南无毗摩聲佛　南无无邊聲佛
南无實見佛　南无善明月佛
南无无除聲佛　南无放聲佛
南无驚怖魔力聲佛　南无淨眼佛
南无无邊眼佛　南无善眼佛

BD05559號　佛名經（十六卷本）卷一六　（31–23）

南无毗摩意佛　南无毗摩面佛
南无毗摩聲佛　南无无邊聲佛
南无寶見佛　南无善明月佛
南无无詠聲佛　南无放聲佛
南无驚怖魔无力聲佛　南无淨眼佛
南无无邊眼佛　南无善眼佛
南无勝眼佛　南无不可行佛
南无寂勝佛　南无善寂心佛
南无善寂根佛　南无善寂意佛
南无善寂德佛　南无善住佛
南无衆自在王佛　南无大自在佛
南无衆解脫佛　南无法幢佛
從此以上一万三千佛十二部經一切賢聖
南无法山佛　南无法勝佛
南无法體佛　南无法力佛
南无法勇猛佛　南无法體決定佛
南无第二切八十億同名法體決定佛
舍利弗若善男子善女人受持是佛名畢竟不入地獄速得三藐
舍利弗過是佛名无量无邊阿僧祇劫有佛名人自在聲 次當歸命
彼人自在聲在(卜)佛壽命七十千万劫住世初會三億聲聞衆集八十那由
他千万菩薩衆集皆得諸神通具四无㝵通達一切空到彼岸我若无
量劫住世說彼佛大會國土莊嚴如大海水中一渧之分
次礼十二部尊經大藏法輪
南无文殊師利五體論過經
南无閑居經　南无文陀竭經
南无大受道受戒經　南无度世經
南无[illegible]經　南无[illegible]經

量劫住世說彼佛大會國土莊嚴如大海水中一渧之分
次礼十二部尊經大藏法輪
南无文殊師利五體論過經
南无閑居經　南无文陀竭經
南无大受道受戒經
南无分和檀王經　南无度世經
南无解无常經　南无大善權經
南无要真經　南无八念經
南无本本藏經　南无照明三昧經
南无八正道經　南无大六向拜經
南无胡般泥洹經　南无諸神呪經
南无大愛道泥洹經　南无本相猗致經
南无六淨經　南无十思惟經
南无流攝經　南无六十二見經
次礼十方諸大菩薩
南无淨世界陀羅尼自在王菩薩
南无善見世界堅固莊嚴菩薩
南无淨光世界功德山王菩薩
南无淨光世界山王菩薩
南无淨光世界師子吼菩薩
南无淨光世界跡勒菩薩
南无淨光世界功德聚菩薩
南无好成世界智積菩薩
南无寂靜世界進淨菩薩
南无善信淨菩薩　現在西北方菩薩名
南无旃檀香世界普明菩薩
南无[illegible]

南无好成世界智積　菩薩
南无寂静世界進淨　菩薩
南无善信淨菩薩
現在西北方菩薩竟
南无旃檀香世界普明菩薩
南无旃檀香世界大光菩薩
南无金剛世界法首　菩薩
南无思惟樹世界善首菩薩
南无離闇冥世界光曜內菩薩
南无日慧世界福德王菩薩
南无星宿世界然燈　菩薩
南无旃檀香世界海慧菩　菩薩
南无意入世界无量華熙垂嚴菩薩
南无金色世界文殊師利菩薩
南无樂色世界覺首菩薩
南无華色世界財首菩薩
南无瞻蔔華色世界寶首菩薩
次礼聲聞緣覺一切賢聖
南无脩行不著辟支佛　南无難捨辟支佛
南无寶辟支佛　南无不可比辟支佛
南无歡喜辟支佛　南无喜辟支佛
南无隨喜辟支佛
南无十二婆羅薗辟支佛
南无十同名婆羅辟支佛
南无十同名
南无大身辟支佛
南无同菩提辟支佛　南无摩訶男辟支佛

南无十二婆羅薗辟支佛
南无十同名婆羅辟支佛
南无十同名
南无大身辟支佛
南无同菩提辟支佛　南无摩訶男辟支佛
南无心上辟支佛　南无厭淨辟支佛
南无善快辟支佛　南无圍陁辟支佛
南无吉沙辟支佛　南无優波吉沙辟支佛
南无齋有辟支佛　南无優波支羅辟支佛
礼三寶已次復懺悔
次懺劫盜之業經中說言若物屬他他所守護於此物中一草一葉
不與不取何況盜竊但自衆生唯見現在利故以種種非道而取致
使未來受此殃黑是故經言劫盜之罪能令衆生墮於地獄餓鬼
受苦若在畜生則受牛馬驢騾駱駝等形以其所有身力血肉
償他宿債若生人中為他奴婢衣不蔽形食不充命貧寒困苦人理
殆盡劫盜既有如是苦報是故弟子今日至到稽首歸依於佛
南无東方壞諸煩惱佛
南无南方妙音自在佛
南无西方大雲光佛
南无北方雲自在佛
南无東南方无緣莊嚴佛
南无西南方過諸魔界佛
南无西北方見无恐懼佛
南无東北方一切德嚴佛
南无下方妙善住王佛
南无上方蓮華藏光佛

南无西南方過諸魔界佛
南无西北方見无怨懼佛
南无東北方一切德嚴佛
南无下方妙善住王佛
南无上方蓮華藏光佛
如是十方盡虛空界一切三寶至心歸命常住
三寶
弟子自從无始以來至於今日或盜他財寶興刃强奪或自
恃逼迫而取或公威或假勢力高析大秤枉謼良善吞納
姧貨身自爲畜爲此縈身羅憲納或任耶治領他財物假公益私侵
私益公損彼利此損此利彼割他自饒口與心恡或竊沒祖佔偷
度關稅匿公課輸藏隱使役如是等罪今悉懺悔至心歸
命常住三寶
或是佛法僧物不與而取或經像物或治營塔寺物或供養常住
僧物或擬招提僧物或盜取誤用恃勢不還或自借或貸人或
復換貸漏忘或三寶无分混亂雜用或以衆物穀米樵薪塩
豉醬醋菜茹菓實錢帛竹木繒幡蓋香花油燭隨情逐
意或自用或與人或摘佛華菓用僧鬘物因三寶財
私自利已如是等罪无量无邊今日慚愧皆悉懺悔至心歸命
常住三寶又復无始以來至于今日或往周遊朋友師僧同
學父母兄弟六親眷屬共住同止百一所須更相欺罔或於鄉隣比
近親籬拓攝侵他地宅改標易相奪略田園因公託私
奪人邸店及以屯野如是等罪今悉懺悔至心歸命常住
三寶
又復无始以來或攻城破邑燒村壞柵偷賣良民誘他奴
婢或復枉押无罪之人使其形骸血刃身被放鏁家業破

BD05559號 佛名經（十六卷本）卷一六 （31–28）

近親籬拓攝侵他地宅改標易相奪略田園因公託私
奪人邸店及以屯野如是等罪今悉懺悔至心歸命常住
三寶
又復无始以來或攻城破邑燒村壞柵偷賣良民誘他奴
婢或復枉押无罪之人使其形骸血刃身被放鏁家業破
散骨肉生離分張異域生死隔絶如是等罪无量无邊今悉
至心皆盡懺悔至心歸命常住三寶
又復无始以來至於今日或商侶博貨邸店市易輕稱
小斗減割尺寸盜竊分銖欺罔圭合以麁易好以短換長
巧欺百端希望豪利如是等罪今悉懺悔至心歸命常
住三寶 又復无始以來至於今日穿踰牆壁斷道抄掠
抵捍債息負情違要面欺心或非道陵奪鬼神禽
獸四生之物或假託卜相取人財寶如是乃至以利求利惡
求多求无猒无足如是等罪无量无邊不可說盡今日向
十方佛尊法聖衆皆悉懺悔至心歸命常住三寶
願弟子等承是懺悔劫盜等罪所生功德生生世世得
如意寶常雨七珎上妙衣服百味甘露種種湯藥隨
意所須應念即至一切衆生无偷奪相一切皆能少欲
知足不耽不染常樂專施行急濟道頭目髓腦捨
如棄涕唾迴向满足檀波羅蜜至心歸命常住三
寶佛說罪業報應教化地獄經
復有衆生其形短小陰藏甚大挽之身皮皆復進張引行步
即以之爲妙何罪所致佛言以前世時於市販賣自譽己物毀
他財器升斗秤前後故稱斯罪
復有衆生其形甚醜身黑如漆兩目復青高類個埤雹面
平鼻兩眼黄赤牙齒踈缺口氣腥臭矬短癰腫大腹遠寬脚

BD05559號 佛名經（十六卷本）卷一六 （31–29）

知足不耽不染常樂專施行急濟道頭目髓腦捨
如是棄涕唾迴向滿足檀波羅蜜至心歸命常住三
寶佛說罪業報應教化地獄經
復有衆生其形短小陰藏甚大挽之身皮皆復隨張行步
臥以之爲妨何罪所致佛言以前世時於市販賣自譽己物毀
他財寶升抒升斛稱前後故獲斯罪
復有衆生其形甚醜身黑如漆兩目復青高顴佃埠皰面
平鼻兩眼黃赤牙齒踈缺口氣腥臭矬短癰腫大腹遠臗
復了戾僂脊佝勒費衣健食惡瘡膿血水腫干消疥癩癰
疽種種諸惡集在其身雖親附人人不在意若他作罪横
羅其殃永不見佛永不聞法永不識僧何罪所致佛言
以前世時坐爲子不孝父母爲臣不忠其君爲上不接其下爲下
不敬其上朋友不實其信鄉黨不以其齒朝廷不以其爵心
意顛倒无有期度不信三尊煞君害師代國槌民攻城破塢偷
竊過盜惡業非一美己惡人侵孤老誣謗賢善輕慢尊長欺
誑下賤一切罪業集俱犯之衆生業報故獲斯罪

佛名經卷第十六

BD05559號　佛名經（十六卷本）卷一六　（31–30）

意顛倒无有期度不信三尊煞君害師代國槌民攻城破塢偷
竊過盜惡業非一美己惡人侵孤老誣謗賢善輕慢尊長欺
誑下賤一切罪業集俱犯之衆生業報故獲斯罪

佛名經卷第十六

BD05559號　佛名經（十六卷本）卷一六　（31–31）

衆心不……佛前
所有興作……佛法書寫此
行布施平……一无所問以……
……待无漏身成菩提道号曰
普光如來應正等覺劫名大滿國号无邊一
切人民皆行菩薩无上正法
復次善男子此八陽經行在閻浮提在在處
處有八陽菩薩諸梵天王一切明靈圍遶此
經香華供養如佛无異若善男子善女人等
爲諸衆生講說此經深解實相得甚深理即
知身心佛身法心所以能知即知慧眼常見
種種无盡色色即是空空即是色受想行識
亦空即是妙色身如來耳常聞種種无盡聲
聲即是空空即是聲是妙音聲如來鼻常
嗅種種无盡香香即是空空即是香是香積如
來舌常覺種種无盡味味即是空空即是味
是法喜如來身常覺種種无盡觸觸即是空
空即是觸是智明如來意常想分別種種无
盡法法即是空空即是法是法明如來善男
子此六根顯現人皆口說其善法法輪常轉
得成聖道若說邪語惡法常轉即墮惡趣善
男子善惡之理不得不信无导菩薩人之身
心是佛法器亦是十二部大經卷也无始已
來轉轉不盡不損豪毛如來藏經唯識心見

BD05560號　天地八陽神咒經

（8–1）

空即是觸是智明如來意常想分別種種无
盡法法即是空空即是法是法明如來善男
子此六根顯現人皆口說其善法法輪常轉
得成聖道若說邪語惡法常轉即墮惡趣善
男子善惡之理不得不信无导菩薩人之身
心是佛法器亦是十二部大經卷也无始已
來轉轉不盡不損豪毛如來藏經唯識心見
性者之所能知非諸聲聞凡夫所能知也
復次善男子讀誦此經爲他講說深解真理
者即知身心是佛法器若醉迷不醒不了自
心是佛法根本流浪諸趣墮於惡道永沉苦
海不聞佛名字无导菩薩復白佛言世尊人
之在世生死爲重生不擇日時至即生死不
擇日時至即死何因殯葬即問良辰吉日然
始殯葬殯葬之後還有妨害貧窮者多滅門
者不少唯願世尊爲諸邪見无知衆生說其
因緣令得正道除其顛倒
佛言善哉善哉善男子汝實甚能問於衆生
生死之事殯葬之法汝等諦聽當爲汝說智
慧之理大道之法夫天地廣大清日月廣長
明時年善善美實无有異善男子人王菩薩
甚大慈悲愍念衆生皆如赤子下爲人主作
人父母順於俗民教於俗法遣作曆日頒下
天下令時節爲有平滿成收開除之字執危
破煞之文愚人依字信用无不免於凶禍又
使邪師厭鎮說是道非謾邪神拜餓鬼却招
殃自受苦如斯人輩返天時逆地理背日月之
光明常投闇室違正道之廣路恒尋邪徑

BD05560號　天地八陽神咒經

（8–2）

天下今時節為有平滿成收開除之字執危
破煞之文愚人依字信用无不免於凶禍又
使邪師厭鎮說是道非溫邪神拜餓鬼却招
殃自受苦如斯人輩返天時逆地理背日月之
光明常投闇室違正道之廣路恒尋邪徑
顛倒之甚也
復次善男子生時讀此經三遍兒則易生大
吉利聰明利智福德具足而无中夭死時讀
經三遍一无妨害得福无量善男子日日好日
月月好月年年好年實无閒隔但辦即須殯
葬殯葬之日讀此經七遍甚大吉利獲福无
量門榮人貴延年益壽命終之日並得成聖
善男子殯葬之地不問東西南北安隱之處
人之愛樂鬼神愛樂即讀此經三遍便以修
營安置墓田永无災鄣家富人興甚大吉利
爾時世尊欲重宣此義而說偈言
營生善善日　休殯好好時　生死讀誦經　甚得大利益
月月善明月　年年大好年　讀經即殯葬　榮華万代昌
爾時衆中七万七千人聞佛所說心開意解
捨邪歸正得佛法分永斷疑惑皆得阿耨多
羅三藐三菩提
无㝵菩薩復白佛言世尊一切凡夫皆以婚
嫁為親先問相宜後取吉日然始成親已後
富貴偕老者少貧寒生離死別者多一種信
邪如何而有差別唯願世尊為決衆疑
佛言善男子汝等諦聽當為汝說天陰地陽
月陰日陽水陰火陽男陰女陽天地氣合一
切草木生焉日月交運四時八節明焉水火

BD05560號　天地八陽神咒經　（8-3）

嫁為親先問相宜後取吉日然始成親已後
富貴偕老者少貧寒生離死別者多一種信
邪如何而有差別唯願世尊為決衆疑
佛言善男子汝等諦聽當為汝說天陰地陽
月陰日陽水陰火陽男陰女陽天地氣合一
切草木生焉日月交運四時八節明焉水火
相承一切万物熟焉男女允諧子孫興焉皆
是天之常道自然之理世諦之法善男子愚
人无智信其邪師卜問望吉而不修善造種
種惡業命終之後復得人身者如指甲上土
墮於地獄作餓鬼畜生者如大地土善男子
復得人身正信修善者如指甲上土信邪造
惡業者如大地土善男子若結婚親莫問水
大相剋胎胞相壓唯看相命即知福德多少
以為眷屬呼迎之日讀此經三遍即以成礼
此乃善善相因明明相屬門高人貴子孫興盛
聰明利智多才多藝孝敬相承甚大吉利而
无中夭福德具足皆成佛道
時有八菩薩承佛威神得大總持常處人間
和光同塵破邪立正度四生處八解其名曰
䟦陁和菩薩漏盡和　羅隣竭菩薩漏盡和
憍日兜菩薩漏盡和　須彌深菩薩漏盡和
那羅達菩薩漏盡和　因坻達菩薩漏盡和
和輪調菩薩漏盡和　无緣觀菩薩漏盡和
是八菩薩俱白佛言世尊我等於諸佛所受
得陁羅尼神呪而今說之擁護受持讀誦八
陽經者永无恐怖使一切不善之物不得假
楨讀經法師即於佛前而說呪曰

BD05560號　天地八陽神咒經　（8-4）

那羅達菩薩漏盡和　因坻達菩薩漏盡和
和輪調菩薩漏盡和　无緣觀菩薩漏盡和
是八菩薩俱白佛言世尊我等於諸佛所受
得陁羅尼神呪而今說之擁護受持讀誦八
陽經者永无恐怖使一切不善之物不得假
損讀經法師即於佛前而說呪曰
阿佉尼　尼佉尼　阿毗羅　曼隸　曼多隸
世尊若有不善者頗來惱法師聞我說此呪
頭破作七分如阿梨樹枝
是時无邊身菩薩白佛言世尊云何名為八
陽經唯願世尊為諸聽衆解說其義令得醒
悟速達心本入佛知見永斷疑悔
佛言善哉善哉善男子汝等諦聽吾今為汝
解說八陽之經八者分別也陽者明解也明
解大乘无為之理了了能分別八識因緣空實
无所得又云八識為經陽明為緯經緯相投以
成經教故名八陽經八識者眼是色識耳是
聲識鼻是香識舌是味識身是觸識意是分別
識含藏識阿賴耶識是名八識明了分別八
識相源空无所有即知兩眼光明天光明天
中即現日月光明世尊兩耳是聲聞天聲聞
天中即現无量聲如來兩鼻是佛香天佛香
天中即現香積如來口舌是法味天法味天
中即現法喜如來身是盧舍那天盧舍那天
中即現成就盧舍那佛盧舍那鏡像佛盧舍
那光明佛意是无分別天无分別天中即現不
動如來大光明佛心是法界天法界天中即現
空王如來含藏識天演出阿那含經大涅

BD05560號　天地八陽神咒經　（8–5）

天中即現香積如來口舌是法味天法味天
中即現法喜如來身是盧舍那天盧舍那天
中即現成就盧舍那佛盧舍那鏡像佛盧舍
那光明佛意是无分別天无分別天中即現不
動如來大光明佛心是法界天法界天中即現
空王如來含藏識天演出阿那含經大涅
槃經阿賴耶識天演出大智度論經瑜伽論
善男子佛即是法法即是佛合為一相即現
大通智勝如來
佛說此經時一切大地六種震動光照天地无
有邊際浩浩蕩蕩而无所名一切幽冥皆悉
明朗一切地獄並皆消滅一切罪人俱得離苦
皆發无上菩提心
尒時衆中八万八千菩薩一時成佛号曰虛
空藏如來應正等覺劫名圓滿國号无邊一
切人民无有彼此並證无諍三昧六万六千
比丘比丘尼優婆塞優婆夷得大惣持入不
二法門无量天龍夜叉乾闥婆阿脩羅迦樓
羅緊那羅摩睺羅伽人非人等得法眼淨行
菩薩道
復次善男子若復有人得官登位之日及新
入宅之日即讀此經三遍甚大吉利獲福无
量善男子若讀此經一遍者如讀一切經一
遍能寫一卷者如寫一切經一部其功德不
可稱不可量无有邊際如斯人等即成聖道
復次无邊身菩薩摩訶薩若有衆生不信正
法常生耶見忽聞此經即生誹謗言非佛說
是人現世得白癩病惡瘡膿血遍體交流腥

BD05560號　天地八陽神咒經　（8–6）

復次善男子若復有人得官登位之日及新
入宅之日即讀此經三遍甚大吉利獲福无
量善男子若讀此經一遍者如讀一切經一
遍能寫一卷者如寫一切經一部其功德不
可稱不可量无有邊際如斯人等即成聖道
復次无邊身菩薩摩訶薩若有衆生不信正
法常生耶見忽聞此經即生誹謗言非佛說
是人現世得白癩病惡瘡膿血遍體交流腥
臊臭穢人皆憎嫉命終之日即墮阿鼻无間
地獄上火徹下下火徹上鐵叉遍身穿穴五
藏洋銅灌口觔骨爛壞一日一夜万死万生
受大苦痛无有休息謗斯經故獲罪如是佛
為罪人而說偈言
身是自然身 五體自然體 長乃自然長 老乃自然老
生則自然生 死則自然死 求長不得長 求短不能短
苦樂汝自當 耶正由汝已 欲作有為功 讀經莫問師
千千万万代 得道轉法輪
佛說此經已一切聽衆得未曾有心明意淨
歡喜踊躍皆見諸相非相入佛知見悟佛知
見无入无悟无知无見不得一法即涅槃樂
佛說八陽神呪經

BD05560 號　天地八陽神咒經　（8–7）

佛說八陽神呪經

BD05560 號　天地八陽神咒經　（8–8）

BD05560 號背　雜寫　（1–1）

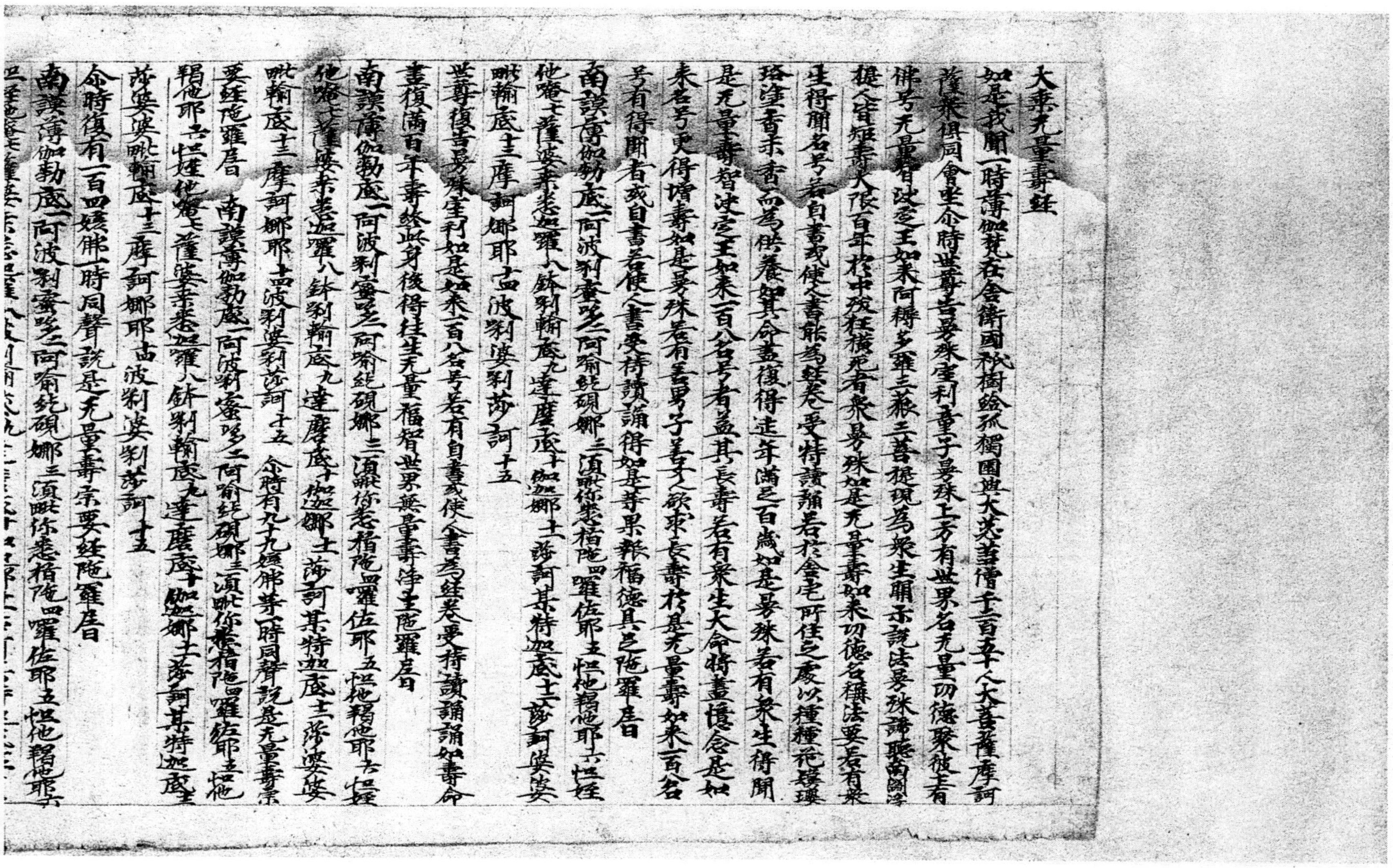

大乘无量壽經

如是我聞一時薄伽梵在舍衛國祇樹給孤獨園與大苾芻僧千二百五十人大菩薩摩訶
薩衆俱同會坐尒時世尊告曼殊室利童子曼殊上方有世界名无量功德聚彼有
佛號无量智決定王如來阿耨多羅三藐三菩提現為衆生開示說法曼殊諦聽閻浮
提人皆短壽大限百年於中夭枉橫死者衆曼殊如是无量壽如來功德名稱法要若有衆
生得聞名號若自書或使人書能為經卷受持讀誦若於舍宅所住之處以種種花鬘瓔
珞塗香末香而為供養如其命盡復得延年滿足百歲如是曼殊若有衆生得聞
是无量壽智決定王如來一百八名號者益其長壽若有衆生大命將盡憶念是如
來名號更得增壽如是曼殊若有善男子善女人欲求長壽於是无量壽如來一百八名
號有得聞者或自書若使人書受持讀誦得如是等果報福德具足陁羅尼曰
南謨薄伽勃底一阿波唎蜜哆二阿喻紇硯娜三須毗你悉指陁四囉佐耶五怛他羯他耶六怛姪
他唵七薩婆桑悉迦羅八鉢唎輸底九達摩底十伽迦娜十一莎訶其特迦底十二莎訶娑婆
毗輸底十三摩訶娜耶十四波唎婆唎莎訶十五
世尊復告曼殊室利如是如來一百八名號若有自書或使人書為經卷受持讀誦如壽命
盡復滿百年壽終此身後得往生无量福智世界無量壽淨土陁羅尼曰
南謨薄伽勃底一阿波唎蜜哆二阿喻紇硯娜三須毗你悉指陁四囉佐耶五怛他羯他耶六怛姪
他唵七薩婆桑悉迦羅八鉢唎輸底九達摩底十伽迦娜十一莎訶其特迦底十二莎婆婆
毗輸底十三摩訶娜耶十四波唎婆唎莎訶十五　尒時有九十九姟佛等一時同聲說是无量壽宗
要經陁羅尼曰　南謨薄伽勃底一阿波唎蜜哆二阿喻紇硯娜三須毗你悉指陁四囉佐耶五怛他
羯他耶六怛姪他唵七薩婆桑悉迦羅八鉢唎輸底九達摩底十伽迦娜十一莎訶其特迦底十二
莎婆婆毗輸底十三摩訶娜耶十四波唎婆唎莎訶十五
尒時復有一百四姟佛一時同聲說是无量壽宗要經陁羅尼曰
南謨薄伽勃底一阿波唎蜜哆二阿喻紇硯娜三須毗你悉指陁四囉佐耶五怛他羯他耶六

BD05561 號　無量壽宗要經　（6–1）

毗輸底十三 摩訶娜耶十四 波唎婆唎莎訶十五 尒時有九十九姟佛一時同聲說是无量壽宗
要經陀羅尼 南謨薄伽勒底一 阿波唎蜜哆二 阿喻紇硯娜三 須毗你悉指陀四 囉佐耶五 怛他
羯他耶六 怛姪他唵七 薩婆桑悉迦囉八 鉢唎輸底九 達摩底十 伽迦娜十一 莎訶某特迦底十二
薩婆婆毗輸底十三 摩訶娜耶十四 波唎婆唎莎訶十五
尒時復有一百四姟佛一時同聲說是无量壽宗要經陀羅尼
南謨薄伽勒底一 阿波唎蜜哆二 阿喻紇硯娜三 須毗你悉指陀四 囉佐耶五 怛他羯他耶六
怛姪他唵七 薩婆桑悉迦囉八 波唎輸底九 達摩底十 伽迦娜十一 莎訶某特迦底十二 薩
婆婆毗輸底十三 摩訶娜耶十四 波唎婆囉莎訶十五
尒時復有七姟佛一時同聲說是无量壽宗要經陀羅尼
南謨薄伽勒底一 阿波唎蜜哆二 阿喻紇硯娜三 須毗你悉指陀四 囉佐耶五 怛他羯他耶六
怛姪他唵七 薩婆桑悉迦囉八 波唎輸底九 達摩底十 伽迦娜十一 莎訶某特迦底十二 薩婆婆
毗輸底十三 摩訶娜耶十四 波唎婆囉莎訶十五
尒時復有六十五姟佛一時同聲說是无量壽宗要經陀羅尼
南謨薄伽勒底一 阿波唎蜜哆二 阿喻紇硯娜三 須毗你悉指陀四 囉佐耶五 怛他羯他耶六
怛姪他唵七 薩婆桑悉迦囉八 波唎輸底九 達摩底十 伽迦娜十一 莎訶某特迦底十二 薩
婆婆毗輸底十三 摩訶娜耶十四 波唎婆囉莎訶十五 尒時復有五十五姟佛一時同聲說是
无量壽宗要經陀羅尼 南謨薄伽勒底一 阿波唎蜜哆二 阿喻紇硯娜三 須毗你悉指陀
四 囉佐耶五 怛他羯他耶六 怛姪他唵七 薩婆桑悉迦囉八 波唎輸底九 達摩底十 伽迦娜十一 莎訶
某特迦底十二 薩婆婆毗輸底十三 摩訶娜耶十四 波唎婆囉莎訶十五
尒時復有四十五姟佛一時同聲說是无量壽宗要經陀羅尼
南謨薄伽勒底一 阿波唎蜜哆二 阿喻紇硯娜三 須毗你悉指陀四 囉佐耶五 怛他羯他耶六 怛
姪他唵七 薩婆桑悉迦囉八 波唎輸底九 達摩底十 伽迦娜十一 莎訶某特迦底十二 薩婆婆
毗輸底十三 摩訶娜耶十四 波唎婆囉莎訶十五 尒時復有三十五姟佛一時同聲說是无量
壽宗要經陀羅尼 南謨薄伽勒底一 阿波唎蜜哆二 阿喻紇硯娜三 須毗你悉指陀四 囉佐
耶五 怛他羯他耶六 怛姪他唵七 薩婆桑悉迦囉八 波唎輸底九 達摩底十 伽迦娜十一 莎訶某
特迦底十二 薩婆婆毗輸底十三 摩訶娜耶十四 波唎婆囉莎訶十五
尒時復有二十五姟佛一時同聲說是无量壽宗要經陀羅尼
南謨薄伽勒底一 阿波唎蜜哆二 阿喻紇硯娜三 須毗你悉指陀四 囉佐耶五 怛他羯他耶六 怛姪
他唵七 薩婆桑悉迦囉八 波唎輸底九 達摩底十 伽迦娜十一 莎訶某特迦底十二 薩婆婆毗輸底
十三 摩訶娜耶十四 波唎婆囉莎訶十五 尒時復有恒河沙姟佛一時同聲說是无量壽宗經

BD05561號 無量壽宗要經 （6–2）

特迦底十二 薩婆婆毗輸底十三 摩訶娜耶十四 波唎婆囉莎訶十五
尒時復有二十五姟佛一時同聲說是无量壽宗要經陀羅尼
南謨薄伽勒底一 阿波唎蜜哆二 阿喻紇硯娜三 須毗你悉指陀四 囉佐耶五 怛他羯他耶六 怛姪
他唵七 薩婆桑悉迦囉八 波唎輸底九 達摩底十 伽迦娜十一 莎訶某特迦底十二 薩婆婆毗輸底
十三 摩訶娜耶十四 波唎婆囉莎訶十五 尒時復有恒河沙姟佛一時同聲說是无量壽宗要經
陀羅尼 南謨薄伽勒底一 阿波唎蜜哆二 阿喻紇硯娜三 須毗你悉指陀四 囉佐耶五 怛他羯他耶六
怛姪他唵七 薩婆桑悉迦囉八 波唎輸底九 達摩底十 伽迦娜十一 莎訶某特迦底十二 薩婆婆
毗輸底十三 摩訶娜耶十四 波唎婆囉莎訶十五
善男子若有自書寫教人書寫是无量壽宗要經智其命盡復得長壽而滿年陀羅尼
南謨薄伽勒底一 阿波唎蜜哆二 阿喻紇硯娜三 須毗你悉指陀四 囉佐耶五 怛他羯他耶六 怛
姪他唵七 薩婆桑悉迦囉八 波唎輸底九 達摩底十 伽迦娜十一 莎訶某特迦底十二 薩婆婆
毗輸底十三 摩訶娜耶十四 波唎婆囉莎訶十五 若有自書寫教人書寫是无量壽宗要
經讀誦受持畢竟不墮地獄在在所生得宿命智陀羅尼
南謨薄伽勒底一 阿波唎蜜哆二 阿喻紇硯娜三 須毗你悉指陀四 囉佐耶五 怛他羯他耶六 怛
姪他唵七 薩婆桑悉迦囉八 波唎輸底九 達摩底十 伽迦娜十一 莎訶某特迦底十二 薩婆
婆毗輸底十三 摩訶娜耶十四 波唎婆囉莎訶十五 若有自書寫教人書寫是无量壽
宗要經受持讀誦如同書寫八万四千一切經典陀羅尼
南謨薄伽勒底一 阿波唎蜜哆二 阿喻紇硯娜三 須毗你悉指陀四 囉佐耶五 怛他羯他耶六
怛姪他唵七 薩婆桑悉迦囉八 波唎輸底九 達摩底十 伽迦娜十一 莎訶某特迦底十二 薩
婆婆毗輸底十三 摩訶娜耶十四 波唎婆囉莎訶十五
若有自書寫教人書寫是无量壽宗要經即是書寫八万四千部建立塔廟陀羅尼
南謨薄伽勒底一 阿波唎蜜哆二 阿喻紇硯娜三 須毗你悉指陀四 囉佐耶五 怛他羯他耶六
怛姪他唵七 薩婆桑悉迦囉八 波唎輸底九 達摩底十 伽迦娜十一 莎訶某特迦底十二 薩
婆婆毗輸底十三 摩訶娜耶十四 波唎婆囉莎訶十五
若有自書寫教人書寫是无量壽宗要經能消五无間等一切重罪陀羅尼
南謨薄伽勒底一 阿波唎蜜哆二 阿喻紇硯娜三 須毗你悉指陀四 囉佐耶五 怛他羯他耶
六 怛姪他唵七 薩婆桑悉迦囉八 波唎輸底九 達摩底十 伽迦娜十一 莎訶某特迦底十二 薩
婆婆毗輸底十三 摩訶娜耶十四 波唎婆囉莎訶十五 若有自書寫教人書寫是无
量壽宗要經受持讀誦設有重罪猶如須弥盡能除滅陀羅尼
南謨薄伽勒底一 阿波唎蜜哆二 阿喻紇硯娜三 須毗你悉指陀四 囉佐耶五 怛他羯他耶六 怛

BD05561號 無量壽宗要經 （6–3）

若有自書寫教人書寫是无量壽宗要經能消五无間等一切重罪陁羅尼
南謨薄伽勃底一阿波唎蜜哆二阿喻紇硯娜三須毗你悉指陁四囉佐耶五怛他羯他耶
六怛姪他唵七薩婆桑悉迦囉八波唎輸底九達磨底十伽迦娜十一莎訶其特迦底十二薩
婆婆毗輸底十三摩訶娜耶十四波唎婆囉莎訶十五　若有自書寫教人書寫是无
量壽宗要經受持讀誦設有重罪猶如須弥盡能除滅陁羅尼
南謨薄伽勃底一阿波唎蜜哆二阿喻紇硯娜三須毗你悉指陁四囉佐耶五怛他羯他耶六怛
姪他唵七薩婆桑悉迦囉八波唎輸底九達磨底十伽迦娜十一莎訶其特迦底十二薩婆
婆毗輸底十三摩訶娜耶十四波唎婆囉莎訶十五　若有自書寫教人書寫是无量壽
宗要經受持讀誦若魔魔之眷属夜叉羅剎不得其便終无枉死陁羅尼
南謨薄伽勃底一阿波唎蜜哆二阿喻紇硯娜三須毗你悉指陁四囉佐耶五怛他羯他耶六怛姪
他唵七薩婆桑悉迦囉八波唎輸底九達磨底十伽迦娜十一莎訶其特迦底十二薩婆婆毗
輸底十三摩訶娜耶十四波唎婆囉莎訶十五　若有自書寫教人書寫是无量壽宗要經受持
讀誦當命終特有九十九姟佛現其人前來千佛授手能遊一切佛剎莫於此經生於疑惑陁羅尼
南謨薄伽勃底一阿波唎蜜哆二阿喻紇硯娜三須毗你悉指陁四囉佐耶五怛他羯他耶六怛姪他
唵七薩婆桑悉迦囉八波唎輸底九達磨底十伽迦娜十一莎訶其特迦底十二薩婆婆毗輸
底十三摩訶娜耶十四波唎婆囉莎訶十五　若有自書寫教人書寫是无量壽宗要經受
持讀誦常得四天大王隨其衛護陁羅尼　南謨薄伽勃底一阿波唎蜜哆二阿喻紇硯娜三
須毗你悉指陁四囉佐耶五怛他羯他耶六怛姪他唵七薩婆桑悉迦囉八波唎輸底九達磨底
十伽迦娜十一莎訶其特迦底十二薩婆婆毗輸底十三摩訶娜耶十四波唎婆囉莎訶十五
若有自書寫教人書寫是无量壽宗要經受持讀誦當得往生西方極樂世界阿弥陁淨土
陁羅尼　南謨薄伽勃底一阿波唎蜜哆二阿喻紇硯娜三須毗你悉指陁四囉佐耶五怛他
羯他耶六怛姪他唵七薩婆桑悉迦囉八波唎輸底九達磨底十伽迦娜十一莎訶其特迦底
十二薩婆婆毗輸底十三摩訶娜耶十四波唎婆囉莎訶十五
若有方所自書寫使人書寫是无量壽經典之處則為是塔皆應恭敬作礼若是畜生
或為鳥獸得聞是經如是等類皆當不久得成一切種智陁羅尼
南謨薄伽勃底一阿波唎蜜哆二阿喻紇硯娜三須毗你悉指陁四囉佐耶五怛他羯他耶六怛姪他
唵七薩婆桑悉迦囉八波唎輸底九達磨底十伽迦娜十一莎訶其特迦底十二薩婆婆毗輸底
十三摩訶娜耶十四波唎婆囉莎訶十五　若有於是无量壽經自書寫若使人書畢竟不受
女人之身陁羅尼　南謨薄伽勃底一阿波唎蜜哆二阿喻紇硯娜三須毗你悉指陁四囉佐耶
五怛他羯他耶六怛姪他唵七薩婆桑悉迦囉八波唎輸底九達磨底十伽迦娜十一莎訶其特迦
底十二薩婆婆毗輸底十三摩訶娜耶十四波唎婆囉莎訶十五

BD05561號　無量壽宗要經

（6–4）

或為鳥獸得聞是經如是等類皆當不久得成一切種智陁羅尼
南謨薄伽勃底一阿波唎蜜哆二阿喻紇硯娜三須毗你悉指陁四囉佐耶五怛他羯他耶六怛姪他
唵七薩婆桑悉迦囉八波唎輸底九達磨底十伽迦娜十一莎訶其特迦底十二薩婆婆毗輸底
十三摩訶娜耶十四波唎婆囉莎訶十五　若有於是无量壽經自書寫若使人書畢竟不受
女人之身陁羅尼　南謨薄伽勃底一阿波唎蜜哆二阿喻紇硯娜三須毗你悉指陁四囉佐耶
五怛他羯他耶六怛姪他唵七薩婆桑悉迦囉八波唎輸底九達磨底十伽迦娜十一莎訶其特迦
底十二薩婆婆毗輸底十三摩訶娜耶十四波唎婆囉莎訶十五
若有能於是經少分能惠施者施者等於三千大千世界滿中七寶布施陁羅尼
南謨薄伽勃底一阿波唎蜜哆二阿喻紇硯娜三須毗你悉指陁四囉佐耶五怛他羯他耶六怛
姪他唵七薩婆桑悉迦囉八波唎輸底九達磨底十伽迦娜十一莎訶其特迦底十二薩婆婆
毗輸底十三摩訶娜耶十四波唎婆囉莎訶十五　若有能供養是經者則是供養一切
諸經等无有異陁羅尼　南謨薄伽勃底一阿波唎蜜哆二阿喻紇硯娜三須毗你悉
指陁四囉佐耶五怛他羯他耶六怛姪他唵七薩婆桑悉迦囉八波唎輸底九達磨底十伽
迦娜十一莎訶其特迦底十二薩婆婆毗輸底十三摩訶娜耶十四波唎婆囉莎訶十五
如是毗婆尸佛尸弃佛　毗舍浮佛　俱留孫佛　俱那含牟尼佛　迦葉佛　釋迦牟尼佛
若有人以七寶供養如是七佛其福有限書寫受持是无量壽經典所有功德不可限量
陁羅尼　南謨薄伽勃底一阿波唎蜜哆二阿喻紇硯娜三須毗你悉指陁四囉佐耶五怛他
羯他耶六怛姪他唵七薩婆桑悉迦囉八波唎輸底九達磨底十伽迦娜十一莎訶其特
迦底十二薩婆婆毗輸底十三摩訶娜耶十四波唎婆囉莎訶十五
若有七寶等於須弥以用布施其福上能知其限量是无量壽經典其福不可知數陁羅尼
南謨薄伽勃底一阿波唎蜜哆二阿喻紇硯娜三須毗你悉指陁四囉佐耶五怛他羯他耶六怛
姪他唵七薩婆桑悉迦囉八波唎輸底九達磨底十伽迦娜十一莎訶其特迦底十二薩婆婆
毗輸底十三摩訶娜耶十四波唎婆囉莎訶十五
如是四大海水可知滴數是无量壽經典所生果報不可數量陁羅尼
南謨薄伽勃底一阿波唎蜜哆二阿喻紇硯娜三須毗你悉指陁四囉佐耶五怛他羯他耶六怛
姪他唵七薩婆桑悉迦囉八波唎輸底九達磨底十伽迦娜十一莎訶其特迦底十二薩婆
婆毗輸底十三摩訶娜耶十四波唎婆囉莎訶十五
若有自書使人書寫是无量壽經典又能護持供養即如恭敬供養一切十方佛土如來无有
別異陁羅尼　南謨薄伽勃底一阿波唎蜜哆二阿喻紇硯娜三須毗你悉指陁四囉佐耶五怛
他羯他耶六怛姪他唵七薩婆桑悉迦囉八波唎輸底九達磨底十伽迦娜十一莎訶其特迦底
十二薩婆婆毗輸底十三摩訶娜耶十四波唎婆囉莎訶十五

BD05561號　無量壽宗要經

（6–5）

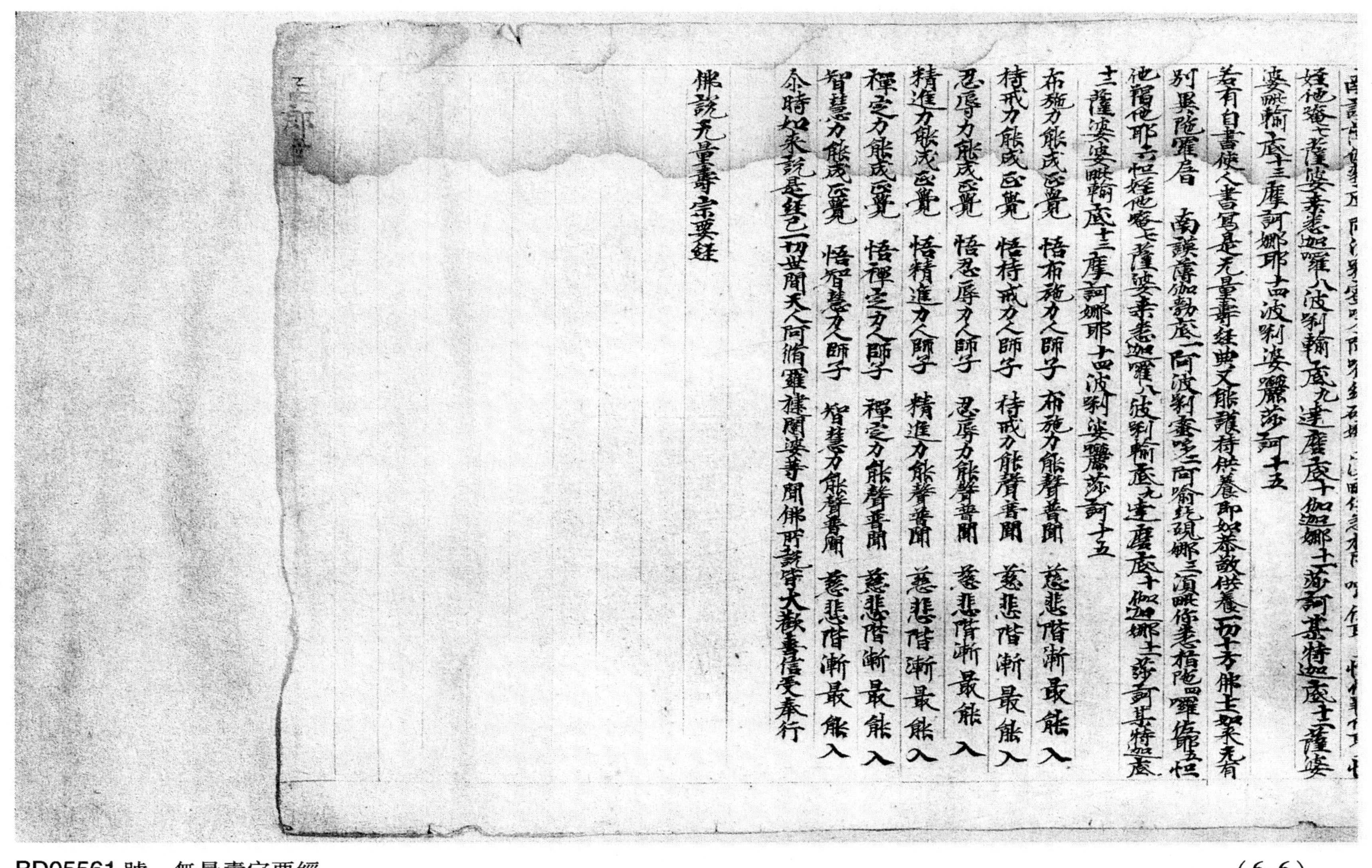

姪他誐七薩婆桑悉迦囉八波唎輸底九達磨底十伽迦娜十一莎訶其特迦底十二薩婆
娑毗輸底十三摩訶娜耶十四波唎婆囉莎訶十五
若有自書使人書寫是无量壽經典又能讙持供養即如恭敬供養一切十方佛土如來无有
別異陀羅尼　南謨薄伽勃底一阿波唎蜜哆二阿喻紇硯娜三須毗你悉指陀四囉佐耶五怛
他羯他耶六怛姪他誐七薩婆桑悉迦囉八波唎輸底九達磨底十伽迦娜十一莎訶其特迦底
十二薩婆娑毗輸底十三摩訶娜耶十四波唎婆囉莎訶十五
布施力能成正覺　悟布施力人師子　布施力能聲普聞　慈悲階漸最能入
持戒力能成正覺　悟持戒力人師子　持戒力能聲普聞　慈悲階漸最能入
忍辱力能成正覺　悟忍辱力人師子　忍辱力能聲普聞　慈悲階漸最能入
精進力能成正覺　悟精進力人師子　精進力能聲普聞　慈悲階漸最能入
禪定力能成正覺　悟禪定力人師子　禪定力能聲普聞　慈悲階漸最能入
智慧力能成正覺　悟智慧力人師子　智慧力能聲普聞　慈悲階漸最能入
尒時如來說是經已一切世間天人阿脩羅揵闥婆等聞佛所說皆大歡喜信受奉行
佛說无量壽宗要經

BD05561號　無量壽宗要經　（6–6）

諸天龍鬼神等入此室者聞斯上人講說正
法皆樂佛功德之香發心而出舍利弗吾止
此室十有二年初不聞說聲聞辟支佛法但
聞菩薩大慈大悲不可思議諸佛之法舍利
弗此室常現八未曾有難得之法何謂為八
此室常以金色光照晝夜无異不以日月所
照為明是為一未曾有難得之法此室入者
不為諸垢之所惱也是為二未曾有難得之
法此室常有釋梵四天王他方菩薩來會不
絕是為三未曾有難得之法此室常說六波
羅蜜不退轉法是為四未曾有難得之法堂
常作天人第一之樂絃出无量法化之聲是
為五未曾有難得之法此室常有四大藏眾寶
積滿周窮濟乏求得无盡是為六未曾有難
得之法此室釋迦牟尼佛阿弥陀佛阿閦佛

BD05562號　維摩詰所說經卷中　（4–1）

絶是爲三未曾有難得之法此室常説六波
羅蜜不退轉法是爲四未曾有難得之法此室
常作天人第一之樂絃出无量法化之聲是
爲五未曾有難得之法此室常有四大藏衆寶
積滿周窮濟乏求得无盡是爲六未曾有難
得之法此室釋迦牟尼佛阿弥陁佛阿閦佛
寶德寶焰寶月寶嚴難勝師子響一切利成
如是等十方无量諸佛是上人念時即皆爲
來廣説諸佛秘要法藏説已還去是爲七未
曾有難得之法此室一切諸天嚴飾宫殿諸
佛淨土皆於中現是爲八未曾有難得之法
舍利弗此室常現八未曾有難得之法誰有
見斯不思議事而復樂於聲聞法乎
舍利弗言汝何以不轉女身天曰我從十二
年來求女人相了不可得當何所轉譬如幻
師化作幻女若有人問何以不轉女身是人
爲正問不舍利弗言不也幻无定相當何所
轉天曰一切諸法亦復如是无有定相云何
乃問不轉女身即時天女以神通力變舍
利弗令如天女天自化身如舍利弗而問言何
以不轉女身舍利弗以天女像而荅曰我今
不知何轉而變爲女身天曰舍利弗若能轉
此女身則一切女人亦當能轉如舍利弗非
女而現女身一切女人亦復如是雖現女身
而非女也是故佛説一切諸法

利弗令如天女天自化身如舍利弗而問言何
以不轉女身舍利弗以天女像而荅曰我今
不知何轉而變爲女身天曰舍利弗若能轉
此女身則一切女人亦當能轉如舍利弗非
女而現女身一切女人亦復如是雖現女身
而非女也是故佛説一切諸法非男非女即
時天女還攝神力舍利弗身還復如故天問
舍利弗女身色相今何所在舍利弗言女身
色相无在无不在天曰一切諸法亦復如是
无在无不在夫无在无不在者佛所説也
舍利弗問天汝於此没當生何所天曰佛化
所生吾如彼生日佛化所生非没生也天曰
衆生猶然無没生也舍利弗問天汝久如當
得阿耨多羅三藐三菩提天曰如舍利弗還
爲凡夫我乃當成阿耨多羅三藐三菩提舍
利弗言我作凡夫无有是處天曰我得阿耨
多羅三藐三菩提亦无是處所以者何菩提
无住處是故无有得者舍利弗言今諸佛得
阿耨多羅三藐三菩提已得當得如恒
河沙皆謂何乎天曰皆以世俗文字數故説
有三世非謂菩提有去來今天曰舍利弗汝
得阿羅漢道邪曰无所得故而得天曰諸佛
菩薩亦復如是无所得故而得尒時維摩詰
語舍利弗是天女曾已供養九十二億佛已
能遊戲菩薩神通所願具足得无生忍住不

爲凡夫我乃當成阿耨多羅三藐三菩提舍
利弗言我作凡夫无有是處天曰我得阿耨
多羅三藐三菩提亦无是處所以者何菩提
无住處是故无有得者舍利弗言今諸佛得
阿耨多羅三藐三菩提已得當得如恒
河沙皆謂何乎天曰皆以世俗文字數故說
有三世非謂菩提有去來今天曰舍利弗汝
得阿羅漢道耶曰无所得故而得天曰諸佛
菩薩亦復如是无所得故而得尒時維摩詰
語舍利弗是天女曾已供養九十二億佛已
能遊戲菩薩神通所願具足得无生忍住不
退轉以本願故隨意能現教化衆生
佛道品第八
尒時文殊師利問維摩詰言菩薩云何通達
佛道維摩詰言若菩薩行於非道是爲通達
佛道又問云何菩薩行於非道答曰若菩薩
行五无間而无惱恚至于地獄无諸罪垢至
于畜生无有无明憍慢等過至于餓鬼而具

BD05562號　維摩詰所說經卷中　（4–4）

便得離瞋若多愚癡
便得離癡无盡意
威神力多
若有女人設
便生福德智慧之男
相之女宿殖德本衆
菩薩有如是力若有
菩薩福不唐捐是故
菩薩名号无盡意若有人受持
河沙菩薩名字復盡形供養
醫藥於汝意云何是善男子
不无盡意言甚多世尊佛言
觀世音菩薩名号乃至一時
人福正等无異於百千万億
盡意受持觀世音菩薩名号
邊福德之利
无盡意菩薩白佛言世尊觀世音
遊此娑婆世界云何而爲衆生說
便之
力其事云何佛告无盡意菩薩善男子若有

BD05563號　妙法蓮華經卷七　（4–1）

盡意受持觀世音菩薩名号福
邊福德之利
无盡意菩薩白佛言世尊觀世音
遊此娑婆世界云何而為衆生説[illegible]便之
力其事云何佛告无盡意菩薩善男子若有
國土衆生應以佛身得度者觀世音菩薩即
現佛身而為説法應以辟支佛身得度者即
現辟支佛身而為説法應以聲聞身得度者
即現聲聞身而為説法應以梵王
即現梵王身而為説法應以帝釋
即現帝釋身而為説法應以自在天[illegible]得度
者即現自在天身而為説法應以大自在天
身得度者即現大自在天身而為説法應以
天大將軍身得度者即現天大將軍身而為
説法應以毗沙門身得度者即現[illegible]沙門身
而為説法應以小王身得度者即現小王身
而為説法應以長者身得度者即現長者身
而為説法應以居士身得度者即現居士身
而為説法應以宰官身得度者即現宰官身
而為説法應以婆羅門身得度者即現婆羅
門身而為説法應以比丘比丘尼優婆塞優
婆夷身得度者即現比丘比丘尼優婆塞優
婆夷身而為説法應以長者居士宰官婆羅
門婦女身得度者即現婦女身而為説法應
以童男童女身得度者即現童男童女身而
為説法應以天龍夜叉乾闥婆阿脩羅迦樓

BD05563 號　妙法蓮華經卷七

（4–2）

而為説法應以婆羅門身得度者即現婆羅
門身而為説法應以比丘比丘尼優婆塞優
婆夷身得度者即現比丘比丘尼優婆塞優
婆夷身而為説法應以長者居士宰官婆羅
門婦女身得度者即現婦女身而為説法應
以童男童女身得度者即現童男童女身而
為説法應以天龍夜叉乾闥婆阿脩羅迦樓
羅緊那羅摩睺羅伽人非人等身得度者即
皆現之而為説法應以執金剛神得度者即
現執金剛神而為説法无盡意是觀世音菩
薩成就如是功德以種種形遊諸國土度脱
衆生是故汝等應當一心供養觀世音菩薩是
觀世音菩薩摩訶薩於怖畏急難之中能施
无畏是故此娑婆世界皆号之為施无畏者
无盡意菩薩白佛言世尊我今當供養觀世
音菩薩即解頸衆寶珠瓔珞價直百千兩金
而以與之作是言仁者受此法施珎寶瓔珞
時觀世音菩薩不肯受之无盡意復白觀世
音菩薩言仁者愍我等故受此瓔珞
尒時佛告觀世音菩薩當愍此无盡意菩薩
及四衆天龍夜叉乾闥婆阿脩羅迦樓羅緊
那羅摩睺羅伽人非人等故受是瓔珞即時
觀世音菩薩愍諸四衆及於天龍人非人等
受其瓔珞分作二分一分奉釋迦牟尼佛一
分奉多寶佛塔无盡意觀世音菩薩有如是
自在神力遊於娑婆世界尒時无盡意菩薩

BD05563 號　妙法蓮華經卷七

（4–3）

[illegible]
觀世音菩薩愍諸四衆及於天龍人非人等
受其瓔珞分作二分一分奉釋迦牟尼佛一
分奉多寶佛塔无盡意觀世音菩薩有如是
自在神力遊於娑婆世界尒時无盡意菩薩
以偈問曰
世尊妙相具　我今重問彼　佛子何因緣　名為觀世音
具足妙相尊　偈荅无盡意　汝聽觀音行　善應諸方所
弘誓深如海　歷劫不思議　侍多千億佛　發大清淨願
我為汝略說　聞名及見身　心念不空過　能滅諸有苦
假使興害意　推落大火坑　念彼觀音力　火坑變成池
或漂流巨海　龍魚諸鬼難　念彼觀音力　波浪不能沒
或在須弥峯　為人所推墮　念彼觀音力　如日虛空住
或被惡人逐　墮落金剛山　念彼觀音力　不能損一毛
或值怨賊遶　各執刀加害　念彼觀音力　咸即起慈心
或遭王難苦　臨刑欲壽終　念彼觀音力　刀尋段段壞
或囚禁枷鎖　手足被杻械　念彼觀音力　釋然得解脫
呪詛諸毒藥　所欲害身者　念彼觀音力　還著於本人
或遇惡羅剎　毒龍諸鬼等　念彼觀音力　時悉不敢害
若惡獸圍遶　利牙爪可怖　念彼觀音力　疾走无邊方
蚖蛇及蝮蝎　氣毒煙火然　念彼觀音力　尋聲自迴去
雲雷鼓掣電　降雹澍大雨　念彼觀音力　應時得消散
衆生被困厄　无量苦逼身　觀音妙智力　能救世間苦
具足神通力　廣修智方便　十方諸國土　无剎不現身

BD05563號　妙法蓮華經卷七　（4–4）

修行一切靜慮解脫於諸如來廣設供養修
行一切慈悲喜捨於諸如來廣設供養修行
一切佛不共法於諸如來廣設供養觀一切
法若常若無常皆不可得於諸如來廣設供
養觀一切法若樂若苦皆不可得於諸如來
廣設供養觀一切法若我若無我皆不可得
於諸如來廣設供養觀一切法若淨若不淨
皆不可得於諸如來廣設供養觀一切法若
空若不空皆不可得於諸如來廣設供養觀
一切法若有相若無相皆不可得於諸如來
廣設供養觀一切法若有願若無願皆不可
得於諸如來廣設供養觀一切法若遠離若
不遠離皆不可得於諸如來廣設供養觀一
切法若寂靜若不寂靜皆不可得於諸如來
廣設供養於深般若波羅蜜多書寫聽聞受
持讀誦思惟脩習廣為有情宣說流布或自
供養或轉施他於諸如來廣設供養佛說如
是真淨供養甚深理趣無上法已告金剛手

BD05564號　大般若波羅蜜多經卷五七八　（3–1）

不遠離皆不可得於諸如來廣設供養禮一
切法若寂靜若不寂靜皆不可得於諸如來
廣設供養於深般若波羅蜜多書寫聽聞受
持讀誦思惟脩習廣為有情宣說流布或自
供養或轉施他於諸如來廣設供養佛說如
是真淨供養甚深理趣無上法已告金剛手
菩薩等言若有得聞如是供養般若理趣無
上法門信解受持讀誦脩習速能圓滿諸
菩薩行疾證無上正等菩提
尒時世尊復依一切能善調伏如來之相為
諸菩薩宣說般若波羅蜜多攝受智藏調
伏有情甚深理趣智藏法門謂一切有情平
等性即是平等性一切有情調伏性即是調伏
性一切有情真法性即是真法性一切有情
真如性即是真如性一切有情法界性即
是法界性一切有情離生性即是離生性一
切有情實際性即是實際性一切有情本空
性即是本空性一切有情無相性即是無相性
一切有情無願性即是無願性一切有情遠
離性即是遠離性一切有情寂靜性即是寂
靜性一切有性不可得性即是不可得性一
切有情無所有性即是無所有性一切有情
難思議性即是難思議性一切有情無戲論
性即是無戲論性一切有情如金剛性即是
如金剛性所以者何一切有情真調伏性即
是無上正等菩提亦是般若波羅蜜多亦是
諸佛一切智智佛說如是能善調伏甚深理

BD05564 號　大般若波羅蜜多經卷五七八

（3–2）

切有情無所有性即是無所有性一切有情
難思議性即是難思議性一切有情無戲論
性即是無戲論性一切有情如金剛性即是
如金剛性所以者何一切有情真調伏性即
是無上正等菩提亦是般若波羅蜜多亦是
諸佛一切智智佛說如是能善調伏甚深理
趣智藏法已告金剛手菩薩等言若有得聞
如是調伏般若理趣智藏法門信解受持讀
誦脩習能自調伏貪恚等過亦能調伏一切
有情常生善趣受諸妙樂現世怨敵皆起慈
心能善脩行諸菩薩行疾證無上正等菩提
尒時世尊復依一切能善建立性平等法如
來之相為諸菩薩宣說般若波羅蜜多一切
法性甚深理趣最勝法門謂一切有情性平
等故甚深般若波羅蜜多亦性平等一切法
性平等故甚深般若波羅蜜多亦性平等一
切有情性調伏故甚深般若波羅蜜多亦性
調伏一切法性調伏故甚深般若波羅蜜多
亦性調伏一切有情有實義故甚深般若波
羅蜜多亦有實義一切法有實義故甚深般
若波羅蜜多亦有實義一切有情即真如故
甚深般若波羅蜜多亦即真如一切法即真
如故甚深般若波羅蜜多亦即真如一切有

BD05564 號　大般若波羅蜜多經卷五七八

（3–3）

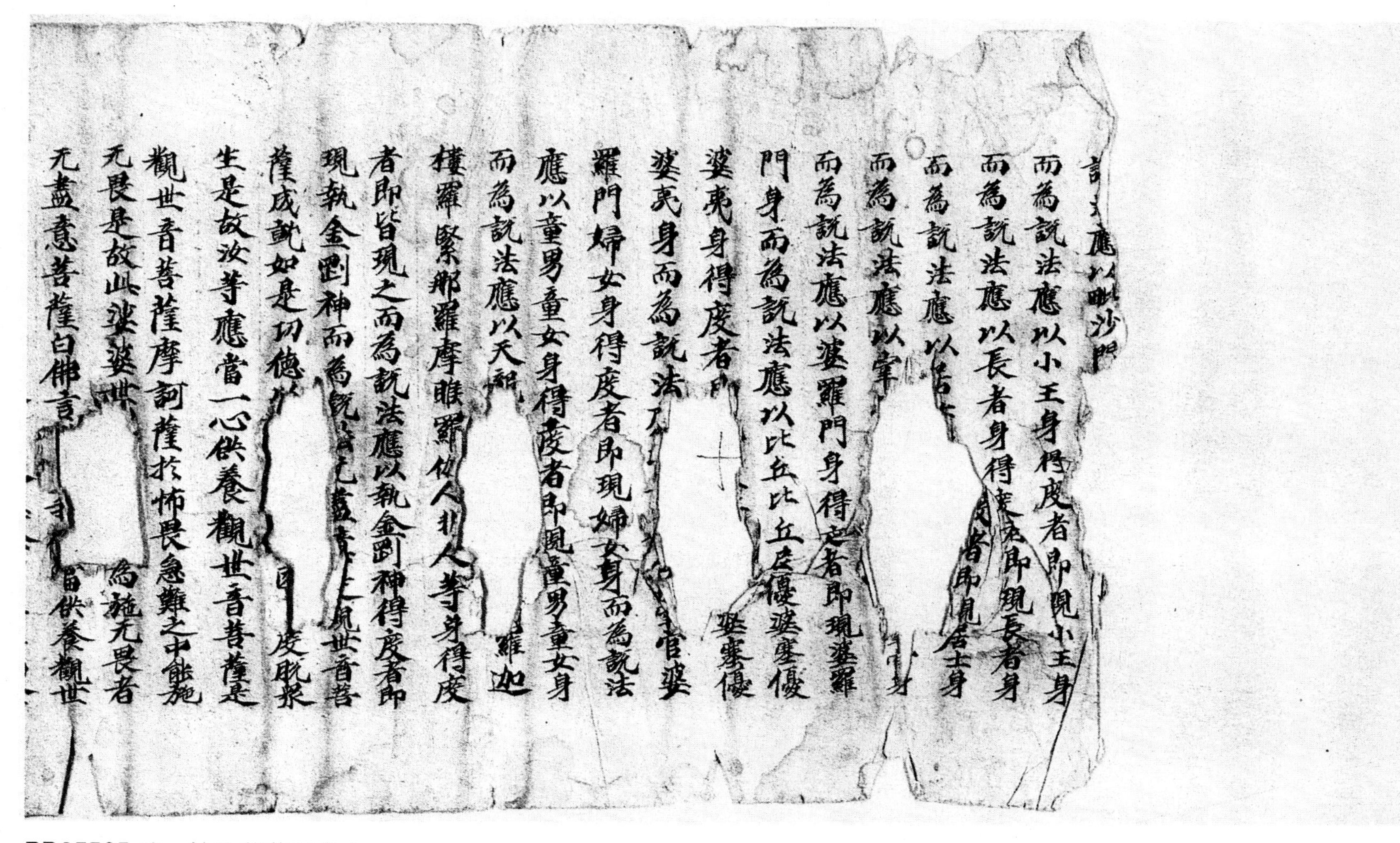
説……應以毗沙門
而為説法應以小王身得度者即現小王身
而為説法應以長者身得度者即現長者身
而為説法應以居……即現居士身
而為説法應以宰……身
而為説法應以婆羅門身得度者即現婆羅
門身而為説法應以比丘比丘尼優婆塞優
婆夷身得度者即……婆塞優
婆夷身而為説法……官婆
羅門婦女身得度者即現婦女身而為説法
應以童男童女身得度者即現童男童女身
而為説法應以天龍……羅迦
樓羅緊那羅摩睺羅伽人非人等身得度
者即皆現之而為説法應以執金剛神得度者即
現執金剛神而為説……觀世音菩
薩成就如是功德……度脫衆
生是故汝等應當一心供養觀世音菩薩是
觀世音菩薩摩訶薩於怖畏急難之中能施
无畏是故此娑婆世……為施无畏者
无盡意菩薩白佛言……當供養觀世

BD05565號　妙法蓮華經卷七　（4–1）

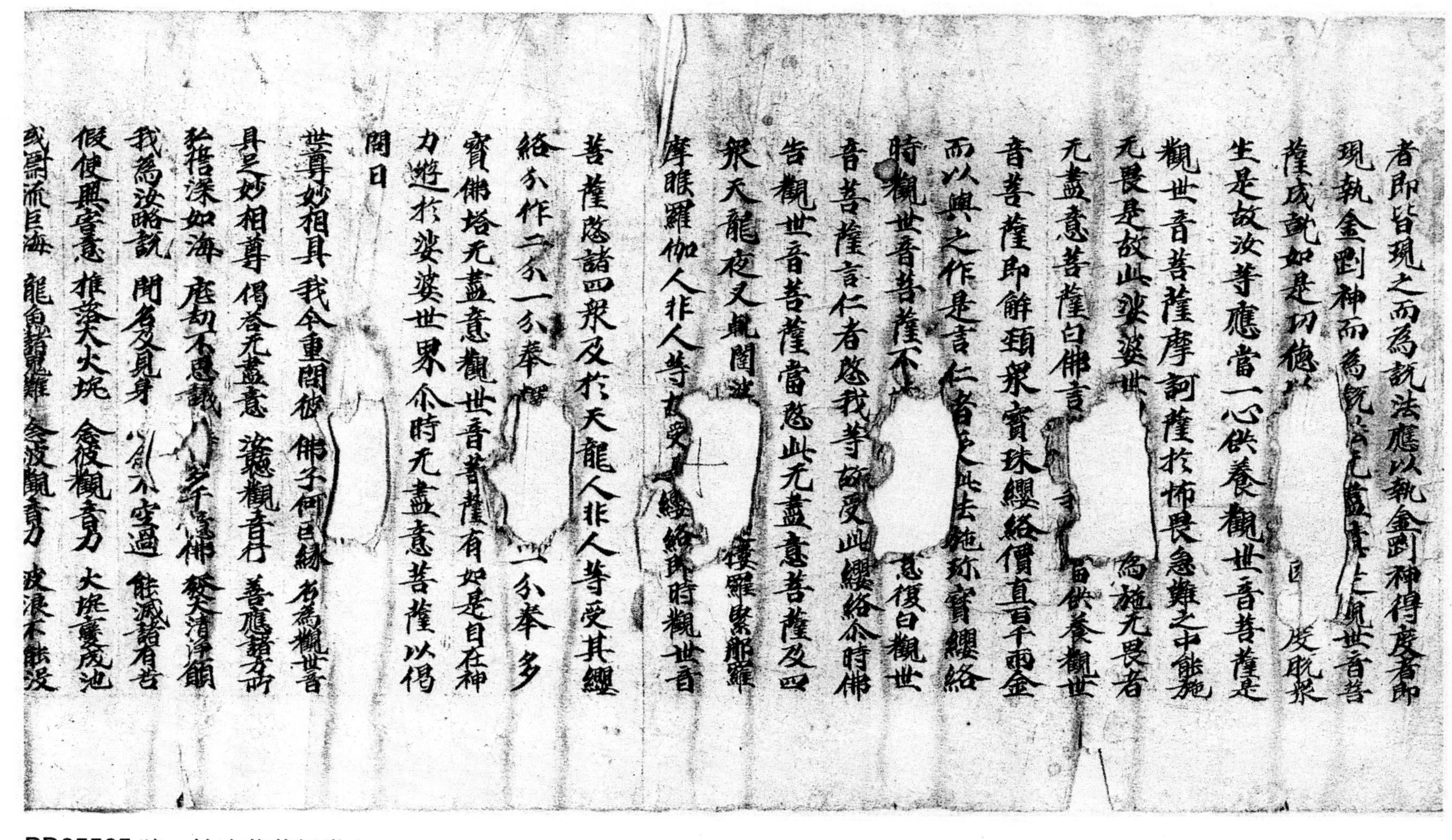
者即皆現之而為説法應以執金剛神得度者即
現執金剛神而為説……觀世音菩
薩成就如是功德……度脫衆
生是故汝等應當一心供養觀世音菩薩是
觀世音菩薩摩訶薩於怖畏急難之中能施
无畏是故此娑婆世……為施无畏者
无盡意菩薩白佛言……當供養觀世
音菩薩即解頸衆寶珠瓔珞價直百千兩金
而以與之作是言仁者……法施珎寶瓔珞
時觀世音菩薩不……愍復白觀世
音菩薩言仁者愍我等故受此瓔珞尒時佛
告觀世音菩薩當愍此无盡意菩薩及四
衆天龍夜叉乾闥婆……樓羅緊那羅
摩睺羅伽人非人等故受……瓔珞即時觀世音
菩薩愍諸四衆及於天龍人非人等受其瓔
珞分作二分一分奉……一分奉多
寶佛塔无盡意觀世音菩薩有如是自在神
力遊於娑婆世界尒時无盡意菩薩以偈
問曰
世尊妙相具　我今重問彼　佛子何因緣　名為觀世音
具足妙相尊　偈荅无盡意　汝聽觀音行　善應諸方所
弘誓深如海　歷劫不思議　侍多千億佛　發大清淨願
我為汝略説　聞名及見身　心念不空過　能滅諸有苦
假使興害意　推落大火坑　念彼觀音力　火坑變成池
或漂流巨海　龍魚諸鬼難　念彼觀音力　波浪不能沒

BD05565號　妙法蓮華經卷七　（4–2）

世尊妙相具 我今重問彼 佛子何因緣 名為觀世音
具足妙相尊 偈荅无盡意 汝聽觀音行 善應諸方所
弘誓深如海 歷劫不思議 侍多千億佛 發大清淨願
我為汝略說 聞名及見身 心念不空過 能滅諸有苦
假使興害意 推落大火坑 念彼觀音力 火坑變成池
或漂流巨海 龍魚諸鬼難 念彼觀音力 波浪不能沒
或在須彌峯 為人所推墮 念彼觀音力 如日虛空住
或被惡人逐 墮落金剛山 念彼觀音力 不能損一毛
或值怨賊遶 各執刀加害 念彼觀音力 咸即起慈心
或遭王難苦 臨刑欲壽終 念彼觀音力 刀尋段段壞
或囚禁枷鎖 手足被杻械 念彼觀音力 釋然得解脫
呪咀諸毒藥 所欲害身者 念彼觀音力 還著於本人
或遇惡羅剎 毒龍諸鬼等 念彼觀音力 時悉不敢害
若惡獸圍遶 利牙爪可怖 念彼觀音力 疾走无邊方
蚖蛇及蝮蝎 氣毒煙火然 念彼觀音力 尋聲自迴去
雲雷鼓掣電 降雹澍大雨 念彼觀音力 應時得消散
眾生被困厄 无量苦逼身 觀音妙智力 能救世間苦
具足神通力 廣修智方便 十方諸國土 无剎不現身
種種諸惡趣 地獄鬼畜生 生老病死苦 以漸悉令滅
真觀清淨觀 廣大智慧觀 悲觀及慈觀 常願常瞻仰
无垢清淨光 慧日破諸闇 能伏災風火 普明照世間
悲體戒雷震 慈意妙大雲 澍甘露法雨 滅除煩惱焰
諍訟經官處 怖畏軍陣中 念彼觀音力 眾怨悉退散
妙音觀世音 梵音海潮音 勝彼世間音 是故須常念
念念勿生疑 觀世音淨聖 於苦惱死厄 能為作依怙

BD05565號　妙法蓮華經卷七

（4–3）

呪咀諸毒藥 所欲害身者 念彼觀音力 還著於本人
或遇惡羅剎 毒龍諸鬼等 念彼觀音力 時悉不敢害
若惡獸圍遶 利牙爪可怖 念彼觀音力 疾走无邊方
蚖蛇及蝮蝎 氣毒煙火然 念彼觀音力 尋聲自迴去
雲雷鼓掣電 降雹澍大雨 念彼觀音力 應時得消散
眾生被困厄 无量苦逼身 觀音妙智力 能救世間苦
具足神通力 廣修智方便 十方諸國土 无剎不現身
種種諸惡趣 地獄鬼畜生 生老病死苦 以漸悉令滅
真觀清淨觀 廣大智慧觀 悲觀及慈觀 常願常瞻仰
无垢清淨光 慧日破諸闇 能伏災風火 普明照世間
悲體戒雷震 慈意妙大雲 澍甘露法雨 滅除煩惱焰
諍訟經官處 怖畏軍陣中 念彼觀音力 眾怨悉退散
妙音觀世音 梵音海潮音 勝彼世間音 是故須常念
念念勿生疑 觀世音淨聖 於苦惱死厄 能為作依怙
具一切功德 慈眼視眾生 福聚海无量 是故應頂礼
尒時持地菩薩即從座起前白佛言世尊若
有眾生聞是觀世音菩薩品自在之業普門
示現神通力者當知是人功德不少佛說是
普門品時眾中八万四千眾生皆發无等
等阿耨多羅三藐三菩提心

BD05565號　妙法蓮華經卷七

（4–4）

及寶得離車子善商主長
者伽訶岸居士子那羅達多摩納水天長者真
五百徒衆等聞佛所說皆大歡喜即以五百
上衣服奉覆世尊復以多種供具供養世尊
心樂法故各以己身奉承如來尒時世尊告
阿難言是賢護菩薩常於彼等五百徒
作義師說諸法要教化慰喻令彼歡喜以歡
喜故彼輩即得隨順之心真實之心清淨之
心離欲之心除諸煩惱無復蓋纏時五百人
一心合掌恭敬頂礼退住一面尒時賢護即
白佛言世尊菩薩摩訶薩具足幾法而能得
此念佛三昧也
尒時世尊告賢護言賢護若菩薩摩訶薩具
足四法得是三昧何等為四一者不著一切
外道語言二者不樂一切諸愛欲事三者常
不遠離頭陀功德四者常求三果諸有生處
賢護是為菩薩摩訶薩具足四法得此三昧
復次賢護若有善男子善女人讀誦受持是

BD05566號　大方等大集經賢護分卷四　（25–1）

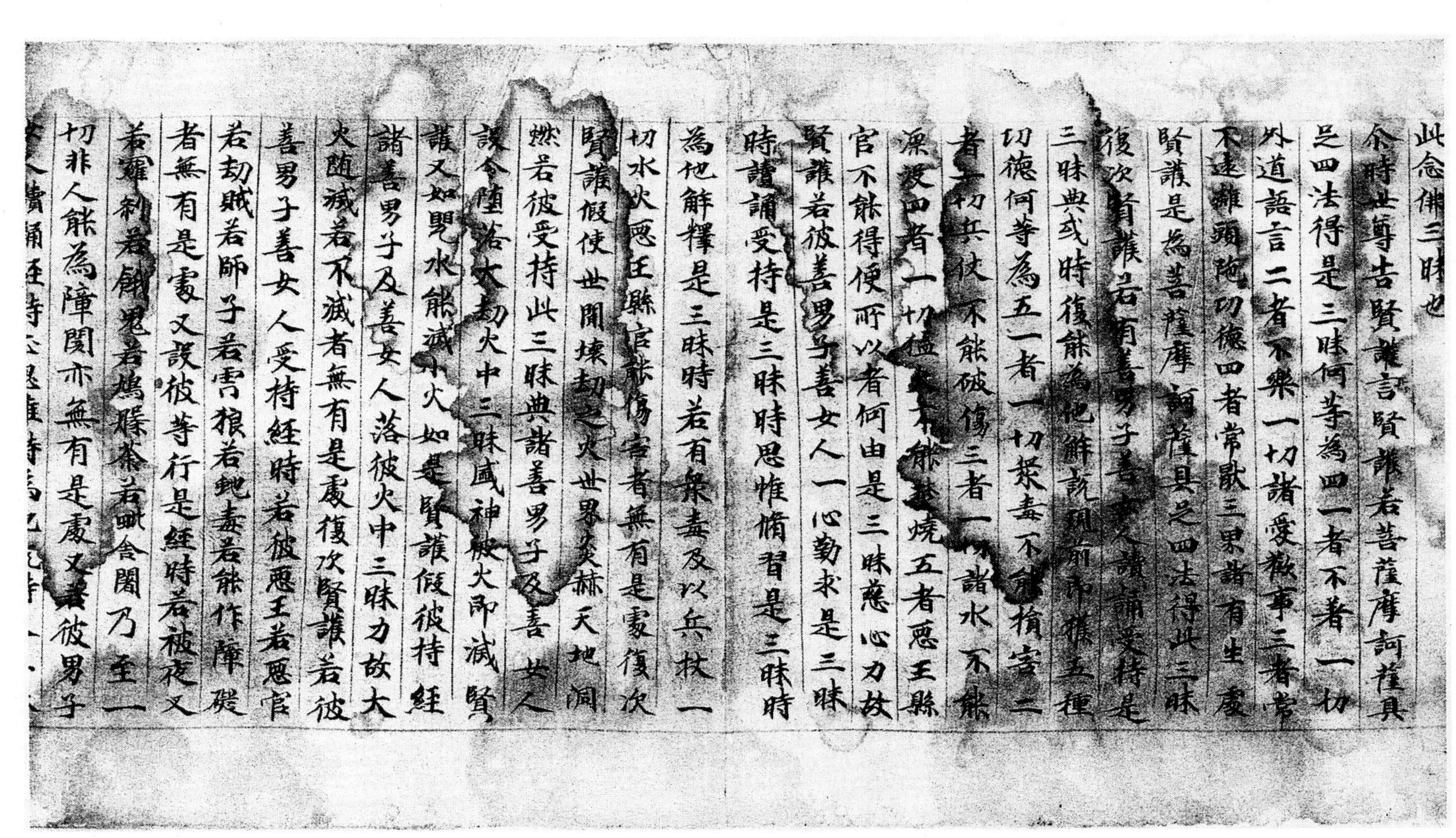
此念佛三昧也
尒時世尊告賢護言賢護若菩薩摩訶薩具
足四法得是三昧何等為四一者不著一切
外道語言二者不樂一切諸愛欲事三者常
不遠離頭陀功德四者常求三果諸有生處
賢護是為菩薩摩訶薩具足四法得此三昧
復次賢護若有善男子善女人讀誦受持是
三昧典或時復能為他解說現前亦獲五種
功德何等為五一者一切蛇毒不能損害二
者一切兵仗不能破傷三者一切諸水不能
漂沒四者一切猛火不能焚燒五者惡王縣
官不能得便所以者何由是三昧慈心力故
賢護若彼善男子善女人一心勤求是三昧
時讀誦受持是三昧時思惟修習是三昧時
為他解釋是三昧時若有衆毒及以兵杖一
切水火惡王縣官能傷害者無有是處復次
賢護假使世間壞劫之火世界熾赫天地洞
然若彼受持此三昧典諸善男子及善女人
設令墮落大劫火中三昧威神彼火即滅賢
護又如[illegible]水能滅小火如是賢護假彼持經
諸善男子及善女人落彼火中三昧力故大
火隨滅若不滅者無有是處復次賢護若彼
善男子善女人受持經時若彼惡王若惡官
若劫賊若師子若虎狼若蚖毒若能作障礙
者無有是處又設彼等行是經時若被夜叉
若羅刹若餓鬼若鳩槃荼若毗舍闍乃至一
切非人能為障閡亦無有是處又若彼男子

BD05566號　大方等大集經賢護分卷四　（25–2）

善男子善女人受持經時若彼惡王若惡官
若劫賊若師子若虎狼若蛇虺若能作障礙
者無有是處又設彼等行是經時若被夜叉
若羅剎若餓鬼若鳩槃茶若毗舍闍乃至一
切非人能為障閡亦無有是處又若彼男子
女人讀誦經時正思惟時為他說時入三昧
時行梵行時若失衣若失鉢乃至有諸障閡
事者無有是處唯除宿殃不可轉者復次賢
護若彼受持三昧經典諸善男子善女人輩
若患眼若患耳若患鼻若患舌若患身若患
心復有諸餘種種患難乃至命難梵行難者
亦無是處復次賢護若彼男子女人於此經
中得如是聞得如是見得如是知如是具足
已若不值佛若謗正法破和合僧背佛菩提
者亦無是處賢護當知即彼持經男子女人
如上諸事莫能為礙唯除宿殃不能轉耳復
次賢護彼善男子善女人持是經者常為一
切諸天稱讚亦為一切諸龍稱讚又為一切
夜叉稱讚又為一切乾闥婆等之所稱讚又
為一切阿脩羅等之所稱讚又為一切迦樓
羅等之所稱讚又為一切緊那羅等之所稱
讚又為一切摩睺羅伽之所稱讚又為一切
人非人等之所稱讚又為一切四大天王之
所稱讚又為一切帝釋天王之所稱讚又為
一切大梵天王之所稱讚如是乃至常為一
切諸佛世尊之所稱讚也復次賢護又彼諸

BD05566 號　大方等大集經賢護分卷四　　（25–3）

讚又為一切摩睺羅伽之所稱讚又為一切
人非人等之所稱讚又為一切四大天王之
所稱讚又為一切帝釋天王之所稱讚又為
一切大梵天王之所稱讚如是乃至常為一
切諸佛世尊之所稱讚也復次賢護又彼諸
善男子善女人持是經者常為一切諸天愛
敬如是乃至常為一切諸龍夜叉乾闥婆阿
脩羅迦樓羅緊那羅摩睺羅伽人非人等之
所愛敬又為一切四天大王之所愛敬如是
常為一切帝釋天王乃至一切大梵天王之
所愛敬如是常為一切諸菩薩輩乃至一切
諸佛世尊之所愛念也復次賢護又彼諸善
男子及善女人以經力故常為一切諸天守
護如是常為一切諸龍夜叉乾闥婆阿脩羅
迦樓羅緊那羅摩睺羅伽及人非人之所守
護又為一切四天大王如是帝釋天王乃至
大梵天王之所守護如是當為一切諸菩薩
輩乃至一切諸佛世尊悉皆覆護十方世界
無量阿僧祇世界中現持法者復次賢護又
彼諸善男子善女人以經威力故一切諸天
皆欲見之如是一切諸龍夜叉乾闥婆阿脩
羅迦樓羅緊那羅摩睺羅伽及人非人等皆
思欲見又彼一切四天大王如是一切忉利天
王乃至一切大梵天王皆思欲見如是一
切諸菩薩輩乃至一切諸佛世尊各欲見之
復次賢護又彼諸善男子善女人以經威故
一切諸天常至其所親見其形令彼觀觀如

BD05566 號　大方等大集經賢護分卷四　　（25–4）

思欲見又彼一切四天大王如是一切切利天
王乃至一切大梵天王皆思欲見如是一
切諸菩薩輩乃至一切諸佛世尊各欲見之
復次賢護又彼諸善男子善女人以經威故
一切諸天常至其所覩見其形令彼覩覩如
是一切諸龍夜叉乾闥婆阿脩羅迦樓羅緊
那羅摩睺羅伽人非人等皆見其形隨宜利
益又彼一切四天大王帝利天王乃至一切
大梵天王等皆親臨覩如是一切諸菩薩輩
乃至一切諸佛世尊非但晝日或於夢中為
現形像自稱名号摩頂慰安稱揚勸發也復
次賢護又彼諸善男子善女人雖未曾聞諸
餘經典以是三昧威神力故自然有人來至
其所乃至夢中為其宣說令彼得聞憶持不
失也復次賢護我若說彼諸善男子及善女
人暫持三昧微妙經典所得功德設經劫數
終不能盡我之智辯雖復無窮亦不能說何
況彼輩聞此三昧依教脩行如法而住也尒
時世尊為重明此義而說偈曰

若人有能解釋斯　諸佛大稱勝三昧
假令我今說功德　猶彼恒河取一沙
若能為他說三昧　水不能溺火不燒
刀杖毒害所不傷　王賊惡官不得便
若能讀誦三昧經　不畏一切恐怖事
如彼火虵諸大毒　此等經力能滅除
若有受持是經典　不畏一切諸惡人
夜叉羅剎及諸龍　彼徒終無得其便

刀杖毒害所不傷　王賊惡官不得便
若能讀誦三昧經　不畏一切恐怖事
如彼火虵諸大毒　此等經力能滅除
若有受持是經典　不畏一切諸惡人
夜叉羅剎及諸龍　彼徒終無得其便
若常守護供養者　便在蘭若為朋類
師子虎狼諸獸等　犀牛[illegible]貊及野干
若能護持此三昧　彼有威力不可當
遠離一切惡心人　及諸夜叉噉精氣
若能解說此三昧　彼無諸病及障灾
所生報眼終不衰　言詞清妙有大辯
若至證知深寂禪　身體雄健無衆痛
一生永絕諸惡道　後終不畏墜獄道
若有能讀三昧典　諸天守護及龍神
夜叉羅剎與惡佅　彼雖惡臨不驚懼
若能為他說斯經　至龍夜叉皆歡喜
諸天晝夜常歌歎　一切世尊愛若子
若至為他常轉讀　一切法中無有疑
彼諸容色無等倫　豈於菩提有退減
若能轉教諸衆生　遠值惡王民至亂
時年亢旱穀儉貴　終無憂弊及飢荒
若至解說此三昧　所有功德不思議
鬪諍魔嬈諸衆生　不能動斯一毛髮
我前說彼持經至　衆患恐怖及煩惱
彼終不能加損害　唯除往業先受殃
若有護持於此經　是則於吾為長子
我已稱讚於彼等　當來之世亦復然

能壞魔嬈諸衆生　不能動斯一毛髮
我前說彼持經至　衆患恐怖及煩惱
彼終不能加損害　唯除往業先定殃
若有護持於此經　是則於吾為長子
我已稱讚於彼等　當來之世亦復然
若能護持如斯法　自應恒發歡喜心
咸共宣通勿放捨　我今為汝如是說

大乘大集經賢護分饒益品第九

尒時世尊復告賢護菩薩言賢護我念往昔
過於無量阿僧祇劫時有一佛号無畏王如
來應供等正覺明行足善逝世間解無上士
調御丈夫天人師佛世尊出興於世當尒之
時有長者子名須達多與二萬生俱詣彼佛
無畏王所到已頂禮彼世尊足敬禮畢已退
坐一面時須達多即便請彼無畏如來廣宣
如是三昧深義賢護尒時彼無畏王如來應
供等正覺知長者子有深信心樂欲聽聞如
是三昧應時隨順而為敷演賢護時須達多
於彼佛所聞三昧已讀誦受持思惟其義即
如說行既脩行已還即於彼無畏王如來法
中捨家出家歸除鬚髮服袈裟衣經八萬歲
思惟住持如是三昧又復在彼無畏王如來
所聞一切法皆悉受持是後復經諸如來所
聞說斯法亦皆能持於諸佛所種諸善根能
廣成就不思議已然後捨命即得上生三十
三天同受果報即彼劫中還復值遇第二如

BD05566號　大方等大集經賢護分卷四

（25–7）

思惟住持如是三昧又復在彼無畏王如來
所聞一切法皆悉受持是後復經諸如來所
聞說斯法亦皆能持於諸佛所種諸善根能
廣成就不思議已然後捨命即得上生三十
三天同受果報即彼劫中還復值遇第二如
來而彼如來從剎利生出家成道名曰電德
如來應供等正覺而復於彼電德如來法中
出家脩行經八萬四千歲還復思惟如是三
昧而更值遇第三如來彼第三佛於婆羅門
家生已亦出家成道号曰光王如來應供等
正覺復於彼如來所出家脩行亦於八萬四
千歲中常得思惟如是三昧賢護時彼長者
子須達多自是之後過百餘劫即得成就阿
耨多羅三藐三菩提賢護汝應當知尒時彼
長者子須達多者豈異人乎即彼過去然燈
如來應供等正覺是也賢護是故當知彼長
者子須達多者以有如是愛樂法故復有如
是求法行故能速成就阿耨多羅三藐三菩
提也復次賢護汝今當觀是三昧王為諸菩
薩及衆生輩而作幾許大弘益事所謂當得
一切諸佛智地故復能攝受一切諸佛多聞
海故賢護是故汝等當應勤求如是三昧常
樂聽聞讀誦受持思惟脩行即聞受已當復
為他讀誦受持解釋義理令他勤求咸得聞
受正念思惟如說脩行所以者何賢護若能
勤求讀誦受持正念脩行廣宣流布是三昧
者不久當得證諸佛智諸如來智大自在智

BD05566號　大方等大集經賢護分卷四

（25–8）

為他讀誦受持解釋義理令他勤求咸得聞
受正念思惟如說脩行所以者何賢護若能
勤求讀誦受持正念脩行廣宣流布是三昧
者不久當得證諸佛智諸如來智大自在智
不思議智不可稱智無等等智一切智智乃
至得彼不共他智故賢護若復有能善宣
說彼應正言令此三昧即是一切諸菩薩眼諸
菩薩父諸菩薩母能興一切諸菩薩輩諸
佛智者賢護如是說者是為善說時善說是
三昧也賢護若復有諸男子女人能善說時
彼當正言是三昧者即是佛性即是法性即
是僧性即是佛地是多聞海是無盡藏頭陀
是無盡藏頭陀功德是無盡藏諸佛功德是
無盡藏能生深忍是能生大慈能生大悲能
生菩提也賢護是為彼能善說時說是三昧
也賢護若復有至能善宣說彼三昧時彼應
正言是三昧王能破一切諸法黑闇能作一切
大法光明賢護是為彼能善說三昧也賢
護汝宜觀此菩薩念佛現前三昧為諸眾生
作大利益乃至一切諸菩薩輩住於此土遍
見十方一切世界諸佛世尊到諸佛所恭敬
礼拜聽聞正法供養眾僧亦不貪著賢護以
是義故諸菩薩等若欲成就三昧王者常當
專心精勤觀察彼四念處賢護云何菩薩觀
四念處賢護菩薩摩訶薩常當專心觀察身
行畢竟不見一切諸身常當專心觀察受行
而亦不見一切諸受常當一心觀察心行而亦

是義故諸菩薩等若欲成就三昧王者常當
專心精勤觀察彼四念處賢護云何菩薩觀
四念處賢護菩薩摩訶薩常當專心觀察身
行畢竟不見一切諸身常當專心觀察受行
而亦不見一切諸受常當一心觀察心行而亦
不見一切諸心常當一心觀察法行而亦
不見一切諸法賢護如是等事誰能信者唯
彼漏盡阿羅漢及以阿毗跋致諸菩薩等賢
護是中一切愚或凡夫於彼念佛現前三昧
常當思惟諸佛世尊不得生著又亦思惟諸
佛世尊說如斯法而亦不著又亦思惟我聽
聞法一切所為皆不得著何以故賢護諸法
皆空本來無生故賢護諸法不可念無念處
故賢護諸法遠離絕心想故賢護諸法不可
執持真如無得故賢護諸法無染如虛空故
賢護諸法清淨遠離眾生故賢護諸法無渴
因緣滅故賢護諸法無為福伽羅不可得故
賢護諸法即涅槃相本性清淨故賢護諸法
無所有一切物不可得故賢護是故諸菩薩
等若欲思惟此三昧者不可異相而能得入
無得相故得見諸佛正念諸佛和合相應亦
得思惟助菩提分念聞正法思量分別選擇
菩提分而不見自身亦不證諸法所以者何
賢護是中不可以色相故而得見佛不可以
聲相故而得聞法不可以希望心成就檀波
羅蜜不可以樂著諸有具足尸波羅蜜不可
以慳著欲法而得涅槃不可以深著福伽羅

菩提亦而不見自身亦不證諸法所以者何
賢護是中不可以色相故而得見佛不可以
聲相故而得聞法不可以希望心成就檀波
羅蜜不可以樂著諸有具足尸波羅蜜不可
以慳恚癡法而得涅槃不可以深著福伽羅
想而獲多聞不可以攀緣諸行而能遠離諸
事不可以樂著住家而得證果不可以隨順
貪愛誑諸過非不可以常樂鬪諍成就諸忍
不可以常行惡業而得善果不可以聲聞乘
至而證菩薩念佛三昧亦不可得諸菩薩忍
亦不可以嫉妬取著而得空三昧亦不可以行
愛欲而入奢摩他亦不可以懈怠嬾墮證
諸道壁乃至不可以不捨異念諸物而能成
就思惟也賢護是故我今以此三昧付屬世
間諸天王輩受持守護亦付於汝當來宣布
勿令斷絶於是世尊說斯法時有八那由他
欲色界諸天子皆發阿耨多羅三藐三菩提
心復有無量百千人亦發阿耨多羅三藐三
菩提心然而斯輩皆於未來過恒沙劫盡得
成就阿耨多羅三藐三菩提皆同一号名正
解脫如來應供等正覺住世教化壽命亦等
賢護以斯初發菩提心故尚得如是無量功
德具足成就阿耨多羅三藐三菩提況復我
昔行菩提時供養我者彼寧不速成就阿耨
多羅三藐三菩提也賢護復有無量無邊衆
生聞說此法得淨智眼復有八百諸比丘等
於諸漏中心得解脫尒時世尊為重明此義

BD05566號　大方等大集經賢護分卷四　（25–11）

昔行菩提時供養我者彼寧不速成就阿耨
多羅三藐三菩提也賢護復有無量無邊衆
生聞說此法得淨智眼復有八百諸比丘等
於諸漏中心得解脫尒時世尊為重明此義
而說偈言
誰當受持此三昧　彼於福聚不可量
斯等式行無塵垢　本心清淨猶如鏡
誰當受持是三昧　多聞深廣無邊崖
智慧自然無缺減　功德威滿若明月
誰當受持是三昧　得覩諸佛不思議
智慧觀察希有法　不思議人皆守護
誰當受持此三昧　曾見無量諸世尊
彼佛說法難稱量　皆當奉承脩供養
誰能受持此三昧　彼為世間作燈光
大悲知斯拔衆苦　所有世尊悉供養
誰能受持此三昧　未來無數諸聖尊
若有菩薩欲見者　清淨信心脩供養
誰能受持此三昧　彼勝得利難思議
善能下生於人間　常得出家善求食
誰能護持此三昧　彼受多福不思議
復能住持於将來　獲斯功德最後利
大集經賢護分具五法品第十
尒時賢護菩薩從坐而起整理衣服偏袒右
肩右膝著地恭敬合掌而白佛言世尊唯願
世尊及比丘僧明日食時臨顧我家受我供
養憐愍我等諸衆生故世尊默然受賢護請
時彼賢護知佛受已頂礼尊足右繞三匝於

BD05566號　大方等大集經賢護分卷四　（25–12）

尒時賢護菩薩從坐而起整理衣服偏袒右
肩右膝著地恭敬合掌而白佛言世尊唯願
世尊及比丘僧明日食時臨顧我家受我供
養憐愍我等諸衆生故世尊默然受賢護請
時彼賢護知佛受已頂礼尊足右繞三迊於
是辭還遂復詣彼摩訶波闍波提比丘尼所
到已頂礼波闍波提比丘尼足而即白言願
阿梨耶及諸尼衆憐愍我故受我明朝所設
微供尒時摩訶波闍波提比丘尼默然受請
賢護知已頂礼辭還時彼賢護復詣寶德離
車子所語寶德言寶德汝來汝之所有親戚
眷屬朋友知識乃此會中優婆塞衆乃至一
切王舍大城及以自餘城邑聚落諸新來者
為我請日受我明朝所設飯食尒時寶德離
車童子受賢護言即告會中諸優婆塞親戚
眷屬等曰仁輩當知彼賢護菩薩令我告汝
明月食時受我微供尒時賢護菩薩寶德離
車子及善商主長者伽訶岌多居士子那羅
達多摩納永天長者并及一切諸餘眷屬朋
友知識等頂礼佛足已還彼賢護菩薩舍宅
到已佐彼賢護經營即於其夜約勑家人辦
具諸種精妙上饌所謂世間凡可食噉色香
美味百物備有乃至外國遠來貧窮乞丐亦為
辦具種種精膳而供給之與諸大衆一等
無異所以者何凡諸菩薩心無增愛不敢輕
他於諸衆生皆平等故尒時娑婆世界主大
梵天王乃至忉利天王釋提桓因四天大王

辦具種種精膳而供給之與諸大衆一等
無異所以者何凡諸菩薩心無增愛不敢輕
他於諸衆生皆平等故尒時娑婆世界主大
梵天王乃至忉利天王釋提桓因四天大王
提頭賴吒等及彼善德天子與諸眷屬咸為
人身贊助其事欲令賢護菩提果報速成就
故尒時賢護與諸眷屬善友知識等掃灑其
家乃至王舍大城街巷道路處處皆懸妙
幡蓋廣設種種諸莊嚴具而莊飾之又以諸
種微妙花香布散其地復燒世間第一名香
而為供養時彼賢護如是莊嚴王舍大城及
妙食已於明旦時與諸眷屬詣世尊所頭面
礼敬而啓白言世尊我事已辦願知此時
尒時世尊於晨朝時為賢護故著衣持鉢與
彼無量比丘比丘尼優婆塞優婆夷天人大
衆左右圍繞向彼賢護菩薩舍宅於是賢護
發如斯念我家隘小不受多衆自非世尊威
靈加護令宅寬廣盡為瑠璃令諸城內一切
人民莫不明見亦令今此天人大衆隨意受
用無所乏少不亦快乎尒時世尊知彼賢護
心所念已即以神力令其家宅嚴麗寬廣所
有衆具變成瑠璃亦令城內一切民望皆得
覩見分明顯了是令大衆隨意用之
尒時世尊入賢護宅隨其床坐安詳而坐亦
令一切諸比丘比丘尼優婆塞優婆夷王天
大衆隨其部類次第而坐時彼賢護及寶德
離車子善商主優婆塞伽訶岌多長者子那

覩見分明顯了足令大衆隨意用之
尒時世尊入賢護宅隨其牀坐安詳而坐亦
令一切諸比丘比丘尼優婆塞優婆夷至天
大衆隨其部類次第而坐時彼賢護及寶德
離車子善商主優婆塞伽訶岌多長者子那
羅達多長者子既見世尊與彼四部天人大
衆皆安坐已於是賢護躬以自手持最妙食
奉上世尊世尊受已然後授與諸四部衆及
與一切天人大衆種種上妙香美味食咸令
自恣悉皆豐滿如是一切飯食斯畢滌手漱
口乃至洗滌鉢器持舉皆竟賢護於是別取
小坐在世尊前頭面頂礼然後退坐一心瞻
仰尒時世尊即為賢護菩薩及寶德離車子
善商主優婆塞伽訶岌多長者子那羅達多
摩納等乃至四部天人大衆等如應說法令
其解知開導慰喻令其歡喜然後與諸比丘
比丘尼天人大衆歸還本所時彼賢護菩薩
後食畢已將諸眷屬善友知識及百千衆左
右圍繞至世尊所恭敬礼拜退坐一面平跪
合掌而白佛言世尊菩薩摩訶薩具足幾法
當能證此現前三昧佛言賢護菩薩若能成
就五法則便得此現前三昧何等為五所謂
一者具甚深忍滅除坐盡二者實無所盡無
有盡處三者本無有亂滅除諸亂四者本無
有垢滅除諸垢五者本無有塵斷離諸塵
賢護是為菩薩摩訶薩具足成就無生忍故而
能得此現前三昧復次賢護菩薩摩訶薩復

一者具甚深忍滅除坐盡二者實無所盡無
有盡處三者本無有亂滅除諸亂四者本無
有垢滅除諸垢五者本無有塵斷離諸塵
賢護是為菩薩摩訶薩具足成就無生忍故而
能得此現前三昧復次賢護菩薩摩訶薩復
有五法能得三昧一者深歇諸有不受諸行
二者一切生處念菩提心三者所生常見諸
佛世尊四者終不耽著陰界諸入五者終不
愛著受欲樂事賢護是為菩薩摩訶薩具足
五法成就三昧復次賢護菩薩摩訶薩復有
五法能得三昧一者常當思念無邊際心二
者常能善入禪定思惟三者分別思惟一切
諸法四者於諸衆生無有諍心五者常以四
攝攝受衆生所謂布施愛語利行同事賢護
是為菩薩摩訶薩具足五法成就三昧復次
賢護菩薩摩訶薩復有五法能得三昧一者
於諸衆生所常行慈心二者於一切時念脩
聖行三者常行忍辱見破戒者恒生敬心四
者於自和上阿闍梨所不説已能五者於一
切處不敢輕他賢護是為菩薩摩訶薩具
足法則能證是現前三昧復次賢護菩薩摩
訶薩復有五法能得三昧一者常依聖教如
説脩行二者清淨意業滅身口惡三者清淨
戒行斷除諸見四者常求多聞深信諸善五
者常念如來應等正覺賢護是為菩薩摩
訶薩具足五法則能獲得現前三昧復次賢護
菩薩摩訶薩復有五法能得三昧一者常行

訶薩復有五法能得三昧一者常作聖教如
說脩行二者清淨意業滅身口惡三者清淨
戒行斷除諸見四者常求多聞深信諸善五
者常念如來應等正覺賢護是為菩薩摩
訶薩具足五法則能獲得現前三昧復次賢護
菩薩摩訶薩復有五法能得三昧一者常行
大施能為施主不起慳貪心无嫉妬知廣心
施紆直無諂於諸沙門及婆羅門貧窮孤獨
一切乞人无所愛惜无有勝上可重之物而不
施者所謂一切微妙飲食名衣上服第一房
舍諸種類具燈燭花香凡所受用皆悉捨之
雖常行施而不求報悕愍一切无疑惑心既
施之後終无變悔二者常為施主而行法施
所謂常為衆生說如斯法所謂第一最上最
勝最妙最精脩行如是大法施時能出一切
无礙辯才文義次第相續不斷如來所說甚
深法中皆能安住成就深忍或時被他誹謗
罵辱撾擊鞭打終无瞋恨穢濁毒心亦无驚
懼種種苦惱而心无畏常懷歡喜三者若聞
他說此三昧時至心聽受書寫讀誦思惟其
義廣為他人分別演說令是妙法久住世間
終无祕悋使法疾滅四者常无嫉妬遠離諸
惱棄捨蓋纏斷除塵垢不自稱譽亦不毀他
五者於諸佛所常重信心於諸師長常行敬
畏於知識處常生慙愧於諸幼稚常懷慈愍
乃至受他小恩尚思厚報何況人有重德而
敢輒忘常住實言未曾妄語賢護是為菩薩

惱棄捨蓋纏斷除塵垢不自稱譽亦不毀他
五者於諸佛所常重信心於諸師長常行敬
畏於知識處常生慙愧於諸幼稚常懷慈愍
乃至受他小恩尚思厚報何況人有重德而
敢輒忘常住實言未曾妄語賢護是為菩薩
摩訶薩具足五法則能獲得如是三昧尒時
世尊為重明此義以偈頌曰
若於深法心欲樂　猒離一切諸後有
智者不顧一切生　若能如是得三昧
不用一切諸外論　乃至語言不聽受
永斷世間諸五欲　若能如是證三昧
清淨持戒住梵行　所生不念諸女人
深猒五欲真佛子　若能如是證三昧
常行大施不求報　亦无住著悔恨心
一捨已後不重緣　唯當攝念思諸佛
悕愍衆生行施時　決定除疑无變退
安住調柔而脩施　若能如是得三昧
若施財施為大主　无有憍慢嫉妬心
行一切施常踊躍　若能如是得三昧
又於法施為上首　善解微妙脩多羅
能知甚深寂滅法　若能如是得三昧
安住甚深諸法中　善能堪忍无嫉妬
雖被撾罵无惱根　若能如是得三昧
或時聞說此經典　書寫讀誦巧廣宣
唯為法住利世間　若能如是得三昧
於諸法中不祕悋　不求利養及名聞
但為紹隆諸佛種　若能如是證三昧

雖被撾罵无惱恨　若能如是得三昧
或時聞說此經典　書寫讀誦巧廣宣
唯為法住利世間　若能如是得三昧
於諸法中不祕悋　不求利養及名聞
但為紹隆諸佛種　若能如是證三昧
遠離睡眠與棄惱　除斷嫉妬及蓋纏
不自稱讚輕毀他　能滅我相得三昧
正信諸佛及法僧　常行誠心无欺誑
不忘一切諸恩報　彼證三昧无艱難
若能真說无妄言　凡有所行亦不失
所作雖微獲報廣　彼於證法无鄣礙
若人有能具斯法　清淨持戒護有恩
彼得菩提尚不難　何況甚深微妙定

大集經賢護分授記品第十一

尒時世尊告賢護菩薩言賢護我念往昔過
於无量阿僧祇復過无量阿僧祇劫初於然
燈佛世尊所聞此三昧聞已即證如斯三昧
見諸如來常現在前從是已來經於无量阿
僧祇諸世尊所皆受是經脩行供養彼佛世
尊授我記曰摩納汝於來世當得作佛号釋
迦牟尼如來應供等正覺明行足善逝世間
解无上士調御丈夫天人師佛世尊賢護汝
輩亦當專精一心思惟脩習如斯聖法非是凡
夫所見境界甚深寂靜衆相滅處如是學
已未來自然成就阿耨多羅三藐三菩提无
有艱難如我不異汝等當知若有安住是三
昧者自然當得逆大菩提尒時世尊為重明

輩亦當專精一心思惟脩習如斯聖法非是凡
夫所見境界甚深寂靜衆相滅處如是學
已未來自然成就阿耨多羅三藐三菩提无
有艱難如我不異汝等當知若有安住是三
昧者自然當得逆大菩提尒時世尊為重明
此義以偈頌曰
我昔遇彼然燈佛　見已即得三摩提
從是常都諸如來　具足功德大名稱
汝但多集諸功德　一心專念即得成
若人能行此法中　當得无上菩提道

大集經賢護分甚深品第十二

尒時賢護菩薩復白佛言世尊云何思惟如
是三昧佛言賢護若有善男子善女人念欲
思惟此三昧者觀彼色時不應取著於彼聲
中不應取著於彼香中不應取著於彼味中
不應取著於彼觸中不應取著於諸法中不
應取著於諸生中不應取著於一切處不應
取著於是法中當起真實大慈行也是中阿
等名為三昧所謂於一切法中如法行故若
諸菩薩觀念處時當應如是觀察身行終不
分別見身行處觀察受行亦不分別見受行
處觀察心行亦不分別見心行處觀察法行
亦不分別見法行處菩薩當應如是觀察思
惟三昧何以故賢護彼菩薩觀身行時於身
不起思惟分別觀受行時於受不起思惟分
別觀心行時於心不起思惟分別也觀法行

分別見身行處觀察受行亦不分別見受行
處觀察心行亦不分別見心行處觀察法行
亦不分別見法行處菩薩當應如是觀察思
惟三昧何以故賢護彼菩薩觀身行時於身
不起思惟分別觀受行時於受不起思惟分
別觀心行時於心不起思惟分別也觀法行
時於法不起思惟分別故所以者何一切法不
可得故如是諸法既不可得云何當有分
別思惟賢護是故一切法无有分別无分別
者无有思惟无思惟者當知彼中无法可見
賢護无可見故便為无礙一切法中无障礙
故即是菩薩現前三昧菩薩成就是三昧故
即得觀見无量无數過阿僧祇諸佛世尊并
所宣說皆悉聽聞聞彼法已咸能受持彼諸
如來應等正覺所有一切无礙解脫解脫知
見亦即能得彼无礙智復次賢護菩薩觀察
四念處時无法可見无聲可聞无見聞故則
无有法可得分別亦无有法可得思惟而亦
復非聾盲瘖類但是諸法無可見故是故觀
時不生住著而見諸道思惟道故即於諸法
無有疑網無疑網故見佛如來見如來故永離
迷謬無迷謬故知一切法終無可見何以故
菩薩若有如斯見者則取彼見取彼見故則
取法相取法相故則取事業取事業故則見
見衆生見衆生故則見壽命見壽命故則見
富伽羅見富伽羅故則見諸陰見諸陰故則
見諸入見諸入故則見諸界見諸界故則見

菩薩若有如斯見者則取彼見取彼見故
則取法相取法相故則取事業取事業故則
見衆生見衆生故則見壽命見壽命故則見
富伽羅見富伽羅故則見諸陰見諸陰故則
見諸入見諸入故則見諸界見諸界故則見
諸相見諸相故則見諸物見諸物故則見彼
因見彼因故則復見緣以見緣故則便求取
以求取故則有有生何以故賢護一切諸法
終不可取無可取故菩薩於彼一切諸法不
思不念不見不聞賢護終不如諸外道若外
道弟子取著富伽羅及以我見也賢護菩薩
終不作如是見云何見菩薩見者如如來見
終不退轉菩薩見如辟支佛見如阿羅漢見
菩薩當應作如斯見如斯見故不憶不念不
見不聞以不憶念彼見聞故滅諸妄想即得
思惟如斯三昧也
復次賢護譬如虛空本無形色不可覩見無
有障礙無所依止無有住處清淨無染亦無
垢濁諸菩薩輩見一切法亦復如是所謂於
彼有為無為一切法中無有處障礙乃至亦
無處所以眼清淨無障礙故一切諸法自然
現前彼諸菩薩如是念時即見諸佛其所莊
嚴狀如金聚具足威儀如百千光焰赫斯照
如秋滿月衆星圍繞如轉輪王軍衆熾盛如
天帝釋四輔中尊如大梵王處彼天坐如師
子王威伏衆獸如鮮白鵝處空而飛如須彌
山王安住大海如大雪山出諸良藥如鐵圍

如秋滿月衆星圍繞如轉輪王軍衆熾盛如
天帝釋四輔中尊如大梵王處彼天坐如師
子王威伏衆獸如鮮白鵝處空而飛如須弥
山王安住大海如大雪山出諸良藥如鐵圍
山攝持猛風如彼水界住持大地如大風輪
淨虛空界如須弥頂壯麗天宮如是賢護彼
諸如來應供正覺以智德光照明一切三千
大千諸佛世界其事若此賢護彼諸菩薩於
正觀中復如斯念而諸如來有所宣說我昔
聽聞聞已讀誦受持脩行如是念已從三昧
起如彼定中所聞諸法思惟其義爲他宣說
賢護當知是三昧王爲諸菩薩作斯利益能
與如是諸功德聚所謂世間出世間一切諸
法也賢護是故若彼善男子善女人隨欲求
證無上菩提當應聽聞如是三昧聞已書寫
讀誦受持脩習思惟廣爲他說令是妙法流
布世間尒時世尊爲重明此義以偈頌曰
諸佛清淨離塵垢　功德深廣無所依
鍾鼓鏗鏘衆妙音　萬種咸備脩供養
布散諸種超世香　精異花鬘上寶蓋
然燈供養衆塔廟　所爲求此三摩提
佛法甚深難可見　聞亦世諦令人知
彼如自住初不遷　汝當隨順智無礙
猶日月天初出時　帝釋佐天三十二
衆具莊嚴寶周普　求彼三昧亦復然
譬如梵天處梵衆　威儀寂靜功德圓
勇猛精進不可稱　彼求三昧亦如是

彼如自住初不遷　汝當隨順智無礙
猶日月天初出時　帝釋佐天三十二
衆具莊嚴寶周普　求彼三昧亦復然
譬如梵天處梵衆　威儀寂靜功德圓
勇猛精進不可稱　彼求三昧亦如是
又如聖王處世間　給施病者衆妙藥
隨順諸佛清淨心　初未曾離本空住
譬如雪山諸山王　煒燁同於轉輪帝
亦如寶華妙莊嚴　彼見諸佛衆相滿
又猶鵝王絕明白　處空自在無礙遊
如是諸佛金色身　世尊真子如斯念
無垢三昧淨智燈　能破大冥諸黑闇
彼除一切衆物想　念諸佛智無礙光
諸垢消滅無瞋恚　無明清淨妙智人
若能觀是無自他　彼終無有諸色相
無礙惑中淨智生　悉能斷斯諸有見
亦已滅亡陰界想　聞法陰惱得清涼
比丘當知諸佛子　及以清淨比丘尼
彼優婆塞優婆夷　若能念此得三昧

賢護菩薩所問經卷第四

鸎烏耕反　犀西音　豺士皆反　豹上孝反　仇求音　鬄他帝反　鬒赫虎反
鏗苦更反　鏘七將反　鬘莫班反　煒于鬼反　燁于涉反

亦已滅亡陰界想　聞法陰惱得清涼
比丘當知諸佛子　及以清淨比丘尼
彼優婆塞優婆夷　若能念此得三昧

賢護菩薩所問經卷第四

覢烏甜反　犀西音　秫土背反　鄒上孝反　仇求音　鬃他帝反　鬘赫帝反
鏗苦更反　錚七將反　鬗莫班反　煒于鬼反　烽于陟反

BD05566號　大方等大集經賢護分卷四　（25–25）

一切人天皆樂見　容儀溫雅甚端嚴
悉皆現受无量樂　受用豐饒福德具
隨彼眾生念伎樂　眾妙音聲皆現前
念水即現清涼池　金色蓮華汎其上
隨彼眾生心所念　飲食衣服及林敷
金銀珎寶妙琉璃　瓔珞莊嚴皆具足
勿令眾生聞惡響　亦復不見有相違
所受容貌悉端嚴　各各慈心相愛樂
世間資生諸樂具　隨心念時皆滿足
所得珎財无恡惜　分布施與諸眾生
燒香末香及塗香　眾妙雜華非一色
每日三時從樹墮　隨心受用生歡喜
普願眾生咸供養　十方一切最勝尊
三乘清淨妙法門　菩薩獨覺聲聞眾
常願勿處於卑賤　不墮无暇八難中
生在有暇人中尊　恒得親承十方佛
願得常生富貴家　財寶倉庫皆盈滿

BD05567號　金光明最勝王經卷二　（3–1）

每日三時從樹隨　隨心受用生歡喜
普願眾生咸供養　十方一切冣勝尊
三乘清淨妙法門　菩薩獨覺聲聞眾
常願勿處於卑賤　不墮無暇八難中
生在有暇人中尊　恒得親承十方佛
願得常生富貴家　財寶倉庫皆盈滿
顏貌名稱無與等　壽命延長經劫數
悉願女人變為男　勇健聰明多智慧
一切常行菩薩道　勤修六度到彼岸
常見十方無量佛　寶王樹下而安處
處妙琉璃師子座　恒得親承轉法輪
若於過去及現在　輪迴三有造諸業
能招可猒不善趣　願得消滅永無餘
一切眾生於有海　生死羂網堅牢縛
願以智劒為斷除　離苦速證菩提處
眾生於此贍部內　或於他方世界中
所作種種勝福因　我今皆悉生隨喜
以此隨喜福德事　及身語意造眾善
願此勝業常增長　速證無上大菩提
所有礼讚佛功德　深心清淨無瑕穢
迴向發願福無邊　當超惡趣六十劫
若有男子及女人　婆羅門等諸勝族
合掌一心讚嘆佛　生生常憶宿世事
諸根清淨身圓滿　殊勝功德皆成就
願於未來所生處　常得人天共瞻仰
非於一佛十佛所　修諸善根今得聞
百千佛所種善根　方得聞斯懺悔法

BD05567號　金光明最勝王經卷二

（3–2）

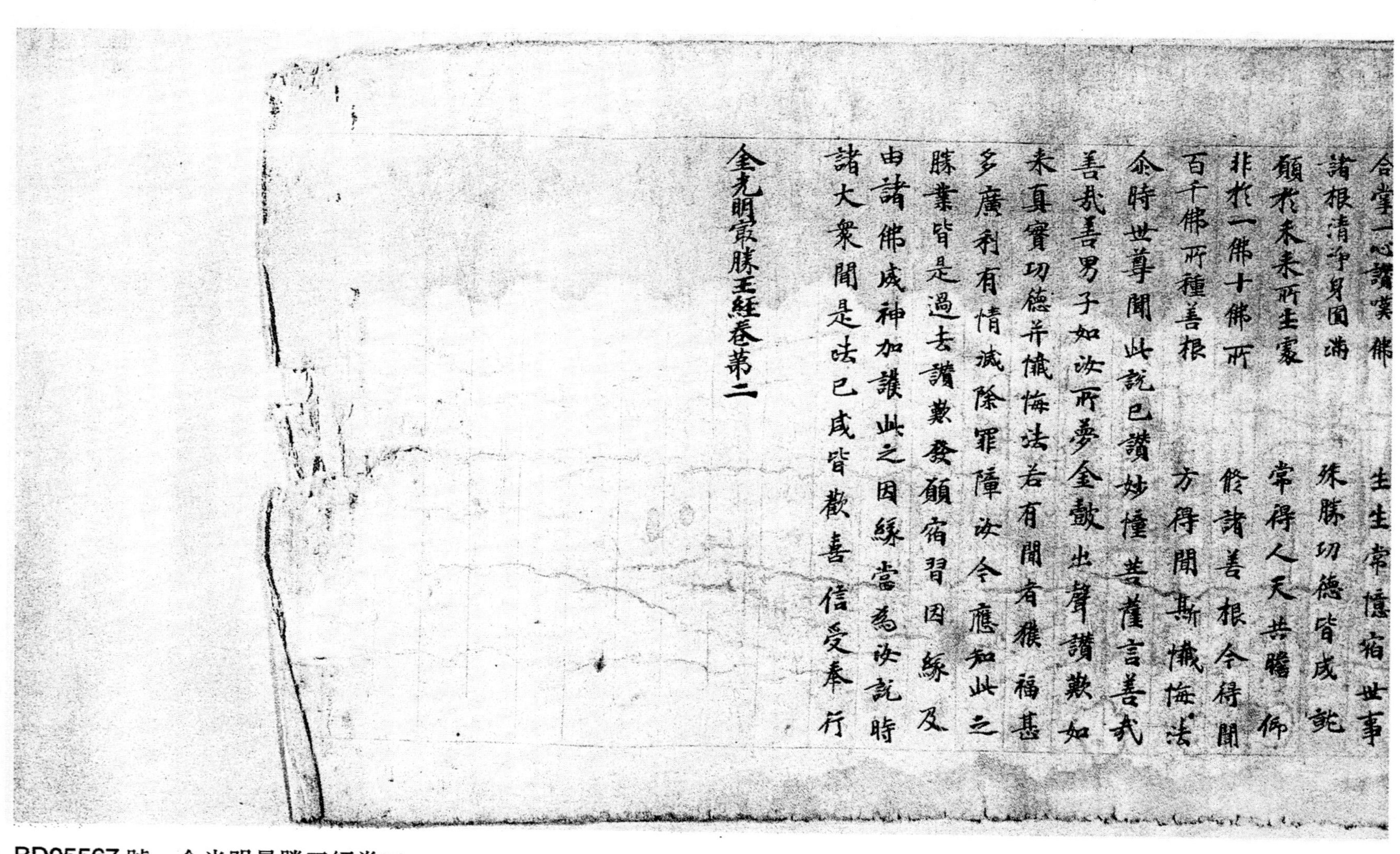

合掌一心讚嘆佛　生生常憶宿世事
諸根清淨身圓滿　殊勝功德皆成就
願於未來所生處　常得人天共瞻仰
非於一佛十佛所　修諸善根今得聞
百千佛所種善根　方得聞斯懺悔法
尒時世尊聞此說已讚妙幢菩薩言善哉
善哉善男子如汝所夢金鼓出聲讚歎如
來真實功德并懺悔法若有聞者獲福甚
多廣利有情滅除罪障汝今應知此之
勝業皆是過去讚歎發願宿習因緣及
由諸佛威神加護此之因緣當為汝說時
諸大眾聞是法已咸皆歡喜信受奉行

金光明冣勝王經卷第二

BD05567號　金光明最勝王經卷二

（3–3）

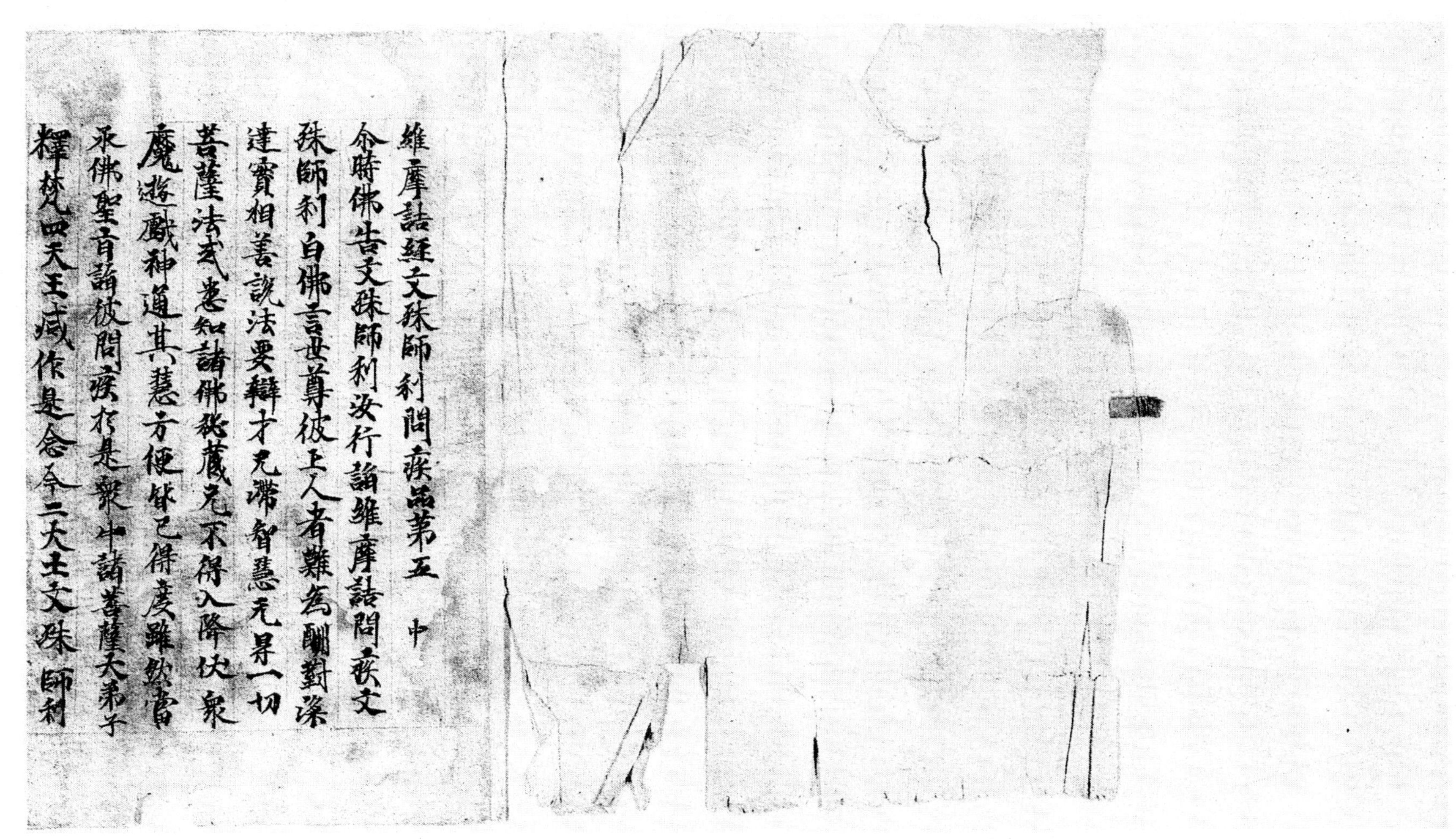

維摩詰經文殊師利問疾品第五　中
尒時佛告文殊師利汝行詣維摩詰問疾文
殊師利白佛言世尊彼上人者難為酬對深
達實相善說法要辯才无滞智慧无㝵一切
菩薩法式悉知諸佛秘藏无不得入降伏衆
魔遊戲神通其慧方便皆已得度雖然當
承佛聖旨詣彼問疾於是衆中諸菩薩大弟子
釋梵四天王咸作是念今二大士文殊師利

BD05568號　維摩詰所說經卷中　（29–1）

殊師利白佛言世尊彼上人者難為酬對深
達實相善說法要辯才无滞智慧无㝵一切
菩薩法式悉知諸佛秘藏无不得入降伏衆
魔遊戲神通其慧方便皆已得度雖然當
承佛聖旨詣彼問疾於是衆中諸菩薩大弟子
釋梵四天王咸作是念今二大士文殊師利
維摩詰共談必說妙法即時八千菩薩五
百聲聞百千天人皆欲隨從於是文殊師利
與諸菩薩大弟子衆及諸天人恭敬圍遶入
毗耶離大城尒時長者維摩詰心念今文殊師
利與大衆俱來即以神力空其室內除去所
有及諸侍者唯置一牀以疾而卧文殊師利
既入其舍見其室空无諸所有獨寢一牀時
維摩詰言善來文殊師利不來相而來不
見相而見文殊師利言如是居士若來已更不
來若去已更不去所以者何來者无所從來
去者无所至所可見者更不可見且置是事
居士是疾寧可忍不療治有損不至增乎世
尊殷勤致問无量居士是疾何所因起其生
久如當云何滅維摩詰言從癡有愛則我病
生以一切衆生病是故我病若一切衆生得不病
者則我病滅所以者何菩薩為衆生故入生死
有生死則有病若衆生得離病者則菩薩
无復病譬如長者唯有一子其子得病父母
亦病若子病愈父母亦愈菩薩如是於諸衆
生愛之若子衆生病則菩薩病衆生病愈
菩薩亦愈又言是疾何所因起菩薩病者以大悲

BD05568號　維摩詰所說經卷中　（29–2）

以一切衆生病是故我病若一切衆生得不病
者則我病滅所以者何菩薩為衆生故入生死
有生死則有病若衆生得離病者則菩薩
无復病譬如長者唯有一子其子得病父母
亦病若子病愈父母亦愈菩薩如是於諸衆
生愛之若子衆生病則菩薩病衆生病愈
菩薩亦愈又言是病何所因起菩薩病者以大
悲起文殊師利言居士此室何以空无侍者維
摩詰言諸佛國土亦復皆空又問以何為空
荅曰以空空又問空何用空荅曰以无分別空
故空又問空可分別耶荅曰分別亦空又問空
當於何求荅曰當於六十二見中求又問六
十二見當於何求荅曰當於諸佛解脫中
求又問諸佛解脫當於何求荅曰當於一
切衆生心行中求又仁所問何无侍者一切
衆魔及諸外道皆吾侍也所以者何衆魔
者樂生死菩薩於生死而不捨外道者樂諸
見菩薩於諸見而不動文殊師利言居士
所疾為何等相維摩詰言我病无形不可見
又問此病身合耶心合耶荅曰非身合身相
離故亦非心合心如幻故又問地大水大火大
風大於此四大何大之病荅曰是病非地大亦
不離地大水火風大亦復如是而衆生病從四
大起以其有病是故我病
尒時文殊師利問維摩詰言菩薩云何慰喻
有疾菩薩維摩詰言說身无常不說猒離於
身說身有苦不說樂於涅槃說身无我而說

風大於此四大何大之病荅曰是病非地大亦
不離地大水火風大亦復如是而衆生病從四
大起以其有病是故我病
尒時文殊師利問維摩詰言菩薩云何慰喻
有疾菩薩維摩詰言說身无常不說猒離於
身說身有苦不說樂於涅槃說身无我而說
教道衆生說身空寂不說畢竟寂滅說悔
先罪而不說入於過去以己之疾愍於彼疾當
識宿世无數劫苦當念饒益一切衆生憶
所脩福念於淨命勿生憂惱常起精進當作
醫王療治衆病菩薩應如是慰喻有疾菩
薩令其歡喜文殊師利言居士有疾菩薩云
何調伏其心維摩詰言有疾菩薩應作是念今
我此病皆從前世妄想顛倒諸煩惱生无有實
法誰受病者所以者何四大合故假名為身四
大无主身亦无我又此病起皆由著我是故
於我不應生著既知病本即除我想及衆
生想當起法想應作是念但以衆法合成此
身起唯法起滅唯法滅又此法者各不相知
起時不言我起滅時不言我滅彼有疾菩薩
為滅法想當作是念此法想者亦是顛倒顛
倒者是即大患我應離之云何為離離我我
所云何離我所謂離二法云何離二法謂不
念內外諸法行於平等云何平等謂我等
涅槃等所以者何我及涅槃此二皆空以何為
空但以名字故空如此二法无決定性得是

倒者即是大患我應離之云何為離離我我
所云何離我我所謂離二法云何離二法謂不
念內外諸法行於平等云何平等謂我等
涅槃等所以者何我及涅槃此二皆空以何為
空但以名字故空如此二法无决定性得是
平等无有餘病唯有空病空病亦空是有
疾菩薩以无所受而受諸受未具佛法亦不
滅受而取證也設身有苦念惡趣衆生起大
悲心我既調伏亦當調伏一切衆生但除其
病而不除法為斷病本而教道之何謂病本
謂有攀緣從有攀緣則為病本何所攀緣
謂之三界云何斷攀緣以无所得若无所得
則无攀緣何謂无所得謂離二見何謂二見謂
內見外見无所得文殊師利是名有疾菩薩
調伏其心為斷老病死苦是名菩薩菩提若
不如是已所脩治為无慧利譬如勝怨乃可
為勇如是兼除老病死者之謂也彼有疾
菩薩應復作是念如我此病非真非有衆
生病亦非真非有作是觀時於諸衆生若起
愛見大悲即應捨離所以者何菩薩斷除
客塵煩惱而起大悲愛見悲者則於生死有疲
厭心若能離此无有疲厭在在所生不為愛
見之所覆也所生无縛能為衆生說法解縛
如佛所說若自有縛能解彼縛无有是處若
自无縛能解彼縛斯有是處是故菩薩不應
起縛何謂縛何謂解貪著禪味是菩薩縛
以方便生是菩薩解又无方便慧縛有方便

見之所覆也所生无縛能為衆生說法解縛
如佛所說若自有縛能解彼縛无有是處若
自无縛能解彼縛斯有是處是故菩薩不應
起縛何謂縛何謂解貪著禪味是菩薩縛
以方便生是菩薩解又无方便慧縛有方便
慧解无慧方便縛有慧方便解何謂无方
便慧縛謂菩薩以愛見心莊嚴佛土成就衆
生於空无相无作法中而自調伏是名无方便
慧縛何謂有方便慧解謂不以愛見心莊嚴
佛土成就衆生於空无相无作法中以自調
伏而不疲厭是名有方便慧解何謂无慧方
便縛謂菩薩住貪欲瞋恚邪見等諸煩惱而
殖衆德本是名无慧方便縛何謂有慧方便
解謂離諸貪欲瞋恚邪見等諸煩惱而殖衆
德本迴向阿耨多羅三藐三菩提是名有慧
方便解文殊師利彼有疾菩薩應如是觀諸
法又復觀身无常苦空非我是名為慧雖身
有疾常在生死饒益一切而不厭惓是名方
便又復觀身身不離病病不離身是病
是身非新非故是名為慧設身有疾而不永
滅是名方便文殊師利有疾菩薩應如是調
伏其心不住其中亦復不住不調伏心所以者何
若住不調伏心是愚人法若住調伏心是聲聞法
是故菩薩不當住於調伏不調伏心離此二
法是菩薩行在於生死不為污行住於涅
槃不永滅度是菩薩行非凡夫行非賢聖行
是菩薩行非垢行非淨行是菩薩行雖過魔

是故菩薩不當住於調伏不調伏心離此二
法是菩薩行在於生死不為汙行住於涅
槃不永滅度是菩薩行非凡夫行非賢聖行
是菩薩行非垢行非淨行是菩薩行雖過魔
行而現降伏衆魔是菩薩行求一切智无非時
求是菩薩行雖觀諸法不生而不入正位是
菩薩行雖觀十二緣起而入諸邪見是菩薩
行雖攝一切衆生而不愛著是菩薩行雖樂
遠離而不依身心盡是菩薩行雖行三界而
不壞法性是菩薩行雖行於空而植衆德本
是菩薩行雖行无相而度衆生是菩薩行雖
行无作而現受身是菩薩行雖行无起而起
一切善行是菩薩行雖行六波羅蜜而遍知衆
生心心數法是菩薩行雖行六通而不盡漏
是菩薩行雖行四无量心而不貪著生於梵
世是菩薩行雖行禪定解脫三昧而不隨禪
生是菩薩行雖行四念處而不永離身受心
法是菩薩行雖行四正勤而不捨身心精進
是菩薩行雖行四如意足而得自在神通是
菩薩行雖行五根而分別衆生諸根利鈍是
菩薩行雖行五力而樂求佛十力是菩薩行
雖行七覺分而分別佛之智慧是菩薩行雖
行八聖道而樂行无量佛道是菩薩行雖行
止觀助道之法而不畢竟墮於寂滅是菩
薩雖行諸法不生不滅而以相好莊嚴其身
是菩薩行雖現聲聞辟支佛威儀而不捨

行八聖道而樂行无量佛道是菩薩行雖行
止觀助道之法而不畢竟墮於寂滅是菩
薩雖行諸法不生不滅而以相好莊嚴其身
是菩薩行雖現聲聞辟支佛威儀而不捨
佛法是菩薩行雖隨諸法究竟淨相而隨所
應為現其身是菩薩行雖觀諸佛國土永寂
如空而現種種清淨佛土是菩薩行雖得佛道
轉于法輪入於涅槃而不捨於菩薩之道是
菩薩行說是法時文殊師利所將大衆其中
八千天子皆發阿耨多羅三藐三菩提心

維摩詰經不思議品第六

爾時舍利弗見此室中无有牀座作是念斯
諸菩薩大弟子衆當於何坐長者維摩
詰知其意語舍利弗言云何仁者為法來耶
求牀座耶舍利弗言我為法來非為牀座維
摩詰言唯舍利弗夫求法者不貪軀命何況
牀座夫求法者非有色受想行識之求非有界
入之求非有欲色无色之求唯舍利弗夫求法
者不著佛求不著法求不著衆求夫求法
者无見苦求无斷集求无造盡證脩道之求
所以者何法无戲論若言我當見苦斷集滅
證脩道是則戲論非求法也唯舍利弗法名
寂滅若行生滅是求生滅非求法也法名无
染若染於法乃至涅槃是則染著非求法也法
无行處若行於法是則行處非求法也法无
取捨若取捨法是則取捨非求法也法无處
所若著處所是則著處非求法也法名无相

寂滅若行生滅是求生滅非求法也法名无
染若染於法乃至涅槃是則染著非求法也法
无行處若行於法是則行處非求法也法无
取捨若取捨法是則取捨非求法也法无處
所若著處所是則著處非求法也法名无相
若隨相識是則求相非求法也法不可住若
住於法是則住法非求法也法不可見聞覺
知若行見聞覺知是則見聞覺知非求法也
法名无為若行有為是求有為非求法也是
故舍利弗若求法者於一切法應无所求說是
語時五百天子於諸法中得法眼淨
尒時長者維摩詰問文殊師利仁者遊於无
量千万億阿僧祇國何等佛土有好上妙功
德成就師子之座文殊師利言居士東方度
三十六恒河沙國有世界名須弥相其佛號須
弥燈王今現在彼佛身長八万四千由旬其
師子座高八万四千由旬嚴飾第一於是長
者維摩詰現神通力即時彼佛遣三万二千
師子之座高廣嚴淨來入維摩詰室諸菩薩
大弟子釋梵四天王等昔所未見其室廣博
悉皆包容三万二千師子之座无所妨㝵於毗耶離
城及閻浮提四天下亦不迫迮悉見如故尒時
維摩詰語文殊師利就師子座與諸菩薩
上人俱坐當自立身如彼座像其得神通菩
薩即自變形為四万二千由旬坐師子座諸
新發意菩薩及大弟子皆不能昇尒時維摩
詰語舍利弗就師子座舍利弗言居士此座

維摩詰語文殊師利就師子座與諸菩薩
上人俱坐當自立身如彼座像其得神通菩
薩即自變形為四万二千由旬坐師子座諸
新發意菩薩及大弟子皆不能昇尒時維摩
詰語舍利弗就師子座舍利弗言居士此座
高廣吾不能昇維摩詰言唯舍利弗為須弥
燈王如來作礼乃可得坐於是新發意菩薩
及大弟子即為須弥燈王如來作礼便得坐
師子座
舍利弗言居士未曾有也如是小室乃能容
受此高廣之座於毗耶離城无所妨㝵又於
閻浮提聚落城邑及四天下諸天龍王鬼神
宮殿亦不迫迮維摩詰言唯舍利弗諸佛菩
薩有解脫名不可思議若菩薩住是解脫者
以須弥之高廣內芥子中无所增減須弥山王
本相如故而四天王忉利諸天不覺不知己
之所入唯應度者乃見須弥入芥子中是
名不可思議解脫法門又以四大海水入一毛
孔不嬈魚鱉黿鼉水性之屬而彼大海本相
如故諸龍鬼神阿脩羅等不覺不知己之所
入於此衆生亦无所嬈又舍利弗住不可思議
解脫菩薩斷取三千大千世界如陶家輪
著右掌中擲過恒沙世界之外其中衆生不
覺不知己之所往又復還置本處都不使人
有往來想而此世界本相如故又舍利弗或
有衆生樂久住世而可度者菩薩即演七
日以為一劫令彼衆生謂之一劫或有衆生不

著右掌中擲過恒沙世界之外其中衆生不
覺不知己之所往又復還置本處都不使人
有往來想而此世界本相如故又舍利弗或
有衆生樂久住世而可度者菩薩即演七
日以為一劫令彼衆生謂之一劫或有衆生不
樂久住而可度者菩薩即促一劫以為七日
令彼衆生謂之七日又舍利弗住不可思議解
脫菩薩以一切佛土嚴飾之事集在一國
示於衆生又菩薩以一切佛土衆生置之右
掌飛到十方遍示一切而不動本處又舍利
弗十方衆生供養諸佛之具菩薩於一毛孔
皆令得見又十方國土所有日月星宿於一毛
孔普使見之又舍利弗十方世界所有諸風
菩薩悉能吸著口中而身无損外諸樹木亦
不摧折又十方世界劫盡燒時以一切火内於
腹中火事如故而不為害又於下方過恒
河沙等諸佛世界取一佛土舉著上方過恒
河沙无數世界如持鍼鋒舉一棗葉而无所
嬈又舍利弗住不可思議解脫菩薩能以神
通現作佛身或現辟支佛身或現聲聞
身或現帝釋身或現梵王身或現世主身
或現轉輪王身又十方世界所有衆聲上中下
音皆能變之令作佛聲演出无常苦空无
我之音及十方諸佛所說種種之法皆於其中
普令得聞舍利弗我今略說菩薩不可思議
解脫之力若廣說者窮劫不盡是時大迦葉
聞說菩薩不可思議解脫法門歎未曾有謂

BD05568號　維摩詰所說經卷中

（29–11）

音皆能變之令作佛聲演出无常苦空无
我之音及十方諸佛所說種種之法皆於其中
普令得聞舍利弗我今略說菩薩不可思議
解脫之力若廣說者窮劫不盡是時大迦葉
聞說菩薩不可思議解脫法門歎未曾有謂
舍利弗譬如有人於盲者前現衆色像非彼
所見一切聲聞聞是不可思議解脫法門不能
解了為若此也智者聞是其誰不發阿耨多
羅三藐三菩提心我等何為永絕其根於此
大乘已如敗種一切聲聞聞是不可思議解
脫法門皆應號泣聲震三千大千世界一切
菩薩應大欣慶頂受此法若有菩薩信解
不可思議解脫門者一切魔衆无如之何大迦
葉說是語時三万二千天子皆發阿耨多羅三
藐三菩提心
尒時維摩詰語大迦葉仁者十方无量阿僧
祇世界中作魔王者多是住不可思議解脫
菩薩以方便力教化衆生現作魔王又迦葉
十方无量菩薩或有人從乞手足耳鼻頭目
髓腦血肉皮骨聚落城邑妻子奴婢象馬
車乘金銀瑠璃車𤦲馬瑙珊瑚虎珀真
珠珂貝衣服飲食如此乞者多是住不可思議
解脫菩薩以方便力而往試之令其堅固所以者
何住不可思議解脫菩薩有威德力故行逼迫
示諸衆生如是難事凡夫下劣无有力勢不
能如是逼迫菩薩譬如龍象蹴踏非驢所
堪是名住不可思議解脫菩薩智慧方便之門

BD05568號　維摩詰所說經卷中

（29–12）

解脫菩薩以方便力而往試之令其堅固所以者
何住不可思議解脫菩薩有威德力故行逼迫
示諸眾生如是難事凡夫下劣无有力勢不
能如是逼迫菩薩譬如龍象蹴蹋非驢所
堪是名住不可思議解脫菩薩智慧方便之門

維摩詰經觀眾生品第七

尒時文殊師利問維摩詰言菩薩云何觀於
眾生維摩詰言譬如幻師見所幻人菩薩觀
眾生為若此如智者見水中月如鏡中見其
面像如熱時炎如呼聲響如空中雲如水聚
沫如水上泡如芭蕉堅如電久住如第五大
如第六陰如第七情如十三入如十九界菩薩
觀眾生為若此如无色界色如燋穀牙如須
陁洹身見如阿那含入胎如阿羅漢三毒如
得忍菩薩貪恚毀禁如佛煩惱習如盲者見
色如入滅盡定出入息如空中鳥跡如石女兒
如化人煩惱如夢所見已悟如滅度者受身
如无烟之火菩薩觀眾生為若此也
文殊師利言若菩薩作是觀者云何行慈維
摩詰言菩薩作是觀已自念我當為眾生
說如斯法是即真實慈也行寂滅慈无所生
故行不熱慈无煩惱故行等之慈等三世故行
无諍慈无所起故行不二慈內外不合故行
不壞慈畢竟盡故行堅固慈心无毀故行
清淨慈諸法性淨故行无邊慈如虛空故行
阿羅漢慈破結賊故行菩薩慈安眾生故
行如來慈得如相故行佛之慈覺眾生故行

BD05568號　維摩詰所說經卷中　（29–13）

无諍慈无所起故行不二慈內外不合故行
不壞慈畢竟盡故行堅固慈心无毀故行
清淨慈諸法性淨故行无邊慈如虛空故行
阿羅漢慈破結賊故行菩薩慈安眾生故
行如來慈得如相故行佛之慈覺眾生故行
自然慈无因得故行菩提慈等一味故行无比
慈斷諸愛故行大悲慈導以大乘故行无猒
慈觀空无我故行法施慈无遺惜故行持戒
慈化毀禁故行忍辱慈護彼我故行精進慈
荷負眾生故行禪定慈不受味故行智慧慈
无不知時故行方便慈一切示現故行无隱慈
直心清淨故行深心慈无雜行故行无誑慈
不虛假故行安樂慈令得佛樂故菩薩之慈
為若此也文殊師利又問何謂為悲荅曰菩
薩所作功德皆與一切眾生共之何謂為喜
荅曰有所饒益歡喜无悔何謂為捨荅曰所
作福祐无所悕望文殊師利又問生死有畏菩薩
當何所依維摩詰言菩薩於生死畏中當依如
來功德之力文殊師利又問菩薩欲依如來功
德之力當於何住荅曰菩薩欲依如來功德力
者當住度脫一切眾生又問欲度眾生當何所
除荅曰欲度眾生除其煩惱又問欲除煩惱
當何所行荅曰當行正念又問云何行於正
念荅曰當行不生不滅又問何法不生何法
不滅荅曰不善不生善法不滅又問善不
善孰為本荅曰身為本又問身孰為本荅

BD05568號　維摩詰所說經卷中　（29–14）

除答曰欲度衆生除其煩惱又問欲除煩惱
當何所行答曰當行正念又問云何行於正
念答曰當行不生不滅又問何法不生何法
不滅答曰不善不生善法不滅又問善不
善孰為本答曰身為本又問身孰為本答
曰欲貪為本又問欲貪孰為本答曰虛妄分
別為本又問虛妄分別孰為本答曰顛倒想
為本又問顛倒想孰為本答曰无住為本又
問无住孰為本答曰无住則无本文殊師利
從无住本立一切法
時維摩詰室有一天女見諸大人聞所說法便
現其身即以天華散諸菩薩大弟子上華至
諸菩薩即皆墮落至大弟子便著不墮一
切弟子神力去華不能令去爾時天問舍利
弗何故去華答曰此華不如法是以去之天曰
勿謂此華為不如法所以者何是華无所
分別仁者自生分別想耳若於佛法出家有
所分別為不如法若无所分別是則如法觀諸
菩薩華不著者以斷一切分別想故譬如人
畏時非人得其便如是弟子畏生死故色聲
香味觸得其便已離畏者一切五欲无能為
也結習未盡華著身耳結習盡者華不著
也
舍利弗言天止此室其已久如答曰我止此室
如耆年解脫舍利弗言止此久耶天曰耆年
解脫亦何久如舍利弗言嘿然不答天曰如何
耆舊大智而嘿答曰解脫者无所言說故

BD05568號　維摩詰所說經卷中　（29–15）

解脫亦何久如舍利弗言嘿然不答天曰如何
耆舊大智而嘿答曰解脫者无所言說故
吾於是不知所云天曰言說文字皆解脫相所
以者何解脫者不內不外不在兩間文字亦不
內不外不在兩間是故舍利弗无離文字說
解脫也所以者何一切諸法是解脫相舍利
弗言不復以離婬怒癡為解脫乎天曰佛
為增上慢人說離婬怒癡為解脫耳若无增
上慢者佛說婬怒癡性即是解脫舍利弗
言善哉善哉天女汝何所得以何為證辯乃
如是天曰我无得无證故辯如是所以者何
若有得有證者則於佛法為增上慢
舍利弗問天汝於三乘為何志求天曰以聲
聞法化衆生故我為聲聞以因緣法化衆生
故我為辟支佛以大悲化衆生故我為大乘
舍利弗如人入瞻蔔林唯嗅瞻蔔不嗅餘香
如是若入此室者但聞佛功德之香不樂聞聲
聞辟支佛功德香也舍利弗其有釋梵四天
王諸天龍鬼神等入此室者聞斯上人講說
正法皆樂佛功德之香發心而出舍利弗吾
止此室十有二年初不聞說聲聞辟支佛法
但聞菩薩大慈大悲不可思議諸佛之法舍
利弗此室常現八未曾有難得之法何等為
八此室常以金色光照晝夜无異不以日月
所照為明是為一未曾有難得之法此室入
者不為諸垢之所惱也是為二未曾有難得

BD05568號　維摩詰所說經卷中　（29–16）

利弗此室常現八未曾有難得之法何等爲
八此室常以金色光照晝夜无異不以日月
所照爲明是爲一未曾有難得之法此室入
者不爲諸垢之所惱也是爲二未曾有難得
之法此室常有釋梵四天王他方菩薩來會不
絶是爲三未曾有難得之法此室常說六
波羅蜜不退轉法是爲四未曾有難得之法
此室常作天人第一之樂絃出无量法化之聲
是爲五未曾有難得之法此室有四大藏衆
寶積滿周窮濟乏求得无盡是爲六未曾
有難得之法此室釋迦牟尼佛阿弥陁佛阿閦
佛寶德寶炎寶月寶嚴難勝師子響一切
利成如是等十方无量諸佛是上人念時即
皆爲來廣說諸佛秘要法藏說已還去是爲
七未曾有難得之法此室一切諸天嚴飾宮殿
諸佛淨土皆於中現是爲八未曾有難得
之法舍利弗此室常現八未曾有難得之
法誰有見斯不思議事而復樂於聲聞法
乎
舍利弗言汝何以不轉女身天曰我從十二年
來求女人相了不可得當何所轉譬如幻師
化作幻女若有人問何以不轉女身是人爲
正問不舍利弗言不也幻无定相當何所
轉天曰一切諸法亦復如是无有定相云何
乃問不轉女身即時天女以神通力變舍利
弗令如天女天自化身如舍利弗而問言何以
不轉女身舍利弗以天女像而答言我今不

正問不舍利弗言不也幻无定相當何所
轉天曰一切諸法亦復如是无有定相云何
乃問不轉女身即時天女以神通力變舍利
弗令如天女天自化身如舍利弗而問言何以
不轉女身舍利弗以天女像而答言我今不
知何轉而變爲女身天曰舍利弗若能轉此
女身則一切女人亦當能轉如舍利弗非女
而現女身一切女人亦復如是雖現女身而
非女也是故佛說一切諸法非男非女即
時天女還攝神力舍利弗身還復如故天問
舍利弗女身色相今何所在舍利弗言女身
色相无在无不在天曰一切諸法亦復如是无
在无不在夫无在无不在者佛所說也舍利
弗問天汝於此沒當生何所天曰佛化所生
吾如彼生曰佛化所生非沒生也天曰衆生
猶然无沒生也舍利弗問天汝久如當得
阿耨多羅三藐三菩提天曰如舍利弗還爲凡
夫我乃當成阿耨多羅三藐三菩提舍利
弗言我作凡夫无有是處天曰我得阿耨
多羅三藐三菩提亦无是處所以者何菩提无
住處是故无有得者舍利弗言今諸佛得阿
耨多羅三藐三菩提已得當得如恒河沙皆
謂何乎天曰皆以世俗文字數故說有三世
非謂菩提有去來今天曰舍利弗汝得阿羅
漢道耶曰无所得故而得天曰諸佛菩薩亦
復如是无所得故而得爾時維摩詰語舍利

耨多羅三藐三菩提已得當得如恒河沙皆
謂何乎天曰皆以世俗文字數故說有三世
非謂菩提有去來今天曰舍利弗汝得阿羅
漢道耶曰无所得故而得天曰諸佛菩薩亦
復如是无所得故而得尒時維摩詰語舍利
弗是天女已曾供養九十二億佛已能遊戲
菩薩神通所願具足得无生忍住不退轉以本
願故隨意能現教化衆生

維摩詰經佛道品第八

尒時文殊師利問維摩詰言菩薩云何通達
佛道維摩詰言若菩薩行於非道是為通達
佛道又問云何菩薩行於非道答曰若菩薩
行五无間而无惱恚至于地獄无諸罪垢至
于畜生无有无明憍慢等過至于餓鬼而具
足功德行色无色界道不以為勝示行貪欲
離諸染著示行瞋恚於諸衆生无有恚㝵示
行愚癡而以智慧調伏其心示行慳貪而捨內
外所有不惜身命示行毀禁而安住淨戒乃
至小罪猶懷大懼示行瞋恚而常慈忍示
行懈怠而勤脩功德示行亂意而常念定示行
愚癡而通達世間出世間慧示行諂偽而善方
便隨諸經義示行憍慢而於衆生猶如橋
梁示行諸煩惱而心常清淨示入於魔而順
佛智慧不隨他教示入聲聞而為衆生說未
聞法示入辟支佛而成就大悲教化衆生示
入貧窮而有寶手功德无盡示入形殘而具
諸相好以自莊嚴示入下賤而生佛種姓中具

示行諸煩惱而心常清淨示入於魔而順
佛智慧不隨他教示入聲聞而為衆生說未
聞法示入辟支佛而成就大悲教化衆生示
入貧窮而有寶手功德无盡示入形殘而具
諸相好以自莊嚴示入下賤而生佛種姓中具
諸功德示入羸劣醜陋而得那羅延身一切衆
生之所樂見示入老病而永斷病根超越死
畏示有資生而恒觀无常實无所貪示有
妻妾婇女而常遠離五欲淤泥現於訥鈍而
成就辯才捴持无失示入耶濟而以正濟度
諸衆生現遍入諸道而斷其因緣現於涅槃
而不斷生死文殊師利菩薩能如是行於非
道是為通達佛道

於是維摩詰問文殊師利何等為如來種文
殊師利言有身為種无明有愛為種貪恚癡
為種四顛倒為種五蓋為種六入為種七識處為
為種八耶法為種九惱處為種十不善道
為種以要言之六十二見及一切煩惱皆是佛
種曰何謂也荅曰若見无為入正位者不能
復發阿耨多羅三藐三菩提心譬如高原陸
地不生蓮華卑濕汙泥乃生此華如是見
无為法入正位者終不復能生於佛法煩惱
泥中乃有衆生起佛法耳又如殖種於空終
不得生糞壤之地乃能滋茂如是入无為正
位者不生佛法起於我見如須弥山猶能發
于阿耨多羅三藐三菩提心生佛法矣是故當
知一切煩惱為如來種譬如不入巨海不能得

泥中乃有衆生起佛法耳又如殖種於空終
不得生糞壤之地乃能滋茂如是入无為正
位者不生佛法起於我見如須弥山猶能發
于阿耨多羅三藐三菩提心生佛法矣是故當
知一切煩惱為如來種譬如不入巨海不能得
无價寶珠如是不入煩惱大海則不能得一切
智寶
尒時大迦葉歎言善哉善哉文殊師利快說
此語誠如所言塵勞之疇為如來種我等今
者不復堪任發阿耨多羅三藐三菩提心乃
至五无間罪猶能發意生於佛法而今我等
永不能發譬如根敗之士其於五欲不能復
利如是聲聞諸結斷者於佛法中无所復益
永不志願是故文殊師利凡夫於佛法有反
復而聲聞无也所以者何凡夫聞佛法能起
无上道心不斷三寶正使聲聞終身聞佛法
力无畏等永不能發无上道意尒時會中有
菩薩名普現色身問維摩詰言居士父母妻
子親戚眷屬吏民知識悉為是誰奴婢僮僕
象馬車乘皆何所在於是維摩詰以偈荅
曰
智度菩薩母　方便以為父　一切衆導師　无不由是生
法喜以為妻　慈悲心為女　善心誠實男　畢竟空寂舍
弟子衆塵勞　隨意之所轉　道品善知識　由是成正覺
諸度法等侶　四攝為伎樂　歌詠誦法言　以此為音樂
揔持之園苑　无漏法林樹　覺意淨妙華　解脫智慧果
八解之浴池　定水湛然滿　布以七淨華　浴此无垢人

曰
智度菩薩母　方便以為父　一切衆導師　无不由是生
法喜以為妻　慈悲心為女　善心誠實男　畢竟空寂舍
弟子衆塵勞　隨意之所轉　道品善知識　由是成正覺
諸度法等侶　四攝為伎樂　歌詠誦法言　以此為音樂
揔持之園苑　无漏法林樹　覺意淨妙華　解脫智慧果
八解之浴池　定水湛然滿　布以七淨華　浴此无垢人
象馬五通馳　大乘以為車　調御以一心　遊於八正路
相具以嚴容　衆好飾其姿　慚愧之上服　深心為華鬘
富有七財寶　教授以滋息　如所說修行　迴向為大利
四禪為床座　從於淨命生　多聞增智慧　以為自覺音
甘露法之食　解脫味為漿　淨心以澡浴　戒品為塗香
摧滅煩惱賊　勇健无能踰　降伏四種魔　勝幡建道場
雖知无起滅　示彼故有生　悉現諸國土　如日无不見
供養於十方　无量億如來　諸佛及己身　无有分別想
雖知諸佛國　及與衆生空　而常脩淨土　教化於群生
諸有衆生類　形聲及威儀　无畏力菩薩　一時能盡現
覺知衆魔事　而示隨其行　以善方便智　隨意皆能現
或示老病死　成就諸群生　了知如幻化　通達无有㝵
或現劫盡燒　天地皆洞然　衆人有常想　照令知无常
无數億衆生　俱來請菩薩　一時到其舍　化令向佛道
經書禁呪術　工巧諸伎藝　盡現行此事　饒益諸群生
世間衆道法　悉於中出家　因以解人惑　而不墮邪見
或作日月天　梵王世界主　或時作地水　或復作風火
劫中有疾疫　現作諸藥草　若有服之者　除病消衆毒
劫中有飢饉　現身作飲食　先救彼飢渴　却以法語人
劫中有刀兵　為之起慈悲　化彼諸衆生　令住无諍地

世間衆道法　悉於中出家　因以解人惑　而不墮耶見
或作日月天　梵王世界主　或時作地水　或復作風火
劫中有疾疫　現作諸藥草　若有服之者　除病消衆毒
劫中有飢饉　現身作飲食　先救彼飢渴　却以法語人
劫中有刀兵　為之起慈悲　化彼諸衆生　令住无諍地
若有大戰陣　立之以等力　菩薩現威勢　降伏使和安
一切國土中　諸有地獄處　輒往到于彼　勉濟其苦惱
一切國土中　畜生相食噉　皆現生於彼　為之作利益
示受於五欲　亦復現行禪　令魔心憒亂　不能得其便
火中生蓮華　是可謂希有　在欲而行禪　希有亦如是
或現作婬女　引諸好色者　先以欲鉤牽　後令入佛智
或為邑中主　或作商人導　國師及大臣　以祐利衆生
諸有貧窮者　現作无盡藏　因以勸導之　令發菩提心
我心憍慢者　為現大力士　消伏諸貢高　令住无上道
其有恐懼衆　於前而慰安　先施以无畏　後令發道心
或現離婬欲　為五通仙人　開導諸群生　令住戒忍慈
見須供事者　現為作僮僕　既悅可其意　乃發以道心
隨彼之所須　得入於佛道　以善方便力　皆能給足之
如是道无量　所行无有崖　智慧无邊際　度脫无數衆
假令一切佛　於无數億劫　讚歎其功德　猶尚不能盡
誰聞如是法　不發菩提心　除彼不肖人　癡冥无智者

維摩詰經入不二法門品第九

尒時維摩詰謂衆菩薩言諸仁者云何菩薩入
不二法門各隨所樂說之會中有菩薩名法自
在說言諸仁者生滅為二法本不生今則不
滅得此无生法忍者是為入不二法門
德守菩薩曰我我所為二因有我故便有我所

尒時維摩詰謂衆菩薩言諸仁者云何菩薩入
不二法門各隨所樂說之會中有菩薩名法自
在說言諸仁者生滅為二法本不生今則不
滅得此无生法忍者是為入不二法門
德守菩薩曰我我所為二因有我故便有我所
若无有我則无我所是為入不二法門
不眴菩薩曰受不受為二若法不受則不可得
以不可得故无取无捨无作无行是為入不二
法門
德頂菩薩曰垢淨為二見垢實性則无淨相順
於滅相是為入不二法門
善宿菩薩曰是動是念為二不動則无念无
念即无分別通達此者是為入不二法門
善眼菩薩曰一相无相為二若知一相即是无
相亦不取无相入於平等是為入不二法門
妙臂菩薩曰菩薩心聲聞心為二觀心相空如
幻化者无菩薩心无聲聞心是為入不二法
門
弗沙菩薩曰善不善為二若不起善不善入
无相際而通達者是為入不二法門
師子菩薩曰罪福為二若達罪性則与福无
異以金剛慧決了此相无縛无解者是為入
不二法門
師子意菩薩曰有漏无漏為二若得諸法等
則不起漏不漏想不著於相亦不住无相是
為入不二法門
淨解菩薩曰有為无為為二若離一切數則心

不二法門
師子意菩薩曰有漏无漏為二若得諸法等
則不起漏不漏想不著於相亦不住无相是
為入不二法門
淨解菩薩曰有為无為為二若離一切數則心
如虛空以清淨慧无所㝵者是為入不二法門
那羅延菩薩曰世間出世間為二世間性空即
是出世間於其中不入不出不溢不散是為
入不二法門
善意菩薩曰生死涅槃為二若見生死性則
无生死无縛无解不然不滅如是解者是為
入不二法門
現見菩薩曰盡不盡為二法若究竟盡若不
盡皆是无盡相无盡相即是空空則无有盡
不盡相如是入者是為入不二法門
普守菩薩曰我无我為二我尚不可得非我何
可得見我實性者不復起二是為入不二法門
電天菩薩曰明无明為二无明實性即是明明
亦不可取離一切數於其中平等无二者是為
入不二法門
喜見菩薩曰色色空為二色即是空非色滅空
色性自空如是受想行識識空為二識即是
空非識滅空識性自空於其中而通達者是
為入不二法門
明相菩薩曰四種異空種異為二四種性即是
空種性如前際後際空故中際亦空若能如
是知諸種性者是為入不二法門

為入不二法門
明相菩薩曰四種異空種異為二四種性即是
空種性如前際後際空故中際亦空若能如
是知諸種性者是為入不二法門
妙意菩薩曰眼色為二若知眼性於色不貪
不恚不癡是名寂滅如是耳聲鼻香舌味身
觸意法為二若知意性於法不貪不恚不癡
是名寂滅安住其中是為入不二法門
无盡意菩薩曰布施迴向一切智為二布施性
即是迴向一切智性如是持戒忍辱精進禪定
智慧迴向一切智為二智慧性即是迴向一切
智性於其中入一相者是為入不二法門
深慧菩薩曰是空是无相是无作為二空即无
相无相即无作若空无相无作則无心意識
於一解脫門即是三解脫門者是為入不二
法門
寂根菩薩曰佛法衆為二佛即是法法即是
衆是三寶皆无為相與虛空等一切法亦尒
能隨此行者是為入不二法門
心无㝵菩薩曰身身滅為二身即是身滅
所以者何見身實相者不起見身及以滅身
身與滅身无二无分別於其中不驚不懼者
是為入不二法門
上善菩薩曰身口意善為二是三業皆无作
相身无作相即口无作相口无作相即意无作
相是三業无作相即是一切法无作相能如是
隨无作慧者是為入不二法門

是為入不二法門
上善菩薩曰身口意善為二是三業皆无作
相身无作相即口无作相口无作相即意无作
相是三業无作相即是一切法无作相能如是
随无作慧者是為入不二法門
福田菩薩曰福行罪行不動行為二三行實
性即是空空則无福行无罪行无不動行於
此三行而不起者是為入不二法門
華嚴菩薩曰從我起二為二見我實相者不起
二法若不住二法則无有識无所識者是為
入不二法門
德藏菩薩曰有所得相為二若无所得則无
取捨无取捨者是為入不二法門
月上菩薩曰闇与明為二无闇无明則无有
二所以者何如入滅受想定无闇无明一切法相
亦復如是於其中平等入者是為入不二法門
寶印手菩薩曰樂涅槃不樂世間為二若不
樂涅槃不厭世間則无有二所以者何若有縛
則有解若本无縛其誰求解无縛无解則无
樂厭是為入不二法門
珠頂王菩薩曰正道邪道為二住正道者則
不分別是邪是正離此二者是為入不二法門
樂實菩薩曰實不實為二實見者尚不見實
何況非實所以者何非肉眼所見慧眼乃能見
而此慧眼无見无不見是為入不二法門
如是諸菩薩各各說已問文殊師利何等是
菩薩入不二法門文殊師利曰如我意者於一

BD05568號　維摩詰所說經卷中　（29–27）

不分別是邪是正離此二者是為入不二法門
樂實菩薩曰實不實為二實見者尚不見實
何況非實所以者何非肉眼所見慧眼乃能見
而此慧眼无見无不見是為入不二法門
如是諸菩薩各各說已問文殊師利何等是
菩薩入不二法門文殊師利曰如我意者於一
切法无言无說无示无識離諸問答是為入
不二法門
於是文殊師利問維摩詰我等各自說已仁
者當說何等是菩薩入不二法門
時維摩詰嘿然无言文殊師利歎曰善哉善
哉乃至无有文字語言是真入不二法門
說是入不二法門時於此衆中五千菩薩皆
入不二法門得无生法忍

維摩詰經卷中

BD05568號　維摩詰所說經卷中　（29–28）

入不二法門得无生法忍

維摩詰經卷中

BD05568號　維摩詰所說經卷中　（29–29）

妙法蓮華經序品第一
如是我聞一時佛住王舍城耆闍崛山中與
大比丘衆万二千人俱皆是阿羅漢諸漏已
盡无復煩惱逮得己利盡諸有結心得自在
其名曰阿若憍陳如摩訶迦葉優樓頻螺迦
葉伽耶迦葉那提迦葉舍利弗大目揵連摩
訶迦旃延阿㝹樓馱劫賓那憍梵波提離婆
多畢陵伽婆蹉薄拘羅摩訶拘絺羅難陁孫
陁羅難陁富樓那弥多羅尼子須菩提阿難
羅睺羅如是衆所知識大阿羅漢等復有學
无學二千人摩訶波闍波提比丘尼與眷屬
六千人俱羅睺羅母耶輸陁羅比丘尼亦與
眷屬俱菩薩摩訶薩八万人皆於阿耨多羅
三藐三菩提不退轉皆得陁羅尼樂說辯才
轉不退轉法輪供養无量百千諸佛於諸佛
所殖衆德本常為諸佛之所稱歎以慈脩身
善入佛慧通達大智到於彼岸名稱普聞无

BD05569號　妙法蓮華經（兌廢稿）卷一　（2–1）

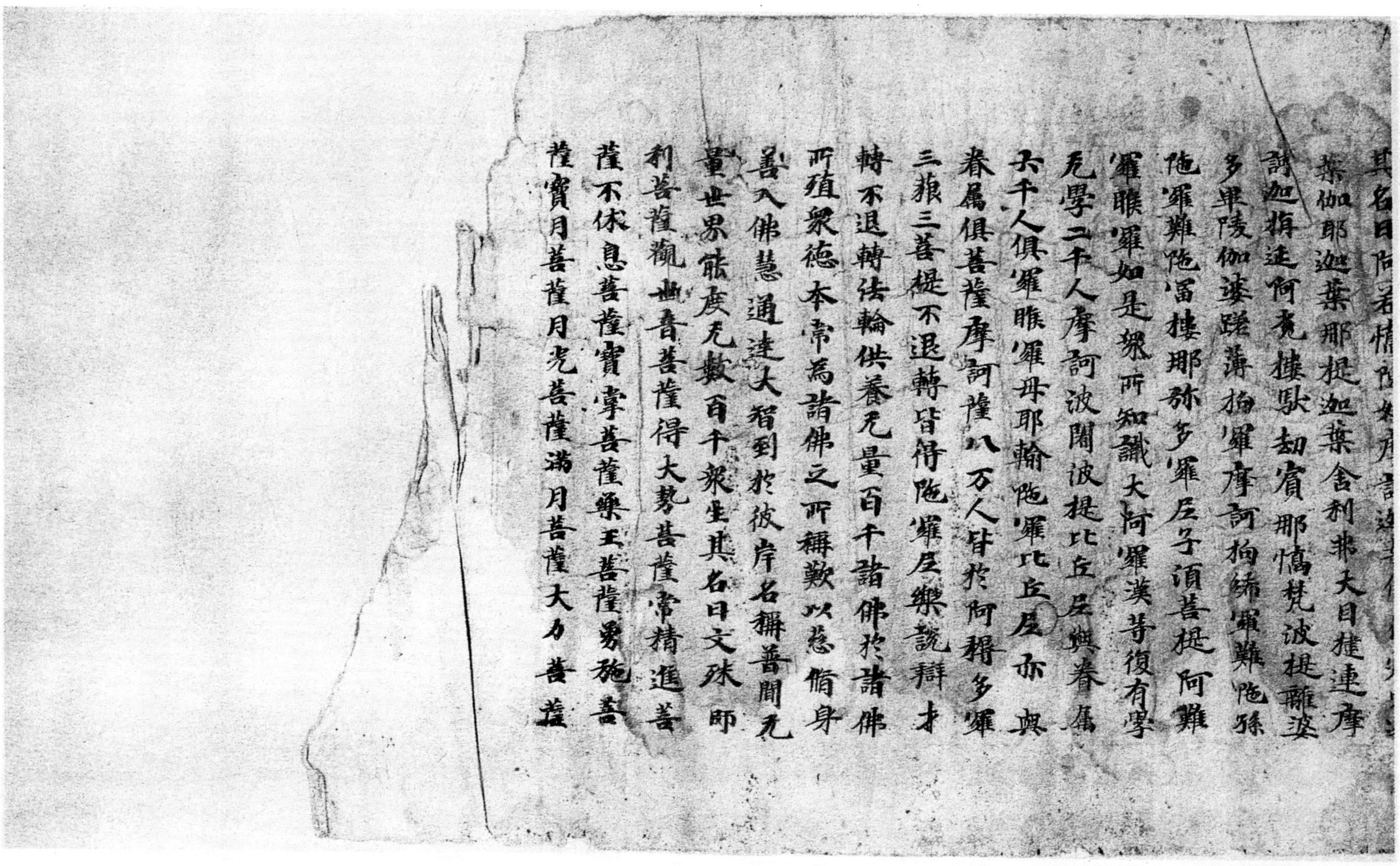

其名曰阿若憍陳如摩訶迦
葉伽耶迦葉那提迦葉舍利弗大目揵連摩
訶迦旃延阿㝹樓駄劫賓那憍梵波提離婆
多畢陵伽婆蹉薄拘羅摩訶拘絺羅難陀孫
陀羅難陀富樓那彌多羅尼子須菩提阿難
羅睺羅如是衆所知識大阿羅漢等復有學
无學二千人摩訶波闍波提比丘尼與眷屬
六千人俱羅睺羅母耶輸陀羅比丘尼亦與
眷屬俱菩薩摩訶薩八万人皆於阿耨多羅
三藐三菩提不退轉皆得陀羅尼樂說辯才
轉不退轉法輪供養无量百千諸佛於諸佛
所殖衆德本常為諸佛之所稱歎以慈脩身
善入佛慧通達大智到於彼岸名稱普聞无
量世界能度无數百千衆生其名曰文殊師
利菩薩觀世音菩薩得大勢菩薩常精進菩
薩不休息菩薩寶掌菩薩藥王菩薩勇施菩
薩寶月菩薩月光菩薩滿月菩薩大力菩薩

BD05569號　妙法蓮華經（兌廢稿）卷一　　（2–2）

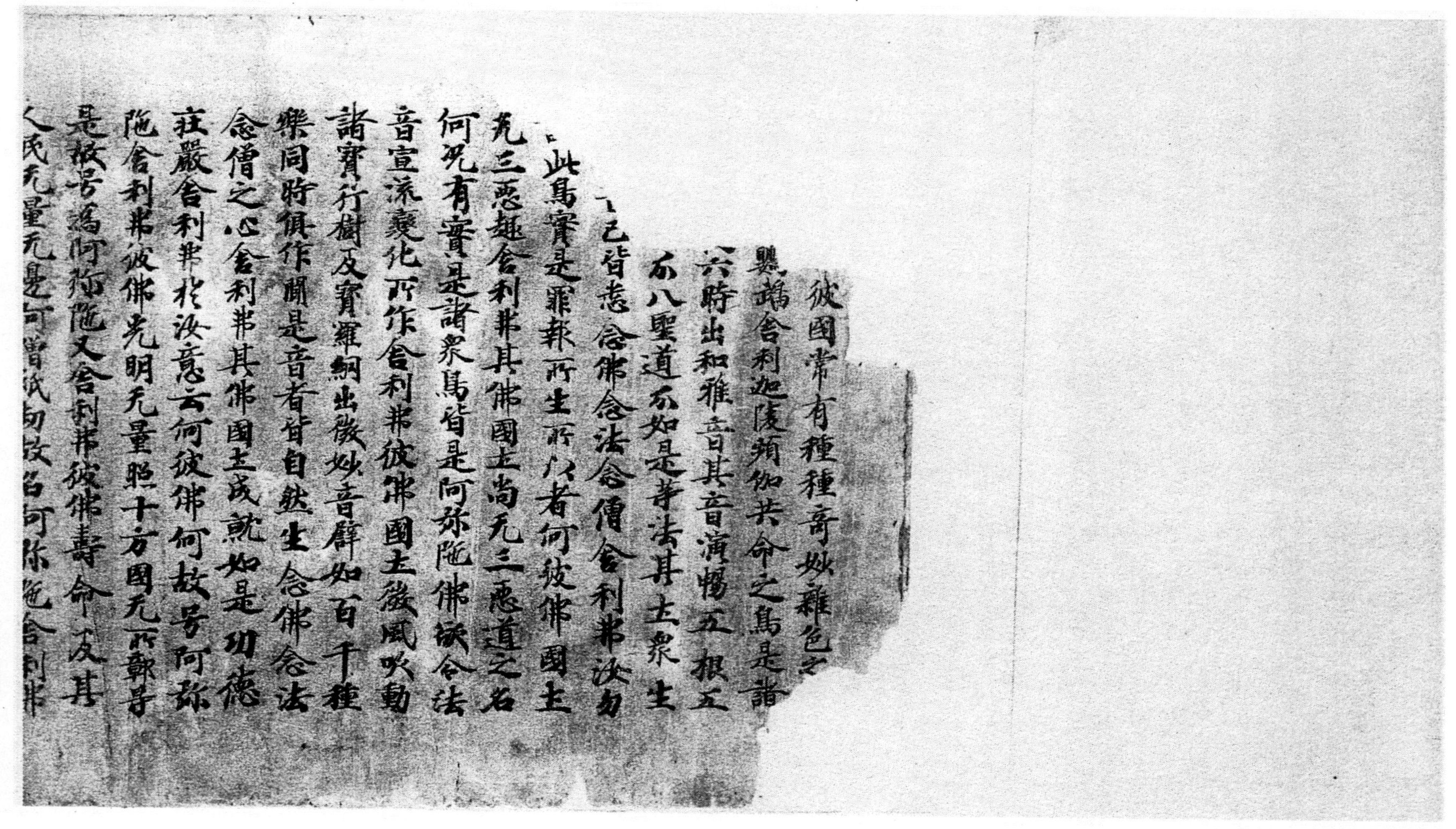
彼國常有種種奇妙雜色之
鸚鵡舍利迦陵頻伽共命之鳥是諸
六時出和雅音其音演暢五根五
分八聖道分如是等法其土衆生
己皆悉念佛念法念僧舍利弗汝勿
此鳥實是罪報所生所以者何彼佛國土
无三惡趣舍利弗其佛國土尚无三惡道之名
何況有實是諸衆鳥皆是阿弥陁佛欲令法
音宣流變化所作舍利弗彼佛國土微風吹動
諸寶行樹及寶羅網出微妙音譬如百千種
樂同時俱作聞是音者皆自然生念佛念法
念僧之心舍利弗其佛國土成就如是功德
莊嚴舍利弗於汝意云何彼佛何故号阿弥
陁舍利弗彼佛光明无量照十方國无所鄣㝵
是故号為阿弥陁又舍利弗彼佛壽命及其
人民无量无邊阿僧祇劫故名阿弥陁舍利弗

BD05570號1　阿彌陀經　　（5–1）

樂同時俱作聞是音者皆自然生念佛念法
念僧之心舍利弗其佛國土成就如是功德
莊嚴舍利弗於汝意云何彼佛何故号阿弥
陁舍利弗彼佛光明无量照十方國无所鄣㝵
是故号為阿弥陁又舍利弗彼佛壽命及其
人民无量无邊阿僧祇劫故名阿弥陁舍利弗
阿弥陁佛成佛已來於今十劫又舍利弗彼佛
有无量无邊聲聞弟子皆阿羅漢非是筭數
之所能知諸菩薩亦如是舍利弗彼佛國土成
就如是功德莊嚴
又舍利弗極樂國土衆生生者皆是阿鞞跋
致其中多有一生補處其數甚多非是筭數
所能知之但可以无量无邊阿僧祇劫說舍利
弗衆生聞者應當發願願生彼國所以者何
得與如是諸上善人俱會一處舍利弗不可
以少善根福德因緣得生彼國舍利弗若有
善男子善女人聞說阿弥陁佛執持名号若
一日若二日若三日若四日若五日若六日若
七日一心不亂其人臨命終時阿弥陁佛與
諸聖衆現在其前是人終時心不顛倒即得
往生阿弥陁佛極樂國土舍利弗我見是
利故說此言若有衆生聞是說者應當發
願生彼國土
舍利弗如我今者讚歎阿弥陁佛不可思議功
德東方亦有阿閦鞞佛須弥相佛大須弥佛
須弥光佛妙音佛如是等恒河沙數諸佛各
於其國出廣長舌相遍覆三千大千世界說

BD05570 號 1　阿彌陀經　（5–2）

願生彼國土
舍利弗如我今者讚歎阿弥陁佛不可思議功
德東方亦有阿閦鞞佛須弥相佛大須弥佛
須弥光佛妙音佛如是等恒河沙數諸佛各
於其國出廣長舌相遍覆三千大千世界說
誠實言汝等衆生當信是稱讚不可思議
功德一切諸佛所護念經
舍利弗南方世界有日月燈佛名聞光佛大
焰肩佛須弥燈佛无量精進佛如是等恒河
沙數諸佛各於其國出廣長舌相遍覆三千
大千世界說誠實言汝等衆生當信是稱讚
不可思議功德一切諸佛所護念經
舍利弗西方世界有无量壽佛无量相佛无
量幢佛大光佛大明佛寶相佛淨光佛如是
等恒河沙數諸佛各於其國出廣長舌相遍
覆三千大千世界說誠實言汝等衆生當信
是稱讚不可思議功德一切諸佛所護念經
舍利弗北方世界有焰肩佛最勝音佛難沮佛
日生佛網明佛如是等恒河沙數諸佛各於其
國出廣長舌相遍覆三千大千世界說誠實
言汝等衆生當信是稱讚不可思議功德
一切諸佛所護念經
舍利弗下方世界有師子佛名聞佛名光佛
達摩佛法幢佛持法佛如是等恒河沙數諸
佛各於其國出廣長舌相遍覆三千大千世
界說誠實言汝等衆生當信是稱讚不可思
議功德一切諸佛所護念經

BD05570 號 1　阿彌陀經　（5–3）

舍利弗下方世界有師子佛名聞佛名光佛
達摩佛法幢佛持法佛如是等恒河沙數諸
佛各於其國出廣長舌相遍覆三千大千世
界說誠實言汝等衆生當信是稱讚不可思
議功德一切諸佛所護念經
舍利弗上方世界有梵音佛宿王佛香上佛
香光佛大焰肩佛雜色寶華嚴身佛娑羅樹
王佛寶華德佛見一切義佛如須弥山佛如
是等恒河沙數諸佛各於其國出廣長舌相
遍覆三千大千世界說誠實言汝等衆生當
信是稱讚不可思議功德一切諸佛所護念經
舍利弗於汝意云何何故名一切諸佛所護念
經舍利弗若有善男子善女人聞是諸佛所
說名及經名者是諸善男子善女人皆為一切
諸佛共所護念皆得不退轉於阿耨多羅三
藐三菩提是故舍利弗汝等皆當信受我語
及諸佛所說舍利弗若有人已發願今發願
當發願欲生阿弥陀佛國者是諸人等皆得
不退轉於阿耨多羅三藐三菩提於彼國土若
已生若今生若當生是故舍利弗諸善
男子善女人若有信者應當發願生彼國土
舍利弗如我今者稱讚諸佛不可思議功德
彼諸佛等亦稱說我不可思議功德而作是
言釋迦牟尼佛能為甚難希有之事能於娑
婆國土五濁惡世劫濁見濁煩惱濁衆生濁命
濁中得阿耨多羅三藐三菩提為諸衆生說
是一切世間難信之法舍利弗當知我於五

BD05570 號 1　阿彌陀經

(5-4)

彼諸佛等亦稱說我不可思議功德而作是
言釋迦牟尼佛能為甚難希有之事能於娑
婆國土五濁惡世劫濁見濁煩惱濁衆生濁命
濁中得阿耨多羅三藐三菩提為諸衆生說
是一切世間難信之法舍利弗當知我於五
濁惡世行此難事得阿耨多羅三藐三菩提
為一切世間說此難信之法是為甚難佛說
此經已舍利弗及諸比丘一切世間天人阿脩
羅等聞佛所說歡喜信受
阿弥陀佛說呪曰
那上謨上菩上陁夜葉可反下同那謨馱羅摩夜那謨
僧伽夜那摩阿彌多婆上夜跢丁可反下同他伽多夜
阿上向羅上訶上䊵三藐三菩陁夜跢姪他阿上
彌唎上䊵阿彌唎都婆韓菩達反下同阿彌唎跢
三婆韓上阿彌唎跢韓迦囒䊵伽彌你
伽伽那稽居移反唎底迦上黎上囉餔波跛叉
楚我反熵迦黎一切惡業盡娑婆訶
呪中諸口傍字皆依本音轉舌言之无口者依
字讀

BD05570 號 1　阿彌陀經
BD05570 號 2　阿彌陀佛說呪

(5-5)

破魔[illegible]寂然宴默
天龍恭敬 不以為[illegible]菩薩 處林放光
濟地獄苦 令入佛道 又見佛子 未嘗睡眠
經行林中 勤求佛道 又見具戒 威儀无缺
淨如寶珠 以求佛道 又見佛子 住忍辱力
增上慢人 惡罵捶打 皆悉能忍 以求佛道
又見菩薩 離諸戲笑 及癡眷屬 親近智者
一心除亂 攝念山林 億千万歲 以求佛道
或見菩薩 餚饍飲食 百種湯藥 施佛及僧
名衣上服 價直千万 或无價衣 施佛及僧
千万億種 栴檀寶舍 眾妙臥具 施佛及僧
清淨園林 華菓茂盛 流泉浴池 施佛及僧
如是等施 種種微妙 歡喜无猒 求无上道
或有菩薩 說寂滅法 種種教詔 无數眾生
或見菩薩 觀諸法性 无有二相 猶如虛空
又見佛子 心无所着 以此妙慧 求无上道

BD05571 號　妙法蓮華經卷一　（20–1）

千万億種 栴檀寶舍 眾妙臥
清淨園林 華菓茂盛 流泉浴池 施佛及僧
如是等施 種種微妙 歡喜无猒 求无上道
或有菩薩 說寂滅法 種種教詔 无數眾生
或見菩薩 觀諸法性 无有二相 猶如虛空
又見佛子 心无所着 以此妙慧 求无上道
文殊師利 又有菩薩 佛滅度後 供養舍利
又見佛子 造諸塔廟 无數恒沙 嚴飾國界
寶塔高妙 五千由旬 縱廣正等 二千由旬
一一塔廟 各千幢幡 珠交露幔 寶鈴和鳴
諸天龍神 人及非人 香華伎樂 常以供養
文殊師利 諸佛子等 為供舍利 嚴飾塔廟
國界自然 殊特妙好 如天樹王 其華開敷
佛放一光 我及眾會 見此國界 種種殊妙
諸佛神力 智慧希有 放一淨光 照无量國
我等見此 得未曾有 佛子文殊 願決眾疑
四眾欣仰 瞻仁及我 世尊何故 放斯光明
佛子時荅 決疑令喜 何所饒益 演斯光明
佛坐道場 所得妙法 為欲說此 為當授記
示諸佛土 眾寶嚴淨 及見諸佛 此非小緣
文殊當知 四眾龍神 瞻察仁者 為說何等
尒時文殊師利語彌勒菩薩摩訶薩及諸
大士善男子等如我惟忖今佛世尊欲說
大法雨大法雨吹大法螺擊大法鼓演大法
義諸善男子我於過去諸佛曾見此瑞放
斯光已即說大法是故當知今佛現光亦復如
是欲令眾生咸得聞知一切世間難信之法故

BD05571 號　妙法蓮華經卷一　（20–2）

文殊當知　四衆龍神　瞻
尒時文殊師利語彌勒菩薩摩訶薩及諸
大士善男子等如我惟忖今佛世尊欲說
大法雨大法雨吹大法螺擊大法鼓演大法
義諸善男子我於過去諸佛曾見此瑞放
斯光已即說大法是故當知今佛現光亦復如
是欲令衆生咸得聞知一切世間難信之法故
現斯瑞諸善男子如過去无量无邊不可思議
阿僧祇劫尒時有佛号日月燈明如來應供
正遍知明行足善逝世間解无上士調御丈
夫天人師佛世尊演說正法初善中善後
善其義深遠其語巧妙純一无雜具足清白
梵行之相為求聲聞者說應四諦法度生老
病死究竟涅槃為求辟支佛者說應十二因
緣法為諸菩薩說應六波羅蜜令得阿耨多
羅三藐三菩提成一切種智次復有佛亦名日
月燈明次復有佛亦名日月燈明如是二万佛
皆同一字号日月燈明又同一姓姓頗羅墮
彌勒當知初佛後佛皆同一字名日月燈
明十号具足所可說法初中後善其最後
佛未出家時有八王子一名有意二名善意三
名无量意四名寶意五名增意六名除疑意
七名嚮意八名法意是八王子威德自在各領
四天下是諸王子聞父出家得阿耨多羅三
藐三菩提悉捨王位亦隨出家發大乘意常
脩梵行皆為法師已於千万佛所殖諸善
本是時日月燈明佛說大乘經名

BD05571號　妙法蓮華經卷一　（20–3）

七名嚮意八名法意是八王子威德自在各領
四天下是諸王子聞父出家得阿耨多羅三
藐三菩提悉捨王位亦隨出家發大乘意常
脩梵行皆為法師已於千万佛所殖諸善
本是時日月燈明佛說大乘經名
菩薩法佛所護念說是經已即
跏趺坐入於无量義處三昧
雨曼陁羅華摩訶曼陁羅華曼殊沙華摩
訶曼殊沙華而散佛上及諸大衆普佛世界
六種震動尒時會中比丘比丘尼優婆塞優婆
夷天龍夜叉乾闥婆阿修羅迦樓羅緊那羅
摩睺羅伽人非人及諸小王轉輪聖王等是
諸大衆得未曾有歡喜合掌一心觀佛尒時
如來放眉間白毫相光照東方万八千佛土
靡不周遍如今所見是諸佛土彌勒當知尒
時會中有二十億菩薩樂欲聽法是諸菩薩
見此光明普照佛土得未曾有欲知此光所
為因緣時有菩薩名曰妙光有八百弟子是
時日月燈明佛從三昧起因妙光菩薩說大
乘經名妙法蓮華教菩薩法佛所護念六十
小劫不起于座時會聽者亦坐一處六十小
劫身心不動聽佛所說謂如食頃是時衆
中无有一人若身若心而生懈惓日月燈明佛
於六十小劫說是經已即於梵魔沙門婆羅
門及天人阿脩羅衆中而宣此言如來於今

BD05571號　妙法蓮華經卷一　（20–4）

小劫不起于座時會聽者亦坐一處六十小
劫身心不動聽佛所說謂如食頃是時衆
中无有一人若身若心而生懈惓日月燈明佛
於六十小劫說是經已即於梵魔沙門婆羅
門及天人阿脩羅衆中而宣此言如來於今
日中夜當入无餘涅槃時有菩薩名曰德藏
日月燈明佛即授其記告諸比丘是德藏菩
薩次當作佛号曰淨身多陁阿伽度阿羅訶
三藐三佛陁佛授記已便於中夜入无餘涅
槃佛滅度後妙光菩薩持妙法蓮華經滿
八十小劫為人演說日月燈明佛八子皆師妙
光妙光教化令其堅固阿耨多羅三藐三菩
提是諸王子供養无量百千万億佛已皆
成佛道其最後成佛者名曰然燈八百弟子
中有一人号曰求名貪著利養雖復讀誦衆
經而不通利多所忘失故号求名是人亦以種
諸善根因緣故得值无量百千万億諸佛供
養恭敬尊重讚歎弥勒當知尒時妙光菩
薩豈異人乎我身是也求名菩薩汝身是也
今見此瑞與本无異是故惟忖今日如來當說
大乘經名妙法蓮華教菩薩法佛所護念尒
時文殊師利於大衆中欲重宣此義而說偈言
我念過去世 无量无數劫 有佛人中尊 号日月燈明
世尊演說法 度无量衆生 无數億菩薩 令入佛智慧
佛未出家時 所生八王子 見大聖出家 亦隨脩梵行
時佛說大乘 經名无量義 於諸大衆中 而為廣分別

BD05571號　妙法蓮華經卷一　（20–5）

時文殊師利於大衆中欲重宣此義而說偈言
我念過去世 无量无數劫 有佛人中尊 号日月燈明
世尊演說法 度无量衆生 无數億菩薩 令入佛智慧
佛未出家時 所生八王子 見大聖出家 亦隨脩梵行
時佛說大乘 經名无量義 於諸大衆中 而為廣分別
佛說此經已 即於法座上 跏趺坐三昧 名无量義處
天雨曼陁華 天鼓自然鳴 諸天龍鬼神 供養人中尊
一切諸佛土 即時大震動 佛放眉間光 現諸希有事
此光照東方 万八千佛土 示一切衆生 生死業報處
有見諸佛土 以衆寶莊嚴 瑠璃頗梨色 斯由佛光照
及見諸天人 龍神夜叉衆 乾闥緊那羅 各供養其佛
又見諸如來 自然成佛道 身色如金山 端嚴甚微妙
如淨瑠璃中 内現真金像 世尊在大衆 敷演深法義
一一諸佛土 聲聞衆无數 因佛光所照 悉見彼大衆
或有諸比丘 在於山林中 精進持淨戒 猶如護明珠
又見諸菩薩 行施忍辱等 其數如恒沙 斯由佛光照
又見諸菩薩 深入諸禪定 身心寂不動 以求无上道
又見諸菩薩 知法寂滅相 各於其國土 說法求佛道
尒時四部衆 見日月燈佛 現大神通力 其心皆歡喜
各各自相問 是事何因緣 天人所奉尊 適從三昧起
讚妙光菩薩 汝為世間眼 一切所歸信 能奉持法藏
如我所說法 唯汝能證知 世尊既讚歎 令妙光歡喜
說是法華經 滿六十小劫 不起於此座 所說上妙法
是妙光法師 悉皆能受持 佛說是法華 令衆歡喜已
尋即於是日 告於天人衆 諸法實相義 已為汝等說
我今於中夜 當入於涅槃 汝一心精進 當離於放逸
諸佛甚難值 億劫時一遇 世尊諸子等 聞佛入涅槃

BD05571號　妙法蓮華經卷一　（20–6）

說是法華經　滿六十小劫　不起於此座　所說上妙法
是妙光法師　悉皆能受持　佛說是法華　令衆歡喜已
尋即於是日　告於天人衆　諸法實相義　已為汝等說
我今於中夜　當入於涅槃　汝一心精進　當離於放逸
諸佛甚難值　億劫時一遇　世尊諸子等　聞佛入涅槃
各各懷悲惱　佛滅一何速　聖主法之王　安慰无量衆
我若滅度時　汝等勿憂怖　是德藏菩薩　於无漏實相
心已得通達　其次當作佛　號曰為淨身　亦度无量衆
佛此夜滅度　如薪盡火滅　分布諸舍利　而起无量塔
比丘比丘尼　其數如恒沙　倍復加精進　以求无上道
是妙光法師　奉持佛法藏　八十小劫中　廣宣法華經
是諸八王子　妙光所開化　堅固无上道　當見无數佛
供養諸佛已　隨順行大道　相繼得成佛　轉次而授記
最後天中天　號曰然燈佛　諸仙之導師　度脫无量衆
是妙光法師　時有一弟子　心常懷懈怠　貪著於名利
求名利无猒　多遊族姓家　棄捨所習誦　廢忘不通利
以是因緣故　號之為求名　亦行衆善業　得見无數佛
供養於諸佛　隨順行大道　具六波羅蜜　今見釋師子
其後當作佛　號名曰彌勒　廣度諸衆生　其數无有量
彼佛滅度後　懈怠者汝是　妙光法師者　今則我身是
我見燈明佛　本光瑞如此　以是知今佛　欲說法華經
今相如本瑞　是諸佛方便　今佛放光明　助發實相義
諸人今當知　合掌一心待　佛當雨法雨　充足求道者
諸求三乘人　若有疑悔者　佛當為除斷　令盡无有餘

妙法蓮華經方便品第二

尒時世尊從三昧安詳而起告舍利弗　諸　佛

BD05571 號　妙法蓮華經卷一　（20–7）

今相如本瑞　是諸佛方便　今佛放光明　助發實相義
諸人今當知　合掌一心待　佛當雨法雨　充足求道者
諸求三乘人　若有疑悔者　佛當為除斷　令盡无有餘

妙法蓮華經方便品第二

尒時世尊從三昧安詳而起告舍利弗　諸　佛
智慧甚深无量其智慧門難解難入一切
聲聞辟支佛所不能知所以者何佛曾親近百
千万億无數諸佛盡行諸佛无量道法勇猛
精進名稱普聞成就甚深未曾有法隨宜所
說意趣難解舍利弗吾從成佛已來種種因
緣種種譬喻廣演言教无數方便引導衆生
令離諸著所以者何如來方便知見波羅蜜
皆已具足舍利弗如來知見廣大深遠无量
无礙力无所畏禪定解脫三昧深入无際成
就一切未曾有法舍利弗如來能種種分別
巧說諸法言辭柔耎悅可衆心舍利弗取要
言之无量无邊未曾有法佛悉成就止舍利
弗不須復說所以者何佛所成就第一希有
難解之法唯佛與佛乃能究盡諸法實相
所謂諸法如是相如是性如是體如是力如是作
如是因如是緣如是果如是報如是本末究
竟等尒時世尊欲重宣此義而說偈言
世雄不可量　諸天及世人　一切衆生類　无能知佛者
佛力无所畏　解脫諸三昧　及佛諸餘法　无能測量者
本從无數佛　具足行諸道　甚深微妙法　難見難可了
於无量億劫　行此諸道已　道場得成果　我已悉知見

BD05571 號　妙法蓮華經卷一　（20–8）

世雄不可量　諸天及世人　一切衆生類　无能知佛者
佛力无所畏　解脱諸三昧　及佛諸餘法　无能測量者
本從无數佛　具足行諸道　甚深微妙法　難見難可了
於无量億劫　行此諸道已　道場得成果　我已悉知見
如是大果報　種種性相義　我及十方佛　乃能知是事
是法不可示　言辤相寂滅　諸餘衆生類　无有能得解
除諸菩薩衆　信力堅固者　諸佛弟子衆　曽供養諸佛
一切漏已盡　住是最後身　如是諸人等　其力所不堪
假使滿世間　皆如舍利弗　盡思共度量　不能測佛智
正使滿十方　皆如舍利弗　及餘諸弟子　亦滿十方刹
盡思共度量　亦復不能知　辟支佛利智　无漏最後身
亦滿十方界　其數如竹林　斯等共一心　於億无量劫
欲思佛實智　莫能知少分　新發意菩薩　供養无數佛
了達諸義趣　又能善說法　如稻麻竹葦　充滿十方刹
一心以妙智　於恒河沙劫　咸皆共思量　不能知佛智
不退諸菩薩　其數如恒沙　一心共思求　亦復不能知
又告舍利弗　无漏不思議　甚深微妙法　我今已具得
唯我知是相　十方佛亦然　舍利弗當知　諸佛語无異
於佛所說法　當生大信力　世尊法久後　要當說真實
告諸聲聞衆　及求緣覺乘　我令脱苦縛　逮得涅槃者
佛以方便力　示以三乘教　衆生處處著　引之令得出
尒時大衆中有諸聲聞漏盡阿羅漢阿若憍
陳如等千二百人及發聲聞辟支佛心比丘比
丘尼優婆塞優婆夷各作是念今者世尊
何故慇懃稱歎方便而作是言佛所得法甚
深難解有所言說意趣難知一切聲聞辟支

尒時大衆中有諸聲聞漏盡阿羅漢阿若憍
陳如等千二百人及發聲聞辟支佛心比丘比
丘尼優婆塞優婆夷各作是念今者世尊
何故慇懃稱歎方便而作是言佛所得法甚
深難解有所言說意趣難知一切聲聞辟支
佛所不能及佛說一解脱義我等亦得此法
到於涅槃而今不知是義所趣尒時舍利弗
知四衆心疑自亦未了而白佛言世尊何因何
緣慇懃稱歎諸佛第一方便甚深微妙難解
之法我自昔來未曽從佛聞如是說今者
四衆咸皆有疑唯願世尊敷演斯事世尊何
故慇懃稱歎甚深微妙難解之法尒時舍利
弗欲重宣此義而說偈言
慧日大聖尊　久乃說是法　自說得如是　力无畏三昧
禪定解脱等　不可思議法　道場所得法　无能發問者
我意難可測　亦无能問者　无問而自說　稱歎所行道
智慧甚微妙　諸佛之所得　无漏諸羅漢　及求涅槃者
今皆墮疑網　佛何故說是　其求緣覺者　比丘比丘尼
諸天龍鬼神　及乹闥婆等　相視懷猶豫　瞻仰兩足尊
是事為云何　願佛為解說　於諸聲聞衆　佛說我第一
我今自於智　疑惑不能了　為是究竟法　為是所行道
佛口所生子　合掌瞻仰待　願出微妙音　時為如實說
諸天龍神等　其數如恒沙　求佛諸菩薩　大數有八万
又諸万億國　轉輪聖王至　合掌以敬心　欲聞具足道
尒時佛告舍利弗止止不須復說若說是事一
切世間諸天及人皆當驚疑舍利弗重白

我今自於智　疑惑不能了

佛口所生子　合掌瞻仰待　願出微妙音　時為如實說
諸天龍神等　其數如恒沙　求佛諸菩薩　大數有八万
又諸万億國　轉輪聖王至　合掌以敬心　欲聞具足道
尒時佛告舍利弗止止不須復說若說是事一
切世間諸天及人皆當驚疑舍利弗重白
佛言世尊唯願說之唯願說之所以者何是
會无數百千万億阿僧祇衆生曾見諸佛諸
根猛利智慧明了聞佛所說則能敬信尒時
舍利弗欲重宣此義而說偈言
法王无上尊　唯說願勿慮　是會无量衆　有能敬信者
佛復止舍利弗若說是事一切世間天人阿
脩羅皆當驚疑增上慢比丘將墜於大坑尒
時世尊重說偈言
止止不須說　我法妙難思　諸增上慢者　聞必不敬信
尒時舍利弗重白佛言世尊唯願說之唯願
說之今此會中如我等比百千万億世世已
曾從佛受化如此人等必能敬信長夜安隱
多所饒益尒時舍利弗欲重宣此義而說偈言
无上兩足尊　願說第一法　我為佛長子　唯垂分別說
是會无量衆　能敬信此法　佛已曾世世　教化如是等
皆一心合掌　欲聽受佛語　我等千二百　及餘求佛者
願為此衆故　唯垂分別說　是等聞此法　則生大歡喜
尒時世尊告舍利弗汝已慇懃三請豈得不
說汝今諦聽善思念之吾當為汝分別解說
說此語時會中有比丘比丘尼優婆塞優婆

BD05571 號　妙法蓮華經卷一

（20–11）

皆一心合掌　欲聽受佛語　我等千二百　及餘求佛者
願為此衆故　唯垂分別說　是等聞此法　則生大歡喜
尒時世尊告舍利弗汝已慇懃三請豈得不
說汝今諦聽善思念之吾當為汝分別解說
說此語時會中有比丘比丘尼優婆塞優婆
夷五千人等即從座起礼佛而退所以者何
此輩罪根深重及增上慢未得謂得未證謂
證有如此失是以不住世尊嘿然而不制止
尒時佛告舍利弗我今此衆无復枝葉純有
貞實舍利弗如是增上慢人退亦佳矣汝今
善聽當為汝說舍利弗言唯然世尊願樂欲
聞佛告舍利弗如是妙法諸佛如來時乃說
之如優曇鉢華時一現耳舍利弗汝等當信
佛之所說言不虛妄舍利弗諸佛隨宜說法
意趣難解所以者何我以无數方便種種因
緣譬喻言辭演說諸法是法非思量分別
之所能解唯有諸佛乃能知之所以者何諸佛
世尊唯以一大事因緣故出現於世舍利弗云
何名諸佛世尊唯以一大事因緣故出現於
世諸佛世尊欲令衆生開佛知見使得清
淨故出現於世欲示衆生佛之知見故出現於
世欲令衆生悟佛知見故出現於世欲令衆生
入佛知見道故出現於世舍利弗是為諸佛
以一大事因緣故出現於世佛告舍利弗諸
佛如來但教化菩薩諸有所作常為一事唯
以佛之知見示悟衆生舍利弗如來但以

BD05571 號　妙法蓮華經卷一

（20–12）

淨故出現於世欲示衆生佛之知見故出現於
世欲令衆生悟佛知見故出現於世欲令衆生
入佛知見道故出現於世舍利弗是為諸佛
以一大事因緣故出現於世佛告舍利弗諸
佛如來但教化菩薩諸有所作常為一事唯
以佛之知見示悟衆生舍利弗如來但以
佛乘故為衆生說法无有餘乘若二若三
舍利弗一切十方諸佛法亦如是舍利弗過
諸佛以无量无數方便種種因緣譬喻言
辭而為衆生演說諸法是法皆為一佛乘
故是諸衆生從諸佛聞法究竟皆得一切種智
舍利弗未來諸佛當出於世亦以无量无數
方便種種因緣譬喻言辭而為衆生演說諸
法是法皆為一佛乘故是諸衆生從佛聞法究
竟皆得一切種智舍利弗現在十方无量
百千万億佛土中諸佛世尊多所饒益安
樂衆生是諸佛亦以无量无數方便種種因緣
譬喻言辭而為衆生演說諸法是法皆為一
佛乘故是諸衆生從佛聞法究竟皆得一切
種智舍利弗是諸佛但教化菩薩欲以佛之
知見示衆生故欲以佛之知見悟衆生故欲
令衆生入佛之知見故舍利弗我今亦復如
是知諸衆生有種種欲深心所著隨其本
性以種種因緣譬喻言辭方便力故而為說法
舍利弗如此皆為得一佛乘一切種智故舍
利弗十方世界中尚无二乘何況有三舍利
弗諸佛出於五濁惡世所謂劫濁煩惱濁衆

BD05571號　妙法蓮華經卷一　（20–13）

是知諸衆生有種種欲深心所著隨其本
性以種種因緣譬喻言辭方便力故而為說法
舍利弗如此皆為得一佛乘一切種智故舍
利弗十方世界中尚无二乘何況有三舍利
弗諸佛出於五濁惡世所謂劫濁煩惱濁衆
生濁見濁命濁如是舍利弗劫濁亂時衆生
垢重慳貪嫉妬成就諸不善根故諸佛以方
便力於一佛乘分別說三舍利弗若我弟子
自謂阿羅漢辟支佛者不聞不知諸佛如來
但教化菩薩事此非佛弟子非阿羅漢非辟
支佛又舍利弗是諸比丘比丘尼自謂已得
阿羅漢是最後身究竟涅槃便不復志求阿
耨多羅三藐三菩提當知此輩皆是增上慢
人所以者何若有比丘實得阿羅漢若不信
此法无有是處除佛滅度後現前无佛所以
者何佛滅度後如是等經受持讀誦解義者
是人難得若遇餘佛於此法中便得決了舍
利弗汝等當一心信解受持佛語諸佛如來
言无虛妄无有餘乘唯一佛乘尒時世尊欲
重宣此義而說偈言

比丘比丘尼　有懷增上慢　優婆塞我慢　優婆夷不信
如是四衆等　其數有五千　不自見其過　於戒有缺漏
護惜其瑕疵　是小智已出　衆中之糟糠　佛威德故去
斯人尠福德　不堪受是法　此衆无枝葉　唯有諸貞實
舍利弗善聽　諸佛所得法　无量方便力　而為衆生說
衆生心所念　種種所行道　若干諸欲性　先世善惡業

BD05571號　妙法蓮華經卷一　（20–14）

如是四衆等　其數有五千　不自見其過　於戒有缺漏
護惜其瑕疵　是小智已出　衆中之糟糠　佛威德故去
斯人尠福德　不堪受是法　此衆无枝葉　唯有諸貞實
舍利弗善聽　諸佛所得法　无量方便力　而爲衆生說
衆生心所念　種種所行道　若干諸欲性　先世善惡業
佛悉知是已　以諸緣譬喻　言辭方便力　令一切歡喜
或說脩多羅　伽陀及本事　本生未曾有　亦說於因緣
譬喻并祇夜　優波提舍經　鈍根樂小法　貪著於生死
於諸无量佛　不行深妙道　衆苦所惱亂　爲是說涅槃
我設是方便　令得入佛慧　未曾說汝等　當得成佛道
所以未曾說　說時未至故　今正是其時　決定說大乘
我此九部法　隨順衆生說　入大乘爲本　以故說是經
有佛子心淨　柔軟亦利根　无量諸佛所　而行深妙道
爲此諸佛子　說是大乘經　我記如是人　來世成佛道
以深心念佛　脩持淨戒故　此等聞得佛　大喜充遍身
佛知彼心行　故爲說大乘　聲聞若菩薩　聞我所說法
乃至於一偈　皆成佛无疑　十方佛土中　唯有一乘法
无二亦无三　除佛方便說　但以假名字　引導於衆生
說佛智慧故　諸佛出於世　唯此一事實　餘二則非真
終不以小乘　濟度於衆生　佛自住大乘　如其所得法
定慧力莊嚴　以此度衆生　自證无上道　大乘平等法
若以小乘化　乃至於一人　我則墮慳貪　此事爲不可
若人信歸佛　如來不欺誑　亦无貪嫉意　斷諸法中惡
故佛於十方　而獨无所畏　我以相嚴身　光明照世間
无量衆所尊　爲說實相印　舍利弗當知　我本立誓願
欲令一切衆　如我等无異　如我昔所願　今者已滿足

BD05571號　妙法蓮華經卷一

（20–15）

若以小乘化　乃至於一人　我則墮慳貪　此事爲不可
若人信歸佛　如來不欺誑　亦无貪嫉意　斷諸法中惡
故佛於十方　而獨无所畏　我以相嚴身　光明照世間
无量衆所尊　爲說實相印　舍利弗當知　我本立誓願
欲令一切衆　如我等无異　如我昔所願　今者已滿足
化一切衆生　皆令入佛道　若我遇衆生　盡教以佛道
无智者錯亂　迷惑不受教　我知此衆生　未曾脩善本
堅著於五欲　癡愛故生惱　以諸欲因緣　墜墮三惡道
輪迴六趣中　備受諸苦毒　受胎之微形　世世常增長
薄德少福人　衆苦所逼迫　入邪見稠林　若有若无等
依止此諸見　具足六十二　深著虛妄法　堅受不可捨
我慢自矜高　諂曲心不實　於千万億劫　不聞佛名字
亦不聞正法　如是人難度　是故舍利弗　我以設方便
說諸盡苦道　示之以涅槃　我雖說涅槃　是亦非真滅
諸法從本來　常自寂滅相　佛子行道已　來世得作佛
我有方便力　開示三乘法　一切諸世尊　皆說一乘道
今此諸大衆　皆應除疑惑　諸佛語无異　唯一无二乘
過去无數劫　无量滅度佛　百千万億種　其數不可量
如是諸世尊　種種緣譬喻　无數方便力　演說諸法相
是諸世尊等　皆說一乘法　化无量衆生　令入於佛道
又諸大聖主　知一切世間　天人群生類　深心之所欲
更以異方便　助顯第一義　若有衆生類　值諸過去佛
若聞法布施　或持戒忍辱　精進禪智等　種種脩福德
如是諸人等　皆已成佛道　諸佛滅度已　若人善軟心
如是諸衆生　皆已成佛道　諸佛滅度已　供養舍利者
起万億種塔　金銀及頗梨　車𤦲與馬瑙　玫瑰琉璃珠

BD05571號　妙法蓮華經卷一

（20–16）

更以異方便 助顯第一義 若有衆生類 值諸過去佛
若聞法布施 或持戒忍辱 精進禪智等 種種脩福德
如是諸人等 皆已成佛道 諸佛滅度已 若人善軟心
如是諸衆生 皆已成佛道 諸佛滅度已 供養舍利者
起万億種塔 金銀及頗梨 車𤦲與馬瑙 玫瑰瑠璃珠
清淨廣嚴飾 莊校於諸塔 或有起石廟 栴檀及沈水
木櫁并餘材 塼瓦泥土等 若於曠野中 積土成佛廟
乃至童子戲 聚沙為佛塔 如是諸人等 皆已成佛道
若人為佛故 建立諸形像 刻雕成衆相 皆已成佛道
或以七寶成 鍮石赤白銅 白鑞及鉛錫 鐵木及與泥
或以膠漆布 嚴飾作佛像 如是諸人等 皆已成佛道
彩畫作佛像 百福莊嚴相 自作若使人 皆已成佛道
乃至童子戲 若草木及筆 或以指爪甲 而畫作佛像
如是諸人等 漸漸積功德 具足大悲心 皆已成佛道
但化諸菩薩 度脫无量衆 若人於塔廟 寶像及畫像
以華香幡蓋 敬心而供養 若使人作樂 擊鼓吹角貝
簫笛琴箜篌 琵琶鐃銅鈸 如是衆妙音 盡持以供養
或以歡喜心 歌唄頌佛德 乃至一小音 皆已成佛道
若人散亂心 乃至以一華 供養於畫像 漸見无數佛
或有人礼拜 或復但合掌 乃至舉一手 或復小低頭
以此供養像 漸見无量佛 自成无上道 廣度无數衆
入无餘涅槃 如薪盡火滅 若人散亂心 入於塔廟中
一稱南无佛 皆已成佛道 於諸過去佛 在世或滅後
若有聞是法 皆已成佛道 未來諸世尊 其數无有量
是諸如來等 亦方便說法 一切諸如來 以无量方便
度脫諸衆生 入佛无漏智 若有聞法者 无一不成佛

一稱南无佛 皆已成佛道 於諸過去佛 在世或滅後
若有聞是法 皆已成佛道 未來諸世尊 其數无有量
是諸如來等 亦方便說法 一切諸如來 以无量方便
度脫諸衆生 入佛无漏智 若有聞法者 无一不成佛
諸佛本誓願 我所行佛道 普欲令衆生 亦同得此道
未來世諸佛 雖說百千億 无數諸法門 其實為一乘
諸佛兩足尊 知法常无性 佛種從緣起 是故說一乘
是法住法位 世間相常住 於道場知已 導師方便說
天人所供養 現在十方佛 其數如恒沙 出現於世間
安隱衆生故 亦說如是法 知第一寂滅 以方便力故
雖示種種道 其實為佛乘 知衆生諸行 深心之所念
過去所習業 欲性精進力 及諸根利鈍 以種種因緣
譬喻亦言辭 隨應方便說 今我亦如是 安隱衆生故
以種種法門 宣示於佛道 我以智慧力 知衆生性欲
方便說諸法 皆令得歡喜 舍利弗當知 我以佛眼觀
見六道衆生 貧窮无福慧 入生死險道 相續苦不斷
深著於五欲 如犛牛愛尾 以貪愛自蔽 盲瞑无所見
不求大勢佛 及與斷苦法 深入諸邪見 以苦欲捨苦
為是衆生故 而起大悲心 我始坐道場 觀樹亦經行
於三七日中 思惟如是事 我所得智慧 微妙最第一
衆生諸根鈍 著樂癡所盲 如斯之等類 云何而可度
尒時諸梵王 及諸天帝釋 護世四天王 及大自在天
并餘諸天衆 眷屬百千万 恭敬合掌礼 請我轉法輪
我即自思惟 若但讚佛乘 衆生沒在苦 不能信是法
破法不信故 墜於三惡道 我寧不說法 疾入於涅槃
尋念過去佛 所行方便力 我今所得道 亦應說三乘

我即自思惟　若但讚佛乘　衆生沒在苦　不能信是法
破法不信故　墜於三惡道　我寧不說法　疾入於涅槃
尋念過去佛　所行方便力　我今所得道　亦應說三乘
作是思惟時　十方佛皆現　梵音慰喻我　善哉釋迦文
第一之導師　得是无上法　隨諸一切佛　而用方便力
我等亦皆得　最妙第一法　為諸衆生類　分別說三乘
少智樂小法　不自信作佛　是故以方便　分別說諸果
雖復說三乘　但為教菩薩　舍利弗當知　我聞聖師子
深淨微妙音　喜稱南无佛　復作如是念　我出濁惡世
如諸佛所說　我亦隨順行　思惟是事已　即趣波羅柰
諸法寂滅相　不可以言宣　以方便力故　為五比丘說
是名轉法輪　便有涅槃音　及以阿羅漢　法僧差別名
從久遠劫來　讚示涅槃法　生死苦永盡　我常如是說
舍利弗當知　我見佛子等　志求佛道者　无量千万億
咸以恭敬心　皆來至佛所　曾從諸佛聞　方便所說法
我即作是念　所以出於世　為說佛慧故　今正是其時
舍利弗當知　鈍根小智人　著相憍慢者　不能信是法
今我喜无畏　於諸菩薩中　正直捨方便　但說无上道
菩薩聞是法　疑網皆已除　千二百羅漢　悉亦當作佛
如三世諸佛　說法之儀式　我今亦如是　說无分別法
諸佛興出世　懸遠值遇難　正使出于世　說是法復難
无量无數劫　聞是法亦難　能聽是法者　斯人亦復難
譬如優曇華　一切皆愛樂　天人所希有　時時乃一出
聞法歡喜讚　乃至發一言　則為已供養　一切三世佛
是人甚希有　過於優曇華　汝等勿有疑　我為諸法王
普告諸大衆　但以一乘道　教化諸菩薩　无聲聞弟子

BD05571號　妙法蓮華經卷一

（20–19）

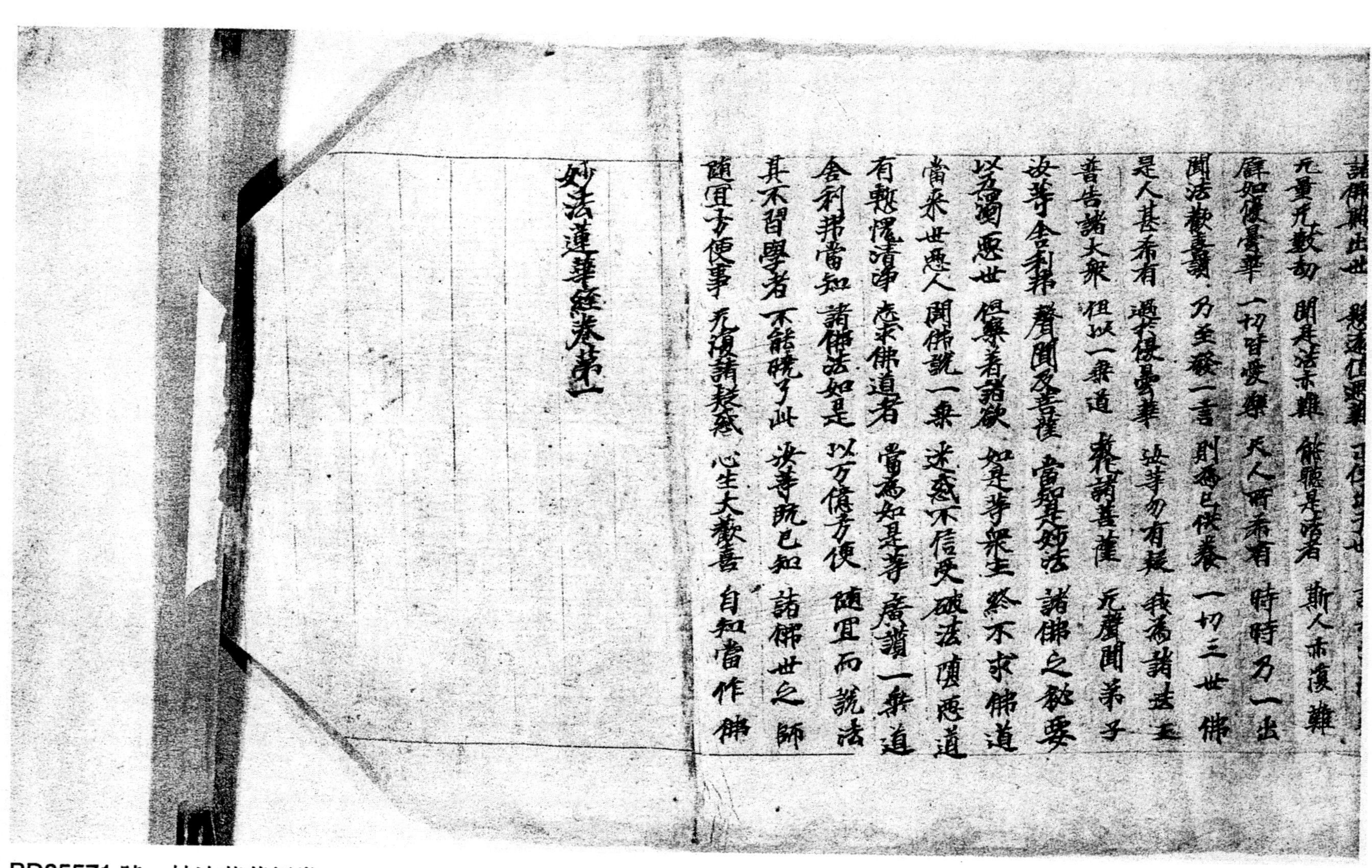

諸佛興出世　懸遠值遇難　正使出于世　說是法復難
无量无數劫　聞是法亦難　能聽是法者　斯人亦復難
譬如優曇華　一切皆愛樂　天人所希有　時時乃一出
聞法歡喜讚　乃至發一言　則為已供養　一切三世佛
是人甚希有　過於優曇華　汝等勿有疑　我為諸法王
普告諸大衆　但以一乘道　教化諸菩薩　无聲聞弟子
汝等舍利弗　聲聞及菩薩　當知是妙法　諸佛之祕要
以五濁惡世　但樂著諸欲　如是等衆生　終不求佛道
當來世惡人　聞佛說一乘　迷惑不信受　破法墮惡道
有慚愧清淨　志求佛道者　當為如是等　廣讚一乘道
舍利弗當知　諸佛法如是　以万億方便　隨宜而說法
其不習學者　不能曉了此　汝等既已知　諸佛世之師
隨宜方便事　无復諸疑惑　心生大歡喜　自知當作佛

妙法蓮華經卷第一

BD05571號　妙法蓮華經卷一

（20–20）

業若
來世有諸人王聽受是經恭敬供養并受持
經四部之衆尊重稱讚復欲安樂饒益汝等
及諸眷屬无量百千諸藥叉衆是故彼王常
當聽受是妙經王由得聞此正法之水甘露
上味增益汝等身心勢力精進勇猛福德威
光悉令充滿是諸人王若能至心聽受是經
則為廣大希有供養供養於我釋迦牟尼應
正等覺若供養我則是供養過去未來現在
百千俱胝那庾多佛若能供養三世諸佛則
得无量不可思議功德之聚以是因緣汝等
應當擁護彼王后妃眷屬令无衰惱及宮宅
神常受安樂功德難思是諸國土所有人民
亦受種種五欲之樂一切惡事皆令消殄
尒時四天王白佛言世尊於未來世若有人王
樂聽如是金光明經為欲擁護自身后妃王
子乃至內宮諸婇女等城邑宮殿皆得第
一不可思議最上歡喜寂靜安樂於現世中
王位尊高自在昌盛常得增長復欲攝受无
量无邊難思福聚於自國土令无怨敵及諸
憂惱災厄事者世尊如是人王不應放逸令
心散亂當生恭敬至誠慇重聽受如是最勝

BD05572號　金光明最勝王經卷六　（2–1）

[illegible]現在
百千俱胝那庾多佛若能供養三世諸佛則
得无量不可思議功德之聚以是因緣汝等
應當擁護彼王后妃眷屬令无衰惱及宮宅
神常受安樂功德難思是諸國土所有人民
亦受種種五欲之樂一切惡事皆令消殄
尒時四天王白佛言世尊於未來世若有人王
樂聽如是金光明經為欲擁護自身后妃王
子乃至內宮諸婇女等城邑宮殿皆得第
一不可思議最上歡喜寂靜安樂於現世中
王位尊高自在昌盛常得增長復欲攝受无
量无邊難思福聚於自國土令无怨敵及諸
憂惱災厄事者世尊如是人王不應放逸令
心散亂當生恭敬至誠慇重聽受如是最勝
經王欲聽之時先當莊嚴最上宮室王所愛
重顯敞之處香水灑地散衆名花安置師子
殊勝法座以諸珍寶而為挍飾張施種種寶
蓋幢幡燒无價香奏諸音樂其王尒時當淨
澡浴以香塗身著新淨衣及諸瓔珞坐小卑
座不生高舉捨自在位離諸憍慢端心正念

BD05572號　金光明最勝王經卷六　（2–2）

有人聞是藥王菩薩本事品者亦得无量无
邊功德若有女人聞是藥王菩薩本事品能
受持者盡是女身後不復受若如來滅後後
五百歲中若有女人聞是經典如說脩行於
此命終即往安樂世界阿弥陀佛大菩薩衆
圍繞住處生蓮華中寶座之上不復為貪欲
所惱亦復不為瞋恚愚癡所惱亦復不為憍
慢嫉妬諸垢所惱得菩薩神通无生法忍得
是忍已眼根清淨以是清淨眼根見七百万
二千億那由他恒河沙等諸佛如來是時諸
佛遥共讚言善哉善哉善男子汝能於釋迦
牟尼佛法中受持讀誦思惟是經為他人說
所得福德无量无邊火不能燒水不能漂汝
之功德千佛共說不能令盡汝今已能破諸
魔賊壞生死軍諸餘怨敵皆悉摧滅善男子
百千諸佛以神通力共守護汝於一切世間
天人之中无如汝者唯除如來其諸聲聞辟
支佛乃至菩薩智慧禪定无有與汝等者宿

BD05573號　妙法蓮華經卷六

（3–1）

之功德千佛共說不能令盡汝今已能破諸
魔賊壞生死軍諸餘怨敵皆悉摧滅善男子
百千諸佛以神通力共守護汝於一切世間
天人之中无如汝者唯除如來其諸聲聞辟
支佛乃至菩薩智慧禪定无有與汝等者宿
王華此菩薩成就如是功德智慧之力若有
人聞是藥王菩薩本事品能隨喜讚善者是
人現世口中常出青蓮華香身毛孔中常出
牛頭栴檀香所得功德如上所說是故宿王
華以此藥王菩薩本事品囑累於汝我滅度
後後五百歲中廣宣流布於閻浮提无令斷
絕惡魔魔民諸天龍夜叉鳩槃荼等得其便
也宿王華汝當以神通之力守護是經所以
者何此經則為閻浮提人病之良藥若人有
病得聞是經病即消滅不老不死宿王華汝
若見有受持是經者應以青蓮華盛滿末香
供散其上散已作是念言此人不久必當取
草坐於道場破諸魔軍當吹法螺擊大法鼓
度脫一切衆生老病死海是故求佛道者見
有受持是經典人應當如是生恭敬心說是
藥王菩薩本事品時八万四千菩薩得解一
切衆生語言陁羅尼多寶如來於寶中讚
宿王華菩薩言善哉善哉宿王華汝成就不
可思議功德乃能問釋迦牟尼佛如此之事
利益无量一切衆生

BD05573號　妙法蓮華經卷六

（3–2）

也宿王華汝當以神通之力守護是經所以
者何此經則為閻浮提人病之良藥若人有
病得聞是經病即消滅不老不死宿王華汝
若見有受持是經者應以青蓮華盛滿末香
供散其上散已作是念言此人不久必當取
草坐於道場破諸魔軍當吹法螺擊大法鼓
度脫一切眾生老病死海是故求佛道者見
有受持是經典人應當如是生恭敬心說是
藥王菩薩本事品時八万四千菩薩得解一
切眾生語言陀羅尼多寶如來於寶中讚
宿王華菩薩言善哉善哉宿王華汝成就不
可思議功德乃能問釋迦牟尼佛如此之事
利益无量一切眾生

妙法蓮華經卷第六

BD05573號　妙法蓮華經卷六　（3–3）

汝等應捨大菩提願勿於長夜虛為利樂一
切有情自受勤苦雖行種種難行苦行欲求
菩提終不能得云何汝等唐設劬勞善現是菩
薩摩訶薩聞說如是呵諫語時能審觀察此
惡魔事欲退壞我大菩提心我今不應信受
彼說雖一切法與虛空等性相皆空而諸有
情生死長夜不知不見顛倒放逸受諸苦惱
我當擐戴性相皆空如太虛空功德甲冑趣
無上正等菩提為諸有情如應說法令其解
脫生死大苦得預流果或一來果或不還果
或阿羅漢果或獨覺菩提或證無上正等菩
提善現是菩薩摩訶薩從初發心已聞此法
其心堅固不動不轉依此堅固不動轉心恒
正脩行布施淨戒安忍精進靜慮般若波
羅蜜多由此六種波羅蜜多隨分圓滿已入
菩薩正性離生復正脩行布施淨戒安忍精
進靜慮般若波羅蜜多由此得住不退轉地
是故惡魔雖作種種退壞方便而不能退菩
薩所發大菩提心善現是菩薩摩訶薩起諸

BD05574號　大般若波羅蜜多經卷四四九　（8–1）

羅蜜多由此六種波羅蜜多隨分圓滿已入
菩薩正性離生復正脩行布施淨戒安忍精
進靜慮般若波羅蜜多由此得住不退轉地
是故惡魔雖作種種退壞方便而不能退菩
薩所發大菩提心善現是菩薩摩訶薩超諸
聲聞獨覺等地一切魔事不能退轉所求無
上正等菩提名不退轉遠離一切虛妄分別
所執諸法二乘地等亦名退轉故此菩薩得
二種名非如餘位唯名退轉善現若菩薩摩
訶薩成就如是諸行狀相知是不退轉菩薩
摩訶薩復次善現一切不退轉菩薩摩訶
薩欲入初靜慮乃至第四靜慮即隨意能
入欲入慈無量乃至捨無量即隨意能入欲
入空無邊處定乃至非想非非想處定即隨
意能入欲入四念住乃至八聖道支即隨意
能入欲入初解脫乃至想受滅解脫即隨意
能入欲入初勝處乃至第八勝處即隨意能
入欲入初靜慮定乃至想受滅定即隨意能
入欲入初遍處乃至第十遍處即隨意能入
欲入三解脫門即隨意能入欲引發五神通
即隨意能引發善現是菩薩摩訶薩雖入四
靜慮乃至引發五神通而不受彼果由此因
緣不隨靜慮無量等至乃至滅定及餘功德
勢力而生亦不證預流果或一來不還阿羅
漢果獨覺菩提為欲利樂諸有情故隨欲攝
受所應受身即隨所願皆能攝受善現若菩
薩摩訶薩成就如是諸行狀相知是不退轉

緣不隨靜慮無量等至乃至滅定及餘功德
勢力而生亦不證預流果或一來不還阿羅
漢果獨覺菩提為欲利樂諸有情故隨欲攝
受所應受身即隨所願皆能攝受善現若菩
薩摩訶薩成就如是諸行狀相知是不退轉
菩薩摩訶薩復次善現一切不退轉菩薩摩
訶薩成就無上菩提作意常不遠離大菩提
心不貴重色不貴重受想行識不貴重眼處
乃至意處不貴重色處乃至法處不貴重眼
界乃至意界不貴重色界乃至法界不貴重
眼識界乃至意識界不貴重眼觸乃至意觸
不貴重眼觸為緣所生諸受乃至意觸為緣
所生諸受不貴重諸相不貴重所依不貴重
助伴不貴重布施波羅蜜多乃至般若波羅
蜜多不貴重四靜慮四無量四無色定不貴
重四念住乃至八聖道支不貴重八解脫八
勝處九次第定十遍處不貴重空無相無願
解脫門不貴重四聖諦不貴重十八空不貴
重真如乃至不思議界不貴重十地不貴重
五眼六神通不貴重佛十力乃至十八佛不
共法不貴重無忘失法恒住捨性不貴重陀
羅尼門三摩地門不貴重一切智道相智一
切相智不貴重聲聞地獨覺地菩薩地如來
地不貴重成熟有情嚴淨佛土不貴重一切
菩薩摩訶薩行諸佛無上正等菩提不貴重
多見諸佛不貴重種諸善根何以故善現是
菩薩摩訶薩達一切法自相皆空與虛空等

羅尼門三摩地門不貴重一切智道相智一
切相智不貴重聲聞地獨覺地菩薩地如來
地不貴重成熟有情嚴淨佛土不貴重一切
菩薩摩訶薩行諸佛無上正等菩提不貴重
多見諸佛不貴重種諸善根何以故善現是
菩薩摩訶薩達一切法性相皆空與虛空等
都不可得不見有法可生貴重能生所生生
時生處由此而生皆不可得所以者何善現
是一切法與虛空等自相本空無性為性善
現是菩薩摩訶薩成就無上菩提作意常不
遠離大菩提心身四威儀往來入出舉足下
足心無散亂行住坐臥進止威儀所作事業皆
住正念善現若菩薩摩訶薩成就如是諸行
狀相知是不退轉菩薩摩訶薩復次善現一
切不退轉菩薩摩訶薩為欲饒益諸有情故
現處居家方便善巧雖現攝受五欲樂具而
於其中不生染著皆為濟給諸有情故謂諸
有情須食施食須飲施飲須衣施衣須乘施
乘乃至一切所須之物皆給施之令其意滿
善現是菩薩摩訶薩自行布施波羅蜜多亦
勸他行布施波羅蜜多恒正稱揚行布施
波羅蜜多法歡喜讚歎行布施波羅蜜多者
乃至自行般若波羅蜜多亦勸他行般若波
羅蜜多恒正稱揚行般若波羅蜜多法歡喜
讚歎行般若波羅蜜多者善現是菩薩摩訶
薩現處居家以神通力或大願力攝受種種

BD05574號　大般若波羅蜜多經卷四四九　（8–4）

乃至自行般若波羅蜜多亦勸他行般若波
羅蜜多恒正稱揚行般若波羅蜜多法歡喜
讚歎行般若波羅蜜多者善現是菩薩摩訶
薩現處居家以神通力或大願力攝受種種
七寶資具滿贍部洲乃至三千大千世界持
以供養佛法僧寶及施貧乏諸有情類善現
是菩薩摩訶薩雖現處居家而常脩梵行終
不受用諸妙欲境雖現攝受種種珍財而於其
中不起染著又於攝受諸欲樂具及珍財時
終不逼迫諸有情類令生憂苦善現若菩薩
摩訶薩成就如是諸行狀相知是不退轉菩
薩摩訶薩復次善現一切不退轉菩薩摩訶
薩有執金剛藥叉神常恒隨左右密為守護
常作是念此菩薩摩訶薩不久當證所求無
上正等菩提願我恒隨密為守護乃至無上正
等菩提常有五族執金剛神隨逐守護時無
暫捨人非人等不能損害諸天魔梵及餘世
間亦無有能以法破壞所發無上正等覺心由
此因緣乃至無上正等菩提身心安隱常無
擾亂善現是菩薩摩訶薩世間五根常無缺
減所謂眼耳鼻舌身根出世五根亦無缺減
謂信精進念定慧根善現是菩薩摩訶薩身支
圓滿相好莊嚴心諸功德念念增進乃至無
上正等菩提善現若菩薩摩訶薩成就如是
諸行狀相知是不退轉菩薩摩訶薩復次善
現一切不退轉菩薩摩訶薩常作上士不作

BD05574號　大般若波羅蜜多經卷四四九　（8–5）

滅所謂眼耳鼻舌身根出世五根亦無缺減
謂信精進念定慧根善現是菩薩摩訶薩身支
圓滿相好莊嚴心諸功德念念增進乃至無
上正等菩提善現若菩薩摩訶薩成就如是
諸行狀相知是不退轉菩薩摩訶薩復次善
現一切不退轉菩薩摩訶薩常作上士不作
下士具壽善現白言世尊是菩薩摩訶薩云
何名為常作上士不作下士佛言善現是菩
薩摩訶薩一切煩惱不復現前剎那剎那功
德增進乃至無上正等菩提於一切時心無散
亂是故我說常作上士不作下士復次善現是
菩薩摩訶薩成就無上菩提作意常不遠離
大菩提心恒脩淨命不行呪術醫藥占卜諸
邪命事不為名利呪諸鬼神令著男女問其
吉凶亦不呪禁男女大小傍生鬼等現希有
事亦不占相壽量長短財位男女諸善惡事
亦不懸記寒熱豐儉吉凶好惡惑亂有情亦
不呪禁合和湯藥左道療疾結好貴人亦不
為他通致使命現親友相侚利求名尚不深
心觀視男女歡咲與語況有餘事亦不恭敬
供養鬼神是故我說常作上士不作下士所以
者何善現是菩薩摩訶薩知一切法性相皆
空性相空中不見有相不見相故遠離種種
邪命呪術醫藥占相唯求無上正等菩提與
諸有情常作饒益善現若菩薩摩訶薩成就
如是諸行狀相知是不退轉菩薩摩訶薩復
次善現一切不退轉菩薩摩訶薩於諸世間

邪命呪術醫藥占相唯求無上正等菩提與
諸有情常作饒益善現若菩薩摩訶薩成就
如是諸行狀相知是不退轉菩薩摩訶薩復
次善現一切不退轉菩薩摩訶薩於諸世間
文章伎藝雖得善巧而不愛著所以者何善
現是菩薩摩訶薩達一切法性相皆空性相
空中世間所有文章伎藝皆不可得又諸世
間文章伎藝皆雜穢語邪命所攝是故菩薩
知而不為善現是菩薩摩訶薩於諸世俗外
道書論雖亦善知而不樂著何以故善現是
菩薩摩訶薩達一切法皆畢竟空畢竟空中
一切書論皆不可得又諸世俗外道書論所
說理事多有增減於菩薩道非為隨順皆是
戲論雜穢語攝故諸菩薩知而不樂善現若
菩薩摩訶薩成就如是諸行狀相知是不退
轉菩薩摩訶薩
復次善現一切不退轉菩薩摩訶薩復有所
餘諸行狀相知是不退轉菩薩摩訶薩當
為汝分別解說汝應諦聽極善思惟善現請
言唯然願說我等大衆專意樂聞佛言善現
一切不退轉菩薩摩訶薩脩行般若波羅蜜
多通達諸法皆無所有常不遠離菩提作意
不樂觀察論說諸蘊諸處諸界所以者何是
菩薩摩訶薩於蘊處界性相空理已善思惟
善通達故善現是菩薩摩訶薩不樂觀察論
說衆事所以者何是菩薩摩訶薩於一切衆

多通達諸法皆無所有常不遠離菩提作意
不樂觀察論説諸蘊諸處諸界所以者何是
菩薩摩訶薩於蘊處界性相空理已善思惟
善通達故善現是菩薩摩訶薩不樂觀察論
説衆事所以者何是菩薩摩訶薩於一切衆
性相皆空已善思惟善通達故善現是菩薩
摩訶薩不樂觀察論説王事所以者何是菩
薩摩訶薩住本性空不見少法有勝有劣貴
賤相故善現是菩薩摩訶薩不樂觀察論説
賊事所以者何是菩薩摩訶薩住自相空不
見少法有得有與奪相故善現是菩薩摩
訶薩不樂觀察論説軍事所以者何是菩薩
摩訶薩住本性空不見諸法有多有少聚散
相故善現是菩薩摩訶薩不樂觀察論説戰
事所以者何是菩薩摩訶薩住真如一切
法空不見少法有强有弱愛恚相故善現是
菩薩摩訶薩不樂觀察論説城邑事何以故是
菩薩摩訶薩住虛空界空不見少法有攝不
攝好惡相故善現是菩薩摩訶薩不樂觀察
論説聚落事所以者何是菩薩摩訶薩住一切
法空不見少法有增有減合離相故善現是
菩薩摩訶薩不樂觀察論説國土事所以者
何是菩薩摩訶薩安住實際不見諸法有屬
不屬此彼相故善現是菩薩摩訶薩不樂觀
察論説我有情乃至知者見者事所以者何是

BD05574號　大般若波羅蜜多經卷四四九　（8–8）

BD05574號背　勘記　（1–1）

悲顯現依此法身不可思議摩訶三昧而得
顯現依此法身得現一切大智是故二身依
於三昧依於智慧而得顯現如此法身依於
自體說常說我依大三昧故說於樂依於大
智故說清淨是故如來常住自在安樂清
淨依大三昧一切禪定首楞嚴等一切念處
大法念等大慈大悲一切陀羅尼一切神通
一切自在一切法平等攝受如是佛法悉
皆出現依此大智十力四无所畏四无礙辯
一百八十不共之法一切希有不可思議法悉
皆顯現譬如依如意寶珠无量无邊種種
珎寶悉皆得現如是依大三昧寶依大智慧
寶能出種種无量无邊諸佛妙法善男子
如是法身三昧智慧過一切相不著於相不可
分別非常非斷是名中道雖有分別體无
分別雖有三數而无三體不增不減猶如夢
幻亦无所執亦无能執法體如如是解脫處
過死王境越生死闇一切衆生不能修行所
不能至一切諸佛菩薩之所住處善男子譬
如有人願欲得金處處求覓遂得金鑛既得
鑛已即便碎之擇取精者鑪中銷鍊得清淨

BD05575號　金光明最勝王經卷二　（2–1）

淨依大三昧一切禪定首楞嚴等一切念處
大法念等大慈大悲一切陀羅尼一切神通
一切自在一切法平等攝受如是佛法悉
皆出現依此大智十力四无所畏四无礙辯
一百八十不共之法一切希有不可思議法悉
皆顯現譬如依如意寶珠无量无邊種種
珎寶悉皆得現如是依大三昧寶依大智慧
寶能出種種无量无邊諸佛妙法善男子
如是法身三昧智慧過一切相不著於相不可
分別非常非斷是名中道雖有分別體无
分別雖有三數而无三體不增不減猶如夢
幻亦无所執亦无能執法體如如是解脫處
過死王境越生死闇一切衆生不能修行所
不能至一切諸佛菩薩之所住處善男子譬
如有人願欲得金處處求覓遂得金鑛既得
鑛已即便碎之擇取精者鑪中銷鍊得清淨
金隨意迴轉作諸鐶釧種種嚴具雖有諸
用金性不改
復次善男子若善男子善女人求勝解脫修
行世善得見如來及弟子衆得親近已白佛
言世尊何者為善何者不善何者正修得
清淨行諸佛如來及弟子衆見彼問時如是
思惟是善男子善女人欲求清淨欲聽正法

BD05575號　金光明最勝王經卷二　（2–2）

圍遶以諸華香而散其處
復次須菩提善男子善女人受持讀誦此經
若爲人輕賤是人先世罪業應墮惡道以今
世人輕賤故先世罪業則爲消滅當得阿耨多
羅三藐三菩提須菩提我念過去无量阿僧
祇劫於然燈佛前得值八百四千萬億那由
他諸佛悉皆供養承事无空過者若復有人
於後末世能受持讀誦此經所得功德於我所
供養諸佛功德百分不及一百千萬億分乃至
筭數譬喻所不能及須菩提若善男子善女
人於後末世有能受持讀誦此經所得功德
我若具說者或有人聞心則狂亂狐疑不信
須菩提當知是經義不可思議果報亦不可
思議
尒時須菩提白佛言世尊善男子善女人發
阿耨多羅三藐三菩提心云何應住云何降
伏其心佛告須菩提善男子善女人發阿耨
多羅三藐三菩提者當生如是心我應滅度

BD05576號　金剛般若波羅蜜經　（8–1）

須菩提當知是經義不可思議果報亦不可
思議
尒時須菩提白佛言世尊善男子善女人發
阿耨多羅三藐三菩提心云何應住云何降
伏其心佛告須菩提善男子善女人發阿耨
多羅三藐三菩提者當生如是心我應滅度
一切衆生滅度一切衆生已而无有一衆生
實滅度者何以故若菩薩有我相人相衆生
相壽者相則非菩薩所以者何須菩提實无
有法發阿耨多羅三藐三菩提者須菩提於
意云何如來於然燈佛所有法得阿耨多羅
三藐三菩提不不也世尊如我解佛所說義
佛於然燈佛所无有法得阿耨多羅三藐三
菩提佛言如是如是須菩提實无有法如來
得阿耨多羅三藐三菩提須菩提若有法如來
得阿耨多羅三藐三菩提者然燈佛則不與
我受記汝於來世當得作佛号釋迦牟尼以
實无有法得阿耨多羅三藐三菩提是故然
燈佛與我受記作是言汝於來世當得作佛
号釋迦牟尼何以故如來者即諸法如義若
有人言如來得阿耨多羅三藐三菩提須菩
提實无有法佛得阿耨多羅三藐三菩提須
菩提如來所得阿耨多羅三藐三菩提於是
中无實无虛是故如來說一切法皆是佛
法須菩提所言一切法者即非一切法是故

BD05576號　金剛般若波羅蜜經　（8–2）

有人言如來得阿耨多羅三藐三菩提須菩
提實无有法佛得阿耨多羅三藐三菩提須
菩提如來所得阿耨多羅三藐三菩提於是
中无實无虛是故如來說一切法皆是佛
法須菩提所言一切法者即非一切法是故
名一切法須菩提譬如人身長大須菩提言
世尊如來說人身長大則為非大身是名大
身
須菩提菩薩亦如是若作是言我當滅度无
量眾生則不名菩薩何以故須菩提无有法
名為菩薩是故佛說一切法无我无人无眾
生无壽者須菩提若菩薩作是言我當莊嚴
佛土是不名菩薩何以故如來說莊嚴佛土
者即非莊嚴是名莊嚴須菩提若菩薩通
達无我法者如來說名真是菩薩
須菩提於意云何如來有肉眼不如是世尊
如來有肉眼須菩提於意云何如來有天眼
不如是世尊如來有天眼須菩提於意云何
如來有慧眼不如是世尊如來有慧眼須菩
提於意云何如來有法眼不如是世尊如來
有法眼須菩提於意云何如來有佛眼不如
是世尊如來有佛眼須菩提於意云何恒河
中所有沙佛說是沙不如是世尊如來說是
沙須菩提於意云何如一恒河中所有沙有
如是等恒河是諸恒河所有沙數佛世界如

BD05576號　金剛般若波羅蜜經

（8–3）

是世尊如來有佛眼須菩提於意云何恒河
中所有沙佛說是沙不如是世尊如來說是
沙須菩提於意云何如一恒河中所有沙有
如是等恒河是諸恒河所有沙數佛世界如
是寧為多不甚多世尊佛告須菩提尒所國
土中所有眾生若干種心如來悉知何以故
如來說諸心皆為非心是名為心所以者何
須菩提過去心不可得現在心不可得未來
心不可得須菩提於意云何若有人滿三千
大千世界七寶以用布施是人以是因緣得
福多不如是世尊此人以是因緣得福甚多
須菩提若福德有實如來不說得福德多以
福德无故如來說得福德多
須菩提於意云何佛可以具足色身見不不
也世尊如來不應以具足色身見何以故如
來說具足色身即非具足色身是名具足色
身須菩提於意云何如來可以具足諸相見
不不也世尊如來不應以具足諸相見何以故
如來說諸相具足即非具足是名諸相具足
須菩提汝勿謂如來作是念我當有所說法
莫作是念何以故若人言如來有所說法即
為謗佛不能解我所說故須菩提說法者无
法可說是名說法須菩提白佛言世尊佛得
阿耨多羅三藐三菩提為无所得耶如是如

BD05576號　金剛般若波羅蜜經

（8–4）

莫作是念何以故若人言如來有所說法即
為謗佛不能解我所說故須菩提說法者无
法可說是名說法須菩提白佛言世尊佛得
阿耨多羅三藐三菩提為无所得耶如是如
是須菩提我於阿耨多羅三藐三菩提乃至
无有少法可得是名阿耨多羅三藐三菩提
復次須菩提是法平等无有高下是名阿耨
多羅三藐三菩提以无我无人无衆生无壽
者脩一切善法則得阿耨多羅三藐三菩提
須菩提所言善法者如來說非善法是名善
法須菩提若三千大千世界中所有諸須弥
山王如是等七寶聚有人持用布施若人以
此般若波羅蜜經乃至四句偈等受持為他
人說於前福德百分不及一百千萬億分乃
至笇數譬喻所不能及
須菩提於意云何汝等勿謂如來作是念我
當度衆生須菩提莫作是念何以故實无有
衆生如來度者若有衆生如來度者如來則
有我人衆生壽者須菩提如來說有我者則
非有我而凡夫之人以為有我須菩提凡夫
者如來說則非凡夫須菩提於意云何可以
三十二相觀如來不須菩提言如是如是以
三十二相觀如來佛言須菩提若以三十二
相觀如來者轉輪聖王則是如來須菩提白

BD05576號　金剛般若波羅蜜經　（8–5）

非有我而凡夫之人以為有我須菩提凡夫
者如來說則非凡夫須菩提於意云何可以
三十二相觀如來不須菩提言如是如是以
三十二相觀如來佛言須菩提若以三十二
相觀如來者轉輪聖王則是如來須菩提白
佛言世尊如我解佛所說義不應以三十二
相觀如來尒時世尊而說偈言
若以色見我　以音聲求我　是人行耶道　不能見如來
須菩提汝若作是念如來不以具足相故得
阿耨多羅三藐三菩提須菩提莫作是念如
來不以具足相故得阿耨多羅三藐三菩提
須菩提汝若作是念發阿耨多羅三藐三菩
提者說諸法斷滅相莫作是念何以故發阿
耨多羅三藐三菩提者於法不說斷滅相須
菩提若菩薩以滿恒河沙等世界七寶布施
若復有人知一切法无我得成於忍此菩薩
勝前菩薩所得功德須菩提以諸菩薩不受
福故須菩提白佛言世尊云何菩薩不受福
德須菩提菩薩所作福德不應貪著是故說
不受福德須菩提若有人言如來若來若去
若坐若卧是人不解我所說義何以故如來
者无所從來亦无所去故名如來
須菩提若善男子善女人以三千大千世界
碎為微塵於意云何是微塵衆寧為多不甚
多世尊何以故若是微塵衆實有者佛則不

BD05576號　金剛般若波羅蜜經　（8–6）

若坐若卧是人不解我所說義何以故如来
者无所從来亦无所去故名如来
須菩提若善男子善女人以三千大千世界
碎爲微塵於意云何是微塵衆寧爲多不甚
多世尊何以故若是微塵衆實有者佛則不
說是微塵衆所以者何佛說微塵衆則非微
塵衆是名微塵衆世尊如来所說三千大千
世界則非世界是名世界何以故若世界實
有者則是一合相如来說一合相則非一合相
是名一合相須菩提一合相者則是不可說
但凡夫之人貪著其事須菩提若人言佛說
我見人見衆生見壽者見須菩提於意云何
是人解我所說義不世尊是人不解如来所
說義何以故世尊說我見人見衆生見壽者
見即非我見人見衆生見壽者見是名我見
人見衆生見壽者見須菩提發阿耨多羅三藐
三菩提心者於一切法應如是知如是見如
是信解不生法相須菩提所言法相如来說
即非法相是名法相須菩提若有人以滿无
量阿僧祇世界七寶持用布施若有善男子
善女人發菩薩心者持於此經乃至四句偈
等受持讀誦爲人演說其福勝彼云何爲人
演說不取於相如如不動何以故
一切有爲法 如夢幻泡影 如露亦如電 應作如是觀
佛說是經已長老須菩提及[illegible]

BD05576號 金剛般若波羅蜜經 （8–7）

三菩提心者於一切法應如是知如是見如
是信解不生法相須菩提所言法相如来說
即非法相是名法相須菩提若有人以滿无
量阿僧祇世界七寶持用布施若有善男子
善女人發菩薩心者持於此經乃至四句偈
等受持讀誦爲人演說其福勝彼云何爲人
演說不取於相如如不動何以故
一切有爲法 如夢幻泡影 如露亦如電 應作如是觀
佛說是經已長老須菩提及諸比丘比丘尼
優婆塞優婆夷一切世間天人阿脩羅聞佛
所說皆大歡喜信受奉行

BD05576號 金剛般若波羅蜜經 （8–8）

親近不善人　及由慳嫉意　貧窮行諂誑　故我造諸惡
雖不樂衆過　由有怖畏故　及不得自在　故我造諸惡
或為躁動心　或因瞋恚恨　及以飢渴惱　故我造諸惡
由飲食衣服　及貪愛女人　煩惱火所燒　故我造諸惡
於佛法僧衆　不生恭敬心　作如是衆罪　我今悉懺悔
於獨覺菩薩　亦无恭敬心　作如是衆罪　我今悉懺悔
无知謗正法　不孝於父母　作如是衆罪　我今悉懺悔
由愚癡憍慢　及以貪瞋力　作如是衆罪　我今悉懺悔
我於十方界　供養无數佛　當願拔衆生　令離諸苦難
願一切衆生　皆令住十地　福智圓滿已　成佛道群迷
我為諸衆生　苦行百千劫　以大智慧力　皆令出苦海
我為諸含識　演說甚深經　最勝金光明　能除諸惡業
若人百千劫　造諸極重罪　暫時能發露　衆惡盡消除
依此金光明　行如是懺悔　由斯能速盡　一切諸苦業
勝定百千種　不思議揔持　根力覺道支　修習常无倦
我當至十地　具足珍寶處　圓滿佛功德　濟渡生死流

BD05577號　金光明最勝王經卷二　（2–1）

我於十方界　供養无數佛　當願拔衆生　令離諸苦難
願一切衆生　皆令住十地　福智圓滿已　成佛道群迷
我為諸衆生　苦行百千劫　以大智慧力　皆令出苦海
我為諸含識　演說甚深經　最勝金光明　能除諸惡業
若人百千劫　造諸極重罪　暫時能發露　衆惡盡消除
依此金光明　行如是懺悔　由斯能速盡　一切諸苦業
勝定百千種　不思議揔持　根力覺道支　修習常无倦
我當至十地　具足珍寶處　圓滿佛功德　濟渡生死流
我於諸佛海　甚深功德藏　妙智難思議　皆令得具足
唯願十方佛　觀察護念我　皆以大悲心　哀受我懺悔
我於多劫中　所造諸惡業　由斯生苦惱　哀愍願消除
我造諸惡業　常生憂怖心　於四威儀中　曾无歡喜想
諸佛具大悲　能除衆生怖　願受我懺悔　令得離憂苦
我於煩惱障　及以諸果業　願以大悲水　洗濯令清淨
我先作諸罪　及現造惡業　至心皆發露　咸願得蠲除
未來諸惡業　防護令不起　設令有違者　終不敢覆藏
身三語四種　意業復有三　繫縛諸有情　无始恒相續
由斯三種行　造作十惡業　如是衆多罪　我今悉懺悔
我造諸惡業　苦報當自受　今於諸佛前　至誠皆懺悔
於此贍部洲　及他方世界　所有諸善業　今我皆隨喜

BD05577號　金光明最勝王經卷二　（2–2）

三四五佛而種善根已於
諸善根聞是章句乃至
提如来悉知悉見是諸衆生
德何以故是諸衆生无復我
壽者相无法相亦无非法相何以故是諸衆
生若心取相則為着我人衆生壽者若取法
相即着我人衆生壽者何以故若取非法相
即着我人衆生壽者是故不應取法不應取
非法以是義故如来常說汝等比丘知我說
法如筏喻者法尚應捨何况非法
須菩提於意云何如来得阿耨多羅三藐三
菩提耶如来有所說法耶須菩提言如我解
佛所說義无有定法名阿耨多羅三藐三菩
提亦无有定法如来可說何以故如来所說法
皆不可取不可說非法非非法所以者何一切
賢聖皆以无為法而有差別
須菩提於意云何若人滿三千大千世界七
寶以用布施是人所得福德寧為多不須菩
提言甚多世尊何以故是福德即非福德性

BD05578 號 A　金剛般若波羅蜜經
BD05578 號 B　金剛般若波羅蜜經
（4–1）

皆不可取不可說非法非非法所以者何一切
賢聖皆以无為法而有差別
須菩提於意云何若人滿三千大千世界七
寶以用布施是人所得福德寧為多不須菩
提言甚多世尊何以故是福德即非福德性
是故如来說福德多若復有人於此經中乃
至受持四句偈等為他人說其福勝彼何以
故須菩提一切諸佛及諸佛阿耨多羅三藐
三菩提法皆從此經出須菩提所謂佛法者
即非佛法
須菩提於意云何須陁洹能作是念我得須
陁洹果不須菩提言不也世尊何以故須陁
洹名為入流而無所入不入色聲香味觸法
是名須陁洹須菩提於意云何斯陁含能作
是念我得斯陁含果不須菩提言不也世尊
何以故斯陁含名一往来而實無往来是名
斯陁含須菩提於意云何阿那含能作是念
我得阿那含果不須菩提言不也世尊何以
故阿那含名為不来而實無来是故名阿那
含須菩提於意云何阿羅漢能作是念我得
阿羅漢道不須菩提言不也世尊何以故實
無有法名阿羅漢世尊若阿羅漢作是念我
得阿羅漢道即為着我人衆生壽者世尊佛
說我得無諍三昧人中最為第一是第一離
欲阿羅漢我不作是念我是離欲阿羅漢世
尊我若作是念我得阿羅漢道世尊則不說

BD05578 號 B　金剛般若波羅蜜經
（4–2）

無有法名阿羅漢世尊若阿羅漢作是念我
得阿羅漢道即為着我人衆生壽者世尊佛
說我得無諍三昧人中最為第一是第一離
欲阿羅漢我不作是念我是離欲阿羅漢世
尊我若作是念我得阿羅漢道世尊則不說
須菩提是樂阿蘭那行者以須菩提實無所
行而名須菩提是樂阿蘭那行
佛告須菩提於意云何如來昔在然燈佛所
於法有所得不世尊如來在然燈佛所於法
實無所得須菩提於意云何菩薩莊嚴佛土
不不也世尊何以故莊嚴佛土者則非莊嚴
是名莊嚴是故須菩提諸菩薩摩訶薩應如
是生清淨心不應住色生心不應住聲香味
觸法生心應無所住而生其心須菩提譬如
有人身如須弥山王於意云何是身為大不
須菩提言甚大世尊何以故佛說非身是名
大身
須菩提如恒河中所有沙數如是沙等恒河
於意云何是諸恒河沙寧為多不須菩提言
甚多世尊但諸恒河尚多無數何況其沙須
菩提我今實言告汝若有善男子善女人以
七寶滿尒所恒河沙數三千大千世界以用
布施得福多不須菩提言甚多世尊佛告須
菩提若善男子善女人於此經中乃至受持
四句偈等為他人說而此福德勝前福德復
次須菩提隨說是經乃至四句偈等當知此

BD05578 號 B　金剛般若波羅蜜經　（4–3）

菩提我今實言告汝若有善男子善女人以
七寶滿尒所恒河沙數三千大千世界以用
布施得福多不須菩提言甚多世尊佛告須
菩提若善男子善女人於此經中乃至受持
四句偈等為他人說而此福德勝前福德復
次須菩提隨說是經乃至四句偈等當知此
處一切世間天人阿脩羅皆應供養如佛塔廟
何況有人盡能受持讀誦須菩提當知是人
成就最上第一希有之法若是經典所在之
處則為有佛若尊重弟子
尒時須菩提白佛言世尊當何名此經我等
云何奉持佛告須菩提是經名為金剛般若
波羅蜜以是名字汝當奉持所以者何須菩
提佛說般若波羅蜜則非般若波羅蜜須菩
提於意云何如來有所說法不須菩提白佛
言世尊如來無所說須菩提於意云何三千
大千世界所有微塵是為多不須菩提言甚
多世尊須菩提諸微塵如來說非微塵是名
微塵如來說世界非世界是名世界須菩提

BD05578 號 B　金剛般若波羅蜜經　（4–4）

於意云何可以三十二相見如来不不也世
尊何以故如来說三十二相即是非相是名
三十二相須菩提若有善男子善女人以恒
河沙等身命布施若復有人於此經中乃至
受持四句偈等為他人說其福甚多
尒時須菩提聞說是經深解義趣涕淚悲泣
而白佛言希有世尊佛說如是甚深經典我
從昔来所得慧眼未曾得聞如是之經世尊若
復有人得聞是經信心清淨則生實相當知
是人成就第一希有功德世尊是實相者則
是非相是故如来說名實相世尊我今得聞
如是經典信解受持不足為難若當来世後
五百歲其有衆生得聞是經信解受持是人
則為第一希有何以故此人無我相人相衆
生相壽者相所以者何我相即是非相人相
衆生相壽者相即是非相何以故離一切諸
相則名諸佛
佛告須菩提如是如是若復有人得聞是經
不驚不怖不畏當知是人甚為希有何以故
須菩提如来說第一波羅蜜非第一波羅蜜

BD05579號　金剛般若波羅蜜經　（3–1）

則為第一希有何以故此人無我相人相衆
生相壽者相所以者何我相即是非相人相
衆生相壽者相即是非相何以故離一切諸
相則名諸佛
佛告須菩提如是如是若復有人得聞是經
不驚不怖不畏當知是人甚為希有何以故
須菩提如来說第一波羅蜜非第一波羅蜜
是名第一波羅蜜須菩提忍辱波羅蜜如来
說非忍辱波羅蜜何以故須菩提如我昔為
歌利王割截身體我於尒時無我相無人相
無衆生相無壽者相何以故我於往昔節節
支解時若有我相人相衆生相壽者相應生
瞋恨須菩提又念過去於五百世作忍辱仙
人於尒所世無我相無人相無衆生相無壽者
相是故須菩提菩薩應離一切相發阿耨
多羅三藐三菩提心不應住色生心不應住聲
香味觸法生心應生無所住心若心有住則為
非住是故佛說菩薩心不應住色布施須菩
提菩薩為利益一切衆生應如是布施如
来說一切諸相即是非相又說一切衆生則
非衆生須菩提如来是真語者實語者如
語者不誑語者不異語者須菩提如来所得
法此法無實無虛須菩提若菩薩心住於法而
行布施如人入闇則無所見若菩薩心不住
法而行布施如人有目日光明照見種種色

BD05579號　金剛般若波羅蜜經　（3–2）

語者不誑語者不異語者須菩提如來所得
法此法無實無虛須菩提若菩薩心住於法而
行布施如人入闇則無所見若菩薩心不住
法而行布施如人有目日光明照見種種色
須菩提當來之世若有善男子善女人能於
此經受持讀誦則為如來以佛智慧悉知是
人悉見是人皆得成就無量無邊功德
須菩提若有善男子善女人初日分以恒河
沙等身布施中日分復以恒河沙等身布施
後日分亦以恒河沙等身布施如是无量百
千萬億劫以身布施若復有人聞此經典信
心不逆其福勝彼何況書寫受持讀誦為人解
說須菩提以要言之是經有不可思議不可
稱量无邊功德如來為發大乘者說為發最
上乘者說若有人能受持讀誦廣為人說如
來悉知是人悉見是人皆得成就不可量不
可稱无有邊不可思議功德如是人等則為荷
擔如來阿耨多羅三藐三菩提何以故須菩提
若樂小法者著我見人見眾生見壽者見則
於此經不能聽受讀誦為人解說須菩提在
在處處若有此經一切世間天人阿修羅所應
供養當知此處則為是塔皆應恭敬作禮

BD05579號　金剛般若波羅蜜經　（3–3）

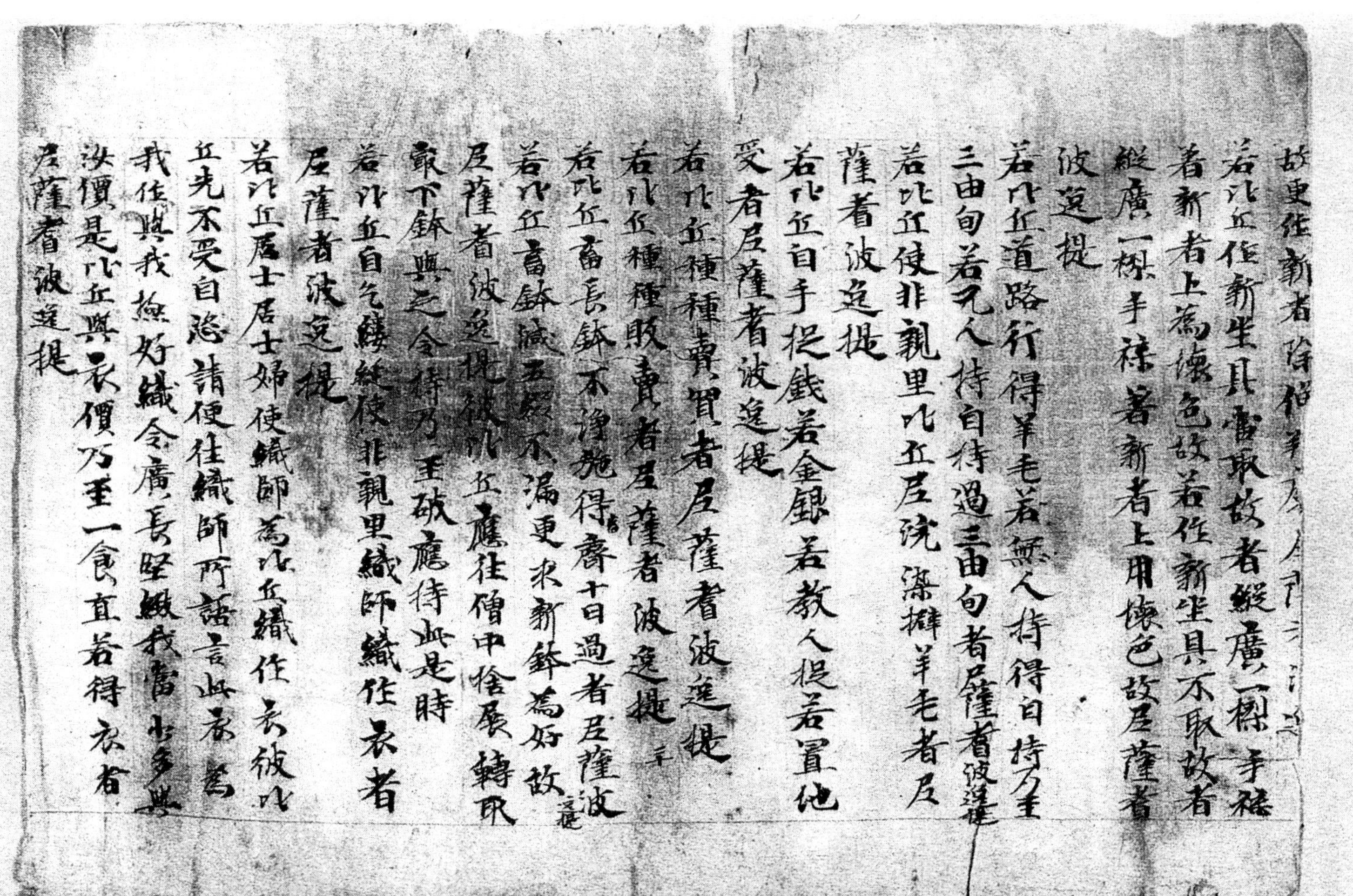
故更作新者除[illegible]
若比丘作新坐具當取故者縱廣一磔手裨
著新者上為壞色故若作新坐具不取故者
縱廣一磔手裨著新者上用壞色故尼薩耆
波逸提
若比丘道路行得羊毛若無人持得自持乃至
三由旬若无人持自持過三由旬者尼薩耆波逸提
若比丘使非親里比丘尼浣染擘羊毛者尼
薩耆波逸提
若比丘自手捉錢若金銀若教人捉若置地
受者尼薩耆波逸提
若比丘種種賣買者尼薩耆波逸提
若比丘種種販賣者尼薩耆波逸提
若比丘畜長鉢不淨施得齊十日過者尼薩波逸提
若比丘畜鉢減五綴不漏更求新鉢為好故
尼薩耆波逸提彼比丘應往僧中捨展轉取
最下鉢與之令持乃至破應持此是時
若比丘自乞縷線使非親里織師織作衣者
尼薩耆波逸提
若比丘居士居士婦使織師為比丘織作衣彼比
丘先不受自恣請便往織師所語言此衣為
我作與我極好織令廣長堅緻我當少多與
汝價是比丘與衣價乃至一食直若得衣者
尼薩耆波逸提

BD05580號　四分僧戒本　（1–1）

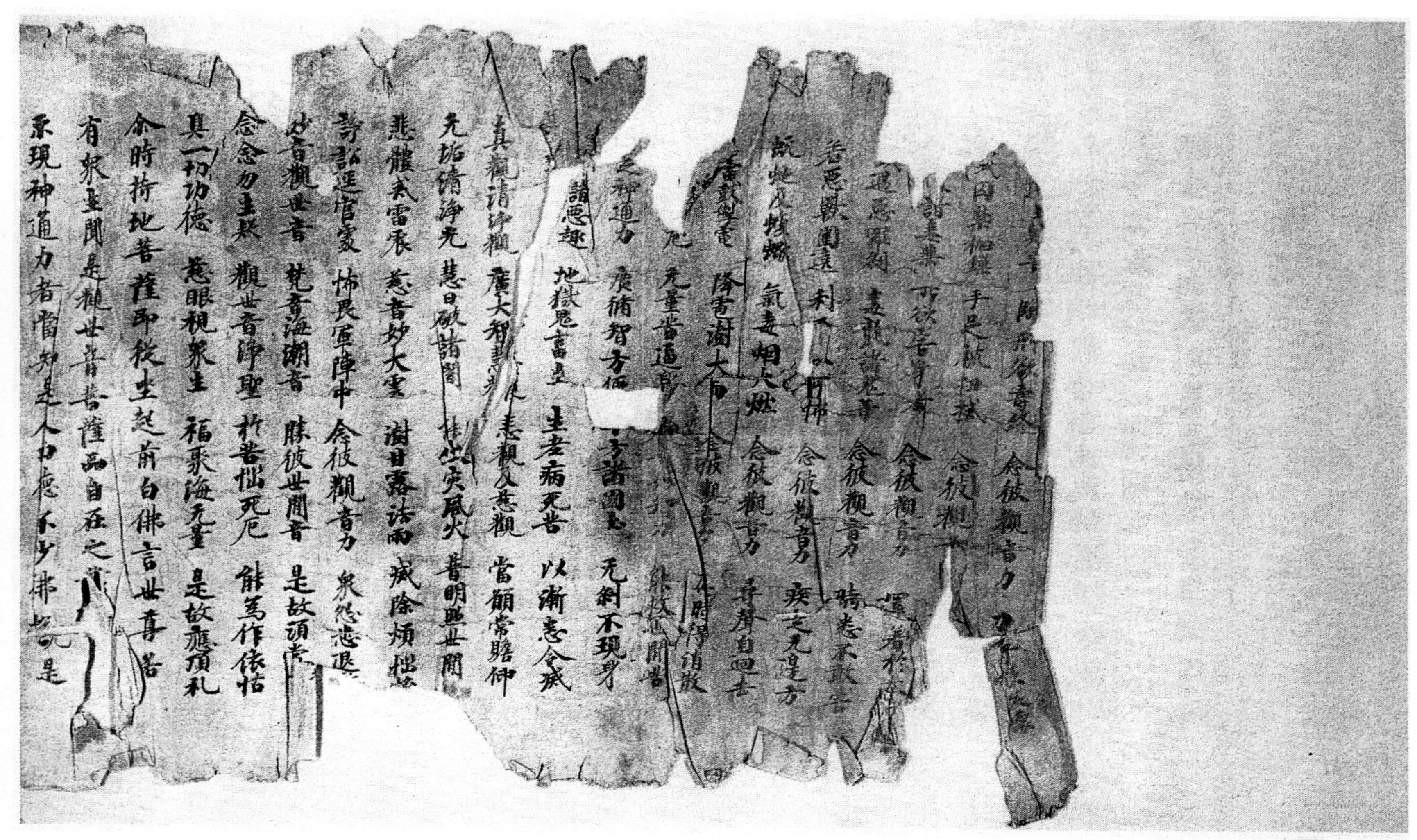
BD05581 號　妙法蓮華經卷七　　（16–1）

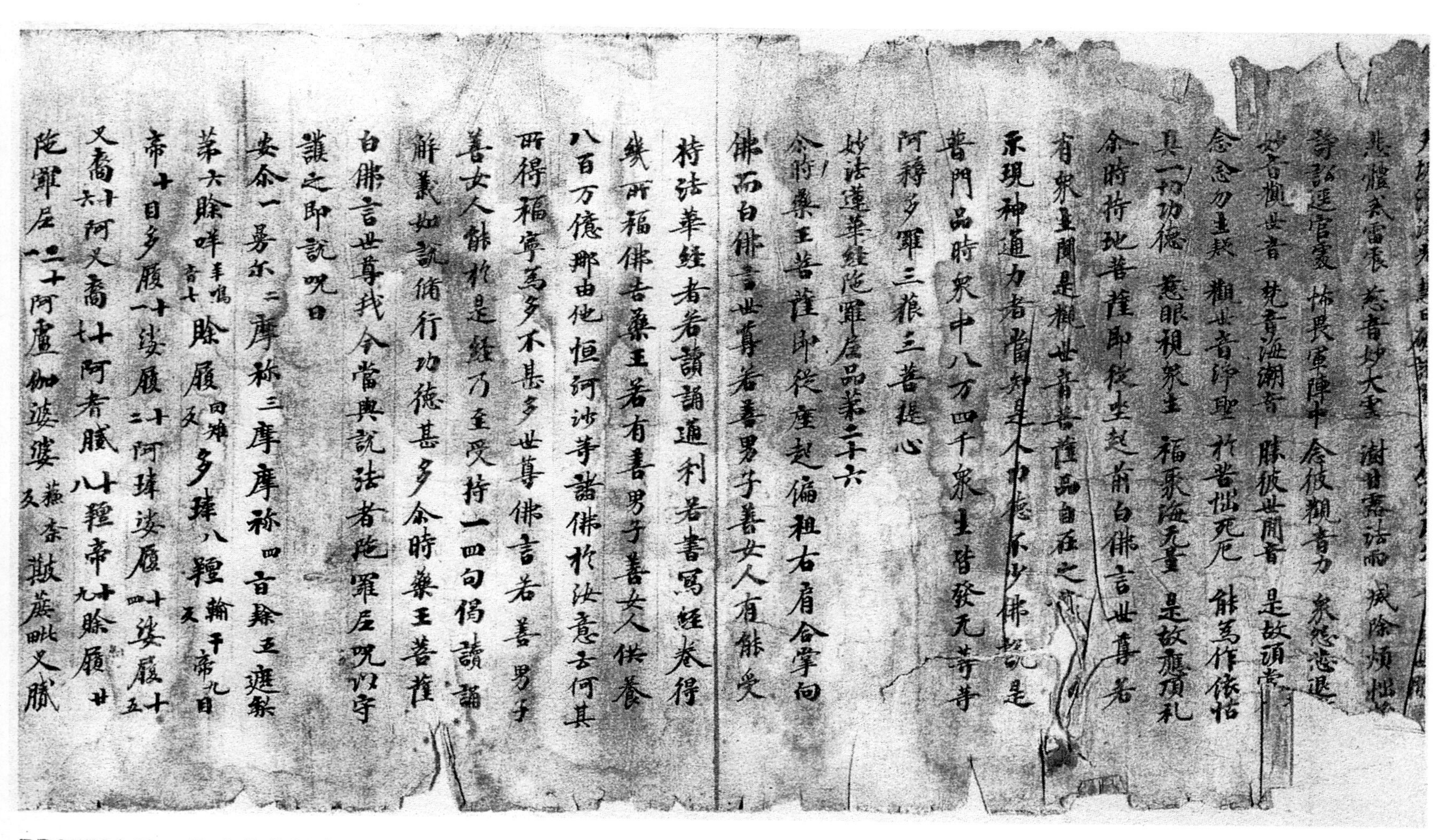
BD05581 號　妙法蓮華經卷七　　（16–2）

安尒一曼尒二摩禰三摩摩禰四旨隸五遮梨
苐六賒咩羊鳴音七賒履罔雉反多瑋八羶輸千反帝九目
帝十目多履十一娑履十二阿瑋娑履十四娑履十五
叉裔十六阿叉裔十七阿耆膩十八羶帝十九賒履廿
陀羅尼二十一阿盧伽婆娑蘇奈反簸蔗毗叉膩
二十二禰毗剃廿三阿便哆都餓反邏禰履剃二十四阿
亶哆波隸輸地途賣反二十五漚究隸二十六牟究隸
二十七阿羅隸二十八波羅隸廿九首迦差初几反三十阿
三磨三履三十一佛馱毗吉利袠帝三十二達磨
波利差猜離反帝三十三僧伽涅瞿沙禰三十四
婆舍婆舍輸地三十五曼哆邏三十六曼哆邏叉
夜多三十七郵樓哆三十八郵樓哆憍舍略
惡叉邏四十惡叉冶多冶四十一阿婆
阿摩若荏蔗反那多夜四十三
世尊是陀羅尼神呪六十二億恒河沙等
諸佛所說若有侵毀此法師者則為侵毀
是諸佛已時釋迦牟尼佛讚藥王菩薩言
善哉善哉藥王汝愍念擁護此法師故說是陁
羅尼於諸衆生多所饒益尒時勇施菩薩
白佛言世尊我亦為擁護讀誦受持法華
經者說陀羅尼若此法師得是陀羅尼若
夜叉若羅刹若富單那若吉蔗若鳩槃茶
若餓鬼等伺求其短无能得便即於佛前
而說呪曰
痤摧臥反隸一摩訶痤隸二郁枳三目枳四阿隸
五阿羅婆苐六涅隸苐七涅隸多婆苐八伊緻
柅猪履反九韋緻柅十旨緻柅十一涅隸墀柅十二涅

BD05581號　妙法蓮華經卷七　（16–3）

夜叉若羅刹若富單那若吉蔗若鳩槃茶
若餓鬼等伺求其短无能得便即於佛前
而說呪曰
痤摧臥反隸一摩訶痤隸二郁枳三目枳四阿隸
五阿羅婆苐六涅隸苐七涅隸多婆苐八伊緻
柅猪履反九韋緻柅十旨緻柅十一涅隸墀柅十二涅
犁墀婆底
世尊是陀羅尼神呪恒河沙等諸佛所說亦
皆隨喜若有侵毀此法師者則為侵毀是諸
佛已尒時毗沙門天王護世者白佛言世尊
我亦為愍念衆生擁護此法師故說是陁
羅尼即說呪曰
阿梨一那梨二㝹那梨三阿那盧四那履五拘
那履六
世尊以是神呪擁護法師我亦自當擁護持
是經者令百由旬內无諸衰患尒時持國天
王在此會中與千万億那由他乹闥婆衆
恭敬圍繞前詣佛所合掌白佛言世尊我亦
以陀羅尼神呪擁護持法華經者即說呪
曰
阿伽禰一伽禰二瞿利三乹陀利四旃陀利
五摩蹬耆六常求利七浮樓莎枳八頞底九
世尊是陀羅尼神呪四十二億諸佛所說若
有侵毀此法師者則為侵毀是諸佛已尒時
有羅刹女等一名藍婆二名毗藍婆三名曲齒
四名華齒五名黑齒六名多髮七名无猒足
八名持瓔珞九名睪帝十名奪一切衆生精

BD05581號　妙法蓮華經卷七　（16–4）

摩踰者七常求利八浮樓莎捝八頞底九
世尊是陁羅尼神呪四十二億諸佛所説若
有侵毀此法師者則爲侵毀是諸佛已尒時
有羅剎女等一名藍婆二名毗藍婆三名曲齒
四名華齒五名黑齒六名多髮七名无猒足
八名持瓔珞九名睪帝十名奪一切衆生精
氣是十羅剎女與鬼子母并其子及眷屬俱
詣佛所同聲白佛言世尊我等亦欲擁護
讀誦受持法華經者除其衰患若有伺求
法師短者令不得便即於佛前而説呪曰
伊提履一伊提泯二伊提履三阿提履四伊提
履五泥履六泥履七泥履八泥履九泥履十樓
醯十一樓醯十二樓醯十三樓醯十四多醯十五多醯十六
多醯十七兜醯十八㝹醯十九
寧上我頭上莫惱於法師若夜叉若羅剎若
餓鬼若富單那若吉蔗若毗陁羅若揵馱若
烏摩勒伽若阿跋摩羅若夜叉吉蔗若人吉
蔗若熱病若一日若二日若三日若四日若至
七日若常熱病若男形若女形若童男形若
童女形乃至夢中亦復莫惱即於佛前而
説偈言
若不順我呪　惱亂説法者　頭破作七分　如阿梨樹枝
如煞父母罪　亦如壓油殃　斗秤欺誑人　調達破僧罪
犯此法師者　當獲如是殃
諸羅剎女説此偈已白佛言世尊我等亦
當身自擁護受持讀誦脩行是經者令得
安隱離諸衰患消衆[illegible]

BD05581號　妙法蓮華經卷七

（16–5）

如煞父母罪　亦如壓油殃　斗秤欺誑人　調達破僧罪
犯此法師者　當獲如是殃
諸羅剎女説此偈已白佛言世尊我等亦
當身自擁護受持讀誦脩行是經者令得
安隱離諸衰患消衆毒藥佛告諸羅剎女
善哉善哉汝等但能擁護受持法華名者福
不可量何況擁護具足受持供養經卷華香
瓔珞末香塗香燒香幡蓋伎樂燃種種燈蘇燈
油燈諸香油燈蘇摩那華油燈瞻蔔華油
燈婆師迦華油燈優鉢羅華油燈如是等百
千種供養者睪帝汝等及眷屬應當擁護
如是法師説是陁羅尼品時六万八千人得
无生法忍

妙法蓮華經妙莊嚴王本事品第二十七

尒時佛告諸大衆乃往古世過无量无邊不
可思議阿僧祇劫有佛名雲雷音宿王華智多
陁阿伽度阿羅呵三藐三佛陁國名光明莊嚴
劫名喜見彼佛法中有王名妙莊嚴其王夫
人名曰淨德有二子一名淨藏二名淨眼是二
子有大神力福德智慧久脩菩薩所行之道
所謂檀波羅蜜尸羅波羅蜜羼提波羅
蜜毗梨耶波羅蜜禪波羅蜜般若波羅蜜
方便波羅蜜慈悲喜捨乃至三十七助道法
皆悉明了通達又得菩薩淨三昧日星宿三
昧淨光三昧淨色三昧淨照明三昧長莊嚴
三昧大威德藏三昧於此三昧亦悉通達尒

BD05581號　妙法蓮華經卷七

（16–6）

蜜毗梨耶波羅蜜禪波羅蜜般若波羅蜜
方便波羅蜜慈悲喜捨乃至三十七助道法
皆悉明了通達又得菩薩淨三昧日星宿三
昧淨光三昧淨色三昧淨照明三昧長莊嚴
三昧大威德藏三昧於此三昧亦悉通達尒
時彼佛欲引導妙莊嚴王及愍念衆生故說
是法華經時淨藏淨眼二子到其母所合十
指爪掌白言願母往詣雲雷音宿王華智佛
所我等亦當侍從親近供養礼拜所以者何
此佛於一切天人衆中說法華經宜應聽受
母告子言汝父信受外道深著婆羅門法
汝等應往白父與共俱去淨藏淨眼合十指爪
掌白母我等是法王子而生此耶見家 母告子
言汝等當憂念汝父為現神變若得見者
心必清淨或聽我等往至佛所於是二子念
其父故踊在虛空高七多羅樹現種種神
變於虛空中行住坐臥身上出水身下出火
身下出水身上出火或現大身滿虛空中而
復現小小復現大於虛空中滅忽然在地入地如
水履水如地現如是等種種神變令其父王
心淨信解時父見子神力如是心大歡喜得
未曾有合掌向子言汝等師為是誰誰之
弟子二子白言大王彼雲雷音宿王華智佛
今在七寶菩提樹下法座上坐於一切世間天
人衆中廣說法華經是我師我是弟子父
語子言我今亦欲見汝等師可共俱往於是

BD05581 號　妙法蓮華經卷七　（16–7）

弟子二子白言大王彼雲雷音宿王華智佛
今在七寶菩提樹下法座上坐於一切世間天
人衆中廣說法華經是我師我是弟子父
語子言我今亦欲見汝等師可共俱往於是
二子從空中下到其母所合掌白母父王今已
信解堪任發阿耨多羅三藐三菩提心我等
為父已作佛事願母見聽於彼佛所出家脩
道尒時二子欲重宣其意以偈白母
願母放我等　出家作沙門　諸佛甚難值　我等隨佛學
如優曇波羅　值佛復難是　脫諸難亦難　願聽我出家
母即告言聽汝出家所以者何佛難值故於
是二子白父母言善哉父母願時往詣雲雷音
宿王華智佛所親近供養所以者何佛難得
值如優曇波羅華又如一眼之龜值浮木孔
而我等宿福深厚生值佛法是故父母當聽
我等令得出家所以者何諸佛難值時亦
難遇彼時妙莊嚴王後宮八万四千人皆悉
堪任受持是法華經淨眼菩薩於法華三昧
久已通達淨藏菩薩已於无量百千万億劫
通達離諸惡趣三昧欲令一切衆生離諸惡
趣故其王夫人得諸佛習三昧能知諸佛秘
密之藏二子如是以方便力善化其父令心
信解好樂佛法於是妙莊嚴王與羣臣眷
屬淨德夫人與後宮婇女眷屬俱其王二子
與四万二千人俱一時共詣佛所到已頭面礼

BD05581 號　妙法蓮華經卷七　（16–8）

密之藏二子如是以方便力善化其父令心
信解好樂佛法於是妙莊嚴王與羣臣眷
屬淨德夫人與後宮婇女眷屬俱其王二子
與四万二千人俱一時共詣佛所到已頭面礼
足繞佛三帀却住一面尒時彼佛為王說法
示教利喜王大歡悅尒時妙莊嚴王及其夫
人解頸真珠瓔珞價直百千以散佛上於虛
空中化成四柱寶臺臺中有大寶床敷百千
万天衣其上有佛結加趺坐放大光明尒時
妙莊嚴王作是念佛身希有端嚴殊特成
就第一微妙之色時雲雷音宿王華智佛告
四衆言汝等見是妙莊嚴王於我前合掌立
不此王於我法中作比丘精勤修習助佛道
法當得作佛号娑羅樹王國名大光劫名
大高王其娑羅樹王佛有无量菩薩衆及无
量聲聞其國平正功德如是其王即時以國
付弟與夫人二子并諸眷屬於佛法中出家
修道王出家已於八万四千歲常勤精進修行
妙法華經過是已後得一切淨功德莊嚴三
昧即昇虛空高七多羅樹而白佛言世尊此
我二子已作佛事以神通變化轉我邪心
令得安住於佛法中得見世尊此二子者是
我善知識為欲發起宿世善根饒益我故來
生我家尒時雲雷音宿王華智佛告妙莊嚴
王言如是如是如汝所言若善男子善女人種
善根故世世得值善知識其善知識能作佛

我善知識為欲發起宿世善根饒益我故來
生我家尒時雲雷音宿王華智佛告妙莊嚴
王言如是如是如汝所言若善男子善女人種
善根故世世得值善知識其善知識能作佛
事示教利喜令入阿耨多羅三藐三菩提大
王當知善知識者是大因緣所謂化道令得
見佛發阿耨多羅三藐三菩提心大王汝見此
二子不此二子已曾供養六十五百千万億那
由他恒河沙諸佛親近恭敬於諸佛所受持
法華經愍念邪見衆生令住正見妙莊嚴王
即從虛空中下而白佛言世尊如來甚希有
以功德智慧故頂上肉髻光明顯照其眼長廣
而紺青色眉間豪相白如珂月齒白齊密
常有光明脣色赤好如頻婆菓尒時妙莊
嚴王讚歎佛如是等无量百千万億功德已
於如來前一心合掌復白佛言世尊未曾有
也如來之法具足成就不可思議微妙功德
教戒所行安隱快善我從今日不復自隨心
行不生邪見憍慢瞋恚諸惡之心說是語已
礼佛而出
佛告大衆於意云何妙莊嚴王豈異人乎今
華德菩薩是其淨德夫人今佛前光照莊
嚴相菩薩是哀愍妙莊嚴王及諸眷屬故於
彼中生其二子者今藥王菩薩藥上菩薩是
是藥王藥上菩薩成就如此諸大功德已於
无量百千万億諸佛所殖衆德本成就不可

華德菩薩是其淨德夫人今佛前光照莊
嚴相菩薩是哀愍妙莊嚴王及諸眷屬故於
彼中生其二子者今藥王菩薩藥上菩薩是
是藥王藥上菩薩成就如此諸大功德已於
无量百千万億諸佛所殖衆德本成就不可
思議諸善功德若有人識是二菩薩名字者
一切世間諸天人民亦應礼拜供養說是妙莊
嚴王本事品時八万四千人遠塵離垢於諸
法中得法眼淨

妙法蓮華經普賢菩薩勸發品第二十八

尒時普賢菩薩以自在神通力威德名聞与
大菩薩无量无邊不可稱數從東方來所經
諸國普皆震動雨寶蓮華作无量百千万億
種種伎樂又與无數諸天龍夜叉揵闥婆阿
脩羅迦樓羅緊那羅摩睺羅伽人非人等大
衆圍繞各現威德神通之力到娑婆世界者
闍崛山中頭面礼釋迦牟尼佛右遶七帀白
佛言世尊我於寶威德上王佛國遙聞此娑
婆世界說法華經與无量无邊百千万億諸
菩薩衆共來聽受唯願世尊當為說之若善
男子善女人於如來滅後云何能得是法華
經佛告普賢菩薩若善男子善女人成就四
法於如來滅後當得是法華經一者為諸
佛護念二者殖諸德本三者入正定聚四者
發救一切衆生之心善男子善女人如是成就
四法於如來滅後必得是經

BD05581號　妙法蓮華經卷七　（16–11）

佛護念二者殖諸德本三者入正定聚四者
發救一切衆生之心善男子善女人如是成就
四法於如來滅後必得是經
尒時普賢菩薩白佛言世尊於後五百歲濁
惡世中其有受持是經典者我當守護除
其衰患令得安隱使无伺求得其便者若魔
若魔子若魔女若魔民若為魔所著者若夜叉
若羅刹若鳩槃茶若毗舍闍若吉蔗若富單
那若韋陀羅等諸惱人者皆不得便是人
若行若立讀誦此經我尒時乘六牙白象王
與大菩薩衆俱詣其所而自現身供養守護
安慰其心亦為供養法華經故是人若坐思
惟此經尒時我復乘白象王現其人前其人
若於法華經有所忘失一句一偈我當教之
與共讀誦還令通利尒時受持讀誦法華
經者得見我身甚大歡喜轉復精進以見我
故即得三昧及陁羅尼名為旋陁羅尼百千万
億旋陁羅尼法音方便陁羅尼得如是等陁
羅尼世尊若後五百歲濁惡世中比丘比丘尼
優婆塞優婆夷求索者受持者讀誦者
書寫者欲脩習是法華經於三七日中應一
心精進滿三七日已我當乘六牙白象與无
量菩薩而自圍繞以一切衆生所憙見身現
其人前而為說法示教利憙亦復與其陁羅
尼呪得是陁羅尼故无有非人能破壞者亦
不為女人之所惑亂我身亦自常護是人唯
願世尊聽我說此陁羅尼呪[illegible]

BD05581號　妙法蓮華經卷七　（16–12）

量普薩而自圍繞以一切衆生所憙見身現
其人前而為說法示教利憙亦復與其陁羅
尼呪得是陁羅尼故无有非人能破壞者亦
不為女人之所惑亂我身亦自常護是人唯
願世尊聽我說此陁羅尼即於佛前而說
呪曰
阿檀地一途賣反檀陁婆地二檀陁婆帝三檀陁
鳩舍隸四檀陁脩陁隸五脩陁隸六脩陁羅婆
底七佛馱波羶祢八薩婆陁羅尼阿婆多尼
九薩婆婆沙阿婆多尼十脩阿婆多尼十一僧
伽婆履叉尼十二僧伽涅伽陁尼十三阿僧祇十四僧
伽波伽地十五帝隸阿惰僧伽兜略盧遮反波羅帝
十六薩婆僧伽三摩地伽蘭地十七薩婆達磨脩
波利剎帝十八薩婆薩埵樓馱憍舍略阿㝹伽
地十九辛阿毗吉利地帝二十
世尊若有菩薩得聞是陁羅尼者當知普
賢神通之力若法華經行閻浮提有受持
者應作此念皆是普賢威神之力若有受持
讀誦正憶念解其義趣如說脩行當知是
人行普賢行於无量无邊諸佛所深種善根
為諸如來手摩其頭若但書寫是人命終當生
忉利天上是時八万四千天女作衆伎樂而來迎
之其人即著七寶冠於婇女中娛樂快樂何
況受持讀誦正憶念解其義趣如說脩行若
有人受持讀誦解其義趣是人命終為千
佛授手令不恐怖不墮惡趣即往兜率天上

BD05581號　妙法蓮華經卷七

（16–13）

之其人即著七寶冠於婇女中娛樂快樂何
況受持讀誦正憶念解其義趣如說脩行若
有人受持讀誦解其義趣是人命終為千
佛授手令不恐怖不墮惡趣即往兜率天上
弥勒菩薩所弥勒菩薩有三十二相大菩薩衆
所共圍繞有百千万億天女眷屬而於中生
有如是等功德利益是故智者應當一心自
書若使人書受持讀誦正憶念如說脩行世
尊我今以神通力故守護是經於如來滅後
閻浮提內廣令流布使不斷絕
尒時釋迦牟尼佛讚言善哉善哉普賢汝能
護助是經令多所衆生安樂利益汝已成就
不可思議功德深大慈悲從久遠來發阿耨
多羅三藐三菩提意而能作是神通之願
守護是經我當以神通力守護能受持普賢
菩薩名者普賢若有受持讀誦正憶念脩習
書寫是法華經者當知是人則見釋迦牟尼佛
如從佛口聞此經典當知是人供養釋迦牟
尼佛當知是人佛讚善哉當知是人為釋迦
牟尼佛手摩其頭當知是人為釋迦牟尼佛
衣之所覆如是之人不復貪著世樂不好外
道經書手筆亦復不憙親近其人及諸惡
者若屠兒若畜猪羊雞狗若獵師若衒賣
女色是人心意質直有正憶念有福德力是
人不為三毒所惱亦不為嫉妬我慢增上慢
所惱是人少欲知足能脩普賢之行普賢若

BD05581號　妙法蓮華經卷七

（16–14）

道經書手筆亦復不喜親近其人及諸惡
者若屠兒若畜猪羊鷄狗若獵師若衒賣
女色是人心意質直有正憶念有福德力是
人不爲三毒所惱亦不爲嫉妬我慢增上慢
所惱是人少欲知足能脩普賢之行普賢若
如來滅後後五百歲若有人見受持讀誦法
華經者應作是念此人不久當詣道場破
諸魔衆得阿耨多羅三藐三菩提轉法輪擊
法鼓吹法螺雨法雨當坐天人大衆中師子法
座上普賢若於後世受持讀誦是經典者是
人不復貪著衣服卧具飲食資生之物所願
不虛亦於現世得其福報若有人輕毀之言
如狂人耳空作是行終无所獲如是罪報當
世世无眼若有供養讚歎之者當於今世得
現果報若復見受持是經者出其過惡若實
若不實此人現世得白癩病若輕咲之者當
世世牙齒踈缺醜脣平鼻手脚繚戾眼目
角睞身體臭穢惡瘡膿血水腹短氣諸惡重
病是故普賢若見受持是經典者當起遠迎
當如敬佛說是普賢勸發品時恒河沙等无量
无邊菩薩得百千万億旋陀羅尼三千大千
世界微塵等諸菩薩具普賢道佛說是經時
普賢等諸菩薩舍利弗等諸聲聞及諸天龍
人非人等一切大會皆大歡喜受持佛語作
礼而去

妙法蓮華經卷第七

BD05581號　妙法蓮華經卷七　（16–15）

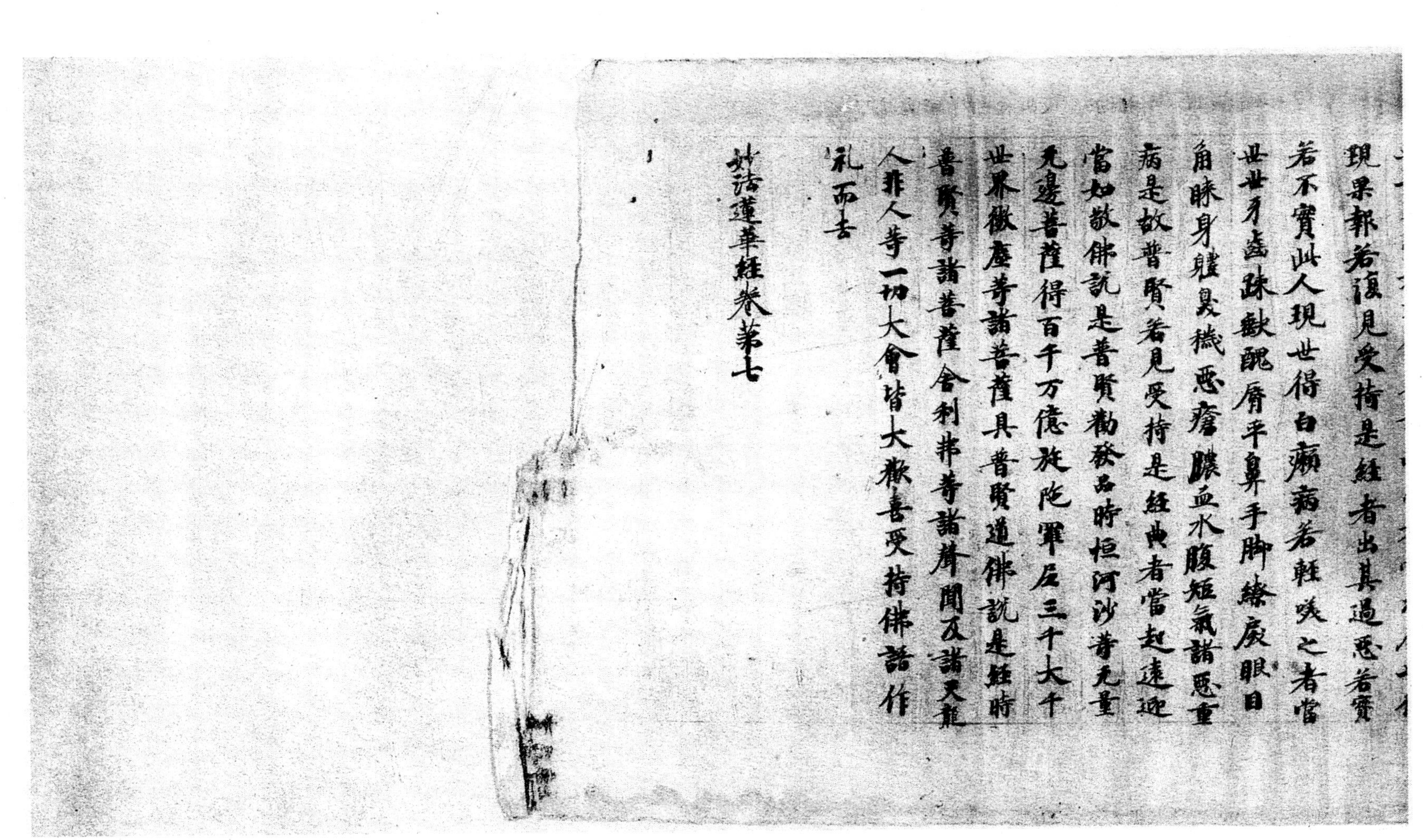
現果報若復見受持是經者出其過惡若實
若不實此人現世得白癩病若輕咲之者當
世世牙齒踈缺醜脣平鼻手脚繚戾眼目
角睞身體臭穢惡瘡膿血水腹短氣諸惡重
病是故普賢若見受持是經典者當起遠迎
當如敬佛說是普賢勸發品時恒河沙等无量
无邊菩薩得百千万億旋陀羅尼三千大千
世界微塵等諸菩薩具普賢道佛說是經時
普賢等諸菩薩舍利弗等諸聲聞及諸天龍
人非人等一切大會皆大歡喜受持佛語作
礼而去

妙法蓮華經卷第七

BD05581號　妙法蓮華經卷七　（16–16）

自
時國土
成佛時
語善蘦不離善知諍訟言必饒益不嫉不恚心
見衆生來生其國如是寶積菩薩隨其直心則
能發行隨其發行則得深心隨其深心則意調伏
隨意調伏則如說行隨如說行則能迴向隨其
迴向則有方便隨其方便則成就衆生隨成就衆
生則佛土淨隨佛土淨則說法淨隨說法淨則
智慧淨隨智慧則其心淨隨其心淨則一切功
德淨是故寶積若菩薩欲得淨土當淨其心
隨其心淨則佛土淨

菩薩淨土
一說除八難
國土无有三惡八難
是菩薩淨土菩薩成佛
名十善是菩薩淨土菩薩
大寶充行所言誠諦常以軟

BD05582號　維摩詰所說經卷上

（23–1）

隨意調伏則如說行隨如說行則能迴向隨其
迴向則有方便隨其方便則成就衆生隨成就衆
生則佛土淨隨佛土淨則說法淨隨說法淨則
智慧淨隨智慧則其心淨隨其心淨則一切功
德淨是故寶積若菩薩欲得淨土當淨其心
隨其心淨則佛土淨
尒時舍利弗承佛威神作是念若菩薩心淨則
佛土淨者我世尊本為菩薩時意豈不淨而是
佛土不淨若此佛知其念即告之言於意云何
日月豈不淨耶而盲者不見對曰不也世尊是
盲者過非日月咎舍利弗衆生罪故不見如來
佛國嚴淨非如來咎舍利弗我見此土清淨而汝
不見尒時螺髻梵王語舍利弗勿作是意謂此佛
土以為不淨所以者何我見釋迦牟尼佛土清淨
譬如自在天宮舍利弗言我見此土丘陵坑坎荊
棘沙礫土石諸山穢惡充滿螺髻梵言仁者心
有高下不依佛慧故見此土為不淨耳舍利弗
菩薩於一切衆生悉皆平等深心清淨依佛智
慧則能見此佛土清淨於是佛以足指按地即
時三千大千世界若干百千珍寶嚴飾譬如寶
莊嚴佛无量功德寶莊嚴土一切大衆歎未曾
有而皆自見坐寶蓮華佛告舍利弗汝且觀是
佛土嚴淨舍利弗言唯然世尊本所不見本所不
聞今佛國土嚴淨悉現佛語舍利弗我佛國
土常淨若此為欲度斯下劣人故示是衆惡
不淨土耳譬如諸天共寶器食隨其福德飯

BD05582號　維摩詰所說經卷上

（23–2）

有而皆自見坐寶蓮華佛告舍利弗汝且觀是
佛土嚴淨舍利弗言唯然世尊本所不見本所不
聞今佛國土嚴淨悉現佛語舍利弗我佛國
土常淨若此為欲度斯下劣人故示是衆惡
不淨土耳譬如諸天共寶器食隨其福德飯
色有異如是舍利弗若人心淨便見此土功德
莊嚴當佛現此國土嚴淨之時寶積所將五百
長者子皆得无生法忍八萬四千人發阿耨多
羅三藐三菩提心佛攝神足於是世界還復如
故求聲聞乘三萬二千天及人知有為法皆悉
无常遠塵離垢得法眼淨八千比丘不受諸
法漏盡意解

方便品第二

尒時毗耶離大城中有長者名維摩詰已曾
供養无量諸佛深殖善本得无生忍辯才无
礙遊戲神通逮諸總持獲无所畏降魔勞怨
入深法門善於智度通達方便大願成就明
了衆生心之所趣又能分別諸根利鈍久於佛
道心已純淑決定大乘諸有所作能善思量
住佛威儀心大如海諸佛咨嗟弟子釋梵世主
所敬欲度人故以善方便居毗耶離資財无量
攝諸貧民奉戒清淨攝諸毀禁以忍調行攝
諸恚怒以大精進攝諸懈怠一心禪寂攝諸
亂意以決定慧攝諸无智雖為白衣奉持沙
門清淨律行雖處居家不著三界示有妻子
常修梵行現有眷屬常樂遠離雖服寶飾

BD05582號　維摩詰所說經卷上　（23–3）

攝諸貧民奉戒清淨攝諸毀禁以忍調行攝
諸恚怒以大精進攝諸懈怠一心禪寂攝諸
亂意以決定慧攝諸无智雖為白衣奉持沙
門清淨律行雖處居家不著三界示有妻子
常修梵行現有眷屬常樂遠離雖服寶飾
而以相好嚴身雖復飲食而以禪悅為味若
至博弈戲處輒以度人受諸異道不毀正信
雖明世典常樂佛法一切見敬為供養中最
執持正法攝諸長幼一切治生諧偶雖獲俗
利不以喜悅遊諸四衢饒益衆生入治政法救
護一切入講論處導以大乘入諸學堂誘開童
蒙入諸婬舍示欲之過入諸酒肆能立其志若
在長者長者中尊為說勝法若在居士居士
中尊斷諸貪著若在剎利剎利中尊教以忍
辱若在婆羅門婆羅門中尊除其我慢若在大
臣大臣中尊教以正法若在王子王子中尊示
以忠孝若在內官內官中尊化教宮女若在庶
民庶民中尊令興福力若在梵天梵天中尊
誨以勝慧若在帝釋帝釋中尊示現无常
若在護世護世中尊護諸衆生長者維摩
詰以如是等无量方便饒益衆生其以方便
現身有疾以其疾故國王大臣長者居士婆
羅門等及諸王子并餘官屬无數千人皆
往問疾其往者維摩詰因以身疾廣為說法
諸仁者是身无常无強无力无堅速朽之法
不可信也為苦為惱衆病所集諸仁者如此

BD05582號　維摩詰所說經卷上　（23–4）

現身有疾以其疾故國王大臣長者居士婆
羅門等及諸王子并餘官屬无數千人皆
往問疾其往者維摩詰因以身疾廣為說法
諸仁者是身无常无強无力无堅速朽之法
不可信也為苦為惱衆病所集諸仁者如此
身明智者所不怙是身如聚沫不可撮摩是
身如泡不得久立是身如焰從渴愛生是身如
芭蕉中无有堅是身如幻從顛倒起是身如
夢為虛妄見是身如影從業緣現是身如響
屬諸因緣是身如浮雲須臾變滅是身如電
念念不住是身无主為如地是身无我為如火
是身无壽為如風是身无人為如水是身不實
四大為家是身為空離我我所是身无知如草木
瓦礫是身无作風力所轉是身不淨穢惡充滿是
身為虛偽雖假以澡浴衣食必歸磨滅是身為
災百一病惱是身如丘井為老所逼是身无定為
要當死是身如毒蛇如怨賊如空聚陰界諸入
所共合成諸仁者此可患厭當樂佛身所以者
何佛身者即法身也從无量功德智慧生從戒
定慧解脫解脫知見生從慈悲喜捨生從布施
持戒忍辱柔和勤行精進禪定解脫三昧多
聞智慧諸波羅蜜生從方便生從六通生從
三明生從卅七道品生從止觀生從十力四无所畏
十八不共法生從斷一切不善法集一切善法生
從真實生從不放逸生從如是无量清淨法生

持戒忍辱柔和勤行精進禪定解脫三昧多
聞智慧諸波羅蜜生從方便生從六通生從
三明生從卅七道品生從止觀生從十力四无所畏
十八不共法生從斷一切不善法集一切善法生
從真實生從不放逸生從如是无量清淨法生
如來身諸仁者欲得佛身斷一切衆生病者當
發阿耨多羅三藐三菩提心如是長者維摩詰
為諸問疾者如應說法令无數千人皆發阿耨
多羅三藐三菩提心

弟子品第三

尒時長者維摩詰自念寢疾于牀世尊大慈
寧不垂愍佛知其意即告舍利弗汝行詣維
摩詰問疾（舍利佛白佛言世尊我不堪任詣問疾）所以者何憶念我昔曾於林中宴坐
樹下時維摩詰來謂我言唯舍利弗不必是坐
為宴坐也夫宴坐者不於三界現身意是為宴
坐不起滅定而現諸威儀是為宴坐不捨道法
而現凡夫事是為宴坐心不住內亦不在外是
為宴坐於諸見不動而脩行三十七品是為宴
坐不斷煩惱而入涅槃是為宴坐若能如是坐
者佛所印可時我世尊聞是語已默然而止不
能加報故我不任詣彼問疾
佛告大目揵連汝行詣維摩詰問疾目連白
佛言世尊我不堪任詣彼問疾所以者何憶
念我昔入毗耶離大城於里巷中為諸居士
說法時維摩詰來謂我言唯大目連為白衣
居士說法不當如仁者所說夫說法者當如法

佛告大目揵連汝行詣維摩詰問疾目連白
佛言世尊我不堪任詣彼問疾所以者何憶
念我昔入毗耶離大城於里巷中為諸居士
說法時維摩詰來謂我言唯大目連為白衣
居士說法不當如仁者所說夫說法者當如法
說法无衆生離衆生垢故法无有我離我垢
故法无壽命離生死故法无有人前後際斷
故法常寂然滅諸相故法離於相无所緣故
法无名字言語斷故法无有說離覺觀故
法无形相如虛空故法无戲論畢竟空故法
无我所離我所故法无分別離諸識故法无
有比无相待故法不屬因不在緣故法同法
性入諸法故法隨於如无所隨故法住實際諸
邊不動故法无動搖不依六塵故法无去來
常不住故法隨空隨无相應无作法離好醜
法无增損法无生滅法无所歸法過眼耳鼻
舌身心法无高下法常住不動法離一切觀行
唯大目連法相如是豈可說乎夫說法者无說
无示其聽法者无聞无得譬如幻士為幻人說
法當建是意而為說法當了衆生根有利鈍
善於知見无所罣礙以大悲心讚于大乘念報
佛恩不斷三寶然後說法維摩詰說是法時八
百居士發阿耨多羅三藐三菩提心我无此辯是
故不任詣彼問疾
佛告大迦葉汝行詣維摩詰問疾迦葉白佛
言世尊我不堪任詣彼問疾所以者何憶念

BD05582號　維摩詰所說經卷上　（23–7）

佛恩不斷三寶然後說法維摩詰說是法時八
百居士發阿耨多羅三藐三菩提心我无此辯是
故不任詣彼問疾
佛告大迦葉汝行詣維摩詰問疾迦葉白佛
言世尊我不堪任詣彼問疾所以者何憶念
我昔於貧里而行乞食時維摩詰來謂我言
唯大迦葉有慈悲心而不能普捨豪富從貧
乞迦葉住平等法應次行乞食為不食故應
行乞食為壞和合相故應取揣食為不受故
應受彼食以空聚想入於聚落所見色與盲
等所聞聲與響等所嗅香與風等所食味不
分別受諸觸如智證知諸法如幻相无自性
无他性本自不然今則无滅迦葉若能不捨
八邪入八解脫以邪相入正法以一食施一切
供養諸佛及衆賢聖然後可食如是食者非
有煩惱非離煩惱非入定意非起定意非住
世間非住泥洹其有施者无大福无小福不
為益不為損是為正入佛道不依聲聞迦葉
若如是食為不空食人之施也時我世尊聞
說是語得未曾有即於一切菩薩深起敬
心復作是念斯有家名辯才智慧乃能如
是其誰不發阿耨多羅三藐三菩提心我從是
來不復勸人以聲聞辟支佛行故我不任詣彼
問疾
佛告須菩提汝行詣維摩詰問疾須菩提白
佛言世尊我不堪任詣彼問疾所以者何憶

BD05582號　維摩詰所說經卷上　（23–8）

是其譬不發阿耨多羅三藐三菩提心我從是
來不復勸人以聲聞辟支佛行故我不任詣彼
問疾
佛告須菩提汝行詣維摩詰問疾須菩提白
佛言世尊我不堪任詣彼問疾所以者何憶
念我昔入其舍從乞食時維摩詰取我鉢盛
滿飯謂我言唯須菩提若能於食等者諸法
亦等諸法等者於食亦等如是行乞乃可取
食若須菩提不斷婬怒癡亦不與俱不壞於身
而隨一相不滅癡愛起於明脫以五逆相而得解
脫亦不解不縛不見四諦非不見諦非得果
非不得果非凡夫非離凡夫法非聖人非不
聖人雖成就一切法而離諸法相乃可取食
若須菩提不見佛不聞法彼外道六師富蘭
那迦葉末伽梨拘賒梨子刪闍夜毗羅胝子
阿耆多翅舍欽婆羅迦羅鳩馱迦旃延尼揵
陁若提子等是汝之師因其出家彼師所墮
汝亦隨墮乃可取食若須菩提入諸邪見不
到彼岸住於八難不得无難同於煩惱離清
淨法汝得无諍三昧一切眾生亦得是定其
施汝者不名福田供養汝者墮三惡道為與
眾魔共一手作諸勞侶汝與眾魔及諸塵勞
等无有異於一切眾生而有怨心謗諸佛毀
於法不入眾數終不得滅度汝若如是乃可
取食時我世尊聞此茫然不識是何言不知
以何荅便置鉢欲出其舍維摩詰言唯須菩

眾魔共一手作諸勞侶汝與眾魔及諸塵勞
等无有異於一切眾生而有怨心謗諸佛毀
於法不入眾數終不得滅度汝若如是乃可
取食時我世尊聞此茫然不識是何言不知
以何荅便置鉢欲出其舍維摩詰言唯須菩
提取鉢勿懼於意云何如來所作化人若
以是事詰寧有懼不我言不也維摩詰言
一切諸法如幻化相汝今不應有所懼也所
以者何一切言說不離是相至於智者不著
文字故无所懼何以故文字性離无有文字
是則解脫解脫相者則諸法也維摩詰說是法
時二百天子得法眼淨故我不任詣彼問疾
佛告富樓那彌多羅尼子汝行詣維摩詰問
疾富樓那白佛言世尊我不堪任詣彼問疾
所以者何憶念我昔於大林中在一樹下為
諸新學比丘說法時維摩詰來謂我言唯
富樓那先當入定觀此人心然後說法无以
穢食置於寶器當知是比丘心之所念无以瑠
璃同彼水精汝不能知眾生根源无得發起以
小乘法彼自无瘡勿傷之也欲行大道莫示小
徑无以大海內於牛跡无以日光等彼螢火唯
富樓那此比丘久發大乘心中忘此意如何以
小乘法而教導之我觀小乘智慧微淺猶如
盲人不能分別一切眾生根之利鈍時維摩
詰即入三昧令此比丘自識宿命曾於五百
佛所殖眾德本迴向阿耨多羅

富樓那此比丘久發大乘心中忘此意如何以
小乘法而教導之我觀小乘智慧微淺猶如
盲人不能分別一切衆生根之利鈍時維摩
詰即入三昧令此比丘自識宿命曾於五百
佛所殖衆德本迴向阿耨多羅三藐三菩提
即時豁然還得本心於是諸比丘稽首禮維
摩詰足時維摩詰因爲說法於阿耨多羅三
藐三菩提不復退轉我念聲聞不觀人根不應
說法是故不任詣彼問疾
佛告摩訶迦旃延汝行詣維摩詰問疾迦旃
延白佛言世尊我不堪任詣彼問疾所以者
何憶念昔者佛爲諸比丘略說法要我即於
後敷演其義謂无常義苦義空義无我義
寂滅義時維摩詰來謂我言唯迦旃延无以生
滅心行說實相法迦旃延諸法畢竟不生不
生不滅是无常義五受陰洞達无所起是苦
義諸法究竟无所有是空義於我无我不二
是无我義法本不然今則无滅是寂滅義說是
法時彼諸比丘心得解脫故我不任詣彼問疾
佛言世尊我不堪任詣彼問疾所以者何憶
念我昔於一處經行時有梵王名曰嚴淨與
萬梵俱放淨光明來詣我所稽首作禮問我
言幾何阿那律天眼所見我即答言仁者吾
見此釋迦牟尼佛土三千大千世界如觀掌
中菴摩勒菓時維摩詰來謂我言唯阿那
律天眼[illegible]

萬梵俱放淨光明來詣我所稽首作禮問我
言幾何阿那律天眼所見我即答言仁者吾
見此釋迦牟尼佛土三千大千世界如觀掌
中菴摩勒菓時維摩詰來謂我言唯阿那
律天眼所見爲作相耶无作相耶假使作相
則與外道五通等若无作相即是无爲不應
有見世尊我時嘿然彼諸梵聞其言得未曾
有即爲作禮而問曰世孰有真天眼者維摩詰
言有佛世尊得真天眼常在三昧悉見諸佛
國不以二相於是嚴淨梵王及其眷屬五百梵
天皆發阿耨多羅三藐三菩提心禮維摩詰足
已忽然不現故我不任詣彼問疾
佛告優波離汝行詣維摩詰問疾優波離白
佛言世尊我不堪任詣彼問疾所以者何憶
念昔者有二比丘犯律行以爲恥不敢問佛來
問我言唯優波離我等犯律誠以爲恥不敢
問佛願解疑悔得免斯咎我即爲其如法解
說時維摩詰來謂我言唯優波離无重增此
二比丘罪當直除滅勿擾其心所以者何彼罪
性不在內不在外不在中間如佛所說心垢故
衆生垢心淨故衆生淨心亦不在內不在外不
在中間如其心然罪垢亦然諸法亦然不出於如
如優波離以心相得解脫時寧有垢不我言不
也維摩詰言一切衆生心相无垢亦復如是唯優
波離妄想是垢无妄想是淨顛倒是淨取我是
垢不取我是淨優波離一切法生滅不住如幻如

如優波離以心相得解脫時寧有垢不我言不
也維摩詰言一切衆生心相无垢亦復如是唯優
波離妄想是垢无妄想是淨顛倒是淨取我是
垢不取我是淨優波離一切法生滅不住如幻如
電諸法不相待乃至一念不住諸法皆妄見
如夢如焰如水中見如鏡中像以妄想生其
知此者是名奉律其知此者是名善解於是
二比丘言上智哉是優波離所不及持律之
上而不能說我荅言自捨如來未有聲聞及
菩薩能制其樂說之辯其智慧明達爲若此
也時二比丘疑悔即除發阿耨多羅三藐三
菩提心作是願言令一切衆生皆得是辯故
我不任詣彼問疾
佛告羅睺羅汝行詣維摩詰問疾羅睺羅
白佛言世尊我不堪任詣彼問疾所以者何
憶念昔時毗耶離諸長者子來詣我所稽首
作礼問我言唯羅睺羅汝佛之子捨轉輪王位
出家爲道其出家者有何等利我即如法爲
說出家功德之利時維摩詰來謂我言唯羅
睺羅不應說出家功德之利所以者何无利无
功德是爲出家有爲法者可說有利有功德
夫出家者爲无爲法无爲法中无利无功德
羅睺羅夫出家者无彼无此亦无中間離六
十二見處於涅槃智者所受聖所行處降伏
衆魔度五道淨五眼得五力立五根不惱於
彼離衆雜惡摧諸外道超越假名出淤泥

夫出家者爲无爲法无爲法中无利无功德
羅睺羅夫出家者无彼无此亦无中間離六
十二見處於涅槃智者所受聖所行處降伏
衆魔度五道淨五眼得五力立五根不惱於
彼離衆雜惡摧諸外道超越假名出淤泥
无繫著无我所无所受无擾亂内懷喜護彼
意隨禪定離衆過若能如是是真出家於是
維摩詰語諸長者子汝等於正法中宜共出家所
以者何佛世難值諸長者子言居士我聞佛言
父母不聽不得出家維摩詰言然汝等便發阿
耨多羅三藐三菩提心故我不任詣彼問疾
佛告阿難汝行詣維摩詰問疾阿難白佛言
世尊我不堪任詣彼問疾所以者何憶念昔時
世尊身小有疾當用牛乳我即持鉢詣大婆羅
門家門下立時維摩詰來謂我言唯阿難何
爲晨朝持鉢住此我言居士世尊身小有疾
當用牛乳故來至此維摩詰言止止阿難莫作
是語如來身者金剛之體諸惡已斷衆善普
會當有何疾當有何惱嘿往阿難勿謗如來莫
使異人聞此麁言无令大威德諸天及他方淨
土諸來菩薩得聞斯語阿難轉輪聖王以
少福故尚得无病豈况如來福會普者哉行
矣阿難勿使我等受斯恥也外道梵志若聞
此語當作是念何名爲師自疾不能救而能
救諸疾人可密速去勿使人聞當知阿難諸
如來身即是法身非思欲身佛爲世尊過於

矣阿難勿使我等受斯恥也外道梵志若聞
此語當作是念何名為師自疾不能救而能
救諸疾人可密速去勿使人聞當知阿難諸
如來身即是法身非思欲身佛為世尊過於
三界佛身无漏諸漏已盡佛身无為不墮諸
數如此之身當有何疾時我世尊實懷慙愧得
无近佛而謬聽耶即聞空中聲曰阿難如居士
言但為佛出五濁惡世現行斯法度脫衆生
行矣阿難取乳勿慙世尊維摩詰智慧辯
才為若此也是故不任詣彼問疾如是五百大
弟子各各向佛說其本緣稱述維摩詰所言
皆曰不任詣彼問疾

菩薩品第四

於是佛告弥勒菩薩汝行詣維摩詰問疾弥
勒白佛言世尊我不堪任詣彼問疾所以者何
憶念我昔為兜率天王及其眷屬說不退轉
地之行時維摩詰來謂我言弥勒世尊授仁者
記一生當得阿耨多羅三藐三菩提為用何生
得受記乎過去耶未來耶現在耶若過去生
過去生已滅若未來生未來生未至若現在
現在生无住如佛所說比丘汝今即時亦生
亦老亦滅若以无生得受記者无生即是正
位於正位中亦无受記亦无得阿耨多羅三
藐三菩提云何弥勒受一生記乎為從如生
得受記耶為從如滅得受記耶若以如生
得受記者如无有生若以如滅得[illegible]

位於正位中亦无受記亦无得阿耨多羅三
藐三菩提云何弥勒受一生記乎為從如生
得受記耶為從如滅得受記耶若以如生
得受記者如无有生若以如滅得受記者如
无有滅一切衆生皆如也一切法亦如也衆
聖賢亦如也至於弥勒亦如也若弥勒得
受記者一切衆生亦應受記所以者何夫如
者不二不異若弥勒得阿耨多羅三藐三菩
提者一切衆生皆亦應得所以者何一切衆
生即菩提相若弥勒滅度者一切衆生亦當
滅度所以者何諸佛知一切衆生畢竟寂
滅即涅槃相不復更滅是故弥勒无以此法
誘諸天子實无發阿耨多羅三藐三菩提心
者亦无退者弥勒當令此諸天子捨於分別
菩提之見所以者何菩提者不可以身得不
可以心得寂滅是菩提滅諸相故不觀是菩
提離諸緣故不行是菩提无憶念故斷是
菩提捨諸見故離是菩提離諸妄想故鄣
是菩提鄣諸願故不入是菩提无貪著故順
是菩提順於如故　是菩提住法性故至是
菩提至實際故不二是菩提離意法故等是
菩提等虛空故无為是菩提无生住滅故智是
菩提了衆生心行故不會是菩提諸入不會
故不合是菩提離煩惱習故无處是菩提
无形色故假名是菩提名字空故如化是菩

菩提是寶際故不二是菩提離意法故等是
菩提等虛空故无為是菩提无生住滅故智是
菩提了衆生心行故不會是菩提諸入不會
故不合是菩提離煩惱習故无處是菩提
无形色故假名是菩提名字空故如化是菩
提无取捨故无亂是菩提常自静故善寂是
菩提性清淨故无取是菩提離攀緣故无
異是菩提諸法等故无比是菩提无可喻故
微妙是菩提諸法難知故世尊維摩詰說是
法時二百天子得无生法忍故我不堪任詣彼問疾
佛告光嚴童子汝行詣維摩詰問疾光嚴白
佛言世尊我不堪任詣彼問疾所以者何憶
念我昔出毗耶離大城時維摩詰方入城我
即為作礼而問言居士從何所來答我言吾
從道場來我問道場者何所是答曰直心是
道場无虛假故發行是道場能辯事故深心
是道場增益功德故菩提心是道場无錯謬
故布施是道場不望報故持戒是道場得願
具故忍辱是道場於諸衆生心无礙故精進
是道場不懈退故禪定是道場心調柔故智
慧是道場現見諸法故慈是道場等衆生故
悲是道場忍疲苦故喜是道場悅樂法故捨
是道場憎愛斷故神通是道場成就六通故
解脫是道場能背捨故方便是道場教化衆
生故四攝法是道場攝衆生故多聞是道場
如聞行故伏心是道場[illegible]

BD05582號　維摩詰所說經卷上

（23–17）

悲是道場忍疲苦故喜是道場悅樂法故捨
是道場憎愛斷故神通是道場成就六通故
解脫是道場能背捨故方便是道場教化衆
生故四攝法是道場攝衆生故多聞是道場
如聞行故伏心是道場正觀諸法故卅七品是
道場捨有為法故諦是道場不誑世間故緣
起是道場无明乃至老死皆无盡故諸煩惱是
道場知如實故衆生是道場知无我故一切法
是道場知諸法空故降魔是道場不傾動故
三界是道場无所趣故師子吼是道場无所
畏故力无畏不共法是道場无諸過故三明
是道場无餘礙故一念知一切法是道場成
就一切智故如是善男子菩薩若應諸波羅
蜜教化衆生諸有所作舉足下足當知皆從道
場來住於佛法矣說是法時五百天人皆發阿
耨多羅三藐三菩提心故我不任詣彼問疾
佛告持世菩薩汝行詣維摩詰問疾持世白
佛言世尊我不堪任詣彼問疾所以者何憶
念我昔住於静室時魔波旬從萬二千天女
狀如帝釋鼓樂弦歌來詣我所與其眷屬稽
首我足合掌恭敬於一面立我意謂是帝釋
而語之言善來憍尸迦雖福應有不當自恣
當觀五欲无常以求善本於身命財而脩堅
法即語我言居士受是萬二千天女可備掃
灑我言憍尸迦无以此非法之物要我沙門
[illegible]

BD05582號　維摩詰所說經卷上

（23–18）

而語之言善來憍尸迦雖福應有不當自恣
當觀五欲无常以求善本於身命財而脩堅
法即語我言居士受是萬二千天女可備掃
灑我言憍尸迦无以此非法之物要我沙門
釋子此非我宜所言未訖時維摩詰來謂
我言非帝釋也是為魔來嬈固汝耳即語
魔言是諸女等可以與我如我應受魔即驚
懼念維摩詰將无惱我欲隱形去而不能隱
盡其神力亦不得去即聞空中聲曰波旬以女
與之乃可得去魔以畏故俛仰而與尒時維摩
詰語諸女言魔以汝等與我今汝皆當發阿耨
多羅三藐三菩提心即隨所應而為說法令發
道意復言汝等已發道意有法樂可以自娛
不應復樂五欲樂也天女即問何謂法樂荅言
樂常信佛樂欲聽法樂供養衆樂離五欲樂
觀五陰如怨賊樂觀四大如毒虵樂觀內入如空
聚樂隨護道意樂饒益衆生樂敬養師樂廣
行施樂堅持戒樂忍辱柔和樂勤集善根樂
禪定不亂樂離垢明慧樂廣菩提心樂降伏
衆魔樂斷諸煩惱樂淨佛國土樂成就相好
故脩諸功德樂莊嚴道場樂聞深法不畏樂
三脫門不樂非時樂近同學樂於非同學中心
无恚礙樂將護惡知識樂近善知識樂心喜清
淨樂脩无量道品之法是為菩薩法樂於是
波旬告諸女言我欲與汝俱還天宮諸女言

故脩諸功德樂莊嚴道場樂聞深法不畏樂
三脫門不樂非時樂近同學樂於非同學中心
无恚礙樂將護惡知識樂近善知識樂心喜清
淨樂脩无量道品之法是為菩薩法樂於是
波旬告諸女言我欲與汝俱還天宮諸女言
以我等與此居士有法樂我等甚樂不復樂
五欲樂也魔言居士可捨此女一切所有施於彼
者是為菩薩維摩詰言我已捨矣汝便將去令
一切衆生得法願具足於是諸女問維摩詰我
等云何止於魔宮維摩詰言諸姉有法門名无
盡燈汝等當學无盡燈者譬如一燈然百千燈
冥者皆明明終不盡如是諸姉夫一菩薩開導
百千衆生令發阿耨多羅三藐三菩提心於其
道意亦不滅盡隨所說法而自增益一切善法
是名无盡燈也汝等雖住魔宮以是无盡燈令
无數天子天女皆發阿耨多羅三藐三菩提心
者為報佛恩亦大饒益一切衆生尒時天女頭
面礼維摩詰足隨魔還宮忽然不現世尊維
摩詰有如是自在神力智慧辯才故我不任詣
彼問疾
佛告長者子善得汝行詣維摩詰問疾善得
白佛言世尊我不堪任詣彼問疾所以者何憶
念我昔自於父舍設大施會供養一切沙門婆
羅門及諸外道貧窮下賤孤露乞人期滿七
日時維摩詰來入會中謂我言長者子夫大
施會不當如汝所設當為法施之會何用是

佛告長者子善德汝行詣維摩詰問疾善德
白佛言世尊我不堪任詣彼問疾所以者何憶
念我昔自於父舍設大施會供養一切沙門婆
羅門及諸外道貧窮下賤孤露乞人期滿七
日時維摩詰來入會中謂我言長者子夫大
施會不當如汝所設當為法施之會何用是
財施會為我言居士何謂法施之會法施會
者无前无後一時供養一切眾生是名法施之
會何謂也謂以菩提起於慈心以救眾生起
大悲心以持正法起於喜心以攝智慧行於
捨心以攝慳貪起檀波羅蜜以化犯戒起尸
波羅蜜以无我法起羼提波羅蜜以離身
心相起毗梨耶波羅蜜以菩提相起禪波羅
蜜以一切智起般若波羅蜜教化眾生而起
於空不捨有為法而起无相示現受生而起
无作護持正法起方便力以度眾生起四攝
法以敬事一切起除慢法於身命財起三堅
法於六念中起思念法於六和敬起質直
心正行善法起於淨命心淨歡喜起近賢
聖不憎惡人起調伏心以出家法起於深心
以如說行起於多聞以无諍法起空閑處起
向佛慧起於宴坐解眾生縛起脩行地以具
相好及淨佛土起福德業知一切眾生心念
如應說法起於智業知一切法不取不捨入
一相門起於慧業斷一切煩惱一切鄣礙一
切不善法起一切善業以得一切智慧一切善

BD05582號　維摩詰所說經卷上　（23–21）

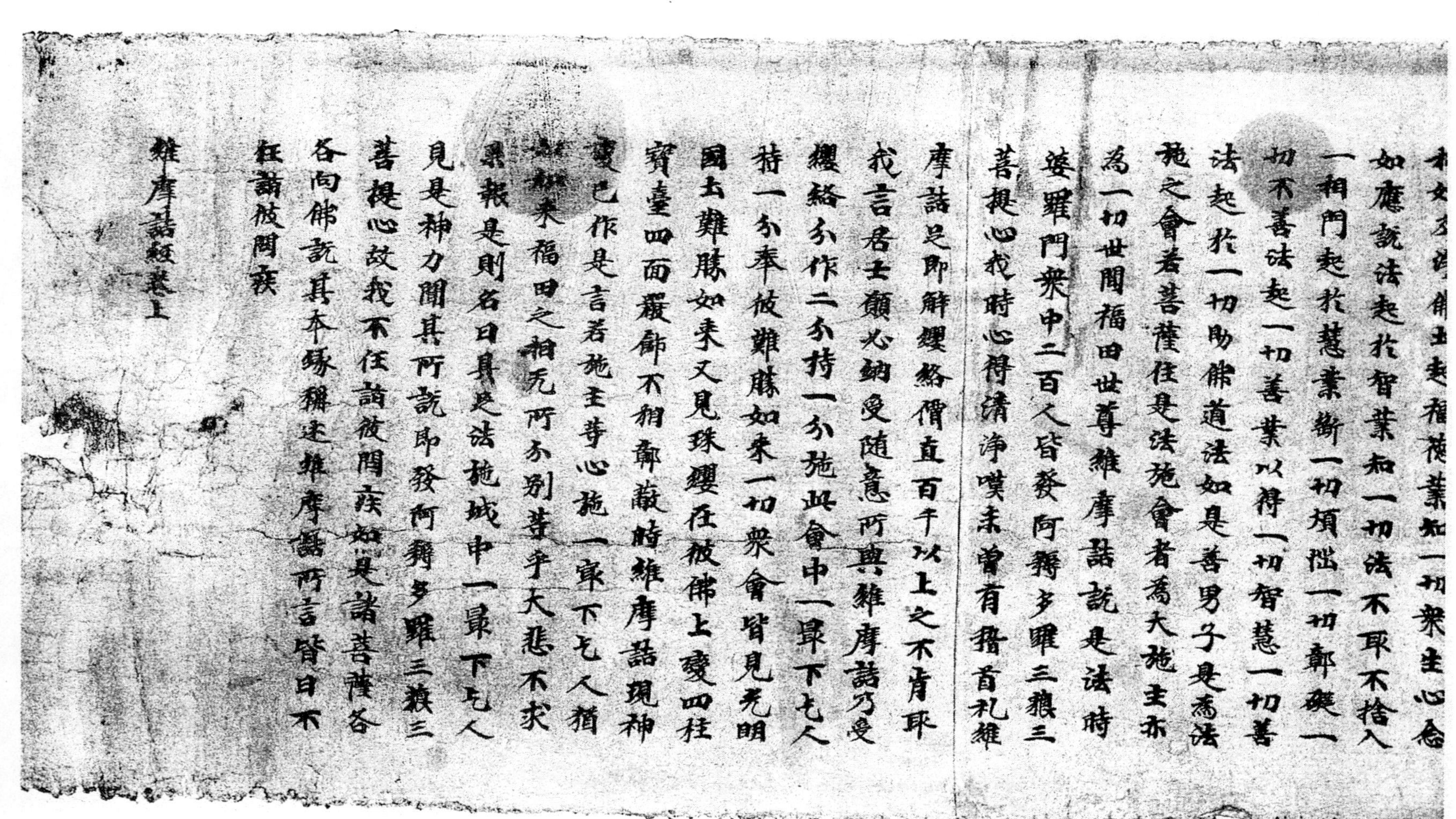

相好及淨佛土起福德業知一切眾生心念
如應說法起於智業知一切法不取不捨入
一相門起於慧業斷一切煩惱一切鄣礙一
切不善法起一切善業以得一切智慧一切善
法起於一切助佛道法如是善男子是為法
施之會若菩薩住是法施會者為大施主亦
為一切世間福田世尊維摩詰說是法時
婆羅門眾中二百人皆發阿耨多羅三藐三
菩提心我時心得清淨歎未曾有稽首礼維
摩詰足即解瓔珞價直百千以上之不肯取
我言居士願必納受隨意所與維摩詰乃受
瓔珞分作二分持一分施此會中一最下乞人
持一分奉彼難勝如來一切眾會皆見光明
國土難勝如來又見珠瓔在彼佛上變四柱
寶臺四面嚴飾不相鄣蔽時維摩詰現神
變已作是言若施主等心施一最下乞人猶
如來福田之相无所分別等于大悲不求
果報是則名曰具足法施城中一最下乞人
見是神力聞其所說即發阿耨多羅三藐三
菩提心故我不任詣彼問疾如是諸菩薩各
各向佛說其本緣稱述維摩詰所言皆曰不
任詣彼問疾

維摩詰經卷上

BD05582號　維摩詰所說經卷上　（23–22）

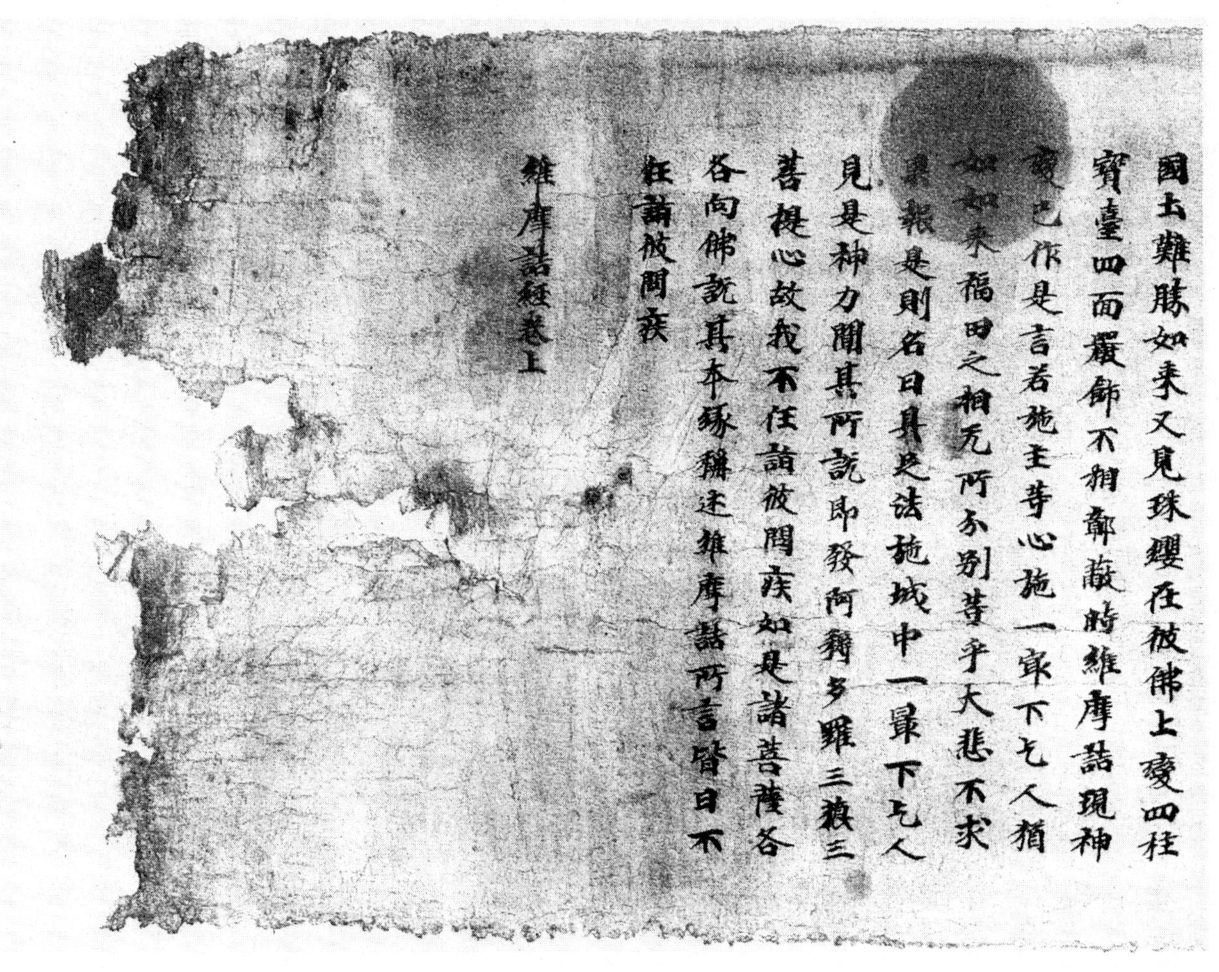
國土雖勝如來又見珠瓔在彼佛上變四柱
寶臺四面嚴飾不相鄣蔽時維摩詰現神
變已作是言若施主等心施一最下乞人猶
如如來福田之相无所分別等于大悲不求
果報是則名曰具足法施城中一最下乞人
見是神力聞其所說即發阿耨多羅三藐三
菩提心故我不任詣彼問疾如是諸菩薩各
各向佛說其本緣稱述維摩詰所言皆曰不
任詣彼問疾

維摩詰經卷上

BD05582 號　維摩詰所說經卷上　（23–23）

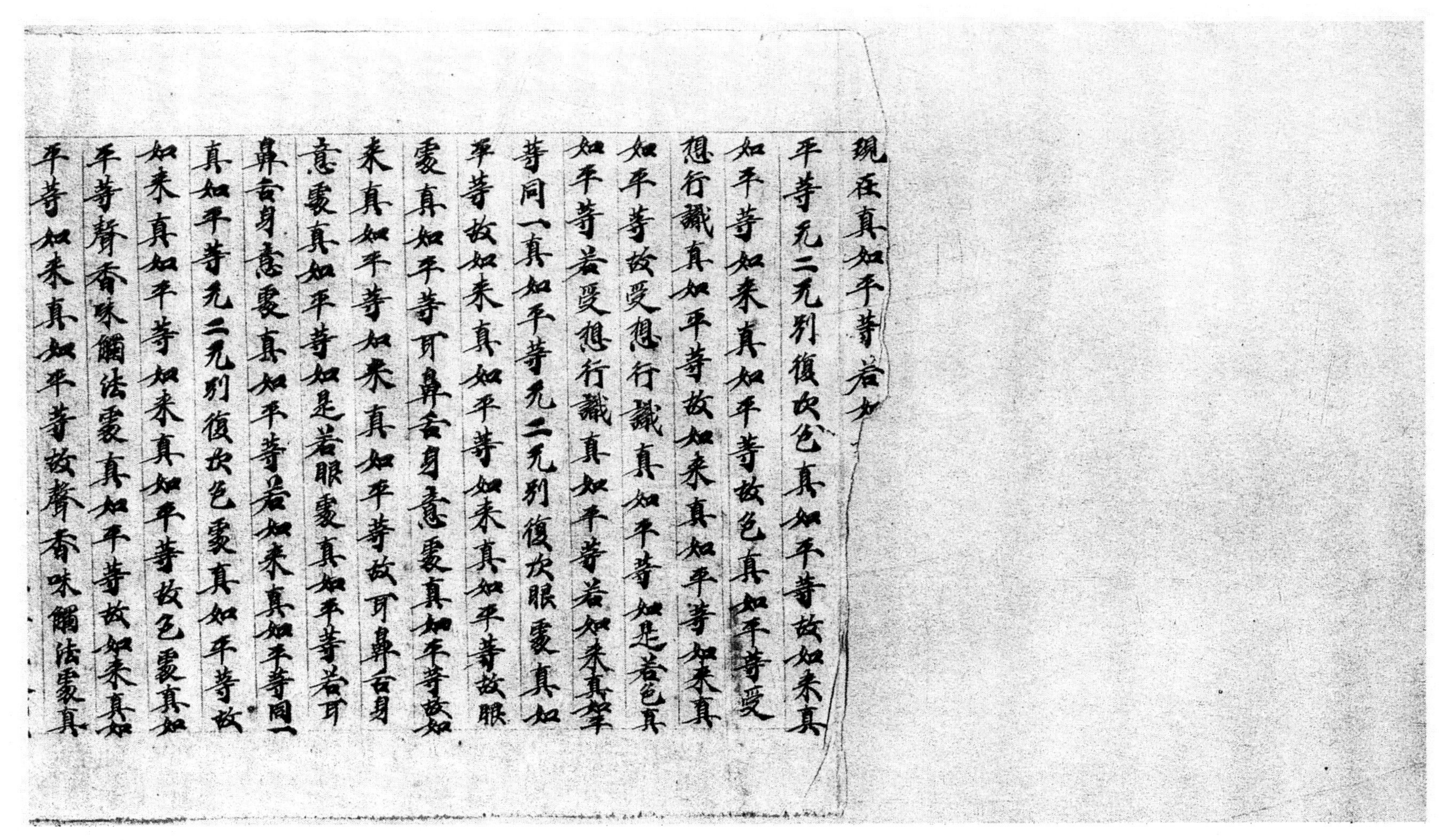
現在真如平等若如
平等无二无別復次色真如平等故如來真
如平等如來真如平等故色真如平等受
想行識真如平等故如來真如平等如來真
如平等故受想行識真如平等如是若色真
如平等若受想行識真如平等若如來真如
平等同一真如平等无二无別復次眼處真如
平等故如來真如平等如來真如平等故眼
處真如平等耳鼻舌身意處真如平等故如
來真如平等如來真如平等故耳鼻舌身
意處真如平等如是若眼處真如平等若耳
鼻舌身意處真如平等若如來真如平等同一
真如平等无二无別復次色處真如平等故
如來真如平等如來真如平等故色處真如
平等聲香味觸法處真如平等故如來真
平等如來真如平等故聲香味觸法處真

BD05583 號　大般若波羅蜜多經卷三二一　（9–1）

意處真如平等如是若眼處真如平等若耳
鼻舌身意處真如平等若如來真如平等同一
真如平等无二无別復次色處真如平等故
如來真如平等如來真如平等故色處真如
平等聲香味觸法處真如平等故如來真如
平等如來真如平等故聲香味觸法處真
如平等如是若色處真如平等若聲香味觸法
處真如平等若如來真如平等同一真如平
等无二无別復次眼界真如平等故如來真
如平等如來真如平等故眼界真如平等耳
鼻舌身意界真如平等故如來真如平等如
來真如平等故耳鼻舌身意界真如平等如
是若眼界真如平等若耳鼻舌身意界真如
平等若如來真如平等同一真如平等无二
无別復次色界真如平等故如來真如平等
如來真如平等故色界真如平等聲香味觸
法界真如平等故如來真如平等如來真如
平等故聲香味觸法界真如平等如是若色
界真如平等若聲香味觸法界真如平等若
如來真如平等同一真如平等无二无別
復次眼識界真如平等故如來真如平等如
來真如平等故眼識界真如平等耳鼻舌身
意識界真如平等故如來真如平等如來真
如平等故耳鼻舌身意識界真如平等如是
若眼識界真如平等若耳鼻舌身意識界真
如平等若如來真如平等同一真如平等无

BD05583號　大般若波羅蜜多經卷三二一

（9–2）

來真如平等故眼識界真如平等耳鼻舌身
意識界真如平等故如來真如平等如來真
如平等故耳鼻舌身意識界真如平等如是
若眼識界真如平等若耳鼻舌身意識界真
如平等若如來真如平等同一真如平等无
二无別
復次眼觸真如平等故如來真如平等如來
真如平等故眼觸真如平等耳鼻舌身意觸
真如平等故如來真如平等如來真如平等
故耳鼻舌身意觸真如平等如是若眼觸真
如平等若耳鼻舌身意觸真如平等若如來
真如平等同一真如平等无二无別復次眼
觸為緣所生諸受真如平等故如來真如平
等如來真如平等故眼觸為緣所生諸受真
如平等耳鼻舌身意觸為緣所生諸受真如
平等故如來真如平等如來真如平等故耳
鼻舌身意觸為緣所生諸受真如平等如是
若眼觸為緣所生諸受真如平等若耳鼻舌
身意觸為緣所生諸受真如平等若如來真
如平等同一真如平等无二无別復次地界
真如平等故如來真如平等如來真如平等
故地界真如平等水火風空識界真如平等
故如來真如平等如來真如平等故水火風
空識界真如平等如是若地界真如平等若
水火風空識界真如平等若如來真如平等
同一真如平等无二无別復次无明真如平

BD05583號　大般若波羅蜜多經卷三二一

（9–3）

故地界真如平等水火風空識界真如平等
故如來真如平等如來真如平等故水火風
空識界真如平等如是若地界真如平等若
水火風空識界真如平等若如來真如平等
同一真如平等无二无別復次无明真如平
等故如來真如平等如來真如平等故无明
真如平等行識名色六處觸受愛取有生老
死真如平等故如來真如平等如來真如平
等故行乃至老死真如平等如是若无明真
如平等若行乃至老死真如平等若如來真
如平等同一真如平等无二无別
復次布施波羅蜜多真如平等故如來真如
平等如來真如平等故布施波羅蜜多真如
平等淨戒安忍精進靜慮般若波羅蜜多真
如平等故如來真如平等如來真如平等故
淨戒乃至般若波羅蜜多真如平等如是若
布施波羅蜜多真如平等若淨戒乃至般若
波羅蜜多真如平等若如來真如平等同一
真如平等无二无別復次內空真如平等故
如來真如平等如來真如平等故內空真如
平等外空內外空空空大空勝義空有為空
无為空畢竟空无際空散空无變異空本性
空自相空共相空一切法空不可得空无性
空自性空无性自性空真如平等故如來真
如平等如來真如平等故外空乃至无性自
性空真如平等如是若內空真如平等若外

无為空畢竟空无際空散空无變異空本性
空自相空共相空一切法空不可得空无性
空自性空无性自性空真如平等故如來真
如平等如來真如平等故外空乃至无性自
性空真如平等如是若內空真如平等若外
空乃至无性自性空真如平等若如來真如
平等同一真如平等无二无別復次真如真
如平等故如來真如平等如來真如平等故
真如真如平等法界法性不虛妄性不變異
性平等性離生性法定法住實際虛空界不思
議界真如平等故如來真如平等如來真
如平等故法界乃至不思議界真如平等如
是若真如真如平等若法界乃至不思議界
真如平等若如來真如平等同一真如平等
无二无別復次四念住真如平等故如來真
如平等如來真如平等故四念住真如平等
四正斷四神足五根五力七等覺支八聖道
支真如平等故如來真如平等如來真如平
等故四正斷乃至八聖道支真如平等如是
若四念住真如平等若四正斷乃至八聖道
支真如平等若如來真如平等同一真如平等
无二无別復次苦聖諦真如平等故如來真
如平等如來真如平等故苦聖諦真如平等
集滅道聖諦真如平等故如來真如平等如
來真如平等故集滅道聖諦真如平等如是
若苦聖諦真如平等若集滅道聖諦真如平

无二无別復次苦聖諦真如平等故如來真
如平等如來真如平等故苦聖諦真如平等
集滅道聖諦真如平等故如來真如平等如
來真如平等故集滅道聖諦真如平等如是
若苦聖諦真如平等若集滅道聖諦真如平
等若如來真如平等同一真如平等无二无
別復次四靜慮真如平等故如來真如平等
如來真如平等故四靜慮真如平等四无量
四无色定真如平等故如來真如平等如來
真如平等故四无量四无色定真如平等
如是若四靜慮真如平等若四无量四无色
定真如平等若如來真如平等同一真如平
等无二无別復次八解脫真如平等故如來
真如平等如來真如平等故八解脫真如平
等八勝處九次第定十遍處真如平等故如
來真如平等如來真如平等故八勝處九次
第定十遍處真如平等如是若八解脫真如
平等若八勝處九次第定十遍處真如平等
若如來真如平等同一真如平等无二无別
復次空解脫門真如平等故如來真如平等
如來真如平等故空解脫門真如平等无相
无願解脫門真如平等故如來真如平等如
來真如平等故无相无願解脫門真如平等
如是若空解脫門真如平等若无相无願解
脫門真如平等若如來真如平等同一真如

无願解脫門真如平等故如來真如平等如
來真如平等故无相无願解脫門真如平等
如是若空解脫門真如平等若无相无願解
脫門真如平等若如來真如平等同一真如
平等无二无別
復次五眼真如平等故如來真如平等如來
真如平等故五眼真如平等六神通真如平
等故如來真如平等如來真如平等故六神
通真如平等如是若五眼真如平等若六神
通真如平等若如來真如平等同一真如平
等无二无別復次三摩地門真如平等故如
來真如平等如來真如平等故三摩地門真
如平等陁羅尼門真如平等故如來真如平
等如來真如平等故陁羅尼門真如平等如
是若三摩地門真如平等若陁羅尼門真如
平等若如來真如平等同一真如平等无二
无別復次佛十力真如平等故如來真如平
等如來真如平等故佛十力真如平等四无
所畏四无礙解大慈大悲大喜大捨十八佛不
共法真如平等故如來真如平等如來真如
平等故四无所畏乃至十八佛不共法真如
平等如是若佛十力真如平等若四无所畏
乃至十八佛不共法真如平等若如來真如
平等同一真如平等无二无別復次預流果
真如平等故如來真如平等如來真如平等故
預流果真如平等一來不還阿羅漢果真

等如來真如平等故佛十力真如平等四无
所畏四无礙解大慈大悲大喜大捨十八佛不
共法真如平等故如來真如平等如來真如
平等故四无所畏乃至十八佛不共法真如
平等如是若佛十力真如平等若四无所畏
乃至十八佛不共法真如平等若如來真如
平等同一真如平等无二无别復次預流果
真如平等故如來真如平等如來真如平等故
故預流果真如平等一來不還阿羅漢果真
如平等故如來真如平等如來真如平等故
一來不還阿羅漢果真如平等如是若預流
果真如平等若一來不還阿羅漢果真如平
等若如來真如平等同一真如平等无二无
别復次獨覺菩提真如平等故如來真如平
等如來真如平等故獨覺菩提真如平等如
是若獨覺菩提真如平等若如來真如平等
同一真如平等无二无别復次一切智真如
平等故如來真如平等如來真如平等故一
切智真如平等道相智一切相智真如平等
故如來真如平等如來真如平等故道相智
一切相智真如平等如是若一切智真如平
等若道相智一切相智真如平等若如來真
如平等同一真如平等无二无别諸天子菩
薩摩訶薩現證如是一切法真如平等故説
名如來應正等覺上座善現於此真如能深
信解由此故説上座善現隨如來生

BD05583號　大般若波羅蜜多經卷三二一　（9–8）

别復次獨覺菩提真如平等故如來真如平
等如來真如平等故獨覺菩提真如平等如
是若獨覺菩提真如平等若如來真如平等
同一真如平等无二无别復次一切智真如
平等故如來真如平等如來真如平等故一
切智真如平等道相智一切相智真如平等
故如來真如平等如來真如平等故道相智
一切相智真如平等如是若一切智真如平
等若道相智一切相智真如平等若如來真
如平等同一真如平等无二无别諸天子菩
薩摩訶薩現證如是一切法真如平等故説
名如來應正等覺上座善現於此真如能深
信解由此故説上座善現隨如來生

大般若波羅蜜多經卷第三百廿一

BD05583號　大般若波羅蜜多經卷三二一　（9–9）

不也世尊須菩提菩薩
亦復如是不可思量須菩
教住須菩提於意云何以身
世尊不可以身相得見如來以
身相即非身相佛告須菩
是虛妄若見諸相非相則
須菩提白佛言世尊頗有衆生得聞如是言
說章句生實信不佛告須菩提莫作是說
如來滅後後五百歲有持戒修福者於此章
句能生信心以此爲實當知是人不於一佛二
佛三四五佛而種善根已於无量千萬佛所
種諸善根聞是章句乃至一念生淨信者須
菩提如來悉知悉見是諸衆生得如是无量
福德何以故是諸衆生无復我相人相衆生
相壽者相无法相亦无非法相何以故是諸

BD05584號　金剛般若波羅蜜經　（15–1）

句能生信心以此爲實當知是人不於一佛二
佛三四五佛而種善根已於无量千萬佛所
種諸善根聞是章句乃至一念生淨信者須
菩提如來悉知悉見是諸衆生得如是无量
福德何以故是諸衆生无復我相人相衆生
相壽者相无法相亦无非法相何以故是諸
衆生若心取相則爲著我人衆生壽者若取
法相即著我人衆生壽者何以故若取非法
相即著我人衆生壽者是故不應取法不應
取非法以是義故如來常說汝等比丘知我
說法如筏喻者法尚應捨何况非法
須菩提於意云何如來得阿耨多羅三藐三
菩提耶如來有所說法耶須菩提言如我解
佛所說義无有定法名阿耨多羅三藐三菩
提亦无有定法如來可說何以故如來所說
法皆不可取不可說非法非非法所以者何
一切賢聖皆以无爲法而有差别
須菩提於意云何若人滿三千大千世界七
寶以用布施是人所得福德寧爲多不須菩
提言甚多世尊何以故是福德即非福德
性是故如來說福德多若復有人於此經中受
持乃至四句偈等爲他人說其福勝彼何以故
須菩提一切諸佛及諸佛阿耨多羅三藐
三菩提法皆從此經出須菩提所謂佛法
者即非佛法
須菩提於意云何須陁洹能作是念我得

BD05584號　金剛般若波羅蜜經　（15–2）

須菩提一切諸佛及諸佛阿耨多羅三藐
三菩提法皆從此經出須菩提所謂佛法
者即非佛法
須菩提於意云何須陀洹能作是念我得
須陀洹果不須菩提言不也世尊何以故須
陀洹名為入流而无所入不入色聲香味觸法
是名須陀洹須菩提於意云何斯陀含能作
是念我得斯陀含果不須菩提言不也世尊
何以故斯陀含名一往來而實无往來是名
斯陀含須菩提於意云何阿那含能作是念
我得阿那含果不須菩提言不也世尊何以
故阿那含名為不來而實无來是故名阿那
含須菩提於意云何阿羅漢能作是念我
得阿羅漢道不須菩提言不也世尊何以故
實无有法名阿羅漢世尊若阿羅漢作是念
我得阿羅漢道即為著我人衆生壽者世尊
佛說我得无諍三昧人中最為第一是第一
離欲阿羅漢我不作是念我是離欲阿羅
世尊我若作是念我得阿羅漢道世尊則
不說須菩提是樂阿蘭那行者以須菩提
實无所行而名須菩提是樂阿蘭那行
佛告須菩提於意云何如來昔在然燈佛
所於法有所得不世尊如來在然燈佛所
於法實无所得須菩提於意云何菩薩莊
嚴佛土不不也世尊何以故莊嚴佛土者
則非莊嚴是名莊嚴是故須菩提諸菩薩

BD05584 號　金剛般若波羅蜜經　（15–3）

佛告須菩提於意云何如來昔在然燈佛
所於法有所得不世尊如來在然燈佛所
於法實无所得須菩提於意云何菩薩莊
嚴佛土不不也世尊何以故莊嚴佛土者
則非莊嚴是名莊嚴是故須菩提諸菩薩
摩訶薩應如是生清淨心不應住色生心不
應住聲香味觸法生心應无所住而生其心
須菩提譬如有人身如須彌山王於意云何是
身為大不須菩提言甚大世尊何以故佛說
非身是名大身
須菩提如恒河中所有沙數如是沙等恒河
於意云何是諸恒河沙寧為多不須菩提言
甚多世尊但諸恒河尚多无數何況其沙須
菩提我今實言告汝若有善男子善女人以
七寶滿尒所恒河沙數三千大千世界以用布
施得福多不須菩提言甚多世尊佛告須
菩提若善男子善女人於此經中乃至受
持四句偈等為他人說而此福德勝前福德
復次須菩提隨說是經乃至四句偈等當知
此處一切世間天人阿脩羅皆應供養如佛塔
廟何況有人盡能受持讀誦須菩提當知是
人成就最上第一希有之法若是經典所在
之處則為有佛若尊重弟子
尒時須菩提白佛言世尊當何名此經我等
云何奉持佛告須菩提是經名為金剛般若
波羅蜜以是名字汝當奉持所以者何須菩

BD05584 號　金剛般若波羅蜜經　（15–4）

人成就最上第一希有之法若是經典所在
之處則為有佛若尊重弟子
尒時須菩提白佛言世尊當何名此經我等
云何奉持佛告須菩提是經名為金剛般若
波羅蜜以是名字汝當奉持所以者何須菩
提佛說般若波羅蜜則非般若波羅蜜須
菩提於意云何如來有所說法不須菩提
白佛言世尊如來无所說須菩提於意云
何三千大千世界所有微塵是為多不須
菩提言甚多世尊須菩提諸微塵如來說
非微塵是名微塵如來說世界非世界是名
世界須菩提於意云何可以卅二相見如來
不不也世尊不可以三十二相得見如來說卅
二相即是非相是名卅二相須菩提若有善男
子善女人以恒河沙等身命布施若復有
人於此經中乃至受持四句偈等為他人說
其福甚多
尒時須菩提聞說是經深解義趣涕淚
悲泣而白佛言希有世尊佛說如是甚深經
典我從昔來所得慧眼未曾得聞如是之經
世尊若復有人得聞是經信心清淨則生實相
當知是人成就第一希有功德世尊是實相
者則是非相是故如來說名實相世尊我
今得聞如是經典信解受持不足為難若
當來世後五百歲其有眾生得聞是經信解

BD05584號　金剛般若波羅蜜經

（15–5）

當知是人成就第一希有功德世尊是實相
者則是非相是故如來說名實相世尊我
今得聞如是經典信解受持不足為難若
當來世後五百歲其有眾生得聞是經信解
受持是人則為第一希有何以故此人无我相
人相眾生相壽者相所以者何我相即是非
相人相眾生相壽者相即是非相何以故離
一切諸相則名諸佛
佛告須菩提如是如是若復有人得聞是
經不驚不怖不畏當知是人甚為希有何以
故須菩提如來說第一波羅蜜非第一波羅
蜜是名第一波羅蜜
須菩提忍辱波羅蜜如來說非忍辱波羅蜜
何以故須菩提如我昔為歌利王割截身體
我於尒時无我相无人相无眾生相无壽者
相何以故我於往昔節節支解時若有我相
人相眾生相壽者相應生瞋恨須菩提又念
過去於五百世作忍辱仙人於尒所世无我
相无人相无眾生相无壽者相是故須菩提
菩薩應離一切相發阿耨多羅三藐三菩提
心不應住色生心應住聲香味觸法生心應
生无所住心若心有住則為非住是故佛說菩
薩心不應住色布施須菩提菩薩為利
益一切眾生應如是布施如來說一切諸相
即是非相又說一切眾生則非眾生須菩提
如來是真語者實語者如語者不誑語者

BD05584號　金剛般若波羅蜜經

（15–6）

生无所住心若心有住則為非住是故佛說菩
薩心不應住色布施須菩提菩薩為利
益一切衆生應如是布施如来說一切諸相
即是非相又說一切衆生則非衆生須菩提
如来是真語者實語者如語者不誑語者
不異語者須菩提如来所得法此法无實无
虚須菩提若菩薩心住於法而行布施如人
入闇則无所見若菩薩心不住法而行布施如
人有目日光明照見種種色須菩提當来之
世若有善男子善女人能於此經受持讀誦
則為如来以佛智慧悉知是人悉見是人皆得
成就无量无邊功德
須菩提若有善男子善女人初日分以恒河
沙等身布施中日分復以恒河沙等身布施後
日分亦以恒河沙等身布施如是无量百千
萬億劫以身布施若復有人聞此經典信
心不逆其福勝彼何况書寫受持讀誦為人
解說須菩提以要言之是經有不可思議
不可稱量无邊功德如来為發大乘者說為
發最上乘者說若有人能受持讀誦廣為人
說如来悉知是人悉見是人皆得成就不可量
不可稱无有邊不可思議功德如是人等則為
荷擔如来阿耨多羅三藐三菩提何以故須
菩提若樂小法者著我見人見衆生見壽
者見則於此經不能聽受讀誦為人解說須
菩提在在處處若有此經一切世間天人阿脩

說如来悉知是人悉見是人皆得成就不可量
不可稱无有邊不可思議功德如是人等則為
荷擔如来阿耨多羅三藐三菩提何以故須
菩提若樂小法者著我見人見衆生見壽
者見則於此經不能聽受讀誦為人解說須
菩提在在處處若有此經一切世間天人阿脩
羅所應供養當知此處則為是塔皆應
恭敬作礼圍繞以諸華香而散其處
復次須菩提善男子善女人受持讀誦此
經若為人輕賤是人先世罪業應墮惡道
以今世人輕賤故先世罪業則為消滅當得
阿耨多羅三藐三菩提我念過去无量阿
僧祇劫於然燈佛前得值八百四千万億那
由他諸佛悉皆供養承事无空過者若
復有人於後末世能受持讀誦此經所得功
德於我所供養諸佛功德百分不及一千萬
億分乃至筭數譬喻所不能及須菩提若
善男子善女人於後末世有受持讀誦此經
所得功德我若具說者或有人聞心則狂亂狐
疑不信須菩提當知是經義不可思議果報
亦不可思議
尒時須菩提白佛言世尊善男子善女人發
阿耨多羅三藐三菩提心云何應住云何降伏
其心佛告須菩提善男子善女人發阿耨多
羅三藐三菩提者當生如是心我應滅度
一切衆生滅度一切衆生已而无有一衆生

阿耨多羅三藐三菩提心云何應住云何降伏
其心佛告須菩提善男子善女人發阿耨多
羅三藐三菩提者當生如是心我應滅度
一切衆生滅度一切衆生已而无有一衆生
實滅度者何以故若菩薩有我相人相衆生
相壽者相則非菩薩所以者何須菩提實
无有法發阿耨多羅三藐三菩提心者須菩
提於意云何如來於然燈佛所有法得阿耨
多羅三藐三菩提不不也世尊如我解佛議
義佛於然燈佛所无有法得阿耨多羅三藐三菩
提佛言如是如是須菩提實无有法如來得阿
耨多羅三藐三菩提須菩提若有法如來得
阿耨多羅三藐三菩提然燈佛則不與我受記
汝於來世當得作佛号釋迦牟尼以實无有
法得阿耨多羅三藐三菩提是故然燈佛與
我受記作是言汝於來世當得作佛号釋迦
牟尼何以故如來者即諸法如義若有人
言如來得阿耨多羅三藐三菩提須菩提實
无有法佛得阿耨多羅三藐三菩提須菩提
如來所得阿耨多羅三藐三菩提於是中无
實无虛是故如來說一切法皆是佛法須菩
提所言一切法者即非一切法是故名一切法
須菩提譬如人身長大須菩提言世尊如
來說人身長大則為非大身是名大身須菩
提菩薩亦如是若作是言我當滅度无量衆

提所言一切法者即非一切法是故名一切法
須菩提譬如人身長大須菩提言世尊如
來說人身長大則為非大身是名大身須菩
提菩薩亦如是若作是言我當滅度无量衆
生則不名菩薩何以故須菩提實无有法名為
菩薩是故佛說一切法无我无人无衆生无壽
者須菩提若菩薩作是言我當莊嚴佛土
是不名菩薩何以故如來說莊嚴佛土者即
非莊嚴是名莊嚴須菩提若菩薩通達无
我法者如來說名真是菩薩
須菩提於意云何如來有肉眼不如是世尊
如來有肉眼須菩提於意云何如來有天
眼不如是世尊如來有天眼須菩提於意
云何如來有慧眼不如是世尊如來有慧眼
須菩提於意云何如來有法眼不如是世尊
如來有法眼須菩提於意云何如來有佛眼不
如是世尊如來有佛眼須菩提於意云何如恒
河中所有沙佛說是沙不如是世尊如來說是
沙須菩提於意云何如一恒河中所有沙有如
是等恒河是諸恒河所有沙數佛世界如是
寧為多不甚多世尊佛告須菩提尒所國
土中所有衆生若干種心如來悉知何以故如
來說諸心皆為非心是名為心所以者何須菩
提過去心不可得現在心不可得未來心
不可得須菩提於意云何若有人滿三千
大千世界七寶以用布施是人以是因緣得

土中所有衆生若干種心如來悉知何以故如
來說諸心皆為非心是名為心所以者何須菩
提過去心不可得現在心不可得未來心
不可得須菩提於意云何若有人滿三千
大千世界七寶以用布施是人以是因緣得
福多不如是世尊此人以是因緣得福甚多
須菩提若福德有實如來不說得福德多
以福德无故如來說得福德多
須菩提於意云何佛可以具足色身見不不
也世尊如來不應以具足色身見何以故如來
說具足色身即非具足色身是名具足色
身須菩提於意云何如來可以具足諸相見不
不也世尊如來不應以具足諸相見何以故如
來說諸相具足即非具足是名諸相具足須菩
提汝勿謂如來作是念我當有所說法莫作是
念何以故若人言如來有所說法即為謗佛
名說法須菩提白佛言世尊佛得阿耨多
羅三藐三菩提為无所得耶如是如是須菩
提我於阿耨多羅三藐三菩提乃至无有少
法可得是名阿耨多羅三藐三菩提復次須
菩提是法平等无有高下是名阿耨多羅三
藐三菩提以无我无人无衆生无壽者脩一
切善法則得阿耨多羅三藐三菩提須菩提
所言善法者如來說非善法是名善法須
菩提若三千大千世界中所有諸須弥山王如
是等七寶聚有人持用布施若人以此般若

BD05584號　金剛般若波羅蜜經　（15–11）

菩提是法平等无有高下是名阿耨多羅三
藐三菩提以无我无人无衆生无壽者脩一
切善法則得阿耨多羅三藐三菩提須菩提
所言善法者如來說非善法是名善法須
菩提若三千大千世界中所有諸須弥山王如
是等七寶聚有人持用布施若人以此般若
波羅蜜經乃至四句偈等受持讀誦為他人說
於前福德百分不及一百千萬億分乃至筭
數譬喻所不能及
須菩提於意云何汝等勿謂如來作是念我
當度衆生須菩提莫作是念何以故實无
有衆生如來度者若有衆生如來度者如來
則有我人衆生壽者須菩提如來說有我者
則非有我而凡夫之人以為有我須菩提凡夫
者如來說則非凡夫須菩提於意云何可
以卅二相觀如來不須菩提言如是如是以卅
二相觀如來佛言須菩提若以卅二相觀如來
者轉輪聖王則是如來須菩提白佛言世尊
如我解佛所說義不應以卅二相觀如來尒時
世尊而說偈言
若以色見我　以音聲求我　是人行耶道　不能見如來
須菩提汝若作是念如來不以具足相故得阿
耨多羅三藐三菩提須菩提莫作是念如
來不以具足相故得阿耨多羅三藐三菩提
須菩提汝若作是念發阿耨多羅三藐三菩
提者說諸法斷滅莫作是念何以故發阿耨
多羅三藐三菩提者於法不說斷滅相

BD05584號　金剛般若波羅蜜經　（15–12）

須菩提汝若作是念如來不以具足相故得阿
耨多羅三藐三菩提須菩提莫作是念如
來不以具足相故得阿耨多羅三藐三菩提
須菩提汝若作是念發阿耨多羅三藐三菩
提者說諸法斷滅莫作是念何以故發阿耨
多羅三藐三菩提者於法不說斷滅相須菩
提若菩薩以滿恒河沙等世界七寶布施若
復有人知一切法无我得成於忍此菩薩勝前
菩薩所得功德須菩提以諸菩薩不受福
德故須菩提白佛言世尊云何菩薩不受福
德須菩提菩薩所作福德不應貪著是故
說不受福德須菩提若有人言如來若來若
去若坐若卧是人不解我所說義何以故
如來者无所從來亦无所去故名如來須菩
提若善男子善女人以三千大千世界碎為
微塵於意云何是微塵衆寧為多不甚
多世尊何以故若是微塵衆實有者佛則
不說是微塵衆所以者何佛說微塵衆則非
微塵衆是名微塵衆世尊如來所說三千
大千世界則非世界是名世界何以故若世界
實有者則是一合相如來說一合相則非一合
相是名一合相須菩提一合相者則是不可
說但凡夫之人貪著其事須菩提若人
言佛說我見人見衆生見壽者見須菩
提於意云何是人解我所說義不世尊
是人不解如來所說義何以故世尊說我

相是名一合相須菩提一合相者則是不可
說但凡夫之人貪著其事須菩提若人
言佛說我見人見衆生見壽者見須菩
提於意云何是人解我所說義不世尊
是人不解如來所說義何以故世尊說我
見人見衆生見壽者見即非我見人見衆
生見壽者見是名我見人見衆生見壽者
見須菩提發阿耨多羅三藐三菩提者於
一切法應如是知如是見如是信解不生
法相須菩提所言法相者如來說即非法
相是名法相須菩提若有人以滿无量阿
僧祇世界七寶持用布施若有善男子善
女人發菩薩心者持於此經乃至四句偈等
受持讀誦為人演說其福勝彼云何為
人演說不取於相如如不動何以故
一切有為法　如夢幻泡影　如露亦如電　應作如是觀
佛說是經已長老須菩提及諸比丘比丘
尼優婆塞優婆夷一切世間天人阿脩羅
聞佛所說皆大歡喜信受奉行

金剛若波羅蜜經

一切有為法 如夢幻泡影 如露亦如電 應作如是觀
佛說是經已長老須菩提及諸比丘比丘
尼優婆塞優婆夷一切世間天人阿脩羅
聞佛所說皆大歡喜信受奉行
金剛若波羅蜜經

BD05584號 金剛般若波羅蜜經 （15–15）

有此經一切世間天人阿脩
供養當知此處則為是塔皆應恭敬
作礼圍繞以諸華香而散其處
復次須菩提善男子善女人受持讀誦此經
若為人輕賤是人先世罪業應墮惡道以今
世人輕賤故先世罪業則為消滅當得阿耨
多羅三藐三菩提須菩提我念過去无量阿
僧祇劫於然燈佛前得值八百四千万億那
由他諸佛悉皆供養承事无空過者若復
有人於後末世能受持讀誦此經所得功德於
我所供養諸佛功德百分不及一千萬億分
乃至筭數譬喻所不能及須菩提若善男子
善女人於後末世有受持讀誦此經所得功
德我若具說者或有人聞心則狂亂狐疑不信須
菩提當知是經義不可思議果報亦不可思議

BD05585號 金剛般若波羅蜜經 （6–1）

乃至筭數譬喻所不能及須菩提若善男子
善女人於後末世有受持讀誦此經所得功
德我若具說者或有人聞心則狂亂狐疑不信須
菩提當知是經義不可思議果報亦不可思議
尒時須菩提白佛言世尊善男子善女人發
阿耨多羅三藐三菩提心云何應住云何降
伏其心佛告須菩提善男子善女人發阿耨
多羅三藐三菩提者當生如是心我應滅度
一切衆生滅度一切衆生已而无有一衆生實
滅度者何以故若菩薩有我相人相衆生
相壽者相則非菩薩所以者何須菩提實无
有法發阿耨多羅三藐三菩提心者須菩提
於意云何如來於然燈佛所有法得阿耨多羅
三藐三菩提不不也世尊如我解佛所說義佛
於然燈佛所无有法得阿耨多羅三藐三菩
提佛言如是如是須菩提實无有法如來得
阿耨多羅三藐三菩提須菩提若有法如來
得阿耨多羅三藐三菩提然燈佛則不與我受
記汝於來世當得作佛号釋迦牟尼以實无
有法得阿耨多羅三藐三菩提是故然燈佛
與我受記作是言汝於來世當得作佛号釋
迦牟尼何以故如來者即諸法如義若有人
言如來得阿耨多羅三藐三菩提須菩提實
无有法佛得阿耨多羅三藐三菩提須菩提
如來所得阿耨多羅三藐三菩提於是中无

BD05585 號　金剛般若波羅蜜經

（6–2）

與我受記作是言汝於來世當得作佛号釋
迦牟尼何以故如來者即諸法如義若有人
言如來得阿耨多羅三藐三菩提須菩提實
无有法佛得阿耨多羅三藐三菩提須菩提
如來所得阿耨多羅三藐三菩提於是中无
實无虛是故如來說一切法皆是佛法須菩
提所言一切法者即非一切法是故名一切法
須菩提譬如人身長大須菩提言世尊如來
說人身長大則為非大身是名大身須菩提
菩薩亦如是若作是言我當滅度无量衆生
則不名菩薩何以故須菩提實无有法名為
菩薩是故佛說一切法无我无人无衆生无壽
者須菩提若菩薩作是言我當莊嚴佛土
是不名菩薩何以故如來說莊嚴佛土者即非
莊嚴是名莊嚴須菩提若菩薩通達无我法
者如來說名真是菩薩
須菩提於意云何如來有肉眼不如是世尊
如來有肉眼須菩提於意云何如來有天眼
不如是世尊如來有天眼須菩提於意云何
如來有慧眼不如是世尊如來有慧眼須菩
提於意云何如來有法眼不如是世尊如來
有法眼須菩提於意云何如來有佛眼不如
是世尊如來有佛眼須菩提於意云何如恒河
中所有沙佛說是沙不如是世尊如來說是
沙須菩提於意云何如一恒河中所有沙有

BD05585 號　金剛般若波羅蜜經

（6–3）

有法眼須菩提於意云何如來有佛眼不如
是世尊如來有佛眼須菩提於意云何如恒河
中所有沙佛說是沙不如是世尊如來說是
沙須菩提於意云何如一恒河中所有沙有
如是等恒河是諸恒河所有沙數佛世界如
是寧為多不甚多世尊佛告須菩提尒所國
土中所有眾生若干種心如來悉知何以故
如來說諸心皆為非心是名為心所以者何
須菩提過去心不可得現在心不可得未來
心不可得須菩提於意云何若有人滿三千
大千世界七寶以用布施是人以是因緣得
福多不如是世尊此人以是因緣得福甚多
須菩提若福德有實如來不說得福德多以
福德无故如來說得福德多
須菩提於意云何佛可以具足色身見不不
也世尊如來不應以具足色身見何以故如來說
具足色身即非具足色身是名具足色身須
菩提於意云何如來可以具足諸相見不不也
世尊如來不應以具足諸相見何以故如來
說諸相具足即非具足是名諸相具足須菩
提汝勿謂如來作是念我當有所說法莫作
是念何以故若人言如來有所說法即為謗
佛不能解我所說故須菩提說法者无法可
說是名說法須菩提白佛言世尊佛得阿耨
多羅三藐三菩提為无所得耶如是如是須

BD05585號　金剛般若波羅蜜經　（6–4）

提汝勿謂如來作是念我當有所說法莫作
是念何以故若人言如來有所說法即為謗
佛不能解我所說故須菩提說法者无法可
說是名說法須菩提白佛言世尊佛得阿耨
多羅三藐三菩提為无所得耶如是如是須
菩提我於阿耨多羅三藐三菩提乃至无有
少法可得是名阿耨多羅三藐三菩提復次
須菩提是法平等无有高下是名阿耨多羅
三藐三菩提以无我无人无眾生无壽者脩
一切善法則得阿耨多羅三藐三菩提須菩
提所言善法者如來說非善法是名善法須
菩提若三千大千世界中所有諸須弥山王
如是等七寶聚有人持用布施若人以此般
若波羅蜜經乃至四句偈等受持讀誦為他
人說於前福德百分不及一百千万億分乃
至筭數譬喻所不能及
須菩提於意云何汝等勿謂如來作是念我
當度眾生須菩提莫作是念何以故實无有
眾生如來度者若有眾生如來度者如來則
有我人眾生壽者須菩提如來說有我者則
非有我而凡夫之人以為有我須菩提凡夫者
如來說則非凡夫須菩提於意云何可以卅
二相觀如來不須菩提言如是如是以卅二
相觀如來佛言須菩提若以卅二相觀如來
者轉輪聖王則是如來須菩提白佛言世尊

BD05585號　金剛般若波羅蜜經　（6–5）

非有我而凡夫之人以為有我須菩提凡夫者
如來說則非凡夫須菩提於意云何可以卅
二相觀如來不須菩提言如是如是以卅二
相觀如來佛言須菩提若以卅二相觀如來
者轉輪聖王則是如來須菩提白佛言世尊
如我解佛所說義不應以卅二相觀如來爾
時世尊而說偈言
若以色見我 以音聲求我 是人行耶道 不能見如來
須菩提汝若作是念如來不以具足相故得
阿耨多羅三藐三菩提須菩提莫作是念如
來不以具足相故得阿耨多羅三藐三菩提
須菩提汝若作是念發阿耨多羅三藐三菩
提者說諸法斷滅莫作是念何以故發阿耨
多羅三藐三菩提者於法不說斷滅相須菩
提若菩薩以滿恒河沙等世界七寶布施若
復有人知一切法无我得成於忍此菩薩勝前
菩薩所得功德須菩提以諸菩薩不受福德
故須菩提白佛言世尊云何菩薩不受福德
須菩提菩薩所作福德不應貪著是故說
不受福德須菩提若有人言如來若來若去

BD05585號　金剛般若波羅蜜經　（6–6）

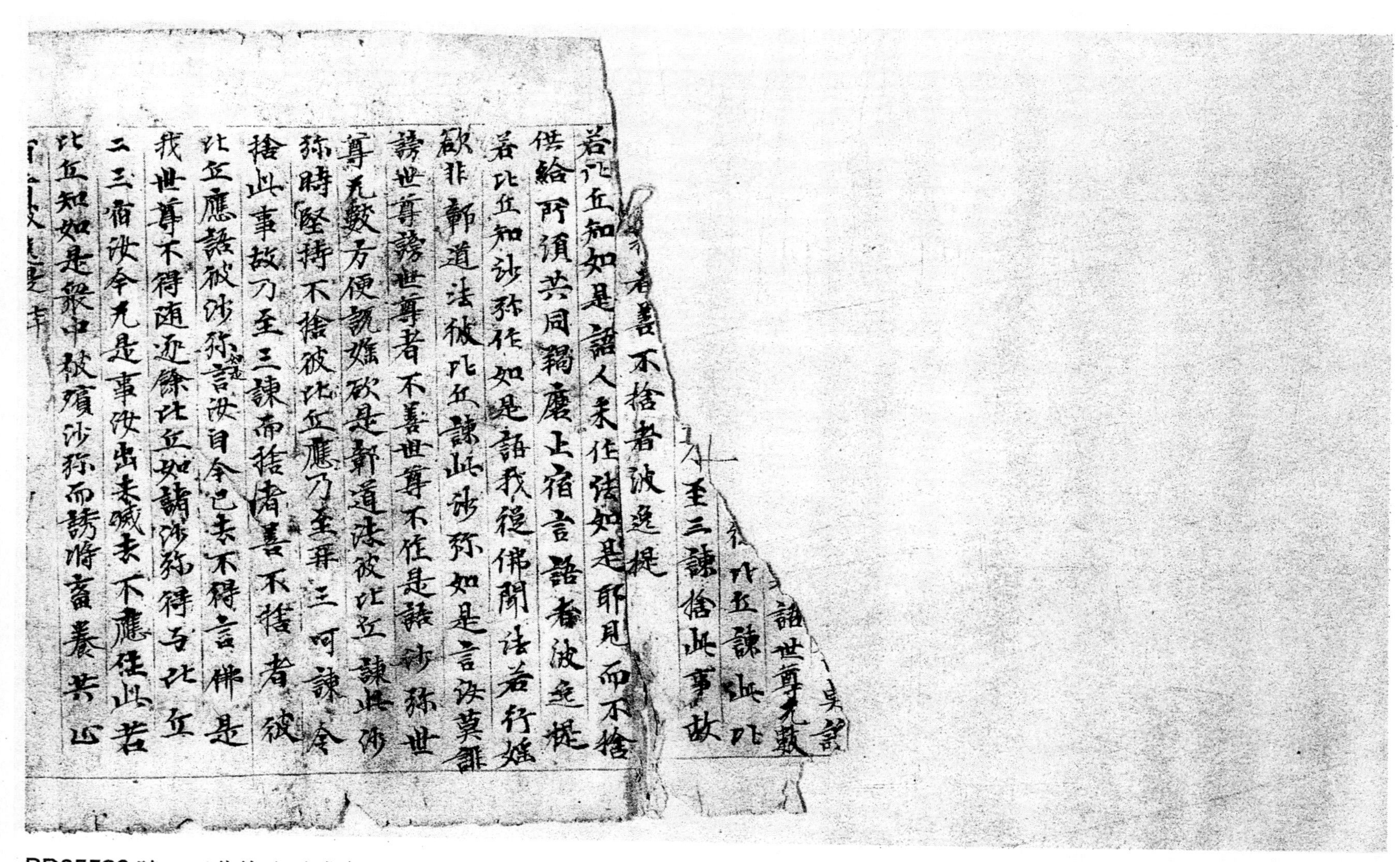
語世尊无數
比丘諫此比
至三諫捨此事故
者善不捨者波逸提
若比丘知如是語人未作法如是耶見而不捨
供給所須共同羯磨止宿言語者波逸提
若比丘知沙彌作如是語我從佛聞法若行婬
欲非鄣道法彼比丘諫此沙彌如是言汝莫誹
謗世尊謗世尊者不善世尊不作是語沙彌世
尊无數方便說婬欲是鄣道法彼比丘諫此沙
彌時堅持不捨彼比丘應乃至再三呵諫令
捨此事故乃至三諫而捨者善不捨者彼
比丘應語彼沙彌言汝自今已去不得言佛是
我世尊不得隨逐餘比丘如諸沙彌得与比丘
二三宿汝今无是事汝出去滅去不應住此若
比丘知如是衆中被殯沙彌而誘將畜養共止

BD05586號　四分律比丘戒本　（2–1）

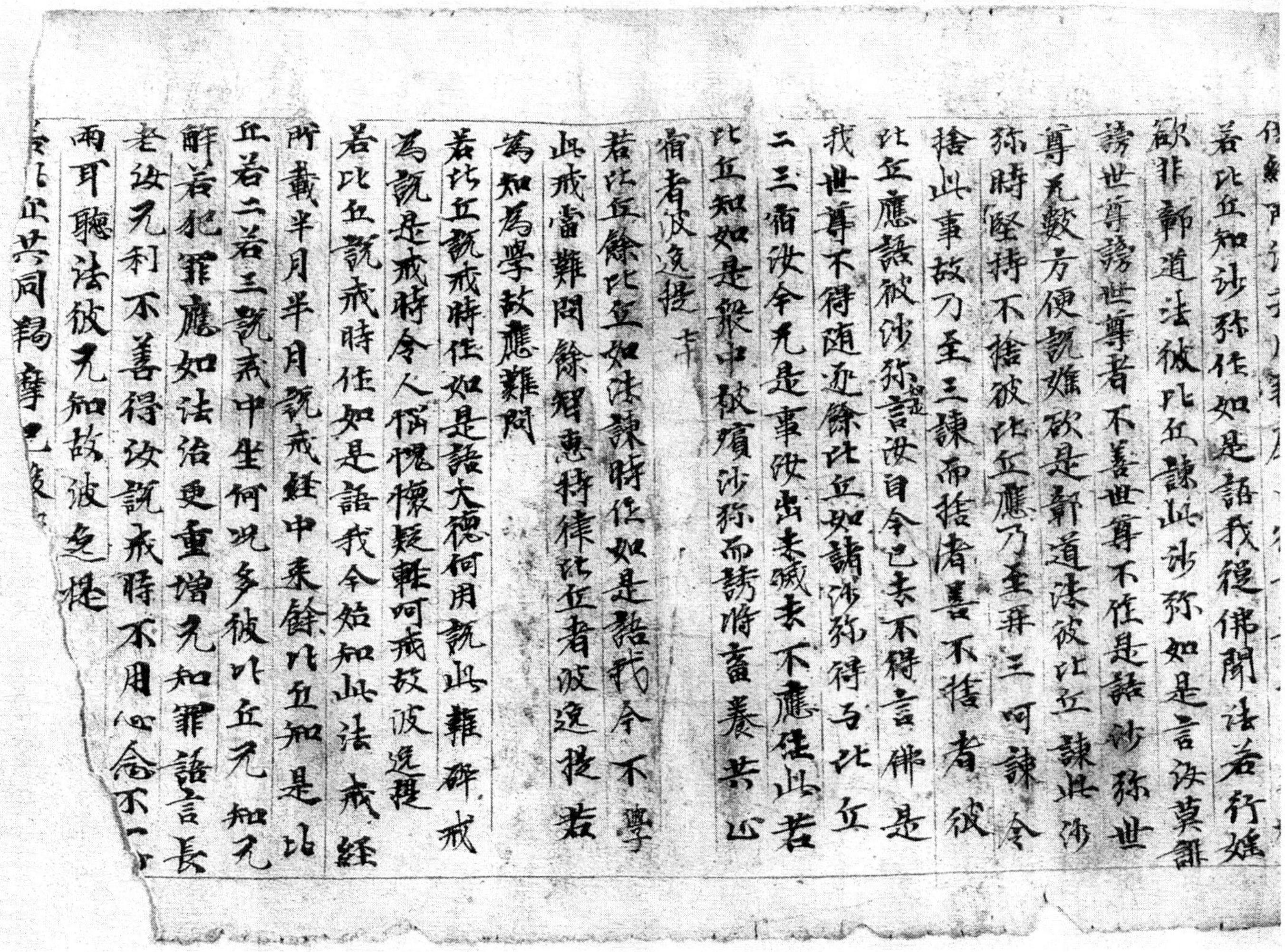

BD05586號　四分律比丘戒本　（2–2）

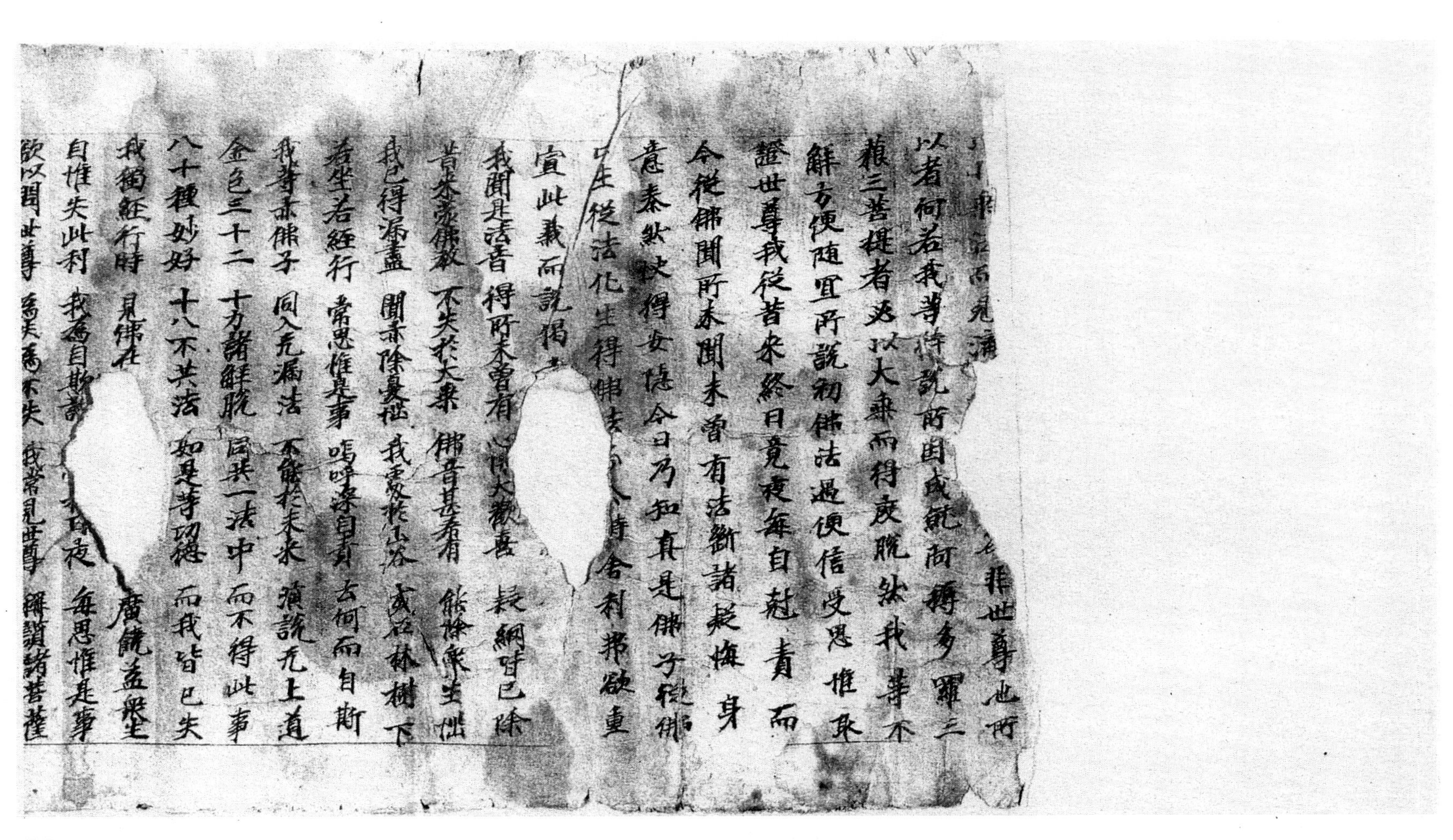

BD05587號　妙法蓮華經卷二　（3–1）

我等亦佛子　同入无漏法　不能於未來　演說无上道
金色三十二　十力諸解脫　同共一法中　而不得此事
八十種妙好　十八不共法　如是等功德　而我皆已失
我獨經行時　見佛在□　□　廣饒益衆生
自惟失此利　我為自欺誑　□□夜　每思惟是事
欲以問世尊　為失為不失　我常見世尊　稱讚諸菩薩
以是於日夜　籌量如是事　今聞佛音聲　隨宜而說法
无漏難思議　令衆至道場　我本著邪見　為諸梵志師
世尊知我心　拔邪說涅槃　我悉除邪見　於空法得證
尒時心自謂　得至於滅度　而今乃自覺　非是實滅度
若得作佛時　具三十二相　天人夜叉衆　龍神等恭敬
是時乃可謂　永盡滅无餘　佛於大衆中　說我當作佛　□□音　疑悔悉已除
初聞佛所說　心中大驚疑　將非魔作佛　惱亂我心耶
佛以種種緣　譬喻巧言說　其心安如海　我聞疑網斷
佛說過去世　无量滅度佛　安住方便中　亦皆說是法
現在未來佛　其數无有量　亦以諸方便　演說如是法
如今者世尊　從生及出家　得道轉法輪　亦以方便說
世尊說實道　波旬无此事　以是我定知　非是魔作佛
我墮疑網故　謂是魔所為　聞佛柔濡音　深遠甚微妙
演暢清淨法　我心大歡□　安住實智中
我定當作佛　為天人所敬　轉无上法輪　教化諸菩薩
尒時佛告舍利弗　吾今於天人沙門婆羅門
等大衆中說　我昔曾於二万億佛所為无上
道故常教化汝　汝亦長夜隨我受學　我以方
便引導汝故　生我法中　舍利弗　我昔教汝志
願佛道　汝今悉忘　而便自謂已得滅度　我今

現在未來佛　其數无有量　亦以諸方便　演說如是法
如今者世尊　從生及出家　得道轉法輪　亦以方便說
世尊說實道　波旬无此事　以是我定知　非是魔作佛
我墮疑網故　謂是魔所為　聞佛柔濡音　深遠甚微妙
演暢清淨法　我心大歡□　安住實智中
我定當作佛　為天人所敬　轉无上法輪　教化諸菩薩
尒時佛告舍利弗　吾今於天人沙門婆羅門
等大衆中說　我昔曾於二万億佛所為无上
道故常教化汝　汝亦長夜隨我受學　我以方
便引導汝故　生我法中　舍利弗　我昔教汝志
願佛道　汝今悉忘　而便自謂已得滅度　我今
還欲令汝憶念本願所行道故　為諸聲聞說
是大乘經　名妙法蓮□□法佛所護念
舍利弗　汝於未來世　過无量无邊不可思議
劫　供養若干千万億佛　奉持正法　具足菩薩
所行之道　當得作佛　号曰華光如來應供正
遍知明行足善逝世間解无上士調御丈夫
天人師佛世尊　國名離垢　其土平正　清淨嚴
□安隱豐樂　天人熾盛　瑠璃為地　有八交道

□□合□
□到此土得見世尊復聞大
持是經於佛滅後在此國土及餘池
若處城邑聚落曠野空閑樹下露地塔
法衆會俗人住處家家人人廣宣流布常住
以故是經久住惡道永息所以尒者曾聞佛說
若誦經一句諸天歡喜常來親近自然終善若人聞
廣經典歡喜信敬書寫讀誦受持礼拜稱是
中一佛一菩薩名者是人現世安隱不見諸惡若其
終我等菩薩前導是人迴向我國共生一處何以故
受持是經故受持是經者即持佛身持佛身者當
知是人即是菩薩是故是人即我同學以是因緣受
持是經願生一處不相捨離
尒時復有諸鬼神王大梵天王三十三天護世四天王金
剛密迹諸鬼神王散脂大將那羅王等難陁龍王婆
難陁龍王阿修羅王迦樓羅王大辯天王九子母天山神
王樹神王河神王海神王地神王水神王火神王風神王
如是等無量無邊諸神王等及大諸天即從坐起頭面
礼佛合掌恭敬而白佛言世尊我等今者常當護持世
尊所說方廣經典有是經處我等神王常於在前為
作清淨若在塔中若在房中若在白衣舍若在空處
或復有人以不淨手執捉是經或不恭敬讀誦是經我

BD05588號　大通方廣懺悔滅罪莊嚴成佛經卷上　（21–1）

難陀龍王阿修羅王迦樓羅王大辯天王九子母天山神
王樹神王河神王海神王地神王水神王火神王風神王
如是等无量无邊諸神王等及大諸天即從坐起頭面
礼佛合掌恭敬而白佛言世尊我等今者常當讙持世
尊所說方廣經典有是經處我等神王常於在前為
作清淨若在塔中若在房中若在白衣舍若在空處
或復有人以不淨手執捉是經或不恭敬讀誦是經我
使是人行住坐卧身心不安處處怖畏横羅惡事現世
不安死入地獄若人恭敬清淨捉持此經洗浴燒香讀
誦受持或復書寫憶不忘念憶是經典不行惡事若
能如是我等神王為是經故守讙是人是人若卧立
其人前不使見惡亦復不為惡人惡鬼横害其人若
其人住處讙其舍宅若欲行來我等神王於其人前
為作開道須者給與四方行來无所鄣㝵常見善事
命終生天因是值佛不失大乘
尒時世尊告諸大菩薩鬼神王等如是如是如汝所
說如是經典不可得聞何況可見若欲受持讀誦是
經當淨洗浴着新淨衣服淨持房舍以繒幡蓋莊嚴室
内燒種種妙香栴檀香末香種種塗香礼拜如是六時
從初一日乃至七日日日中間讀誦是經正心正憶正念
正觀正思惟正思議正受持正用行正教化日夜六時
礼是經中諸佛菩薩十二部經若能如是礼拜讀誦信
敬之者如是經中所說重罪悉皆除滅无有疑也何以
故是大方廣經典十方諸佛之所修行之所讙持諸佛
之母諸經之王妙義之藏菩薩之道今是方廣深妙
經藏亦如世間所有六大不可思議何等為六一者大地
二者大水三者大火四者大風五者大日六者大空是
經亦如大地普載一切淨穢好惡是經亦如大水洗除
一切穢惡不淨是經亦如大火普燒一切須出微惡不

故是大方廣經典十方諸佛之所修行之所讚持諸佛
之母諸經之王妙義之藏菩薩之道今是方廣深妙
經藏亦如世間所有六大不可思議何等為六一者大地
二者大水三者大火四者大風五者大日六者大空是
經亦如大地普載一切淨穢好惡是經亦如大水洗除
一切穢惡不淨是經亦如大火普燒一切煩惱穢惡不
淨惡物是經亦如大風普吹一切不淨穢惡是經亦如
大日普照一切所有黑闇是經亦如大空悉能容受所
有好惡今是大乘方廣經典廣大无對上至菩薩中至
聲聞下至有形悉能容受是故汝等受持是經流布
是經信敬是經常使汝等諸大菩薩入佛智慧明見
佛性當令汝等諸天神王及受持經者常得見我及見
未來一切諸佛轉大法輪坐於道場
尒時大衆中有一菩薩名曰信相於大衆中即從坐起正
理衣服頂礼佛足而白佛言世尊我等今者欲有所問
唯願世尊當為說之世尊所說能大利益无量衆生尒
時佛告信相菩薩善哉善哉善男子若有所問随意問
之吾當為汝分別解說汝所問者亦大利益无量衆生
信相菩薩白佛言世尊我念往昔久遠過去无量世時
有佛名曰實勝一聞名者皆得生天於後不久天自在光
王國內曠野澤中有一大池其水枯涸於彼池中有十千大
魚為日所曝欲入死門有一大士名曰流水見是大魚心生
慈悲施水飲食少日得活如命不久即為三稱寶勝佛名
是魚聞已即便受終生忉利天以是因緣今願世尊為是
大衆及未來衆生說諸佛名及聞世尊釋迦名号亦得
无量无邊利益无邊功德常處涅槃見了佛性以是因
緣故求此願唯願說之度脫重禁迷惑衆生
尒時佛告信相菩薩摩訶薩善男子我若廣說十方諸

慈悲施水飲食少日得活知命不久即為三稱寶勝佛名
是負聞已即便受終生忉利天以是因緣今願世尊為是
大衆及未來衆生說諸佛名及聞世尊釋迦名号亦得
无量无邊利益无邊功德常處涅槃見了佛性以是因
緣故求此願唯願說之度脫重禁迷惑衆生
介時佛告信相菩薩摩訶薩善男子我若廣說十方諸
佛所有名号百千万劫說不能盡一切諸水可知渧數
无有能知諸佛名字諸須弥山可知斤兩无有能知諸
佛名字一切大地可知塵數无有能知諸佛名字虚空分
界可知盡邊无有能知諸佛名字吾今為汝略說三世
諸佛名字若人聞者一經於耳其人命終亦得生天聞已信
敬復能書寫稱名礼拜得滅无量生死重罪得福无量
其人命終十方世界随意往生亦得見我及見未來賢劫
諸佛介時世尊告諸大衆汝等應當正理衣服正身正
心正意正念正觀欲聞法者一心

當敬礼須弥登王佛　當敬礼寶王佛
當敬礼寶勝佛　當敬礼阿弥陁佛
當敬礼毗婆尸佛　當敬礼多寶佛
當敬礼釋迦牟尼佛　當敬礼稱持一切法
敬礼過稱量　敬礼无辟類
敬礼无邊法　敬礼難思議
敬礼住力力中力　敬礼十力无所畏
敬礼三界尊　敬礼一切大導師
敬礼能斷衆結縛　敬礼已到於彼岸
敬礼以度於世間　敬礼永離生死道
敬礼三昧得解脫　敬礼如空无所依
敬礼衆中大法王　敬礼破壞四魔衆
敬礼一子大慈父

敬礼三界尊　敬礼一切大導師
敬礼能斷衆結縛　敬礼已到於彼岸
敬礼以度於世間　敬礼永離生死道
敬礼三昧得解脱　敬礼如空无所依
敬礼衆中大法王　敬礼破壞四魔衆
敬礼一子大慈父
唯願世世值諸佛明見佛性到大涅槃何以故一切有
形皆有佛性是諸大衆合十指叉掌一心諦聽一心供養
聽我說三世　十方諸佛名　乃至五无間　當生解脱相
若人无善根　我亦為說之　彼自不能解　𢹂種自然去
唯有真實在　除去小乘相　唯有大乘在　除去二乘者
唯有一乘在　若人无善根　不得聞是音　曾供无量佛
今得聞佛名　當知受持者　少分解脱人　安住清淨地
今於我法中　經行作佛事　受持及讀誦　礼拜是名佛
去離衆魔事　滅除四重禁　无間一闡提　是人未來世
必得成佛道　若人不生信　定墮三惡道　生信勤礼拜
常見无量佛　應當一心礼　願除无量罪　是故應敬礼
是諸大衆合掌諦聽攝持身心勿得動轉五體投地
一心諦聽尒時世尊稱名唱曰
南无過去无量諸佛　南无二万日月燈明佛
南无三万燃燈佛　南无大通智勝佛
南无十六王子佛　南无空王佛
南无多寶佛　南无威音王佛
南无雲自在王佛　南无思善佛
南无數光佛　南无分身諸佛
南无日月淨明德佛　南无淨華宿王智佛
南无淨莊嚴王佛　南无龍尊王佛
南无雲雷音王佛　南无慧炬照佛
南无雲雷音宿王華智佛　南无寶[illegible]王佛

BD05588號　大通方廣懺悔滅罪莊嚴成佛經卷上　（21–5）

南无雲自在王佛　南无思善佛
南无无數光佛　南无分身諸佛
南无日月淨明德佛　南无淨華宿王智佛
南无淨莊嚴王佛　南无龍尊王佛
南无雲雷音王佛　南无慧炬照佛
南无雲雷音宿王華智佛　南无寶王佛
南无娑羅樹王佛　南无上威德寶王佛
南无光明王佛　南无百億定光佛
南无光遠佛　南无月光佛
南无栴檀香佛　南无善山王佛
南无須弥天冠佛　南无須弥等曜佛
南无月色佛　南无正念佛
南无離垢佛　南无无著佛
南无龍天佛　南无不動地佛
南无瑠璃妙華佛　南无瑠璃金色佛
南无金藏佛　南无炎光佛
南无炎根佛　南无地種佛
南无月像佛　南无日音佛
南无莊嚴光明佛　南无解脫華佛
南无海覺神通佛　南无水光佛
南无大香佛　南无離塵垢佛
南无捨厭意佛　南无寶炎佛
南无妙頂佛　南无勇立佛
南无功德持慧佛　南无藏日月光佛
南无日月瑠璃光佛　南无无上瑠璃光佛
南无㝡上首佛　南无菩提華佛
南无月明佛　南无日光佛
南无華色王佛　南无水月光佛

南无妙頂佛　南无勇立佛
南无功德持慧佛　南无藏日月光佛
南无日月瑠璃光佛　南无无上瑠璃光佛
南无最上首佛　南无菩提華佛
南无月明佛　南无日光佛
南无華色王佛　南无水月光佛
南无涂疑冥佛　南无度苦行佛
南无淨信佛　南无善宿佛
南无威神佛　南无法慧佛
南无鸞音佛　南无師子音佛
南无龍音佛　南无處世佛
南无自在佛　南无无量壽佛
南无无量光佛　南无无邊光佛
南无无㝵光佛　南无无對光佛
南无光炎王佛　南无清淨光佛
南无歡喜光佛　南无智慧光佛
南无不斷光佛　南无難思光佛
南无无稱光佛　南无超日月光佛
南无相好紫金佛　南无遠照佛
南无寶藏佛　南无无量音佛
南无甘露味佛　南无龍勝佛
南无勝力佛　南无師子音佛
南无離垢光佛　南无德首佛
南无妙德山佛　南无人王佛
南无无上華佛　南无无畏力王佛
南无龍自在王佛　南无師子威王佛
南无自在王佛　南无普光佛
南无普明佛　南无普淨佛
南无[illegible]佛　南无[illegible]光佛

南无妙德山佛　南无人王佛
南无无上華佛　南无无畏力王佛
南无龍自在王佛　南无師子威王佛
南无自在王佛　南无普光佛
南无普明佛　南无普淨佛
南无多摩羅跋栴檀香佛　南无栴檀香光佛
南无摩尼幢佛　南无歡喜藏寶積佛
南无摩尼幢燈光佛　南无海德光明佛
南无金剛牢強佛　南无普散金光佛
南无大強精進佛　南无勇猛佛
南无大悲光佛　南无慈力王佛
南无慈藏王佛　南无栴檀窟莊嚴勝佛
南无賢善首佛　南无善覺佛
南无莊嚴王佛　南无金山寶蓋佛
南无金華炎光相佛　南无大炬光明佛
南无寶蓋照空自在力王佛　南无金華光佛
南无虚空寶華光佛　南无上大精進佛
南无瑠璃莊嚴王佛　南无普現色身光佛
南无不動智光佛　南无降伏諸魔王佛
南无千光明佛　南无慈慧勝佛
南无弥勒鮮光佛　南无世淨光佛
南无善寂月音佛　南无妙尊智王佛
南无寶蓋登王佛　南无龍種上尊智王佛
南无日月光佛　南无日月珠光佛
南无慧幡勝莊嚴王佛　南无无垢藏王佛
南无光明相佛　南无金炎光明佛
南无金光明藏佛　南无師子吼自在力王佛
南无妙音勝王佛　南无常光幡佛

南无日月光佛　南无日月珠光佛
南无慧幢勝莊嚴王佛　南无无垢藏王佛
南无光明相佛　南无金炎光明佛
南无金光明藏佛　南无師子吼自在力王佛
南无妙音勝王佛　南无常光幢佛
南无觀世登王佛　南无慮衣登王佛
南无法相勝王佛　南无須彌光佛
南无須摩那華光佛　南无優鉢羅華光佛
南无強勝力王佛　南无慧力王佛
南无阿閦毗歡喜光佛　南无无量音聲王佛
南无才光佛　南无金海光佛
南无山海慧自在通王佛　南无大通光佛
南无一切法常滿王佛　南无現无愚佛
南无過去分身諸佛
南无過去一佛十佛百佛千佛万佛能除无量劫以来
生死重罪
南无一億十億百億千億万億那由他恒河沙无量阿
僧祇佛若人聞是過去无量阿僧祇佛名是人八万劫
不堕地獄苦是故今敬礼
若人回礼拜　過去諸佛者　滅除得本心　更不造十惡
及以五逆等　常得聞正法　具足大乘戒　是故今敬礼
唯除二種人　一者謗方等　二者一闡提　若人心淨信
不名一闡提　常見无量佛　若有犯四重　及以五无間
復能清淨信　亦使如法住　皆由敬礼故　滅除十惡業
悉得大乘戒　是故今敬礼
說是過去諸佛名時十千菩薩得无生法忍八百聲聞
發少念心五千比丘得阿羅漢道一億天人得法眼淨
南无現在无量諸佛

BD05588號　大通方廣懺悔滅罪莊嚴成佛經卷上　（21–9）

不名一闡提　常見无量佛　若有犯四重　及以五无間
復能清淨信　亦使如法住　皆由敬礼故　滅除十惡業
悉得大乘戒　是故今敬礼
說是過去諸佛名時十千菩薩得无生法忍八百聲聞
發少念心五千比丘得阿羅漢道一億天人得法眼淨
南无現在无量諸佛　南无十億王明諸佛
南无離垢紫金沙佛　南无无量明佛
南无日轉光明王佛　南无香積佛
南无師子德像佛　南无師子遊戲佛
南无普光功德山王佛　南无善住功德寶王佛
南无寶華莊嚴王佛　南无難勝佛
南无須弥相佛　南无須弥登王佛
南无寶德佛　南无寶月佛
南无寶炎佛　南无寶嚴佛
南无難勝師子響佛　南无大光王佛
南无不動佛　南无藥王佛
南无莊嚴佛　南无樓至佛
南无月蓋佛　南无普光佛
南无寶王佛　南无維衛佛
南无式王佛　南无隨葉佛
南无拘樓秦佛　南无拘那含牟尼佛
南无迦葉佛　南无雷音王佛
南无祇法藏佛　南无旃檀華佛
南无旃檀業佛　南无妙意佛
南无无上勝佛　南无甘露鼓佛
南无毗婆尸佛　南无日月光明佛
南无无勝光佛　南无具足莊嚴王佛
南无光明遍照功德王佛　南无破壞四魔師子吼王佛

南无栴檀菓佛　南无妙意佛
南无无上勝佛　南无甘露鼓佛
南无毗婆尸佛　南无日月光明佛
南无无勝光佛　南无具足莊嚴王佛
南无光明遍照功德王佛　南无破壞四魔師子吼王佛
南无金剛不壞佛　南无瑠璃光佛
南无須弥山王佛　南无淨土光明王佛
南无善德佛　南无无量光明佛
南无陁羅尼遊戲佛　南无首楞嚴定三昧力王佛
南无善見定自在王佛　南无无上功德佛
南无神通自在佛　南无无色相佛
南无无嚴相佛　南无无香相佛
南无无味相佛　南无无觸相佛
南无三昧定自在佛　南无慧定自在佛
南无相覺自在佛　南无普稱佛
南无寶德普光佛　南无尸棄佛
南无毗舍浮佛　南无迦羅鳩村大佛
南无迦那含牟尼佛　南无迦葉佛
南无意樂美音佛　南无歡喜佛
南无阿閦佛　南无須弥頂佛
南无師子音佛　南无師子相佛
南无雲自在佛　南无常滅佛
南无帝相佛　南无阿弥陁佛
南无梵相佛　南无度一切世間苦惱佛
南无多摩羅跋栴檀香佛　南无雲自在王佛
南无須弥相佛　南无壞一切世間怖畏佛
南无虚空住佛　南无百億我釋迦牟尼佛
南无現在一佛十佛百佛千佛万佛能除无量劫以

南无梵相佛　南无度一切世間苦惱佛
南无多摩羅跋栴檀香佛　南无雲自在王佛
南无須弥相佛　南无壞一切世間怖畏佛
南无虛空住佛　南无百億我釋迦牟尼佛
南无現在一佛十佛百佛千佛万佛能除无量劫以
来生死重罪
南无一億十億百億千億万億那由他恒河沙等无
量阿僧祇佛若人聞是現在无量阿僧祇佛名是
人六十万劫不墮地獄苦是故今敬礼
若人因礼拜　現在十方佛　度脫諸惡業　滅除五逆等
常住清淨地　安住釋迦法　永離四惡道　得見弥勒佛
及以見千佛　是故今敬礼
復見十方佛　常生清淨地　得聞第一義　了知如来常
說是現在諸佛名時二恒河沙菩薩得入陁羅尼門四
十二億諸天及人皆發无上菩提道心
南无未来賢劫无量諸佛　南无弥勒佛
南无淨身佛　南无華光佛
南无華足佛　南无光明佛
南无名相佛　南无閻浮那提金光佛
南无法明佛　南无寶明佛
南无普明佛　南无普相佛
南无光相佛　南无普光佛
南无山海慧佛　南无自在通王佛
南无寶莊嚴佛　南无弗沙佛
南无百億自在燈王佛　南无寶相佛
南无喜見佛　南无二万光相莊嚴王佛
南无三万同号普德佛　南无雷音王佛
南无四万八千定光佛　南无寶月王佛
南无離垢光佛　南无妙色佛

南无百億自在登王佛　南无寶相佛
南无喜見佛　南无二万光相莊嚴王佛
南无三万同号普德佛　南无雷音王佛
南无四万八千定光佛　南无寶月王佛
南无離垢光佛　南无妙色佛
南无妙色光明佛　南无破一切衆難佛
南无衆香佛　南无衆聲佛
南无十千莊嚴光明佛　南无八十億莊嚴光明佛
南无寶華莊嚴佛　南无上首德王佛
南无紫金光明佛　南无五百受記華光佛
南无鄉羅延不壞佛　南无好花莊嚴佛
南无金剛定自在佛
南无未來一佛十佛百佛千佛万佛能除无量劫以
來生死重罪
南无一億十億百億千億万億鄉由他恒河沙无量阿
僧祇佛若人聞是未來无量阿僧祇佛名是人十四
万劫不墮地獄苦是故今敬礼
若人因礼拜　未來諸佛名　三鄣及五逆　唯除一闡提
悉皆得除滅　安住佛法中　得見无量佛　常得聞正法
是故今敬礼
若人因礼拜　三世十方佛　滅除過去罪　未來及現在
所造十惡業　今現得滅除　未來見佛性　是故諦信之
書寫讀誦礼　世世所生處　不生惡邪見　常正得解脫
不生在邊地　不生在惡國　不見惡國王　四億万劫中
不墮地獄苦　是故今敬礼　滅除十惡業　得大陁羅尼
説是未來諸佛名時五万菩薩住不退地七百比丘尼
得阿羅漢道六十二億諸天人民得法眼淨
南无惣持大陁羅尼十二部經脩多羅祇夜受記伽陁

書寫讀誦礼　世世所生處　不生惡邪見　常得解脫
不生在邊地　不生在惡國　不見惡國王　四億万劫中
不墮地獄苦　是故今敬礼　滅除十惡業　得大陁羅尼
說是未來諸佛名時五万菩薩住不退地七百比丘尼
得阿羅漢道六十二億諸天人民得法眼淨
南无揔持大陁羅尼十二部經脩多羅祇夜受記伽陀
鄔憂陁那尼陁那阿波陁那伊帝日多伽闍陁伽毗佛
略阿浮陁達摩憂波提舍所有大藏諸波羅蜜
若人聞是十二部經諸波羅蜜讃誦礼拜信樂受持是
人二十万劫中不墮地獄苦得宿命智是故今敬礼
說是十二部經名時八万五千菩薩得金剛三昧十億聲
聞發大乘心十千比丘比丘尼得阿羅漢道无量天人
得法眼淨

南无十方諸大菩薩　南无文殊師利菩薩
南无觀世音菩薩　南无得大勢至菩薩
南无常精進菩薩　南无不休息菩薩
南无寶掌菩薩　南无藥王菩薩
南无勇施菩薩　南无寶月菩薩
南无月光菩薩　南无滿月菩薩
南无大力菩薩　南无无量力菩薩
南无越三界菩薩　南无颰陁波羅菩薩
南无弥勒菩薩　南无寶積菩薩
南无導師菩薩　南无德藏菩薩
南无樂說菩薩　南无龍樹菩薩
南无寶檀華菩薩　南无上行菩薩
南无无邊行菩薩　南无安立行菩薩
南无淨行菩薩　南无陁羅尼菩薩
南无金剛那羅延菩薩　南无常不輕菩薩
南无宿王華菩薩　南无喜見菩薩

南无樂說菩薩　南无龍樹菩薩
南无寶幢華菩薩　南无上行菩薩
南无无邊行菩薩　南无安立行菩薩
南无淨行菩薩　南无陀羅尼菩薩
南无金剛那羅延菩薩　南无常不輕菩薩
南无宿王華菩薩　南无喜見菩薩
南无妙音菩薩　南无德精進力菩薩
南无无盡菩薩　南无淨藏菩薩
南无淨眼菩薩　南无普賢菩薩
南无妙德菩薩　南无慈氏菩薩
南无善思議菩薩　南无光英菩薩
南无空无菩薩　南无神通華菩薩
南无慧上菩薩　南无智幢菩薩
南无利根菩薩　南无願慧菩薩
南无香象菩薩　南无寶英菩薩
南无中住菩薩　南无制行菩薩
南无解脫菩薩　南无法藏菩薩
南无等觀菩薩　南无不等觀菩薩
南无等不等觀菩薩　南无定自在王菩薩
南无法自在王菩薩　南无法相菩薩
南无光相菩薩　南无光嚴菩薩
南无大嚴菩薩　南无寶積菩薩
南无辯積菩薩　南无寶手菩薩
南无寶印手菩薩　南无常舉手菩薩
南无常下手菩薩　南无常慘菩薩
南无喜根菩薩　南无喜王菩薩
南无辯意菩薩　南无虛空藏菩薩
南无攝寶炬菩薩　南无寶勇菩薩

BD05588號　大通方廣懺悔滅罪莊嚴成佛經卷上　（21–15）

南无實印手菩薩　南无常舉手菩薩
南无常下手菩薩　南无常慘菩薩
南无喜根菩薩　南无喜王菩薩
南无辯意菩薩　南无虛空藏菩薩
南无攝實炬菩薩　南无實勇菩薩
南无實見菩薩　南无諦網菩薩
南无明網菩薩　南无无緣觀菩薩
南无慧積菩薩　南无實勝菩薩
南无天王菩薩　南无壞魔菩薩
南无電德菩薩　南无自在王菩薩
南无功德相嚴菩薩　南无師子吼菩薩
南无雷音菩薩　南无山相擊音菩薩
南无香象菩薩　南无白香象菩薩
南无妙生菩薩　南无華嚴菩薩
南无梵網菩薩　南无實杖菩薩
南无无勝菩薩　南无嚴土菩薩
南无金髻菩薩　南无珠髻菩薩
南无光嚴童子菩薩　南无持世菩薩
南无善德菩薩　南无難勝菩薩
南无照明菩薩　南无華光菩薩
南无實檀華菩薩　南无薩陁波論菩薩
南无曇无竭菩薩　南无法自在菩薩
南无德守菩薩　南无不眴菩薩
南无德頂菩薩　南无善宿菩薩
南无善眼菩薩　南无妙臂菩薩
南无弗沙菩薩　南无師子菩薩
南无師子意菩薩　南无淨解菩薩
南无那羅延菩薩　南无善意菩薩

南无德頂菩薩　南无善宿菩薩
南无善眼菩薩　南无妙臂菩薩
南无弗沙菩薩　南无師子菩薩
南无師子意菩薩　南无淨解菩薩
南无那羅延菩薩　南无善意菩薩
南无現見菩薩　南无音守菩薩
南无電光菩薩　南无喜見菩薩
南无明相菩薩　南无妙意菩薩
南无盡意菩薩　南无深慧菩薩
南无辟根菩薩　南无心无㝵菩薩
南无上善菩薩　南无福田菩薩
南无華嚴菩薩　南无德藏菩薩
南无月上菩薩　南无寶印手菩薩
南无珠頂王菩薩　南无樂寶菩薩
南无慧見菩薩　南无登王菩薩
南无深王菩薩　南无華王菩薩
南无妙色菩薩　南无善聞菩薩
南无善吞菩薩　南无了相菩薩
南无定相菩薩　南无定積菩薩
南无發喜菩薩　南无安位菩薩
南无怖魔菩薩　南无慧施菩薩
南无救脫菩薩　南无慧燈菩薩
南无勇勢菩薩　南无智導菩薩
南无願慧菩薩　南无四攝菩薩
南无教音菩薩　南无海妙菩薩
南无法喜菩薩　南无導品菩薩
南无總持菩薩　南无慈王菩薩
南无大自在菩薩　南无梵音菩薩

南无頴慧菩薩　南无四攝菩薩
南无教音菩薩　南无海妙菩薩
南无法喜菩薩　南无導品菩薩
南无總持菩薩　南无慈王菩薩
南无大自在菩薩　南无梵音菩薩
南无妙色菩薩　南无密教菩薩
南无栴檀林菩薩　南无師子音菩薩
南无妙聲菩薩　南无妙色形菩薩
南无種種莊嚴菩薩　南无禪幢菩薩
南无項生菩薩　南无明王菩薩
南无大光菩薩　南无奢提菩薩
南无密積菩薩　南无華睒菩薩
南无上首菩薩　南无普現色身菩薩
南无神通菩薩　南无海德菩薩
南无无邊身菩薩　南无依王自在菩薩
南无迦葉菩薩　南无无垢藏王菩薩
南无持一切菩薩　南无高貴德王菩薩
南无瑠璃光菩薩　南无无畏菩薩
南无海王菩薩　南无師子吼菩薩
南无信相菩薩　南无持地菩薩
南无光嚴菩薩　南无光明菩薩
南无大辯菩薩　南无慈力菩薩
南无大悲菩薩　南无依王菩薩
南无依力菩薩　南无依德菩薩
南无普濟菩薩　南无普攝菩薩
南无定光菩薩　南无普光菩薩
南无真光菩薩　南无枸樓菩薩
南无天光菩薩　南无寶王菩薩
南无弥光菩薩　南无救道菩薩

南无佛[illegible]菩薩　南无佛德菩薩
南无普濟菩薩　南无普攝菩薩
南无定光菩薩　南无普光菩薩
南无真光菩薩　南无构樓菩薩
南无天光菩薩　南无寶王菩薩
南无弥光菩薩　南无教道菩薩
南无大忍菩薩　南无華王菩薩
南无華積菩薩　南无慧光菩薩
南无海慧菩薩　南无堅意菩薩
南无檡摩男菩薩　南无金光明菩薩
南无金藏菩薩　南无常悲菩薩
南无法上菩薩　南无普首菩薩
南无山光菩薩　南无山慧菩薩
南无大明菩薩　南无揔持菩薩
南无山剛菩薩　南无登王菩薩
南无山頂菩薩　南无山幢菩薩
南无山王菩薩　南无伏魔菩薩
南无雷音菩薩　南无雨王菩薩
南无雷王菩薩　南无寶輪菩薩
南无寶英菩薩　南无寶首菩薩
南无寶藏菩薩　南无寶明菩薩
南无寶定菩薩　南无寶印菩薩
南无寶場菩薩　南无寶嚴菩薩
南无寶水菩薩　南无寶光菩薩
南无寶登菩薩　南无寶現菩薩
南无寶造菩薩　南无褋法菩薩
南无淨王菩薩　南无頂相菩薩
南无金光菩薩　南无寶語菩薩
南无千光菩薩　南无京嶮菩薩

南无寶登菩薩　南无寶現菩薩
南无寶造菩薩　南无鍱法菩薩
南无淨王菩薩　南无頂相菩薩
南无金光菩薩　南无寶語菩薩
南无千光菩薩　南无原嶮菩薩
南无照味菩薩　南无月辯菩薩
南无月光菩薩　南无法輪菩薩
南无光淨菩薩　南无常施菩薩
南无普德菩薩　南无普明菩薩
南无勝幢菩薩　南无濡音菩薩
南无德炎菩薩　南无相光菩薩
南无海月菩薩　南无海藏菩薩
南无勝月菩薩　南无淨慧菩薩
南无起光菩薩　南无月德菩薩
南无日光菩薩　南无金剛菩薩
南无炎幢菩薩　南无尊德菩薩
南无海月菩薩　南无海廣菩薩
南无照境菩薩　南无慧明菩薩
南无功德菩薩　南无明達菩薩
南无須彌菩薩　南无色力菩薩
南无調伏菩薩　南无隱身菩薩
南无藥上菩薩　南无地藏菩薩
南无財首菩薩　南无寶幢菩薩
南无一菩薩南无十菩薩南无百菩薩南无千菩薩
南无万菩薩南无一百万二百万三百万四百万五百
万六百万七百万八百万九百万千千万諸大菩薩摩
訶薩能除无量劫以來生死重罪
南无一億十億百億千億万億南无万万億諸大菩薩摩

南无一菩薩南无十菩薩南无百菩薩南无千菩薩
南无万菩薩南无一百万二百万三百万四百万五百
万六百万七百万八百万九百万千千万諸大菩薩摩
訶薩能除无量劫以来生死重罪
南无一億十億百億千億万億南无万万億諸大菩薩摩
訶薩能除无量劫以来生死重罪
南无一那由他十那由他百那由他千那由他万那由他南
无万万那由他諸大菩薩摩訶薩能除无量劫以来
生死重罪
南无一恒河沙南无二恒河沙南无三恒河沙南无四恒河沙
南无五恒河沙南无六恒河沙南无七恒河沙南无八恒河沙
南无九恒河沙南无十恒河沙南无百恒河沙南无百億无量
恒河沙諸大菩薩摩訶薩能除无量劫以来生死重罪
若人聞是大士諸大菩薩摩訶薩名者是人四十千劫中
不墮地獄苦不屬三界獄常屬解脫王不生邊地不生惡
國不受惡身不生邪見不生下姓不生外道身根具足常聞
正法不受禁戒常得具足大乘威儀常見佛性是故今敬
礼安住佛法中来世得成佛說是諸大菩薩名時八十八億清
信男女悟阿那含果九十四億諸天得斯陀含果七十八億失心比
丘還得本心悟阿羅漢果十億菩薩得大陀羅尼来世成佛道

大通方廣經卷上

復次須菩提菩薩於法
所謂不住色布施不住
菩提菩薩應如是布施不住於相何以故若
菩薩不住相布施其福德不可思量須菩提
於意云何東方虛空可思量不不也世尊須
菩提南西北方四維上下虛空可思量不不
也世尊須菩提菩薩无住相布施福德亦復
如是不可思量須菩提菩薩但應如所教住
須菩提於意云何可以身相見如來不不也
世尊不可以身相得見如來何以故如來所
說身相即非身相佛告須菩提凡所有相
皆是虛妄若見諸相非相則見如來
須菩提白佛言世尊頗有衆生得聞如是言
說章句生實信不佛告須菩提莫作是說
如來滅後後五百歲有持戒脩福者於此章
句能生信心以此為實當知是人不於一佛二
佛三四五佛而種善根已於无量千萬佛所
種諸善根聞是章句乃至一念生淨信者須
菩提如來悉知悉見是諸衆生得如是无量
福德何以故是諸衆生无復我相人相衆生

BD05589號　金剛般若波羅蜜經

（14–1）

如來滅後後五百歲有持戒脩福者於此章
句能生信心以此為實當知是人不於一佛二
佛三四五佛而種善根已於无量千萬佛所
種諸善根聞是章句乃至一念生淨信者須
菩提如來悉知悉見是諸衆生得如是无量
福德何以故是諸衆生无復我相人相衆生
相壽者相无法相亦无非法相何以故是諸
衆生若心取相則為著我人衆生壽者若
取法相即著我人衆生壽者何以故若取非法
相即著我人衆生壽者是故不應取法不應
取非法以是義故如來常說汝等比丘知
我說法如筏喻者法尚應捨何況非法
須菩提於意云何如來得阿耨多羅三藐
三菩提耶如來有所說法耶須菩提言如我
解佛所說義无有定法名阿耨多羅三藐三菩
提亦无有定法如來可說何以故如來所說
法皆不可取不可說非法非非法所以者何一
切賢聖皆以无為法而有差別
須菩提於意云何若人滿三千大千世界七
寶以用布施是人所得福德寧為多不須菩
提言甚多世尊何以故是福德即非福德性
是故如來說福德多若復有人於此經中受
持乃至四句偈等為他人說其福勝彼何以
故須菩提一切諸佛及諸佛阿耨多羅三藐
三菩提法皆從此經出須菩提所謂佛法者
即非佛法

BD05589號　金剛般若波羅蜜經

（14–2）

提言甚多世尊何以故是福德即非福德性
是故如來說福德多若復有人於此經中受
持乃至四句偈等為他人說其福勝彼何以
故須菩提一切諸佛及諸佛阿耨多羅三藐
三菩提法皆從此經出須菩提所謂佛法者
即非佛法
須菩提於意云何須陁洹能作是念我得須
陁洹果不須菩提言不也世尊何以故須陁
洹名為入流而无所入不入色聲香味觸法
是名須陁洹須菩提於意云何斯陁含能
作是念我得斯陁含果不須菩提言不也世尊
何以故斯陁含名一往來而實无往來是名
斯陁含須菩提於意云何阿那含能作是念
我得阿那含果不須菩提言不也世尊何以
故阿那含名為不來而實无來是故名阿
那含須菩提於意云何阿羅漢能作是念我
得阿羅漢道不須菩提言不也世尊何以故實
无有法名阿羅漢世尊若阿羅漢作是念我
得阿羅漢道即為著我人眾生壽者世尊
佛說我得无諍三昧人中最為第一是第一離
欲阿羅漢我不作是念我是離欲阿羅漢世
尊我若作是念我得阿羅漢道世尊則不說
須菩提是樂阿蘭那行者以須菩提實无所
行而名須菩提是樂阿蘭那行
佛告須菩提於意云何如來昔在然燈佛所
於法有所得不世尊如來在然燈佛所於法
實无所得須菩提於意云何菩薩莊嚴佛土

BD05589號 金剛般若波羅蜜經 （14–3）

尊我若作是念我得阿羅漢道世尊則不說
須菩提是樂阿蘭那行者以須菩提實无所
行而名須菩提是樂阿蘭那行
佛告須菩提於意云何如來昔在然燈佛所
於法有所得不世尊如來在然燈佛所於法
實无所得須菩提於意云何菩薩莊嚴佛土
不不也世尊何以故莊嚴佛土者則非莊嚴
是名莊嚴是故須菩提諸菩薩摩訶薩應如
是生清淨心不應住色生心不應住聲香味
觸法生心應无所住而生其心須菩提譬如
有人身如須弥山王於意云何是身為大不
須菩提言甚大世尊何以故佛說非身是名
大身須菩提如恒河中所有沙數如是沙等
恒河於意云何是諸恒河沙寧為多不須菩
提言甚多世尊但諸恒河尚多无數何況其
沙須菩提我今實言告汝若有善男子善女
人以七寶滿尒所恒河沙數三千大千世界以
用布施得福多不須菩提言甚多世尊佛
告須菩提若善男子善女人於此經中乃至
受持四句偈等為他人說而此福德勝前福
德復次須菩提隨說是經乃至四句偈等當
知此處一切世間天人阿脩羅皆應供養如
佛塔廟何況有人盡能受持讀誦須菩提當
知是人成就最上第一希有之法若是經典
所在之處則為有佛若尊重弟子
尒時須菩提白佛言世尊當何名此經我等
云何奉持佛告須菩提是經名為金剛般若
波羅蜜以是名字汝當奉持所以者何須菩

BD05589號 金剛般若波羅蜜經 （14–4）

所在之處則為有佛若尊重弟子
尒時須菩提白佛言世尊當何名此經我等
云何奉持佛告須菩提是經名為金剛般若
波羅蜜以是名字汝當奉持所以者何須菩
提佛說般若波羅蜜則非般若波羅蜜須菩
提於意云何如來有所說法不須菩提白佛
言世尊如來无所說須菩提於意云何三千
大千世界所有微塵是為多不須菩提言甚
多世尊須菩提諸微塵如來說非微塵是名
微塵如來說世界非界是名世界須菩提
於意云何可以三十二相見如來不不也世
尊不可以三十二相得見如來何以故如來
說三十二相即是非相是名三十二相須菩
提若有善男子善女人以恒河沙等身命布
施若復有人於此經中乃至受持四句偈等
為他人說其福甚多
尒時須菩提聞說是經深解義趣涕淚悲泣
而白佛言希有世尊佛說如是甚深經典我
從昔來所得慧眼未曾得聞如是之經尊世
若復有人得聞是經信心清淨則生實相當
知是人成就第一希有功德世尊是實相者
則是非相是故如來說名實相世尊我今得
聞如是經典信解受持不足為難若當來世
後五百歲其有衆生得聞是經信解受持是
人則為第一希有何以故此人无我相人相

聞如是經典信解受持不足為難若當來世
後五百歲其有衆生得聞是經信解受持是
人則為第一希有何以故此人无我相人相
衆生相壽者相所以者何我相即是非相人
相衆生相壽者相即是非相何以故離一切
諸相則名諸佛
佛告須菩提如是如是若復有人得聞是經
不驚不怖不畏當知是人甚為希有何以故
須菩提如來說第一波羅蜜非第一波羅蜜
是名第一波羅蜜
須菩提忍辱波羅蜜如來說非忍辱波羅蜜
何以故須菩提如我昔為歌利王割截身體
我於尒時无我相无人相无衆生相无壽者
相何以故我於往昔節節支解時若有我相
人相衆生相壽者相應生瞋恨須菩提又念
過去於五百世作忍辱仙人於尒所世无我
相无人相无衆生相无壽者相是故須菩提
菩薩應離一切相發阿耨多羅三藐三菩提
心不應住色生心不應住聲香味觸法生心
應生无所住心若心有住則為非住是故佛
說菩薩心不應住色布施須菩提菩薩為利
益一切衆生應如是布施如來說一切諸相
即是非相又說一切衆生則非衆生須菩提
如來是真語者實語者如語者不誑語者不
異語者須菩提如來所得法此法无實无虛
須菩提若菩薩心住於法而行布施如人入

益一切衆生應如是布施如來說一切諸相
即是非相又說一切衆生則非衆生須菩提
如來是真語者實語者如語者不誑語者不
異語者須菩提如來所得法此法无實无虛
須菩提若菩薩心住於法而行布施如人入
闇則无所見若菩薩心不住法而行布施如
人有目日光明照見種種色須菩提當來之
世若有善男子善女人能於此經受持讀誦
則為如來以佛智慧悉知是人悉見是人皆
得成就无量无邊功德
須菩提若有善男子善女人初日分以恒河
沙等身布施中日分復以恒河沙等身布施
後日分亦以恒河沙等身布施如是无量百
千萬億劫以身布施若復有人聞此經典信
心不逆其福勝彼何况書寫受持讀誦為人
解說須菩提以要言之是經有不可思議不
可稱量无邊功德如來為發大乘者說為發
最上乘者說若有人能受持讀誦廣為人說
如來悉知是人悉見是人皆得成就不可量
不可稱无有邊不可思議功德如是人等則
為荷擔如來阿耨多羅三藐三菩提何以故
須菩提若樂小法者著我見人見衆生見壽
者見則於此經不能聽受讀誦為人解說須
菩提在在處處若有此經一切世間天人阿
脩羅所應供養當知此處則為是塔皆應恭
敬作礼圍繞以諸華香而散其處

BD05589號　金剛般若波羅蜜經　（14–7）

者見則於此經不能聽受讀誦為人解說須
菩提在在處處若有此經一切世間天人阿
脩羅所應供養當知此處則為是塔皆應恭
敬作礼圍繞以諸華香而散其處
復次須菩提善男子善女人受持讀誦此經
若為人輕賤是人先世罪業應墮惡道以今
世人輕賤故先世罪業則消滅當得阿耨
多羅三藐三菩提須菩提我念過去无量
阿僧祇劫於然燈佛前得值八百四千萬億那
由他諸佛悉皆供養承事无空過者若復有
人於後末世能受持讀誦此經所得功德於
我所供養諸佛功德百分不及一千萬億分
乃至筭數譬喻所不能及須菩提善若男子
善女人於後末世有受持讀誦此經所得功
德我若具說者或有人聞心則狂亂狐疑不
信須菩提當知是經義不可思議果報亦不
可思議
尒時須菩提白佛言世尊善男子善女人發
阿耨多羅三藐三菩提心云何應住云何降
伏其心佛告須菩提善男子善女人發阿耨
多羅三藐三菩提者當生如是心我應滅度
一切衆生滅度一切衆生已而无有一衆生
實滅度者何以故若菩薩有我相人相衆生
相壽者相則非菩薩所以者何須菩提實无
有法發阿耨多羅三藐三菩提者須菩提於
意云何如來於然燈佛所有法得阿耨多羅
三藐三菩提不不也世尊如我解佛所說義

BD05589號　金剛般若波羅蜜經　（14–8）

一切衆生滅度一切衆生已而无有一衆生
實滅度者何以故若菩薩有我相人相衆生
相壽者相則非菩薩所以者何須菩提實无
有法發阿耨多羅三藐三菩提者須菩提於
意云何如来於然燈佛所有法得阿耨多羅
三藐三菩提不不也世尊如我解佛所説義
佛於然燈佛所无有法得阿耨多羅三藐三
菩提佛言如是如是須菩提實无有法如来
得阿耨多羅三藐三菩提須菩提若有法如
来得阿耨多羅三藐三菩提者然燈佛則不
與我受記汝於来世當得作佛号釋迦牟尼
以實无有法得阿耨多羅三藐三菩提是故
然燈佛與我受記作是言汝於来世當得作
佛号釋迦牟尼何以故如来者即諸法如義
若有人言如来得阿耨多羅三藐三菩提須
菩提實无有法佛得阿耨多羅三藐三菩提
須菩提如来所得阿耨多羅三藐三菩提於
是中无實无虚是故如来説一切法皆是佛
法須菩提所言一切法者即非一切法是故
名一切法須菩提譬如人身長大須菩提言
世尊如来説人身長大則為非大身是名大
身須菩提菩薩亦如是若作是言我當滅度
无量衆生則不名菩薩何以故須菩提實无
有法名為菩薩是故佛説一切法无我无人
无衆生无壽者須菩提若菩薩作是言我當
莊嚴佛土是不名菩薩何以故如来説莊嚴
佛土者即非莊嚴是名莊嚴須菩提若菩薩
通達无我法者如来説名真是菩薩

BD05589號　金剛般若波羅蜜經　（14–9）

无量衆生則不名菩薩何以故須菩提實无
有法名為菩薩是故佛説一切法无我无人
无衆生无壽者須菩提若菩薩作是言我當
莊嚴佛土是不名菩薩何以故如来説莊嚴
佛土者即非莊嚴是名莊嚴須菩提若菩薩
通達无我法者如来説名真是菩薩
須菩提於意云何如来有肉眼不如是世尊
如来有肉眼須菩提於意云何如来有天眼
不如是世尊如来有天眼須菩提於意云何
如来有慧眼不如是世尊如来有慧眼須菩
提於意云何如来有法眼不如是世尊如来
有法眼須菩提於意云何如来有佛眼不如
是世尊如来有佛眼須菩提於意云何恒河
中所有沙佛説是沙不如是世尊如来説是
沙須菩提於意云何如一恒河中所有沙有
如是等恒河是諸恒河所有沙數佛世界如
是寧為多不甚多世尊佛告須菩提介所國
土中所有衆生若干種心如来悉知何以故
如来説諸心皆為非心是名為心所以者何
須菩提過去心不可得現在心不可得未来
心不可得須菩提於意云何若有人滿三千
大千世界七寶以用布施是人以是因緣得
福多不如是世尊此人以是因緣得福甚多
須菩提若福德有實如来不説得福德多
以福德无故如来説得福德多
須菩提於意云何佛可以具足色身見不不
也世尊如来不應以具足色身見何以故如来
説具足色身即非具足色身是名具足色身須

BD05589號　金剛般若波羅蜜經　（14–10）

須菩提若福德有實如來不說得福德多
以福德无故如來說得福德多
須菩提於意云何佛可以具足色身見不不
也世尊如來不應以具足色身見何以故如來
說具足色身即非具足色身是名具足色身須
菩提於意云何如來可以具足諸相見不不
也世尊如來不應以具足諸相見何以故如
來說諸相具足即非具足是名諸相具足須
菩提汝勿謂如來作是念我當有所說法莫
作是念何以故若人言如來有所說法即為
謗佛不能解我所說故須菩提說法者无法
可說是名說法須菩提白佛言世尊佛得阿
耨多羅三藐三菩提為无所得耶如是如是
須菩提我於阿耨多羅三藐三菩提乃至无
有少法可得是名阿耨多羅三藐三菩提復
次須菩提是法平等无有高下是名阿耨多
羅三藐三菩提以无我无人无衆生无壽者
脩一切善法則得阿耨多羅三藐三菩提須
菩提所言善法者如來說非善法是名善法
須菩提若三千大千世界中所有諸須弥山
王如是等七寶聚有人持用布施若人以此
般若波羅蜜經乃至四句偈等受持讀誦為
他人說於前福德百分不及一百千萬億分
乃至筭數譬喻所不能及
須菩提於意云何汝等勿謂如來作是念我
當度衆生須菩提莫作是念何以故實无有
衆生如來度者若有衆生如來度者如來則
有我人衆生壽者須菩提如來說有我者則
非有我而凡夫之人以為有我須菩提凡夫

BD05589號　金剛般若波羅蜜經　（14–11）

乃至筭數譬喻所不能及
須菩提於意云何汝等勿謂如來作是念我
當度衆生須菩提莫作是念何以故實无有
衆生如來度者若有衆生如來度者如來則
有我人衆生壽者須菩提如來說有我者則
非有我而凡夫之人以為有我須菩提凡夫
者如來說則非凡夫須菩提於意云何可以
三十二相觀如來不須菩提言如是如是以三
十二相觀如來佛言須菩提若以三十二相
觀如來者轉輪聖王則是如來須菩提白
佛言世尊如我解佛所說義不應以三十二
相觀如來尒時世尊而說偈言
若以色見我　以音聲求我　是人行邪道　不能見如來
須菩提汝若作是念如來不以具足相故得
阿耨多羅三藐三菩提須菩提莫作是念如
來不以具足相故得阿耨多羅三藐三菩提
須菩提汝若作是念發阿耨多羅三藐三菩
提者說諸法斷滅相莫作是念何以故發阿
耨多羅三藐三菩提者於法不說斷滅相須
菩提若菩薩以滿恒河沙等世界七寶布施
若復有人知一切法无我得成於忍此菩薩勝
前菩薩所得功德須菩提以諸菩薩不受
福德故須菩提白佛言世尊云何菩薩不受
福德須菩提菩薩所作福德不應貪着是故
說不受福德須菩提若有人言如來若來若
去若坐若卧是人不解我所說義何以故如
來者无所從來亦无所去故名如來
須菩提若善男子善女人以三千大千世界

BD05589號　金剛般若波羅蜜經　（14–12）

福德故須菩提白佛言世尊云何菩薩不受
福德須菩提菩薩所作福德不應貪着是故
說不受福德須菩提若有人言如來若來若
去若坐若卧是人不解我所說義何以故如
來者无所從來亦无所去故名如來
須菩提若善男子善女人以三千大千世界
碎為微塵於意云何是微塵衆寧為多不甚
多世尊何以故若是微塵衆實有者佛則不
說是微塵衆所以者何佛說微塵衆則非微
塵衆是名微塵衆世尊如來所說三千大千
世界則非世界是名世界何以故若世界實
有者則是一合相如來說一合相則非一合
相是名一合相須菩提一合相者則是不可
說但凡夫之人貪着其事須菩提若人言佛
說我見人見衆生見壽者見須菩提於意云
何是人解我所說義不世尊是人不解如來
所說義何以故世尊說我見人見衆生見壽
者見即非我見人見衆生見壽者見是名我
見人見衆生見壽者見須菩提發阿耨多羅
三藐三菩提心者於一切法應如是知如是
見如是信解不生法相須菩提所言法相者
如來說即非法相是名法相須菩提若有人
以滿无量阿僧祇世界七寶持用布施若有
善男子善女人發菩薩心者持於此經乃至
四句偈等受持讀誦為人演說其福勝彼云
何為人演說不取於相如如不動何以故
一切有為法如夢幻泡影如露亦如電應作如是觀
佛說是經已長老須菩提及諸比丘比丘尼
優婆塞優婆夷一切間天人阿脩羅聞佛

BD05589 號　金剛般若波羅蜜經　（14–13）

說但凡夫之人貪着其事須菩提若人言佛
說我見人見衆生見壽者見須菩提於意云
何是人解我所說義不世尊是人不解如來
所說義何以故世尊說我見人見衆生見壽
者見即非我見人見衆生見壽者見是名我
見人見衆生見壽者見須菩提發阿耨多羅
三藐三菩提心者於一切法應如是知如是
見如是信解不生法相須菩提所言法相者
如來說即非法相是名法相須菩提若有人
以滿无量阿僧祇世界七寶持用布施若有
善男子善女人發菩薩心者持於此經乃至
四句偈等受持讀誦為人演說其福勝彼云
何為人演說不取於相如如不動何以故
一切有為法如夢幻泡影如露亦如電應作如是觀
佛說是經已長老須菩提及諸比丘比丘尼
優婆塞優婆夷一切間天人阿脩羅聞佛
所說皆大歡喜信受奉行

金剛般若波羅蜜經

BD05589 號　金剛般若波羅蜜經　（14–14）

類趣三乘通趣般涅槃我當雖以三乘濟度
有情而了一切法性无生无滅无染无淨我當
純以一切智智相應作意脩行六種波羅蜜
多我當脩學於一切法通達究竟遍入妙智
我當通達一切法相一理趣門我當通達一
切法相二理趣門我當通達一切法相多理
趣門我當脩學種種妙智達諸法性引勝功
德善現諸菩薩摩訶薩金剛喻心若菩薩摩訶
薩以无所得而為方便安住此心决定能於大
有情衆當為上首復次善現諸菩薩摩訶
薩發如是心一切地獄傍生鬼界及人天中諸
有情類所受苦惱我當代受令彼安樂諸菩
薩摩訶薩發如是心我為饒益一有情故經
於无量百千俱胝那庾多劫受諸地獄種
種重苦无數方便教化令得无餘涅槃如是
次第普為饒益一切有情為彼一一各經无量
百千俱胝那庾多劫受諸地獄種種重苦一
一各以无數方便教化令得无餘涅槃作是
事已自種善根復經无量百千俱胝那庾多
劫圓滿脩集菩提資糧然後方證所求无上
正等菩提善現如是誓願亦名菩薩金剛喻

BD05590號　大般若波羅蜜多經（兑廢稿）卷四一一　（2–1）

有情衆當為上首復次善現諸菩薩摩訶
薩發如是心一切地獄傍生鬼界及人天中諸
有情類所受苦惱我當代受令彼安樂諸菩
薩摩訶薩發如是心我為饒益一有情故經
於无量百千俱胝那庾多劫受諸地獄種
種重苦无數方便教化令得无餘涅槃如是
次第普為饒益一切有情為彼一一各經无量
百千俱胝那庾多劫受諸地獄種種重苦一
一各以无數方便教化令得无餘涅槃作是
事已自種善根復經无量百千俱胝那庾多
劫圓滿脩集菩提資糧然後方證所求无上
正等菩提善現如是誓願亦名菩薩金剛喻
心若菩薩摩訶薩以无所得而為方便安住
此心决定能於大有情衆當為上首
復次善現諸菩薩摩訶薩恒常發起勝心
大心由此心故决定能於大有情衆當為上首
具壽善現白言世尊何謂菩薩勝心大心佛

BD05590號　大般若波羅蜜多經（兑廢稿）卷四一一　（2–2）

王除其衰患令得安隱及其宮殿城邑國土
諸惡災變悉令消滅尒時四天王俱共合掌
白佛言世尊若有人王於其國土雖有此經
未甞流布心生捨離不樂聽聞亦不供養
尊重讚歎見四部衆持經之人亦復不能
尊重供養遂令我等及餘眷屬无量諸天不
得聞此甚深妙法背甘露味失正法流无有
威光及以勢力增長惡趣損減人天墜生死
河乖涅槃路世尊我等四王并諸眷屬及藥
叉等見如斯事捨其國土无擁護心非但我
等捨棄是王亦有无量守護國土諸大善神
悉皆捨去既捨離已其國當有種種災禍喪
失國位一切人衆皆无善心唯有繫縛煞害
瞋諍互相讒諂枉及无辜疾疫流行彗星數
出兩日並現薄蝕无恒黑白二虹表不祥相
星流地動井内發聲暴雨惡風不依時節常
遭飢饉苗實不成多有他方怨賊侵掠國内
人民受諸苦惱土地无有可樂之處世尊我
等四王及與无量百千天神并護國土諸舊
善神遠離去時生如是等无量百千災恠惡
事世尊若有人王欲護國土常受快樂欲令
衆生咸蒙安隱欲得摧伏一切外敵於自國
境永得昌盛欲令正教流布世間苦惱惡法

BD05591 號　金光明最勝王經卷六

（3–1）

星流地動井内發聲暴雨惡風不依時節常
遭飢饉苗實不成多有他方怨賊侵掠國内
人民受諸苦惱土地无有可樂之處世尊我
等四王及與无量百千天神并護國土諸舊
善神遠離去時生如是等无量百千災恠惡
事世尊若有人王欲護國土常受快樂欲令
衆生咸蒙安隱欲得摧伏一切外敵於自國
境永得昌盛欲令正教流布世間苦惱惡法
皆除滅者世尊是諸國主必當聽受是妙經
王亦應恭敬供養讀誦受持經者我等及餘
无量天衆以是聽法善根威力得服无上甘
露法味增益我等所有眷屬并餘天神皆得
勝利何以故以是人王至心聽受是經典故
世尊如大梵天於諸有情常為宣說世出世
論帝釋復說種種諸論五神仙亦說諸論
世尊梵天帝釋五通仙人雖有百千俱胝那
庾多无量諸論然佛世尊慈悲哀愍為人天
衆說金光明微妙經典比前所說勝彼百千
俱胝那庾多倍不可為喻何以故由此能令
諸贍部洲所有王等以正法化世能與衆生安
樂之事為護自身及諸眷屬令无苦惱又无
他方怨賊侵害所有諸惡悉皆遠去亦令國
土災厄屏除化以正法无有諍訟是故人王
各於國主當然法炬明照无邊增益天衆并
諸眷屬世尊我等四王无量天神藥叉之衆
贍部洲内所有天神以是因緣得服无上甘
露法味獲大威德勢力光明无不具足一切
衆生皆得安隱復令來世无量百千不可思

BD05591 號　金光明最勝王經卷六

（3–2）

樂之事為讓自身及諸眷屬令无苦惱又无
他方怨賊侵害所有諸惡悉皆遠去亦令國
土灾厄屏除化以正法无有諍訟是故人王
各於國土當然法炬明照无邊增益天衆并
諸眷屬世尊我等四王无量天神藥叉之衆
贍部洲內所有天神以是因緣得服无上甘
露法味獲大威德勢力光明无不具足一切
衆生皆得安隱復於未世无量百千不可思
議那庾多劫常受快樂復得值遇无量諸佛
種諸善根然後證得阿耨多羅三藐三菩提
如是无量无邊勝利皆是如來應正等覺
以大慈悲過梵衆以大智慧逾帝釋修諸苦
行勝五通仙百千万億那庾多倍不可稱計
為諸衆生演說如是微妙經典令贍部洲一切
國主及諸人衆明了世間所有法式治國化
人勸導之事由此經王流通力故普得安樂
此等福利皆是釋迦大師於此經典廣為流
通慈悲力故世尊以是因緣諸人王等皆應
受持供養恭敬尊重讚歎此妙經王何以故
以如是等不可思議殊勝功德利益一切是

BD05591 號　金光明最勝王經卷六　（3–3）

大般若波羅蜜多經卷第三百八十四
初分諸法平等品第六十九之二
時具壽善現白佛言世尊若一切
者諸所變化皆无實色亦无實受想行識
諸所變化皆无實眼處亦无實耳鼻舌身意
處諸所變化皆无實色處亦无實聲香味觸法
處諸所變化皆无實眼界亦无實耳鼻舌身
意界諸所變化皆无實色界亦无實聲香
味觸法界諸所變化皆无實眼識界亦无實
耳鼻舌身意識界諸所變化皆无實眼觸亦
无實耳鼻舌身意觸諸所變化皆无實眼觸
為緣所生諸受亦无實耳鼻舌身意觸為緣所
生諸受諸所變化皆无實地界亦无實水火
風空識界諸所變化皆无實因緣亦无實等
无間緣所緣緣增上緣諸所變化皆无實從
緣所生諸法諸所變化皆无實无明亦无實
行識名色六處觸受愛取有生老死愁歎苦
憂惱諸所變化皆无實世間法亦无實出世
法諸所變化皆无實有漏法亦无實无漏法
諸所變化皆无實有為法亦无實无為法諸
所變化皆无實雜染法亦无實清淨法諸所
變化皆无實輪迴五趣生死亦无實解脫五
趣生死云何菩薩摩訶薩於諸有情有勝士

BD05592 號　大般若波羅蜜多經卷三八四　（16–1）

行識名色六處觸受愛取有生老死愁嘆苦
憂惱諸所變化皆无實世間法亦无實出世
法諸所變化皆无實有漏法亦无實无漏法
諸所變化皆无實有為法亦无實无為法諸
所變化皆无實雜染法亦无實清淨法諸所
變化皆无實輪迴五趣生死亦无實解脫五
趣生死云何菩薩摩訶薩於諸有情有勝士
用佛告善現於意云何諸菩薩摩訶薩本行
菩薩道時頗見有情可脫地獄傍生鬼界人
天趣不善現荅言不也世尊不也善逝佛告
善現如是如是諸菩薩摩訶薩本行菩薩道
時不見有情可脫三界何以故善現諸菩薩
摩訶薩於一切法知見通達皆如幻化都非
實有
具壽善現復白佛言世尊若菩薩摩訶薩
於一切法知見通達皆如幻化都非實有菩薩
摩訶薩為何事故脩行布施淨戒安忍精進
靜慮般若波羅蜜多為何事故脩行四靜慮
四无量四无色定為何事故脩行四念住四
正斷四神足五根五力七等覺支八聖道支
為何事故脩行空无相无願解脫門為何事
故脩行八解脫八勝處九次第定十遍處為
何事故脩行一切陁羅尼門一切三摩地門
為何事故脩行極喜地離垢地發光地焰慧地
極難勝地現前地遠行地不動地善慧地
法雲地為何事故脩行五眼六神通為何
事故脩行佛十力四无所畏四无礙解大慈大
悲大喜大捨十八佛不共法為何事故脩行

故脩行八解脫八勝處九次第定十遍處為
何事故脩行一切陁羅尼門一切三摩地門
為何事故脩行極喜地離垢地發光地焰慧地
極難勝地現前地遠行地不動地善慧地
法雲地為何事故脩行五眼六神通為何
事故脩行佛十力四无所畏四无礙解大慈大
悲大喜大捨十八佛不共法為何事故脩行
无忘失法恒住捨性為何事故脩行一切智
道相智一切相智為何事故脩行一切菩薩
摩訶薩行為何事故脩行諸佛无上正等菩
提為何事故嚴淨佛土為何事故成熟有情
佛告善現若諸有情於一切法能自了知皆
如幻化都非實有則菩薩摩訶薩不應无數
劫為諸有情行菩薩道以諸有情於一切法
自不能知皆如幻化都非實有是故菩薩摩
訶薩於无數劫為諸有情行菩薩道復次善
現善菩薩摩訶薩於一切法不如實知皆如
幻化都非實有則不應无數劫為諸有情脩
菩薩行嚴淨佛土成熟有情以菩薩摩訶薩
於一切法如實了知皆如幻化都非實有故
无數劫為諸有情脩菩薩行嚴淨佛土成
熟有情
介時具壽善現白佛言世尊若一切法如夢
如幻如響如像如光影如陽焰如變化事如
尋香城所化有情住在何處諸菩薩摩訶
薩行深般若波羅蜜多救濟令出佛告善
現所化有情住在名相虛妄分別諸菩薩摩訶
薩行深般若波羅蜜多從彼名相虛妄分別救
濟令出具壽善現名皆是客皆是假立

[illegible]如光影如陽焰如夢[illegible]事如
尋香城所化有情住在何處諸菩薩摩訶
薩行深般若波羅蜜多救濟令出佛告善
現所化有情住在名相虛妄分別諸菩薩摩訶
薩行深般若波羅蜜多從彼名相虛妄分別救
濟令出具壽善現名皆是客皆是假立
皆屬施設謂此名色受想行識此名眼處
此名耳鼻舌身意處此名色處此名聲香
味觸法處此名眼界此名耳鼻舌身意界此名
色界此名聲香味觸法界此名眼識界此名
耳鼻舌身意識界此名男此名女此名小此
名大此名地獄此名傍生此名界此名人
此名天此名世間法此名出世法此名有漏
法此名无漏法此名有為法此名无為法此
名預流果此一來果此名不還果此名阿羅
漢果此名獨覺菩提此名一切菩薩摩訶
薩行此名諸佛无上正等菩提此名果生此
名聲聞此名獨覺此名菩薩此名如來善現
如是等一切名皆是假立為表諸義施設諸名
故一切名皆非實有諸有為法亦但有名由
此无為亦非實有愚夫異生於中妄執菩薩
摩訶薩行深般若波羅蜜多時方便善巧
教令遠離作如是言名是分別妄想所起亦是
衆緣和合假立汝等不應於中執著 名 无
實事自性皆空非有智者執著空如是善
現菩薩摩訶薩行深般若波羅蜜多時方
便善巧為諸有情說離名法善現是謂為
名云何為相善現相有種愚夫異生於中執著
何等為二一者色相二者无色相何謂色相善

實事自性皆空非有智者執著空如是善
現菩薩摩訶薩行深般若波羅蜜多時方
便善巧為諸有情說離名法善現是謂為
名云何為相善現相有種愚夫異生於中執著
何等為二一者色相二者无色相何謂色相善
現諸所有色若過去若未來若現在若內若
外若麁若細若劣若勝若遠若近於此剎那
諸空法中愚夫異生分別執著是名色相何
謂无色相善現謂諸所有无色法中愚夫異
生取相分別生諸煩惱是名无色相菩薩摩
訶薩行深般若波羅蜜多時方便善巧教諸
有情遠離二相復教安住无相界中雖教安
住无相界中而不令其墮二邊執謂此是相
此是无相如是善現菩薩摩訶薩行深般若
波羅蜜多時方便善巧令諸有情遠離衆
相住无相果而无執著
尒時具壽善現白佛言世尊若一切法但有
名相所有名相皆是假立分別所起非實有
住云何菩薩摩訶薩行深般若波羅蜜多時
於諸善法能自增進亦能令他增進善法由
自善法得增進故能令諸地漸次圓滿亦能
安立諸有情類隨其所應得三乘果佛告善
現若諸法中少有實事非但假立有名相者
則菩薩摩訶薩行深般若波羅蜜多時應於
善法不自增進亦不令他增進善法善現以
諸法中无少實事但有假立諸名及相是故
菩薩摩訶薩行深般若波羅蜜多時以无相
為方便能圓滿般若波羅蜜多以无相為方
便能圓滿靜慮波羅蜜多以无相為方便能

則菩薩摩訶薩行深般若波羅蜜多時應於
善法不自增進亦不令他地增進善法善現以
諸法中无少實事但有假立諸名及相是故
菩薩摩訶薩行深般若波羅蜜多時以无相
爲方便能圓滿般若波羅蜜多以无相爲方
便能圓滿靜慮波羅蜜多以无相爲方便能
圓滿精進波羅蜜多以无相爲方便能圓滿
安忍波羅蜜多以无相爲方便能圓滿淨戒
波羅蜜多以无相爲方便能圓滿布施波羅
蜜多以无相爲方便能圓滿四靜慮四无量
四无色定以无相爲方便能圓滿四念住四
正斷四神足五根五力七等覺支八聖道支
以无相爲方便能圓滿空无相无願解脫門
以无相爲方便能圓滿內空外空內外空空空
大空勝義空有爲空无爲空畢竟空无
際空散空无變異空本性空自相空共相空
一切法空不可得空无性空自性空无性自性
空以无相爲方便能圓滿真如法界法性不
虛妄性不變異性平等性離生性法定法住
實際虛空界不思議界以无相爲方便能圓
滿苦集滅道聖諦以无相爲方便能圓滿八
解脫八勝處九次第定十遍處以无相爲方
便能圓滿一切陁羅尼門一切三摩地門以
无相爲方便能圓滿極喜地離垢地發光地
焰慧地極難勝地現前地遠行地不動地善
慧地法雲地以无相爲方便能圓滿五眼六
神通以无相爲方便能圓滿佛十力四无所
畏四无礙解大慈大悲大喜大捨十八佛不

便能圓滿一切陁羅尼門一切三摩地門以
无相爲方便能圓滿極喜地離垢地發光地
焰慧地極難勝地現前地遠行地不動地善
慧地法雲地以无相爲方便能圓滿五眼六
神通以无相爲方便能圓滿佛十力四无所
畏四无礙解大慈大悲大喜大捨十八佛不
共法以无相爲方便能圓滿无忘失法恒住
捨性以无相爲方便能圓滿一切智道相智
一切相智以无相爲方便於諸善法自圓滿
已亦能令他圓滿善法如是善現以一切法
无少實事但有假立諸名及相諸菩薩摩
訶薩於中不起顛倒執著於諸善法能自增
進亦能令他增進善法復次善現若諸法中有
毛端量實法相者則菩薩摩訶薩行深般若
波羅蜜多時於一切法不應覺知无相无念
亦无作意无漏性已證得无上正等菩提安
立有情於无漏法何以故善現諸无漏法皆
无相无念无作意故如是善現菩薩摩訶薩
行深般若波羅蜜多時安立有情於无漏法
乃至真實饒益他事
時具壽善現白佛言世尊若一切法真无漏
性无相无念亦无作意何緣世尊常如是歎
此是世間法此是出世法此是有漏法此是无
漏法此是有爲法此是无爲法此是有罪
法此是无罪法此是有諍法此是无諍法此
是流轉法此是還滅法此是共法此是不共
法此是聲聞法此是獨覺法此是菩薩法此
是如來法耶佛告善現於意云何世間等法

此是世間法此是出世法此是有漏法此是无
漏法此是有爲法此是无爲法此是　有罪
法此是无罪法此是有諍法此是无諍法此
是流轉法此是還滅法此是共法此是不共
法此是聲聞法此是獨覺法此是菩薩法此
是如來法耶佛告善現於意云何世間等法
與无相等无漏法性爲有異不善現荅言不
也世尊不也善逝佛告善現於意云何聲
聞等法與无相等无漏法性爲有異不善現
荅言不也世尊不也善逝佛告善現世間等
法豈不即是无相念等无漏法性善現荅言
如是世尊如是善逝佛告善現若預流果若一
來果若不還果若阿羅漢果若獨覺菩提若
諸菩薩摩訶薩法若佛无上正等菩提豈
不即是无相念等无漏法性善現荅言如是世
尊如是善逝佛言善現由此因緣當知一切
法皆是无相等善現菩薩摩訶薩學一切法
皆是无相无念无作意時常能增益所行善
法所謂布施淨戒安忍精進靜慮般若波羅
蜜多若四靜慮四无量四无色定若四念住
四正斷四神足五根五力七等覺支八聖道
支若內空外空內外空空空大空勝義空
有爲空无爲空畢竟空无際空散空无變
異空本性空自相空共相空一切法空不可得
空无性空自性空无性自性空若真如法界
法性不虛妄性不變異性平等性離生性法
定法住實際虛空界不思議界若苦集滅
道聖諦若空无相无願解脫門若八解脫八勝
處九次第定十遍處若一切陁羅尼門一切

空无性空自性空无性自性空若真如法界
法性不虛妄性不變異性平等性離生性法
定法住實際虛空界不思議界若苦集滅
道聖諦若空无相无願解脫門若八解脫八勝
處九次第定十遍處若一切陁羅尼門一切
三摩地門若極喜地離垢地發光地焰慧地
極難勝地現前地遠行地不動地善慧地法
雲地若五眼六神通若佛十力四无所畏四
无礙解十八佛不共法若大慈大悲大喜大
捨若无妄失法恒住捨性若一切智道相
智一切智諸如是等一切佛法皆由學无相
无念无作意而得增益所以者何善現菩薩
摩訶薩除空无相无願解脫門更无餘要所
應學法何以故善現三解脫門能攝一切妙
善法故所以者何善現空解脫門觀一切法
自相皆空无相解脫門觀一切法遠離諸相
无願解脫門觀一切法遠離所願由此三門
能攝一切殊勝善法離此三門所應脩習殊勝
善法不生長故
復次善現若菩薩摩訶薩能學如是三解
脫門能學五蘊亦能學十二處亦能學十
八界亦能學六界亦能學四聖諦亦能學四緣
亦能學從緣所生諸法亦能學十二緣起亦
能學內空外空內外空空空大空勝義空
有爲空无爲空畢竟空无際空散空无變異
空本性空自相空共相空一切法空不可得
空无性空自性空无性自性空亦能學真如
法无性空自性空无性自性空亦能學真如法

能學內空外空空空大空勝義空
有為空无為空畢竟空无際空散空无變異
空本性空自相空共相空一切法空不可得
空无性空自性空无性自性空亦能學真如
法无性空自性空无性自性空亦能學真如法
界法性不虛妄性不變異性平等性離生性
法定法住實際虛空界不思議界亦能學
布施淨戒安忍精進靜慮般若方便善巧
妙願力智波羅蜜多亦能學極喜地離垢地
發光地焰慧地極難勝地現前地遠行地不動
地善慧地法雲地亦能學四念住四正斷四神
足五根五力七等覺支八聖道支亦能學四
靜慮四无量四无色定亦能學八解脫八勝
處九次第定十遍處亦能學一切陀羅尼門
一切三摩地門亦能學五眼六神通亦能學
如來十力四无所畏四无礙解十八佛不共法
亦能學大慈大悲大喜大捨亦能學无忘
失法恒住捨性亦能學一切智道相智一切
相智亦能學嚴淨佛土成熟有情亦能學
諸餘无量无邊佛法
尒時具壽善現白佛言世尊云何菩薩摩訶
薩脩行般若波羅蜜多時能學五蘊佛告善
現若菩薩摩訶薩脩行般若波羅蜜多時
如實知色受想行識是為能學五蘊善現云何
菩薩摩訶薩脩行般若波羅蜜多時如實
知色善現若菩薩摩訶薩脩行般若波羅蜜
多時如實知色相如實知色生如實知色滅
如實知色真如是為如實知色善現云何菩
薩摩訶薩脩行般若波羅蜜多時如實知

菩薩摩訶薩脩行般若波羅蜜多時如實
知色善現若菩薩摩訶薩脩行般若波羅蜜
多時如實知色相如實知色生如實知色滅
如實知色真如是為如實知色善現云何菩
薩摩訶薩脩行若般波羅蜜多時如實知
色相善現若菩薩摩訶薩脩行般若波羅蜜多
時如實知色畢竟有孔畢竟有隟猶如聚沫
性不堅固善現是名如實知色相善現云何菩
薩摩訶薩脩行般若波羅蜜多時如實知色
生善現若菩薩摩訶薩脩行般若波羅蜜多
時如實知色來无所從去无所趣雖无來无
去而生法相應善現是名如實知色生善現
云何菩薩摩訶薩脩行般若波羅蜜多時如
實知色滅善現若菩薩摩訶薩脩行般若波
羅蜜多時如實知色來无所從去无所趣雖
无來无去而滅法相應善現是名如實知色
滅善現云何菩薩摩訶薩脩行般若波羅蜜
多時如實知色真如善現若菩薩摩訶薩
脩行若般波羅蜜多時如實知色真如无生无
滅无來无去无染无淨无增无減常如其性
不虛妄不變易故名真如善現是名如實知
色真如善現云何菩薩摩訶薩脩行般若波
羅蜜多時如實知受善現若菩薩摩訶薩脩
行般若波羅蜜多時如實知受相如實知受
生如實知受滅如實知受真如是為如實知
受善現云何菩薩摩訶薩脩行般若波羅蜜
多時如實知受相善現若菩薩摩訶薩脩行
般若波羅蜜多時如實知受畢竟如癰畢竟

行般若波羅蜜多時如實知受相如實知受
生如實知受滅如實知受真如是為如實知
受善現云何菩薩摩訶薩脩行般若波羅蜜
多時如實知受相善現若菩薩摩訶薩脩行
般若波羅蜜多時如實知受畢竟如癰畢竟
如箭猶若浮泡虛僞不住速起速滅善現是
名如實知受相善現云何菩薩摩訶薩脩行
般若波羅蜜多時如實知受生善現若菩薩
摩訶薩脩行般若波羅蜜多時如實知受來
无所從去无所趣雖无來无去而生法相應
善現是名如實知受生善現云何菩薩摩訶
薩脩行般若波羅蜜多時如實知受滅善現
若菩薩摩訶薩脩行般若波羅蜜多時如實
知受來无所從去无所趣雖无來无去而滅
法相應善現是名如實知受滅善現云何菩
薩摩訶薩脩行般若波羅蜜多時如實知受
真如善現若菩薩摩訶薩脩行般若波羅蜜
多時如實知受真如无生无滅无來无去无
染无淨无增无減常如其性不虛妄不變
易故名真如善現是名如實知受真如善現
云何菩薩摩訶薩脩行般若波羅蜜多時如實
知想善現若菩薩摩訶薩脩行般若波羅蜜
多時如實知想相如實知想生如實知想滅
如實知想真如是為如實知想善現云何菩
薩摩訶薩脩行般若波羅蜜多時如實知想
相善現若菩薩摩訶薩脩行般若波羅蜜多
時如實知想猶如陽焰水不可得虛妄渴愛
而起是想假施設有發假言說善現是名如
實知想相善現云何菩薩摩訶薩脩行般

薩摩訶薩脩行般若波羅蜜多時如實知想
相善現若菩薩摩訶薩脩行般若波羅蜜多
時如實知想猶如陽焰水不可得虛妄渴愛
而起是想假施設有發假言說善現是名如
實知想相善現云何菩薩摩訶薩脩行般
若波羅蜜多時如實知想生善現若菩薩摩
訶薩脩行般若波羅蜜多時如實知想來无
所從去无所趣雖无來无去而生法相應善現
是名如實知想生善現云何菩薩摩訶薩脩
行般若波羅蜜多時如實知想滅善現若菩
薩摩訶薩脩行般若波羅蜜多時如實知想
來无所從去无所趣雖无來无去而滅法相
應善現是名如實知想滅善現云何菩薩
摩訶薩脩行般若波羅蜜多時如實知想真
如善現若菩薩摩訶薩脩行般若波羅蜜
多時如實知想真如无生无滅无來无去无染无
淨无增无減常如其性不虛妄不變易故名
真如善現是名如實知想真如善現云何菩
薩摩訶薩脩行般若波羅蜜多時如實知行善
現若菩薩摩訶薩脩行般若波羅蜜多時如
實知行相如實知行生如實如行滅如實知
行真如是為如實知行善現云何菩薩摩訶
薩脩行般若波羅蜜多時如實知行相善現
若菩薩摩訶薩脩行般若波羅蜜多時如實
知行猶若芭蕉葉葉析除實不可得明无明
等衆緣所成煩惱等和合假立善現是名如
實知行相善現云何菩薩摩訶薩脩行般若
波羅蜜多時如實知行生善現若菩薩摩訶

若菩薩摩薩脩行般若波羅蜜多時如實
知行猶若芭蕉葉葉析除實不可得明无明
等衆緣所成業煩惱等和合假立善現是名如
實知行相善現云何菩薩摩訶薩脩行般若
波羅蜜多時如實知行生善現若菩薩摩訶
薩脩行般若波羅蜜多時如實知行来无所
從去无所趣雖无来去而生法相應善現
是名如實知行生善現云何菩薩摩訶薩脩
行般若波羅蜜多時如實知行滅善現若菩
薩摩訶薩脩行般若波羅蜜多時如實知行
来无所從去无所趣雖无来无去而滅法相
應善現是名如實知行滅善現云何菩薩摩
訶薩脩行般若波羅蜜多時如實知行真如
善現若菩薩摩訶薩脩行般若波羅蜜多
時如實知行真如无生无滅无来无去无染无
淨无增无減常如其性不虗妄不變易故名
真如善現是名如實知行真如善現云何善
薩摩訶薩脩行般若波羅蜜多時如實知識
善現若菩薩摩訶薩脩行般若波羅蜜多時
如實知識相如實知識生如實知識滅如實
知識真如是爲如實知識善現云何菩薩摩
訶薩脩行般若波羅蜜多時如實知識相善
現若菩薩摩訶薩脩行般若波羅蜜多時
如實知識猶如幻事衆緣和合假施設有實
不可得謂如幻師或彼弟子於四衢道幻作四
軍所謂象軍馬軍車軍步軍或復幻作諸餘
色類相雖似有而无其實識亦如是實不可
得善現是名如實知識相善現云何菩薩摩
訶薩脩行般若波羅蜜多時如實知識生善

不可得謂如幻師或彼弟子於四衢道幻作四
軍所謂象軍馬軍車軍步軍或復幻作諸餘
色類相雖似有而无其實識亦如是實不可
得善現是名如實知識相善現云何菩薩摩
訶薩脩行般若波羅蜜多時如實知識生善
現若菩薩摩訶薩脩行般若波羅蜜多時如
實知識来无所從去无所趣雖无来无去而
生法相應善現是名如實知識生善現云何
菩薩摩訶薩脩行般若波羅蜜多時如實知
識滅善現若菩薩摩訶薩脩行般若波羅蜜
多時如實知識来无所從去无所趣雖无来
无去而滅法相應善現是名如實知識滅善
現云何菩薩摩訶薩脩行般若波羅蜜多時
如實知識真如善現若菩薩摩訶薩脩行
般若波羅蜜多時如實知識真如无生无滅无
来无去无染无淨无增无減常如其性不虗
妄不變易故名真如善現是名如實知識
真如復次善現若菩薩摩訶薩脩行般若波羅
蜜多時如實知色色自性空如實知受受自
性空如實知想想自性空如實行行自性
空如實知識識自性空善現是爲菩薩摩
訶薩脩行般若波羅蜜多時能學五蘊具
壽善現白佛言世尊云何菩薩摩訶薩脩
行般若波羅蜜多時能學十二處佛告善現
若菩薩摩訶薩脩行般若波羅蜜多時如實
知眼處眼處自性空如實知耳鼻舌身意
處耳鼻舌身意處自性空如實知色處色
處自性空如實知聲香味觸法處聲香味觸
法處自性空如實知內處內處自性空如實知外

壽善現白佛言世尊云何菩薩摩訶薩脩
行般若波羅蜜多時能學十二處佛告善現
若菩薩摩訶薩脩行般若波羅蜜多時如實
知眼處眼處自性空如實知耳鼻舌身意
處耳鼻舌身意處自性空如實知色處色
處自性空如實知聲香味觸法處聲香味觸
法處自性空如實知內處內處自性空如實知外
處外處自性空善現是為菩薩摩訶薩脩行
般若波羅蜜多時能學十二處具壽善現白
佛言世尊云何菩薩摩訶薩脩行般若波羅
蜜多時能學十八界佛告善現若菩薩摩訶
薩脩行般若波羅蜜多時如實知眼界眼界
自性空如實知色界眼識界及眼觸眼觸為
緣所生諸受色界乃至眼觸為緣所生諸受
自性空如實知耳界耳界自性空如實知聲
界耳識界及耳觸耳觸為緣所生諸受聲界
乃至耳觸為緣所生諸受自性空如實知鼻
界鼻界自性空如實知香界鼻識界及鼻
鼻觸觸為緣所生諸受香界乃至鼻觸為緣所
生諸受自性空如實知舌界舌界自性空如
實知味界舌識界及舌觸舌觸為緣所生諸
受味界乃至舌觸為緣所生諸受自性空如
實知身界身界自性空如實知觸界身識界
及身觸身觸為緣所生諸受觸界乃至身
觸為緣所生諸受自性空如實知意界意界
自性空如知實法界意識界及觸意觸為

BD05592號　大般若波羅蜜多經卷三八四　（16–16）

如
種種
真珠寶飾輦輿　三界第一
欄楯華蓋　軒飾
及妻子施　求无上道
欣樂施與　求佛智慧　文殊師利
往詣佛所　問无上道　便捨樂土　宮
剃除鬚髮　而被法服　或見菩薩
獨處閑靜　樂誦經典　又見菩薩
入於深山　思惟佛道　又見離欲
深脩禪定　得五神通　又見菩薩　安禪
以千萬偈　讚諸法王　復見菩薩　智深志
能問諸佛　聞悉受持　又見佛子　定慧具足
以无量喻　為衆講法　欣樂說法　化諸菩薩
破魔兵衆　而擊法鼓　又見菩薩　寂然宴默
天龍恭敬　不以為喜　又見菩薩　處林放光
濟地獄苦　令入佛道　又見佛子　未嘗睡眠
經行林中　勤求佛道　又見具戒　威儀无缺

BD05593號　妙法蓮華經卷一　（10–1）

能問諸佛 聞悉受持 又見佛子 定慧具足
以无量喻 為衆講法 欣樂說法 化諸菩薩
破魔兵衆 而擊法鼓 又見菩薩 寂然宴默
天龍恭敬 不以為喜 又見菩薩 處林放光
濟地獄苦 令入佛道 又見佛子 未嘗睡眠
經行林中 懃求佛道 又見具戒 威儀无缺
淨如寶珠 以求佛道 又見佛子 住忍辱力
增上慢人 惡罵捶打 皆悉能忍 以求佛道
又見菩薩 離諸戲笑 及癡眷屬 親近智者
一心除亂 攝念山林 億千萬歲 以求佛道
或見菩薩 餚饍飲食 百種湯藥 施佛及僧
名衣上服 價直千萬 或无價衣 施佛及僧
千萬億種 栴檀寶舍 衆妙卧具 施佛及僧
清淨園林 華菓茂盛 流泉浴池 施佛及僧
如是等施 種種微妙 歡喜无猒 求无上道
或有菩薩 說寂滅法 種種教詔 无數衆生
或見菩薩 觀諸法性 无有二相 猶如虛空
又見佛子 心无所著 以此妙慧 求无上道
文殊師利 又有菩薩 佛滅度後 供養舍利
又見佛子 造諸塔廟 无數恒沙 嚴飾國界
寶塔高妙 五千由旬 縱廣正等 二千由旬
一一塔廟 各千幢幡 珠交露幔 寶鈴和鳴
諸天龍神 人及非人 香華伎樂 常以供養
文殊師利 諸佛子等 為供舍利 嚴飾塔廟
國界自然 殊特妙好 如天樹王 其華開敷
佛放一光 我及衆會 見此國界 種種殊妙
諸佛神力 智慧希有 放一淨光 照无量國

BD05593號　妙法蓮華經卷一　（10–2）

一一塔廟 各千幢幡 珠交露幔 寶鈴和鳴
諸天龍神 人及非人 香華伎樂 常以供養
文殊師利 諸佛子等 為供舍利 嚴飾塔廟
國界自然 殊特妙好 如天樹王 其華開敷
佛放一光 我及衆會 見此國界 種種殊妙
諸佛神力 智慧希有 放一淨光 照无量國
我等見此 得未曾有 佛子文殊 願決衆疑
四衆欣仰 瞻仁及我 世尊何故 放斯光明
佛子時答 決疑令喜 何所饒益 演斯光明
佛坐道場 所得妙法 為欲說此 為當授記
示諸佛土 衆寶嚴淨 及見諸佛 此非小緣
文殊當知 四衆龍神 瞻察仁者 為說何等
尒時文殊師利語彌勒菩薩摩訶薩及諸大
士善男子等如我惟忖今佛世尊欲說大法
雨大法雨吹大法螺擊大法鼓演大法義諸
善男子我於過去諸佛曾見此瑞放斯光已
即說大法是故當知今佛現光亦復如是欲
令衆生咸得聞知一切世間難信之法故現
斯瑞諸善男子如過去无量无邊不可思議
阿僧祇劫尒時有佛号日月燈明如來應供
正遍知明行足善逝世間解无上士調御丈
夫天人師佛世尊演說正法初善中善後善
其義深遠其語巧妙純一无雜具足清白梵
行之相為求聲聞者說應四諦法度生老病
死究竟涅槃為求辟支佛者說應十二因緣
法為諸菩薩說應六波羅蜜令得阿耨多羅
三藐三菩提成一切種智次復有佛亦名日
月燈明次復有佛亦名日月燈明如是二萬

BD05593號　妙法蓮華經卷一　（10–3）

行之相為求聲聞者說應四諦法度生老病
死究竟涅槃為求辟支佛者說應十二因緣
法為諸菩薩說應六波羅蜜令得阿耨多羅
三藐三菩提成一切種智次復有佛亦名日
月燈明次復有佛亦名日月燈明如是二萬
佛皆同一字号日月燈明又同一姓姓頗羅惰
弥勒當知初佛後佛皆同一字名日月燈
明十号具足所可說法初中後善其最後佛
未出家時有八王子一名有意二名善意三
名无量意四名寶意五名增意六名除疑意
七名響意八名法意是八王子威德自在各
領四天下是諸王子聞父出家得阿耨多羅
三藐三菩提悉捨王位亦隨出家發大乘意
常脩梵行皆為法師已於千萬佛所殖諸善
本是時日月燈明佛說大乘經名无量義教
菩薩法佛所護念說是經已即於大衆中結
加趺坐入於无量義處三昧身心不動是時
天雨曼陁羅華摩訶曼陁羅華曼殊沙華摩
訶曼殊沙華而散佛上及諸大衆普佛世界
六種震動尒時會中比丘比丘尼優婆塞優
婆夷天龍夜叉乾闥婆阿脩羅迦樓羅緊那
羅摩睺羅伽人非人及諸小王轉輪聖王等
是諸大衆得未曾有歡喜合掌一心觀佛尒
時如来放眉間白豪相光照東方萬八千佛
土靡不周遍如今所見是諸佛土弥勒當知
尒時會中有二十億菩薩樂欲聽法是諸菩
薩見此光明普照佛土得未曾有欲知此光

BD05593號　妙法蓮華經卷一　（10–4）

是諸大衆得未曾有歡喜合掌一心觀佛尒
時如来放眉間白豪相光照東方萬八千佛
土靡不周遍如今所見是諸佛土弥勒當知
尒時會中有二十億菩薩樂欲聽法是諸菩
薩見此光明普照佛土得未曾有欲知此光
所為因緣時有菩薩名曰妙光有八百弟子
是時日月燈明佛從三昧起因妙光菩薩說
大乘經名妙法蓮華教菩薩法佛所護念六
十小劫不起于座時會聽者亦坐一處六十
小劫身心不動聽佛所說謂如食頃是時衆
中无有一人若身若心而生懈惓日月燈明
佛於六十小劫說是經已即於梵魔沙門婆
羅門及天人阿脩羅衆中而宣此言如来於
今日中夜當入无餘涅槃時有菩薩名曰德
藏日月燈明佛即授其記告諸比丘是德藏
菩薩次當作佛号曰淨身多陁阿伽度阿羅
訶三藐三佛陁佛授記已便於中夜入无餘
涅槃佛滅度後妙光菩薩持妙法蓮華經滿
八十小劫為人演說日月燈明佛八子皆師妙
光妙教化令其堅固得阿耨多羅三藐三
菩提是諸王子供養无量百千萬億佛已皆
成佛道其最後成佛者名曰然燈八百弟子
中有一人号曰求名貪著利養雖復讀誦
衆經而不通利多所忘失故号求名是人亦以
種諸善根因緣故得值无量百千萬億諸佛
供養恭敬尊重讚歎弥勒當知尒時妙光菩
薩豈異人乎我身是也求名菩薩汝身是也

BD05593號　妙法蓮華經卷一　（10–5）

能問諸佛　聞悉受持　又見佛子　定慧具足
以无量喻　為衆講法　欣樂說法　化諸菩薩
破魔兵衆　而擊法鼓　又見菩薩　寂然宴默
天龍恭敬　不以為喜　又見菩薩　處林放光
濟地獄苦　令入佛道　又見佛子　未嘗睡眠
經行林中　勤求佛道　又見具戒　威儀无缺
淨如寶珠　以求佛道　又見佛子　住忍辱力
增上慢人　惡罵捶打　皆悉能忍　以求佛道
又見菩薩　離諸戲笑　及癡眷屬　親近智者
一心除亂　攝念山林　億千萬歲　以求佛道
或見菩薩　餚饍飲食　百種湯藥　施佛及僧
名衣上服　價直千萬　或无價衣　施佛及僧
千萬億種　栴檀寶舍　衆妙卧具　施佛及僧
清淨園林　華菓茂盛　流泉浴池　施佛及僧
如是等施　種種微妙　歡喜无猒　求无上道
或有菩薩　說寂滅法　種種教詔　无數衆生
或見菩薩　觀諸法性　无有二相　猶如虛空
又見佛子　心无所著　以此妙慧　求无上道
文殊師利　又有菩薩　佛滅度後　供養舍利
又見佛子　造諸塔廟　无數恒沙　嚴飾國界
寶塔高妙　五千由旬　縱廣正等　二千由旬
一一塔廟　各千幢幡　珠交露幔　寶鈴和鳴
諸天龍神　人及非人　香華伎樂　常以供養
文殊師利　諸佛子等　為供舍利　嚴飾塔廟
國界自然　殊特妙好　如天樹王　其華開敷
佛放一光　我及衆會　見此國界　種種殊妙
諸佛神力　智慧希有　放一淨光　照无量國

BD05593號　妙法蓮華經卷一　（10–2）

一一塔廟　各千幢幡　珠交露幔　寶鈴和鳴
諸天龍神　人及非人　香華伎樂　常以供養
文殊師利　諸佛子等　為供舍利　嚴飾塔廟
國界自然　殊特妙好　如天樹王　其華開敷
佛放一光　我及衆會　見此國界　種種殊妙
諸佛神力　智慧希有　放一淨光　照无量國
我等見此　得未曾有　佛子文殊　願決衆疑
四衆欣仰　瞻仁及我　世尊何故　放斯光明
佛子時答　決疑令喜　何所饒益　演斯光明
佛坐道場　所得妙法　為欲說此　為當授記
示諸佛土　衆寶嚴淨　及見諸佛　此非小緣
文殊當知　四衆龍神　瞻察仁者　為說何等
尒時文殊師利語彌勒菩薩摩訶薩及諸大
士善男子等如我惟忖今佛世尊欲說大法
雨大法雨吹大法螺擊大法鼓演大法義諸
善男子我於過去諸佛曾見此瑞放斯光已
即說大法是故當知今佛現光亦復如是欲
令衆生咸得聞知一切世間難信之法故現
斯瑞諸善男子如過去无量无邊不可思議
阿僧祇劫尒時有佛号日月燈明如來應供
正遍知明行足善逝世間解无上士調御丈
夫天人師佛世尊演說正法初善中善後善
其義深遠其語巧妙純一无雜具足清白梵
行之相為求聲聞者說應四諦法度生老病
死究竟涅槃為求辟支佛者說應十二因緣
法為諸菩薩說應六波羅蜜令得阿耨多羅
三藐三菩提成一切種智次復有佛亦名日
月燈明次復有佛亦名日月燈明如是二萬

BD05593號　妙法蓮華經卷一　（10–3）

行之相為求聲聞者說應四諦法度生老病
死究竟涅槃為求辟支佛者說應十二因緣
法為諸菩薩說應六波羅蜜令得阿耨多羅
三藐三菩提成一切種智次復有佛亦名日
月燈明次復有佛亦名日月燈明如是二萬
佛皆同一字号日月燈明又同一姓姓頗羅墮
弥勒當知初佛後佛皆同一字名日月燈
明十号具足所可說法初中後善其最後佛
未出家時有八王子一名有意二名善意三
名无量意四名寶意五名增意六名除疑意
七名嚮意八名法意是八王子威德自在各
領四天下是諸王子聞父出家得阿耨多羅
三藐三菩提悉捨王位亦隨出家發大乘意
常脩梵行皆為法師已於千萬佛所殖諸善
本是時日月燈明佛說大乘經名无量義教
菩薩法佛所護念說是經已即於大衆中結
跏趺坐入於无量義處三昧身心不動是時
天雨曼陁羅華摩訶曼陁羅華曼殊沙華摩
訶曼殊沙華而散佛上及諸大衆普佛世界
六種震動尒時會中比丘比丘尼優婆塞優
婆夷天龍夜叉乾闥婆阿脩羅迦樓羅緊那
羅摩睺羅伽人非人及諸小王轉輪聖王等
是諸大衆得未曾有歡喜合掌一心觀佛尒
時如来放眉間白豪相光照東方萬八千佛
土靡不周遍如今所見是諸佛土弥勒當知
尒時會中有二十億菩薩樂欲聽法是諸菩
薩見此光明普照佛土得未曾有欲知此光

是諸大衆得未曾有歡喜合掌一心觀佛尒
時如来放眉間白豪相光照東方萬八千佛
土靡不周遍如今所見是諸佛土弥勒當知
尒時會中有二十億菩薩樂欲聽法是諸菩
薩見此光明普照佛土得未曾有欲知此光
所為因緣時有菩薩名曰妙光有八百弟子
是時日月燈明佛從三昧起因妙光菩薩說
大乘經名妙法蓮華教菩薩法佛所護念六
十小劫不起于座時會聽者亦坐一處六十
小劫身心不動聽佛所說謂如食須是時衆
中无有一人若身若心而生懈惓日月燈明
佛於六十小劫說是經已即於梵魔沙門婆
羅門及天人阿脩羅衆中而宣此言如来於
今日中夜當入无餘涅槃時有菩薩名曰德
藏日月燈明佛即授其記告諸比丘是德藏
菩薩次當作佛号曰淨身多陁阿伽度阿羅
訶三藐三佛陁佛授記已便於中夜入无餘
涅槃佛滅度後妙光菩薩持妙法蓮華經滿
八十小劫為人演說日月燈明佛八子皆師妙
光妙光教化令其堅固得阿耨多羅三藐三
菩提是諸王子供養无量百千萬億佛已皆
成佛道其最後成佛者名曰然燈八百弟子
中有一人号曰求名貪著利養雖復讀誦
衆經而不通利多所忘失故号求名是人亦以
種諸善根因緣故得值无量百千萬億諸佛
供養恭敬尊重讚歎弥勒當知尒時妙光菩
薩豈異人乎我身是也求名菩薩汝身是也

中有一人　号曰求名　貪著利養　雖復讀誦
衆經　而不通利　多所忘失　故号求名　是人亦以
種諸善根因緣故　得值无量百千萬億諸佛
供養恭敬　尊重讚歎　弥勒當知　尒時妙光菩
薩豈異人乎　我身是也　求名菩薩　汝身是也
今見此瑞　與本无異　是故惟忖　今日如來當
說大乘經　名妙法蓮華　教菩薩法　佛所護念
尒時文殊師利　於大衆中　欲重宣此義　而說
偈言
我念過去世　无量无數劫　有佛人中尊　号日月燈明
世尊演說法　度无量衆生　无數億菩薩　令入佛智慧
佛未出家時　所生八王子　見大聖出家　亦隨脩梵行
時佛說大乘　經名无量義　於諸大衆中　而為廣分別
佛說此經已　即於法座上　跏趺坐三昧　名无量義處
天雨曼陁華　天鼓自然鳴　諸天龍鬼神　供養人中尊
一切諸佛土　即時大震動　佛放眉間光　現諸希有事
此光照東方　萬八千佛土　示一切衆生　生死業報處
有見諸佛土　以衆寶莊嚴　瑠璃頗梨色　斯由佛光照
及見諸天人　龍神夜叉衆　乾闥緊那羅　各供養其佛
又見諸如來　自然成佛道　身色如金山　端嚴甚微妙
如淨瑠璃中　內現真金像　世尊在大衆　敷演深法義
一一諸佛土　聲聞衆无數　因佛光所照　悉見彼大衆
或有諸比丘　在於山林中　精進持淨戒　猶如護明珠
又見諸菩薩　行施忍辱等　其數如恒沙　斯由佛光照
又見諸菩薩　深入諸禪定　身心寂不動　以求无上道
又見諸菩薩　智法寂滅相　各於其國土　說法求佛道
尒時四部衆　見日月燈明　現大神通力　其心皆歡喜

一一諸佛土　聲聞衆无數　因佛光所照　悉見彼大衆
或有諸比丘　在於山林中　精進持淨戒　猶如護明珠
又見諸菩薩　行施忍辱等　其數如恒沙　斯由佛光照
又見諸菩薩　深入諸禪定　身心寂不動　以求无上道
又見諸菩薩　智法寂滅相　各於其國土　說法求佛道
尒時四部衆　見日月燈明　現大神通力　其心皆歡喜
各各自相問　是事何因緣　天人所奉尊　適從三昧起
讚妙光菩薩　汝為世間眼　一切所歸信　能奉持法藏
如我所說法　唯汝能證知　世尊既讚歎　令妙光歡喜
說是法華經　滿六十小劫　不起於此座　所說上妙法
是妙光法師　悉皆能受持　佛說是法華　令衆歡喜已
尋即於是日　告於天人衆　諸法實相義　已為汝等說
我今於中夜　當入於涅槃　汝一心精進　當離於放逸
諸佛甚難值　億劫時一遇　世尊諸子等　聞佛入涅槃
各各懷悲惱　佛滅一何速　聖主法之王　安慰无量衆
我若滅度時　汝等勿憂怖　是德藏菩薩　於无漏實相
心已得通達　其次當作佛　号曰為淨身　亦度无量衆
佛此夜滅度　如薪盡火滅　分布諸舍利　而起无量塔
比丘比丘尼　其數如恒沙　倍復加精進　以求无上道
是妙光法師　奉持佛法藏　八十小劫中　廣宣法華經
是諸八王子　妙光所開化　堅固无上道　當見无數佛
供養諸佛已　隨順行大道　相繼得成佛　轉次而授記
最後天中天　号曰然燈佛　諸仙之導師　度脫无量衆
是妙光法師　時有一弟子　心常懷懈怠　貪著於名利
求名利无猒　多遊族姓家　棄捨所習誦　廢忘不通利
以是因緣故　号之為求名　亦行衆善業　得見无數佛
供養於諸佛　隨順行大道　具六波羅蜜　今見釋師子

最後天中天　号曰然燈佛　諸仙之導師　度脫无量衆
是妙光法師　時有一弟子　心常懷懈怠　貪著於名利
求名利无猒　多遊族姓家　棄捨所習誦　癈忘不通利
以是因緣故　号之為求名　亦行衆善業　得見无數佛
供養於諸佛　随順行大道　具六波羅蜜　今見釋師子
其後當作佛　号名曰弥勒　廣度諸衆生　其數无有量
彼佛滅度後　懈怠者汝是　妙光法師者　今則我身是
我見燈明佛　本光瑞如此　以是知今佛　欲說法華經
今相如本瑞　是諸佛方便　今佛放光明　助發實相義
諸人今當知　合掌一心待　佛當雨法雨　充足求道者
諸求三乘人　若有疑悔者　佛當為除斷　令盡无有餘

妙法蓮華經方便品第二

尒時世尊從三昧安詳而起告舍利弗諸佛
智慧甚深无量其智慧門難解難入一切聲
聞辟支佛所不能知所以者何佛曾親近百
千萬億无數諸佛盡行諸佛无量道法勇猛
精進名稱普聞成就甚深未曾有法隨宜所
說意趣難解舍利弗吾從成佛已来種種因
緣種種譬喻廣演言教无數方便引導衆生
令離諸著所以者何如来方便知見波羅蜜
皆已具足舍利弗如来知見廣大深遠无量
无礙力无所畏禪定解脫三昧深入无際成
就一切未曾有法舍利弗如来能種種分別
巧說諸法言辭柔軟悅可衆心舍利弗取要
言之无量无邊未曾有法佛悉成就止舍利
弗不須復說所以者何佛所成就第一希有
難解之法唯佛與佛乃能究盡諸法實相所

BD05593號　妙法蓮華經卷一　（10–8）

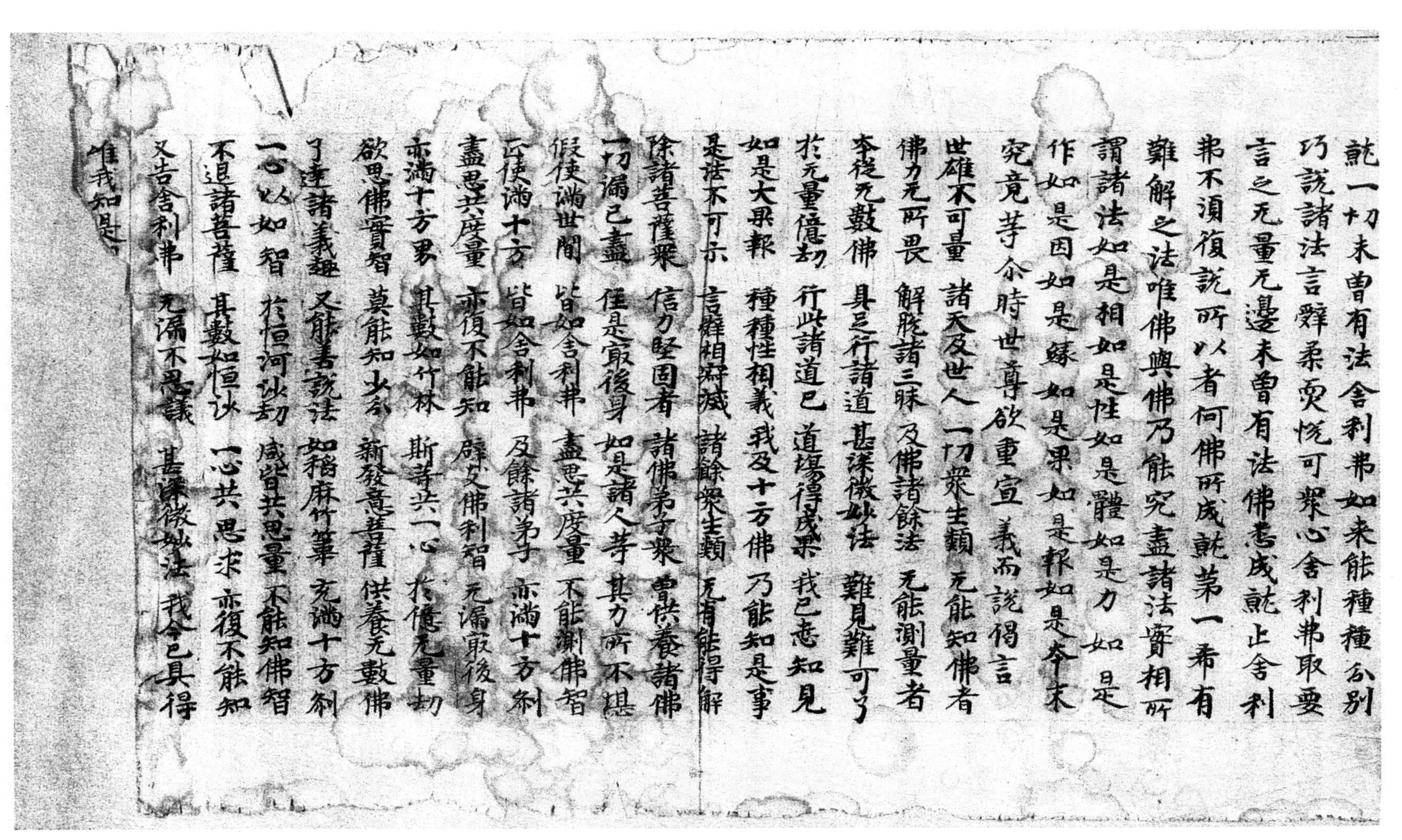

就一切未曾有法舍利弗如来能種種分別
巧說諸法言辭柔軟悅可衆心舍利弗取要
言之无量无邊未曾有法佛悉成就止舍利
弗不須復說所以者何佛所成就第一希有
難解之法唯佛與佛乃能究盡諸法實相所
謂諸法如是相如是性如是體如是力如是
作如是因如是緣如是果如是報如是本末
究竟等尒時世尊欲重宣此義而說偈言
世雄不可量　諸天及世人　一切衆生類　无能知佛者
佛力无所畏　解脫諸三昧　及佛諸餘法　无能測量者
本從无數佛　具足行諸道　甚深微妙法　難見難可了
於无量億劫　行此諸道已　道場得成果　我已悉知見
如是大果報　種種性相義　我及十方佛　乃能知是事
是法不可示　言辭相寂滅　諸餘衆生類　无有能得解
除諸菩薩衆　信力堅固者　諸佛弟子衆　曾供養諸佛
一切漏已盡　住是最後身　如是諸人等　其力所不堪
假使滿世間　皆如舍利弗　盡思共度量　不能測佛智
正使滿十方　皆如舍利弗　及餘諸弟子　亦滿十方刹
盡思共度量　亦復不能知　辟支佛利智　无漏最後身
亦滿十方界　其數如竹林　斯等共一心　於億无量劫
欲思佛實智　莫能知少分　新發意菩薩　供養无數佛
了達諸義趣　又能善說法　如稻麻竹葦　充滿十方刹
一心以妙智　於恒河沙劫　咸皆共思量　不能知佛智
不退諸菩薩　其數如恒沙　一心共思求　亦復不能知
又告舍利弗　无漏不思議　甚深微妙法　我今已具得
唯我知是

BD05593號　妙法蓮華經卷一　（10–9）

世雄不可量　諸天及世人　一切衆生類　无能知佛者
佛力无所畏　解脫諸三昧　及佛諸餘法　无能測量者
本從无數佛　具足行諸道　甚深微妙法　難見難可了
於无量億劫　行此諸道已　道場得成果　我已悉知見
如是大果報　種種性相義　我及十方佛　乃能知是事
是法不可示　言辭相寂滅　諸餘衆生類　无有能得解
除諸菩薩衆　信力堅固者　諸佛弟子衆　曾供養諸佛
一切漏已盡　住是最後身　如是諸人等　其力所不堪
假使滿世間　皆如舍利弗　盡思共度量　不能測佛智
正使滿十方　皆如舍利弗　及餘諸弟子　亦滿十方刹
盡思共度量　亦復不能知　辟支佛利智　无漏最後身
亦滿十方界　其數如竹林　斯等共一心　於億无量劫
欲思佛實智　莫能知少分　新發意菩薩　供養无數佛
了達諸義趣　又能善說法　如稻麻竹葦　充滿十方刹
一心以妙智　於恒河沙劫　咸皆共思量　不能知佛智
不退諸菩薩　其數如恒沙　一心共思求　亦復不能知
又告舍利弗　无漏不思議　甚深微妙法　我今已具得
唯我知是

BD05593號　妙法蓮華經卷一

（10–10）

復清淨解脫安樂之
生由業障故造諸
六時偏袒右膊
地合掌恭敬一心專念口自說言歸命頂
在十方一切諸佛已得阿耨多羅三藐三
提者轉妙法輪持照法輪雨大法雨擊大
鼓吹大法螺建大法幢秉大法炬為欲
安樂諸衆生故常行法施誘進郡迷令
果證常樂故如是等諸佛世尊以身語意稽
首歸誠至心礼敬彼諸世尊以真實慧以真
實眼真實證明真實平等悉知悉見一切衆
生善惡之業我從无始生死以來隨惡流轉
共諸衆生造業障罪為貪瞋癡之所纏縛未
識佛時未識法時未識僧時未識善惡由身
語意造无間罪惡心出佛身血誹謗正法破
和合僧殺阿羅漢殺害父母身三語四意三種
行造十惡業自作教他見作隨喜於諸善人橫
生毀謗斗秤欺誑以偽為真不淨飲食施與
一切於六道中所有父母更相惱害或盜窣
覩波物四方僧物現前僧物自在而用世尊
法律不樂奉行師長教示不相隨順見行聲
聞獨覺大乘行者喜生罵辱令諸行人心生

BD05594號　金光明最勝王經卷三

（15–1）

行造十惡業[illegible]
生毀謗外祥欺誑以偽為真不淨飲食施與
一切於六道中所有父母更相惱害或盜窣
覩波物四方僧物現前僧物自在而用世尊
法律不樂奉行師長教示不相隨順見行聲
聞獨覺大乘行者憙生罵辱令諸行人心生
悔惱見有勝己便懷嫉妬法施財施常生慳
惜无明所覆邪見惑心不修善因令惡增長
於諸佛所而起誹謗法說非法非法說法如
是衆罪佛以真實慧真實眼真實證明真
實平等悉知悉見我今歸命對諸佛前皆悉
發露不敢覆藏未作之罪更不復作已作之
罪今皆懺悔所作業障應墮惡道地獄傍生
餓鬼之中阿蘇羅衆及八難處願我此生所
有業障皆得消滅所有惡報未來不受亦如
過去諸大菩薩修菩提行所有業障悉已懺
悔我之業障今亦懺悔皆悉發露不敢覆藏
已作之罪願得除滅未來之惡更不敢造亦
如未來諸大菩薩修菩提行所有業障悉已
懺悔我之業障今亦懺悔皆悉發露不敢覆
藏已作之罪願得除滅未來之惡更不敢造亦
如未來諸大菩薩修菩提行所有業障悉已懺
悔我之業障今亦懺悔皆悉發露不敢覆藏
已作之罪願得除滅未來之惡更不敢造亦如
現在十方世界諸大菩薩修菩提行所有
業障悉已懺悔我之業障今亦懺悔皆悉發
露不敢覆藏已作之罪願得除滅未來之惡
更不敢造
善男子以是因緣若有造罪一剎那中不得

BD05594號　金光明最勝王經卷三　（15–2）

已作之罪願得除[illegible]
現在十方世界諸大菩薩修菩提行所有
業障悉已懺悔我之業障今亦懺悔皆悉發
露不敢覆藏已作之罪願得除滅未來之惡
更不敢造
善男子以是因緣若有造罪一剎那中不得
覆藏何況一日一夜乃至多時若有犯罪欲
求清淨心懷愧恥信於未來必有惡報生大
恐怖應如是懺如人被火燒頭燒衣救令速
滅火若未滅心不得安若人犯罪亦復如是
即應懺悔令速除滅若有願生富樂之家多
饒財寶復欲發意修習大乘亦應懺悔滅除
業障欲生豪貴婆羅門種剎帝利家及轉
輪王七寶具足亦應懺悔滅除業障
善男子若有欲生四大王衆三十三天夜摩
天覩史多天樂變化天他化自在天亦應懺
悔滅除業障若欲生梵衆梵輔大梵天
少光无量光極光淨天少淨无量淨遍淨天
无雲福生廣果无煩无熱善現天善見色究
竟天亦應懺悔滅除業障若欲求預流果一
來果不還果阿羅漢果亦應懺悔滅除業障
若欲願求三明六通聲聞獨覺自在菩提至
究竟地求一切淨智不思議智不動智三藐
三菩提正遍智者亦應懺悔滅除業障何以
故善男子一切諸法從因緣生如來所說異
相生異相滅因緣異故如是過去諸法皆已
滅盡所有業障无復遺餘是諸行法未得現
生而今得生未來業障更不復起何以故善
男子一切法空如來所說无有我人衆生壽

BD05594號　金光明最勝王經卷三　（15–3）

三菩提正遍智者亦[illegible]
故善男子一切諸法從因緣生如來所說異
相生異相滅因緣異故如是過去諸法皆已
滅盡所有業障无復遺餘是諸行法未得現
生而今得生未來業障更不復起何以故善
男子一切法空如來所說无有我人衆生壽
者亦无生滅亦无行法善男子一切諸法皆
依於本亦不可說何以故過一切相故若有
善男子善女人如是入於微妙真理生信敬
心是名无衆生而有於本以是義故說於懺
悔滅除業障
善男子若人成就四法能除業障永得清淨
云何為四一者不起邪心正念成就二者於甚
深理不生誹謗三者於初行菩薩起一切智心
四者於諸衆生起无量是謂為四尒時世
尊而說頌言
專心護三乘　不誹謗深法　作一切智想　慈心淨業障
善男子有四業障難可滅除云何為四一者於
菩薩律儀犯極重惡二者於大乘經心生誹
謗三者於自善根不能增長四者貪著三有
无出離心復有四種對治業障云何為四一
者於十方世界一切如來至心親近說一切
罪二者為一切衆生勸請諸佛說深妙法三
者隨喜一切衆生所有功德四者所有一切功德
善根悉皆迴向阿耨多羅三藐三菩提尒時天
帝釋白佛言世尊世間所有男子女人於大
乘行有能行者有不行者云何能得隨喜
一切衆生功德善根佛言善男子若有衆生
雖於大乘未能修習然於晝夜六時偏

者隨喜一切衆[illegible]
善根悉皆迴向阿耨多羅三藐三菩提尒時天
帝釋白佛言世尊世間所有男子女人於大
乘行有能行者有不行者云何能得隨喜
一切衆生功德善根佛言善男子若有衆生
雖於大乘未能修習然於晝夜六時偏
袒右肩右膝著地合掌恭敬一心專念作
隨喜時得福无量應作是言十方世界一切
衆生現在修行施戒心慧我今皆悉深生隨喜
由作如是隨喜福故必當獲得尊重殊勝无
上无等最妙之果如是過去未來一切衆生
所有善根皆悉隨喜又於現在初行菩薩發
菩提心所有功德過百大劫行菩薩行有大
功德獲无上忍至不退轉一生補處如是一
切功德之蘊皆悉至心隨喜讚歎過去未來
一切菩薩所有功德隨喜讚歎亦復如是
復於現在十方世界一切諸佛應正遍知證
妙菩提為度无邊諸衆生故轉无上法輪
行无礙法施擊法鼓吹法螺建法幢雨
法雨哀愍勸化一切衆生咸令信受皆蒙
法施悉得充足无盡安樂又復所有菩薩聲
聞獨覺功德積集善根若有衆生未具如是
諸功德者悉令具足我皆隨喜如是過去未
來諸佛菩薩聲聞獨覺所有功德亦皆至心
隨喜讚歎善男子如是隨喜當得无量功德之
聚如恒河沙三千大千世界所有衆生皆斷煩惱
成阿羅漢若有善男子善女人盡其形壽常以上
妙衣服飲食卧具醫藥而為供養如是功德
不及如前隨喜功德千分之一何以故供養功

来諸佛菩薩聲聞獨覺所有功德亦皆至心
隨喜讚歎善男子如是隨喜當得无量功德之
聚如恒河沙三千大千世界所有衆生皆斷煩惱
成阿羅漢若有善男子善女人盡其形壽常以上
妙衣服飲食卧具醫藥而為供養如是功德
不及如前隨喜功德千分之一何以故供養功
德有數有量不攝一切諸功德故隨喜功德
无量无數能攝三世一切功德是故若人欲
求增長勝善根者應修如是隨喜功德若
有女人願轉女身為男子者亦應修習隨
喜功德必得隨心現成男子尒時天帝釋白
佛言世尊已知隨喜功德勸請功德唯願為
説欲令未来一切菩薩當轉法輪現在菩薩
正修行故佛告帝釋若有善男子善女人願
求阿耨多羅三藐三菩提者應當修行聲聞
獨覺大乘之道是人當於晝夜六時如前威
儀一心專念作如是言我今歸依十方一切諸
佛世尊已得阿耨多羅三藐三菩提未轉无上
法輪欲捨報身入涅槃者我皆至誠頂礼勸
請轉大法輪雨大法雨然大法燈照明理趣
施无礙法莫般涅槃久住於世度脫安樂一
切衆生如前所説乃至无盡安樂我今以此
勸請功德迴向阿耨多羅三藐三菩提如過
去未来現在諸大菩薩勸請功德迴向菩提
我亦如是勸請功德迴向无上正等菩提善
男子假使有人以三千大千世界滿中七寶
供養如来若復有人勸請如来轉大法輪所
得功德其福勝彼何以故彼是財施此是法施

去未来現在諸大菩薩勸請功德迴向菩提
我亦如是勸請功德迴向无上正等菩提善
男子假使有人以三千大千世界滿中七寶
供養如来若復有人勸請如来轉大法輪所
得功德其福勝彼何以故彼是財施此是法施
善男子且置三千大千世界七寶布施若人
以滿恒河沙數大千世界七寶供養一切諸
佛勸請功德亦勝於彼由其法施有五勝利
云何為五一者法施兼利自他財施不尒二
者法施能令衆生出於三界財施之福不出
欲界三者法施能淨法身財施但唯增長於
色四者法施无窮財施有盡五者法施能
斷无明財施唯伏貪愛是故善男子勸請
功德无量无邊難可譬喻如我昔行菩薩道
時勸請諸佛轉大法輪由彼善根是故今日一
切帝釋諸梵王等勸請於我轉大法輪善男
子請轉法輪為欲度脫安樂諸衆生故我於
往昔為菩提行勸請如来久住於世莫般涅
槃依此善根我得十力四无所畏四无礙辯
大慈大悲證得无數不共之法我當入於无
餘涅槃我之正法久住於世我法身者清淨
无比種種妙相无量智慧无量自在无量功
德難可思議一切衆生皆蒙利益百千萬劫
說不能盡法身攝藏一切諸法一切諸法不
攝法身法身常住不墮常見雖復斷滅亦非
斷見能破衆生種種異見能生衆生種種
真見能解一切衆生之縛无縛可解能植衆
生諸善根本未成熟者令成熟已成熟者令

說不能盡法身攝藏一切諸法一切諸法不
攝法身法身常住不墮常見雖復斷滅亦非
斷見能破衆生種種異見能生衆生種種
真見能解一切衆生之縛无縛可解能植衆
生諸善根本未成熟者令成熟已成熟者令
解脫无作无動遠離閙亂寂靜无為自在安
樂過於三世能現三世出於聲聞獨覺之
境諸大菩薩之所修行一切如來體无有異
此等皆由勸請功德善根力故如是法身我
今已得是故若有欲得阿耨多羅三藐三菩
提者於諸經中一句一頌為人解說功德善
根尚无限量何況勸請如來轉大法輪久住
於世莫般涅槃
時天帝釋復白佛言世尊若善男子善女
人為求阿耨多羅三藐三菩提故修三乘道
所有善根云何迴向一切智智佛告天帝善
男子若有衆生欲求菩提修三乘道所有善
根願迴向者當於晝夜六時慇重至心作如
是說我從无始生死以來於三寶所修行成
就所有善根乃至施與傍生一摶之食或以
善言和解諍訟或受三歸及諸學處或復懺
悔勸請隨喜所有善根我今作意悉皆攝取
迴施一切衆生无悔悋心是解脫分善根所
攝如佛世尊之所知見不可稱量无礙清淨
如是所有功德善根悉以迴施一切衆生不
住相心不捨相心我亦如是功德善根悉以
迴施一切衆生願皆獲得如意之手摇空出
寶滿衆生願富樂无盡智慧无窮妙法辯才

BD05594號　金光明最勝王經卷三　（15–8）

攝如佛世尊之所知見不可稱量无礙清淨
如是所有功德善根悉以迴施一切衆生不
住相心不捨相心我亦如是功德善根悉以
迴施一切衆生願皆獲得如意之手摇空出
寶滿衆生願富樂无盡智慧无窮妙法辯才
悉皆无滯共諸衆生同證阿耨多羅三藐三
菩提得一切智因此善根更復出生无量善
法亦皆迴向无上菩提又如過去諸大菩薩
修行之時功德善根悉皆迴向一切種智現在
未來亦復如是然我所有功德善根亦皆迴
向阿耨多羅三藐三菩提是諸善根願共一
切衆生俱成正覺如餘諸佛坐於道場菩提
樹下不可思議无礙清淨住於无盡法藏
陁羅尼首楞嚴定破魔波旬无量兵衆應
見覺知應可通達如是一切一刹那中悉皆照
了於後夜中獲甘露法證甘露義我及衆生
願皆同證如是妙覺猶如
无量壽佛　勝光佛　妙光佛　阿閦佛
功德善光佛　師子明佛　百光明佛　網光明佛
寶相佛　寶焰佛　焰明佛　焰盛光明佛
吉祥上王佛　微妙聲佛　妙莊嚴佛　法幢佛
上勝身佛　可愛色身佛　光明遍照佛　梵淨王佛
上性佛
如是等如來應正遍知過去未來及以現在
亦現應化得阿耨多羅三藐三菩提轉无上
法輪為度衆生我亦如是廣說如上
善男子若有淨信男子女人於此金光明最
勝經王滅業障品受持讀誦憶念不忘為

BD05594號　金光明最勝王經卷三　（15–9）

如是等如来應正遍知過去未来及以現在
亦現應化得阿耨多羅三藐三菩提轉无上
法輪為度衆生我亦如是廣説如上
善男子若有淨信男子女人於此金光明冣
勝经王滅業障品受持讀誦憶念不忘為
他廣説得无量无邊大功德聚譬如三千大
千世界所有衆生一時皆得成就人身得人
身已成獨覺道若有男子女人盡其形壽恭
敬尊重四事供養一一獨覺各施七寶如須
弥山此諸獨覺入涅槃後皆以珎寶起塔供
養其塔高廣十二瑜繕那以諸花香寶幢幡
蓋常為供養善男子於意云何是人所獲功
德寧為多不天帝釋言甚多世尊善男子
若復有人於此金光明微妙经典衆经之王
滅業障品受持讀誦憶念不忘為他廣説所
獲功德於前所説供養功德百分不及一百
千萬億分乃至校量譬喻所不能及何以故是
善男子善女人住正行中勸請十方一切諸佛
轉无上法輪皆為諸佛歡喜讚歎善男子
如我所説一切施中法施為勝是故善男子
於三寶所設諸供養不可為比勸受三歸持
一切戒无有毀犯三業不空不可為比一切世
界一切衆生隨力隨能隨所願樂於三乘中
勸發菩提心不可為比於三世中一切世界
所有衆生皆得无礙速令成就无量功德不
可為比三世刹土一切衆生令无障礙得三
菩提不可為比三世刹土一切衆生勸令速
出四惡道苦不可為比三世刹土一切衆生

勸發菩提心不可為比於三世中一切世界
所有衆生皆得无礙速令成就无量功德不
可為比三世刹土一切衆生令无障礙得三
菩提不可為比三世刹土一切衆生勸令速
出四惡道苦不可為比三世刹土一切衆生
勸令除滅極重惡業不可為比一切苦惱勸
令解脱不可為比一切怖畏苦惱逼切皆令
得解不可為比三世佛前一切衆生所有功
德勸令隨喜發菩提願不可為比勸除惡行
罵辱之業一切功德皆願成就所在生中勸
請供養尊重讚歎一切三寶勸請衆生淨修
福行成滿菩提不可為比是故當知勸請一
切世界三世三寶勸請滿足六波羅蜜勸
請轉於无上法輪勸請住世经无量劫演説
无量甚深妙法功德甚深无能比者
尒時天帝釋及恒河女神无量梵王四大天
衆從座而起偏袒右肩右膝着地合掌頂礼
白佛言世尊我等皆得聞是金光明冣勝王
经今悉受持讀誦通利為他廣説依此法住
何以故世尊我等欲求阿耨多羅三藐三菩
提隨順此義種種勝相如法行故尒時梵王
及天帝釋等於説法處皆以種種曼陁羅
花而散佛上三千大千世界地皆大動一切
天鼓及諸音樂不鼓自鳴放金色光遍滿世
界出妙音聲時天帝釋白佛言世尊此等皆
是金光明经威神之力慈悲普救種種利益
種種增長菩薩善根滅諸業障佛言如是如
是如汝所説何以故善男子我念往昔過无

花而散佛上三千大千世界地皆大動一切
天鼓及諸音樂不鼓自鳴放金色光遍滿世
界出妙音聲時天帝釋白佛言世尊此等皆
是金光明經威神之力慈悲普救種種利益
種種增長菩薩善根滅諸業障佛言如是如
是如汝所說何以故善男子我念往昔過无
量百千阿僧祇劫有佛名寶王大光照如來
應正遍知出現於世住世六百八十億劫尒時
寶王大光照如來為欲度脫人天釋梵沙門
婆羅門一切衆生令安樂故當出現時初會
說法度百千億億万衆皆得阿羅漢果諸漏
已盡三明六通自在无礙於第二會復度九
十千億億萬衆皆得阿羅漢果諸漏已盡三
明六通自在无礙於第三會復度九十八千
億億万衆皆得阿羅漢果圓滿如上
善男子我於尒時作女人身名福寶光明於
第三會親近世尊受持讀誦是金光明經為
他廣說求阿耨多羅三藐三菩提故時彼世
尊為我授記此福寶光明女於未來世當得
作佛号釋迦牟尼如來應正遍知明行足善
逝世間解无上士調御丈夫天人師佛世尊
捨女身後從是以來越四惡道生人天中受
上妙樂八十四百千生作轉輪王至于今日
得成正覺名稱普聞遍滿世界時會大衆忽
然皆見寶王大光照如來轉无上法輪說微
妙法善男子去此索訶世界東方過百千恒
河沙數佛土有世界名寶莊嚴其寶王大
光照如來今現在彼未般涅槃說微妙法廣

BD05594號　金光明最勝王經卷三　（15–12）

妙法善男子去此索訶世界東方過百千恒
河沙數佛土有世界名寶莊嚴其寶王大
光照如來今現在彼未般涅槃說微妙法廣
化群生汝等見者即是彼佛
善男子若有善男子善女人聞是寶王大光
照如來名号者於菩薩地得不退轉至大涅槃
若有女人聞是佛名者臨命終時得見彼佛
來至其所既見佛已究竟不復更受女身善
男子是金光明微妙經典種種利益種種增
長菩薩善根滅諸業障善男子若有苾芻苾芻
尼鄔波索迦鄔波斯迦隨在何處為人
講說是金光明微妙經典於其國土皆獲四
種福利善根云何為四一者國王无病離諸災
厄二者壽命長遠无有障礙三者无諸怨敵
兵衆勇健四者安隱樂正法流通何以故
如是人王常為釋梵四王藥叉之衆共守護
故尒時世尊告大衆曰善男子是事實不是時
无量釋梵四王及藥叉衆俱時同聲荅世尊
言如是如是若有國土講宣讀誦此妙經王
是諸國主我等四王常來擁護行住共俱其
王若有一切災障及諸怨敵我等四王皆使
消弥憂愁疾疫亦令除差增益壽命感應
禎祥所願遂心恒生歡喜我等亦能令其國
中所有軍兵悉皆勇健佛言善哉善哉善男
子如汝所說汝當修行何以故是諸國主如
法行時一切人民隨王修習如法行者汝等皆
蒙色力勝利宮殿光明眷屬强盛時釋梵等
白佛言如是世尊佛言若有講讀此妙經典流

BD05594號　金光明最勝王經卷三　（15–13）

中所有軍兵悉皆勇健佛言善哉善哉善男
子如汝所說汝當修行何以故是諸國主如
法行時一切人民隨王修習如法行者汝等皆
蒙色力勝利宮殿光明眷屬強盛時釋梵等
白佛言如是世尊佛言若有講讀此妙經典流
通之處於其國中大臣輔相有四種益云何
為四一者更相親穆尊重愛念二者常為人
王心所愛重亦為沙門婆羅門大國小國之
所尊敬三者輕財重法不求世利嘉名普既益
衆所欽仰四者壽命延長安隱快樂是名四
益若有國主宣說是經沙門婆羅門得四種
勝利云何為四一者衣服飲食卧具醫藥无
所乏少二者皆得安心思惟讀誦三者依於
山林得安樂住四者隨心所願皆得滿足是
名四種勝利若有國主宣說是經一切人民
皆得豊樂无諸疾疫[illegible]估往還多獲寶貨
具足勝福是名種種功德利益
尒時梵釋四天王及諸大衆白佛言世尊如
是經典甚深之義若現在者當知如來卅七
種助菩提法住世未滅若是經典滅盡之時
正法亦滅佛言如是如是善男子是故汝等
於此金光明經一句一頌一品一部皆當一
心正讀誦正聞持正思惟正修習為諸衆生
廣宣流布長夜安樂福利无邊時諸大衆
聞佛說已咸蒙勝益歡喜受持
金光明最勝王經卷第三
闇胡穆六英豎其器

BD05594號　金光明最勝王經卷三　（15-14）

具足勝福是名種種功德利益
尒時梵釋四天王及諸大衆白佛言世尊如
是經典甚深之義若現在者當知如來卅七
種助菩提法住世未滅若是經典滅盡之時
正法亦滅佛言如是如是善男子是故汝等
於此金光明經一句一頌一品一部皆當一
心正讀誦正聞持正思惟正修習為諸衆生
廣宣流布長夜安樂福利无邊時諸大衆
聞佛說已咸蒙勝益歡喜受持
金光明最勝王經卷第三
闇胡穆六英豎其器

BD05594號　金光明最勝王經卷三　（15-15）

畢有得无漏 法性之妙身 以清淨常體 一切於中現
復次常精進 若善男子善女人如來滅後受
持是經 若讀若誦若解說若書寫 得千二
百意功德 以是清淨意根 乃至聞一偈一句
通達无量无邊之義 解是義已 能演說一句
一偈至於一月四月乃至一歲 諸所說法 隨其
義趣 皆與實相不相違背 若說俗間經書治
世語言資生業等 皆順正法 三千大千世界
六趣衆生 心之所行 心所動作 心所戲論 皆悉
知之 雖未得无漏智慧 而其意根清淨如此 是
人有所思惟籌量言說 皆是佛法 无不真實
亦是先佛經中所說 尒時世尊欲重宣此
義而說偈言
是人意清淨 明利无穢濁 以此妙意根 知上中下法
乃至聞一偈 通達无量義 次第如法說 月四月至歲
是世界內外 一切諸衆生 若天龍及人 夜叉鬼神等
其在六趣中 所念若干種 持法華之報 一時皆悉知
十方无數佛 百福莊嚴相 為衆生說法 悉聞能受持
思惟无量義 說法亦无量 終始不忘錯 以持法華故
悉知諸法相 隨義識次第 達名字語言 如所知演說
此人有所說 皆是先佛法 以演此法故 於衆无所畏

BD05595號 妙法蓮華經卷六

(2–1)

六趣衆生 心之所行 心所動作 心所戲論 皆悉
知之 雖未得无漏智慧 而其意根清淨如此 是
人有所思惟籌量言說 皆是佛法 无不真實
亦是先佛經中所說 尒時世尊欲重宣此
義而說偈言
是人意清淨 明利无穢濁 以此妙意根 知上中下法
乃至聞一偈 通達无量義 次第如法說 月四月至歲
是世界內外 一切諸衆生 若天龍及人 夜叉鬼神等
其在六趣中 所念若干種 持法華之報 一時皆悉知
十方无數佛 百福莊嚴相 為衆生說法 悉聞能受持
思惟无量義 說法亦无量 終始不忘錯 以持法華故
悉知諸法相 隨義識次第 達名字語言 如所知演說
此人有所說 皆是先佛法 以演此法故 於衆无所畏
持法華經者 意根淨若斯 雖未得无漏 先有如是相
是人持此經 安住希有地 為一切衆生 歡喜而愛敬
能以千万種 善巧之語言 分別而說法 持法華經故
妙法蓮華經常不輕菩薩品第二十
尒時佛告得大勢菩薩摩訶薩 汝今當知
若比丘比丘尼優婆塞優婆夷 持法華經
者 若有惡口罵詈誹謗 獲大罪報 如前所

BD05595號 妙法蓮華經卷六

(2–2)

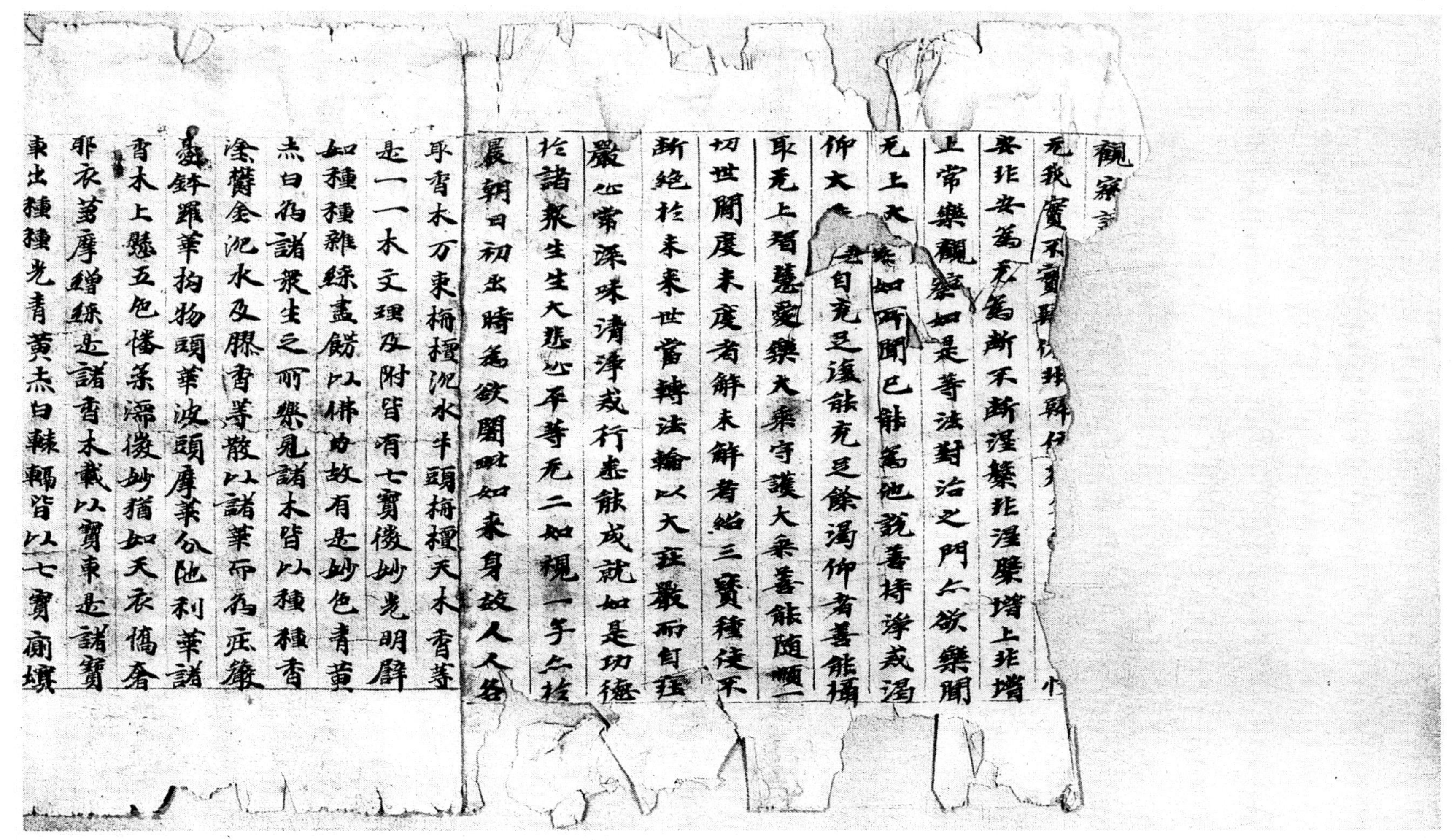
觀察[illegible]
无我實不實異非異[illegible]
安非安為非為斷不斷涅槃非涅槃增上非增
上常樂觀察如是等法對治之門亦欲樂聞
无上大乘如所聞已能為他說善持淨戒渴
仰大乘自充足復能充足餘渴仰者善能攝
取无上智慧愛樂大乘守護大乘善能隨順一
切世間度未度者解未解者紹三寶種使不
斷絕於未來世當轉法輪以大莊嚴而自莊
嚴心常深味清淨戒行悉能成就如是功德
於諸眾生生大悲心平等无二如視一子亦於
晨朝日初出時為欲闍維如來身故人人各
取香木万束栴檀沉水牛頭栴檀天木香等
是一一木文理及附皆有七寶微妙光明譬
如種種雜綵畫飾以佛力故有是妙色青黃
赤白為諸眾生之所樂見諸木皆以種種香
塗鬱金沉水及膠香等散以諸華而為莊嚴
優鉢羅華拘物頭華波頭摩華分陀利華諸
香木上懸五色幡柔濡微妙猶如天衣憍奢
耶衣芻摩繒綵是諸香木載以寶車是諸寶
車出種種光青黃赤白轅輞皆以七寶廁填

BD05596號　大般涅槃經（北本）卷一　（18–1）

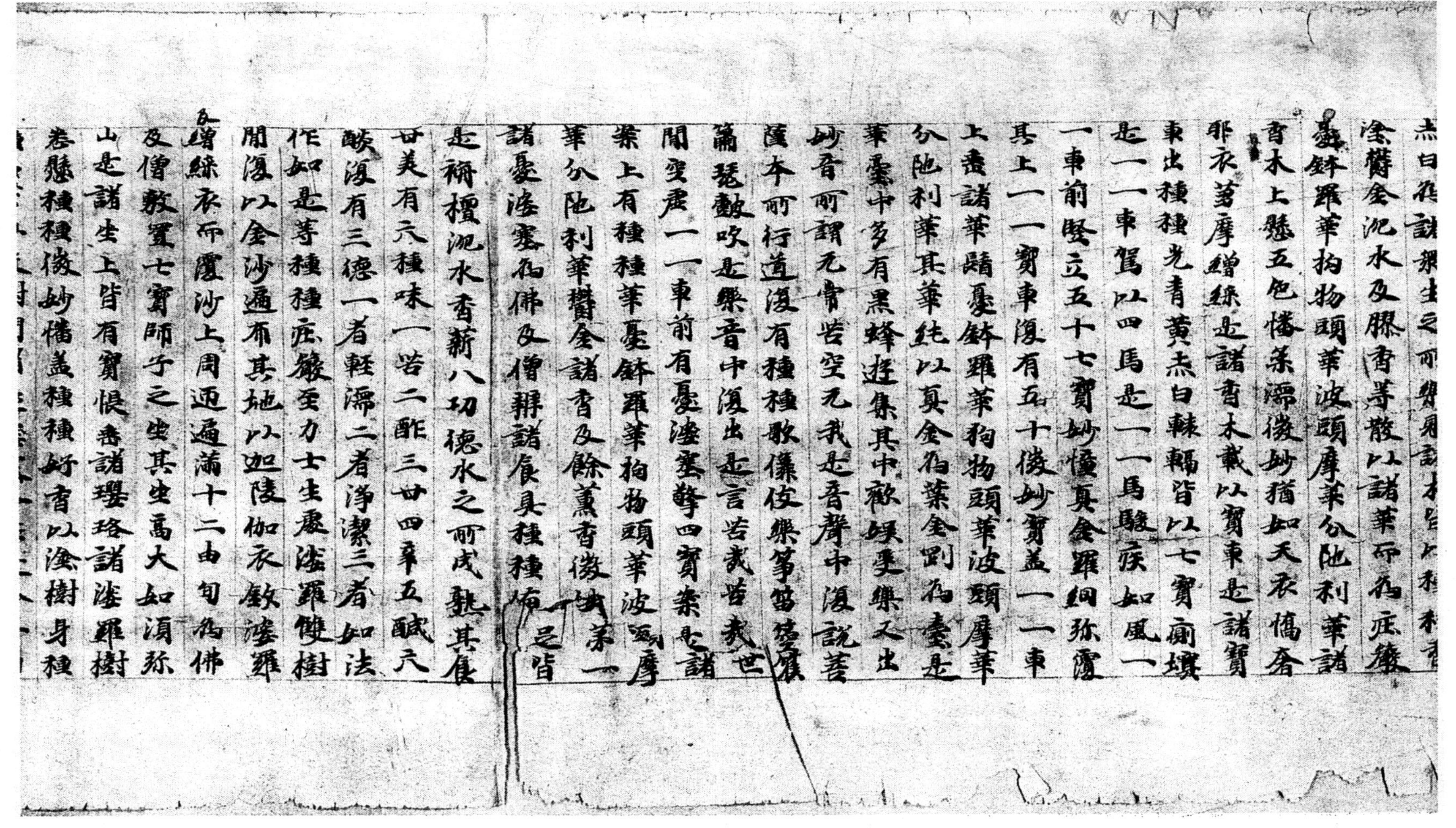
赤白為諸眾生之所樂見諸木皆以種種香
塗鬱金沉水及膠香等散以諸華而為莊嚴
優鉢羅華拘物頭華波頭摩華分陀利華諸
香木上懸五色幡柔濡微妙猶如天衣憍奢
耶衣芻摩繒綵是諸香木載以寶車是諸寶
車出種種光青黃赤白轅輞皆以七寶廁填
是一一車駕以四馬是一一馬駿疾如風一
一車前竪立五十七寶妙幢真金羅網弥覆
其上一一寶車復有五十微妙寶蓋一一車
上垂諸華鬘優鉢羅華拘物頭華波頭摩華
分陀利華其華純以真金為葉金剛為臺是
華臺中多有黑蜂遊集其中歡娛受樂又出
妙音所謂无常苦空无我是音聲中復說菩
薩本所行道復有種種歌儛伎樂箏笛箜篌
簫瑟鼓吹是樂音中復出是言苦哉苦哉世
間空虛一一車前有優婆塞擎四寶案是諸
案上有種種華優鉢羅華拘物頭華波頭摩
華分陀利華鬱金諸香及餘薰香微妙第一
諸優婆塞為佛及僧辦諸食具種種備足皆
是栴檀沉水香薪八功德水之所成熟其食
甘美有六種味一苦二酢三甘四辛五醎六
淡復有三德一者輕濡二者淨潔三者如法
作如是等種種莊嚴至力士生處娑羅雙樹
間復以金沙遍布其地以迦陵伽衣欽婆羅
衣及繒綵衣而覆沙上周匝遍滿十二由旬為佛
及僧敷置七寶師子之座其座高大如須弥
山是諸座上皆有寶帳垂諸瓔珞諸娑羅樹
悉懸種種微妙幡蓋種種好香以塗樹身種

BD05596號　大般涅槃經（北本）卷一　（18–2）

間復以金沙遍布其地以迦陵伽衣欽婆羅
衣及諸綵衣而覆沙上周迊遍滿十二由旬為佛
及僧敷置七寶師子之坐其坐高大如須弥
山是諸坐上皆有寶帳垂諸瓔珞諸娑羅樹
悉懸種種微妙幡蓋種種好香以塗樹身種
種名華以散樹間諸優婆塞各作是念一切
衆生若有所乏須食與食須飲與飲須頭與
頭須目與目隨諸衆生所須之物皆悉給與
作是施時離欲瞋恚穢濁毒心无餘思惟求
世福樂唯期无上清淨菩提是優婆塞等皆
已安住於菩提道復作是念如來今者受我
食已當入涅槃作是念已身毛皆竪遍體血
現如波羅奢華涕泣盈目生大苦惱各各齎
持供養之具載以寶車香木幢幡寶蓋飲食
疾至佛所稽首佛足以其所持供養之具供
養如來遶百千迊舉聲號泣哀動天地椎胸
大叫淚下如雨復相謂言苦哉仁者世間空
虛世間空虛便自舉身投如來前而白佛言
唯願如來哀受我等最後供養世尊知時嘿
然不受如是三請悉皆不許諸優婆塞不果
所願心懷悲惱嘿然而住猶如慈父唯有一
子卒病喪亡送其屍骸置於冢間歸還悵恨
愁憂苦惱諸優婆塞悲苦惱亦復如是以諸
供具安置一處却在一面嘿然而坐
尒時復有三恒河沙諸優婆夷受持五戒威
儀具足其名曰壽德優婆夷德鬘優婆夷毗
舍佉優婆夷等八万四千而為上首悉能堪
任護持正法為度无量百千衆生故現女身

BD05596號　大般涅槃經（北本）卷一

（18–3）

愁憂苦惱諸優婆塞悲苦惱亦復如是以諸
供具安置一處却在一面嘿然而坐
尒時復有三恒河沙諸優婆夷受持五戒威
儀具足其名曰壽德優婆夷德鬘優婆夷毗
舍佉優婆夷等八万四千而為上首悉能堪
任護持正法為度无量百千衆生故現女身
呵嘖家法自觀己身如四毒虵是身常為无
量諸虫之所唼食是身臭穢貪欲獄縛是身
可惡猶如死狗是身不淨九孔常流是身如
城血肉筋骨皮裹其上手足以為却敵樓櫓
目為竅孔頭為殿堂心王處中如是身城諸
佛世尊之所棄捨凡夫愚人常所味著貪婬
瞋恚愚癡羅剎止住其中是身不堅猶如蘆
葦伊蘭水沫芭蕉之樹是身无常念念不住
猶如電光暴水幻炎亦如畫水隨畫隨合是
身易壞猶如河岸臨峻大樹是身不久當為
狐狼鵄梟鵰鷲烏鵲餓狗之所食噉誰有智
者當樂此身寧以牛跡盛大海水不能具說
是身无常不淨臭穢寧丸大地使如棗等漸
漸轉小猶葶藶子乃至微塵不能具說是身
過患是故當捨如棄涕唾以是因緣諸優婆
夷以空无相无願之法常脩其心深樂諮受
大乘經典聞已亦能為他演說護持本願毀
呰女身甚可患厭性不堅牢心常脩集如是
正觀破壞生死无際輪轉渴仰大乘既自充
足復能充足餘渴仰者深樂大乘守護大乘
雖現女身實是菩薩善能隨順一切世間度
未度者解未解者紹三寶種使不斷絕於未

BD05596號　大般涅槃經（北本）卷一

（18–4）

此女身甚可患厭性不堅牢心常脩集如是
正觀破壞生死无際輪轉渴仰大乘既自充
足復能充足餘渴仰者深樂大乘守護大乘
雖現女身實是菩薩善能隨順一切世間度
未度者解未解者紹三寶種使不斷絕於未
來世當轉法輪以大莊嚴而自莊嚴堅持禁
戒皆悉成就如是功德於諸衆生生大悲心
平等无二如視一子亦於晨朝日初出時各
相謂言今日宜應至雙樹間諸優婆夷所設
供具倍勝於前持至佛所稽首佛足遶百千
迊而白佛言世尊我等今者為佛及僧辦諸
供具唯願如來哀受我供如來嘿然而不許
可諸優婆夷不果所願心懷愁悵却住一面
尒時復有四恒河沙毗耶離城諸離車等男
女大小妻子眷屬及閻浮提諸王眷屬為求
法故善脩戒行威儀具足摧伏異學壞正法
者常相謂言我等當以金銀倉庫為令甘露
无盡正法深奧之藏久住於世願令我等常
得脩學若有誹謗佛正法者當斷其舌復作
是願若有出家毀禁戒者我當罷令還俗樂
使有能深樂護持正法我當敬重如事父母
若有衆生能脩正法我當隨喜令得勢力常
欲樂聞大乘經典聞已亦能為人廣說皆悉
成就如是功德其名曰淨无垢藏離車子淨
不放逸離車子恒水无垢淨德離車子如是
等各相謂言仁等今可速往佛所所辦供養
種種具足一一離車各嚴八万四千大象
八万四千駟馬寶車八万四千明月寶珠天

成就如是功德其名曰淨无垢藏離車子淨
不放逸離車子恒水无垢淨德離車子如是
等各相謂言仁等今可速往佛所所辦供養
種種具足一一離車各嚴八万四千大象
八万四千駟馬寶車八万四千明月寶珠天
木栴檀沈水薪束種種各有八万四千一一
象前有寶幢幡蓋其蓋小者周迊縱廣一由
旬幡最短者長三十二由旬寶幢卑者高百
由旬持如是等供養之具往至佛所稽首佛
足遶百千迊而白佛言世尊我等今者為佛
及僧辦諸供具唯願如來哀受我供如來嘿
然而不許可諸離車等不果所願心懷悲惱
以佛神力去地七多羅樹於虛空中嘿然而
住尒時復有五恒河沙大臣長者敬重大乘
若有異學謗正法者是諸人等力能摧伏猶
如雹雨摧折草木其名曰日光長者護世長
者護法長者如是之等而為上首所設供養
五倍於前俱共往詣娑羅雙樹間稽首佛足
遶百千迊而白佛言世尊我等今者為佛及
僧設諸供具唯願哀愍受我等供如來嘿然
而不受之諸長者等不果所願心懷悲惱以
佛神力去地七多羅樹於虛空中嘿然而住
尒時復有毗舍離王及其後宮夫人眷屬閻
浮提內所有諸王除阿闍世幷及城邑聚落
人民其名曰月无垢王等各嚴四兵欲往佛
所是一一王各有一百八十万億人民眷屬
是諸車兵駕以象馬象有六牙馬疾如風莊
嚴供具六倍於前寶蓋之中有極小者周迊

浮提内所有諸王除阿闍世并及城邑聚落
人民其名日月无垢王等各嚴四兵欲往佛
所是一一王各有一百八十万億人民眷屬
是諸車兵駕以象馬象有六牙馬疾如風莊
嚴供具六倍於前寶蓋之中有極小者周匝
廣縱滿八由旬幡極短者十六由旬寶幢卑
者卅六由旬是諸王等皆以安住於正法中
惡賤邪法敬重大乘深樂大乘憐愍衆生等
如一子所持飲食香氣流布滿四由旬亦於
晨朝日初出時持是種種上妙甘饍詣雙樹
間至如來所而白佛言世尊我等為佛及比
丘僧設是供具唯願如來哀愍受我最後供
養如來知時亦不許可是諸王等不果所願
心懷愁惱却住一面
尒時復有七恒河沙諸王夫人唯除阿闍世
王夫人為度衆生現受女身常觀身行以空
无相无願之法勳脩其心其名曰三界妙夫
人愛德夫人如是等諸王夫人皆悉安住於
正法中脩行禁戒威儀具足憐愍衆生等如
一子各相謂言今宜速往詣世尊所諸王夫
人所設供養七倍於前香華寶幢繒綵幡蓋
上妙飲食寶蓋小者周匝縱廣十六由旬幡
最短者三十六由旬寶幢卑者六十八由旬
飲食香氣周匝流布滿八由旬持如是等供
養之具往如來所稽首佛足遶百千匝而白
佛言世尊我等為佛及比丘僧設是供具唯
願如來哀愍受我最後供養如來知時嘿然
不受時諸夫人不果所願心懷愁惱自拔頭

BD05596號　大般涅槃經（北本）卷一　（18–7）

飲食香氣周匝流布滿八由旬持如是等供
養之具往如來所稽首佛足遶百千匝而白
佛言世尊我等為佛及比丘僧設是供具唯
願如來哀愍受我最後供養如來知時嘿然
不受時諸夫人不果所願心懷愁惱自拔頭
髮推胸大哭猶如新喪所愛之子却在一面
嘿然而住
尒時復有八恒河沙諸天女等其名曰廣目
天女而為上首作如是言汝等諸姉諦觀諦
觀是諸大衆所設種種上妙供具欲供如來
及比丘僧我等亦當如是嚴設微妙供具供
養如來如來受已當入涅槃諸姉諸佛如來
出世甚難最後供養亦復倍難若佛涅槃世
間空虚是諸天女愛樂大乘欲聞大乘聞已
亦能為人廣說渴仰大乘既自充足復能充
足餘渴仰者守護大乘若有異學憎嫉大乘
勢能摧滅如雹摧草護持戒行威儀具足善
能隨順一切世間度未度者脫未脫者於未
來世當轉法輪紹三寶種使不斷絕脩學大
乘以大莊嚴而自莊嚴成就如是无量功德
等慈衆生如視一子亦於晨朝日初出時各
取種種天木香等倍於人間所有香木其木
香氣能滅人中種種臭穢白車白蓋駕四白
馬一一車上皆張白帳其帳四邊懸諸金鈴
種種香華寶幢幡蓋上妙甘饍種種伎樂敷
師子坐其坐四足純紺琉璃於其坐後各各
皆有七寶猗牀一一坐前復有金机復以七
寶而為燈樹種種寶珠以為燈明微妙天

BD05596號　大般涅槃經（北本）卷一　（18–8）

馬一一車上皆張白帳其帳四邊懸諸金鈴
種種香華寶幢幡蓋上妙甘饍種種伎樂敷
師子坐其坐四足純紺琉璃於其坐後各各
皆有七寶倚牀一一坐前復有金机復以七
寶而為燈樹種種寶珠以為燈明微妙天華
遍布其地是諸天女設是供已心懷哀感涕
淚交流生大苦惱亦為利益安樂衆生成就
大乘第一空行顯發如來方便密教亦為不斷
種種說法往詣佛所稽首佛足遶百千匝而
白佛言世尊唯願如來哀受我等最後供養
如來知時嘿然不受諸天女等不果所願心
懷愁惱却在一面嘿然而住
尒時復有九恒河沙諸龍王等住於四方其
名曰和脩吉龍王難陁龍王婆難陁龍王而
為上首諸龍王亦於晨朝日初出時設諸供
具倍於人天持至佛所稽首佛足遶百千
通而白佛言唯願如來哀受我等最後供養
如來知時嘿然不受是諸龍王不果所願心
懷愁惱却住一面
尒時復有十恒河沙等諸鬼神王毗沙門王
而為上首各相謂言仁等今者可速詣佛所
設諸供具倍於諸龍持詣佛所稽首佛足遶百
千通而白佛言唯願如來哀受我等最後供
養如來知時嘿然不許是諸鬼王不果所願
心懷愁惱却住一面
尒時復有廿恒河沙金翅鳥王降怨鳥王而
為上首復有卅恒河沙乾闥婆王那羅達王

BD05596號　大般涅槃經（北本）卷一　（18–9）

千通而白佛言唯願如來哀受我等最後供
養如來知時嘿然不許是諸鬼王不果所願
心懷愁惱却住一面
尒時復有廿恒河沙金翅鳥王降怨鳥王而
為上首復有卅恒河沙乾闥婆王那羅達王
而為上首復有卌恒河沙緊那羅王善見王
而為上首復有五十恒河沙摩睺羅伽王大
善見王而為上首復有六十恒河沙阿脩羅
王睒婆利王而為上首復有七十恒河沙陁
那婆王无垢河水王跋提達多王等而為上
首復有八十恒河沙等羅刹王可畏王而為
上首捨離惡心更不食人於怨憎中生慈悲
心其形醜陋以佛神力皆悉端政復有九十
恒河沙樹林神王樂香王而為上首復有千
恒河沙持呪王大幻持呪王而為上首復有
一億恒河沙貪色鬼魅善見王而為上首復
有百億恒河沙天諸婇女藍婆女欝婆尸女
帝路沾女毗舍佉女而為上首復有千億恒
河沙地諸鬼王白濕王而為上首復有十万
億恒河沙等諸天子及諸天王四天王等復
有十万億恒河沙等四方風神吹諸樹上時
非時華散雙樹間復有十万億恒河沙主雲
雨神皆作是念如來涅槃焚身之時我當注
雨令火時滅衆中熱悶為作清涼復有廿恒
河沙大香象王羅睺象王金色象王甘味象
王紺眼象王欲香象王等而為上首敬重大
乘愛樂大乘知佛不久當般涅槃各各拔取
无量无邊諸妙蓮華來至佛所頭面礼佛却

BD05596號　大般涅槃經（北本）卷一　（18–10）

而神皆作是念如來涅槃焚身之時我當注
雨令火時滅衆中熱悶為作清涼復有廿恒
河沙大香象王羅睺象王金色象王甘味象
王紺眼象王欲香象王等而為上首敬重大
乘愛樂大乘知佛不久當般涅槃各各拔取
无量无邊諸妙蓮華來至佛所頭面禮佛却
住一面復有廿恒河沙師子獸王師子吼王
而為上首施與一切衆生无畏持諸華果來
至佛所稽首佛足却住一面復有廿恒河沙
等諸飛鳥王鳧鴈鴛鴦孔雀諸鳥揵闥婆鳥
迦蘭陁鳥鸜鵒鸚鵡俱翅羅鳥婆嘻伽鳥迦
陵頻伽鳥耆婆耆婆鳥如是等諸鳥持諸華
菓來至佛所稽首佛足却住一面復有廿恒
河沙等水牛牛羊往至佛所出妙香乳其乳
流滿拘尸那城所有溝坑色香美味悉皆具
足成是事已却住一面復有廿恒河沙等四
天下中諸神仙人忍辱仙等而為上首持諸
香華及諸甘菓來詣佛所稽首佛足遶佛三
匝而白佛言唯願世尊哀受我等最後供養
如來知時嘿然不許時諸仙人不果所願心
懷愁惱却住一面閻浮提中一切蜂王妙音
蜂王而為上首持種種華來詣佛所稽首佛
足遶佛一匝却住一面尒時閻浮提中比丘
比丘尼一切皆集唯除尊者摩訶迦葉阿難二
衆復有无量阿僧祇恒河沙等世界中間及
閻浮提所有諸山須弥山王而為上首其山
莊嚴叢林蓊欝諸樹茂盛枝條扶踈蔭蔽日
光種種妙華周遍而有龍衆流水清淨香潔

比丘尼一切皆集唯除尊者摩訶迦葉阿難二
衆復有无量阿僧祇恒河沙等世界中間及
閻浮提所有諸山須弥山王而為上首其山
莊嚴叢林蓊欝諸樹茂盛枝條扶踈蔭蔽日
光種種妙華周遍而有龍衆流水清淨香潔
諸天龍神乾闥婆阿脩羅迦樓羅緊那羅摩
睺羅伽神仙呪術作倡伎樂如是等衆弥滿
其中是等諸仙亦來詣佛稽首佛足却住一
面復有阿僧祇恒河沙等四大海神及諸河
神有大威德具大神足所設供養倍勝於前
諸神身光伎樂燈明悉蔽日月令不復現以
占婆華散熈連河來至佛所稽首佛足却住
一面尒時拘尸那城娑羅樹林其林變白猶
如白鶴於虛空中自然而有七寶堂閣彫文
刻漏綺飾分明周匝蘭楯衆寶雜廁堂下多
有流泉浴池上妙蓮華弥滿其中猶如北方
欝單曰國亦如忉利歡喜之園尒時娑羅樹
林中間種種莊嚴甚可愛樂亦復如是是諸
天人阿脩羅等咸覩如來涅槃之相悉皆悲
感愁憂不樂尒時四天王釋提桓因各相謂
言汝等觀察諸天世人及阿脩羅大設供養
欲於最後供養如來我等亦當如是供養若
我最後得供養者檀波羅蜜則為成就滿足
不難尒時四天王所設供養倍勝於前持曼
陁羅華摩訶曼陁羅華迦枳樓伽華摩訶迦
枳樓伽華曼殊沙華摩訶曼殊沙華散多尼
迦華摩訶散多尼迦華愛樂華大愛樂華普

不難尒時四天王所設供養倍勝於前持蔓
陀羅華摩訶蔓陀羅華迦枳樓伽華摩訶迦
枳樓伽華曼殊沙華摩訶曼殊沙華散多尼
迦華摩訶散多尼迦華憂樂華大憂樂華普
賢華大普賢華時華大時華香城華大香城
華歡喜華大歡喜華發欲華大發欲華香醉
華大香醉華普香華大普香華天金葉華龍
華波利質多樹華拘毗羅樹華復持種種上
妙甘饍來至佛所稽首佛足諸是天人所有
光明能覆日月令不復現以是供具欲供養
佛如來知時嘿然不受尒時諸天不果所願
愁憂苦惱却住一面
尒時釋提桓因及三十三天設諸供具亦倍
勝前及所持華亦復如是香氣微妙甚可愛
樂持淨勝堂并諸小堂來至佛所稽首佛足
而白佛言世尊我等深樂愛護大乘唯願如
來哀受我食如來知時嘿然不受時諸釋天
不果所願心懷愁惱却住一面乃至天天所
設供養展轉勝前寶幢幡蓋寶蓋小者覆四
天下幡冣短者周圍四海幢冣卑者至自在
天微風吹幡出微妙聲持上甘饍來詣佛所
稽首佛足白佛言世尊唯願如來哀受我等
冣後供養如來知時嘿然不受是諸天等不
果所願心懷愁惱却住一面上有至頂其餘
梵衆一切來集尒時大梵天王及餘梵衆放
身光明遍四天下欲界人天日月光明悉不
復現持諸寶幢繒綵幡蓋幡短極者懸於梵
宮至娑羅樹間來詣佛所稽首佛足白佛言

BD05596號　大般涅槃經（北本）卷一　（18–13）

果所願心懷愁惱却住一面上有至頂其餘
梵衆一切來集尒時大梵天王及餘梵衆放
身光明遍四天下欲界人天日月光明悉不
復現持諸寶幢繒綵幡蓋幡短極者懸於梵
宮至娑羅樹間來詣佛所稽首佛足白佛言
世尊唯願如來哀受我等冣後供養如來知
時嘿然不受尒時諸梵不果所願心懷愁惱
却住一面尒時毗摩質多羅阿脩羅王與无
量阿脩羅大眷屬俱身諸光明勝於梵天持
諸寶幢繒綵幡蓋其蓋小者覆千世界上妙
甘饍來詣佛所稽首佛足而白佛言唯願如
來哀受我等冣後供養如來知時嘿然不受
諸阿脩羅不果所願心懷愁惱却住一面
尒時欲界魔王波旬與其眷屬諸天婇女无
量无邊阿僧祇衆開地獄門施清淨水因而
告曰汝等今者无所能為唯當專念如來應
正遍知建立冣後隨喜供養當令汝等長夜
獲安時魔波旬於地獄中悉除刀劍无量苦
毒熾然炎火注雨滅之以佛神力復發是心
令諸眷屬皆捨刀劍弓弩鎧杖牟矟長句金
椎鉞斧鬪輪羂索所持供養倍勝一切人天
所設其蓋小者覆中千世界來至佛所稽首
佛足而白佛言我等今者愛樂大乘守護大
乘世尊若有善男子善女人為供養故為怖
畏故為誑他故為財利故為隨他故受是大
乘或真或偽我等尒時當為是人除滅怖畏說
如是呪
啅枳　吒吒羅啅枳　盧呵隸　摩訶盧呵隸呵羅

BD05596號　大般涅槃經（北本）卷一　（18–14）

佛之所曰佛言我等今者愛樂大乘守護大
乘世尊若有善男子善女人為供養故為怖
畏故為誑他故為財利故為隨他故受是大
乘或真或偽我等尒時當為是人除滅怖畏說
如是呪
嗥枳　吒吒羅嗥枳　盧呵膩　摩訶盧呵膩呵羅
遮羅　多羅　莎呵
是呪能令諸失心者怖畏者說法者不斷正
法者為伏外道故護已身故護正法故護大
乘故說如是呪若有能持如是呪者无惡象
怖若至曠野空澤嶮處不生怖畏亦无水火
師子虎狼盜賊王難世尊若有能持如是呪
者悉能除滅如是等怖世尊持是呪者我當
護之如龜藏六世尊我等今者不以諂說
如是事持是呪者我當至誠益其勢力唯願
如來哀受我等最後供養尒時佛告魔波旬
言我不受汝飲食供養我已受汝所說神呪
為欲安樂一切衆生四部衆故佛說是已魔
然不受如是三請皆亦不受時魔波旬不果
所願心懷愁惱却住一面
尒時大自在天王與其眷屬无量无邊及諸
天衆所設供具悉覆梵釋護世四王人天八
部及非人等所有供具梵釋所設猶如聚墨
在珂貝邊悉不復現寶蓋小者能覆三千大
千世界持如是等供養之具來詣佛所稽首
佛足遶无數匝白佛言世尊我等所獻微末
供具喻於蚊子供養於我亦如有人以一掬
水投於大海然一小燈助百千日春夏之月

BD05596號　大般涅槃經（北本）卷一　（18–15）

在珂貝邊悉不復現寶蓋小者能覆三千大
千世界持如是等供養之具來詣佛所稽首
佛足遶无數匝白佛言世尊我等所獻微末
供具喻於蚊子供養於我亦如有人以一掬
水投於大海然一小燈助百千日春夏之月
衆華茂盛有持一華益於衆華以葶藶子益
須弥山豈當有益大海日明衆華須弥世尊我
今所奉微末供具亦復如是若以三千大
千世界滿中香華伎樂幢蓋供養如來尚不
足言何以故如來為諸衆生常於地獄餓鬼
畜生諸惡趣中受諸苦惱是故世尊應見哀
愍受我等供尒時東方去此无量无數阿僧
祇恒河沙微塵等世界彼有佛土名意樂美
音佛号虛空等如來應正遍知明行足善逝
世間解无上士調御丈夫天人師佛世尊尒
時彼佛即告第一大弟子言善男子汝今宜
往西方娑婆世界佛土有佛号釋迦牟尼如
來應正遍知明行足善逝世間解无上士調
御丈夫天人師佛世尊彼佛不久當般涅槃
善男子汝可持此世界香飯其食香美食之
安隱可以奉獻彼佛世尊食已入般涅槃善
男子并可礼敬請決所疑尒時无邊身菩薩
摩訶薩即受佛教從坐而起稽首佛足右遶
三匝與无量阿僧祇菩薩俱從彼國發來至
此娑婆世界應時此間三千大千世界大地
六種振動於是衆中梵釋四天王魔王波旬
摩醯首羅如是大衆見是地動舉身毛竪喉

BD05596號　大般涅槃經（北本）卷一　（18–16）

三迊眞无量阿僧祇菩薩俱從彼國來至
此娑婆世界應時此間三千大千世界大地
六種振動於是衆中釋梵四天王魔王波旬
摩醯首羅如是大衆見是地動舉身毛豎喉
舌枯燥驚怖戰慄各欲四散自見其身无復
光明所有威德悉滅无餘是時文殊師利法
王子即從坐起告諸大衆諸善男子汝勿等
怖汝等勿怖何以故東方去此无量无數阿
僧祇恒河沙微塵等世界有世界名意樂美
音佛號虛空等如來應正遍知十號具足彼
有菩薩名无邊身與无量菩薩欲來至此供
養如來以彼菩薩威德力故令汝身光悉不
復現是故汝等應生歡喜勿懷恐怖尒時大
衆悉皆遙見彼佛大衆如明鏡中目觀己身
時文殊師利復告大衆汝今所見彼佛大衆
如見此佛以佛神力復當如是得見九方无
量諸佛尒時大衆各相謂言苦哉苦哉世間
空虛如來不久當般涅槃是時大衆一切悉
見无邊身菩薩及其眷屬是菩薩身一一毛
孔各各出生一大蓮華一一蓮華各有七万
八千城邑縱廣正等如毗耶離城墻壁𨻶塹
七寶雜廁多羅寶樹七重行列人民熾盛安
隱豐樂閻浮檀金以為却敵一一却敵各有
種種七寶林樹華菓茂盛微風吹動出微妙
音其聲和雅猶如天樂城中人民聞是音聲
即得受於上妙快樂是諸塹中妙水盈滿清
淨香潔如眞琉璃是諸水中有七寶船諸人
乘之遊戲澡浴共相娛樂快樂无極復有无

BD05596號　大般涅槃經（北本）卷一　（18–17）

種種七寶林樹華菓茂盛微風吹動出微妙
音其聲和雅猶如天樂城中人民聞是音聲
即得受於上妙快樂是諸塹中妙水盈滿清
淨香潔如眞琉璃是諸水中有七寶船諸人
乘之遊戲澡浴共相娛樂快樂无極復有无
量雜色蓮華優鉢羅華拘物頭華波頭摩華
分陁利華其華縱廣猶如車輪其塹岸上多
有薗林一一薗中有五泉池是諸池中復有
諸華優鉢羅華拘物頭華波頭摩華分陁利
華其華縱廣正如車輪香氣芬馥甚可愛樂
其水清淨柔濡苐一鳧鴈鴛鴦遊戲其中其
薗各有衆寶宮宅一一宮宅縱廣正等滿四
由旬所有墻壁四寶所成所謂金銀琉璃頗
梨眞金為網周迊蘭楯玫瑰為地金沙布上
是宮宅中多有七寶流泉浴池一一池邊各
有八十黄金梯陛閻浮檀金為芭蕉樹如忉
利天歡喜之薗是一一城各有八万四千人
王一一諸王各有无量夫人綵女共相娛樂
歡喜受樂其餘人民亦復如是各於住處共
相娛樂是中衆生不聞餘名純聞无上大乘
之聲是諸華中一一各有師子之坐其坐四
足皆紺琉璃柔濡素衣以布坐上其衣微妙
出過三界一一坐上有一王坐以大乘法教

BD05596號　大般涅槃經（北本）卷一　（18–18）

兑

真喧雜行菩薩摩訶薩尊重讚歎謂不喧雜
其心寂靜能正脩行真遠離行善現當知是
諸菩薩於應親近恭敬供養如諸佛者而不
親近恭敬供養及生輕毀於應遠離不應親
近恭敬供養如惡友而反親近恭敬供養
羅蜜多無方便善巧故妄生種種分別執著
所以者何彼作是念我所脩學是真遠離故
爲非人稱歎讚念居城邑者身心擾亂誰當
讚念恭敬讚美是諸菩薩由此因緣心多憍
傲輕蔑毀呰諸餘菩薩摩訶薩衆煩惱惡業
晝夜增長善現當知是諸菩薩於餘菩薩摩
訶薩衆爲旃荼羅染汙菩薩摩訶薩衆雖似
菩薩摩訶薩相而是天上人中大賊誑惑天
人阿素洛等其身雖服沙門法衣而心常懷
盜賊意樂諸有發趣菩薩乘者不應親近恭
敬供養尊重讚歎如是惡人何以故當知是
人懷增上慢外似菩薩內多煩惱是故善現
若菩薩摩訶薩真實不捨一切智智不捨無
上正等菩提深心欲求一切智智欲證無上
正等菩提普爲利樂諸有情者不應親近恭

BD05597 號　大般若波羅蜜多經（兑廢稿）卷四五三　　（2–1）

傲輕蔑毀呰諸餘菩薩摩訶薩衆煩惱惡業
晝夜增長善現當知是諸菩薩於餘菩薩摩
訶薩衆爲旃荼羅染汙菩薩摩訶薩衆雖似
菩薩摩訶薩相而是天上人中大賊誑惑天
人阿素洛等其身雖服沙門法衣而心常懷
盜賊意樂諸有發趣菩薩乘者不應親近恭
敬供養尊重讚歎如是惡人何以故當知是
人懷增上慢外似菩薩內多煩惱是故善現
若菩薩摩訶薩真實不捨一切智智不捨無
上正等菩提深心欲求一切智智欲證無上
正等菩提普爲利樂諸有情者不應親近恭
敬供養尊重讚歎如是惡人善現當知諸菩
薩摩訶薩應常精進脩自事業遠離生死不
著三界於彼惡賊旃荼羅人常應發生慈悲
喜捨應作是念我不應起如彼惡人所起過

BD05597 號　大般若波羅蜜多經（兑廢稿）卷四五三　　（2–2）

世人咸皆謂之
以斯方便饒益无量百千衆生又
化无量阿僧祇人令立阿耨多羅三藐三菩
提故常作佛事教化衆生諸比丘富樓那亦
於七佛說法人中而得第一今於我所說法
人中亦爲第一於賢劫中當來諸佛說法
人中亦復第一而皆護持助宣佛法亦於未來
護持助宣无量无邊諸佛之法教化饒益无
量衆生令立阿耨多羅三藐三菩提爲淨佛
土故常勤精進教化衆生漸漸具足菩薩之
道過无量阿僧祇劫當於此土得阿耨多羅
三藐三菩提号曰法明如來應供正遍知明
行足善逝世間解无上士調御丈夫天人師
佛世尊其佛以恒河沙等三千大千世界爲
一佛土七寶爲地地平如掌无有山陵谿澗
溝壑七寶臺觀充滿其中諸天宮殿近處虛
空人天交接兩得相見无諸惡道亦无女人
一切衆生皆以化生无有婬欲得大神通身
出光明飛行自在志念堅固精進智慧普皆
金色三十二相而自莊嚴其國衆生常以二
食一者法喜食二者禪悅食有无量阿僧祇
千万億那由他諸菩薩衆得大神通四无礙
智善能教化衆生之類其聲聞衆算數校計

BD05598號　妙法蓮華經卷四　（2–1）

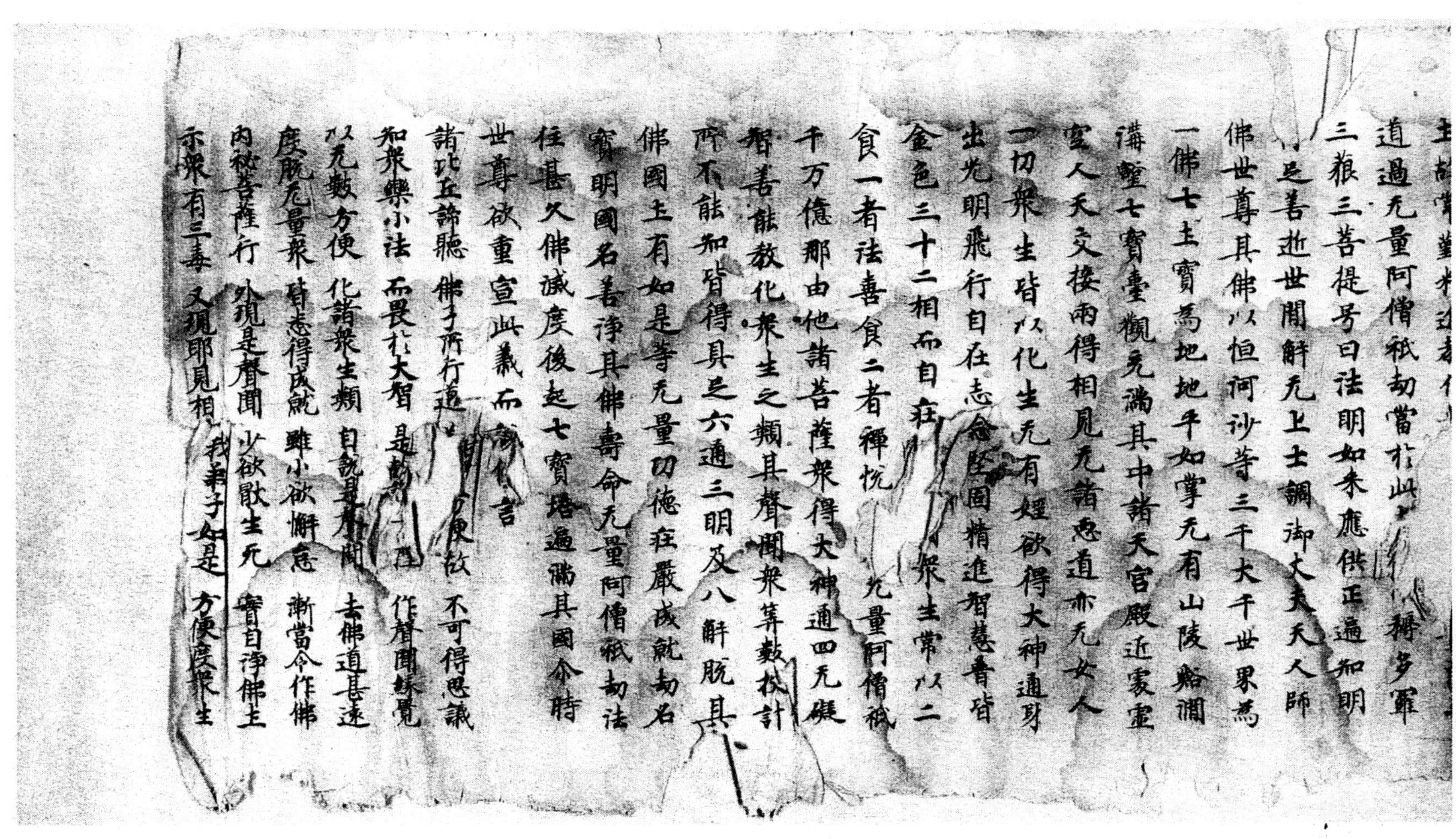
土故常勤精進教化衆生
道過无量阿僧祇劫當於此土得阿耨多羅
三藐三菩提号曰法明如來應供正遍知明
行足善逝世間解无上士調御丈夫天人師
佛世尊其佛以恒河沙等三千大千世界爲
一佛土七寶爲地地平如掌无有山陵谿澗
溝壑七寶臺觀充滿其中諸天宮殿近處虛
空人天交接兩得相見无諸惡道亦无女人
一切衆生皆以化生无有婬欲得大神通身
出光明飛行自在志念堅固精進智慧普皆
金色三十二相而自莊嚴其國衆生常以二
食一者法喜食二者禪悅食有无量阿僧祇
千万億那由他諸菩薩衆得大神通四无礙
智善能教化衆生之類其聲聞衆算數校計
所不能知皆得具足六通三明及八解脫其
佛國土有如是等无量功德莊嚴成就劫名
寶明國名善淨其佛壽命无量阿僧祇劫法
住甚久佛滅度後起七寶塔遍滿其國爾時
世尊欲重宣此義而說偈言
諸比丘諦聽　佛子所行道　善學方便故　不可得思議
知衆樂小法　而畏於大智　是故諸菩薩　作聲聞緣覺
以无數方便　化諸衆生類　自說是聲聞　去佛道甚遠
度脫无量衆　皆悉得成就　雖小欲懈怠　漸當令作佛
內祕菩薩行　外現是聲聞　少欲厭生死　實自淨佛土
示衆有三毒　又現邪見相　我弟子如是　方便度衆生

BD05598號　妙法蓮華經卷四　（2–2）

提不退轉皆得陁羅
是轉法輪供養无量百千諸
衆德本常為諸佛
入佛慧通達大
世界能度无數百千
菩薩觀世音菩薩得大
不休息菩薩寶掌菩薩藥
薩寶月菩薩月光菩薩滿月
无量力菩薩越三界菩薩跋　菩薩彌
勒菩薩寶積菩薩導師菩薩　等菩薩
摩訶薩八万人俱尒時釋提桓因與其眷屬二
万天子俱復有名月天子普香天子寶光天
子四大天王與其眷屬万天子俱自在天子
大自在天子與其眷屬三万天子俱娑婆世
界主梵天王尸棄大梵光明大梵等與其眷
屬万二千天子俱有八龍王難陁龍王跋難
陁龍王娑伽羅龍王和脩吉龍王德叉迦龍
王阿那婆達多龍王摩那斯龍王優鉢羅龍
王等各與若干百千眷屬俱有四緊那羅王
法緊那羅王妙法緊那羅王大法緊那羅王
持法緊那羅王各與若干百千眷屬俱有四
乾闥婆王樂乾闥婆王樂音乾闥婆王美乾

BD05599號　妙法蓮華經卷一　（22–1）

王阿那婆達多龍王摩那斯龍王優鉢羅龍
王等各與若干百千眷屬俱有四緊那羅王
法緊那羅王妙法緊那羅王大法緊那羅王
持法緊那羅王各與若干百千眷屬俱有四
乾闥婆王樂乾闥婆王樂音乾闥婆王美乾
闥婆王美音乾闥婆王各與若干百千眷屬
俱有四阿脩羅王婆稚阿脩羅王佉羅騫大
阿脩羅王毗摩質多羅阿脩羅王羅睺阿脩
羅王各與若干百千眷屬俱有四迦樓羅王
大威德迦樓羅王大身迦樓羅王大滿迦樓
羅王如意迦樓羅王各與若干百千眷屬俱
韋提希子阿闍世王與若干百千眷屬俱各
礼佛足退坐一面
尒時世尊四衆圍繞供養恭敬尊重讚歎為
諸菩薩說大乘經名无量義教菩薩法佛
所護念佛說此經已結跏趺坐入於无量
義處三昧身心不動是時天雨曼陁羅華摩
訶曼陁羅華曼殊沙華摩訶曼殊沙華而散佛
上及諸大衆普佛世界六種震動尒時會中比
丘比丘尼優婆塞優婆夷天龍夜叉乾闥婆
阿脩羅迦樓羅緊那羅摩睺羅伽人非人及
諸小王轉輪聖王是諸大衆得未曾有歡喜
合掌一心觀佛尒時佛放眉間白毫相光照東
方万八千世界靡不周遍下至阿鼻地獄上至阿
迦尼吒天於此世界盡見彼土六趣衆生又
見彼土現在諸佛及聞諸佛所說經法

BD05599號　妙法蓮華經卷一　（22–2）

諸小王轉輪聖王是諸大衆得未曾有歡喜
合掌一心觀佛尒時佛放眉間白毫相光照東
方万八千世界靡不周遍下至阿鼻地獄上至阿
迦尼吒天於此世界盡見彼土六趣衆生又
見彼土現在諸佛及聞諸佛所說經法
并見彼諸比丘比丘尼優婆塞優婆夷諸修
行得道者復見諸菩薩摩訶薩種種因緣
種種信解種種相貌行菩薩道復見諸佛般
涅槃者復見諸佛般涅槃後以佛舍利起七
寶塔尒時弥勒菩薩作是念今者世尊現神
變相以何因緣而有此瑞今佛世尊入于三昧
是不可思議現希有事當以問誰誰能答
者復作此念是文殊師利法王之子已曾親近
供養過去无量諸佛必應見此希有之相
我今當問尒時比丘比丘尼優婆塞優婆夷
及諸天龍鬼神等咸作此念是佛光明神通
之相今當問誰尒時弥勒菩薩欲自決疑又
觀四衆比丘比丘尼優婆塞優婆夷及諸天
龍鬼神等衆會之心而問文殊師利言以何
因緣而有此瑞神通之相放大光明照于東
方万八千土悉見彼佛國界莊嚴於是弥勒
菩薩欲重宣此義以偈問曰
文殊師利　導師何故　眉間白毫　大光普照
雨曼陀羅　曼殊沙華　栴檀香風　悅可衆心
以是因緣　地皆嚴淨　而此世界　六種震動
時四部衆　咸皆歡喜　身意快然　得未曾有

彼佛國界莊嚴於是弥勒
菩薩欲重宣此義以偈問曰
文殊師利　導師何故　眉間白毫　大光普照
雨曼陀羅　曼殊沙華　栴檀香風　悅可衆心
以是因緣　地皆嚴淨　而此世界　六種震動
時四部衆　咸皆歡喜　身意快然　得未曾有
眉間光明　照于東方　万八千土　皆如金色
從阿鼻獄　上至有頂　諸世界中　六道衆生
生死所趣　善惡業緣　受報好醜　於此悉見
又覩諸佛　聖主師子　演說經典　微妙第一
其聲清淨　出柔軟音　教諸菩薩　无數億万
梵音深妙　令人樂聞　各於世界　講說正法
種種因緣　以无量喻　照明佛法　開悟衆生
若人遭苦　猒老病死　為說涅槃　盡諸苦際
若人有福　曾供養佛　志求勝法　為說緣覺
若有佛子　脩種種行　求无上慧　為說淨道
文殊師利　我住於此　見聞若斯　及千億事
如是衆多　今當略說　我見彼土　恒沙菩薩
種種因緣　而求佛道　或有行施　金銀珊瑚
真珠摩尼　車璖馬瑙　金剛諸珎　奴婢車乘
寶飾輦轝　歡喜布施　迴向佛道　願得是乘
三界第一　諸佛所歎　或有菩薩　駟馬寶車
欄楯華蓋　軒飾布施　復見菩薩　身肉手足
及妻子施　求无上道　又見菩薩　頭目身體
欣樂施與　求佛智慧　文殊師利　我見諸王
往詣佛所　問无上道　便捨樂土　宮殿臣妾

[illegible] 諸佛所歎 或有菩薩 駟馬寶車
欄楯華蓋 軒飾布施 復見菩薩 身肉手足
及妻子施 求无上道 又見菩薩 頭目身體
欣樂施與 求佛智慧 文殊師利 我見諸王
往詣佛所 問无上道 便捨樂土 宮殿臣妾
剃除鬚髮 而被法服 或見菩薩 而作比丘
獨處閑靜 樂誦經典 又見菩薩 勇猛精進
入於深山 思惟佛道 又見菩薩 常處空閑
深修禪定 得五神通 又見菩薩 安禪合掌
以千万偈 讚諸法王 復見菩薩 智深志固
能問諸佛 聞悉受持 又見佛子 定慧具足
以無量喻 為衆講法 欣樂說法 化諸菩薩
破魔兵衆 而擊法鼓 又見菩薩 寂然宴默
天龍恭敬 不以為喜 又見菩薩 處林放光
濟地獄苦 令入佛道 又見佛子 未嘗睡眠
經行林中 懃求佛道 又見具戒 威儀无缺
淨如寶珠 以求佛道 又見佛子 住忍辱力
增上慢人 惡罵捶打 皆悉能忍 以求佛道
又見菩薩 離諸戲笑 及癡眷屬 親近智者
一心除亂 攝念山林 億千万歲 以求佛道
或見菩薩 餚饍飲食 百種湯藥 施佛及僧
名衣上服 價直千万 或无價衣 施佛及僧
千万億種 栴檀寶舍 衆妙卧具 施佛及僧
清淨園林 華菓茂盛 流泉浴池 施佛及僧
如是等施 種種微妙 歡喜无猒 求无上道
或有菩薩 說寂滅法 種種教詔 无數衆生
或見菩薩 觀諸法性 无有二相 猶如虛空

千万億種 栴檀寶舍 衆妙卧具 施佛及僧
清淨園林 華菓茂盛 流泉浴池 施佛及僧
如是等施 種種微妙 歡喜无猒 求无上道
或有菩薩 說寂滅法 種種教詔 无數衆生
或見菩薩 觀諸法性 无有二相 猶如虛空
又見佛子 心无所著 以此妙慧 求无上道
文殊師利 又有菩薩 佛滅度後 供養舍利
又見佛子 造諸塔廟 无數恒沙 嚴飾國界
寶塔高妙 五千由旬 縱廣正等 二千由旬
一一塔廟 各千幢幡 珠交露幔 寶鈴和鳴
諸天龍神 人及非人 香華伎樂 常以供養
文殊師利 諸佛子等 為供舍利 嚴飾塔廟
國界自然 殊特妙好 如天樹王 其華開敷
佛放一光 我及衆會 見此國界 種種殊妙
諸佛神力 智慧希有 放一淨光 照无量國
我等見此 得未曾有 佛子文殊 願決衆疑
四衆欣仰 瞻仁及我 世尊何故 放斯光明
佛子時荅 決疑令喜 何所饒益 演斯光明
佛坐道場 所得妙法 為欲說此 為當授記
示諸佛土 衆寶嚴淨 及見諸佛 此非小緣
文殊當知 四衆龍神 瞻察仁者 為說何等
尒時文殊師利語彌勒菩薩摩訶薩及諸
大士善男子等如我惟忖今佛世尊欲說
大法雨大法雨吹大法螺擊大法鼓演大法
義諸善男子我於過去諸佛曾見此瑞放
斯光已即說大法是故當知今佛現光亦

大士善男子等如我惟忖今佛世尊欲說
大法雨大法雨吹大法螺擊大法鼓演大法
義諸善男子我於過去諸佛曾見此瑞放
斯光已即說大法是故當知今佛現光亦
是欲令衆生咸得聞知一切世間難信之法故現
斯瑞諸善男子如過去无量无邊不可思議
阿僧祇劫尒時有佛号日月燈明如來應供
正遍知明行足善逝世間解无上士調御丈
夫人天師佛世尊演說正法初善中善後善
其義深遠其語巧妙純一无雜具足清白
梵行之相為求聲聞者說應四諦法度生老病
死究竟涅槃為求辟支佛者說應十二因
緣法為諸菩薩說應六波羅蜜令得阿耨多
羅三藐三菩提成一切種智次復有佛亦名日
月燈明次復有佛亦名日月燈明如是二万佛
皆同一字号日月燈明又同一姓姓頗羅
墮弥勒當知初佛後佛皆同一字名日月燈
明十号具足所可說法初中後善其最後
佛未出家時有八王子一名有意二名善意三
名无量意四名寶意五名增意六名除疑意七
名響意八名法意是八王子威德自在各領
四天下是諸王子聞父出家得阿耨多羅三
藐三菩提悉捨王位亦随出家發大乘意常
脩梵行皆為法師已於千万佛所殖諸善
本是時日月燈明佛說大乘經名无量義教
菩薩法佛所護念說是經已即於大衆中結加

BD05599號　妙法蓮華經卷一　（22–7）

名響意八名法意是八王子威德自在各領
四天下是諸王子聞父出家得阿耨多羅三
藐三菩提悉捨王位亦随出家發大乘意常
脩梵行皆為法師已於千万佛所殖諸善
本是時日月燈明佛說大乘經名无量義教
菩薩法佛所護念說是經已即於大衆中結加
趺坐入於无量義處三昧身心不動是時天
雨曼陁羅華摩訶曼陁羅華曼殊沙華摩
訶曼殊沙華而散佛上及諸大衆普佛世界
六種震動尒時會中比丘比丘尼優婆塞優婆
夷天龍夜叉乾闥婆阿脩羅迦樓羅緊那羅
摩睺羅伽人非人及諸小王轉輪聖王等是
諸大衆得未曾有歡喜合掌一心觀佛尒時
如來放眉間白豪相光照東方万八千佛土
靡不周遍如今所見是諸佛土弥勒當知尒
時會中有二十億菩薩樂欲聽法是諸菩薩
見此光明普照佛土得未曾有欲知此光所
為因緣時有菩薩名曰妙光有八百弟子是
時日月燈明佛從三昧起因妙光菩薩說大
乘經名妙法蓮華教菩薩法佛所護念六十
小劫不起于座時會聽者亦坐一處六十小
劫身心不動聽佛所說謂如食頃是時衆
中无有一人若身若心而生懈惓日月燈明
佛於六十小劫說是經已即於梵魔沙門婆
羅門及天人阿脩羅衆中而宣此言如來於今
日中夜當入无餘涅槃時有菩薩名曰德藏

BD05599號　妙法蓮華經卷一　（22–8）

劫不起于座時會聽者亦坐一處六十小
劫身心不動聽佛所說謂如食頃是時衆
中无有一人若身若心而生懈惓日月燈明
佛於六十小劫說是經已即於梵魔沙門婆
羅門及天人阿脩羅衆中而宣此言如來於今
日中夜當入无餘涅槃時有菩薩名曰德藏
日月燈明佛即授其記告諸比丘是德藏菩
薩次當作佛号曰淨身多陁阿伽度阿羅訶
三藐三佛陁佛授記已便於中夜入无餘涅
槃佛滅度後妙光菩薩持妙法蓮華經滿
八十小劫為人演說日月燈明佛八子皆師妙
光妙光教化令其堅固阿耨多羅三藐三菩
提是諸王子供養无量百千万億佛已皆
成佛道其最後成佛者名曰然燈八百弟子
中有一人号曰求名貪著利養雖復讀誦衆
經而不通利多所忘失故号求名是人亦以種
諸善根因緣故得值无量百千万億諸佛供
養恭敬尊重讚歎彌勒當知尒時妙光菩
薩豈異人乎我身是也求名菩薩汝身是也
今見此瑞與本无異是故惟忖今日如來當說
大乘經名妙法蓮華教菩薩法佛所護念尒
時文殊師利於大衆中欲重宣此義而說偈言
我念過去世　无量无數劫　有佛人中尊　号日月燈明
世尊演說法　度无量衆生　无數億菩薩　令入佛智慧
佛未出家時　所生八王子　見大聖出家　亦隨修梵行
時佛說大乘　經名无量義　於諸大衆中　而為廣分別
佛說此經已　即於法座上　跏趺坐三昧　名无量義處

BD05599 號　妙法蓮華經卷一

(22–9)

時文殊師利於大衆中欲重宣此義而說偈言
我念過去世　无量无數劫　有佛人中尊　号日月燈明
世尊演說法　度无量衆生　无數億菩薩　令入佛智慧
佛未出家時　所生八王子　見大聖出家　亦隨修梵行
時佛說大乘　經名无量義　於諸大衆中　而為廣分別
佛說此經已　即於法座上　跏趺坐三昧　名无量義處
天雨曼陁華　天鼓自然鳴　諸天龍鬼神　供養人中尊
一切諸佛土　即時大震動　佛放眉間光　現諸希有事
此光照東方　万八千佛土　示一切衆生　生死業報處
有見諸佛土　以衆寶莊嚴　琉璃頗梨色　斯由佛光照
及見諸天人　龍神夜叉衆　乾闥緊那羅　各供養其佛
又見諸如來　自然成佛道　身色如金山　端嚴甚微妙
如淨琉璃中　內現真金像　世尊在大衆　敷演深法義
一一諸佛土　聲聞衆无數　因佛光所照　悉見彼大衆
或有諸比丘　在於山林中　精進持淨戒　猶如護明珠
又見諸菩薩　行施忍辱等　其數如恒沙　斯由佛光照
又見諸菩薩　深入諸禪定　身心寂不動　以求无上道
又見諸菩薩　知法寂滅相　各於其國土　說法求佛道
尒時四部衆　見日月燈佛　現大神通力　其心皆歡喜
各各自相問　是事何因緣　天人所奉尊　適從三昧起
讚妙光菩薩　汝為世間眼　一切所歸信　能奉持法藏
如我所說法　唯汝能證知　世尊既讚歎　令妙光歡喜
說是法華經　滿六十小劫　不起於此座　所說上妙法
是妙光法師　悉皆能受持　佛說是法華　令衆歡喜已
尋即於是日　告於天人衆　諸法實相義　已為汝等說
我今於中夜　當入於涅槃　汝一心精進　當離於放逸
諸佛甚難值　億劫時一遇　世尊諸子等　聞佛入涅槃

BD05599 號　妙法蓮華經卷一

(22–10)

說是法華經　滿六十小劫　不起於此座　所說上妙法
是妙光法師　悉皆能受持　佛說是法華　令衆歡喜已
尋即於是日　告於天人衆　諸法實相義　已為汝等說
我今於中夜　當入於涅槃　汝一心精進　當離於放逸
諸佛甚難值　億劫時一遇　世尊諸子等　聞佛入涅槃
各各懷悲惱　佛滅一何速　聖主法之王　安慰无量衆
我若滅度時　汝等勿憂怖　是德藏菩薩　於无漏實相
心已得通達　其次當作佛　号曰為淨身　亦度无量衆
佛此夜滅度　如薪盡火滅　分布諸舍利　而起无量塔
比丘比丘尼　其數如恒沙　倍復加精進　以求无上道
是妙光法師　奉持佛法藏　八十小劫中　廣宣法華經
是諸八王子　妙光所開化　堅固无上道　當見无數佛
供養諸佛已　隨順行大道　相繼得成佛　轉次而授記
最後天中天　号曰然燈佛　諸仙之導師　度脫无量衆
是妙光法師　時有一弟子　心常懷懈怠　貪著於名利
求名利无猒　多遊族姓家　棄捨所習誦　廢忘不通利
以是因緣故　号之為求名　亦行衆善業　得見无數佛
供養於諸佛　隨順行大道　具六波羅蜜　今見釋師子
其後當作佛　号名曰彌勒　廣度諸衆生　其數无有量
彼佛滅度後　懈怠者汝是　妙光法師者　今則我身是
我見燈明佛　本光瑞如此　以是知今佛　欲說法華經
今相如本瑞　是諸佛方便　今佛放光明　助發實相義
諸人今當知　合掌一心待　佛當雨法雨　充足求道者
諸求三乘人　若有疑悔者　佛當為除斷　令盡无有餘

妙法蓮華經方便品第二

尒時世尊從三昧安詳而起告舍利弗諸佛

今相如本瑞　是諸佛方便　今佛放光明　助發實相義
諸人今當知　合掌一心待　佛當雨法雨　充足求道者
諸求三乘人　若有疑悔者　佛當為除斷　令盡无有餘

妙法蓮華經方便品第二

尒時世尊從三昧安詳而起告舍利弗諸佛
智慧甚深无量其智慧門難解難入一切聲
聞辟支佛所不能知所以者何佛曾親近百
千万億无數諸佛盡行諸佛无量道法勇猛
精進名稱普聞成就甚深未曾有法隨宜所
說意趣難解舍利弗吾從成佛已來種種因
緣種種譬喻廣演言教无數方便引道衆生
令離諸著所以者何如來方便知見波羅蜜
皆已具足舍利弗如來知見廣大深遠无量
无㝵力无所畏禪定解脫三昧深入无際成
就一切未曾有法舍利弗如來能種種分別
巧說諸法言辭柔軟悅可衆心舍利弗取要
言之无量无邊未曾有法佛悉成就止舍利
弗不須復說所以者何佛所成就第一希有
難解之法唯佛與佛乃能究盡諸法實相所
謂諸法如是相如是性如是體如是力如是作
如是因如是緣如是果如是報如是本末究
竟等尒時世尊欲重宣此義而說偈言

世雄不可量　諸天及世人　一切衆生類　无能知佛者
佛力无所畏　解脫諸三昧　及佛諸餘法　无能測量者
本從无數佛　具足行諸道　甚深微妙法　難見難可了
於无量億劫　行此諸道已　道場得成果　我已悉知見

竟等尒時世尊欲重宣此義而說偈言
世雄不可量　諸天及世人　一切衆生類　无能知佛者
佛力无所畏　解脫諸三昧　及佛諸餘法　无能測量者
本從无數佛　具足行諸道　甚深微妙法　難見難可了
於无量億劫　行此諸道已　道場得成果　我已悉知見
如是大果報　種種性相義　我及十方佛　乃能知是事
是法不可示　言辭相寂滅　諸餘衆生類　无有能得解
除諸菩薩衆　信力堅固者　諸佛弟子衆　曾供養諸佛
一切漏已盡　住是最後身　如是諸人等　其力所不堪
假使滿世間　皆如舍利弗　盡思共度量　不能測佛智
正使滿十方　皆如舍利弗　及餘諸弟子　亦滿十方剎
盡思共度量　亦復不能知　辟支佛利智　无漏最後身
亦滿十方界　其數如竹林　斯等共一心　於億无量劫
欲思佛實智　莫能知少分　新發意菩薩　供養无數佛
了達諸義趣　又能善說法　如稻麻竹葦　充滿十方剎
一心以妙智　於恒河沙劫　咸皆共思量　不能知佛智
不退諸菩薩　其數如恒沙　一心共思求　亦復不能知
又告舍利弗　无漏不思議　甚深微妙法　我今已具得
唯我知是相　十方佛亦然　舍利弗當知　諸佛語无異
於佛所說法　當生大信力　世尊法久後　要當說真實
告諸聲聞衆　及求緣覺乘　我令脫苦縛　逮得涅槃者
佛以方便力　示以三乘教　衆生處處著　引之令得出
尒時大衆中有諸聲聞漏盡阿羅漢阿若憍
陳如等千二百人及發聲聞辟支佛心比丘
比丘尼優婆塞優婆夷各作是念今者世尊
何故慇懃稱歎方便而作是言佛所得法甚

BD05599號　妙法蓮華經卷一　（22–13）

佛以方便力　示以三乘教　衆生處處著　引之令得出
尒時大衆中有諸聲聞漏盡阿羅漢阿若憍
陳如等千二百人及發聲聞辟支佛心比丘
比丘尼優婆塞優婆夷各作是念今者世尊
何故慇懃稱歎方便而作是言佛所得法甚
深難解有所言說意趣難知一切聲聞辟支
佛所不能及佛說一解脫義我等亦得此法
到於涅槃而今不知是義所趣尒時舍利弗
知四衆心疑自亦未了而白佛言世尊何因何
緣慇懃稱歎諸佛第一方便甚深微妙難
解之法我自昔來未曾從佛聞如是說今者
四衆咸皆有疑唯願世尊敷演斯事世尊何
故慇懃稱歎甚深微妙難解之法尒時舍利
弗欲重宣此義而說偈言
慧日大聖尊　久乃說是法　自說得如是　力无畏三昧
禪定解脫等　不可思議法　道場所得法　无能發問者
我意難可測　亦无能問者　无問而自說　稱歎所行道
智慧甚微妙　諸佛之所得　无漏諸羅漢　及求涅槃者
今皆墮疑網　佛何故說是　其求緣覺者　比丘比丘尼
諸天龍鬼神　及乾闥婆等　相視懷猶豫　瞻仰兩足尊
是事為云何　願佛為解說　於諸聲聞衆　佛說我第一
我今自於智　疑惑不能了　為是究竟法　為是所行道
佛口所生子　合掌瞻仰待　願出微妙音　時為如實說
諸天龍神等　其數如恒沙　求佛諸菩薩　大數有八万
又諸万億國　轉輪聖王至　合掌以敬心　欲聞具足道
尒時佛告舍利弗止止不須復說若說是事

BD05599號　妙法蓮華經卷一　（22–14）

佛口所生子　合掌瞻仰待　願出微妙音　時為如實說
諸天龍神等　其數如恒沙　求佛諸菩薩　大數有八万
又諸万億國　轉輪聖王至　合掌以敬心　欲聞具足道
尒時佛告舍利弗止止不須復說若說是事
一切世間諸天及人皆當驚疑舍利弗重白
佛言世尊唯願說之唯願說之所以者何是
會无數百千万億阿僧祇衆生曾見諸佛諸
根猛利智慧明了聞佛所說則能敬信尒時
舍利弗欲重宣此義而說偈言
法王无上尊　唯說願勿慮　是會无量衆　有能敬信者
佛復止舍利弗若說是事一切世間天人阿
脩羅皆當驚疑增上慢比丘將墜於大坑尒
時世尊重說偈言
止止不須說　我法妙難思　諸增上慢者　聞必不敬信
尒時舍利弗重白佛言世尊唯願說之唯願
說之今此會中如我等比百千万億世世已
曾從佛受化如此人等必能敬信長夜安隱
多所饒益尒時舍利弗欲重宣此義而說偈言
无上兩足尊　願說第一法　我為佛長子　唯垂分別說
是會无量衆　能敬信此法　佛已曾世世　教化如是事
皆一心合掌　欲聽受佛語　我等千二百　及餘求佛者
願為此衆故　唯垂分別說　是等聞此法　則生大歡喜
尒時世尊告舍利弗汝已慇勤三請豈得不
說汝今諦聽善思念之吾當為汝分別解說
說此語時會中有比丘比丘尼優婆塞優婆
夷五千人等即從座起礼佛而退所以者何

願為此衆故　唯垂分別說　是等聞此法　則生大歡喜
尒時世尊告舍利弗汝已慇勤三請豈得不
說汝今諦聽善思念之吾當為汝分別解說
說此語時會中有比丘比丘尼優婆塞優婆
夷五千人等即從座起礼佛而退所以者何
此輩罪根深重及增上慢未得謂得未證謂
證有如此失是以不住世尊嘿然而不制止
尒時佛告舍利弗我今此衆无復枝葉純有
貞實舍利弗如是增上慢人退亦佳矣汝今
善聽當為汝說舍利弗言唯然世尊願樂欲
聞佛告舍利弗如是妙法諸佛如來時乃說
之如優曇鉢華時一現耳舍利弗汝等當信
佛之所說言不虛妄舍利弗諸佛隨宜說法
意趣難解所以者何我以无數方便種種因
緣譬喻言辭演說諸法是法非思量分別之
所能解唯有諸佛乃能知之所以者何諸佛
世尊唯以一大事因緣故出現於世舍利弗
云何名諸佛世尊唯以一大事因緣故出現於
世諸佛世尊欲令衆生開佛知見使得清淨
故出現於世欲示衆生佛之知見故出現於
世欲令衆生悟佛知見故出現於世欲令衆
生入佛知見道故出現於世舍利弗是為諸
佛以一大事因緣故出現於世佛告舍利弗
諸佛如來但教化菩薩諸有所作常為一事
唯以佛之知見示悟衆生舍利弗如來但以
一佛乘故為衆生說法无有餘乘若二若三
舍利弗一切十方諸佛法亦如是舍利弗過

佛以一大事因緣故出現於世佛告舍利弗
諸佛如来但教化菩薩諸有所作常為一事
唯以佛之知見示悟衆生舍利弗如来但以
一佛乘故為衆生說法无有餘乘若二若三
舍利弗一切十方諸佛法亦如是舍利弗過
去諸佛以无量无數方便種種因緣譬喻言
辭而為衆生演說諸法是法皆為一佛乘故
是諸衆生從諸佛聞法究竟皆得一切種智
舍利弗未来諸佛當出於世亦以无量无數
方便種種因緣譬喻言辭而為衆生演說諸
法是法皆為一佛乘故是諸衆生從佛聞法
究竟皆得一切種智舍利弗現在十方无量
百千万億佛土中諸佛世尊多所饒益安樂
衆生是諸佛亦以无量无數方便種種因緣
譬喻言辭而為衆生演說諸法是法皆為一
佛乘故是諸衆生從佛聞法究竟皆得一切
種智舍利弗是諸佛但教化菩薩欲以佛之
知見示衆生故欲以佛之知見悟衆生故欲
令衆生入佛之知見故舍利弗我今亦復如
是知諸衆生有種種欲深心所著随其本性
以種種因緣譬喻言辭方便力故而為說法
舍利弗如此皆為得一佛乘一切種智故舍
利弗十方世界中尚无二乘何况有三舍利
弗諸佛出於五濁惡世所謂劫濁煩惱濁衆
生濁見濁命濁如是舍利弗劫濁亂時衆生
垢重慳貪嫉妬成就不善根故諸佛以方

BD05599號　妙法蓮華經卷一　（22–17）

利弗十方世界中尚无二乘何况有三舍利
弗諸佛出於五濁惡世所謂劫濁煩惱濁衆
生濁見濁命濁如是舍利弗劫濁亂時衆生
垢重慳貪嫉妬成就不善根故諸佛以方
便力於一佛乘分別說三舍利弗若我弟子
自謂阿羅漢辟支佛者不聞不知諸佛如来
但教化菩薩事此非佛弟子非阿羅漢非辟
支佛又舍利弗是諸比丘比丘尼自謂已得
阿羅漢是最後身究竟涅槃便不復志求阿
耨多羅三藐三菩提當知此輩皆是增上慢
人所以者何若有比丘實得阿羅漢若不信
此法无有是處除佛滅度後現前无佛所以
者何佛滅度後如是等經受持讀誦解義者
是人難得若遇餘佛於此法中便得決了舍
利弗汝等當一心信解受持佛語諸佛如来
言无虛妄无有餘乘唯一佛乘尒時世尊欲
重宣此義而說偈言
比丘比丘尼　有懷增上慢　優婆塞我慢　優婆夷不信
如是四衆等　其數有五千　不自見其過　於戒有缺漏
護惜其瑕疵　是小智已出　衆中之糟糠　佛威德故去
斯人尠福德　不堪受是法　此衆无枝葉　唯有諸貞實
舍利弗善聽　諸佛所得法　无量方便力　而為衆生說
衆生心所念　種種所行道　若干諸欲性　先世善惡業
佛悉知是已　以諸緣譬喻　言辭方便力　令一切歡喜
或說脩多羅　伽陀及本事　本生未曾有　亦說於因緣
譬喻并祇夜　優波提舍經　鈍根樂小法　貪著於生死
於諸无量佛　不行深妙道　衆苦所惱亂　為是說涅槃

BD05599號　妙法蓮華經卷一　（22–18）

舍利弗善聽 諸佛所得法 无量方便力 而為衆生說
衆生心所念 種種所行道 若干諸欲性 先世善惡業
佛悉知是已 以諸緣譬喻 言辭方便力 令一切歡喜
或說修多羅 伽陀及本事 本生未曾有 亦說於因緣
譬喻并祇夜 優波提舍經 鈍根樂小法 貪著於生死
於諸无量佛 不行深妙道 衆苦所惱亂 為是說涅槃
我設是方便 令得入佛慧 未曾說汝等 當得成佛道
所以未曾說 說時未至故 今正是其時 決定說大乘
我此九部法 隨順衆生說 入大乘為本 以故說是經
有佛子心淨 柔軟亦利根 无量諸佛所 而行深妙道
為此諸佛子 說是大乘經 我記如是人 來世成佛道
以深心念佛 修持淨戒故 此等聞得佛 大喜充遍身
佛知彼心行 故為說大乘 聲聞若菩薩 聞我所說法
乃至於一偈 皆成佛无疑 十方佛土中 唯有一乘法
无二亦无三 除佛方便說 但以假名字 引導於衆生
說佛智慧故 諸佛出於世 唯此一事實 餘二則非真
終不以小乘 濟度於衆生 佛自住大乘 如其所得法
定慧力莊嚴 以此度衆生 自證无上道 大乘平等法
若以小乘化 乃至於一人 我則墮慳貪 此事為不可
若人信歸佛 如來不欺誑 亦无貪嫉意 斷諸法中惡
故佛於十方 而獨无所畏 我以相嚴身 光明照世間
无量衆所尊 為說實相印 舍利弗當知 我本立誓願
欲令一切衆 如我等无異 如我昔所願 今者已滿足
化一切衆生 皆令入佛道 若我遇衆生 盡教以佛道
无智者錯亂 迷惑不受教 我知此衆生 未曾修善本
堅著於五欲 癡愛故生惱 以諸欲因緣 墜墮三惡道

BD05599號 妙法蓮華經卷一 （22–19）

无量衆所尊 為說實相印 舍利弗當知 我本立誓願
欲令一切衆 如我等无異 如我昔所願 今者已滿足
化一切衆生 皆令入佛道 若我遇衆生 盡教以佛道
无智者錯亂 迷惑不受教 我知此衆生 未曾修善本
堅著於五欲 癡愛故生惱 以諸欲因緣 墜墮三惡道
輪迴六趣中 備受諸苦毒 受胎之微形 世世常增長
薄德少福人 衆苦所逼迫 入邪見稠林 若有若无等
依止此諸見 具足六十二 深著虛妄法 堅受不可捨
我慢自矜高 諂曲心不實 於千万億劫 不聞佛名字
亦不聞正法 如是人難度 是故舍利弗 我為設方便
說諸盡苦道 示之以涅槃 我雖說涅槃 是亦非真滅
諸法從本來 常自寂滅相 佛子行道已 來世得作佛
我有方便力 開示三乘法 一切諸世尊 皆說一乘道
今此諸大衆 皆應除疑惑 諸佛語无異 唯一无二乘
過去无數劫 无量滅度佛 百千万億種 其數不可量
如是諸世尊 種種緣譬喻 无數方便力 演說諸法相
是諸世尊等 皆說一乘法 化无量衆生 令入於佛道
又諸大聖主 知一切世間 天人群生類 深心之所欲
更以異方便 助顯第一義 若有衆生類 值諸過去佛
若聞法布施 或持戒忍辱 精進禪智等 種種修福德
如是諸人等 皆已成佛道 諸佛滅度已 若人善軟心
如是諸衆生 皆已成佛道 諸佛滅度已 供養舍利者
起万億種塔 金銀及頗梨 車𤦲與馬瑙 玫瑰瑠璃珠
清淨廣嚴飾 莊校於諸塔 或有起石廟 栴檀及沈水
木櫁并餘材 甎瓦泥土等 若於曠野中 積土成佛廟
乃至童子戲 聚沙為佛塔 如是諸人等 皆已成佛道

BD05599號 妙法蓮華經卷一 （22–20）

如是諸衆生 皆已成佛道 諸佛滅度已 供養舍利者
起万億種塔 金銀及頗梨 車𤦲與馬瑙 玫瑰瑠璃珠
清淨廣嚴飾 莊校於諸塔 或有起石廟 栴檀及沈水
木櫁并餘材 甎瓦泥土等 若於曠野中 積土成佛廟
乃至童子戲 聚沙為佛塔 如是諸人等 皆已成佛道
若人為佛故 建立諸形像 刻雕成衆相 皆已成佛道
或以七寶成 鍮石赤白銅 白鑞及鈆錫 鐵木及與泥
或以膠漆布 嚴飾作佛像 如是諸人等 皆已成佛道
綵畫作佛像 百福莊嚴相 自作若使人 皆已成佛道
乃至童子戲 若草木及筆 或以指爪甲 而畫作佛像
如是諸人等 漸漸積功德 具足大悲心 皆已成佛道
但化諸菩薩 度脫无量衆 若人於塔廟 寶像及畫像
以華香幡蓋 敬心而供養 若使人作樂 擊鼓吹角貝
簫笛琴箜篌 琵琶鐃銅鈸 如是衆妙音 盡持以供養
或以歡喜心 歌唄頌佛德 乃至一小音 皆已成佛道
若人散亂心 乃至以一華 供養於畫像 漸見无數佛
或有人礼拜 或復但合掌 乃至舉一手 或復小低頭
以此供養像 漸見无量佛 自成无上道 廣度无數衆
入无餘涅槃 如薪盡火滅 若人散亂心 入於塔廟中
一稱南无佛 皆已成佛道 於諸過去佛 在世或滅後
若有聞是法 皆已成佛道 未來諸世尊 其數无有量
是諸如來等 亦方便說法 一切諸如來 以无量方便
度脫諸衆生 入佛无漏智 若有聞法者 无一不成佛
諸佛本誓願 我所行佛道 普欲令衆生 亦同得此道
未來世諸佛 雖說百千億 无數諸法門 其實為一乘
諸佛兩足尊 知法常无性 佛種從緣起 是故說一乘

度脫諸衆生 入佛无漏智 若有聞法者 无一不成佛
諸佛本誓願 我所行佛道 普欲令衆生 亦同得此道
未來世諸佛 雖說百千億 无數諸法門 其實為一乘
諸佛兩足尊 知法常无性 佛種從緣起 是故說一乘
是法住法位 世間相常住 於道場知已 導師方便說
天人所供養 現在十方佛 其數如恒沙 出現於世間
安隱衆生故 亦說如是法 知第一寂滅 以方便力故
雖示種種道 其實為佛乘 知衆生諸行 深心之所念
過去所習業 欲性精進力 及諸根利鈍 以種種因緣
譬喻亦言辭 隨應方便說 今我亦如是 安隱衆生故
以種種法門 宣示於佛道 我以智慧力 知衆生性欲
方便說諸法 皆令得歡喜 舍利弗當知 我以佛眼觀
見六道衆生 貧窮无福慧 入生死險道 相續苦不斷
深著於五欲 如犛牛愛尾 以貪愛自蔽 盲瞑无所見
不求大勢佛 及與斷苦法 深入諸邪見 以苦欲捨苦
為是衆生故 而起大悲心 我始坐道場 觀樹亦經行
於三七日中 思惟如是事 我所得智慧 微妙最第一
衆生諸根鈍 著樂癡所盲 如斯之等類 云何而可度
尒時諸梵王 及諸天帝釋 護世四天王 及大自在天
并餘諸天衆 眷屬百千万 恭敬合掌礼 請我轉法輪
我即自思惟 若但讚佛乘 衆生沒在苦 不能信是法

亦不驚又復於法无所行而
法如實相亦不行不分別是名菩薩摩訶
薩行處云何名菩薩摩訶薩親近處菩薩摩
訶薩不親近國王王子大臣官長不親近諸
外道梵志尼揵子等及造世俗文筆讚詠外
書及路伽耶陁逆路伽耶陁者亦不親近諸
有凶戲相扠相撲及那羅等種種變現之戲
又不親近旃陁羅及畜猪羊雞狗畋獵魚捕
諸惡律儀如是人等或時來者則為說法无
所悕望又不親近求聲聞比丘比丘尼優婆
塞優婆夷亦不問訊若於房中若經行處若
在講堂中不共住止或時來者隨宜說法无
所悕求文殊師利又菩薩摩訶薩不應於女
人身取能生欲想相而為說法亦不樂見若
入他家不與小女處女寡□共語亦復不
近五種不男之人以為親厚不獨入他家若
有因緣須獨入時但一心念佛若為女人說
法不露齒咲不現胸臆乃至為法猶不親厚

BD05600 號　妙法蓮華經卷五　（1–1）

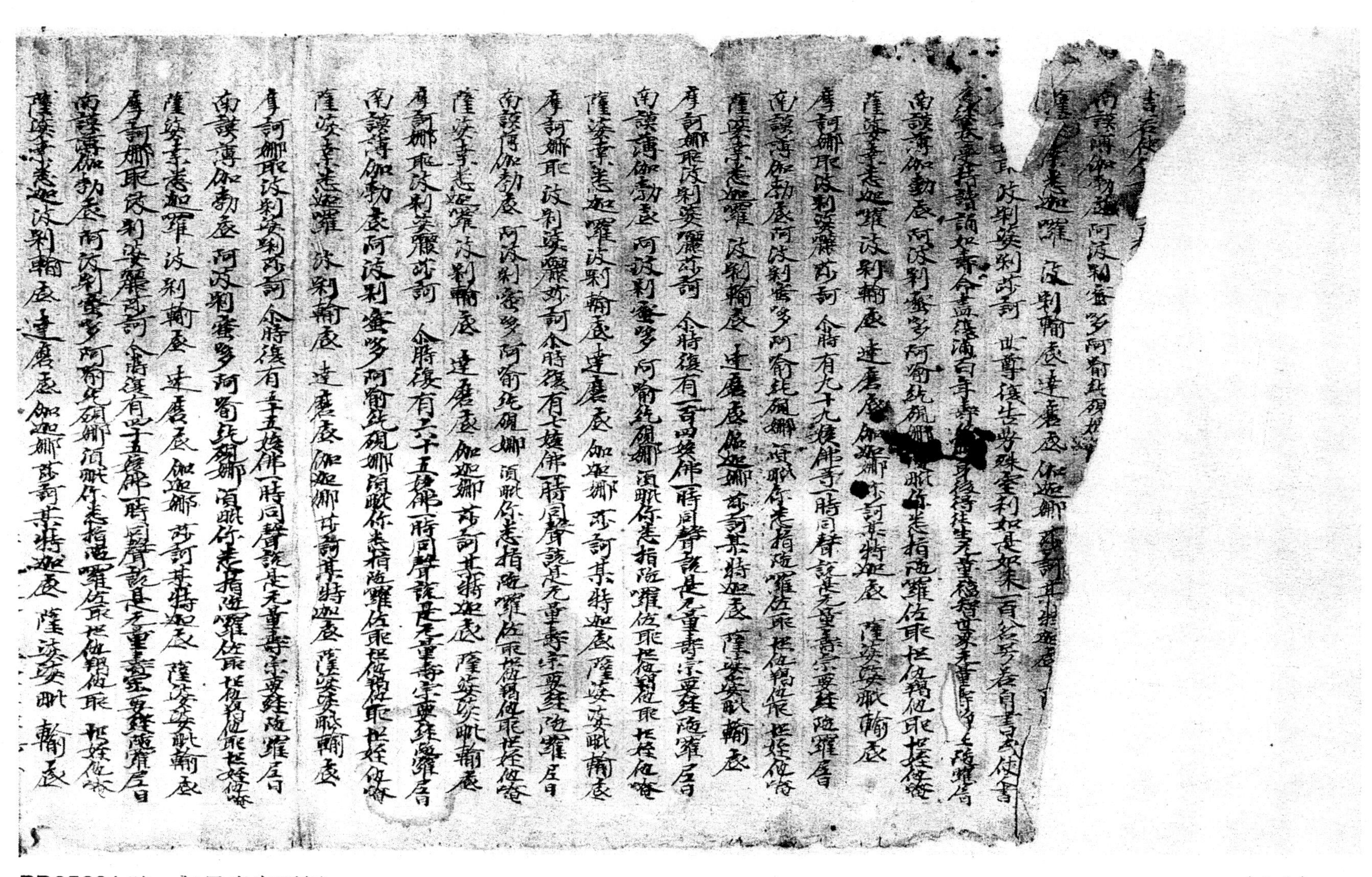

BD05601 號　無量壽宗要經　（4–1）

輸底　達磨底　伽迦那　莎訶某特迦底　薩婆婆毗輸底
摩訶娜耶波唎婆唎莎訶　尒時復有五十五姟佛一時同聲說是无量壽宗要經陁羅尼曰
南謨薄伽勃底　阿波唎蜜多　阿喻紇硯那　須毗你悉指陀囉佐耶　怛他羯他耶　怛姪他唵
薩婆桑悉迦囉　波唎輸底　達磨底　伽迦那　莎訶某特迦底　薩婆婆毗輸底
摩訶娜耶波唎婆唎莎訶　尒時復有四十五姟佛一時同聲說是无量壽宗要經陁羅尼曰
南謨薄伽勃底　阿波唎蜜多　阿喻紇硯那　須毗你悉指陀囉佐耶　怛他羯他耶　怛姪他唵
薩婆桑悉迦波唎輸底　達磨底　伽迦那　莎訶某特迦底　薩婆婆毗輸底
摩訶娜耶波唎婆唎莎訶　尒時復有三十六姟佛一時同聲說是无量壽宗要經陁羅尼曰
南謨薄伽勃底　阿波唎蜜多　阿喻紇硯那　須毗你悉指陀囉佐耶　怛他羯他耶　怛姪他唵
薩婆桑悉迦囉　波唎唎輸底　達磨底　伽迦那　莎訶某特迦底　薩婆婆毗輸底
摩訶娜耶波唎婆唎莎訶　尒時復有二十五姟佛一時同聲說是无量壽宗要經陁羅尼曰
南謨薄伽勃底　阿波唎蜜多　阿喻紇硯那　須毗你悉指陀囉佐耶　怛他羯他耶　怛姪他唵
薩婆桑悉迦囉　波唎輸底　達磨底　伽迦那　莎訶某特迦底　薩婆婆毗輸底
摩訶娜耶波唎婆唎莎訶　尒時復有恒河沙姟佛一時同聲說是无量壽宗要經陁羅尼曰
南謨薄伽勃底　阿波唎蜜多　阿喻紇硯那　須毗你悉指陀囉佐耶　怛他羯他耶　怛姪他唵
薩婆桑悉迦囉　波唎輸底　達磨底　伽迦那　莎訶某特迦底　薩婆婆毗輸底
摩訶娜耶　波唎婆莎訶
善男子若有自書寫教人書寫是无量壽宗要經如其命盡復得長壽而滿年陁羅尼曰
南謨薄伽勃底　阿波唎蜜多　阿喻紇硯那　須毗你悉指陀囉佐耶　怛他羯他耶　怛姪他唵
薩婆桑悉迦囉　波唎輸底　達磨底　伽迦那　莎訶某特迦底　薩婆婆毗輸底
摩訶娜耶波唎婆唎莎訶　若有自書寫教人書寫是无量壽宗要經受持讀誦畢竟
不墮地獄在在所生得宿命智陁羅尼曰　南謨薄伽勃底　阿波唎蜜多　阿喻紇硯那　須毗你
悉指陀囉佐耶　怛他羯他耶　怛姪他唵　薩婆桑悉迦囉　波輸唎底　達磨底　伽迦那
莎訶某特迦底　薩婆婆毗輸底　摩訶娜耶波唎婆唎莎訶　若有自書寫教人書寫是无
量壽宗要經受持讀誦如同書寫八万四千一切經典陁羅尼曰　南謨薄伽勃底阿波唎蜜多
阿喻紇硯那　須毗你悉指陀囉佐耶　怛他羯他耶　怛姪他唵　薩婆桑悉迦囉　波唎輸底
達磨底　伽迦那　莎訶某特迦底　薩婆婆毗輸底　摩訶娜耶波唎婆唎莎訶
若有自書寫教人書寫是无量壽宗要經　即是書寫八万四千部建立塔廟　陁羅尼曰
南謨薄伽勃底　阿波唎蜜多　阿喻紇硯那　須毗你悉指陀囉佐耶　怛他羯他耶　怛姪他唵
薩婆桑悉迦囉　波唎輸底　達磨底　伽迦那　莎訶某特迦底　薩婆婆毗輸底　摩

BD05601 號　無量壽宗要經

（4–2）

莎訶某特迦底　薩婆婆毗輸底　摩訶娜耶波唎婆唎莎訶　若有自書寫教人書寫是无
量壽宗要經受持讀誦如同書寫八万四千一切經典陁羅尼曰　南謨薄伽勃底阿波唎蜜多
阿喻紇硯那　須毗你悉指陀囉佐耶　怛他羯他耶　怛姪他唵　薩婆桑悉迦囉　波唎輸底
達磨底　伽迦那　莎訶某特迦底　薩婆婆毗輸底　摩訶娜耶波唎婆唎莎訶
若有自書寫教人書寫是无量壽宗要經　即是書寫八万四千部建立塔廟　陁羅尼曰
南謨薄伽勃底　阿波唎蜜多　阿喻紇硯那　須毗你悉指陀囉佐耶　怛他羯他耶　怛姪他唵
薩婆桑悉迦囉　波唎輸底　達磨底　伽迦那　莎訶某特迦底　薩婆婆毗輸底　摩
訶娜耶波唎婆唎莎訶　若有自書寫教人書寫是无量壽宗要經能消五無間等一切重
罪陁羅尼曰　南謨薄伽勃底　阿波唎蜜多　阿喻紇硯那　須毗你悉指陀囉佐耶　怛他羯他
耶怛姪他唵　薩婆桑悉迦囉　波唎輸底　達磨底　伽迦那　莎訶某特迦底　薩婆婆毗輸底
摩訶娜耶　波唎婆唎莎訶　若有自書寫教人書寫是无量壽宗要經受持讀誦設有重罪
猶如須弥盡能除滅　陁羅尼曰　南謨薄伽勃底　阿波唎蜜多　阿喻紇硯那　須毗你悉指陀囉
佐耶　怛他羯他耶　怛姪他唵　薩婆桑悉迦囉　波唎輸底　達磨底　伽迦那　莎訶某特迦底　薩婆
婆毗輸底　摩訶娜耶波唎婆唎莎訶　若有自書寫教人書寫是无量壽宗要經受持讀誦若魔
魔之眷屬及夜叉羅刹不得其便終无枉死陁羅尼曰　南謨薄伽勃底　阿波唎蜜多　阿喻紇硯
那須毗你悉指陀囉佐耶　怛他羯他耶　怛姪他唵　薩婆桑悉迦囉　波唎輸底　達磨底
伽迦那　莎訶某特迦底　薩婆婆毗輸底　摩訶娜耶　波唎婆唎莎訶
若有自書寫教人書寫是无量壽宗要經受持讀誦當命終時有九十九姟佛現其人前來
千佛授手能遊一切佛刹　莫於此經生於疑惑　陁羅尼曰
南謨薄伽勃底　阿波唎蜜多　阿喻紇硯那　須毗你悉指陀囉佐耶　怛他羯他耶　怛姪他唵
薩婆桑悉迦囉　波唎輸底　達磨底　伽迦那　莎訶某特迦底　薩婆婆毗輸底
摩訶娜耶　波唎婆唎莎訶　若有自書寫教人書寫是无量壽宗要經受持讀誦常得
四天大王隨其衛護陁羅尼曰　南謨薄伽勃底　阿波唎蜜多　阿喻紇硯那　須毗你悉指
陀囉佐耶　怛他羯他耶　怛姪他唵　薩婆桑悉迦囉　波唎輸底　達磨底　伽迦那
莎訶某特迦底　薩婆婆毗輸底　摩訶娜耶　波唎婆唎莎訶
若有自書寫教人書寫是无量壽宗要經受持讀誦當得往生西方極樂世界阿弥陁淨土陁羅
尼曰　南謨薄伽勃底　阿波唎蜜多　阿喻紇硯那　須毗你悉指陀囉佐耶　怛他羯他耶　怛姪他唵
薩婆桑悉迦囉　波唎輸底　達磨底　伽迦那　莎訶某特迦底　薩婆婆毗輸底
摩訶娜耶　波唎婆唎莎訶　　若有方所自書寫使人書是无量壽經典之處則為
是塔皆應恭敬作礼若是畜生或為鳥獸得聞是經如是等類皆當不久得成一切種智陁羅

BD05601 號　無量壽宗要經

（4–3）

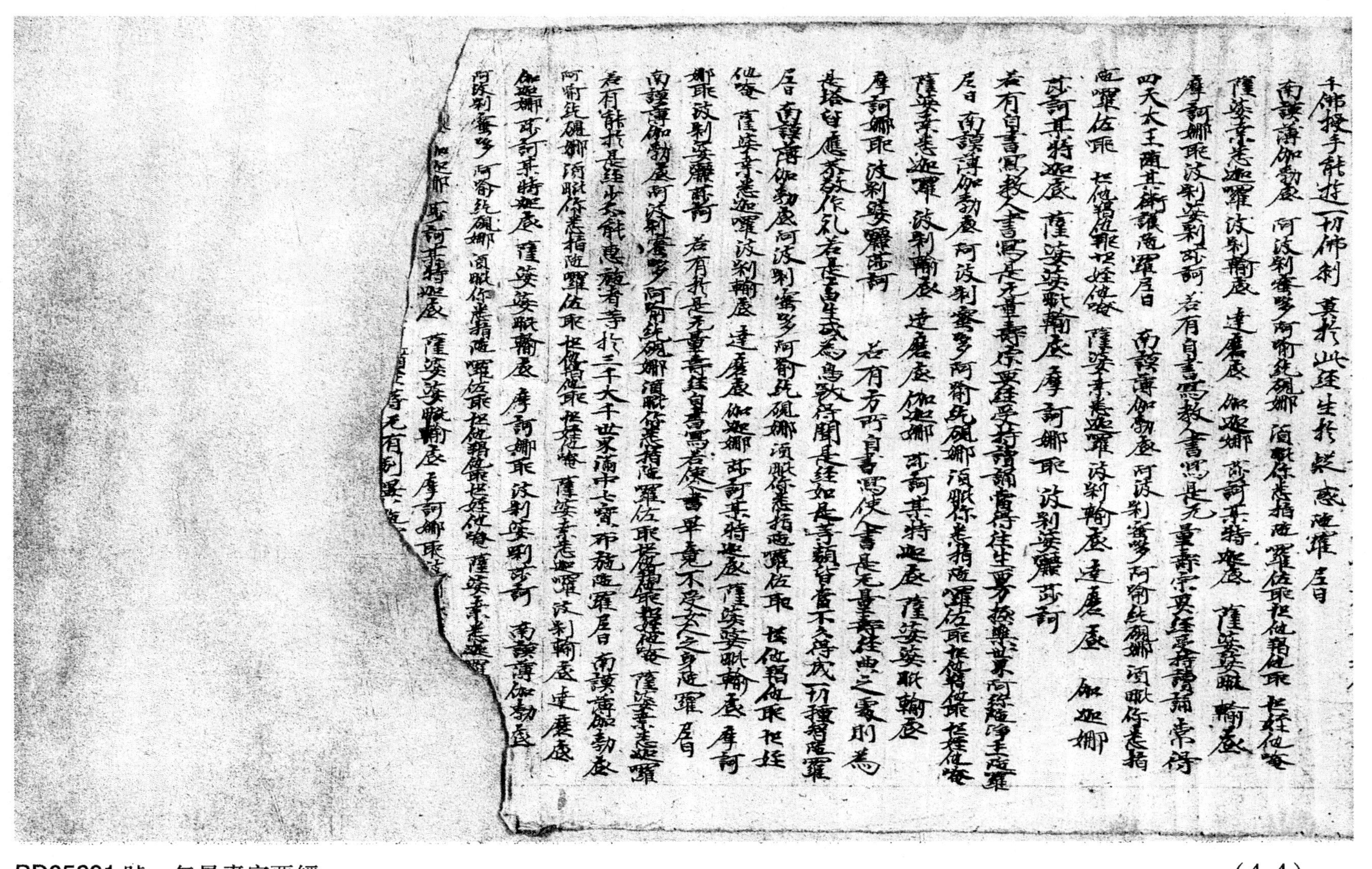

BD05601號　無量壽宗要經　　（4–4）

而供養者若復有人以七寶滿三千大千世
界供養於佛及大菩薩辟支佛阿羅漢是
人所得功德不如受持此法華經乃至一四句
偈其福最多宿王華譬如一切川流江河諸
水之中海為第一此法華經亦復如是於諸
如來所說經中最為深大又如土山黑山小
鐵圍山大鐵圍山及十寶山衆山之中須弥
山為第一此法華經亦復如是於諸經中最
為其上又如衆星之中月天子最為第一此
法華經亦復如是於千万億種諸經法中最
為照明又如日天子能除諸暗此經亦復如是
能破一切不善之暗又如諸小王中轉輪聖
王最為第一此經亦復如是於衆經中最為
其尊又如帝釋於三十三天中王此經亦復
如是諸經中王
又如大梵天王一切衆生之父此經亦復如

BD05602號　妙法蓮華經（八卷本）卷七　　（10–1）

能破一切不善之暗又如諸小王中轉輪聖
王最為第一此經亦復如是於衆經中最為
其尊又如帝釋於三十三天中王此經亦復
如是諸經中王
又如大梵天王一切衆生之父此經亦復如
是一切賢聖學无學及發菩薩心者之父又
如一切凡夫人中須陁洹斯陁含阿那含阿
羅漢辟支佛為第一此經亦復如是一切如
來所說若菩薩所說若聲聞所說諸經法中
最為第一有能受持是經典者亦復如是於
一切衆生中亦為第一一切聲聞辟支佛中
菩薩為第一此經亦復如是於一切諸經法
中最為第一如佛為諸法王此經亦復如是
諸經中王宿王華此經能救一切衆生者此
經能令一切衆生離諸苦惱此經能大饒益
一切衆生充滿其願如清涼池能滿一切諸
渴之者如寒者得火如裸者得衣如商人得
主如子得母如渡得船如病得醫如暗得燈如
貧得寶如民得王如賈客得海如炬除暗此
法華經亦復如是能令衆生離一切苦一切
病痛能解一切生死之縛若人得聞此法華
經若自書若使人書所得功德以佛智慧籌
量多少不得其邊若書是經卷華香瓔珞燒
香末香塗香幡蓋衣服種種之燈蘇燈油
燈諸香油燈瞻蔔油燈須曼那油燈波羅羅
油燈婆利師油燈那婆摩利油燈供養所

經若自書若使人書所得功德以佛智慧籌
量多少不得其邊若書是經卷華香瓔珞燒
香末香塗香幡蓋衣服種種之燈蘇燈油
燈諸香油燈瞻蔔油燈須曼那油燈波羅羅
油燈婆利師油燈那婆摩利油燈供養所
得功德亦復无量宿王華若有人聞是藥王
菩薩本事品者亦得无量无邊功德若有女人
聞是藥王菩薩本事品能受持者盡是女身後
不復受若如來滅後後五百歲中若有女人
聞是經典如說脩行於此命終即往安樂世
界阿弥陁佛大菩薩衆圍繞住處生蓮華
中寶座之上不復為貪欲所惱亦復不為瞋
恚愚癡所惱亦復不為憍慢嫉妬諸垢所惱
得菩薩神通无生法忍得是忍已眼根清淨以
是清淨眼根見七百万二千億那由他恒河
沙等諸佛如來
是時諸佛遥共讚言善哉善哉善男子汝能
於釋迦牟尼佛法中受持讀誦思惟是經為
他人說所得福德无量无邊火不能燒水不
能漂汝之功德千佛共說不能令盡汝今已
能破諸魔賊壞生死軍諸餘怨敵皆悉摧滅
善男子百千諸佛以神通力共守護汝於一
切世間天人之中无如汝者唯除如來其諸
聲聞辟支佛乃至菩薩智慧禪定无有與汝
等者宿王華此菩薩成就如是功德智慧之
力若有人聞是藥王菩薩本事品能隨喜讚

切世間天人之中无如汝者唯除如來其諸
聲聞辟支佛及至菩薩智慧禪定无有與汝
等者宿王華此菩薩成就如是功德智慧之
力若有人聞是藥王菩薩本事品能隨喜讃
善者是人現世口中常出青蓮華香身毛孔
中常出牛頭栴檀香所得功德如上所說是
故宿王華以此藥王菩薩本事品囑累於汝
我滅度後後五百歲中廣宣流布於閻浮提
無令斷絶惡魔魔民諸天龍夜叉鳩槃荼等得
其便也
宿王華汝當以神通之力守護是經所以者
何此經則為閻浮提人病之良藥若人有病
得聞是經病即消滅不老不死宿王華汝若
見有受持是經者應以青蓮花盛滿末香供
散其上散已作是念言此人不久必當取草
坐於道場破諸魔軍當吹法螺擊大法鼓度
脫一切衆生老病死海是故求佛道者見有
受持是經典人應當如是生恭敬心說是藥
王菩薩本事品時八万四千菩薩得解一切
衆生語言陁羅尼多寶如來於寶塔中讚
宿王華菩薩言善哉善哉宿王華汝成就不
可思議功德乃能問釋迦牟尼佛如此之事利
益无量一切衆生
妙法蓮華經妙音菩薩品第廿四
尒時釋迦牟尼佛放大人相肉髻光明及放
眉間白毫相光遍照東方八百万億那由他

BD05602號　妙法蓮華經（八卷本）卷七　（10–4）

益无量一切衆生
妙法蓮華經妙音菩薩品第廿四
尒時釋迦牟尼佛放大人相肉髻光明及放
眉間白毫相光遍照東方八百万億那由他
恒河沙等諸佛世界過是數已有世界名淨
光莊嚴其國有佛号淨華宿王智如來應供
正遍知明行足善逝世間解无上士調御丈
夫天人師佛世尊為无量无邊菩薩大衆恭
敬圍繞而為說法釋迦牟尼佛白毫光明遍
照其國
尒時一切淨光莊嚴國中有一菩薩名曰妙
音久已殖衆德本供養親近无量百千万億
諸佛而悉成就甚深智慧得妙幢相三昧法
華三昧淨德三昧宿王戲三昧无緣三昧智
印三昧解一切衆生語言三昧集一切功德
三昧清淨三昧神通遊戲三昧慧炬三昧莊
嚴王三昧淨光明三昧淨藏三昧不共三昧
日旋三昧得如是等百千万億恒河沙等諸
大三昧釋迦牟尼佛光照其身即白淨華宿
王智佛言世尊我當往詣娑婆世界礼拜親
近供養釋迦牟尼佛及見文殊師利法王子
菩薩藥王菩薩勇施菩薩宿王華菩薩上
行意菩薩莊嚴王菩薩藥上菩薩
尒時淨華宿王智佛告妙音菩薩汝莫輕彼
國生下劣想善男子彼娑婆世界高下不平
土石諸山穢惡充滿佛身卑小諸菩薩衆其

BD05602號　妙法蓮華經（八卷本）卷七　（10–5）

近供養釋迦牟尼佛及見文殊師利法王子
菩薩藥王菩薩勇施菩薩宿王華菩薩上
行意菩薩莊嚴王菩薩藥上菩薩
尒時淨華宿王智佛告妙音菩薩汝莫輕彼
國生下劣想善男子彼娑婆世界高下不平
土石諸山穢惡充滿佛身卑小諸菩薩衆其
形亦小而汝身四万二千由旬我身六百八
十万由旬汝身第一端政百千万福光明殊
妙是故汝往莫輕彼國若佛菩薩及國土生
下劣想妙音菩薩白其佛言世尊我今詣娑
婆世界皆是如來之力如來神通遊戲如來
功德智慧莊嚴於是妙音菩薩不起于座身
不動搖而入三昧以三昧力於耆闍崛山去
法座不遠化作八万四千衆寶蓮華閻浮檀
金為莖白銀為葉金剛為鬚甄叔迦寶以為
其臺尒時文殊師利法王子見是蓮華而白
佛言世尊以何因緣先現此瑞有若干千万
蓮華閻浮檀金為莖白銀為葉金剛為鬚甄
叔迦寶以為其臺
尒時釋迦牟尼佛告文殊師利是妙音菩薩
摩訶薩欲從淨華宿王智佛國與八万四千
菩薩圍遶而來至此娑婆世界供養親近礼
拜於我亦欲供養聽法華經文殊師利白佛
言世尊是菩薩種何善本脩何功德而能有
是大神通力行何三昧願為我等說是三昧
名字我等亦欲勤脩行之行此三昧乃能見
是菩薩色相大小威儀進止唯願世尊以神

BD05602號　妙法蓮華經（八卷本）卷七　（10–6）

拜於我亦欲供養聽法華經文殊師利白佛
言世尊是菩薩種何善本脩何功德而能有
是大神通力行何三昧願為我等說是三昧
名字我等亦欲勤脩行之行此三昧乃能見
是菩薩色相大小威儀進止唯願世尊以神
通力彼菩薩來令我得見尒時釋迦牟尼佛
告文殊師利此久滅度多寶如來當為汝等
而現其相時多寶佛告彼菩薩善男子來文
殊師利法王子欲見汝身
于時妙音菩薩於彼國沒與八万四千菩薩
俱共發來所經諸國六種震動皆悉雨於七
寶蓮華百千天樂不鼓自鳴是菩薩目如廣
大青蓮華葉政使和合百千万月其面貌端
正復過於此身真金色无量百千功德莊嚴
威德熾盛光明照耀諸相具足如那羅延堅
固之身入七寶臺上昇虛空去地七多羅樹
諸菩薩衆恭敬圍遶而來詣此娑婆世界耆
闍崛山到已下七寶臺以價直百千瓔珞持
至釋迦牟尼佛所頭面礼足奉上瓔珞而白
佛言世尊淨華宿王智佛問訊世尊少病
少惱起居輕利安樂行不四大調和不世事可
忍不衆生易度不无多貪欲瞋恚愚癡嫉妬
慳慢不无不孝父母不敬沙門邪見不善心
不攝五情不世尊衆生能降伏諸魔怨不久
滅度多寶如來在七寶塔中來聽法不又問
訊多寶如來安隱少惱堪忍久住不世尊我

BD05602號　妙法蓮華經（八卷本）卷七　（10–7）

慳慢不无不孝父母不敬沙門邪見不善心
不攝五情不世尊衆生能降伏諸魔怨不久
滅度多寶如來在七寶塔中來聽法不又問
訊多寶如來安隱少惱堪忍久住不世尊我
今欲見多寶佛身唯願世尊示我令見尒時
釋迦牟尼佛語多寶佛是妙音菩薩欲得相
見時多寶佛告妙音言善哉善哉汝能為供
養釋迦牟尼佛及聽法華經并見文殊師
利等故來至此
尒時華德菩薩白佛言世尊是妙音菩薩
種何善根脩何功德有是神力佛告華德菩
薩過去有佛名雲雷音王多陀阿伽度阿羅訶
三藐三佛陀國名現一切世間劫名憙見妙音
菩薩於万二千歲以十万種伎樂供養雲雷
音王佛并奉上八万四千七寶鉢以是因緣果
報今生淨華宿王智佛國有是神力華德
於汝意云何尒時雲雷音王佛所妙音菩薩
伎樂供養奉上寶器者豈異人乎今此妙音
菩薩摩訶薩是華德是妙音菩薩已曾供養
親近无量諸佛久殖德本又值恒河沙等百
千万億那由他佛
華德汝但見妙音菩薩其身在此而是菩薩
現種種身處處為諸衆生說是經典或現梵
王身或現帝釋身或現自在天身或現大自
在天身或現天大將軍身或現毗沙門天王身
或現轉輪聖王身或現諸小王身或現長者
身或現居士身或現宰官身或現婆羅門

BD05602號　妙法蓮華經（八卷本）卷七　（10-8）

華德汝但見妙音菩薩其身在此而是菩薩
現種種身處處為諸衆生說是經典或現梵
王身或現帝釋身或現自在天身或現大自
在天身或現天大將軍身或現毗沙門天王身
或現轉輪聖王身或現諸小王身或現長者
身或現居士身或現宰官身或現婆羅門
身或現比丘比丘尼優婆塞優婆夷身或現
長者居士婦女身或現宰官婦女身或現婆羅
門婦女身或現童男童女身或現天龍夜叉
乾闥婆阿脩羅迦樓羅緊那羅摩睺伽人
非人等身而說是經諸有地獄餓鬼畜生及
衆難處皆能救濟乃至於王後宮變為女身
而說是經華德是妙音菩薩能救護娑婆世
界諸衆生者是妙音菩薩如是種種變化現
身在此娑婆國土為諸衆生說是經典於神通
變化智慧无所損減是菩薩以若干智慧明
照娑婆世界令一切衆生各得所知於十方恒
河沙世界中亦復如是若應以聲聞形得度
者現聲聞形而為說法應以辟支佛形得度
者現辟支佛形而為說法應以菩薩形得度
者現菩薩形而為說法應以佛形得度者即
現佛形而為說法如是種種隨所應度者而
為現形乃至應以滅度而得度者亦現滅度
華德妙音菩薩摩訶薩成就大神通智之
力其事如是
尒時華德菩薩白佛言世尊是妙音菩薩深
種善根世尊是菩薩住何三昧而能如是在所

BD05602號　妙法蓮華經（八卷本）卷七　（10-9）

爲現形乃至應以滅度而得度者示現滅度
華德妙音菩薩摩訶薩成就大神通智之
力其事如是
尒時華德菩薩白佛言世尊是妙音菩薩深
種善根世尊是菩薩住何三昧而能如是在所
變現度脫衆生佛告華德菩薩善男子其
三昧名現一切色身妙音菩薩住是三昧中
能如是饒益无量衆生說是妙音菩薩品
時與妙音菩薩俱來者八万四千人皆得現
一切色身三昧此娑婆世界无量菩薩亦得
是三昧及陁羅尼尒時妙音菩薩摩訶薩供
養釋迦牟尼佛及多寶佛塔已還歸本土所
諸國六種震動雨寶蓮華作百千万億種種
伎樂既到本國與八万四千菩薩圍繞至淨
華宿王智佛所白佛言世尊我到娑婆世界
饒益衆生見釋迦牟尼佛及見多寶佛塔礼
拜供養又見文殊師利法王子菩薩及見藥
王菩薩得勤精進力菩薩勇施菩薩等亦令
是八万四千菩薩得現一切色身三昧說是
妙音菩薩來往品時四万二千天子得无生
法忍華德菩薩得法華三昧

妙法蓮華經卷第七

BD05602號　妙法蓮華經（八卷本）卷七　（10–10）

願離十惡業　修行十善道　安住十地中　常見十方佛
我以身語意　所修福智業　願以此善根　速成无上慧
我今親對十力前　發露衆多苦難事
凡愚迷惑三有難　恒造極重惡業難
我所積集欲邪難　常起貪愛流轉難
於此世間耽著難　一切愚夫煩惱難
狂心散動顛倒難　及以親近惡友難
於生死中貪染難　瞋癡闇鈍造罪難
生八无暇惡處難　未曾積集功德難
我今皆於最勝前　懺悔无邊罪惡業
我今歸依諸善逝　我礼德海无上尊
如大金山照十方　唯願慈悲哀攝受
身色金光淨无垢　目如清淨紺琉璃
吉祥威德名稱尊　大悲慧日除衆闇
佛日光明常普遍　善淨无垢離諸塵
牟尼月照極清涼　能除衆生煩惱熱
三十二相遍莊嚴　八十隨好皆圓滿
福德難思无與等　如日流光照世間
色如琉璃淨无垢　猶如滿月處虛空
好頗梨網映金軀　種種光明以嚴飾

BD05603號　金光明最勝王經卷二　（2–1）

我今歸依諸善逝　我礼德海无上尊
如大金山照十方　唯願慈悲哀攝受
身色金光淨无垢　目如清淨紺琉璃
吉祥威德名稱尊　大悲慧日除衆闇
佛日光明常善通　善淨无垢離諸塵
牟尼月照極清涼　能除衆生煩惱熱
三十二相遍莊嚴　八十隨好皆圓滿
福德難思无與等　如日流光照世間
色如琉璃淨无垢　猶如滿月處虛空
妙頗梨網瑛金軀　種種光明以嚴飾
於生死苦暴流內　老病憂愁水所漂
如是苦海難堪忍　佛日舒光令永竭
我今稽首一切智　三千世界希有尊
光明晃耀紫金身　種種妙好皆嚴飾
如大海水量難知　大地微塵不可數
如妙高山叵稱量　亦如虛空无有際
諸佛功德亦如是　一切有情不能知
於无量劫諦思惟　无有能知得海岸

BD05603號　金光明最勝王經卷二　（2–2）

佛說阿弥陁經
如是我聞一時佛在舍衛國祇樹給孤獨園
與大比丘衆千二百五十人俱皆是大阿羅
漢衆所知識長老舍利弗摩訶目揵連摩訶
迦葉摩訶迦旃延摩訶俱絺羅離波多周利
槃陁迦難陁阿難陁羅睺羅憍梵波提賓頭盧
頗羅墮迦留陁夷摩訶劫賓那薄拘羅阿㝹
樓䭾如是等諸大弟子并諸菩薩摩訶薩文
殊師利法王子阿逸多菩薩乾陁訶提菩薩
常精進菩薩與如是等諸大菩薩及釋提桓
因等无量諸天大衆俱
尒時佛告長老舍利弗從是西方過十万億
佛土有世界名曰極樂其土有佛号阿弥陁
今現在說法舍利弗彼土何故名為極樂其
國衆生无有衆苦但受諸樂故名極樂
又舍利弗極樂國土七重欄楯七重羅網七
重行樹皆是四寶周帀圍繞是故彼國名曰
極樂
又舍利弗極樂國土有七寶池八功德水充

BD05604號　阿彌陀經　（3–1）

國衆生无有衆苦但受諸樂故名極樂、
又舍利弗極樂國土七重欄楯七重羅網七
重行樹皆是四寶周帀圍繞是故彼國名曰
極樂
又舍利弗極樂國土有七寶池八功德水充
滿其中池底純以金沙布地四邊階道金銀
瑠璃頗梨合成上有樓閣亦以金銀瑠璃頗
梨車𤦲赤珠馬瑙而嚴飾之池中蓮華大如
車輪青色青光黄色黄光赤色赤光白色白
光微妙香潔舍利弗極樂國土成就如是功德
莊嚴
又舍利弗彼佛國土常作天樂黄金為地晝
夜六時而雨曼陁羅華其國衆生常以清旦
各以衣裓盛衆妙華供養他方十万億佛即
以食時還到本國飯食經行舍利弗極樂國
土成就如是功德莊嚴、
復次舍利弗彼佛國土常有種種奇妙雜色
之鳥白鵠孔雀鸚鵡舍利迦陵頻伽共命之
鳥是諸衆鳥晝夜六時出和雅音其音演
暢五根五力七菩提分八聖道分如是等法
其國衆生聞是音已皆悉念佛念法念僧
舍利弗汝勿謂此鳥實是罪報所生所以者
何彼佛國土无三悪道舍利弗其佛國土
尚无三悪道舍利弗其佛國土尚无三悪道
之名何況有實是諸衆鳥皆是阿弥陁佛
欲令法音宣流變化所作舍利弗彼佛國
土微風吹動諸寶行樹及寶羅網出微妙音
譬如百千種樂同時俱作聞是音者自然

BD05604號　阿彌陀經

（3–2）

暢五根五力七菩提分八聖道分如是等法
其國衆生聞是音已皆悉念佛念法念僧
舍利弗汝勿謂此鳥實是罪報所生所以者
何彼佛國土无三悪道舍利弗其佛國土
尚无三悪道舍利弗其佛國土尚无三悪道
之名何況有實是諸衆鳥皆是阿弥陁佛
欲令法音宣流變化所作舍利弗彼佛國
土微風吹動諸寶行樹及寶羅網出微妙音
譬如百千種樂同時俱作聞是音者自然
皆生念佛念法念僧之心舍利弗其佛國
土成就如是功德莊嚴
舍利弗於汝意云何彼佛何故号阿弥陁舍
利弗彼佛光明无量照十方國无所障㝵
是故号為阿弥陁又舍利弗彼佛壽命及
其人民无量无邊阿僧祇劫故名阿弥陁舍
利弗阿弥陁佛成佛以來於今十劫又舍利
弗彼佛有无量无邊聲聞弟子皆阿羅
漢非是筭數之所能知諸菩薩衆之復如是
舍利弗彼佛國土成就如是功德莊嚴又舍
利弗極樂國土衆生生者皆是阿鞞䟦致其
中多有一生補處其數甚多非是筭數所
能知之但可以无量无邊阿僧祇說

BD05604號　阿彌陀經

（3–3）

[illegible]如長者唯有一子其
亦病若子病愈父母亦愈菩薩如是於諸衆
生愛之若子衆生病則菩薩病衆生病愈菩
薩亦愈又言是病何所因起菩薩病者以大悲
起文殊師利言居士此室何以空无侍者維
摩詰言諸佛國土亦復皆空又問以何為空
答曰以空空又問空何用空答曰以无分別
空故空又問空可分別耶答曰分別亦空又
問空當於何求答曰當於六十二見中求又
問六十二見當於何求答曰當於諸佛解脫
中求又問諸佛解脫當於何求答曰當於一
切衆生心行中求又仁所問何无侍者一切
衆魔及諸外道皆吾侍也所以者何衆魔者
樂生死菩薩於生死而不捨外道者樂諸
見菩薩於諸見而不動文殊師利言居士
所疾為何等相維摩詰言我病无形不可見
又問此病身合耶心合耶答曰非身合身相

BD05605 號　維摩詰所說經卷中　（28–1）

切衆生心行中求又仁所問何无侍者一切
衆魔及諸外道皆吾侍也所以者何衆魔者
樂生死菩薩於生死而不捨外道者樂諸
見菩薩於諸見而不動文殊師利言居士
所疾為何等相維摩詰言我病无形不可見
又問此病身合耶心合耶答曰非身合身相
離故亦非心合心如幻故又問地大水大火大
風大於此四大何大之病答曰是病非地大亦
不離地大水火風大亦復如是而衆生病從
四大起以其有病是故我病
尒時文殊師利問維摩詰言菩薩應何慰喻
有疾菩薩維摩詰言說身无常不說猒離於
身說身有苦不說樂於涅槃說身无我而說
教導衆生說身空寂不說畢竟寂滅說悔先
罪而不說入於過去以己之疾愍於彼疾當
識宿世无數劫苦當念饒益一切衆生憶
所脩福念於淨命勿生憂惱常起精進當作
醫王療治衆病菩薩應如是慰喻有疾菩薩
令其歡喜文殊師利言居士有疾菩薩云何
調伏其心維摩詰言有疾菩薩應作是念今
我此病皆從前世妄想顛倒諸煩惱生无有實
法誰受病者所以者何四大合故假名為身
四大无主身亦无我又此病起皆由着我是
故於我不應生着既知病本即除我想及衆
生想當起法想應作是念但以衆法合成此

BD05605 號　維摩詰所說經卷中　（28–2）

法誰受病者所以者何四大合故假名為身
四大无主身亦无我又此病起皆由著我是
故於我不應生著既知病本即除我想及衆
生想當起法想應作是念但以衆法合成此
身起唯法起滅唯法滅又此法者各不相知
起時不言我起滅時不言我滅彼有疾菩薩
為滅法想當作是念此法想者亦是顛倒顛
倒者是即大患我應離之云何為離離我我
所云何離我我所謂離二法云何離二法謂
不念內外諸法行於平等云何平等謂我等
涅槃等所以者何我及涅槃此二皆空以何
為空但以名字故空如此二法无決定性得
是平等无有餘病唯有空病空病亦空是有
疾菩薩以无所受而受諸受未具佛法亦不
滅受而取證也設身有苦念惡趣衆生起大
悲心我既調伏亦當調伏一切衆生但除其
病而不除法為斷病本教導之何謂病本
謂有攀緣從有攀緣則為病本何所攀緣謂
之三界云何斷攀緣以无所得若无所得則无
攀緣何謂无所得謂二見何謂二見謂內見外
見是无所得文殊師利是名有疾菩薩調
伏其心為斷老病死苦是名菩薩菩提若不
如是已所脩治為无慧利譬如勝怨乃可為
勇如是兼除老病死者菩薩之謂也彼有疾
菩薩應復作是念如我此病非真非有衆生

BD05605 號　維摩詰所說經卷中

（28–3）

伏其心為斷老病死苦是名菩薩菩提若不
如是已所脩治為无慧利譬如勝怨乃可為
勇如是兼除老病死者菩薩之謂也彼有疾
菩薩應復作是念如我此病非真非有衆生
病亦非真非有作是觀時於諸衆生若起
愛見大悲即應捨離所以者何菩薩斷除客塵
煩惱而起大悲愛見悲者則於生死有疲厭
心若能離此无有疲厭在在所生不為愛見
之所覆也所生无縛能為衆生說法解縛如
佛所說若自有縛能解彼縛无有是處若
自无縛能解彼縛斯有是處是故菩薩不應
起縛何謂縛何謂解貪著禪味是菩薩縛以
方便生是菩薩解又无方便慧縛有方便慧
解无慧方便縛有慧方便解何謂无方便
慧縛謂菩薩以愛見心莊嚴佛土成就衆生
於空无相无作法中而自調伏是名无方便
慧縛何謂有方便慧解謂不以愛見心莊嚴
佛土成就衆生於空无相无作法中以自調
伏而不疲厭是名有方便慧解何謂无慧方
便縛謂菩薩住貪欲瞋恚邪見等諸煩惱而
殖衆德本是名无慧方便縛何謂有慧方便
解謂離諸貪欲瞋恚邪見等諸煩惱而殖衆
德本迴向阿耨多羅三藐三菩提是名有慧方
便解文殊師利彼有疾菩薩應如是觀諸法
又復觀身无常苦空非我是名為慧雖身有
[illegible]一切而不厭惓是名方便

BD05605 號　維摩詰所說經卷中

（28–4）

[illegible]
解謂離諸貪欲瞋恚邪見等諸煩惱而殖衆
德本迴向阿耨多羅三藐三菩提是名有惠方
便解文殊師利彼有疾菩薩應如是觀諸法
又復觀身无常苦空非我是名爲慧雖身有
疾常在生死饒益一切而不厭倦是名方便
又復觀身身不離病病不離身是病是身非
新非故是名爲慧設身有疾而不永滅是名
方便文殊師利有疾菩薩應如是調伏其心
不住其中亦復不住不調伏心所以者何若住
不調伏心是愚人法若住調伏心是聲聞法
是故菩薩不當住於調伏不調伏心離此二
法是菩薩行在於生死不爲汙行住於涅槃
不永滅度是菩薩行非凡夫行非賢聖行是
菩薩行非垢行非淨行是菩薩行雖過魔
行而現降衆魔是菩薩行求一切智无非時
求是菩薩行雖觀諸法不生而不入正位是
菩薩行雖觀十二緣起而入諸邪見是菩薩
行雖攝一切衆生而不愛着是菩薩行雖樂
遠離而不依身心盡是菩薩行雖行三界而
不壞法性是菩薩行雖行於空而殖衆德本
是菩薩行雖行无相而度衆生是菩薩行雖
行无作而現受身是菩薩行雖行无起而起
一切善行是菩薩行雖行六波羅蜜而遍知
衆生心心數法是菩薩行雖行六通而不盡
[illegible]

是菩薩行雖行无相而度衆生是菩薩行雖
行无作而現受身是菩薩行雖行无起而起
一切善行是菩薩行雖行六波羅蜜而遍知
衆生心心數法是菩薩行雖行六通而不盡
漏是菩薩行雖行四无量心而不貪著生於梵
世是菩薩行雖行禪定解脫三昧而不隨禪
生是菩薩行雖行四念處而不永離身受心
法是菩薩行雖行四正勤而不捨身心精
進是菩薩行雖行四如意足而得自在神通
是菩薩行雖行五根而分別衆生諸根利鈍
是菩薩行雖行五力而樂求佛十力是菩薩
行雖行七覺分而分別佛之智慧是菩薩行雖
行八聖道而樂行无量佛道是菩薩行雖行
止觀助道之法而不畢竟墮於寂滅是菩薩
行雖行諸法不生不滅而以相好莊嚴其身
是菩薩行雖現聲聞辟支佛威儀而不捨
佛法是菩薩行雖隨諸法究竟淨相而隨所應
爲現其身是菩薩行雖觀諸佛國土永寂如
空而現種種清淨佛土是菩薩行雖得佛道
轉于法輪入於涅槃而不捨於菩薩之道是
菩薩行說是法時文殊師利所將大衆其中
八千天子皆發阿耨多羅三藐三菩提心
維摩詰經不思議品第六
尒時舍利弗見此室中无有牀座作是念斯
諸菩薩大弟子衆當於何坐長者維摩詰

維摩詰經不思議品第六
尒時舍利弗見此室中无有牀座作是念斯
諸菩薩大弟子衆當於何坐長者維摩詰
知其意語舍利弗言云何仁者爲法来耶求牀
座耶舍利弗言我爲法来非爲牀座維摩詰
言唯舍利弗夫求法者不貪軀命何况牀座
夫求法者非有色受想行識之求非有界入
之求非有欲色无色之求唯舍利弗夫求法
者不着佛求不着法求不着衆求夫求法者
无見苦求无斷集求无造盡證脩道之求所
以者何法无戲論若言我當見苦斷集證滅
脩道是則戲論非求法也唯舍利弗法名
寂滅若行生滅是求生滅非求法也法名无
染若染於法乃至涅槃是則染着非求法也法
无行處若行於法是則行處非求法也法无
取捨若取捨法是則取捨非求法也法无處
所若着處所是則着處非求法也法名无相
若隨相識是則求相非求法也法不可住若
住於法是則住法非求法也法不可見聞覺知
若行見聞覺知是則見聞覺知非求法也
法名无爲若行有爲是求有爲非法也是
故舍利弗夫求法者於一切法應无所求説
是語時五百天子於諸法中得法眼淨
尒時長者維摩詰問文殊師利仁者遊於无
量千万億阿僧祇國何等佛土有好上妙功

BD05605號　維摩詰所説經卷中　（28–7）

故舍利弗夫求法者於一切法應无所求説
是語時五百天子於諸法中得法眼淨
尒時長者維摩詰問文殊師利仁者遊於无
量千万億阿僧祇國何等佛土有好上妙功
德成就師子之座文殊師利言居士東方度
三十六恒河沙國有世界名須弥相其佛号
須弥燈王今現在彼佛身長八万四千由旬其
師子座高八万四千由旬嚴飾第一於是長
者維摩詰現神通力即時彼佛遣三万二千
師子之座高廣嚴淨来入維摩詰室諸菩薩
大弟子釋梵四天王等昔所未見其室廣博悉
苞容三万二千師子之座无所妨㝵於毗耶離
城及閻浮提四天下亦不迫迮悉見如故尒時
維摩詰語文殊師利就師子座與諸菩薩
上人俱坐當自立身如彼座像其得神通菩
薩即自變形爲四万二千由旬坐師子座諸
新發意菩薩及大弟子皆不能昇尒時維摩
詰語舍利弗就師子座舍利弗言居士此座
高廣吾不能昇維摩詰言唯舍利弗爲須弥
燈王如来作礼乃可得坐於是新發意菩薩
及大弟子即爲須弥燈王如来作礼便得坐
師子座
舍利弗言居士未曾有也如是小室乃能容
受此高廣之座於毗耶離城无所妨㝵又於閻
浮提聚落城邑及四天下諸天龍王鬼神宫

BD05605號　維摩詰所説經卷中　（28–8）

師子座
舍利弗言居士未曾有也如是小室乃能容
受此高廣之座於毗耶離城无所妨㝵又於閻
浮提聚落城邑及四天下諸天龍王鬼神宮
殿亦不迫迮維摩詰言唯舍利弗諸佛菩
薩有解脫名不可思議若菩薩住是解脫
者以須弥之高廣內芥子中无所增減須弥山
王本相如故而四天王忉利諸天不覺不知己
之所入唯應度者乃見須弥入芥子中是
名不可思議解脫法門又以四大海水入一毛
孔不嬈魚鼈黿鼉水性之屬而彼大海本相
如故諸龍鬼神阿脩羅等不覺不知己之所
入於此衆生亦无所嬈又舍利弗住不可思
議解脫菩薩斷取三千大千世界如陶家輪
着右掌中擲過恒沙世界之外其中衆生不
覺不知己之所往又復還置本處都不使人
有往來想而此世界本相如故又舍利弗或
有衆生樂久住世而可度者菩薩即演七日
以為一劫令彼衆生謂之一劫或有衆生不
樂久住而可度者菩薩即促一劫以為七日
令彼衆生謂之七日又舍利弗住不可思議
解脫菩薩以一切佛土嚴飾之事集在一國
示於衆生又菩薩以一切佛土衆生置之右
掌飛到十方遍示一切而不動本處又舍利
弗十方衆生供養諸佛之具菩薩於一毛

BD05605號　維摩詰所說經卷中　（28–9）

解脫菩薩以一切佛土嚴飾之事集在一國
示於衆生又菩薩以一切佛土衆生置之右
掌飛到十方遍示一切而不動本處又舍利
弗十方衆生供養諸佛之具菩薩於一毛
孔皆令得見又十方國土所有日月星宿於一
毛孔普使見之又舍利弗十方世界所有諸風
菩薩悉能吸着口中而身无損外諸樹木亦
不摧折又十方世界劫盡燒時以一切火內
於腹中火事如故而不為害又於下方過恒
河沙等諸佛世界取一佛土舉着上方過恒
河沙无數世界如持鍼鋒舉一棗葉而无所
嬈又舍利弗住不可思議解脫菩薩能以神
通現作佛身或現辟支佛身或現聲聞身或
現帝釋身或現梵王身或現世主身或現轉
輪王身又十方世界所有衆聲上中下音
皆能變之令作佛聲演出无常苦空无我之
音及十方諸佛所說種種之法皆於其中普
令得聞舍利弗我今略說菩薩不可思議解
脫之力若廣說者窮劫不盡是時大迦葉聞
說菩薩不可思議解脫法門歎未曾有謂舍
利弗譬如有人於盲者前現衆色像非彼所
見一切聲聞聞是不可思議解脫法門不能
解了為若此也智者聞是其誰不發阿耨多
羅三藐三菩提心我等何為永絕其根於此
大乘已如敗種一切聲聞聞是不可思議解脫

BD05605號　維摩詰所說經卷中　（28–10）

見一切聲聞聞是不可思議解脫法門不能
解了為若此也智者聞是其誰不發阿耨多
羅三藐三菩提心我等何為永絶其根於此
大乘已如敗種一切聲聞聞是不可思議解脫
法門皆應號泣聲震三千大千世界一切
菩薩應大欣慶頂受此法若有菩薩信解不
可思議解脫門者一切魔衆无如之何大迦葉
說是語時三万三千天子皆發阿耨多羅三
藐三菩提心
尒時維摩詰語大迦葉仁者十方无量阿僧
祇世界中作魔王者多是住不可思議解脫
菩薩以方便力教化衆生現作魔王又迦葉
十方无量菩薩或有人從乞手足耳鼻頭目
髓腦血肉皮骨聚落城邑妻子奴婢乘馬車乘
金銀瑠璃車渠馬瑙珊瑚虎珀真珠珂貝衣
服飲食如此乞者多是住不可思議解脫菩
薩以方便力而往試之令其堅固所以者何住
可思議解脫菩薩有威德力故行逼迫示諸
衆生如是難事凡夫下劣无有力勢不能如
是逼迫菩薩譬如龍象蹴踏非驢所堪是名
住不可思議解脫菩薩智慧方便之門
維摩詰經觀衆生品第七
尒時文殊師利問維摩詰言菩薩云何觀於
衆生維摩詰言譬如幻師見所幻人菩薩觀
衆生為若此如智者見水中月如鏡中見其

維摩詰經觀衆生品第七
尒時文殊師利問維摩詰言菩薩云何觀於
衆生維摩詰言譬如幻師見所幻人菩薩觀
衆生為若此如智者見水中月如鏡中見其
面像如熱時炎如呼聲響如空中雲如水聚
沫如水上泡如芭蕉堅如電久住如第五大
如第六陰如第七情如十三入如十九界菩
薩觀衆生為若此如无色界色如燋穀牙如
須陁洹身見如阿那含入胎如阿羅漢三毒如得
忍菩薩貪恚毀禁如佛煩惱習如盲者見色
如入滅盡定出入息如空中鳥跡如石女兒如
化人煩惱如夢所見已悟如滅度者受身身
如无烟之火菩薩觀衆生為若此
文殊師利言若菩薩作是觀者云何行慈
維摩詰言菩薩作是觀已自念我當為衆
生說如斯法是即真實慈也行寂滅慈无所生故行不
熱慈无煩惱故行等之慈等三世故行无諍
慈无所起故行不二慈內外不合故行不壞慈
畢竟盡故行堅固慈心无毀故行清淨慈諸
法性淨故行无邊慈如虛空故行阿羅漢
慈破結賊故行菩薩慈安衆生故行如來
慈得如相故行佛之慈覺衆生故行自
然慈无因得故行菩提慈等一味故行无比
慈斷諸愛故行大悲慈導以大乘故行无猒
慈觀空无我故行法施慈无遺惜故行持戒

慈破結賊故行菩薩慈[illegible]
慈得如相故行佛之慈覺衆生故行自
然慈无因得故行菩提慈等一味故行无比
慈斷諸愛故行大悲慈導以大乘故行无猒
慈觀空无我故行法施慈无遺惜故行持戒
慈化毀禁故行忍辱慈護彼我故行精進慈
荷負衆生故行禪定慈不受味故行智慧慈
无不知時故行方便慈一切示現故行无隱慈
直心清淨故行深心慈无雜行故行无誑慈
不虛假故行安樂慈令得佛樂故菩薩之慈
為若此也文殊師利又問何謂為悲答曰菩
薩所作功德皆與一切衆生共之何謂為喜
答曰有所饒益歡喜无悔何謂為捨答曰所
作福祐无所悕望文殊師利又問生死有畏
菩薩當何所依維摩詰言菩薩於生死畏中
當依如來功德之力文殊師利又問菩薩欲
依如來功德之力當於何住答曰菩薩欲依
如來功德力者當住度脫一切衆生又問欲
度衆生當何所除答曰欲度衆生除其煩惱
又問欲除煩惱當何所行答曰當行正念又
問云何行於正念答曰當行不生不滅又問
何法不生何法不滅答曰不善不生善法不
滅又問善不善孰為本答曰身為本又問身
孰為本答曰欲貪為本又問欲貪孰為本答
曰虛妄分別為本又問虛妄分別孰為本答
曰顛倒想為本又問顛倒想孰為本答曰无

何法不生何法不滅答曰不善不生善法不
滅又問善不善孰為本答曰身為本又問身
孰為本答曰欲貪為本又問欲貪孰為本答
曰虛妄分別為本又問虛妄分別孰為本答
曰顛倒想為本又問顛倒想孰為本答曰无
住為本又問无住孰為本答曰无住則无本
文殊師利從无住本立一切法
時維摩詰室有一天女見諸大人聞所說法
便現其身即以天華散諸菩薩大弟子上華
至諸菩薩即皆墮落至大弟子便著不墮一
切弟子神力去華不能令去尒時天問舍利
弗何故去華答曰此華不如法是以去之天曰勿
謂此華為不如法所以者何是華无所分別
仁者自生分別想耳若於佛法出家有所
分別為不如法若无分別是則如法觀諸菩
薩華不著者以斷一切分別想故譬如人畏
時非人得其便如是弟子畏生死故色聲香
味觸得其便已離畏者一切五欲无能為也
結習未盡華著身耳結習盡者華不著也舍
利弗言天止此室其已久如答曰我止此室如
耆年解脫舍利弗言止此久耶天曰耆年解
脫亦何如久舍利弗嘿然不答天曰如何耆舊
大智而嘿答曰解脫者无所言說故吾於
是不知所云天曰言說文字皆解脫相所以者
何解脫者不內不外不在兩間文字亦不內

大智而嘿荅曰解脫者无所言說故吾於
是不知所云天曰言說文字皆解脫相所以者
何解脫者不内不外不在兩間文字亦不内
不外不在兩間是故舍利弗无離文字說解
脫也所以者何一切諸法是解脫相舍利弗
言不復以離婬怒癡為解脫乎天曰佛為增
上慢人說離婬怒癡為解脫耳若无增上慢
者佛說婬怒癡性即是解脫舍利弗言善哉
善哉天女汝何所得以何為證辯乃如是天
曰我无得无證故辯如是所以者何若有得
有證者則於佛法為增上慢
舍利弗問天汝於三乘為何志求天曰以聲
聞法化衆生故我為聲聞以因緣法化衆生
故我為辟支佛以大悲法化衆生故我為大乘
舍利弗如人入瞻蔔林唯嗅瞻蔔不嗅餘香
如是若入此室但聞佛功德之香不樂聞聲
聞辟支佛功德香也舍利弗其有釋梵四天
王諸天龍鬼神等入此室者聞斯上人講說正
法皆樂佛功德之香發心而出舍利弗吾止
此室十有二年初不聞說聲聞辟支佛法但
聞菩薩大慈大悲不可思議諸佛之法舍利
弗此室常現八未曾有難得之法何等為八
此室常以金色光照晝夜无異不以日月所照
為明是為一未曾有難得之法此室入者
不為諸垢之所惱也是為二未曾有難得之

BD05605號　維摩詰所說經卷中

（28–15）

聞菩薩大慈大悲不可思議諸佛之法舍利
弗此室常現八未曾有難得之法何等為八
此室常以金色光照晝夜无異不以日月所照
為明是為一未曾有難得之法此室入者
不為諸垢之所惱也是為二未曾有難得之
法此室常有釋梵四天王他方菩薩來會不
絕是為三未曾有難得之法此室常說六波
羅蜜不退轉法是為四未曾有難得之法此
室常作天人第一之樂絃出无量法化之聲
是為五未曾有難得之法此室有四大藏衆
寶積滿周窮濟乏求得无盡是為六未曾有
難得之法此室釋迦牟尼佛阿弥陀佛阿閦佛
寶德寶炎寶月寶嚴難勝師子響一切利
成如是等十方无量諸佛是上人念時即皆
為來廣說諸佛秘要法藏說已還去是為七
未曾有難得之法此室一切諸天嚴飾宮殿
諸佛淨土皆於中現是為八未曾有難得
之法舍利弗此室常現八未曾有難得之法
誰有見斯不思議事而復樂於聲聞法乎舍
利弗言汝何以不轉女身天曰我從十二年來
求女人相了不可得當何所轉譬如幻師化
作幻女若有人問何以不轉女身是人為正問
不舍利弗言不也幻无定相當何所轉天曰一
切諸法亦復如是无有定相云何乃問不

BD05605號　維摩詰所說經卷中

（28–16）

求女人相了不可得當何所轉辟如幻師化
作幻女若有人問何以不轉女身是人為正問
不舍利弗言不也幻无定相當何所轉天曰一
切諸法亦復如是无有定相云何乃問不
轉女身即時天女以神通力變舍利弗令如
天女天自化身如舍利弗而問言何以不轉
女身舍利弗以天女像而荅言我今不知何
轉而變為女身天曰舍利弗若能轉此女身
則一切女人亦當能轉如舍利弗非女而現
女身一切女人亦復如是雖現女身而非女也
是故佛說一切諸法非男非女即時天女還
攝神力令舍利弗身還復如故天問舍利弗
女身色相今何所在舍利弗言女身色相无
不在夫无在无不在者佛所說也舍利弗問
天汝於此沒當生何所天曰佛化所生吾如
彼生曰佛化所生非沒生也天曰衆生猶然
无沒生也舍利弗問天汝久如當得阿耨多
羅三藐三菩提天曰如舍利弗還為凡夫我
乃當成阿耨多羅三藐三菩提舍利弗言我
作凡夫无有是處天曰我得阿耨多羅三藐
三菩提亦无是處所以者何菩提无住處是
故无有得者舍利弗言今諸佛得阿耨多
羅三藐三菩提已得當得今得如恒河沙皆
謂何乎天曰皆以世俗文字數故說有三世
非謂菩提有去來今天曰舍利弗汝得阿羅

故无有得者舍利弗言今諸佛得阿耨多
羅三藐三菩提已得當得今得如恒河沙皆
謂何乎天曰皆以世俗文字數故說有三世
非謂菩提有去來今天曰舍利弗汝得阿羅
漢道耶曰无所得故而得天曰諸佛菩薩亦
復如是无所得故而得尒時維摩詰語舍利
弗是天女曾已供養九十二億佛已能遊戲
菩薩神通所願具足得无生忍住不退轉以
本願故隨意能現教化衆生

維摩詰經佛道品第八

尒時文殊師利問維摩詰言菩薩云何通達
佛道維摩詰言若菩薩行於非道是為通
達佛道又問云何菩薩行於非道荅曰若菩
薩行五无間而无惱恚至于地獄无諸罪垢至
于畜生无有无明憍慢等過至于餓鬼而具
足功德行色无色界道不以為勝示行貪欲
離諸染著示行瞋恚於諸衆生无有恚㝵示
行愚癡而以智慧調伏其心示行慳貪而捨
內外所有不惜身命示行毀禁而安住淨戒
乃至小罪猶懷大懼示行瞋恚而常慈忍示
行懈怠而勤脩功德示行亂意而常念定示
行愚癡而通達世間出世間慧示行諂偽而
善方便隨諸經義示行憍慢而於衆生猶如
橋梁示行諸煩惱心常清淨示入於魔而順佛
智慧不隨他教示入聲聞而為衆生說未聞法

行愚癡而通達世間出世間慧示行諂偽而
善方便隨諸經義示行憍慢而於衆生猶如
橋梁示行諸煩惱心常清淨示入於魔而順佛
智慧不隨他教示入聲聞而爲衆生說未聞法
示入辟支佛而成就大悲教化衆生示入貧
窮而有寶手功德无盡示入形殘而具諸相
功德示入羸劣醜陋而得那羅延身一切衆
生之所樂見示入老病而永斷病根超越
死畏示有資生而恒觀无常實无所貪示有
妻妾婇女而常遠離五欲淤泥現於訥鈍而
成就辯才捴持无失示入邪濟而以正濟度諸
衆生現遍入諸道而斷其因緣現於涅槃而
不斷生死文殊師利菩薩能如是行於非道
是爲通達佛道
於是維摩詰問文殊師利何等爲如來種文
殊師利言有身爲種无明有愛爲種貪恚癡
爲種四顛倒爲種五蓋爲種六入爲種七識處
爲種八邪法爲種九惱處爲種十不善道爲
種以要言之六十二見及一切煩惱皆是佛
種曰何謂也荅曰若見无爲入正位者不能
復發阿耨多羅三藐三菩提心譬如高原陸
地不生蓮華卑濕汙泥乃生此華如是見无
爲法入正位者終不復能生於佛法煩惱泥
中乃有衆生起佛法耳又如殖種於空終不
得生糞壤之地乃能滋茂如是入无爲正位

復發阿耨多羅三藐三菩提心譬如高原陸
地不生蓮華卑濕汙泥乃生此華如是見无
爲法入正位者終不復能生於佛法煩惱泥
中乃有衆生起佛法耳又如殖種於空終不
得生糞壤之地乃能滋茂如是入无爲正位
者不生佛法起我見心如須弥山猶能發于
阿耨多羅三藐三菩提心生佛法矣是故當
知一切煩惱爲如來種譬如不入巨海不能得
无價寶珠如是不入煩惱大海則不能得
一切智寶之心尒時大迦葉歎言善哉善哉
文殊師利快說此語誠如所言塵勞之疇爲
如來種我等今者不復堪任發阿耨多羅三
藐三菩提心乃至五无間罪猶能發意生於
佛法而今我等永不能發譬如根敗之士其於
五欲不能復利如是聲聞諸結斷者於佛法
中无所復益永不志願是故文殊師利凡夫於
佛法有反復而聲聞无也所以者何凡夫聞
佛法能起无上道心不斷三寶正使聲聞終
身聞佛法力无畏等永不能發无上道意
尒時會中有菩薩名普現色身問維摩詰言
居士父母妻子親戚眷屬吏民知識悉爲是
誰奴婢僮僕象馬車乘皆何所在於是維摩
詰以偈荅曰
智度菩薩母　方便以爲父　一切衆導師　无不由是生
法喜以爲妻　慈悲心爲女　善心誠實男　畢竟空寂舍

居士父母妻子親戚眷屬吏民知識悉為是
誰奴婢僮僕象馬車乘皆何所在於是維摩
詰以偈荅曰
智度菩薩母　方便以為父　一切眾導師　无不由是生
法喜以為妻　慈悲心為女　善心誠實男　畢竟空寂舍
弟子眾塵勞　隨意之所轉　道品善知識　由是成正覺
諸度法等侶　四攝為伎女　歌詠誦法言　以此為音樂
總持之園苑　无漏法林樹　覺意淨妙華　解脫智慧果
八解之浴池　定水湛然滿　布以七淨華　浴此无垢人
象馬五通馳　大乘以為車　調御以一心　遊於八正路
相具以嚴容　眾好飾其姿　慚愧之上服　深心為華鬘
富有七財寶　教授以滋息　如所說脩行　迴向為大利
四禪為牀座　從於淨命生　多聞增智慧　以為自覺音
甘露法之食　解脫味為漿　淨心以澡浴　戒品為塗香
摧滅煩惱賊　勇健无能踰　降伏四種魔　勝幡建道場
雖知无起滅　示彼故有生　悉現諸國土　如日无不見
供養於十方　无量億如來　諸佛及己身　无有分別想
雖知諸佛國　及與眾生空　而常脩淨土　教化於群生
諸有眾生類　形聲及威儀　无畏力菩薩　一時能盡現
覺知眾魔事　而示隨其行　以善方便智　隨意皆能現
或示老病死　成就諸群生　了知如幻化　通達无有礙
或現劫盡燒　天地皆洞然　眾人有常想　照令知无常
无數億眾生　俱來請菩薩　一時到其舍　化令向佛道
經書禁呪術　工巧諸伎藝　盡現行此事　饒益諸群生
世間眾道法　悉於中出家　因以解人惑　而不墮邪見

BD05605號　維摩詰所說經卷中　（28–21）

或示老病死　成就諸群生　了知如幻化　通達无有礙
或現劫盡燒　天地皆洞然　眾人有常想　照令知无常
无數億眾生　俱來請菩薩　一時到其舍　化令向佛道
經書禁呪術　工巧諸伎藝　盡現行此事　饒益諸群生
世間眾道法　悉於中出家　因以解人惑　而不墮邪見
或作日月天　梵王世界主　或時作地水　或復作風火
劫中有疾疫　現作諸藥草　若有服之者　除病消眾毒
劫中有飢饉　現身作飲食　先救彼飢渴　却以法語人
劫中有刀兵　為之起慈悲　化彼諸眾生　令住无諍地
若有大戰陣　立之以等力　菩薩現威勢　降伏使和安
一切國土中　諸有地獄處　輒往到于彼　勉濟其苦惱
一切國土中　畜生相食噉　皆現生於彼　為之作利益
示受於五欲　亦復現行禪　令魔心憒亂　不能得其便
火中生蓮華　是可謂希有　在欲而行禪　希有亦如是
或現作婬女　引諸好色者　先以欲鉤牽　後令入佛智
或為邑中主　或作商人導　國師及大臣　以祐利眾生
諸有貧窮者　現作无盡藏　因以勸導之　令發菩提心
我心憍慢者　為現大力士　消伏諸貢高　令住佛上道
其有恐懼眾　居前而慰安　先施以无畏　後令發道心
或現離婬欲　為五通仙人　開導諸群生　令住戒忍慈
見須供事者　現為作僮僕　既悅可其意　乃發以道心
隨彼之所須　得入於佛道　以善方便力　皆能給足之
如是道无量　所行无有涯　智慧无邊際　度脫无數眾
假令一切佛　於无數億劫　讚歎其功德　猶尚不能盡
誰聞如是法　不發菩提心　除彼不肖人　癡冥无智者

BD05605號　維摩詰所說經卷中　（28–22）

見須供事者 現為作僮僕 既悅可甚意 乃發以道心
隨彼之所須 得入於佛道 以善方便力 皆能給足之
如是道无量 所行无有崖 智慧无邊際 度脫无數衆
假令一切佛 於无數億劫 讚歎其功德 猶尚不能盡
誰聞如是法 不發菩提心 除彼不肖人 癡冥无智者
維摩詰經入不二法門品第九
尒時維摩詰謂衆菩薩言諸仁者云何菩薩
入不二法門各隨所樂說之會中有菩薩名法
自在說言諸仁者生滅為二法本不生今則
无滅得此无生法忍者是為入不二法門
德守菩薩曰我我所為二因有我故便有我
所若无有我則无我所是為入不二法門
不眴菩薩曰受不受為二若法不受則不可
得以不可得故无取无捨无作无行是為入
不二法門
德頂菩薩曰垢淨為二見垢實性則无淨相
順於滅相是為入不二法門
善宿菩薩曰是動是念為二无動則无念无
念即无分別通達此者是為入不二法門
善眼菩薩曰一相无相為二若知一相即是无
相亦不取无相入於平等是為入不二法門
妙臂菩薩曰菩薩心聲聞心為二觀心相空
如幻化者无菩薩心无聲聞心是入不二
法門
弗沙菩薩曰善不善為二若不起善不善入
无相際而通達者是為入不二法門

BD05605號　維摩詰所說經卷中　（28–23）

妙臂菩薩曰菩薩心聲聞心為二觀心相空
如幻化者无菩薩心无聲聞心是入不二
法門
弗沙菩薩曰善不善為二若不起善不善入
无相際而通達者是為入不二法門
師子菩薩曰罪福為二若達罪性則與福无
異以金剛慧決了此相无縛无解者是為入
不二法門
師子意菩薩曰有漏无漏為二若得諸法等
則不起漏不漏想不著於相亦不住无相是
為入不二法門
淨解菩薩曰有為无為為二若離一切數則
心如虛空以清淨慧无所㝵者是為入不二
法門
那羅延菩薩曰世間出世間為二世間性空
即是出世間於其中不入不出不溢不散是
為入不二法門
善意菩薩曰生死涅槃為二若見生死性則
无生死无縛无解不然不滅如是解者是為
入不二法門
現見菩薩曰盡不盡為二法若究竟盡若不
盡皆是无盡相无盡相即是空空則无有盡
不盡相如是入者是為入不二法門
普守菩薩曰我无我為二我尚不可得非我
何可得見我實性者不復起二是為入不二

BD05605號　維摩詰所說經卷中　（28–24）

現見菩薩曰盡不盡為二法若究竟盡若不
盡皆是无盡相无盡相即是空空則无有盡
不盡相如是入者是為入不二法門
普守菩薩曰我无我為二我尚不可得非我
何可得見我實性者不復起二是為入不二
法門
電天菩薩曰明无明為二无明實性即是明
明亦不可取離一切數於其中平等无二者
是為入不二法門
喜見菩薩曰色色空為二色即是空非色滅
空色性自空如是受想行識識空為二識即
是空非識滅空識性自空於其中而通達者
是為入不二法門
明相菩薩曰四種異空種異為二四種性即
是空種性如前際後際空故中際亦空若能
如是知諸種性者是為入不二法門
妙意菩薩曰眼色為二若知眼性於色不貪
不恚不癡是名寂滅如是耳聲鼻香舌味身
觸意法為二若知意性於法不貪不恚不癡
是名寂滅安住其中是為入不二法門
无盡意菩薩曰布施迴向一切智為二布施
性即是迴向一切智性如是持戒忍辱精進
禪定智慧迴向一切智為二智慧性即是迴
向一切智性於其中入一相者是為入不二
法門

无盡意菩薩曰布施迴向一切智為二布施
性即是迴向一切智性如是持戒忍辱精進
禪定智慧迴向一切智為二智慧性即是迴
向一切智性於其中入一相者是為入不二
法門
深慧菩薩曰是空是无相是无作為二空即
是无相无相即无作若空无相无作則无心
意識於一解脫門即是三解脫門者是為入
不二法門
寂根菩薩曰佛法眾為二佛即是法法即是
眾是三寶皆无為相與虛空等一切法亦尒
能隨此行者是為入不二法門
心无㝵菩薩曰身滅為二身即是身滅所以
者何見身相者不起見身及以滅身身與
滅身无二无分別於其中不驚不懼者是為
入不二法門
上善菩薩曰身口意善為二是三業皆无作
相身无作相即口无作相口无作相即意
无作相是三業无作相即是一切法无作相
能如是隨无作慧者是為入不二法門
福田菩薩曰福行罪行不動行為二三行實
性即是空空則无福行无罪行无不動行於
此三行而不起者是為入不二法門
華嚴菩薩曰從我起二為二見我實相者不
起二法若不住二法則无有識无所識者是

福田菩薩曰福行罪行不動行爲二三行實
性即是空空則无福行无罪行无不動行於
此三行而不起者是爲入不二法門
華嚴菩薩曰從我起二爲二見我實相者不
起二法若不住二法則无有識无所識者是
爲入不二法門
德藏菩薩曰有所得相爲二若无所得則无
取捨无取捨者是爲入不二法門
月上菩薩曰闇與明爲二无闇无明則无有
二所以者何如入滅受想定无闇无明一切法
相亦復如是於其中平等入者是爲入不二
法門
寶印手菩薩曰樂涅槃不樂世間爲二若不
樂涅槃不猒世間則无有二所以者何若有
縛則有解若本无縛其誰求解无縛无
解則无樂猒是爲入不二法門
珠頂王菩薩曰正道邪道爲二住正道者則
不分別是邪是正離此二者是爲入不二法門
樂實菩薩曰實不實爲二實見者尚不見實
何況非實所以者何非肉眼所見慧眼乃能
見而此慧眼无見无不見是爲入不二法門
如是諸菩薩各各說已問文殊師利何等是
菩薩入不二法門
文殊師利曰如我意者於一切法无言无說无
示无識離諸問荅是爲入不二法門
於是文殊師利問維摩詰我等各自說已二

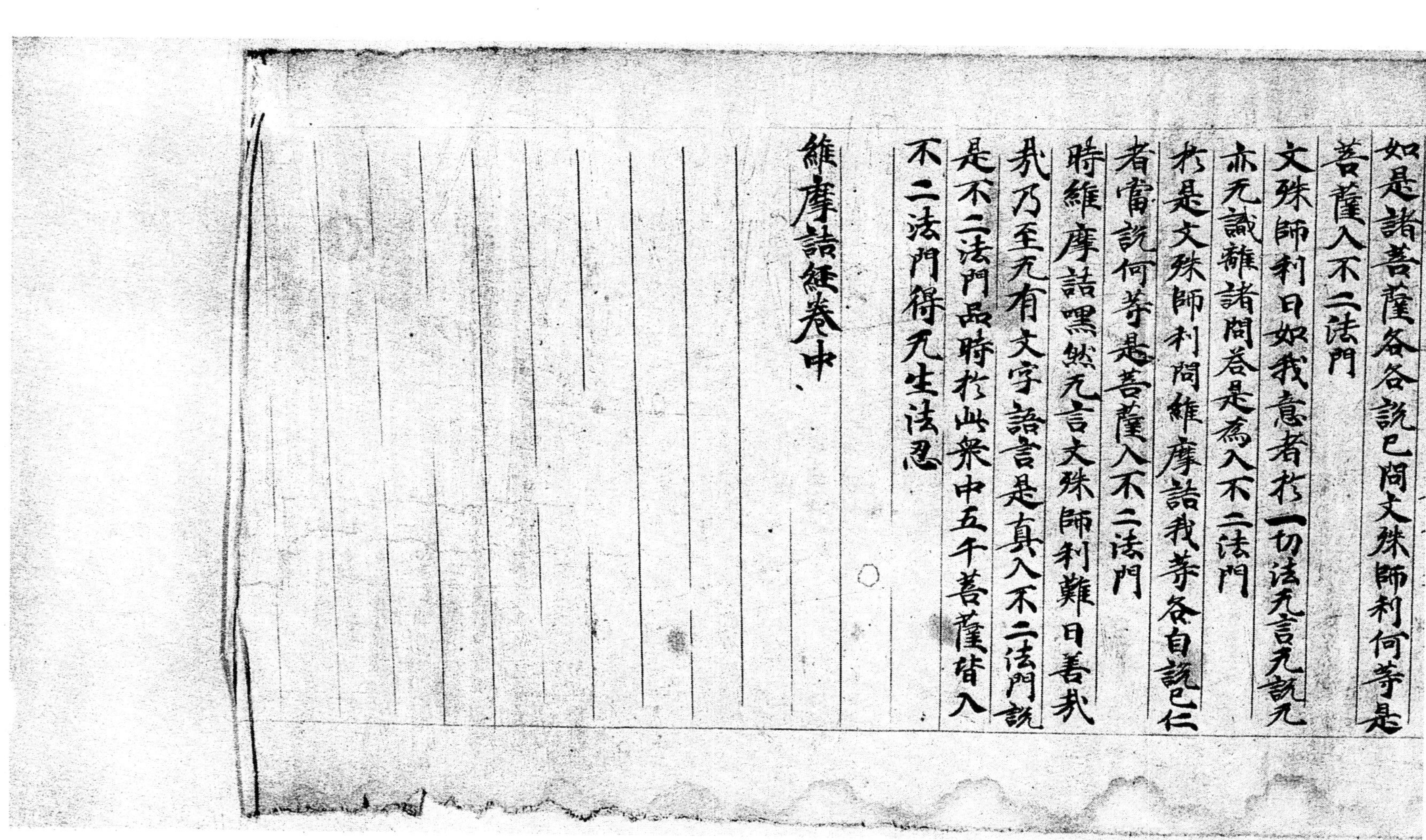

如是諸菩薩各各說已問文殊師利何等是
菩薩入不二法門
文殊師利曰如我意者於一切法无言无說无
示无識離諸問荅是爲入不二法門
於是文殊師利問維摩詰我等各自說已仁
者當說何等是菩薩入不二法門
時維摩詰嘿然无言文殊師利歎曰善哉
哉乃至无有文字語言是真入不二法門說
是不二法門品時於此衆中五千菩薩皆入
不二法門得无生法忍

維摩詰經卷中

從佛
我等不預斯
无量知見世尊我常獨處山林樹
若行每作是念我等同入法性云何
以小乘法而見濟度然是我咎非世尊
也所以者何若我等待說所因成就阿耨多
羅三藐三菩提者必以大乘而得度脫然我
等不解方便隨宜所說初聞佛法遇便信受
思惟取證世尊我從昔來終日竟夜每自剋
責而今從佛聞所未聞未曾有法斷諸疑悔
身意泰然快得安隱今日乃知真是佛子從
佛口生從法化生得佛法分尒時舍利弗欲
重宣此義而說偈言
我聞是法音 得所未曾有 心懷大歡喜 疑網皆已除
昔來蒙佛教 不失於大乘 佛音甚希有 能除衆生惱
我已得漏盡 聞亦除憂惱 我處於山谷 或在林樹下
若坐若經行 常思惟是事 嗚呼深自責 云何而自欺

BD05606號 妙法蓮華經卷二 （2–1）

羅三藐三菩提者必以大乘而得度脫然我
等不解方便隨宜所說初聞佛法遇便信受
思惟取證世尊我從昔來終日竟夜每自剋
責而今從佛聞所未聞未曾有法斷諸疑悔
身意泰然快得安隱今日乃知真是佛子從
佛口生從法化生得佛法分尒時舍利弗欲
重宣此義而說偈言
我聞是法音 得所未曾有 心懷大歡喜 疑網皆已除
昔來蒙佛教 不失於大乘 佛音甚希有 能除衆生惱
我已得漏盡 聞亦除憂惱 我處於山谷 或在林樹下
若坐若經行 常思惟是事 嗚呼深自責 云何而自欺
我等亦佛子 同入无漏法 不能於未來 演說无上道
金色三十二 十力諸解脫 同共一法中 而不得此事
八十種妙好 十八不共法 如是等功德 而我皆已失
我獨經行時 見佛在大衆 名聞滿十方 廣饒益衆生
自惟失此利 我為自欺誑 我常於日夜 每思惟是事
欲以問世尊 為失為不失 我常見世尊 稱讚諸菩薩

BD05606號 妙法蓮華經卷二 （2–2）

食自然飽滿即[illegible]居士仙曰[illegible]
境大仙荅曰王在漢境首羅
躍无量大寶將至我令去何如
如瘖九无所别不知此[illegible]我令[illegible]
来奉行清禁首羅比丘復問大
令在何處願示其所在大仙
萇河以北於其中間出現於世
羅閱大仙乎君出時可見以不
往脩來奉持禁者盡得見之[illegible]首羅問曰奉持
禁者法則云何齋戒一心念佛念法口詠法
言或又摩居沙弥沙弥亦復如是首羅問
曰如此五衆有五逆重者得見明君以不但
使改往脩来亦得見之首羅比丘曰吾今告
汝一切衆生天龍八部[illegible]諸神等從今以往
更别作心莫如常意月光[illegible]出大[illegible]村至无
有幾也當来大水災至兼有疾病流行百姓
飢饉英雄竟起百姓无有安寧吾勅首
可得免災離難首羅告[illegible]
居從今以往坐禪執心好
惡世能誦大乘經者捨[illegible]
此之人亦得度世除此以下獄化[illegible]

汝一切衆生天龍八[illegible]神等從今以往
更別作心莫如常意月光[illegible]出大[illegible]至无
有疑也當來大水灾至兼有疾病流行百姓
飢饉英雄競起百姓无有安寧受吾勑首
可得免灾離難首羅告[illegible]
居從今以往坐禪執心好
惡世能誦大乘經者捨
此之人亦得度世除此以下勸化衆[illegible]
忍辱捨嫉妬心如此之人亦[illegible]
優婆夷受持三歸五戒行十善者歲三月六
齋如此之人亦得度世受吾勑者皆得度世
比丘僧比丘尼從今以往不聽殺五逆及以葷
一偏不聽飲酒食宍无度飲食時節不聽
非時受吾教者必得度世[illegible]歲從
今以往堅持五戒奉持齋法歲三長齋月六
齋食莫非時如此之人亦得度世吾復告四
部衆曰受吾勑者皆得度世除不至心及以
壽盡首羅比丘稽首問曰明君出世法則云
何主境何以壇塲闊狹大仙答曰世[illegible]國壇
塲如是首羅問曰當化之時万民[illegible]百調之
名次復輪之太平治化當用幾載大仙答曰
當五十二載為欲顯釋迦朽故之法首羅問
大仙日月光出世當用何時古月末後時出
境陽善告諸賢者天台山引路遊觀至介斧
山又到閔子窟列魯薄一号太上[illegible]真君三
号纏練郡聖首羅聞此語時歡喜踊躍跳踉

名次復輪之太平治化當用幾載大仙答曰
當五十二載為欲顯釋迦朽故之法首羅問
大仙日月光出世當用何時古月未後時出
境陽善告諸賢者天台山引路遊觀至介斧
山又到閔子騫列魯薄一号太上二号真君三
号鏤練郡聖首羅聞此語時歡喜踊躍跳踉
復起善哉善哉希有之法今得聞之非已分也
首羅問大仙日月光大衆為有幾數大仙告
日不可稱計大仙日當出之時二十億菩
薩三万六千億天人諸天童子百千億不可
稱數皇天黑馬嘘嘘伊伊康護道劉神暉阿
難舍利弗大目揵連等三十六龍王四十九抮
四十八鳥七十雨師迦陵頻伽鳥騏驎鳳凰
及三足神烏一切應瑞盡皆出矣一鳴龍
馬數千億万不可稱計男乘天龍馬女乘百
福金銀車男得金銀蓋女乘瑠璃軒花城
南門入道遙北門出信都土地海東流乘汎
川置神州孟母曲中涌高樓月光童子在中
遊千百國主四方來感唱法鼓朗然鳴龍
幡達道場及有五逆者逮從无人鄉首羅問
日閻浮里地頗有得道者大仙答日閻浮里地
亦有少分得者首羅問日可有幾數大仙日
有八万四千恒河沙首羅問日當來水災何
處得勉恒山五岳盡皆免水災災劫海雍盧
庭亦得勉水災甘晨山亦得免水災覆舟山

日閻浮里地頗有得道者大仙答曰閻浮里地
亦有少分得者首羅問曰可有幾數大仙曰
有八万四千恒河沙首羅問曰當来水灾何
處得勉恒山五岳盡皆免水灾灾勁海雍盧
庭亦得勉水灾甘晨山亦得免水灾覆舟山
亦得免水灾頗貧山亦得免水灾乳羅山亦得
免水灾如此大灾皆得免之受吾勑者當得
老小令往就之首羅問曰更何方計得免水
難大仙答曰更有一方亦得免之首羅歡喜
更問之曰願說其意大仙答曰敬信三寶礼
佛念法敬比丘僧持齋礼拜敬信不懈專念
不煞如此之人得免大水之難首羅復問大仙
曰作何方計得免疫病之灾大仙曰比丘僧
比丘尼優婆塞優婆夷從今以往持戒奉齋
皆使清潔男女大小能行知語皆應受戒如
吾所勑莫如常意可得度脫首羅曰復作
何方計得免妖耶之灾大仙告曰妖耶乃至
多種受吾勑者慎莫信之月光出世唯有善
者盡得見之五逆大惡衆生終不見也首羅
問曰城池巷陌其事云何大仙答曰城池巷
陌縱廣七百餘里高千尺下基千尺激城五
百餘尺開七十二門城作紫磨金色中有兜
率城高千尺下基千尺激城亦五百尺亦作
紫磨金色明中五百餘里亦開七十二門中
有八城各三十餘里亦作紫磨金色各有千
巷巷巷巷相當門門相望出見法王如此城郭

百餘尺開七十二門城作紫磨金色中有宛
宰城高千尺下基千尺徼城亦五百尺亦作
紫磨金色明中五百餘里亦開七十二門中
有八城各三十餘里亦作紫磨金色各有千
巷巷巷相當門門相望出見法王如此城墎
等男女皆悉充滿首羅聞之歡喜踊躍无
量善哉善哉大願將果首羅告四衆言大寶
將至莫作常意決定修善莫作狐疑吾見
大仙以來消息審之无有疑惑從吾意修善
奉道精懃苦行莫如常意思之念之必至无
爲首羅問大仙曰受樂之時有亦琴樂以不
大仙荅曰月光出世琴有多種首羅曰願說
其意大仙荅曰琴獻吹詠无量家上音聲遍
遥无極振大法鼓曜大法雷振動三千大千世
界種留爵而著琴獻盡暢三十六鼓音聲當
尒之時諸天龍宮嵬嵬而動首羅比丘問大仙
日向者妖耶我不畏之除此小耶更有大耶
以不大仙曰月光出世之時必有大魔而出
首羅問曰大魔出時可却以不大仙荅曰唯
有一人能却此魔者爲何人也大仙荅曰三
十三天有一童子名曰赫天乘天龍馬從空
而來捉波梨弓淥沉箭唯有此人能却此大
魔首羅比丘問大仙曰有何方能却唯有此
一人能却餘人不能大仙荅日如此大魔三
十六人各乘龍馬青帶四十二金杖左手捉

[illegible]唯有此人能却此大
魔首羅比丘問大仙曰有何方能却唯有此
一人能却餘人不能大仙答曰如此大魔三
十六人各乘龍馬胥帶四十二金杖左手捉
金剛杵右手捉波梨斧走擾去踏石沒踝
翹達永階但言唱煞无有當者首羅問大仙
曰除此大魔更有何災大仙答曰月光臨出
觚有災也首羅問曰災復云何大仙答曰當
有七日闇當之時有夜叉羅刹毗舍闍鬼鳩
槃荼鬼飛行羅刹食人无量唯有受持三歸
五戒奉行齋法如此之人皆得度脫首羅問
日月光出世古月未後乃當出現奉善脩善
皆得見之首羅曰更復何處得免衆災大仙
答曰唯有陽州次有玄兔固都鯠城柳城破
資陽河澗於此之城家是為良三相大災皆
起血流城河白骨如山唯有東南乃得无為
大仙答曰首羅言好勑衆僧及以白衣坐禪
誦經懃修三業莫如常意明王大聖今在漢
境未見之間修嚴福德莫如常意汝信修善
奉善月光出世時前惡後善惡世難度好自
勑厲更別作心莫如不信大仙答曰吾當盡
言若不尒者使我當來之世金剛力士手捉
金杵碎我身體猶如微塵我若虛言誑汝衆
生當來之世身當如是首羅問大仙曰而今
世間頗有仙人賢聖以不大仙答曰賢聖仙
人世間无量首羅問曰何人是也大仙答曰賢

BD05607號　首羅比丘見月光童子經　　（11–6）

言若不信者使我當來之世金剛力士手捉
金杵碎我身體猶如微塵我若虛言誑汝眾
生當來之世身當如是首羅問大仙曰而今
世間頗有仙人賢聖以不大仙荅曰賢聖仙
人世間充量首羅問曰何人是也仙荅曰賢
古月興盛是故不見耳首羅問曰賢士之人
名号是誰大仙荅曰我說其名首羅曰唯願
說之大仙告曰名賢得嚴賢明孫賢奇花賢
德美賢使鄭賢當觀賢寶趙賢思此是八賢
名字汝今可往就之真汝尊師能運生死首
羅曰今在何處大仙荅曰今當出世何復問也
但當嚴心時至有之首羅復稽徐此八人更有
賢不大仙荅曰觚更有之何人是也大仙荅曰
秦起世潘道成盧惠穎秘國興扶男陽劉
道貴王延壽趙顯宗張道秘故世李羅刹
如諸賢士皆遊巡世間汝今宍眼不能別之得
聞吾經常行平等何以故大賢諸賢難分別
故要吾勅者宜應平等十六至七十二賢
三千人俱如是大士在人間也不可識別或
見顛狂或復愚癡或復闇鈍寒貧下賤或
飲酒食宍或復夜食破齋如此亦現何能識
之亦眾生有三毒有見相隨順世法難可了
知唯有平等得值賢聖也首羅比丘告諸四
眾比丘尼優婆塞優婆夷大宍將至莫如常
意其有本師父母國主檀越朋友知識曰緣
覩眡等得吾經者皆亦之莫問近遠得吾經

之亦衆生有三毒有見相隨順世法難可了
知唯有平等得值賢聖也首羅比丘告諸四
衆比丘尼優婆塞優婆夷大失將至莫如常
意其有本師父母國主檀越朋友知識因緣
親戚等得吾經者皆亦之莫問近遠得吾經
者懃行流布使一切聞之不聽隱匿吾經者當
來之世必隨悪道首羅比丘曰設有一人捨三
千大千國土像馬七珎及國內人民穀帛財
物以用布施不如有人流通吾經諸比丘前
功德倍加百分首羅曰若得吾經者懃行
流布城邑聚落男女大小皆使聞之其有匿
吾經者現世不吉當來得病首羅曰有智信
之愚者棄之首羅曰吾經當來皆應也莫
作不信一切衆生冝應奉行歡喜信樂此經
如海多有潤澤尒時君子國王大臣宰相百
士官三千餘人各聞太寧寺上有五百仙人
歡喜踊躍各各嚴駕詣太寧寺中仙人所稽
首問曰大仙從何所來欲至何許願說其意
大仙曰我聞月光童子出世是故我來欲到
彼處王及大臣聞是語時歡喜踊躍傾心西
望而不可止西國真人脩何功德得值入善
作何善業得見光月出世而我國人遠而不見
大仙荅曰月光出世人皆普見王今云何生懊
歎心也王聞普見并大臣及諸人民皆大歡
喜各持嚴駕今當去來王問大仙日月光童子
今在何許大仙荅曰善哉善哉大王善德吾

望而不可止西國真人修何功德得值入善
作何善業得見月光出世而我國人遠而不見
大仙答日月光出世人皆普見王今云何生懊
歎心也王聞普見并大臣及諸人民皆大歡
喜各持嚴駕今當去來王問大仙日月光童子
今在何許大仙答曰善哉善哉大王善聽吾
說月光明王今三千大衆在蓬萊山中海
陵山下閔子窟所止黙惟時至現世君子國
大臣宰相一切士官并及國內人民各白大仙
日今隨從大仙至月光所聽見以不大仙
日月光明王譬如大海亦如大地終不生疑
作留難也王及大臣并及人民隨從大仙有
五万七千人去君子國七千餘里到蓬萊山
中海陵山下閔子窟所見月光童子三千徒衆
諸賢聖等皆集於所月光童子問諸大仙
并及大王今從何所來欲何所至此中嶮難
凡人行步汝今云何能來至此王曰聞世尊
今欲出世故來奉問月光童子曰但當修善
懃行精進莫如常意吾今已竟何須復現
問大王曰我聞聖君出世不知法則云何願說
其意我當加心修善月光童子曰汝若不知
當為說之月光曰善聽復當善念善思念之
內著心中莫如常意吾見說之當來之年必
有水突高於平地四十餘里當水來時從西
北角出東南而流大水陽波叫聲雷電霹靂
不得為喻汝復涌出運波四聲當尒之時人

其意我當加心修善月光童子曰汝若不知
當爲説之月光曰善聽復當善念善思念之
内著心中莫如常意吾見説之當來之年必
有水灾高於平地四十餘里當水來時從西
北角出東南而流大水陽波吼聲雷電霹靂
不得爲喻汝復涌出運波吼聲當尒之時人
皆惶怖迫死者多唯有持戒淨潔求懃度
世月光童子使大龍王大引人博著浮山設復
有人造觀世音經一卷設復有人禪思一心
設復有人於惡世懃行勸化設復有人流通
是經不令隱匿章句文字懃行勸樂如此人
等皆得度世不爲水灾之所沃浸復除不至
心及壽命盡月光復告大王言當來三灾疾
病流行十傷九亡種種異患皆當乏命王當
信之各勅國内一歲以上能行知語應受三
歸五戒若老若少皆應勸盡使受三歸五戒
奉行善法如是之人皆得度世除不善不至
心及命壽吾今審教語汝使知惡世流行善
法後致乏棄莫生悔心吾告汝等世將欲末
漸令惡起來年難過好作向善莫如常意
如常意嫉耶不詳英雄競起自然磨滅終
吾當出世灾亦不善但當努力懃行善法莫
不見吾出見於世等善哉莫如常意受吾
教者誦觀世音千遍防身度世擒獲善果
又復有人各受三歸五戒令當行之莫如常意懃
行此經者少皆使聞之尋受惡世設復有

BD05607號　首羅比丘見月光童子經　（11–10）

病流行十傷九亡種種異患皆當失命主當
信之各勑國内一歲以上能行知語應受三
歸五戒若老若少皆應勸盡使受三歸五戒
奉行善法如是之人皆得度世除不善不至
心及命壽吾今審教語汝使知惡世流行善
法後致矣衆莫生悔心吾告汝等世將欲末
漸令惡起来年難過好作向善莫如常意
吾當出世災亦不善但當努力懃行善法莫
如常意嫉耶不詳英雄覺起自然磨滅終
不見吾出見於世汝等善哉莫如常意受吾
教者誦觀世音千遍防身度世擒獲善果
又復有人各受三歸五戒令當行之莫如常意懃
行此經若老若少皆使聞之得度惡世設復有
人流布此經處處流傳使人聞知得度身命
以懃流布此經者亦得度世月光日流行此
經典者我於千劫中竿計是人福報終不能
盡設復有人生疑不信我於千劫中竿是人
罪報終不能盡無復億文[illegible]盡

BD05607 號背　勘記

（1–1）

疑怖畏當知是為新發意菩薩若
聞是經驚疑怖畏當知是為增上慢
王若有善男子善女人如來滅後欲為
四眾說是法華經者云何應說是善男子善
女人入如來室著如來衣坐如來座尒乃應
為四眾廣說斯經如來室者一切眾生中大
慈悲心是如來衣者柔和忍辱心是如來座
者一切法空是安住是中然後以不懈怠心
為諸菩薩及四眾廣說是法華經藥王我於
餘國遣化人為其集聽法眾亦遣化比丘比
丘尼優婆塞優婆夷聽其說法是諸化人聞
法信受隨順不逆若說法者在空閑處我時
廣遣天龍鬼神乾闥婆阿脩羅等聽其說法
我雖在異國時時令說法者得見我身若於
此經忘失句逗我還為說令得具足尒時世
尊欲重宣此義而說偈言
欲捨諸懈怠　應當聽此經　是經難得聞　信受者亦難
如人渴須水　穿鑿於高原　猶見乾燥土　知去水尚遠
漸見濕土泥　決定知近水　藥王汝當知　如是諸人等
不聞法華經　去佛智甚遠　若聞是深經　決了聲聞法

BD05608號　妙法蓮華經卷四　（3–1）

我雖在異國時時令說法者得見我身若於
此經忘失句逗我還為說令得具足尒時世
尊欲重宣此義而說偈言
欲捨諸懈怠　應當聽此經　是經難得聞　信受者亦難
如人渴須水　穿鑿於高原　猶見乾燥土　知去水尚遠
漸見濕土泥　決定知近水　藥王汝當知　如是諸人等
不聞法華經　去佛智甚遠　若聞是深經　決了聲聞法
是諸經之王　聞已諦思惟　當知此人等　近於佛智慧
若人說此經　應入如來室　著於如來衣　而坐如來座
處眾无所畏　廣為分別說　大慈悲為室　柔和忍辱衣
諸法空為座　處此為說法　若說此經時　有人惡口罵
加刀杖瓦石　念佛故應忍　我千万億土　現淨堅固身
於无量億劫　為眾生說法　若我滅度後　能說此經者
我遣化四眾　比丘比丘尼　及清信士女　供養於法師
引導諸眾生　集之令聽法　若人欲加惡　刀杖及瓦石
則遣變化人　為之作衛護　若說法之人　獨在空閑處
寂寞无人聲　讀誦此經典　我尒時為現　清淨光明身
若忘失章句　為說令通利　若人具是德　或為四眾說
空處讀誦經　皆得見我身　若人在空閑　我遣天龍王
夜叉鬼神等　為作聽法眾　是人樂說法　分別无罣礙
諸佛護念故　能令大眾喜　若親近法師　速得菩薩道
隨順是師學　得見恒沙佛

妙法蓮華經見寶塔品第十一

尒時佛前有七寶塔高五百由旬縱廣二百
五十由旬從地踊出住在空中種種寶物而
莊校之五千欄楯龕室千万无數幢幡以為
嚴飾垂寶瓔珞寶鈴万億而懸其上四面皆

BD05608號　妙法蓮華經卷四　（3–2）

不聞法華經 去佛智甚遠 若聞是深經 決了聲聞法
是諸經之王 聞已諦思惟 當知此人等 近於佛智慧
若人說此經 應入如來室 著於如來衣 而坐如來座
處衆无所畏 廣為分別說 大慈悲為室 柔和忍辱衣
諸法空為座 處此為說法 若說此經時 有人惡口罵
加刀杖瓦石 念佛故應忍 我千万億土 現淨堅固身
於无量億劫 為衆生說法 若我滅度後 能說此經者
我遣化四衆 比丘比丘尼 及清信士女 供養於法師
引導諸衆生 集之令聽法 若人欲加惡 刀杖及瓦石
則遣變化人 為之作衛護 若說法之人 獨在空閑處
寂寞无人聲 讀誦此經典 我尒時為現 清淨光明身
若忘失章句 為說令通利 若人具是德 或為四衆說
空處讀誦經 皆得見我身 若人在空閑 我遣天龍王
夜叉鬼神等 為作聽法衆 是人樂說法 分別无罣礙
諸佛護念故 能令大衆喜 若親近法師 速得菩薩道
隨順是師學 得見恒沙佛

妙法蓮華經見寶塔品第十一

尒時佛前有七寶塔 高五百由旬 縱廣二百
五十由旬 從地踊出 住在空中 種種寶物而
莊校之 五千欄楯 龕室千万 无數幢幡以為
嚴飾 垂寶瓔珞 寶鈴万億而懸其上 四面皆
出多摩羅跋栴檀之香 充遍世界 其諸幡蓋
以金銀琉璃車𤦲馬瑙真珠玫瑰七寶合成
高至四天王宮 三十三天雨天曼陀羅華供

BD05608號　妙法蓮華經卷四　（3–3）

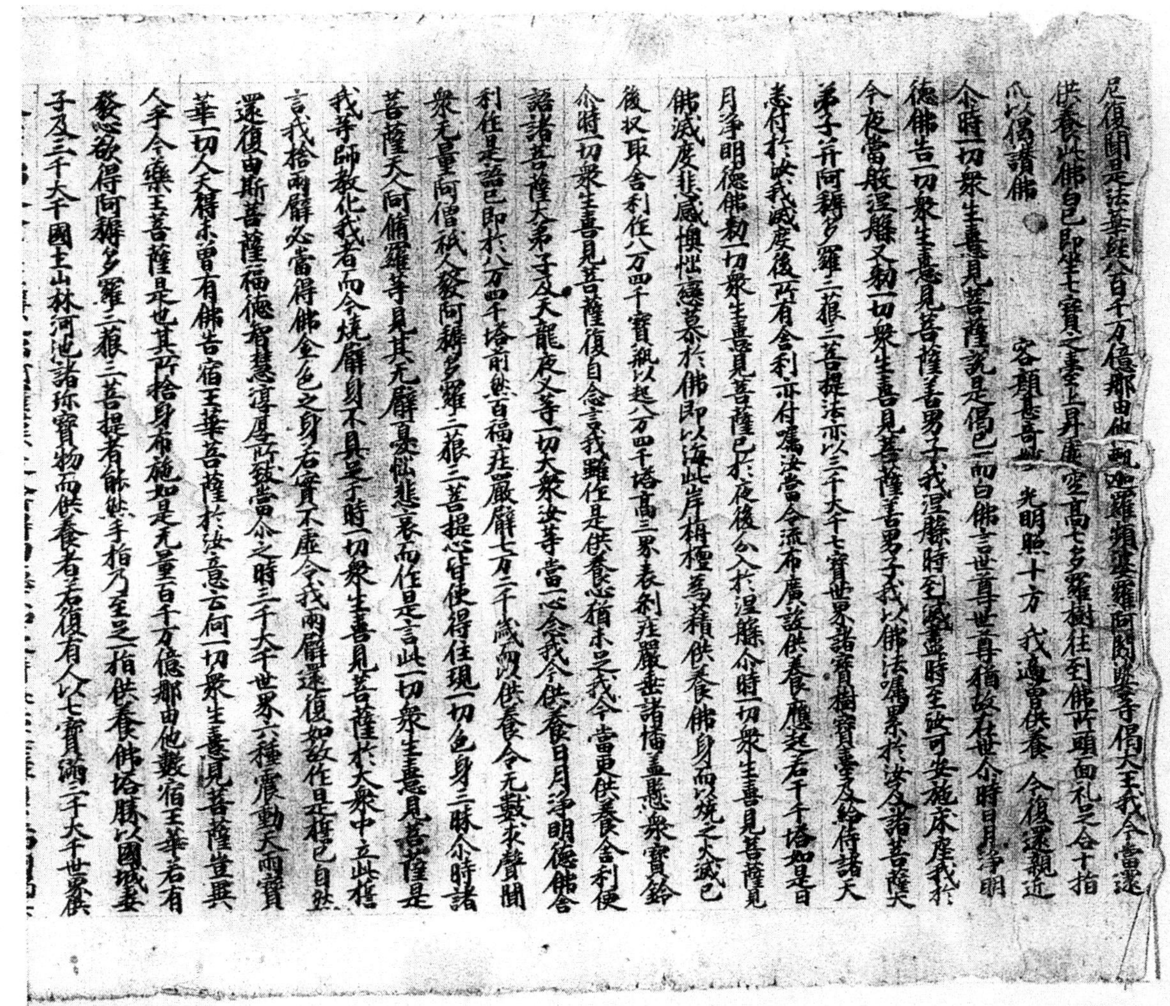
尼復聞是法華經八百千万億那由他甄迦羅頻婆羅阿閦婆等偈大王我今當還
供養此佛白已即坐七寶之臺上昇虛空高七多羅樹往到佛所頭面禮足合十指
爪以偈讚佛　容顏甚奇妙　光明照十方　我適曾供養　今復還親覲
尒時一切衆生喜見菩薩說是偈已而白佛言世尊世尊猶故在世尒時日月淨明
德佛告一切衆生喜見菩薩善男子我涅槃時到滅盡時至汝可安施床座我於
今夜當般涅槃又勑一切衆生喜見菩薩善男子我以佛法囑累於汝及諸菩薩大
弟子并阿耨多羅三藐三菩提法亦以三千大千七寶世界諸寶樹寶臺及給侍諸天
悉付於汝我滅度後所有舍利亦付囑汝當令流布廣設供養應起若干千塔如是日
月淨明德佛勑一切衆生喜見菩薩已於夜後分入於涅槃尒時一切衆生喜見菩薩見
佛滅度悲感懊惱戀慕於佛即以海此岸栴檀為積供養佛身而以燒之火滅已
後收取舍利作八万四千寶瓶以起八万四千塔高三世界表剎莊嚴垂諸幡蓋懸衆寶鈴
尒時一切衆生喜見菩薩復自念言我雖作是供養心猶未足我今當更供養舍利便
語諸菩薩大弟子及天龍夜叉等一切大衆汝等當一心念我今供養日月淨明德佛舍
利作是語已即於八万四千塔前然百福莊嚴臂七万二千歲而以供養令无數求聲聞
衆无量阿僧祇人發阿耨多羅三藐三菩提心皆使得住現一切色身三昧尒時諸
菩薩天人阿修羅等見其无臂憂惱悲哀而作是言此一切衆生喜見菩薩是
我等師教化我者而今燒臂身不具足于時一切衆生喜見菩薩於大衆中立此誓
言我捨兩臂必當得佛金色之身若實不虛令我兩臂還復如故作是誓已自然
還復由斯菩薩福德智慧淳厚所致當尒之時三千大千世界六種震動天雨寶
華一切人天得未曾有佛告宿王華菩薩於汝意云何一切衆生喜見菩薩豈異
人乎今藥王菩薩是也其所捨身布施如是无量百千万億那由他數宿王華若有
發心欲得阿耨多羅三藐三菩提者能然手指乃至足一指供養佛塔勝以國城妻
子及三千大千國土山林河池諸珍寶物而供養者若復有人以七寶滿三千大千世界供

BD05609號 1　妙法蓮華經卷六　（13–1）

我等師教化我者而今燒臂身不具足于時一切衆生普見菩薩於大衆中立此誓
言我捨兩臂必當得佛金色之身若實不虛令我兩臂還復如故作是誓已自然
還復由斯菩薩福德智慧淳厚所致當尒之時三千大千世界六種震動天雨寶
華一切人天得未曾有佛告宿王華菩薩於汝意云何一切衆生憙見菩薩豈異
人乎今藥王菩薩是也其所捨身布施如是无量百千万億那由他數宿王華若有
發心欲得阿耨多羅三藐三菩提者能然手指乃至足一指供養佛塔勝以國城妻
子及三千大千國土山林河池諸珎寶物而供養者若復有人以七寶滿三千大千世界供
養於佛及大菩薩辟支佛阿羅漢是人所得功德不如受持此法華經乃至一四句偈其
福最多宿王華譬如一切川流江河諸水之中海為第一此法華經亦復如是於諸如來
所說經中最為深大又如土山黑山小鐵圍山大鐵圍山及十寶山衆山之中須弥山為第一此法華
經亦復如是於諸經中最為其上又如衆星之中月天子最為第一此法華經亦復如是於千万
億種諸經法中最為照明又如日天子能除諸闇此經亦復如是能破一切不善之闇又如諸小
王中轉輪聖王最為第一此經亦復如是於衆經中最為其尊又如帝釋於三十三天
中王此經亦復如是諸經中王又如大梵天王一切衆生之父此經亦復如是一切賢聖學无學
及發菩薩心者之父又如一切凡夫人中須陀洹斯陀含阿那含阿羅漢辟支佛為第一此
經亦復如是一切如來所說若菩薩所說若聲聞所說諸經法中最為第一有能受持是經
典者亦復如是於一切衆生中亦為第一一切聲聞辟支佛中菩薩為第一此經亦復如是於一
切諸經法中最為第一如佛為諸法王此經亦復如是諸經中王宿王華此經能救一切衆生
者此經能令一切衆生離諸苦惱此經能大饒益一切衆生充滿其願如清涼池能滿
一切諸渴乏者如寒者得火如裸者得衣如商人得主如子得母如渡得船如病得醫
如闇得燈如貧得寶如民得王如賈客得海如炬除闇此法華經亦復如是能令衆
生離一切苦一切病痛能解一切生死之縛若人得聞此法華經若自書若使人書所得
功德以佛智慧籌量多少不得其邊若書是經卷華香瓔珞燒香末香塗香
幡蓋衣服種種之燈蘇燈油燈諸香油燈瞻蔔油燈須曼那油燈波羅羅油燈婆利師
迦油燈那婆摩利油燈供養所得功德亦復无量宿王華若有人聞是藥王菩薩
本事品者亦得无量无邊功德若有女人聞是藥王菩薩本事品能受持者盡是
女身後不復受若如來滅後後五百歲中若有女人聞是經典如說脩行於此命終即往安
樂世界阿弥陀佛大菩薩衆圍繞住處生蓮華中寶座之上不復為貪欲所惱亦復
不為瞋恚愚癡所惱亦復不為憍慢嫉妬諸垢所惱得菩薩神通无生法忍得是
忍已眼根清淨以是清淨眼根見七百万二千億那由他恒河沙等諸佛如來是時諸
佛遙共讚言善哉善哉善男子汝能於釋迦牟尼佛法中受持讀誦思惟是
經為他人說所得福德无量无邊火不能燒水不能漂汝之功德千佛共說不能令
盡汝今已能破諸魔賊壞生死軍諸餘怨敵皆悉摧滅善男子百千諸佛以神力
共守護汝於一切世間天人之中无如汝者唯除如來其諸聲聞辟支佛乃至菩薩智慧
禪定无有與汝等者宿王華此菩薩成就如是功德智慧之力若有人聞是藥王菩

BD05609 號 1　妙法蓮華經卷六　（13–2）

不為瞋恚愚癡所惱亦復不為憍慢嫉妬諸垢所惱得菩薩神通无生法忍得是
忍已眼根清淨以是清淨眼根見七百万二千億那由他恒河沙等諸佛如來是時諸
佛遙共讚言善哉善哉善男子汝能於釋迦牟尼佛法中受持讀誦思惟是
經為他人說所得福德无量无邊火不能燒水不能漂汝之功德千佛共說不能令
盡汝今已能破諸魔賊壞生死軍諸餘怨敵皆悉摧滅善男子百千諸佛以神力
共守護汝於一切世間天人之中无如汝者唯除如來其諸聲聞辟支佛乃至菩薩智慧
禪定无有與汝等者宿王華此菩薩成就如是功德智慧之力若有人聞是藥王菩
薩本事品能隨喜讚善者是人現世口中常出青蓮華香身毛孔中常出牛頭栴
檀之香所得功德如上所說是故宿王華以此藥王菩薩本事品囑累於汝我滅度
後後五百歲中廣宣流布於閻浮提无令斷絶惡魔魔民諸天龍夜叉鳩槃荼等得
其便也宿王華汝當以神通之力守護是經所以者何此經則為閻浮提人病之良藥若
人有病得聞是經病即消滅不老不死宿王華汝若見有受持是經者應以青蓮
華盛滿末香供散其上散已作是念言此人不久必當取草坐於道場破諸魔
軍當吹法螺擊大法鼓度脫一切衆生老病死海是故求佛道者見有受持是經
典人應當如是生恭敬心說是藥王菩薩本事品時八万四千菩薩得解一切衆生語
言陀羅尼多寶如來於寶塔中讚宿王華菩薩言善哉善哉宿王華汝成就
不可思議功德乃能問釋迦牟尼佛如此之事利益无量一切衆生

妙法蓮華經卷第六

妙法蓮華經妙音菩薩品第二十四　七

尒時釋迦牟尼佛放大人相肉髻光明及放眉間白毫相光遍照東方百八万億那由他恒
河沙等諸佛世界過是數已有世界名淨光莊嚴其國有佛號淨華宿王智如來應
供正遍知明行足善逝世間解无上士調御丈夫天人師佛世尊為无量无邊菩薩大衆恭
敬圍繞而為說法釋迦牟尼佛白毫光明遍照其國尒時一切淨光莊嚴國中有一菩薩
名曰妙音久已殖衆德本供養親近无量百千万億諸佛而悉成就甚深智慧得妙幢
相三昧法華三昧淨德三昧宿王戲三昧无緣三昧智印三昧解一切衆生語言三昧集一切功
德三昧清淨三昧神通遊戲三昧慧炬三昧莊嚴王三昧淨光明三昧淨藏三昧不共三
昧日旋三昧得如是等百千万億恒河沙等諸大三昧釋迦牟尼佛光照其身即白淨華
宿王智佛言世尊我當往詣娑婆世界礼拜親近供養釋迦牟尼佛及見文殊師利
法王子菩薩藥王菩薩勇施菩薩宿王華菩薩上行意菩薩莊嚴王菩薩藥上菩薩
尒時淨華宿王智佛告妙音菩薩汝莫輕彼國生下劣想善男子彼娑婆世界高下
不平土石諸山穢惡充滿佛身卑小諸菩薩衆其形亦小而汝身四万二千由旬我身六百八
十万由旬汝身第一端正百千万福光明殊妙是故汝往莫輕彼國若佛菩薩及國土生下
劣想妙音菩薩白其佛言世尊我今詣娑婆世界皆是如來之力如來神通遊戲如
來功德智慧莊嚴於是妙音菩薩不起于座身不動搖而入三昧以三昧力於耆闍
崛山去法座不遠化作八万四千衆寶蓮華閻浮檀金為莖白銀為葉金剛為鬚
甄叔迦寶以為其臺尒時文殊師利法王子見是蓮華而白佛言世尊是何因緣先現

BD05609 號 1　妙法蓮華經卷六　（13–3）
BD05609 號 2　妙法蓮華經卷七

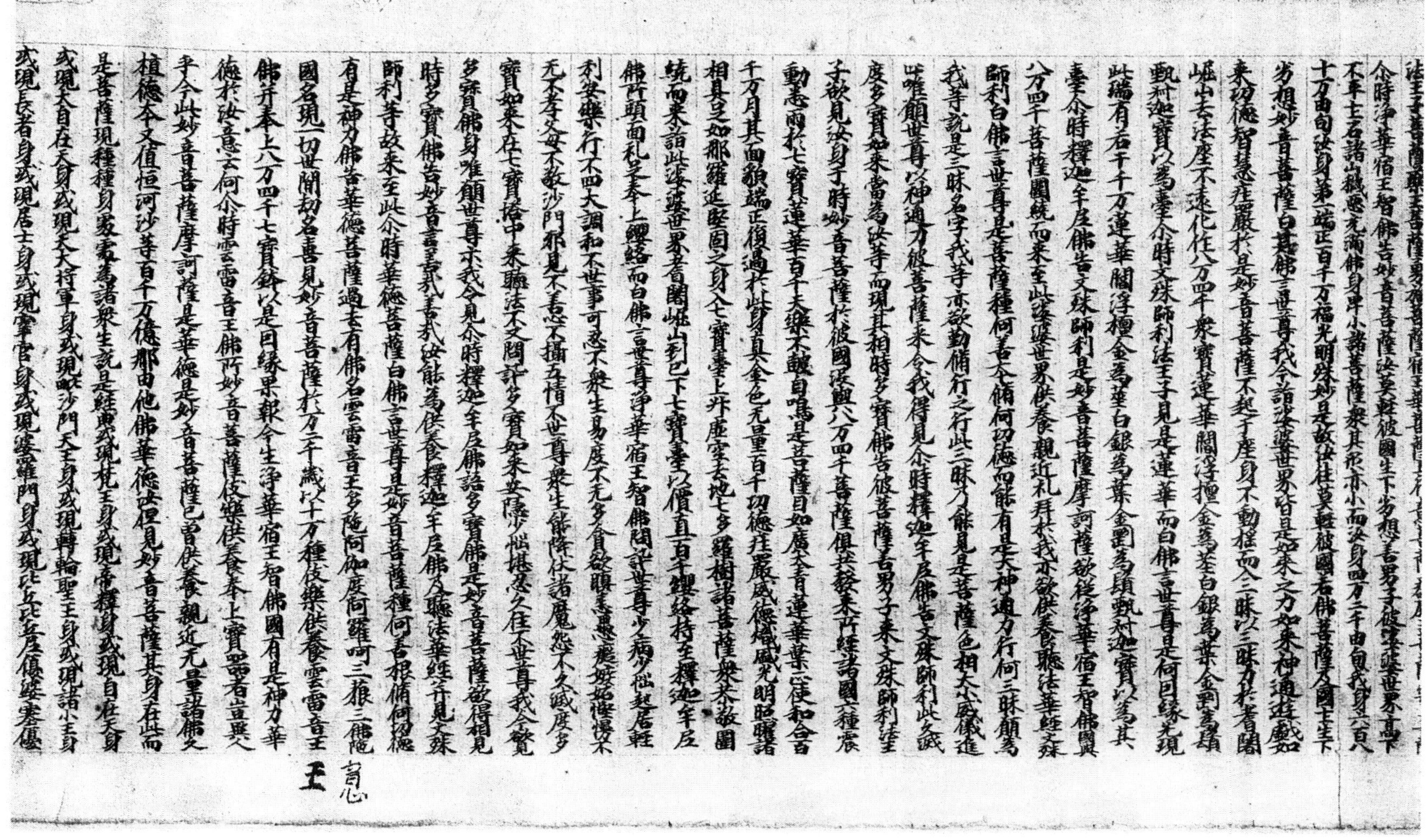

BD05609 號 2　妙法蓮華經卷七　（13–4）

BD05609 號 2　妙法蓮華經卷七　（13–5）

善男子若有无量百千万億衆生受諸苦惱聞是觀世音菩薩一心稱名觀世音菩薩即
時觀其音聲皆得解脫若有持是觀世音菩薩名者設入大火火不能燒由是菩薩威
神力故若為大水所漂稱其名號即得淺處若有百千万億衆生為求金銀琉璃車𤦲馬
瑙珊瑚虎珀真珠等寶入於大海假使黑風吹其船舫飄墮羅剎鬼國其中若有乃至一人
稱觀世音菩薩名者是諸人等皆得解脫羅剎之難以是因緣名觀世音若復有人
臨當被害稱觀世音菩薩名者彼所執刀杖尋段段壞而得解脫若三千大千國土滿
中夜叉羅剎欲來惱人聞其稱觀世音菩薩名者是諸惡鬼尚不能以惡眼視之況
復加害設復有人若有罪若无罪杻械枷鎖檢繫其身稱觀世音菩薩名者皆
悉斷壞即得解脫若三千大千國土滿中怨賊有一商主將諸商人齎持重寶經過險路
其中一人作是唱言諸善男子勿得恐怖汝等應當一心稱觀世音菩薩名号是菩
薩能以无畏施於衆生汝等若稱名者於此怨賊當得解脫衆商人聞俱發聲言
南无觀世音菩薩稱其名故即得解脫无盡意觀世音菩薩摩訶薩威神之力
巍巍如是若有衆生多於婬欲常念恭敬觀世音菩薩便得離欲若多瞋恚
常念恭敬觀世音菩薩便得離瞋若多愚癡常念恭敬觀世音菩薩便得
離癡无盡意觀世音菩薩有如是等大威神力多所饒益是故衆生常應心念
若有女人設欲求男礼拜供養觀世音菩薩便生福德智慧之男設欲求女便生
端正有相之女宿植德本衆人愛敬无盡意觀世音菩薩有如是力若有衆生恭敬
礼拜觀世音菩薩福不唐捐是故衆生皆應受持觀世音菩薩名号无盡意若有人
受持六十二億恒河沙菩薩名字復盡形供養飲食衣服卧具醫藥於汝意云何
是善男子善女人功德多不无盡意言甚多世尊佛言若復有人受持觀世音菩薩名
号乃至一時礼拜供養是二人福正等无異於百千万億劫不可窮盡无盡意受持觀世音菩
薩名号得如是无量无邊福德之利无盡意菩薩白佛言世尊觀世音菩薩云何遊
此娑婆世界云何而為衆生說法方便之力其事云何佛告无盡意菩薩善男子若有
國土衆生應以佛身得度者觀世音菩薩即現佛身而為說法應以辟支佛身得度
者即現辟支佛身而為說法應以聲聞身得度者即現聲聞身而為說法應以梵王
身得度者即現梵王身而為說法應以帝釋身得度者即現帝釋身而為說法應
以自在天身得度者即現自在天身而為說法應以大自在天身得度者即現大自在
天身而為說法應以天大將軍身得度者即現天大將軍身而為說法應以毗沙門身
得度者即現毗沙門身而為說法應以小王身得度者即現小王身而為說法應以長
者身得度者即現長者身而為說法應以居士身得度者即現居士身而為說法應以
宰官身得度者即現宰官身而為說法應以婆羅門身得度者即現婆羅門身而
為說法應以比丘比丘尼優婆塞優婆夷身得度者即現比丘比丘尼優婆塞優婆夷身
而為說法應以長者居士宰官婆羅門婦女身得度者即現婦女身而為說法應以童
男童女身得度者即現童男童女身而為說法應以天龍夜叉乾闥婆阿脩羅迦樓
羅緊那羅摩睺羅伽人非人等身得度者即皆現之而為說法應以執金剛神得度
者即現執金剛神而為說法无盡意是觀世音菩薩成就如是功德以種種形遊諸

BD05609 號 2　妙法蓮華經卷七　（13–6）

宰官身得度者即現宰官身而為說法應以婆羅門身得度者即現婆羅門身而
為說法應以比丘比丘尼優婆塞優婆夷身得度者即現比丘比丘尼優婆塞優婆夷身
而為說法應以長者居士宰官婆羅門婦女身得度者即現婦女身而為說法應以童
男童女身得度者即現童男童女身而為說法應以天龍夜叉乾闥婆阿脩羅迦樓
羅緊那羅摩睺羅伽人非人等身得度者即皆現之而為說法應以執金剛神得度
者即現執金剛神而為說法无盡意是觀世音菩薩成就如是功德以種種形遊諸
國土度脫衆生是故汝等應當一心供養觀世音菩薩是觀世音菩薩摩訶薩於
怖畏急難之中能施无畏是故此娑婆世界皆号之為施无畏者无盡意菩薩白佛言
世尊我今當供養觀世音菩薩即解頸衆寶珠瓔珞價直百千兩金而以與之作是
言仁者受此法施珎寶瓔珞時觀世音菩薩不肯受之无盡意復白觀世音菩薩言
仁者愍我等故受此瓔珞尒時佛告觀世音菩薩當愍此无盡意菩薩及四衆天龍
夜叉乾闥婆阿脩羅迦樓羅緊那羅摩睺羅伽人非人等故受是瓔珞即時觀世音菩
薩愍諸四衆及於天龍人非人等受其瓔珞分作二分一分奉釋迦牟尼佛一分奉多寶佛
塔无盡意觀世音菩薩有如是自在神力遊於娑婆世界尒時无盡意菩薩以偈問曰
世尊妙相具　我今重問彼　佛子何因緣　名為觀世音　具足妙相尊　偈答无盡意
汝聽觀音行　善應諸方所　弘誓深如海　歷劫不思議　侍多千億佛　發大清淨願
我為汝略說　聞名及見身　心念不空過　能滅諸有苦　假使興害意　推落大火坑
念彼觀音力　火坑變成池　或漂流巨海　龍魚諸鬼難　念彼觀音力　波浪不能沒
或在須彌峯　為人所推墮　念彼觀音力　如日虛空住　或被惡人逐　墮落金剛山
念彼觀音力　不能損一毛　或值怨賊繞　各執刀加害　念彼觀音力　咸即起慈心
或遭王難苦　臨刑欲壽終　念彼觀音力　刀尋段段壞　或囚禁枷鎖　手足被杻械
念彼觀音力　釋然得解脫　呪詛諸毒藥　所欲害身者　念彼觀音力　還著於本人
或遇惡羅剎　毒龍諸鬼等　念彼觀音力　時悉不敢害　若惡獸圍遶　利牙爪可怖
念彼觀音力　疾走无邊方　蚖蛇及蝮蝎　氣毒煙火燃　念彼觀音力　尋聲自迴去
雲雷鼓掣電　降雹澍大雨　念彼觀音力　應時得消散　衆生被困厄　无量苦逼身
觀音妙智力　能救世間苦　具足神通力　廣修智方便　十方諸國土　无剎不現身
種種諸惡趣　地獄鬼畜生　生老病死苦　以漸悉令滅　真觀清淨觀　廣大智慧觀
悲觀及慈觀　常願常瞻仰　无垢清淨光　慧日破諸闇　能伏災風火　普明照世間
悲體戒雷震　慈意妙大雲　澍甘露法雨　滅除煩惱焰　諍訟經官處　怖畏軍陣中
念彼觀音力　衆怨悉退散　妙音觀世音　梵音海潮音　勝彼世間音　是故須常念
念念勿生疑　觀世音淨聖　於苦惱死厄　能為作依怙　具一切功德　慈眼視衆生
福聚海无量　是故應頂礼　尒時持地菩薩即從座起前白佛言世尊若有
衆生聞是觀世音菩薩品自在之業普門示現神通力者當知是人功德不少佛
說是普門品時衆中八万四千衆生皆發无等等阿耨多羅三藐三菩提心
妙法蓮華經陁羅尼品第二十六
尒時藥王菩薩即從座起偏袒右肩合

BD05609 號 2　妙法蓮華經卷七　（13–7）

念彼觀音力　衆怨悉退散　妙音觀世音　梵音海潮音　勝彼世間音　是故須常念
念念勿生疑　觀世音淨聖　於苦惱死厄　能爲作依怙　具一切功德　慈眼視衆生
福聚海無量　是故應頂禮　　尒時持地菩薩即從座起前白佛言世尊若有
衆生聞是觀世音菩薩品自在之業普門示現神通力者當知是人功德不少佛
說是普門品時衆中八万四千衆生皆發无等等阿耨多羅三藐三菩提心
妙法蓮華經陁羅尼品第二十六　　尒時藥王菩薩即從座起偏袒右肩合
掌向佛而白佛言世尊若善男子善女人有能受持法華經者若讀誦通利若書
寫經卷得幾所福佛告藥王若有善男子善女人供養八百万億那由他恒河沙等諸佛
於汝意云何其所得福寧爲多不甚多世尊佛言若善男子善女人能於是經乃至
受持一四句偈讀誦解義如說脩行功德甚多尒時藥王菩薩白佛言世尊我今當
與說法者陁羅尼呪以守護之即說呪曰　安尒一　曼尒二　摩祢三　摩摩祢四　旨隸
五　遮梨第六　賒咩羊鳴音七　賒履冈雉反多瑋八　羶輸千反帝九　目帝十　目多履十一　娑履十二
阿瑋娑履十三　桑履十四　娑履十五　叉裔十六　阿叉裔十七　阿耆膩十八　羶帝十九　賒履二十　陁羅尼
二十一　阿盧伽婆娑蘇奈反　簸蔗毗叉膩二十二　祢毗剃二十三　阿便哆都餓反　邏祢履剃二十四
阿亶哆波隸輸地途賣反二十五　漚究隸二十六　牟究隸二十七　阿羅隸二十八　波羅隸二十九　首迦差初几反三十
阿三磨三履三十一　佛䭾毗吉利袠帝三十二　達磨波利差猜離反帝三十三　僧伽涅瞿沙祢
三十四　婆舍婆舍輸地三十五　曼哆邏三十六　曼哆邏叉夜多三十七　郵樓哆三十八　郵樓哆憍舍略
三十九　惡叉邏四十　惡叉冶多冶四十一　阿婆盧四十二　阿摩若荏蔗反　那多夜四十三
世尊是陁羅尼神呪六十二億恒河沙等諸佛所說若有侵毀此法師者則爲侵毀
是諸佛已時釋迦牟尼佛讚藥王菩薩言善哉善哉藥王汝愍念擁護此法師故
說是陁羅尼於諸衆生多所饒益尒時勇施菩薩白佛言世尊我亦爲擁護讀誦受
持法華經者說陁羅尼若此法師得是陁羅尼若夜叉若羅剎若富單那若吉蔗若鳩
槃荼若餓鬼等伺求其短无能得便即於佛前而說呪曰　痤誰螺反隸一　摩訶
痤隸二　郁枳三　目枳四　阿隸五　阿羅婆第六　涅隸第七　涅隸多婆第八　伊緻豬履反柅
九　韋緻柅十　旨緻柅十一　涅隸墀柅十二　涅犁墀婆底十三　　世尊是陁羅尼神呪
恒河沙等諸佛所說亦皆隨喜若有侵毀此法師者則爲侵毀是諸佛已尒時毗沙門天
王護世者白佛言世尊我亦爲愍念衆生擁護此法師故說是陁羅尼即說呪曰
阿梨一　那梨二　㝹那梨三　阿那盧四　那履五　拘那履六　　世尊以是神呪擁護
法師我亦自當擁護持是經者令百由旬内无諸衰患尒時持國天王在此會中與千万
億那由他乾闥婆衆恭敬圍繞前詣佛所合掌白佛言世尊我亦以陁羅尼神呪擁
護持法華經者即說呪曰　阿伽祢一　伽祢二　瞿利三　乾陁利四　旃陁利五　摩蹬
耆六　常求利七　浮樓莎柅八　頞底九　　世尊是陁羅尼神呪四十二億諸佛所
說若有侵毀此法師者則爲侵毀是諸佛已尒時有羅剎女等一名藍婆二名毗藍婆三
名曲齒四名華齒五名黑齒六名多髮七名无厭足八名持瓔珞九名睪帝十名奪一切衆
生精氣是十羅剎女與鬼子母并其子及眷屬俱詣佛所同聲白佛言世尊我等亦

億那由他乾闥婆衆恭敬圍繞前詣佛所合掌白佛言世尊我亦以陁羅尼神呪擁
護持法華經者即說呪曰　阿伽祢一　伽祢二　瞿利三　乾陁利四　旃陁利五　摩蹬
耆六　常求利七　浮樓莎柅八　頞底九　　世尊是陁羅尼神呪四十二億諸佛所
說若有侵毀此法師者則爲侵毀是諸佛已尒時有羅剎女等一名藍婆二名毗藍婆三
名曲齒四名華齒五名黑齒六名多髮七名无厭足八名持瓔珞九名睪帝十名奪一切衆
生精氣是十羅剎女與鬼子母并其子及眷屬俱詣佛所同聲白佛言世尊我等亦
欲擁護讀誦受持法華經者除其衰患若有伺求法師短者令不得便即於佛前而說呪曰
伊提履一　伊提泯二　伊提履三　阿提履四　伊提履五　泥履六　泥履七　泥履八　泥履九　泥履
十　樓醯十一　樓醯十二　樓醯十三　樓醯十四　多醯十五　多醯十六　多醯十七　兜醯十八　㝹醯十九
寧上我頭上莫惱於法師若夜叉若羅剎若餓鬼若富單那若吉蔗若毗陁羅若揵䭾若
烏摩勒伽若阿䟦摩羅若夜叉吉蔗若人吉蔗若熱病若一日若二日若三日若四日若至七日若
常熱病若男形若女形若童男形若童女形乃至夢中亦復莫惱即於佛前而說偈言
若不順我呪　惱亂說法者　頭破作七分　如阿梨樹枝　如殺父母罪　亦如厭油殃
斗秤欺誑人　調達破僧罪　犯此法師者　當獲如是殃　　諸羅剎女說此偈已白
佛言世尊我等亦當身自擁護受持讀誦脩行是經者令得安隱離諸衰患消
衆毒藥佛告諸羅剎女善哉善哉汝等但能擁護受持法華名者福不可量何況擁
護具足受持供養經卷華香瓔珞末香塗香燒香幡蓋伎樂然種種燈蘇燈油燈諸香
油燈蘇摩那華油燈瞻蔔華油燈婆師迦華油燈優鉢羅華油燈如是等百千種供養者
睪帝汝等及眷屬應當擁護如是法師說是陁羅尼品時六万八千人得无生法忍
妙法蓮華經妙莊嚴王本事品第二十七　　尒時佛告諸大衆乃往古世過无量无
邊不可思議阿僧祇劫有佛名雲雷音宿王華智多陁阿伽度阿羅呵三藐三佛陁國
名光明莊嚴劫名喜見彼佛法中有王名妙莊嚴其王夫人名曰淨德有二子一名淨藏二
名淨眼是二子有大神力福德智慧久脩菩薩所行之道所謂檀波羅蜜尸羅
波羅蜜羼提波羅蜜毗梨耶波羅蜜禪波羅蜜般若波羅蜜方便波羅蜜慈悲
喜捨乃至三十七品助道法皆悉明了通達又得菩薩淨三昧日星宿三昧淨光三昧淨
色三昧淨照明三昧長莊嚴三昧大威德藏三昧於此三昧亦悉通達尒時彼佛欲引導
妙莊嚴王及愍念衆生故說是法華經時淨藏淨眼二子到其母所合十指爪掌白言願
母往詣雲雷音宿王華智佛所我等亦當侍從親近供養禮拜所以者何此佛於一切
天人衆中說法華經宜應聽受母告子言汝父信受外道深著婆羅門法汝等應往白
父與共俱去淨藏淨眼合十指爪掌白母我等是法王子而生此邪見家母告子言汝等
當憂念汝父爲現神變若得見者心必清淨或聽我等往至佛所於是二子念其父
故踊在虛空高七多羅樹現種種神變於虛空中行住坐卧身上出水身下出火身
下出水身上出火或現大身滿虛空中而復現小小復現大於空中滅忽然在地入地如水履
水如地現如是等種種神變令其父王心淨信解時父見子神力如是心大歡喜得未曾有

天人眾中說法華經宜應聽受母告子言汝父信受外道深著婆羅門法汝等應往白
父與共俱去淨藏淨眼合十指爪掌白母我等是法王子而生此邪見家母告子言汝等
當憂念汝父為現神變若得見者心必清淨或聽我等往至佛所於是二子念其父
故踊在虛空高七多羅樹現種種神變於虛空中行住坐臥身上出水身下出火身
下出水身上出火或現大身滿虛空中而復現小小復現大於空中滅忽然在地入地如水履
水如地現如是等種種神變令其父王心淨信解時父見子神力如是心大歡喜得未曾有
合掌向子言汝等師為是誰誰之弟子二子白言大王彼雲雷音宿王華智佛今在七寶
菩提樹下法座上坐於一切世間天人眾中廣說法華經是我等師我是弟子父語子言
我今亦欲見汝等師可共俱往於是二子從空中下到其母所合掌白母父王今已信解
堪任發阿耨多羅三藐三菩提心我等為父已作佛事願母見聽於彼佛所出家
修道爾時二子欲重宣其意以偈白母　願母放我等　出家作沙門　諸佛甚難值
我等隨佛學　如優曇鉢羅　值佛復難是　脫諸難亦難　願聽我出家
母即告言聽汝出家所以者何佛難值故於是二子白父母言善哉父母願時往詣雲雷
音宿王華智佛所親覲供養所以者何佛難得值如優曇波羅華又如一眼之龜值
浮木孔而我等宿福深厚生值佛法是故父母當聽我等令得出家所以者何諸佛難值
時亦難遇彼時妙莊嚴王後宮八萬四千人皆悉堪任受持是法華經淨眼菩薩於法
華三昧久已通達淨藏菩薩已於無量百千萬億劫通達離諸惡趣三昧欲令一切眾生
離諸惡趣故其王夫人得諸佛集三昧能知諸佛祕密之藏二子如是以方便力善化其父令心
信解好樂佛法於是妙莊嚴王與群臣眷屬俱淨德夫人與後宮婇女眷屬俱其王
二子與四萬二千人俱一時共詣佛所到已頭面禮足繞佛三匝却住一面爾時彼佛為王說法
示教利喜王大歡悅爾時妙莊嚴王及其夫人解頸真珠瓔珞價直百千以散佛上於虛
空中化成四柱寶臺臺中有大寶床敷百千萬天衣其上有佛結加趺坐放大光明爾時妙
莊嚴王作是念佛身希有端嚴殊特成就第一微妙之色時雲雷音宿王華智佛告四眾
言汝等見是妙莊嚴王於我前合掌立不此王於我法中作比丘精勤修習助佛道法當
得作佛號娑羅樹王國名大光劫名大高王其娑羅樹王佛有無量菩薩眾及無量聲聞
其國平正功德如是其王即時以國付弟與夫人二子并諸眷屬於佛法中出家修道王出家
已於八萬四千歲常勤精進修行妙法華經過是已後得一切淨功德莊嚴三昧即昇虛空
高七多羅樹而白佛言世尊此我二子已作佛事以神通變化轉我邪心令得安住於佛法中
得見世尊此二子者是我善知識為欲發起宿世善根饒益我故來生我家爾時雲
雷音宿王華智佛告妙莊嚴王言如是如是如汝所言若善男子善女人種善根故世世
得善知識其善知識能作佛事示教利喜令入阿耨多羅三藐三菩提大王當知善知識
者是大因緣所謂化導令得見佛發阿耨多羅三藐三菩提心大王汝見此二子不此二子已
曾供養六十五百千萬億那由他恒河沙諸佛親近恭敬於諸佛所受持法華經愍念
邪見眾生令住正見妙莊嚴王即從虛空中下而白佛言世尊如來甚希有以功德智

BD05609 號 2　妙法蓮華經卷七

（13–10）

得見世尊此二子者是我善知識為欲發起宿世善根饒益我故來生我家爾時雲
雷音宿王華智佛告妙莊嚴王言如是如是如汝所言若善男子善女人種善根故世世
得善知識其善知識能作佛事示教利喜令入阿耨多羅三藐三菩提大王當知善知識
者是大因緣所謂化導令得見佛發阿耨多羅三藐三菩提心大王汝見此二子不此二子已
曾供養六十五百千萬億那由他恒河沙諸佛親近恭敬於諸佛所受持法華經愍念
邪見眾生令住正見妙莊嚴王即從虛空中下而白佛言世尊如來甚希有以功德智
慧故頂上肉髻光明顯照其眼長廣而紺青色眉間毫相白如珂月齒白齊密常
有光明脣色赤好如頻婆果爾時妙莊嚴王讚歎佛如是等無量百千萬億功德已於如
來前一心合掌復白佛言世尊未曾有也如來之法具足成就不可思議微妙功德教戒
所行安隱快善我從今日不復自隨心行不生邪見憍慢瞋恚諸惡之心說是語已禮佛而
出佛告大眾於意云何妙莊嚴王豈異人乎今華德菩薩是其淨德夫人今佛前光照莊
嚴相菩薩是哀愍妙莊嚴王及諸眷屬故於彼中生其二子者今藥王菩薩藥上菩薩
是藥王藥上菩薩成就如此諸大功德已於無量百千萬億諸佛所殖眾德本成就不可
思議諸善功德若有人識是二菩薩名字者一切世間諸天人民亦應禮拜佛說是妙莊嚴王
本事品時八萬四千人遠塵離垢於諸法中得法眼淨

妙法蓮華經普賢菩薩勸發品第二十八

爾時普賢菩薩以自在神通力威
德名聞與大菩薩無量無邊不可稱數從東方來所經諸國普皆震動雨寶蓮華
作無量百千萬億種種伎樂又與無數諸天龍夜叉乾闥婆阿修羅迦樓羅緊那
羅摩睺羅伽人非人等大眾圍繞各現威德神通之力到娑婆世界耆闍崛山中頭
面禮釋迦牟尼佛右繞七匝白佛言世尊我於寶威德上王佛國遙聞此娑婆世界
說法華經與無量無邊百千萬億諸菩薩眾共來聽受唯願世尊當為說之若善
男子善女人於如來滅後云何能得是法華經佛告普賢菩薩若善男子善女人成
就四法於如來滅後當得是法華經一者為諸佛護念二者殖眾德本三者入正定聚
四者發救一切眾生之心善男子善女人如是成就四法於如來滅後必得是經爾時普賢
菩薩白佛言世尊於後五百歲濁惡世中其有受持是經典者我當守護除其衰患令
得安隱使無伺求得其便者若魔若魔子若魔女若魔民若為魔所著者若夜叉
若羅剎若鳩槃茶若毘舍闍若吉遮若富單那若韋陀羅等諸惱人者皆不得便
是人若行若立讀誦此經我爾時乘六牙白象王與大菩薩眾俱詣其所而自現
身供養守護安慰其心亦為供養法華經故是人若坐思惟此經爾時我復乘
白象王現其人前其人若於法華經有所忘失一句一偈我當教之與共讀誦還令通
利爾時受持讀誦法華經者得見我身甚大歡喜轉復精進以見我故即得三昧
及陀羅尼名為旋陀羅尼百千萬億旋陀羅尼法音方便陀羅尼得如是等陀羅
尼世尊若後世後五百歲濁惡世中比丘比丘尼優婆塞優婆夷求索者受持者
讀誦者書寫者欲修習是法華經於三七日中應一心精進滿三七日已我當乘六牙白
象與無量菩薩而自圍繞以一切眾生所喜見身現其人前而為說法示教利喜亦

BD05609 號 2　妙法蓮華經卷七

（13–11）

白象王現其人前其人若於法華經有所忘失一句一偈我當教之與共讀誦還令通
利尒時受持讀誦法華經者得見我身甚大歡喜轉復精進以見我故即得三昧
及陀羅尼名為旋陀羅尼百千万億旋陀羅尼法音方便陀羅尼得如是等陀羅
尼世尊若後世後五百歲濁惡世中比丘比丘尼優婆塞優婆夷求索者受持者
讀誦者書寫者欲脩習是法華經於三七日中應一心精進滿三七日已我當乘六牙白
象與无量菩薩而自圍繞以一切衆生所喜見身現其人前而為說法示教利喜亦
復與其陀羅尼呪得是陀羅尼故无有非人能破壞者亦不為女人之所惑亂我身亦
自常護是人唯願世尊聽我說此陀羅尼呪即於佛前而說呪曰
阿檀地(途賣反)一 檀陀婆地二 檀陀婆帝三 檀陀鳩舍隸四 檀陀脩陀隸五
脩陀隸六 脩陀羅婆底七 佛馱波羶祢八 薩婆陀羅尼阿婆多尼九 薩婆
婆沙阿婆多尼十 脩阿婆多尼十一 僧伽婆履叉尼十二 僧伽涅伽陀尼十三 阿僧祇
十四 僧伽波伽地十五 帝隸阿惰僧伽兜略(盧遮反) 阿羅帝波羅帝十六 薩婆僧伽三
摩地伽蘭地十七 薩婆達磨脩波利剎帝十八 薩婆薩埵樓馱憍舍略阿㝹
伽地十九 辛阿毗吉利地帝二十　世尊若有菩薩得聞是陀羅尼者當知
普賢神通之力若法華經行閻浮提有受持者應作此念皆是普賢威神之力
若有受持讀誦正憶念解其義趣如說脩行當知是人行普賢行於无量无邊
諸佛所深種善根為諸如來手摩其頭若但書寫是人命終當生忉利天上是時八万
四千天女作衆伎樂而來迎之其人即著七寶冠於婇女中娛樂快樂何況受持讀誦
正憶念解其義趣如說脩行若有人受持讀誦解其義趣是人命終為千佛授手令
不恐怖不墮惡趣即往兜率天上彌勒菩薩所彌勒菩薩有三十二相大菩薩衆所共
圍繞有百千万億天女眷屬而於中生有如是等功德利益是故智者應當一心自書
若使人書受持讀誦正憶念如說脩行世尊我今以神通力故守護是經於如來滅後
閻浮提內廣令流布使不斷絕尒時釋迦牟尼佛讚言善哉善哉普賢汝能護助
是經令多所衆生安樂利益汝已成就不可思議功德深大慈悲從久遠來發阿耨多
羅三藐三菩提意而能作是神通之願守護是經我當以神通力守護能受持普
賢菩薩名者普賢若有受持讀誦正憶念脩習書寫是法華經者當知是
人則見釋迦牟尼佛如從佛口聞此經典當知是人供養釋迦牟尼佛當知是人佛
讚善哉當知是人為釋迦牟尼佛手摩其頭當知是人為釋迦牟尼佛衣之所覆
如是之人不復貪著世樂不好外道經書手筆亦復不喜親近其人及諸惡者若屠
兒若畜猪羊雞狗若獵師若衒賣女色是人心意質直有正憶念有福德力是人
不為三毒所惱亦不為嫉妬我慢邪慢增上慢所惱是人少欲知足能脩普賢之行
普賢若如來滅後後五百歲若有人見受持讀誦法華經者應作是念此人不久
當詣道場破諸魔衆得阿耨多羅三藐三菩提轉法輪擊法鼓吹法螺雨法雨
當坐天人大衆中師子法座上普賢若於後世受持讀誦是經典者是人不復貪
著衣服臥具飲食資生之物所願不虛亦於現世得其福報若有人輕毀之言汝

BD05609 號 2　妙法蓮華經卷七　（13–12）

是人則見釋迦牟尼佛如從佛口聞此經典當知是人供養釋迦牟尼佛當知是人佛
讚善哉當知是人為釋迦牟尼佛手摩其頭當知是人為釋迦牟尼佛衣之所覆
如是之人不復貪著世樂不好外道經書手筆亦復不喜親近其人及諸惡者若屠
兒若畜猪羊雞狗若獵師若衒賣女色是人心意質直有正憶念有福德力是人
不為三毒所惱亦不為嫉妬我慢邪慢增上慢所惱是人少欲知足能脩普賢之行
普賢若如來滅後後五百歲若有人見受持讀誦法華經者應作是念此人不久
當詣道場破諸魔衆得阿耨多羅三藐三菩提轉法輪擊法鼓吹法螺雨法雨
當坐天人大衆中師子法座上普賢若於後世受持讀誦是經典者是人不復貪
著衣服臥具飲食資生之物所願不虛亦於現世得其福報若有人輕毀之言汝

狂人耳空作是行終无所獲如是罪報當世世无眼若有供養讚歎之者當於
今世得現果報若復見受持是經者出其過惡若實若不實此人現世得白癩病
若有輕笑之者當世世牙齒疏缺醜脣平鼻手腳繚戾眼目角睞身體臭穢惡瘡
膿血水腹短氣諸惡重病是故普賢若見受持是經典者當起遠迎當如敬佛說
是普賢勸發品時恒河沙等无量无邊菩薩得百千万億旋陀羅尼三千大千
世界微塵等諸菩薩具普賢道佛說是經時普賢等諸菩薩舍利弗等諸
聲聞及諸天龍人非人等一切大會皆大歡喜受持佛語作禮而去

妙法蓮華經卷第七

BD05609 號 2　妙法蓮華經卷七　（13–13）

BD05609號背　雜寫

(1–1)

相无人相无衆生相无壽者相是故須菩提
菩薩應離一切相發阿耨多羅三藐三菩提
心不應住色生心不應住聲香味觸法生心
應生无所住心若心有住則爲非住是故佛
說菩薩心不應住色布施須菩提菩薩爲利
益一切衆生應如是布施如來說一切諸相
即是非相又說一切衆生則非衆生須菩提
如來是真語者實語者如語者不誑語者不
異語者須菩提如來所得法此法无實无虚
須菩提若菩薩心住於法而行布施如人入
闇則无所見若菩薩心不住法而行布施如
人有目日光明照見種種色須菩提當來之
世若有善男子善女人能於此經受持讀誦
則爲如來以佛智慧悉知是人悉見是人皆
得成就无量无邊功德
須菩提若有善男子善女人初日分以恒河沙
等身布施中日分復以恒河沙等身布施後
日分亦以恒河沙等身布施如是无量百千
万億劫以身布施若復有人聞此經典信心

BD05610號　金剛般若波羅蜜經

(2–1)

闇則无所見若菩薩心不住法而行布施如
人有目日光明照見種種色須菩提當来之
世若有善男子善女人能於此經受持讀誦
則為如来以佛智慧悉知是人悉見是人皆
得成就无量无邊功德
須菩提若有善男子善女人初日分以恒河沙
等身布施中日分復以恒河沙等身布施後
日分亦以恒河沙等身布施如是无量百千
万億劫以身布施若復有人聞此經典信心
不逆其福勝彼何況書寫受持讀誦為人解
說須菩提以要言之是經有不可思議不可
稱量无邊功德如来為發大乘者說為發最
上乘者說若有人能受持讀誦廣為人說如
来悉知是人悉見是人皆得成就不可量不
可稱无有邊不可思議功德如是人等則為
荷擔如来阿耨多羅三藐三菩提何以故須
菩提若樂小法者著我見人見衆生見壽者
見則於此經不能聽受讀誦為人解說須菩
提在在處處若
羅所應供

BD05610 號　金剛般若波羅蜜經　（2–2）

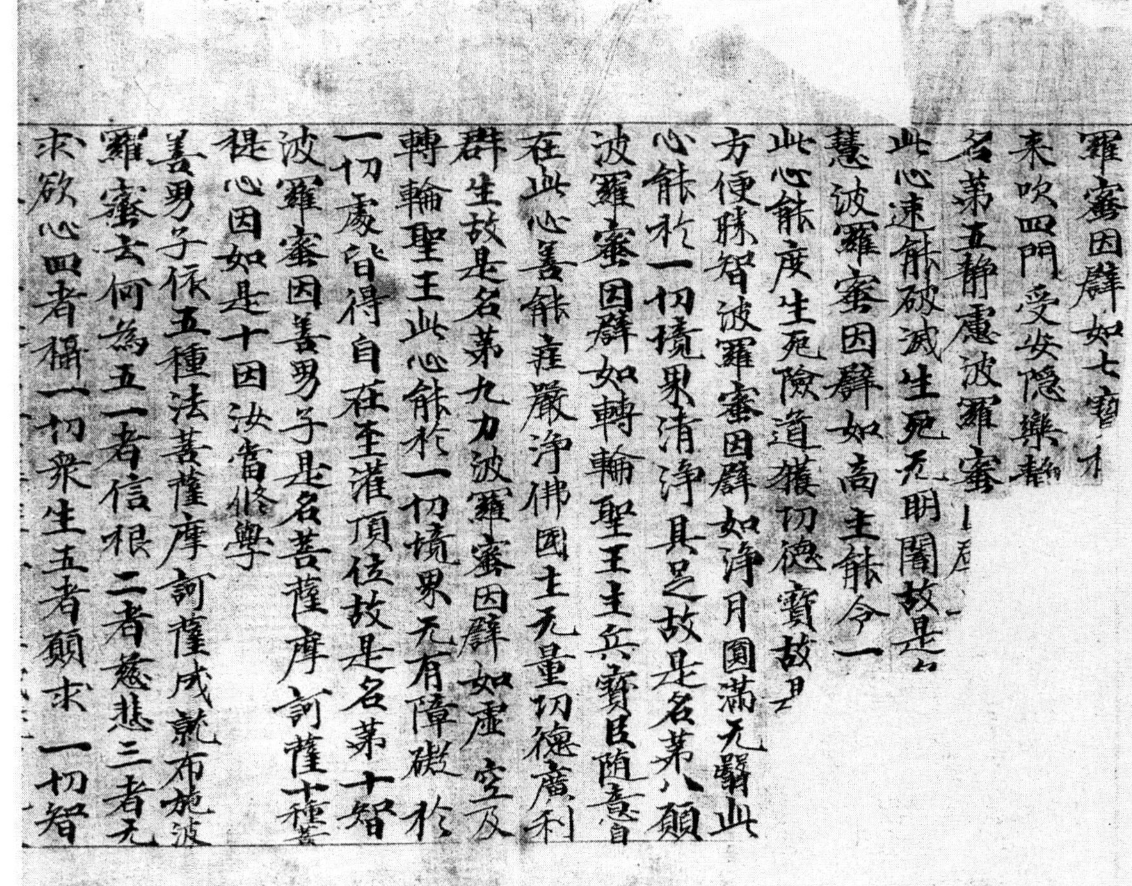
羅蜜因緣如七寶
来吹四門受安隱樂静
名第五静慮波羅蜜
此心速能破滅生死无明闇故是
慧波羅蜜因緣如商主能令一
此心能度生死險道獲功德寶故是
方便勝智波羅蜜因緣如淨月圓滿无翳此
心能於一切境界清淨具足故是名第八願
波羅蜜因緣如轉輪聖王主兵寶臣隨意
在此心善能莊嚴淨佛國土无量功德廣利
群生故是名第九力波羅蜜因緣如虛空及
轉輪聖王此心能於一切境界无有障礙於
一切處皆得自在至灌頂位故是名第十智
波羅蜜因善男子是名菩薩摩訶薩十種菩
提心因如是十因汝當修學
善男子依五種法菩薩摩訶薩成就布施波
羅蜜云何為五一者信根二者慈悲三者无
求欲心四者攝一切衆生五者願求一切智

BD05611 號　金光明最勝王經卷四　（16–1）

波羅蜜因善男子是名菩薩摩訶薩十種
提心因如是十因汝當修學
善男子依五種法菩薩摩訶薩成就布施波
羅蜜云何為五一者信根二者慈悲三者无
求欲心四者攝一切衆生五者願求一切智
智善男子是名菩薩摩訶薩成就布施波
羅蜜善男子復依五法菩薩摩訶薩成就持
戒波羅蜜云何為五一者三業清淨二者不
為一切衆生作煩惱因緣三者閉諸惡道開
善趣門四者過於聲聞獨覺之地五者一切
功德皆悉滿足善男子是名菩薩摩訶薩成
就持戒波羅蜜善男子復依五法菩薩摩
訶薩成就忍辱波羅蜜云何為五一者能伏貪
瞋煩惱二者不惜身命不求安樂止息之想
三者思惟往業遭苦能忍四者發慈悲心成
就衆生諸善根故五者為得甚深无生法忍
善男子是名菩薩摩訶薩成就忍辱波羅蜜
善男子復依五法菩薩摩訶薩成就勤策波
羅蜜云何為五一者與諸煩惱不樂共住二
者福德未具不受安樂三者於諸難行苦行
之事不生厭心四者以大慈悲攝受利益方
便成熟一切衆生五者願求不退轉地善男
子是名菩薩摩訶薩成就勤策波羅蜜善男
子復依五法菩薩摩訶薩成就靜慮波羅蜜
云何為五一者於諸善法攝令不散故二者
常願解脫不著二邊故三者願得神通成就
衆生諸善根故四者為淨法界蠲除心垢故

BD05611 號　金光明最勝王經卷四

子是名菩薩摩訶薩成就勤策波羅蜜善男
子復依五法菩薩摩訶薩成就靜慮波羅蜜
云何為五一者於諸善法攝令不散故二者
常願解脫不著二邊故三者願得神通成就
衆生諸善根故四者為淨法界蠲除心垢故
五者為斷衆生煩惱根本故善男子是名菩
薩摩訶薩成就靜慮波羅蜜善男子復依
五法菩薩摩訶薩成就智慧波羅蜜云何為五
一者常於一切諸佛菩薩及明智者供養親
近不生厭背二者諸佛如來說甚深法心常
樂聞无有厭足三者真俗勝智樂善分別四
者見修煩惱咸速斷除五者世間伎術五明
之法皆悉通達善男子是名菩薩摩訶薩成
就智慧波羅蜜善男子復依五法菩薩摩訶
薩成就方便波羅蜜云何為五一者於一切
衆生意樂煩惱心行差別悉皆通達二者无
量諸法對治之門心皆曉了三者大慈悲定
出入自在四者於諸波羅蜜多皆願修行成
熟滿足五者一切佛法皆願了達攝受无遺
善男子是名菩薩摩訶薩成就方便勝智波
羅蜜善男子復依五法菩薩摩訶薩成就願
波羅蜜云何為五一者於一切法從本以來
不生不滅非有非无心得安住二者觀一切
法最妙理趣離垢清淨心得安住三者過一
切相心本真如无作无行不異不動心得安
住四者為欲利益諸衆生事於俗諦中心得
安住五者於奢摩他毗鉢舍那同時運行心

BD05611 號　金光明最勝王經卷四

波羅蜜云何為五一者於一切法本來
不生不滅非有非无心得安住二者觀一切
法最妙理趣離垢清淨心得安住三者過一
切相心本真如无作无行不異不動心得安
住四者為欲利益諸衆生事於俗諦中心得
安住五者於奢摩他毗鉢舍那同時運行心
得安住善男子是名菩薩摩訶薩成就願波
羅蜜善男子復依五法菩薩摩訶薩成就力
波羅蜜云何為五一者以正智力能了一切
衆生心行善惡二者能令一切衆生入於甚
深微妙之法三者一切衆生輪迴生死隨其
緣業如實了知四者於諸衆生三種根性以
正智力能分別知五者於諸衆生如理為說
令種善根成熟度脫皆是智力故善男子是
名菩薩摩訶薩成就力波羅蜜善男子復依
五法菩薩摩訶薩成就智波羅蜜云何為五
一者能於諸法分別善惡二者於黑白法遠
離攝受三者能於生死涅槃不厭不喜四者
具福智行至究竟處五者受勝灌頂能得
諸佛不共法等及一切智智善男子是名菩薩
摩訶薩成就智波羅蜜善男子何者是波羅
蜜義所謂修習勝利是波羅蜜義滿足无量
大甚深智是波羅蜜義行非行法心不執著
是波羅蜜義生死過失涅槃功德正覺正觀
是波羅蜜義愚人智人皆悉攝受是波羅蜜
義能現種種珍妙法寶是波羅蜜義无礙解
脫智慧滿足是波羅蜜義法界衆生界正分
別知是波羅蜜義施等及智能令至不退轉

BD05611號　金光明最勝王經卷四　（16–4）

是波羅蜜義生死過失涅槃功德正覺正觀
是波羅蜜義愚人智人皆悉攝受是波羅蜜
義能現種種珍妙法寶是波羅蜜義无礙解
脫智慧滿足是波羅蜜義法界衆生界正分
別知是波羅蜜義施等及智能令至不退轉
是波羅蜜義无生法忍能令滿足是波羅蜜義
一切衆生功德善根能令成熟是波羅蜜
義能於菩提成佛十力四无所畏不共法等
皆悉成就是波羅蜜義生死涅槃了无二相
是波羅蜜義濟度一切是波羅蜜義一切外
道來相詰難善能解釋令其降伏是波羅蜜
義能轉十二妙行法輪是波羅蜜義无所著
无所見无患累是波羅蜜多義
善男子初地菩薩是相先現三千大千世界
无量无邊種種寶藏无不盈滿菩薩悉見善
男子二地菩薩是相先現三千大千世界地
平如掌无量无邊種種妙色清淨珍寶莊嚴
之具菩薩悉見善男子三地菩薩是相先現
自身勇健甲仗莊嚴一切怨賊皆能摧伏菩
薩悉見善男子四地菩薩是相先現四方風
輪種種妙花悉皆散灑充布地上菩薩悉見
善男子五地菩薩是相先現有妙寶女衆寶
瓔珞周遍嚴身首冠名花以為其飾菩薩悉
見善男子六地菩薩是相先現七寶花池有
四階道金沙遍布清淨无穢八功德水皆悉盈
滿嗢鉢羅花拘物頭花分陁利花隨處莊
嚴於花池所遊戲快樂清涼无比菩薩悉見

BD05611號　金光明最勝王經卷四　（16–5）

瓔珞周遍嚴身首冠名花以為其飾菩薩悉
見善男子六地菩薩是相先現七寶花池有
四階道金沙遍布清淨无穢八功德水皆悉盈
滿嗢鉢羅花拘物頭花分陁利花隨處莊
嚴於花池所遊戲快樂清涼无比菩薩悉見
善男子七地菩薩是相先現於菩薩前有諸
衆生應墮地獄以菩薩力便得不墮无有損
傷亦无恐怖菩薩悉見善男子八地菩薩是
相先現於身兩邊有師子王以為衛護一切
衆獸悉皆怖畏菩薩悉見善男子九地菩薩
是相先現轉輪聖王无量億衆圍繞供養頂
上白蓋无量衆寶之所莊嚴菩薩悉見善男
子十地菩薩是相先現如來之身金色晃耀
无量淨光悉皆圓滿有无量億梵王圍繞恭
敬供養轉於无上微妙法輪菩薩悉見
善男子云何初地名為歡喜謂初證得出世
之心昔所未得而今始得於大事用如其所
願悉皆成就生極喜樂是故最初名為歡喜
諸微細垢犯戒過失皆得清淨是故二地名
為无垢无量智慧三昧光明不可傾動无能摧
伏聞持陁羅尼以為根本是故三地名為
明地以智慧火燒諸煩惱增長光明修行覺
品是故四地名為焰地修行方便勝智自在
極難得故見修煩惱難伏能伏是故五地名
為難勝行法相續了了顯現无相思惟皆悉
現前是故六地名為現前无漏无間无相思
惟解脫三昧遠修行故是地清淨无有障礙
是故七地名為遠行无相思惟修得自在諸

BD05611號　金光明最勝王經卷四　（16–6）

品是故四地名為焰地修行方便勝智自在
極難得故見修煩惱難伏能伏是故五地名
為難勝行法相續了了顯現无相思惟皆悉
現前是故六地名為現前无漏无間无相思
惟解脫三昧遠修行故是地清淨无有障礙
是故七地名為遠行无相思惟修得自在諸
煩惱行不能令動是故八地名為不動說一
切法種種差別皆得自在无患无累增長智
慧自在无礙是故九地名為善慧法身如虛
空智慧如大雲皆能遍滿覆一切故是故第
十名為法雲
善男子執著有相我法无明怖畏生死惡趣
无明此二无明障於初地微細學處誤犯无
明發起種種業行无明此二无明障於二地
未得令得愛著无明能障殊勝總持无明此
二无明障於三地味著等至喜悅无明微妙
淨法愛樂无明此二无明障於四地欲背生
死无明希趣涅槃无明此二无明障於五地
觀行流轉无明麁相現前无明此二无明障
於六地微細諸相現行无明作意欣樂无相
无明此二无明障於七地於无相觀功用无
明執相自在无明此二无明障於八地於所
說義及名句文二无量未善巧无明於詞
辯才不隨意无明此二无明障於九地於大
神通未得自在變現无明微細秘密未能悟
解事業无明此二无明障於十地於一切境
微細所知障礙无明極細煩惱麁重无明此
二无明障於佛地

BD05611號　金光明最勝王經卷四　（16–7）

明執相自在无明此二无明障於八地於所
說義及名句文二无量未善巧无明於詞
辯才不隨意无明此二无明障於九地於大
神通未得自在變現无明微細祕密未能悟
解事業无明此二无明障於十地於一切境
微細所知障礙无明極細煩惱麁重无明此
二无明障於佛地
善男子菩薩摩訶薩於初地中行施波羅蜜
於第二地行戒波羅蜜於第三地行忍波羅
蜜於第四地行勤波羅蜜於第五地行定波
羅蜜於第六地行慧波羅蜜於第七地行方
便勝智波羅蜜於第八地行願波羅蜜於第
九地行力波羅蜜於第十地行智波羅蜜善
男子菩薩摩訶薩最初發心攝受能生妙寶
三摩地第二發心攝受能生可愛樂三摩地
第三發心攝受能生難動三摩地第四發心
攝受能生不退轉三摩地第五發心攝受能
生寶花三摩地第六發心攝受能生日圓
光焰三摩地第七發心攝受能生一切願如
意成就三摩地第八發心攝受能生現前證
住三摩地第九發心攝受能生智藏三摩
地第十發心攝受能生勇進三摩地善男子是
名菩薩摩訶薩十種發心善男子菩薩摩
訶薩於此初地得陁羅尼名依功德力尒時世
尊即說呪曰
怛 姪 他 晡律儞曷奴喇剌
獨虎獨 虎獨虎 耶跋 蘇 利 瑜

BD05611號 金光明最勝王經卷四 （16–8）

名菩薩摩訶薩十種發心善男子菩薩摩
訶薩於此初地得陁羅尼名依功德力尒時世
尊即說呪曰
怛 姪 他 晡律儞曷奴喇剌
獨虎獨 虎獨虎 耶跋 蘇 利 瑜
阿婆婆薩底（丁里反下皆同） 耶跋旃達 囉
調 怛 底 多跋 達喀 叉漫
憚茶鉢喇 訶嚂 矩嚕 莎 訶
善男子此陁羅尼是過一恒河沙數諸佛所
說為護初地菩薩故若有誦持此陁羅尼呪
者得脫一切怖畏所謂虎狼師子惡獸之類
一切惡鬼人非人等怨賊災橫及諸苦惱解
脫五障不忘念初地
善男子菩薩摩訶薩於第二地得陁羅尼名
善安樂住
怛 姪 他 嗢 篅（入聲下同） 里
質 里 質 里 嗢篅羅篅羅（引） 喃
縒覩縒覩嗢篅里 虎嚕虎嚕莎 訶
善男子此陁羅尼是過二恒河沙數諸佛所
說為護二地菩薩故若有誦持此陁羅尼呪
者脫諸怖畏惡獸惡鬼人非人等怨賊災橫
及諸苦惱解脫五障不忘念二地
善男子菩薩摩訶薩於第三地得陁羅尼
名難勝力
怛 姪 他 憚 宅 枳 般宅 枳
羯喇檄 高喇檄 雞由哩憚檄（里莎訶）
善男子此陁羅尼是過三恒河沙數諸佛所

BD05611號 金光明最勝王經卷四 （16–9）

名難勝力
呾姪他 憚宅枳 般宅枳
羯喇徽高喇徽 雞由哩憚徽里莎訶
善男子此陀羅尼是過三恒河沙數諸佛所
説為護三地菩薩故若有誦持此陀羅尼呪
者脱諸怖畏惡獸惡鬼人非人等怨賊災橫
及諸苦惱解脱五障不忘念三地
善男子菩薩摩訶薩於第四地得陀羅尼
名大利益
怛姪他 室唎 室唎
陀弭你陀弭你 陀哩陀哩你
室唎室唎你 毗舍羅波世波娘娜
畔陀弭帝莎訶
善男子此陀羅尼是過四恒河沙數諸佛所
説為護四地菩薩故若有誦持此陀羅尼呪
者脱諸怖畏惡獸鬼人非人等怨賊災 橫
及諸苦惱解脱五障不忘念四地
善男子菩薩摩訶薩於第五地得陀羅尼名
種種功德莊嚴
怛姪他 訶哩訶哩你
遮哩遮哩你 羯喇摩引你
僧羯喇摩引你 三婆山你瞻跋你
悉耽婆你謨漢你 碎闍步陛莎訶
善男子此陀羅尼是過五恒河沙數諸佛所
説為護五地菩薩摩訶薩故若有誦持此陀
羅尼呪者脱諸怖畏惡獸惡鬼人非人等怨
賊災橫及諸苦惱解脱五障不忘念五地

BD05611號 金光明最勝王經卷四 （16–10）

[illegible]
悉耽婆你謨漢你 碎闍步陛莎訶
善男子此陀羅尼是過五恒河沙數諸佛所
説為護五地菩薩摩訶薩故若有誦持此陀
羅尼呪者脱諸怖畏惡獸惡鬼人非人等怨
賊災橫及諸苦惱解脱五障不忘念五地
善男子菩薩摩訶薩於第六地得陀羅尼名
圓滿智
怛姪他 毗徒哩毗徒哩
摩哩你迦里迦里 毗度漢底
嚕嚕嚕嚕 主嚕主嚕
杜嚕婆杜嚕婆 捨捨設者婆哩灑
莎入悉底薩婆薩埵喃 悉甸覩 湯
曼怛囉鉢陀你莎訶
善男子此陀羅尼是過六恒河沙數諸佛所
説為護六地菩薩摩訶薩故若有誦持此陀
羅尼呪者脱諸怖畏惡獸惡鬼人非人等怨
賊災橫及諸苦惱解脱五障不忘念六地
善男子菩薩摩訶薩於第七地得陀羅尼名
法勝行
怛姪他 勺訶上勺訶引嚕
勺訶勺訶勺訶嚕 鞞陸枳鞞陸枳
阿蜜栗多唬漢你 勃里山你
鞞嚕勑枳婆嚕㚘 鞞提呬枳
頻陀鞞哩你 阿蜜哩底枳
薄虎主愈 薄虎主愈莎訶
善男子此陀羅尼是過七恒河沙數諸佛所
説為護七地菩薩故若有誦持此陀羅尼呪
[illegible]

BD05611號 金光明最勝王經卷四 （16–11）

阿蜜[illegible] 你 [illegible] 你
鞞嚕勅枳婆嚕𠎉 鞞提 四 枳
頻陁鞞 哩 你 阿蜜哩 底 枳
薄虎 主 愈 薄虎主愈 莎訶
善男子此陁羅尼是過七恒河沙數諸佛所
說為護七地菩薩故若有誦持此陁羅尼呪
者脫諸怖畏惡獸惡鬼人非人等怨賊災横
及諸苦惱解脫五障不忘念七地
善男子菩薩摩訶薩於第八地得陁羅尼名
无盡藏
怛 姪 他 室唎室唎室唎你
蜜 底 蜜 底 羯哩羯哩醯嚕醯嚕
主 嚕 主 嚕 畔陁 猏 莎 訶
善男子此陁羅尼過八恒河沙數諸佛所說
為護八地菩薩故若有誦持此陁羅尼呪者
脫諸怖畏惡獸惡鬼人非人等怨賊災横及
諸苦惱解脫五障不忘念八地
善男子菩薩摩訶薩於第九地得陁羅尼
名无量門
怛 姪 他 訶哩旃荼哩枳
俱藍婆喇體天里反 都 剌 死
秋吒秋吒死室唎室唎 迦室哩迦必 室 唎
莎蘊活反 悉 底 薩婆薩播喃莎訶
善男子此陁羅尼是過九恒河沙數諸佛所
說為護九地菩薩故若有誦持此陁羅尼呪
者脫諸怖畏惡獸惡鬼人非人等怨賊災横
及諸苦惱解脫五障不忘念九地
善男子菩薩摩訶薩於第十地得陁羅尼名

善男子此陁羅尼是過九恒河沙數諸佛所
說為護九地菩薩故若有誦持此陁羅尼呪
者脫諸怖畏惡獸惡鬼人非人等怨賊災横
及諸苦惱解脫五障不忘念九地
善男子菩薩摩訶薩於第十地得陁羅尼名
破金剛山
怛 姪 他 悉提去 蘊悉 提 去
謨 祈 你木寮你 毗木底菴末 羼
毗末羼涅末 羼 忙 羯 羼
唎嚩 若 羯 鞞 曷喇怛娜羯鞞
三曷多跋 姪 囉 薩婆頞他婆𠆙你
摩捺斯莫訶摩捺斯 頞 步 底
頞 室 步 底 阿喇揞毗喇揞
頞主底菴蜜栗底 阿喇揞毗喇揞
跋 嚂 謎 跋囉鉗合火麼莎入羼
脯 喇你脯 喇 娜 曷奴喇剌 莎 訶
善男子此陁羅尼灌頂吉祥句是過十恒河
沙數諸佛所說為護十地菩薩故若有誦持
此陁羅尼呪者脫諸怖畏惡獸惡鬼人非人
等怨賊災横一切毒害皆悉除滅解脫五障
不忘念十地
尒時師子相无礙光焰菩薩聞佛說此不可
思議陁羅尼已即從座起偏袒右肩右膝著
地合掌恭敬頂礼佛足以頌讚佛
敬礼无譬喻 甚深无相法 衆生失正知 唯佛能濟度
如來明慧眼 不見一法相 復以正法眼 普照不思議
不生於一法 亦不滅一法 由斯平等見 得至无上處
不壞於生死 亦不住涅槃 不著於二邊 是故證圓寂

地合掌恭敬頂礼佛足以頌讚佛
敬礼无譬喻　甚深无相法　衆生失正知　唯佛能濟度
如來明慧眼　不見一法相　復以正法眼　普照不思議
不生於一法　亦不滅一法　由斯平等見　得至无上處
不壞於生死　亦不住涅槃　不著於二邊　是故證圓寂
於淨不淨品　世尊知一味　由不分別故　獲得最清淨
世尊无邊身　不說於一字　令諸弟子衆　法雨皆充滿
佛觀衆生相　一切種皆无　然於苦惱者　常興於救護
苦樂常无常　有我无我等　不一亦不異　不生亦不滅
如是衆多義　隨說有差別　譬如空谷響　唯佛能了知
法界无分別　是故无異乘　為度衆生故　分別說有三
尒時大自在梵天王亦從座起偏袒右肩右
膝著地合掌恭敬頂礼佛足而白佛言世尊
此金光明最勝王經希有難量初中後善文
義究竟皆能成就一切佛法若受持者是人
則為報諸佛恩佛言善男子如是如是如汝
所說善男子若得聽聞是經典者皆不退於
阿耨多羅三藐三菩提何以故善男子是能成
熟不退地菩薩殊勝善根是第一法印是
衆經王故應聽聞受持讀誦何以故善男子
若一切衆生未種善根未成熟善根未親近
諸佛者不能聽聞是微妙法若善男子善女
人能聽受者一切罪障皆悉除滅得最清淨
常得見佛不離諸佛及善知識勝行之人恒
聞妙法住不退地獲得如是勝陁羅尼門所
謂无盡无減海印出妙功德陁羅尼无盡无
減通達衆生意行言語陁羅尼无盡无減日
圓无垢相光陁羅尼无盡无減滿月相光陁

BD05611號　金光明最勝王經卷四

（16–14）

人能聽受者一切罪障皆悉除滅得最清淨
常得見佛不離諸佛及善知識勝行之人恒
聞妙法住不退地獲得如是勝陁羅尼門所
謂无盡无減海印出妙功德陁羅尼无盡无
減通達衆生意行言語陁羅尼无盡无減日
圓无垢相光陁羅尼无盡无減滿月相光陁
羅尼无盡无減能伏諸惑演功德流陁羅尼
无盡无減破金剛山陁羅尼无盡无減說不
可說義因緣藏陁羅尼无盡无減通達實語
法則音聲陁羅尼无盡无減虛空无垢心行
印陁羅尼无盡无減无邊佛身皆能顯現陁
羅尼无盡无減
善男子如是等无盡无減諸陁羅尼門得成
就故是菩薩摩訶薩能於十方一切佛土化
作佛身演說无上種種正法於法真如不動
不住不來不去善能成熟一切衆生善根亦
不見一衆生可成熟者雖說種種諸法於言
詞中不動不住不去不來能於生滅證无生
滅以何因緣說諸行法无有去來由一切法
體无異故說是法時三万億菩薩摩訶薩得
无生法忍无量諸菩薩不退菩提心无量无
邊苾芻苾芻尼得法眼淨无量衆生發菩薩
心尒時世尊而說頌曰
勝法能逆生死流　甚深微妙難得見
有情盲冥貪欲覆　由不見故受衆苦
尒時大衆俱從座起頂礼佛足而白佛言世
尊若所在處講宣讀誦此金光明最勝王經
我等大衆皆悉往彼為作聽衆是說法師令

BD05611號　金光明最勝王經卷四

（16–15）

法則音聲陀羅尼无盡无滅虛空无垢心行
印陀羅尼无盡无滅无邊佛身皆能顯現陀
羅尼无盡无滅
善男子如是等无盡无滅諸陀羅尼門得成
就故是菩薩摩訶薩能於十方一切佛土化
作佛身演說无上種種正法於法真如不動
不住不來不去善能成熟一切衆生善根亦
不見一衆生可成熟者雖說種種諸法於言
詞中不動不住不去不來能於生滅證无生
滅以何因緣說諸行法无有去來由一切法
體无異故說是法時三万億菩薩摩訶薩得
无生法忍无量諸菩薩不退菩提心无量无
邊苾芻苾芻尼得法眼淨无量衆生發菩薩
心尒時世尊而說頌曰
勝法能逆生死流　甚深微妙難得見
有情盲冥貪欲覆　由不見故受衆苦
尒時大衆俱從座起頂礼佛足而白佛言世
尊若所在處講宣讀誦此金光明最勝王經
我等大衆皆悉往彼爲作聽衆是說法師令

BD05611 號　金光明最勝王經卷四　（16–16）

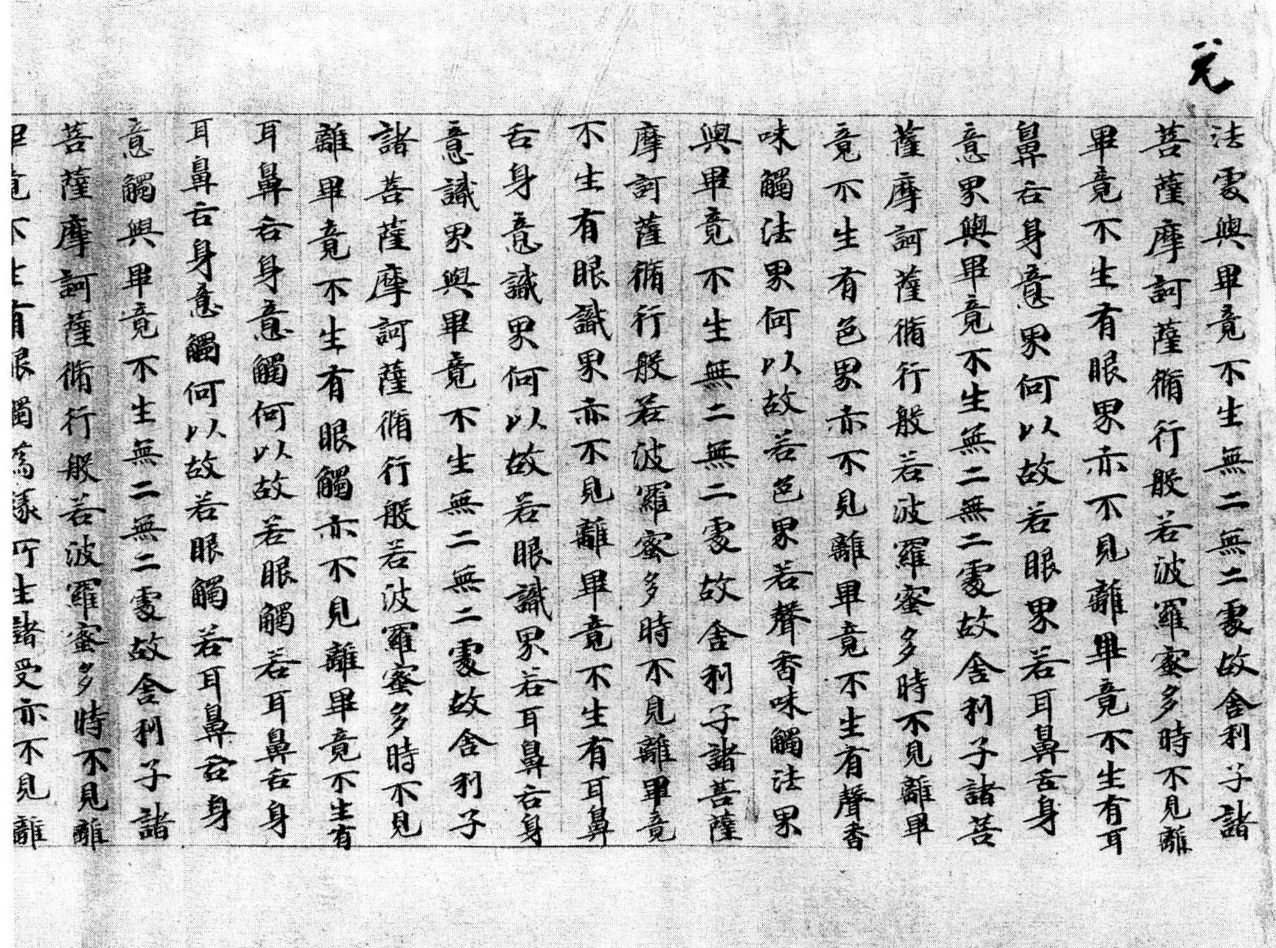
兊
法處與畢竟不生無二無二處故舍利子諸
菩薩摩訶薩循行般若波羅蜜多時不見離
畢竟不生有眼界亦不見離畢竟不生有耳
鼻舌身意界何以故若眼界若耳鼻舌身
意界與畢竟不生無二無二處故舍利子諸菩
薩摩訶薩循行般若波羅蜜多時不見離畢
竟不生有色界亦不見離畢竟不生有聲香
味觸法界何以故若色界若聲香味觸法界
與畢竟不生無二無二處故舍利子諸菩薩
摩訶薩循行般若波羅蜜多時不見離畢竟
不生有眼識界亦不見離畢竟不生有耳鼻
舌身意識界何以故若眼識界若耳鼻舌身
意識界與畢竟不生無二無二處故舍利子
諸菩薩摩訶薩循行般若波羅蜜多時不見
離畢竟不生有眼觸亦不見離畢竟不生有
耳鼻舌身意觸何以故若眼觸若耳鼻舌身
耳鼻舌身意觸何以故若眼觸若耳鼻舌身
意觸與畢竟不生無二無二處故舍利子諸
菩薩摩訶薩循行般若波羅蜜多時不見離
畢竟不生有眼觸爲緣所生諸受亦不見離

BD05612 號　大般若波羅蜜多經（兌廢稿）卷四二二　（2–1）

摩訶薩修行般若波羅蜜多時不見離畢竟
不生有眼識界亦不見離畢竟不生有耳鼻
舌身意識界何以故若眼識界若耳鼻舌身
意識界與畢竟不生無二無二處故舍利子
諸菩薩摩訶薩修行般若波羅蜜多時不見
離畢竟不生有眼觸亦不見離畢竟不生有
耳鼻舌身意觸何以故若眼觸若耳鼻舌身
意觸與畢竟不生無二無二處故舍利子諸
菩薩摩訶薩修行般若波羅蜜多時不見離
畢竟不生有眼觸為緣所生諸受亦不見離
畢竟不生有耳鼻舌身意觸為緣所生諸受
何以故若眼觸為緣所生諸受若耳鼻舌身
意觸為緣所生諸受與畢竟不生無二無二
處故舍利子諸菩薩摩訶薩修行般若波羅
蜜多時不見離畢竟不生有布施波羅蜜多
亦不見離畢竟不生有淨戒安忍精進靜慮
般若波羅蜜多何以故若布施波羅蜜多若

BD05612 號　大般若波羅蜜多經（兌廢稿）卷四二二　　（2–2）

破法不信故　墜於三惡道　我寧不說法　疾入於涅槃
尋念過去佛　所行方便力　我今所得道　亦應說三乘
作是思惟時　十方佛皆現　梵音慰喻我　善哉釋迦文
第一之導師　得是無上法　隨諸一切佛　而用方便力
我等亦皆得　最妙第一法　為諸眾生類　分別說三乘
少智樂小法　不自信作佛　是故以方便　分別說諸果
雖復說三乘　但為教菩薩　舍利弗當知　我聞聖師子
深淨微妙音　喜稱南無佛　復作如是念　我出濁惡世
如諸佛所說　我亦隨順行　思惟是事已　即趣波羅柰
諸法寂滅相　不可以言宣　以方便力故　為五比丘說
是名轉法輪　便有涅槃音　及以阿羅漢　法僧差別名
從久遠劫來　讚示涅槃法　生死苦永盡　我常如是說
舍利弗當知　我見佛子等　志求佛道者　無量千萬億
咸以恭敬心　皆來至佛所　曾從諸佛聞　方便所說法
我即作是念　所以出於世　為說佛慧故　今正是其時
舍利弗當知　鈍根小智人　著相憍慢者　不能信是法
今我喜無畏　於諸菩薩中　正直捨方便　但說無上道

BD05613 號　妙法蓮華經卷一　　（2–1）

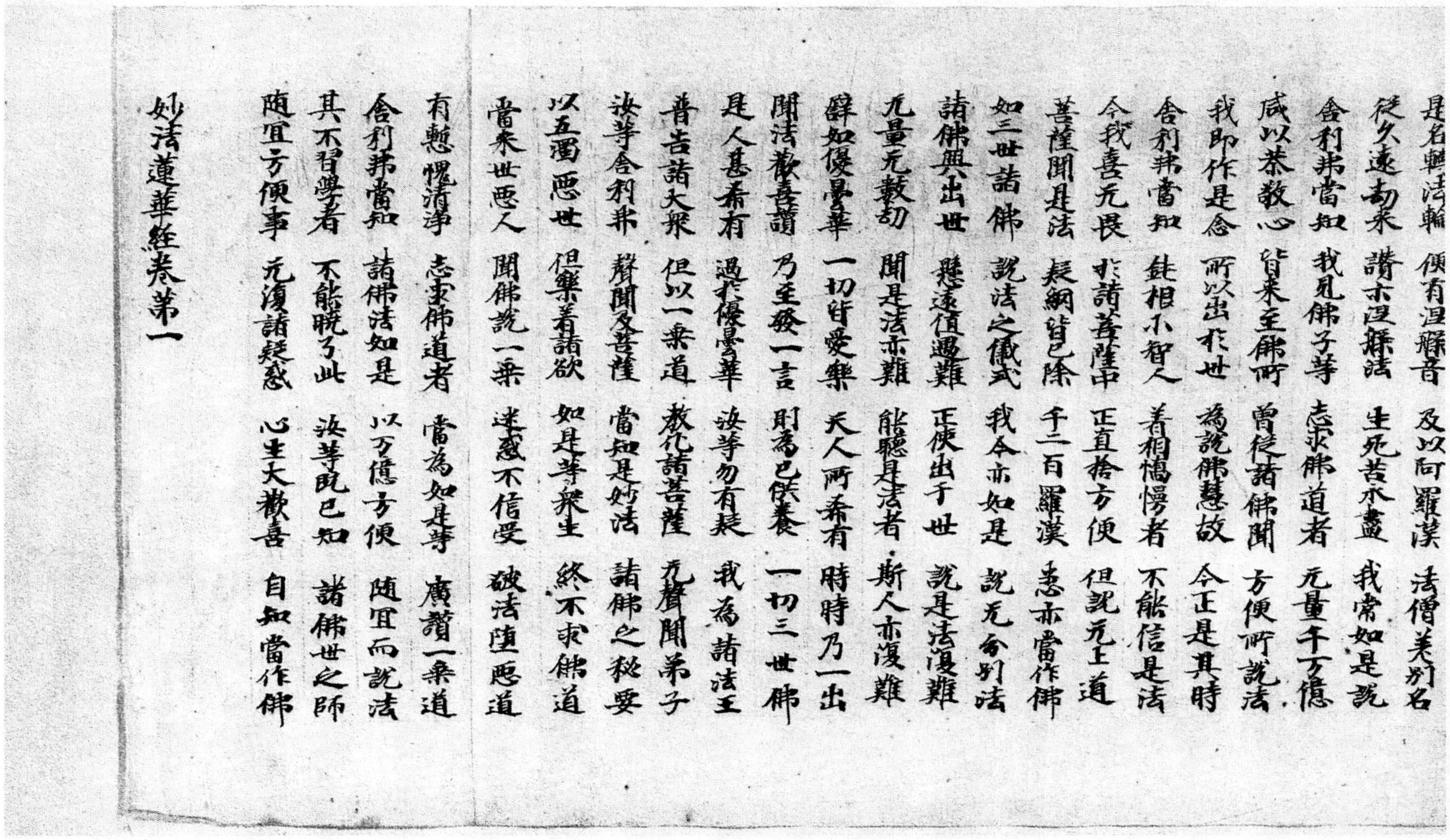

是名轉法輪　便有涅槃音　及以阿羅漢　法僧差別名
從久遠劫來　讚示涅槃法　生死苦永盡　我常如是說
舍利弗當知　我見佛子等　志求佛道者　无量千万億
咸以恭敬心　皆來至佛所　曾從諸佛聞　方便所說法
我即作是念　所以出於世　為說佛慧故　今正是其時
舍利弗當知　鈍根小智人　著相憍慢者　不能信是法
今我喜无畏　於諸菩薩中　正直捨方便　但說无上道
菩薩聞是法　疑網皆已除　千二百羅漢　悉亦當作佛
如三世諸佛　說法之儀式　我今亦如是　說无分別法
諸佛興出世　懸遠值遇難　正使出于世　說是法復難
无量无數劫　聞是法亦難　能聽是法者　斯人亦復難
譬如優曇華　一切皆愛樂　天人所希有　時時乃一出
聞法歡喜讚　乃至發一言　則為已供養　一切三世佛
是人甚希有　過於優曇華　汝等勿有疑　我為諸法王
普告諸大眾　但以一乘道　教化諸菩薩　无聲聞弟子
汝等舍利弗　聲聞及菩薩　當知是妙法　諸佛之秘要
以五濁惡世　但樂著諸欲　如是等眾生　終不求佛道
當來世惡人　聞佛說一乘　迷惑不信受　破法墮惡道
有慚愧清淨　志求佛道者　當為如是等　廣讚一乘道
舍利弗當知　諸佛法如是　以万億方便　隨宜而說法
其不習學者　不能曉了此　汝等既已知　諸佛世之師
隨宜方便事　无復諸疑惑　心生大歡喜　自知當作佛

妙法蓮華經卷第一

BD05613 號　妙法蓮華經卷一　（2–2）

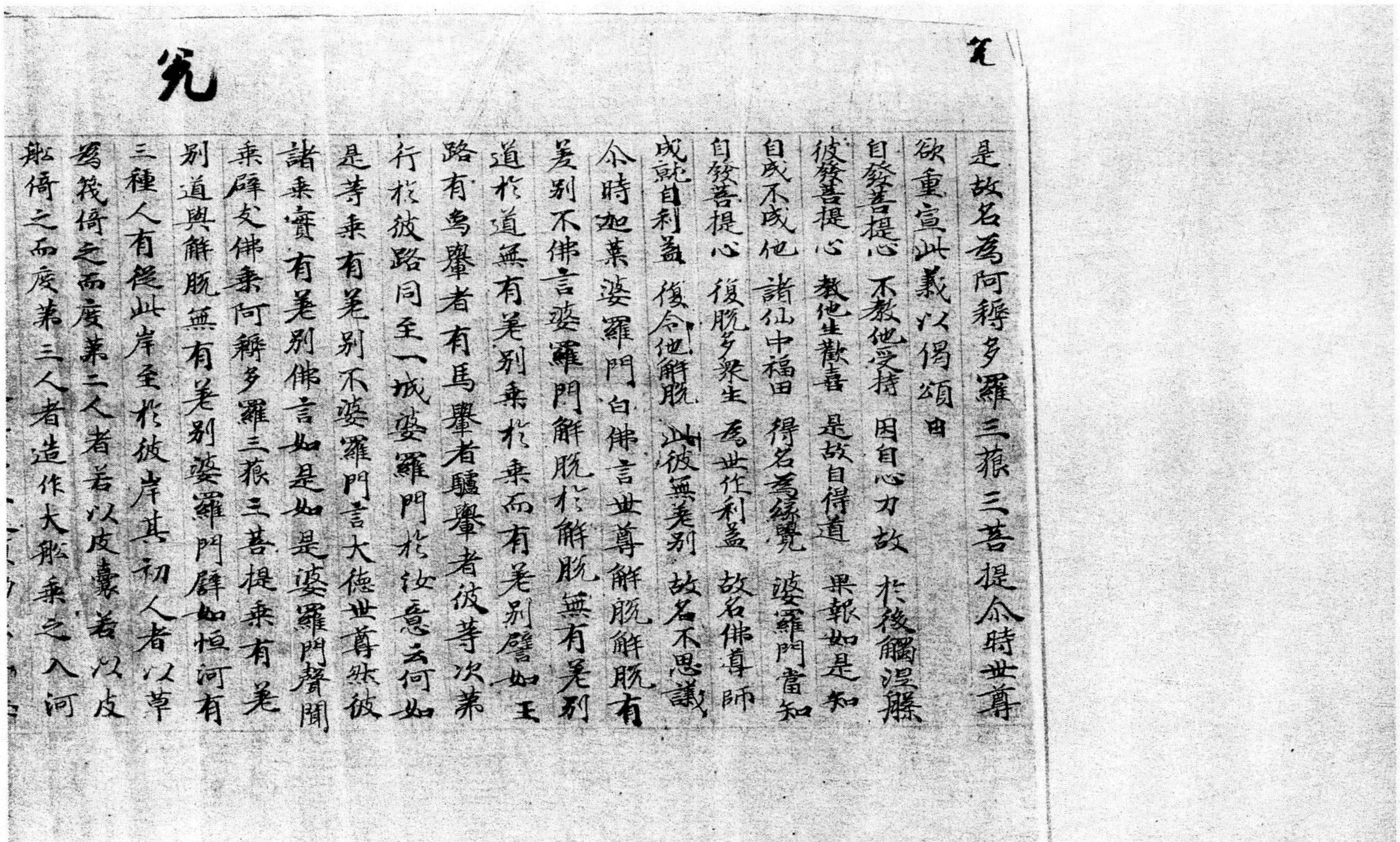

兌

兌

是故名為阿耨多羅三藐三菩提　尒時世尊
欲重宣此義　以偈頌曰
自發菩提心　不教他受持　因自心力故　於後觸涅槃
彼發菩提心　教他生歡喜　是故自得道　果報如是知
自成不成他　諸仙中福田　得名為緣覺　婆羅門當知
自發菩提心　復脫多眾生　為世作利益　故名佛尊師
成就自利益　復令他解脫　此彼無差別　故名不思議
尒時迦葉婆羅門白佛言　世尊　解脫解脫有
差別不　佛言　婆羅門　解脫於解脫無有差別
道於道無有差別　乘於乘而有差別　譬如王
路有象轝者　有馬轝者　驢轝者　彼等次第
行於彼路同至一城　婆羅門　於汝意云何　如
是等乘有差別不　婆羅門言　大德世尊　然彼
諸乘實有差別　佛言　如是如是　婆羅門　聲聞
乘　辟支佛乘　阿耨多羅三藐三菩提乘有差
別　道與解脫無有差別　婆羅門　譬如恒河有
三種人　有從此岸至於彼岸　其初人者以草
為筏倚之而度　第二人者若以皮囊　若以皮
船倚之而度　第三人者造作大船　乘之入河

BD05614 號　出生菩提心經（兌廢稿）　（2–1）

兌

道於道無有差別乘於乘而有差別譬如王
路有象舉者有馬舉者驢舉者彼等次第
行於彼路同至一城婆羅門於汝意云何如
是等乘有差別不婆羅門言大德世尊然彼
諸乘實有差別佛言如是如是婆羅門聲聞
乘辟支佛乘阿耨多羅三藐三菩提乘有差
別道與解脫無有差別婆羅門譬如恒河有
三種人有從此岸至於彼岸其初人者以草
為筏倚之而度第二人者若以皮囊若以皮
船倚之而度第三人者造作大船乘之入河
於彼船中初百千人其第三人復勑長子安
置守護如此船舫所有衆生來者汝從此岸
度至彼岸為多人等作利益故婆羅門於意
云何夫彼岸者有差別不婆羅門言不也世
尊佛復問言婆羅門於汝意云何彼乘之乘
有差別不婆羅門言所乘之乘實有差別佛

BD05614號　出生菩提心經（兌廢稿）　（2–2）

兌

性善亦無散失舍利子內空善亦無散失外
空內外空空空大空勝義空有為空無為空
畢竟空無際空散空無變異空本性空自相
空共相空一切法空不可得空無性空自性
空無性自性空善亦無散失
舍利子布施波羅蜜多善亦無散失淨戒安
忍精進靜慮般若波羅蜜多善亦無散失舍
利子四靜慮善亦無散失四無量四無色定
善亦無散失舍利子八解脫善亦無散失八
勝處九次第定十遍處善亦無散失舍利子
四念住善亦無散失四正斷四神足五根五
力七等覺支八聖道支善亦無散失舍利子
空解脫門善亦無散失無相無願解脫門善
亦無散失舍利子五眼善亦無散失六神通
善亦無散失舍利子佛十力善亦無散失四

BD05615號　大般若波羅蜜多經（兌廢稿）卷六八　（2–1）

兑 廢稿

善亦無散失舍利子八解脫若亦無散失八
勝處九次第定十遍處善亦無散失舍利子
四念住善亦無散失四正斷四神足五根五
力七等覺支八聖道支善亦無散失舍利子
空解脫門善亦無散失無相無願解脫門善
亦無散失舍利子五眼善亦無散失六神通
善亦無散失舍利子佛十力善亦無散失四
無所畏四無礙解大慈大悲大喜大捨十八
佛不共法善亦無散失舍利子一切智善亦
無散失道相智一切相智善亦無散失舍利
子無忘失法善亦無散失恒住捨性善亦無
散失舍利子一切陀羅尼門善亦無散失一切
三摩地門善亦無散失舍利子極喜地 善
亦無散失離垢地發光地焰慧地極難勝地
現前地遠行地不動地善慧地法雲地善亦

BD05615 號　大般若波羅蜜多經（兑廢稿）卷六八　（2–2）

以是於日夜 籌量如此事 今聞佛音聲 隨宜而說法
无漏難思議 令衆至道場 我本著邪見 為諸梵志師
世尊知我心 拔邪說涅槃 我悉除邪見 於空法得證
尒時心自謂 得至於滅度 而今乃自覺 非是實滅度
若得作佛時 具三十二相 天人夜叉衆 龍神等恭敬
是時乃可謂 永盡滅无餘 佛於大衆中 說我當作佛
聞如是法音 疑悔悉已除 初聞佛所說 心中大驚疑
將非魔作佛 惱亂我心耶 佛以種種緣 譬喻巧言說
其心安如海 我聞疑網斷 佛說過去世 无量滅度佛
安住方便中 亦皆說是法 現在未來佛 其數无有量
亦以諸方便 演說如是法 如今者世尊 從生及出家
得道轉法輪 亦以方便說 世尊說實道 波旬无此事
以是我定知 非是魔作佛 我墮疑網故 謂是魔所為
聞佛柔軟音 深遠甚微妙 演暢清淨法 我心大歡喜
疑悔永已盡 安住實智中 我定當作佛 為天人所敬
轉无上法輪 教化諸菩薩
尒時佛告舍利弗 吾今於天人沙門婆羅門
等大衆中說 我昔曾於二万億佛所 為无上
道故 常教化汝 汝亦長夜隨我受學 我以方
便引導汝故 生我法中 舍利弗 我昔教汝志

BD05616 號　妙法蓮華經卷二　（2–1）

安住方便中　亦皆說是法　現在未來佛　其數无有量
亦以諸方便　演說如是法　如今者世尊　從生及出家
得道轉法輪　亦以方便說　世尊說實道　波旬无此事
以是我定知　非是魔作佛　我墮疑網故　謂是魔所為
聞佛柔軟音　深遠甚微妙　演暢清淨法　我心大歡喜
疑悔永已盡　安住實智中　我定當作佛　為天人所敬
轉无上法輪　教化諸菩薩
尒時佛告舍利弗吾今於天人沙門婆羅門
等大衆中說我昔曾於二万億佛所為无上
道故常教化汝汝亦長夜隨我受學我以方
便引導汝故生我法中舍利弗我昔教汝志
願佛道汝今悉忘而便自謂已得滅度我今
還欲令汝憶念本願所行道故為諸聲聞說
是大乘經名妙法蓮華教菩薩法佛所護念
舍利弗汝於未來世過无量无邊不可思議
劫供養若干千万億佛奉持正法具足菩薩
所行之道當得作佛号曰華光如來應供正
遍知明行足善逝世間解无上士調御丈夫
天人師佛世尊國名離垢其土平正清淨嚴

BD05616號　妙法蓮華經卷二　（2–2）

BD05616號背　雜筆劃　（1–1）

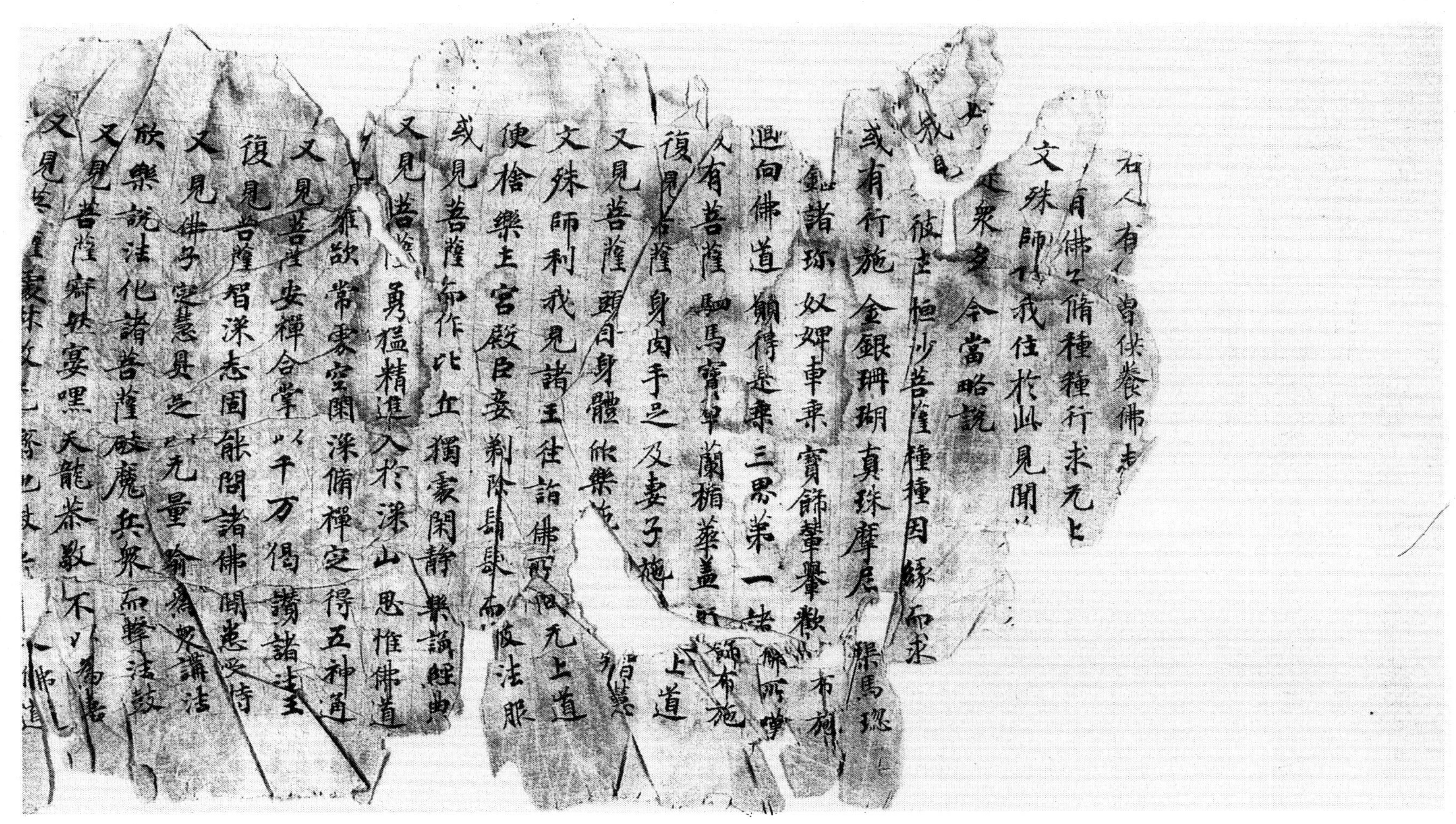

BD05617號　妙法蓮華經卷一　（21-1）

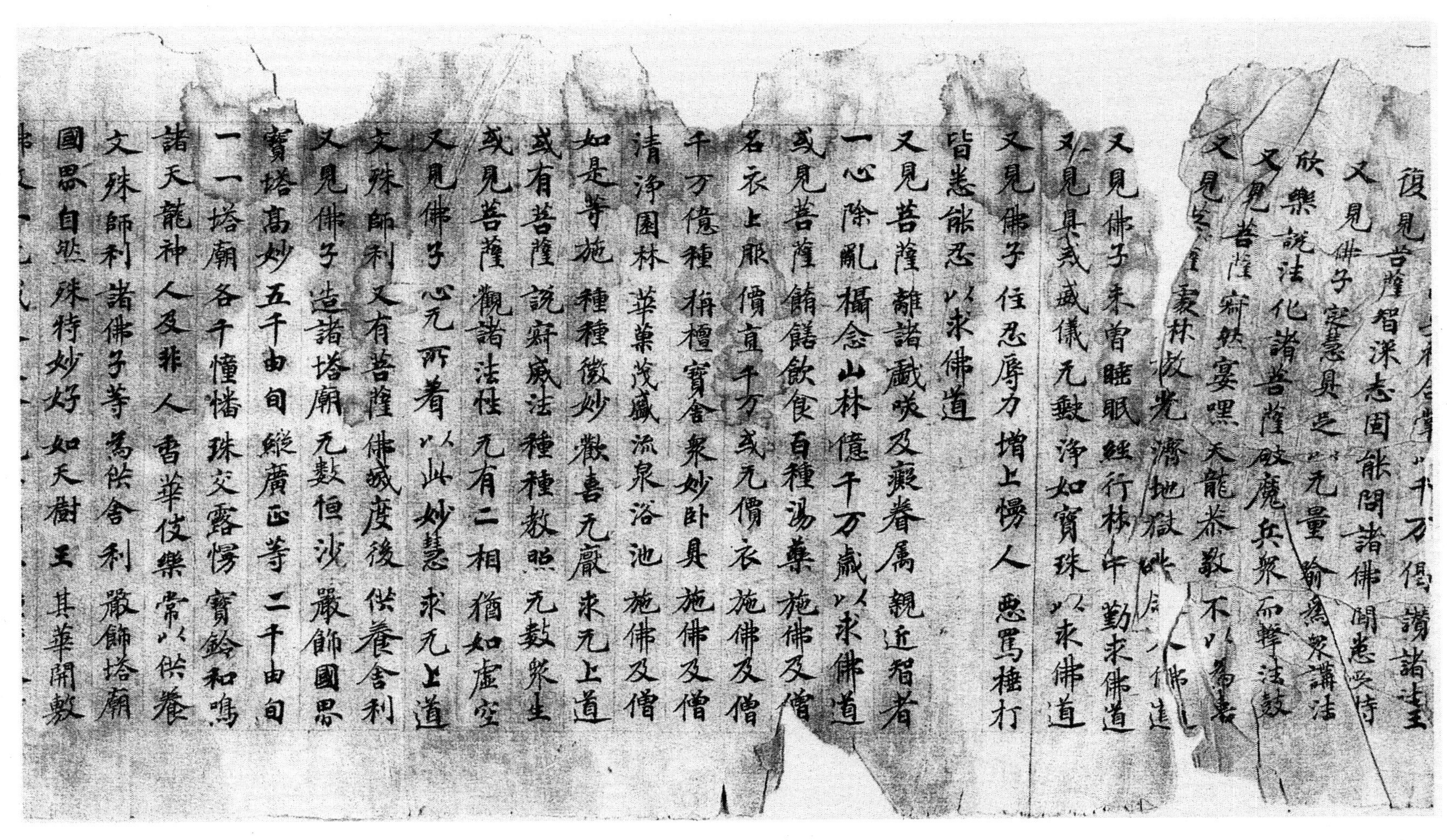

BD05617號　妙法蓮華經卷一　（21-2）

又見佛子造諸塔廟无數恒沙嚴飾國界
寶塔高妙五千由旬縱廣正等二千由旬
一一塔廟各千幢幡珠交露幔寶鈴和鳴
諸天龍神人及非人香華伎樂常以供養
文殊師利諸佛子等為供舍利嚴飾塔廟
國界自然殊特妙好如天樹王其華開敷
佛放一光我及衆會見此國界種種殊妙
諸佛神力智慧希有放一淨光照无量國
我等見此得未曾有佛子文殊願決衆疑
四衆欣仰瞻仁及我世尊何故放斯光明
佛子時答決疑令喜何所饒益演斯光明
佛坐道場所得妙法為欲說此為當授記
示諸佛土衆寶嚴淨及見諸佛此非小緣
文殊當知四衆龍神瞻察仁者為說何等
是時文殊師利語弥勒菩薩摩訶薩及諸大
士善男子等如我惟忖今佛世尊欲說大法
雨大法雨吹大法螺擊大法鼓演大法義諸
善男子我於過去諸佛曾見此瑞放斯光已
即說大法是故當知今佛現光亦復如是欲
令衆生咸得聞知一切世間難信之法故現
斯瑞諸善男子如過去无量无邊不可思議
阿僧祇劫尒時有佛号日月燈明如來應供
正遍知明行足善逝世間解无上士調御丈夫
天人師佛世尊演說正法初善中善後善
其義深遠其語巧妙純一无雜具足清白梵
行之相為求聲聞者說應四諦法度生老病
死究竟涅槃為求辟支佛者說應十二因緣

BD05617號　妙法蓮華經卷一　（21–3）

斯瑞諸善男子如過去无量无邊不可思議
阿僧祇劫尒時有佛号日月燈明如來應供
正遍知明行足善逝世間解无上士調御丈夫
天人師佛世尊演說正法初善中善後善
其義深遠其語巧妙純一无雜具足清白梵
行之相為求聲聞者說應四諦法度生老病
死究竟涅槃為求辟支佛者說應十二因緣
法為諸菩薩說應六波羅蜜令得阿耨多羅
三藐三菩提成一切種智次復有佛亦名日
月燈明次復有佛亦名日月燈明如是二万
佛皆同一字号日月燈明又同一姓姓頗羅
墮弥勒當知初佛後佛皆同一字名日月燈
明十号具足所可說法初中後善其最後佛
未出家時有八子一名有意二名善意三名
无量意四名寶意五名增意六名除疑意七
名響意八名法意是八王子威德自在各領
四天下是諸王子聞父出家得阿耨多羅三
藐三菩提悉捨王位亦隨出家發大乘意常
脩梵行皆為法師已於千万佛所殖諸善本
是時日月燈明佛說大乘經名无量義教菩
薩法佛所護念說是經已即於大衆中結加
趺坐入於无量義處三昧身心不動是時天
雨曼陁羅華摩訶曼陁羅華曼殊沙華摩訶
曼殊沙華而散佛上及諸大衆普佛世界六
種震動尒時會中比丘比丘尼優婆塞優婆
夷天龍夜叉乾闥婆阿脩羅迦樓羅緊那羅
摩睺羅伽人非人及諸小王轉輪聖王等是

BD05617號　妙法蓮華經卷一　（21–4）

雨曼陁羅華摩訶曼陁羅華曼殊沙華摩訶
曼殊沙華而散佛上及諸大衆普佛世界六
種震動尒時會中比丘比丘尼優婆塞優婆
夷天龍夜叉乹闥婆阿脩羅迦樓羅緊那羅
摩睺羅伽人非人及諸小王轉輪聖王等是
諸大衆得未曾有歡喜合掌一心觀佛尒時
如来放眉間白毫相光照東方万八千佛土靡
不周遍如今所見是諸佛土弥勒當知尒時會
中有二十億菩薩樂欲聽法是諸菩薩見
此光明普照佛土得未曾有欲知此光所
爲因緣時有菩薩名曰妙光有八百弟子是
時日月燈明佛從三昧起因妙光菩薩說大
乘經名妙法蓮華教菩薩法佛所護念六十
小劫不起于座時會聽者亦坐一處六十小
劫身心不動聽佛所說謂如食頃是時衆中
无有一人若身若心而生懈惓日月燈明佛
於六十小劫說是經已即於梵魔沙門婆羅
門及天人阿脩羅衆中而宣此言如来於今
日中夜當入无餘涅槃時有菩薩名曰德藏
日月燈明佛即授其記告諸比丘是德藏菩
薩次當作佛号曰淨身多陁阿伽度阿羅訶
三藐三佛陁佛授記已便於中夜入无餘涅
槃佛滅度後妙光菩薩持妙法蓮華經滿八
十小劫爲人演說日月燈明佛八子皆師妙
光妙光教化令其堅固阿耨多羅三藐三菩
提是諸王子供養无量百千万億佛已皆成
佛道其冣後成佛者名曰燃燈八百弟子中

BD05617號 妙法蓮華經卷一 （21-5）

槃佛滅度後妙光菩薩持妙法蓮華經滿八
十小劫爲人演說日月燈明佛八子皆師妙
光妙光教化令其堅固阿耨多羅三藐三菩
提是諸王子供養无量百千万億佛已皆成
佛道其冣後成佛者名曰燃燈八百弟子中
有一人号曰求名貪著利養雖復讀誦衆經
而不通利多所忘失故号求名是人亦以種
諸善根因緣故得值无量百千万億諸佛供
養恭敬尊重讚歎弥勒當知尒時妙光菩薩
豈異人乎我身是也求名菩薩汝身是也今
見此瑞與本无異是故惟忖今日如来當說
大乘經名妙法蓮華教菩薩法佛所護念尒
時文殊師利於大衆中欲重宣此義而說偈
言
我念過去世　无量无數劫　有佛人中尊　号日月燈明
世尊演說法　度无量衆生　无數億菩薩　令入佛智慧
佛未出家時　所生八王子　見大聖出家　亦隨脩梵行
時佛說大乘　經名无量義　於諸大衆中　而爲廣分別
佛說此經已　即於法座上　跏趺坐三昧　名无量義處
天雨曼陁華　天鼓自然鳴　諸天龍鬼神　供養人中尊
一切諸佛土　即時大震動　佛放眉間光　現諸希有事
此光照東方　万八千佛土　示一切衆生　生死業報處
有見諸佛土　以衆寶莊嚴　瑠璃頗梨色　斯由佛光照
及見諸天人　龍神夜叉衆　乹闥緊那羅　各供養其佛
又見諸如来　自然成佛道　身色如金山　端嚴甚微妙
如淨瑠璃中　内現真金像　世尊在大衆　敷演深法義
一一諸佛土　聲聞衆无數　因佛光所照　悉見彼大衆

BD05617號 妙法蓮華經卷一 （21-6）

此光照東方 万八千佛土 示一切衆生 生死業報處
有見諸佛土 以衆寶莊嚴 瑠璃頗梨色 斯由佛光照
及見諸天人 龍神夜叉衆 乾闥緊那羅 各供養其佛
又見諸如来 自然成佛道 身色如金山 端嚴甚微妙
如淨瑠璃中 内現真金像 世尊在大衆 敷演深法義
一一諸佛土 聲聞衆无數 因佛光所照 悉見彼大衆
或有諸比丘 在於山林中 精進持淨戒 猶如護明珠
又見諸菩薩 行施忍辱等 其數如恒沙 斯由佛光照
又見諸菩薩 深入諸禪定 身心寂不動 以求无上道
又見諸菩薩 知法寂滅相 各於其國土 說法求佛道
尒時四部衆 見日月燈佛 現大神通力 其心皆歡喜
各各自相問 是事何因緣
天人所奉尊 適從三昧起 讚妙光菩薩 汝為世間眼
一切所歸信 能奉持法藏 如我所說法 唯汝能證知
世尊既讚歎 令妙光歡喜 說是法華經 滿六十小劫
不起於此座 所說上妙法 是妙光法師 悉皆能受持
佛說是法華 令衆歡喜已 尋即於是日 告於天人衆
諸法實相義 已為汝等說 我今於中夜 當入於涅槃
汝一心精進 當離於放逸 諸佛甚難值 億劫時一遇
世尊諸子等 聞佛入涅槃 各各懷悲惱 佛滅一何速
聖主法之王 安慰无量衆 我若滅度時 汝等勿憂怖
是德藏菩薩 於无漏實相 心已得通達 其次當作佛
号曰為淨身 亦度无量衆
佛此夜滅度 如薪盡火滅 分布諸舍利 而起无量塔
比丘比丘尼 其數如恒沙 倍復加精進 以求无上道
是妙光法師 奉持佛法藏 八十小劫中 廣宣法華經
是諸八王子 妙光所開化 堅固无上道 當見无數佛

BD05617 號 妙法蓮華經卷一

(21–7)

号曰為淨身 亦度无量衆
佛此夜滅度 如薪盡火滅 分布諸舍利 而起无量塔
比丘比丘尼 其數如恒沙 倍復加精進 以求无上道
是妙光法師 奉持佛法藏 八十小劫中 廣宣法華經
是諸八王子 妙光所開化 堅固无上道 當見无數佛
供養諸佛已 隨順行大道 相繼得成佛 轉次而授記
最後天中天 号曰燃燈佛 諸仙之導師 度脫无量衆
是妙光法師 時有一弟子 心常懷懈怠 貪著於名利
求名利无厭 多遊族姓家 棄捨所習誦 廢忘不通利
以是因緣故 号之為求名 亦行衆善業 得見无數佛
供養於諸佛 隨順行大道 具六波羅蜜 今見釋師子
其後當作佛 号名曰弥勒 廣度諸衆生 其數无有量
彼佛滅度後 懈怠者汝是 妙光法師者 今則我身是
我見燈明佛 本光瑞如此 以是知今佛 欲說法華經
今相如本瑞 是諸佛方便 今佛放光明 助發實相義
諸人今當知 合掌一心待 佛當雨法雨 充足求道者
諸求三乘人 若有疑悔者 佛當為除斷 令盡无有餘

妙法蓮華經方便品第二

尒時世尊從三昧安詳而起 告舍利弗 諸佛智
慧甚深无量 其智慧門難解難入 一切聲聞
辟支佛所不能知 所以者何 佛曾親近百千
万億无數諸佛 盡行諸佛无量道法 勇猛
精進 名稱普聞 成就甚深未曾有法 隨宜所
說 意趣難解 舍利弗 吾從成佛已來 種種因
緣 種種譬喻 廣演言教 无數方便 引導衆生
令離諸著 所以者何 如來方便知見波羅蜜
皆已具足 舍利弗 如來知見 廣大深遠 无量

BD05617 號 妙法蓮華經卷一

(21–8)

辟支佛所不能知所以者何佛曾親近百千
万億无數諸佛盡行諸佛无量道法勇猛
精進名稱普聞成就甚深未曾有法隨冝所
說意趣難解舍利弗吾從成佛已來種種因
緣種種譬喻廣演言教无數方便引導衆生
令離諸著所以者何如來方便知見波羅蜜
皆已具足舍利弗如來知見廣大深遠无量
无㝵力无所畏禪定解脫三昧深入无際成
就一切未曾有法舍利弗如來能種種分別
巧說諸法言辭柔軟悅可衆心舍利弗取要
言之无量无邊未曾有法佛悉成就止舍利
弗不須復說所以者何佛所成就第一希有
難解之法唯佛與佛乃能究盡諸法實相所
謂諸法如是相如是性如是體如是力如是
作如是因如是緣如是果如是報如是本末
究竟等尒時世尊欲重宣此義而說偈言
世雄不可量　諸天及世人　一切衆生類　无能知佛者
佛力无所畏　解脫諸三昧　及佛諸餘法　无能測量者
本從无數佛　具足行諸道　甚深微妙法　難見難可了
於无量億劫　行此諸道已　道場得成果　我已悉知見
如是大果報　種種性相義　我及十方佛　乃能知是事
是法不可示　言辭相寂滅
諸餘衆生類　无有能得解　除諸菩薩衆　信力堅固者
諸佛弟子衆　曾供養諸佛　一切漏已盡　住是最後身
如是諸人等　其力所不堪
假使滿世間　皆如舍利弗　盡思共度量　不能測佛智
政使滿十方　皆如舍利弗　及餘諸弟子　亦滿十方剎

BD05617號　妙法蓮華經卷一　（21-9）

諸餘衆生類　无有能得解　除諸菩薩衆　信力堅固者
諸佛弟子衆　曾供養諸佛　一切漏已盡　住是最後身
如是諸人等　其力所不堪
假使滿世間　皆如舍利弗　盡思共度量　不能測佛智
政使滿十方　皆如舍利弗　及餘諸弟子　亦滿十方剎
盡思共度量　亦復不能知
辟支佛利智　无漏最後身　亦滿十方界　其數如竹林
斯等共一心　於億无量劫　欲思佛實智　莫能知少分
新發意菩薩　供養无數佛　了達諸義趣　又能善說法
如稻麻竹葦　充滿十方剎　一心以妙智　於恒河沙劫
咸皆共思量　不能知佛智
不退諸菩薩　其數如恒沙　一心共思求　亦復不能知
又告舍利弗　无漏不思議　甚深微妙法　我今已具得
唯我知是相　十方佛亦然
舍利弗當知　諸佛語无異　於佛所說法　當生大信力
世尊法久後　要當說真實
告諸聲聞衆　及求緣覺乘　我令脫苦縛　逮得涅槃者
佛以方便力　示以三乘教　衆生處處著　引之令得出
尒時大衆中有諸聲聞漏盡阿羅漢阿若憍
陳如等千二百人及發聲聞辟支佛心比丘
比丘尼優婆塞優婆夷各作是念今者世尊
何故慇懃稱歎方便而作是言佛所得法甚
深難解有所言說意趣難知一切聲聞辟支
佛所不能及佛說一解脫義我等亦得此法
到於涅槃而今不知是義所趣尒時舍利弗
知四衆心疑自亦未了而白佛言世尊何因
何緣慇懃稱歎諸佛第一方便甚深微妙難

BD05617號　妙法蓮華經卷一　（21-10）

深難解有所言說意趣難知一切聲聞辟支
佛所不能及佛說一解脫義我等亦得此法
到於涅槃而今不知是義所趣尒時舍利弗
知四衆心疑自亦未了而白佛言世尊何因
何緣慇懃稱歎諸佛第一方便甚深微妙難
解之法我自昔來未曾從佛聞如是說今者
四衆咸皆有疑唯願世尊敷演斯事世尊何
故慇懃稱歎甚深微妙難解之法尒時舍利
弗欲重宣此義而說偈言
慧日大聖尊　久乃說是法　自說得如是　力无畏三昧
禪定解脫等　不可思議法　道場所得法　无能發問者
我意難可測　亦无能問者
无問而自說　稱歎所行道　智慧甚微妙　諸佛之所得
无漏諸羅漢　及求涅槃者　今皆墮疑網　佛何故說是
其求緣覺者　比丘比丘尼　諸天龍鬼神　及乾闥婆等
相視懷猶豫　瞻仰兩足尊　是事為云何　願佛為解說
於諸聲聞衆　佛說我第一　我今自於智　疑惑不能了
為是究竟法　為是所行道
佛口所生子　合掌瞻仰待　願出微妙音　時為如實說
諸天龍神等　其數如恒沙　求佛諸菩薩　大數有八万
又諸万億國　轉輪聖王至　合掌以敬心　欲聞具足道
尒時佛告舍利弗止止不須復說若說是事
一切世間諸天及人皆當驚疑
舍利弗重白佛言世尊唯願說之唯願說之
所以者何是會无數百千万億阿僧祇衆生
曾見諸佛諸根猛利智慧明了聞佛所說則

一切世間諸天及人皆當驚疑
舍利弗重白佛言世尊唯願說之唯願說之
所以者何是會无數百千万億阿僧祇衆生
曾見諸佛諸根猛利智慧明了聞佛所說則
能敬信尒時舍利弗欲重宣此義而說偈言
法王无上尊　唯說願勿慮　是會无量衆　有能敬信者
佛復止舍利弗若說是事一切世間天人阿
脩羅皆當驚疑增上慢比丘將墜於大坑尒
時世尊重說偈言
止止不須說　我法妙難思　諸增上慢者　聞必不敬信
尒時舍利弗重白佛言世尊唯願說之唯願
說之今此會中如我等比百千万億世世已
曾從佛受化如此人等必能敬信長夜安隱
多所饒益尒時舍利弗欲重宣此義而說偈
言
无上兩足尊　願說第一法　我為佛長子　唯垂分別說
是會无量衆　能敬信此法　佛已曾世世　教化如是等
皆一心合掌　欲聽受佛語　我等千二百　及餘求佛者
願為此衆故　唯垂分別說　是等聞此法　則生大歡喜
尒時世尊告舍利弗汝已慇懃三請豈得不
說汝今諦聽善思念之吾當為汝分別解說
說此語時會中有比丘比丘尼優婆塞優婆
夷五千人等即從座起礼佛而退所以者何
此輩罪根深重及增上慢未得謂得未證謂
證有如此失是以不住世尊默然而不制止
尒時佛告舍利弗我今此衆无復枝葉純有

衆五千人等即從座起礼佛而退所以者何
此輩罪根深重及增上慢未得謂得未證謂
證有如此失是以不住世尊黙然而不制止
尒時佛告舍利弗我今此衆无復枝葉純有
貞實舍利弗如是增上慢人退亦佳矣汝今
善聽當爲汝說舍利弗言唯然世尊願樂欲
聞佛告舍利弗如是妙法諸佛如來時乃說
之如優曇鉢華時一現耳舍利弗汝等當信
佛之所說言不虚妄舍利弗諸佛隨宜說法
意趣難解所以者何我以无數方便種種因
緣譬喻言辞演說諸法是法非思量分別之
所能解唯有諸佛乃能知之所以者何諸佛
世尊唯以一大事因緣故出現於世舍利弗
云何名諸佛世尊唯以一大事因緣故出現
於世諸佛世尊欲令衆生開佛知見使得清
淨故出現於世欲示衆生佛知見故出現於
世欲令衆生悟佛知見故出現於世欲令衆
生入佛知見道故出現於世舍利弗是爲諸
佛以一大事因緣故出現於世佛告舍利弗
諸佛如來但教化菩薩諸有所作常爲一事
唯以佛之知見示悟衆生舍利弗如來但以
一佛乘故爲衆生說法无有餘乘若二若三
舍利弗一切十方諸佛法亦如是舍利弗過
去諸佛以无量无數方便種種因緣譬喻言
辞而爲衆生演說諸法是法皆爲一佛乘故是
諸衆生從佛聞法究竟皆得一切種智舍利
弗未來諸佛當出於世亦以无量无數方便

BD05617號　妙法蓮華經卷一　（21–13）

舍利弗一切十方諸佛法亦如是舍利弗過
去諸佛以无量无數方便種種因緣譬喻言
辞而爲衆生演說諸法是法皆爲一佛乘故是
諸衆生從佛聞法究竟皆得一切種智舍利
弗未來諸佛當出於世亦以无量无數方便
種種因緣譬喻言辞而爲衆生演說諸法是
法皆爲一佛乘故是諸衆生從佛聞法究竟
皆得一切種智舍利弗現在十方无量百千
万億佛土中諸佛世尊多所饒益安樂衆生
是諸佛亦以无量无數方便種種因緣譬喻
言辞而爲衆生演說諸法是法皆爲一佛乘
故是諸衆生從佛聞法究竟皆得一切種智
舍利弗是諸佛但教化菩薩欲以佛之知見
示衆生故欲以佛之知見悟衆生故欲令衆
生入佛之知見故舍利弗我今亦復如是知諸
衆生有種種欲深心所着隨其本性以種種
因緣譬喻言辞方便力故而爲說法舍利弗如
此皆爲得一佛乘一切種智故舍利弗十方
世界中尚无二乘何况有三舍利弗諸佛出
於五濁惡世所謂劫濁煩惱濁衆生濁見濁
命濁如是舍利弗劫濁亂時衆生垢重慳貪
嫉妬成就諸不善根故諸佛以方便力於一
佛乘分別說三舍利弗若我弟子自謂阿羅
漢辟支佛者不聞不知諸佛如來但教化菩
薩事此非佛弟子非阿羅漢非辟支佛又舍
利弗是諸比丘比丘尼自謂已得阿羅漢是
最後身究竟涅槃便不復志求阿耨多羅三

BD05617號　妙法蓮華經卷一　（21–14）

佛乘分別說三舍利弗若我弟子自謂阿羅
漢辟支佛者不聞不知諸佛如來但教化菩
薩事此非佛弟子非阿羅漢非辟支佛又舍
利弗是諸比丘比丘尼自謂已得阿羅漢是
最後身究竟涅槃便不復志求阿耨多羅三
藐三菩提當知此輩皆是增上慢人所以者
何若有比丘實得阿羅漢若不信此法无有
是處除佛滅度後現前无佛所以者何佛滅
度後如是等經受持讀誦解義者是人難得
若遇餘佛於此法中便得決了舍利弗汝等
當一心信解受持佛語諸佛如來言无虛妄
无有餘乘唯一佛乘尒時世尊欲重宣此義
而說偈言
比丘比丘尼　有懷增上慢　優婆塞我慢　優婆夷不信
如是四衆等　其數有五千
不自見其過　於戒有缺漏　護惜其瑕疵　是小智已出
衆中之糟糠　佛威德故去　斯人尠福德　不堪受是法
此衆无枝葉　唯有諸貞實
舍利弗善聽　諸佛所得法　无量方便力　而為衆生說
衆生心所念　種種所行道　若干諸欲性　先世善惡業
佛悉知是已　以諸緣譬喻　言辭方便力　令一切歡喜
或說脩多羅　伽陀及本事　本生未曾有　亦說於因緣
譬喻并祇夜　優波提舍經
鈍根樂小法　貪著於生死　於諸无量佛　不行深妙道
衆苦所惱亂　為是說涅槃
我設是方便　令得入佛慧　未曾說汝等　當得成佛道
所以未曾說　說時未至故　今正是其時　決定說大乘

BD05617號　妙法蓮華經卷一　（21–15）

譬喻并祇夜　優波提舍經
鈍根樂小法　貪著於生死　於諸无量佛　不行深妙道
衆苦所惱亂　為是說涅槃
我設是方便　令得入佛慧　未曾說汝等　當得成佛道
所以未曾說　說時未至故　今正是其時　決定說大乘
我此九部法　隨順衆生說　入大乘為本　以故說是經
有佛子心淨　柔軟亦利根　无量諸佛所　而行深妙道
為此諸佛子　說是大乘經
我記如是人　來世成佛道　以深心念佛　脩持淨戒故
此等聞得佛　大喜充遍身　佛知彼心行　故為說大乘
聲聞若菩薩　聞我所說法　乃至於一偈　皆成佛无疑
十方佛土中　唯有一乘法　无二亦无三　除佛方便說
但以假名字　引導於衆生
說佛智慧故　諸佛出於世　唯此一事實　餘二則非真
終不以小乘　濟度於衆生
佛自住大乘　如其所得法　定慧力莊嚴　以此度衆生
自證无上道　大乘平等法　若以小乘化　乃至於一人
我則墮慳貪　此事為不可　若人信歸佛　如來不欺誑
亦无貪嫉意　斷諸法中惡　故佛於十方　而獨无所畏
我以相嚴身　光明照世間　无量衆所尊　為說實相印
舍利弗當知　我本立誓願　欲令一切衆　如我等无異
如我昔所願　今者已滿足　化一切衆生　皆令入佛道
若我遇衆生　盡教以佛道　无智者錯亂　迷惑不受教
我知此衆生　未曾脩善本　堅著於五欲　癡愛故生惱
以諸欲因緣　墜墮三惡道　輪迴六趣中　備受諸苦毒
受胎之微形　世世常增長　薄德少福人　衆苦所逼迫
入邪見稠林　若有若无等　依止此諸見　具足六十二

BD05617號　妙法蓮華經卷一　（21–16）

我知此衆生　未曾脩善本　堅著於五欲　癡愛故生惱
以諸欲因緣　墜墮三惡道　輪迴六趣中　備受諸苦毒
受胎之微形　世世常增長　薄德少福人　衆苦所逼迫
入邪見稠林　若有若无等　依止此諸見　具足六十二
深著虛妄法　堅受不可捨　我慢自矜高　諂曲心不實
於千万億劫　不聞佛名字　亦不聞正法　如是人難度
是故舍利弗　我為設方便　說諸盡苦道　示之以涅槃
我雖說涅槃　是亦非真滅　諸法從本來　常自寂滅相
佛子行道已　來世得作佛
我有方便力　開示三乘法　一切諸世尊　皆說一乘道
今此諸大衆　皆應除疑惑　諸佛語无異　唯一无二乘
過去无數劫　无量滅度佛　百千万億種　其數不可量
如是諸世尊　種種緣譬喻　无數方便力　演說諸法相
是諸世尊等　皆說一乘法　化无量衆生　令入於佛道
又諸大聖主　知一切世間　天人群生類　深心之所欲
更以異方便　助顯第一義
若有衆生類　值諸過去佛　若聞法布施　或持戒忍辱
精進禪智等　種種脩福德　如是諸人等　皆已成佛道
諸佛滅度已　若人善軟心　如是諸衆生　皆已成佛道
諸佛滅度已　供養舍利者　起万億種塔　金銀及頗梨
車𤦲與馬瑙　玫瑰瑠璃珠　清淨廣嚴飾　莊校於諸塔
或有起石廟　栴檀及沉水　木櫁并餘材　塼瓦泥土等
若於曠野中　積土成佛廟　乃至童子戲　聚沙為佛塔
如是諸人等　皆已成佛道
若人為佛故　建立諸形像　刻彫成衆相　皆已成佛道

或有起石廟　栴檀及沉水　木櫁并餘材　塼瓦泥土等
若於曠野中　積土成佛廟　乃至童子戲　聚沙為佛塔
如是諸人等　皆已成佛道
若人為佛故　建立諸形像　刻彫成衆相　皆已成佛道
或以七寶成　鍮石赤白銅　白鑞及鉛錫　鐵木及與泥
或以膠漆布　嚴飾作佛像　如是諸人等　皆已成佛道
綵畫作佛像　百福莊嚴相　自作若使人　皆已成佛道
乃至童子戲　若草木及筆　或以指爪甲　而畫作佛像
如是諸人等　漸漸積功德　具足大悲心　皆已成佛道
但化諸菩薩　度脫无量衆
若人於塔廟　寶像及畫像　以華香幡蓋　敬心而供養
若使人作樂　擊鼓吹角貝　簫笛琴箜篌　琵琶鐃銅鈸
如是衆妙音　盡持以供養
或以歡喜心　歌唄頌佛德　乃至一小音　皆已成佛道
若人散亂心　乃至以一華　供養於畫像　漸見无數佛
或有人禮拜　或復但合掌　乃至舉一手　或復小低頭
以此供養像　漸見无量佛　自成无上道　廣度无數衆
入无餘涅槃　如薪盡火滅
若人散亂心　入於塔廟中　一稱南无佛　皆已成佛道
於諸過去佛　現在或滅度　若有聞是法　皆已成佛道
未來諸世尊　其數无有量　是諸如來等　亦方便說法
一切諸如來　以无量方便　度脫諸衆生　入佛无漏智
若有聞法者　无一不成佛
諸佛本誓願　我所行佛道　普欲令衆生　亦同得此道
未來世諸佛　雖說百千億　无數諸法門　其實為一乘
諸佛兩足尊　知法常无性　佛種從緣起　是故說一乘
是法住法位　世間相常住　於道場知已　導師方便說

若有聞法者　无一不成佛
諸佛本誓願　我所行佛道　普欲令衆生　亦同得此道
未來世諸佛　雖說百千億　无數諸法門　其實為一乘
諸佛兩足尊　知法常无性　佛種從緣起　是故說一乘
是法住法位　世間相常住　於道場知已　導師方便說
天人所供養　現在十方佛　其數如恒沙　出現於世間
安隱衆生故　亦說如是法
知第一寂滅　以方便力故　雖示種種道　其實為佛乘
知衆生諸行　深心之所念　過去所集業　欲性精進力
及諸根利鈍　以種種因緣　譬喻亦言辭　隨應方便說
今我亦如是　安隱衆生故　以種種法門　宣示於佛道
我以智慧力　知衆生性欲　方便說諸法　皆令得歡喜
舍利弗當知　我以佛眼觀　見六道衆生　貧窮无福慧
入生死險道　相續苦不斷　深著於五欲　如犛牛愛尾
以貪愛自蔽　盲瞑无所見　不求大勢佛　及與斷苦法
深入諸邪見　以苦欲捨苦　為是衆生故　而起大悲心
我始坐道場　觀樹亦經行　於三七日中　思惟如是事
我所得智慧　微妙最第一
衆生諸根鈍　著樂癡所盲　如斯之等類　云何而可度
尒時諸梵王　及諸天帝釋　護世四天王　及大自在天
并餘諸天衆　眷屬百千万　恭敬合掌礼　請我轉法輪
我即自思惟　若但讚佛乘　衆生沒在苦　不能信是法
破法不信故　墜於三惡道　我寧不說法　疾入於涅槃
尋念過去佛　所行方便力　我今所得道　亦應說三乘
作是思惟時　十方佛皆現　梵音慰喻我　善哉釋迦文
第一之導師　得是无上法　隨諸一切佛　而用方便力
我等亦皆得　最妙第一法　為諸衆生類　分別說三乘

若但讚佛乘　衆生沒在苦　不能信是法
破法不信故　墜於三惡道　我寧不說法　疾入於涅槃
尋念過去佛　所行方便力　我今所得道　亦應說三乘
作是思惟時　十方佛皆現　梵音慰喻我　善哉釋迦文
第一之導師　得是无上法　隨諸一切佛　而用方便力
我等亦皆得　最妙第一法　為諸衆生類　分別說三乘
少智樂小法　不自信作佛　是故以方便　分別說諸果
雖復說三乘　但為教菩薩
舍利弗當知　我聞聖師子　深淨微妙音　稱南无諸佛
復作如是念　我出濁惡世　如諸佛所說　我亦隨順行
思惟是事已　即趣波羅㮈　諸法寂滅相　不可以言宣
以方便力故　為五比丘說
是名轉法輪　便有涅槃音　及以阿羅漢　法僧差別名
從久遠劫來　讚示涅槃法　生死苦永盡　我常如是說
舍利弗當知　我見佛子等　志求佛道者　无量千万億
咸以恭敬心　皆來至佛所　曾從諸佛聞　方便所說法
我即作是念　如來所以出　為說佛慧故　今正是其時
舍利弗當知　鈍根小智人　著相憍慢者　不能信是法
今我喜无畏　於諸菩薩中　正直捨方便　但說无上道
菩薩聞是法　疑網皆已除　千二百羅漢　悉亦當作佛
如三世諸佛　說法之儀式　我今亦如是　說无分別法
諸佛興出世　懸遠值遇難　正使出于世　說是法復難
无量无數劫　聞是法亦難　能聽是法者　斯人亦復難
譬如優曇華　一切皆愛樂　天人所希有　時時乃一出
聞法歡喜讚　乃至發一言　則為已供養　一切三世佛
是人甚希有　過於優曇華
汝等勿有疑　我為諸法王　普告諸大衆　但以一乘道
教化諸菩薩　无聲聞

今我喜无畏　於諸菩薩中　正直捨方便　但說无上道
菩薩聞是法　疑網皆已除　千二百羅漢　悉亦當作佛
如三世諸佛　說法之儀式　我今亦如是　說无分別法
諸佛興出世　懸遠值遇難　正使出于世　說是法復難
无量无數劫　聞是法亦難　能聽是法者　斯人亦復難
譬如優曇華　一切皆愛樂　天人所希有　時時乃一出
聞法歡喜讚　乃至發一言　則為已供養　一切三世佛
是人甚希有　過於優曇華　汝等勿有疑　我為諸法王
普告諸大眾　但以一乘道　教化諸菩薩　无聲聞弟子
汝等舍利弗　聲聞及菩薩　當知是妙法　諸佛之祕要
以五濁惡世　但樂著諸欲　如是等眾生　終不求佛道
當來世惡人　聞佛說一乘　迷惑不信受　破法墮惡道
有慚愧清淨　志求佛道者　當為如是等　廣讚一乘道
舍利弗當知　諸佛法如是　以万億方便　隨宜而說法
其不習學者　不能曉了此　汝等既已知　諸佛世之師
隨宜方便事　无復諸疑惑　心生大歡喜　自知當作佛

妙法蓮華經卷第一

BD05617號　妙法蓮華經卷一　（21–21）

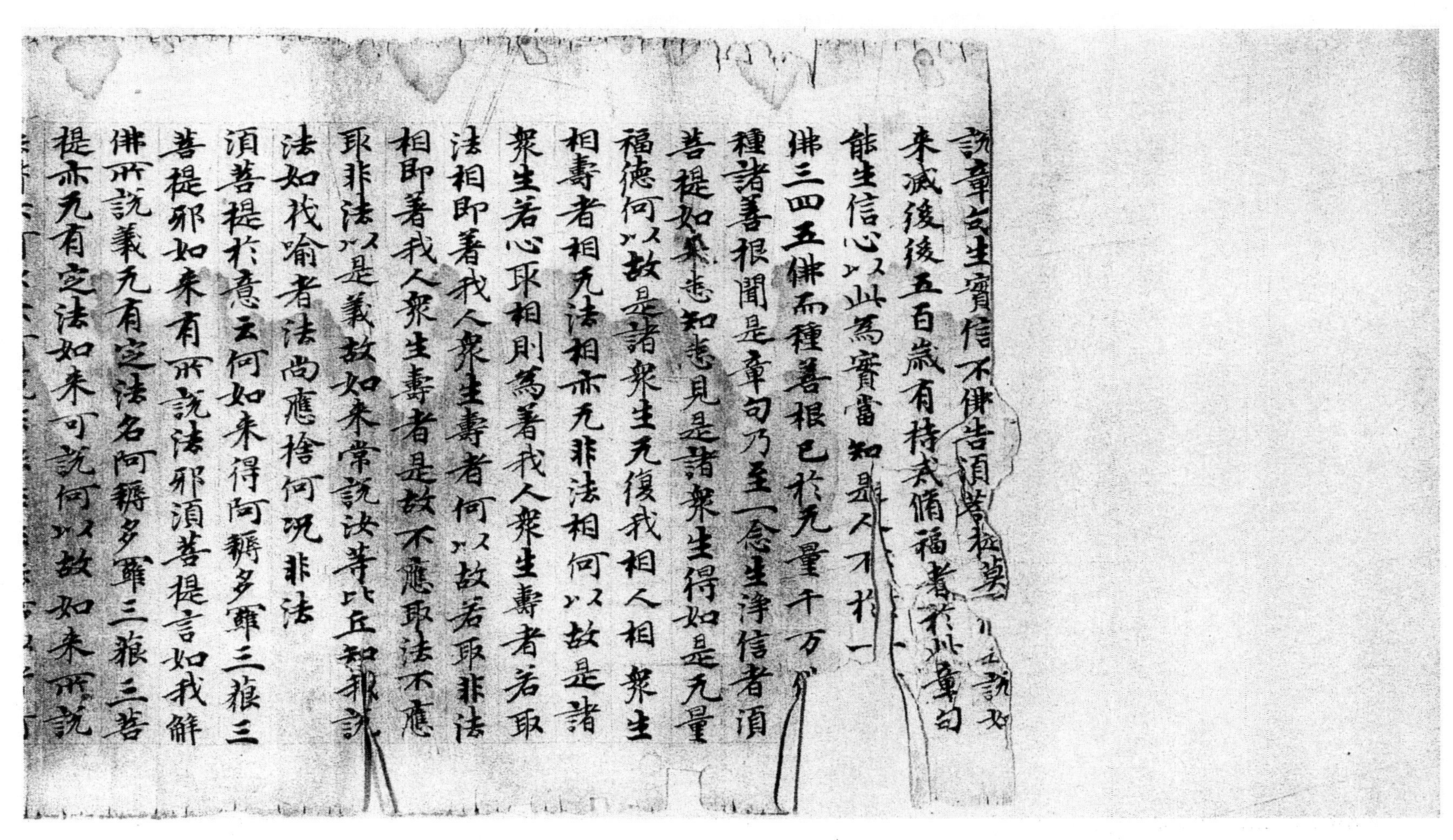

說章句生實信不佛告須菩提莫作是說如
來滅後後五百歲有持戒脩福者於此章句
能生信心以此為實當知是人不於一
佛三四五佛而種善根已於无量千万佛
種諸善根聞是章句乃至一念生淨信者須
菩提如來悉知悉見是諸眾生得如是无量
福德何以故是諸眾生无復我相人相眾生
相壽者相无法相亦无非法相何以故是諸
眾生若心取相則為著我人眾生壽者若取
法相即著我人眾生壽者何以故若取非法
相即著我人眾生壽者是故不應取法不應
取非法以是義故如來常說汝等比丘知我說
法如筏喻者法尚應捨何況非法
須菩提於意云何如來得阿耨多羅三藐三
菩提耶如來有所說法耶須菩提言如我解
佛所說義无有定法名阿耨多羅三藐三菩
提亦无有定法如來可說何以故如來所說

BD05618號　金剛般若波羅蜜經　（13–1）

取非法以是義故如來常說汝等比丘知我說
法如筏喻者法尚應捨何況非法
須菩提於意云何如來得阿耨多羅三藐三
菩提耶如來有所說法耶須菩提言如我解
佛所說義无有定法名阿耨多羅三藐三菩
提亦无有定法如來可說何以故如來所說
法皆不可取不可說非法非非法所以者何
一切賢聖皆以无為法而有差別須菩提於
意云何若人滿三千大千世界七寶以用布
施是人所得福德寧為多不須菩提言甚多
世尊何以故是福德即非福德性是故如來
說福德多若復有人於此經中受持乃至四
句偈等為他人說其福勝彼何以故須菩提
一切諸佛及諸佛阿耨多羅三藐三菩提法
皆從此經出須菩提所謂佛法者即非佛法
須菩提於意云何須陁洹能作是念我得須
陁洹果不須菩提言不也世尊何以故須陁
洹名為入流而无所入不入色聲香味觸法
是名須陁洹須菩提於意云何斯陁含能作
是念我得斯陁含果不須菩提言不也世尊
何以故斯陁含名一往來而實无往來是名
斯陁含須菩提於意云何阿那含能作是念
我得阿那含果不須菩提言不也世尊何以
故阿那含名為不來而實无來是故名阿那
含須菩提於意云何阿羅漢能作是念我得
阿羅漢道不須菩提言不也世尊何以故實

BD05618號　金剛般若波羅蜜經

（13–2）

何以故斯陁含名一往來而實无往來是名
斯陁含須菩提於意云何阿那含能作是念
我得阿那含果不須菩提言不也世尊何以
故阿那含名為不來而實无來是故名阿那
含須菩提於意云何阿羅漢能作是念我得
阿羅漢道不須菩提言不也世尊何以故實
无有法名阿羅漢世尊若阿羅漢作是念我
得阿羅漢道即為著我人眾生壽者世尊佛
說我得无諍三昧人中最為第一是第一離
欲阿羅漢我不作是念我是離欲阿羅漢世
尊我若作是念我得阿羅漢道世尊則不說
須菩提是樂阿蘭那行者以須菩提實无所
行而名須菩提是樂阿蘭那行
佛告須菩提於意云何如來昔在燃燈佛
所於法有所得不世尊如來在燃燈佛所於
法實无所得須菩提於意云何菩薩莊嚴佛
土不不也世尊何以故莊嚴佛土者則非莊嚴
是名莊嚴是故須菩提諸菩薩摩訶薩應如
是生清淨心不應住色生心不應住聲香味
觸法生心應无所住而生其心須菩提譬如
有人身如須弥山王於意云何是身為大不
須菩提言甚大世尊何以故佛說非身是名
大身
須菩提如恒河中所有沙數如是沙等恒河
於意云何是諸恒河沙寧為多不須菩提言
甚多世尊但諸恒河尚多无數何況其沙

BD05618號　金剛般若波羅蜜經

（13–3）

有人身如須彌山王於意云何是身爲大不
須菩提言甚大世尊何以故佛說非身是名
大身
須菩提如恒河中所有沙數如是沙等恒河
於意云何是諸恒河沙寧爲多不須菩提言
甚多世尊但諸恒河尚多无數何況其沙須
菩提我今實言告汝若有善男子善女人以
七寶滿尓所恒河沙數三千大千世界以用
布施得福多不須菩提言甚多世尊佛告須
菩提若善男子善女人於此經中乃至受持
四句偈等爲他人說而此福德勝前福德復
次須菩提隨說是經乃至四句偈等當知此
處一切世間天人阿脩羅皆應供養如佛塔
廟何況有人盡能受持讀誦須菩提當知是
人成就最上第一希有之法若是經典所在
之處則爲有佛若尊重弟子
尓時須菩提白佛言世尊當何名此經我等
云何奉持佛告須菩提是經名爲金剛般若
波羅蜜以是名字汝當奉持所以者何須菩
提佛說般若波羅蜜則非般若波羅蜜須菩
提於意云何如來有所說法不須菩提白佛
言世尊如來无所說須菩提於意云何三千
大千世界所有微塵是爲多不須菩提言甚
多世尊須菩提諸微塵如來說非微塵是名
微塵如來說世界非世界是名世界須菩提
於意云何可以三十二相見如來不不也世

BD05618號　金剛般若波羅蜜經　(13–4)

言世尊如來无所說須菩提於意云何三千
大千世界所有微塵是爲多不須菩提言甚
多世尊須菩提諸微塵如來說非微塵是名
微塵如來說世界非世界是名世界須菩提
於意云何可以三十二相見如來不不也世
尊何以故如來說卅二相即是非相是名卅
二相須菩提若有善男子善女人以恒河沙
等身命布施若復有人於此經中乃至受持
四句偈等爲他人說其福甚多
尓時須菩提聞說是經深解義趣涕淚悲泣
而白佛言希有世尊佛說如是甚深經典我
從昔來所得慧眼未曾得聞如是之經世尊
若復有人得聞是經信心清淨則生實相當
知是人成就第一希有功德世尊是實相者
則是非相是故如來說名實相世尊我今得
聞如是經典信解受持不足爲難若當來世
後五百歲其有衆生得聞是經信解受持是
人則爲第一希有何以故此人无我相人相衆
生相壽者相所以者何我相即是非相人相
衆生相壽者相即是非相何以故離一切諸
相則名諸佛
佛告須菩提如是如是若復有人得聞是經
不驚不怖不畏當知是人甚爲希有何以故
須菩提如來說第一波羅蜜非第一波羅蜜
是名第一波羅蜜須菩提忍辱波羅蜜如來
說非忍辱波羅蜜何以故須菩提如我昔爲

BD05618號　金剛般若波羅蜜經　(13–5)

相則名諸佛
佛告須菩提如是如是若復有人得聞是經
不驚不怖不畏當知是人甚為希有何以故
須菩提如來說第一波羅蜜非第一波羅蜜
是名第一波羅蜜須菩提忍辱波羅蜜如來
說非忍辱波羅蜜何以故須菩提如我昔為
歌利王割截身體我於尒時无我相无人相
无眾生相无壽者相何以故我於往昔節節
支解時若有我相人相眾生相壽者相應生
瞋恨須菩提又念過去於五百世作忍辱仙
人於尒所世无我相无人相无眾生相无壽
者相是故須菩提菩薩應離一切相發阿耨
多羅三藐三菩提心不應住色生心不應住
聲香味觸法生心應生无所住心若心有住
則為非住是故佛說菩薩心不住色布施須
菩提菩薩為利益一切眾生應如是布施如
來說一切諸相即是非相又說一切眾生則
非眾生須菩提如來是真語者實語者如語
者不誑語者不異語者須菩提如來所得法
此法无實无虛須菩提若菩薩心住於法而
行布施如人入闇則无所見若菩薩心不住法
而行布施如人有目日光明照見種種色
須菩提當來之世若有善男子善女人能於
此經受持讀誦則為如來以佛智慧悉知是
人悉見是人皆得成就无量无邊功德

BD05618號　金剛般若波羅蜜經　（13–6）

行布施如人入闇則无所見若菩薩心不住法
而行布施如人有目日光明照見種種色
須菩提當來之世若有善男子善女人能於
此經受持讀誦則為如來以佛智慧悉知是
人悉見是人皆得成就无量无邊功德
須菩提若有善男子善女人初日分以恒河
沙等身布施中日分復以恒河沙等身布施
後日分亦以恒河沙等身布施如來无量百
千万億劫以身布施若復有人聞此經典信
心不逆其福勝彼何況書寫受持讀誦為人
解說須菩提以要言之是經有不可思議不
可稱量无邊功德如來為發大乘者說為發
最上乘者說若有人能受持讀誦廣為人說
如來悉知是人悉見是人皆成就不可量不
可稱无有邊不可思議功德如是人等則為
荷擔如來阿耨多羅三藐三菩提何以故須
菩提若樂小法者著我見人見眾生見壽者
見則於此經不能聽受讀誦為人解說須菩
提在在處處若有此經一切世間天人阿脩
羅所應供養當知此處則為是塔皆應供敬
作禮圍繞以諸華香而散其處
復次須菩提善男子善女人受持讀誦此經
若為人輕賤是人先世罪業應墮惡道以今
世人輕賤故先世罪業則為消滅當得阿耨
多羅三藐三菩提須菩提我念過去无量阿

BD05618號　金剛般若波羅蜜經　（13–7）

作礼圍繞以諸華香而散其處
復次須菩提善男子善女人受持讀誦此經
若為人輕賤是人先世罪業應墮悪道以今
世人輕賤故先世罪業則為消滅當得阿耨
多羅三藐三菩提須菩提我念過去无量阿
僧祇劫於燃燈佛前得值八百四千万億那
由他諸佛悉皆供養承事无空過者若復有
人於後末世能受持讀誦此經所得功德於
我所供養諸佛功德百分不及一千万億分
乃至筭數譬喻所不能及須菩提若善男子
善女人於後末世有受持讀誦此經所得功德
我若具說者或有人聞心則狂亂狐疑不信
須菩提當知是經義不可思議果報亦不可
思議
尒時須菩提白佛言世尊善男子善女人發
阿耨多羅三藐三菩提心云何應住云何降
伏其心佛告須菩提善男子善女人發阿耨
多羅三藐三菩提者當生如是心我應滅度
一切衆生滅度一切衆生已而无有一切衆生
實滅度者何以故若菩薩有我相人相衆生
相壽者相則非菩薩所以者何須菩提實无
有法發阿耨多羅三藐三菩提者須菩提於
意云何如來於燃燈佛所有法得阿耨多羅
三藐三菩提不世尊如我解佛所說義佛
於燃燈佛所无有法得阿耨多羅三藐三菩

BD05618號　金剛般若波羅蜜經　（13–8）

相壽者相則非菩薩所以者何須菩提實无
有法發阿耨多羅三藐三菩提者須菩提於
意云何如來於燃燈佛所有法得阿耨多羅
三藐三菩提不世尊如我解佛所說義佛
於燃燈佛所无有法得阿耨多羅三藐三菩
提佛言如是如是須菩提實无有法如來得
阿耨多羅三藐三菩提須菩提若有法如來
得阿耨多羅三藐三菩提者燃燈佛則不與
我授記汝於來世當得作佛号釋迦牟尼以
實无有法得阿耨多羅三藐三菩提是故燃
燈佛與我受記作是言汝於來世當得作佛
号釋迦牟尼何以故如來者即諸法如義若
有人言如來得阿耨多羅三藐三菩提須菩提
實无有法佛得阿耨多羅三藐三菩提須菩
提如來所得阿耨多羅三藐三菩提於是中
无實无虛是故如來說一切法皆是佛法須
菩提所言一切法者即非一切法是名一切
法須菩提譬如人身長大須菩提言世尊
如來說人身長大則為非大身是名大身
須菩提菩薩亦如是若作是言我當滅度无
量衆生則不名菩薩何以故須菩提實无有法
名為菩薩是故佛說一切法无我无人无衆
生无壽者須菩提若菩薩作是言我當莊嚴
佛土是不名菩薩何以故如來說莊嚴佛土
者即非莊嚴是名莊嚴須菩提若菩薩通達

BD05618號　金剛般若波羅蜜經　（13–9）

量衆生則不名菩薩何以故須菩提實无有法
名爲菩薩是故佛說一切法无我无人无衆
生无壽者須菩提若菩薩作是言我當莊嚴
佛土是不名菩薩何以故如來說莊嚴佛土
者即非莊嚴是名莊嚴須菩提若菩薩通達
无我法者如來說名真是菩薩
須菩提於意云何如來有肉眼不如是世尊
如來有肉眼須菩提於意云何如來有天眼
不如是世尊如來有天眼須菩提於意云何
如來有慧眼不如是世尊如來有慧眼須菩
提於意云何如來有法眼不如是世尊如來有
法眼須菩提於意云何如來有佛眼不如是
世尊如來有佛眼須菩提於意云何恒河中
所有沙佛說是沙不如是世尊如來說是沙
須菩提於意云何如一恒河中所有沙有如
是等恒河是諸恒河所有沙數佛世界如
是寧爲多不甚多世尊佛告須菩提尒所國
土中所有衆生若干種心如來悉知何以故如
來說諸心皆爲非心是名爲心所以者何須
菩提過去心不可得現在心不可得未來心
不可得須菩提於意云何若有人滿三千大
千世界七寶以用布施是人以是因緣得福多
不如是世尊此人以是因緣得福甚多
須菩提若福德有實如來不說得福德多以
福德无故如來說得福德多

BD05618號　金剛般若波羅蜜經　（13–10）

不可得須菩提於意云何若有人滿三千大
千世界七寶以用布施是人以是因緣得福多
不如是世尊此人以是因緣得福甚多
須菩提若福德有實如來不說得福德多以
福德无故如來說得福德多
須菩提於意云何佛可以具足色身見不不
也世尊如來不應以色身見何以故如來說具
足色身即非具足色身是名具足色身須菩
提於意云何如來可以具足諸相見不不也
世尊如來不應以具足諸相見何以故如來
說諸相具足即非具足是名諸相具足
須菩提汝勿謂如來作是念我當有所說法莫
作是念何以故若人言如來有所說法即爲
謗佛不能解我所說故須菩提說法者无法
可說是名說法
須菩提白佛言世尊佛得阿耨多羅三藐三
菩提爲无所得耶如是如是須菩提我於阿耨
多羅三藐三菩提乃至无有少法可得是名阿
耨多羅三藐三菩提復次須菩提是法平等
无有高下是名阿耨多羅三藐三菩提以无
我无人无衆生无壽者脩一切善法則得阿
耨多羅三藐三菩提須菩提所言善法者如
來說即非善法是名善法須菩提若三千大
千世界中所有諸須彌山王如是等七寶聚
有人持用布施若人以此般若波羅蜜經乃

BD05618號　金剛般若波羅蜜經　（13–11）

我无人无衆生无壽者脩一切善法則得阿
耨多羅三藐三菩提須菩提所言善法者如
来說即非善法是名善法須菩提若三千大
千世界中所有諸須弥山王如是等七寶聚
有人持用布施若人以此般若波羅蜜經乃
至四句偈等受持為他人說於前福德百分不
及一百千万億分乃至筭數譬喻所不能及
須菩提於意云何汝等勿謂如来作是念我
當度衆生須菩提莫作是念何以故實无有
衆生如来度者若有衆生如来度者如来則
有我人衆生壽者須菩提如来說有我者則
非有我而凡夫之人以為有我須菩提凡夫
者如来說則非凡夫須菩提於意云何可以
卅二相觀如来不須菩提言如是如是以卅二
相觀如来佛言須菩提若以卅二相觀如来
者轉輪聖王則是如来須菩提白佛言世尊
如我解佛所說義不應以卅二相觀如来尒
時世尊而說偈言
若以色見我　以音聲求我　是人行耶道　不能見如来
須菩提汝若作是念如来不以具足相故得
阿耨多羅三藐三菩提須菩提汝莫作是念
如来不以具足相故得阿耨多羅三藐三菩提
須菩提汝若作是念發阿耨多羅三藐三菩
提者說諸法斷滅莫作是念何以故發阿耨
多羅三藐三菩提者於法不說斷滅故須菩

BD05618號　金剛般若波羅蜜經　（13–12）

相觀如来佛言須菩提若以卅二相觀如来
者轉輪聖王則是如来須菩提白佛言世尊
如我解佛所說義不應以卅二相觀如来尒
時世尊而說偈言
若以色見我　以音聲求我　是人行耶道　不能見如来
須菩提汝若作是念如来不以具足相故得
阿耨多羅三藐三菩提須菩提汝莫作是念
如来不以具足相故得阿耨多羅三藐三菩提
須菩提汝若作是念發阿耨多羅三藐三菩
提者說諸法斷滅莫作是念何以故發阿耨
多羅三藐三菩提者於法不說斷滅故須菩
提若菩薩以滿恒河沙等世界七寶布施若
復有人知一切法无我得成於忍此菩薩勝
前菩薩所得功德須菩提以諸菩薩不受福
德故須菩提白佛言世尊云何菩薩不受福
德須菩提菩薩所作福德不應貪著是故
說不受福德須菩提若有人言如来若来若
去若坐若卧是人不解我所說義何以故如
来者无所從来亦无所去故名如来

BD05618號　金剛般若波羅蜜經　（13–13）

說種處於善友所聽聞法時於說法師不作異意
當知菩薩成就八支能為善友眾相圓滿一者住戒於諸菩薩律儀戒中妙
善安住无缺无穿二者多聞覺慧成就三者具證得脩所成隨一勝善奢
摩他毗鉢舍那四者哀愍內具慈悲能捨自己現法樂住精勤无怠饒
益於他五者无畏為他宣說正法教時非由怖畏而有怯劣六者堪忍於他輕
笑訶弄鄙言違拒等事非愛言路種種惡行皆悉能忍七者无倦其力
无退能多思擇處在四眾說正法時言无謇澀心不疲厭八者善詞語
具圓滿不壞法性言詞辯了　若諸菩薩具五種相眾德相應能為善
友所作不虛一者於他先欲求作利益安樂二者於彼利益安樂如實了知无
顛倒覺三者於彼善攝方便順儀說法隨眾堪受調伏事中有能有力四
饒益心无厭倦五者具足平等大悲於諸有情勝劣中品心无偏黨
若諸菩薩成就五相令善友性任信依處令他遠聞無生淨信何況親覩一者
勝妙威儀圓滿成滿威儀寂靜威儀具足一切支分皆无躁動二者熟脩三
業現行无極无擾三者无矯不為誑他故思作現嚴整威儀四者嫉終不於他
說法所得利養恭敬生不堪忍而常自勸請他說法復恒勸餘於彼廣施利養
恭敬无諂偽心又常於他甚心純淨見彼說法及得財敬深生隨喜如自所獲利養
恭敬心生歡喜見他所得利養恭敬其心歡喜復過於是五者儉約甚能於諸所得物隨得
隨捨
善友菩薩由五種相於所化生為善友事一能諫舉二能令憶三能教授
四能教誡五能說法如是諸句廣辯應知如聲聞地教授教誡廣說如前力種姓品
當知菩薩由四種相方得圓滿親近善友一於善友有病无病隨時供侍恒
常發起殷淨信二於善友隨時敬問禮拜奉迎合掌殷勤脩和敬業而為供

BD05619號　瑜伽師地論卷四四

（6–1）

恭敬心生歡喜見他所得利養恭敬其心歡喜復過於是五者儉約甚能於諸所得物隨得
隨捨
善友菩薩由五種相於所化生為善友事一能諫舉二能令憶三能教授
四能教誡五能說法如是諸句廣辯應知如聲聞地教授教誡廣說如前力種姓品
當知菩薩由四種相方得圓滿親近善友一於善友有病无病隨時供侍恒
常發起殷淨信二於善友隨時敬問禮拜奉迎合掌殷勤脩和敬業而為供
養三於善友如法衣服飲食卧具病緣醫藥資身什物隨時供養四於善友
若正依心於法義若合若離隨自在轉无有循動如實顯發作奉教心隨時往詣
恭敬承事請問聽受　若諸菩薩欲聽法時住五種想應從善友聽聞正法一
住寶想難得義故二住眼想能得廣大俱生妙慧因性義故三住明想已得廣
大俱生妙慧眼於一切種如實所知等照義故四住大果勝功德想能得涅槃及三
菩提无上妙迹因性義故五住无罪大適悅想於現法中未得涅槃及三菩提於
法如實簡擇止觀无罪大樂因性義故　若諸菩薩欲從善友聽聞法時
於說法師由五種處不作異意以純淨心屬耳聽法一於壞戒不作異意謂不作心
此是破戒不住律儀我今不應從彼聽法二於壞族不作異意謂不作心此是卑
姓我今不應從彼聽法三於壞色不作異意謂不作心此是醜陋我今不應從彼
聽法四於壞文不作異意謂不作心此於言詞不善藻飾我今不應從彼聽
法但依於義不應依文五於壞美不作異意謂不作心此談麁惡多懷忿恚
不以美言宣說諸法我今不應從彼聽法如是菩薩欲聽法時於是五處不應
作意但應恭敬攝受正法於說法師未嘗見過若有菩薩其慧微劣於說法師
心生嫌鄙不欲從其聽聞正法當知此行不求自利退失勝慧
云何菩薩脩四无量謂諸菩薩略有三種脩四无量一者有情緣无
量二者法緣无量三者无緣无量若諸菩薩於其三聚一切有情發心以為无
苦无樂有苦有樂於其最初欲求樂者發起與樂增上意樂普緣十方安
住无有情勝解脩俱心當知是名有情緣慈若諸菩薩唯法想增上意樂正
觀唯法假說有情脩慈俱心當知即此名法緣慈若諸菩薩還於諸法遠
離分別脩俱心當知即此名无緣慈如有情緣法緣无緣三慈俱差別悲喜捨
當知亦介若諸菩薩於有苦者發起除苦增上意樂普緣十方脩悲俱心
是名為悲若諸菩薩即於如是无苦无樂有苦有樂三種有情隨其次第發
起遠離癡瞋貪或增上意樂普緣十方脩捨俱心是名為捨此中菩薩慈
等无量有情緣者當知其相與外道共若法緣者當知其相與聲聞及

BD05619號　瑜伽師地論卷四四

（6–2）

住无有情勝解脩俱心當知是名有情緣慈若諸菩薩唯法想增上意樂正
觀唯法假說有情脩慈俱心當知即此名法緣慈若諸菩薩復於諸法遠
離分別脩俱心當知即此名无緣慈如有情緣法緣无緣三種俱差別悲喜捨
當知亦尒若諸菩薩於有苦者發起除苦增上意樂普緣十方脩悲俱心
是名爲悲若諸菩薩即於无苦无樂有苦有樂三種有情隨其次第發
起遠離癡瞋貪或增上意樂普緣十方脩捨俱心是名爲捨此中菩薩於
等无量有情緣者當知其相與外道共若法緣者當知其相與聲聞及
獨覺共不共外道若无緣者當知其相不共一切聲聞獨覺及諸外道諸
菩薩三種无量應知安樂意樂所謂慈喜捨一種无量應知利益意樂
所攝是謂爲捨如是一切无量名爲意樂以諸菩薩成就此故名意樂者
此中菩薩於有情界觀見一百一十種苦於諸有情脩悲无量何等爲百一十
苦謂有一苦依无差別流轉之苦一切有情无不皆墮流轉苦故復有二苦一欲
爲根本苦謂可愛事若變若壞所生之苦二癡異熟生苦謂三蘊剎體受所觸
即於自體執我我所愚癡迷悶生瑕死時由是因緣受二箭受謂身箭受及心
箭受復有三苦一苦苦二行苦三壞苦復有四苦一別離苦謂界別離所生之苦二斷
壞苦謂由衆同分死所生之苦三相續苦謂從此後數數死所生之苦相續所
生之苦四畢竟苦謂定无有般涅槃法諸有情類五蘊盛苦復有五苦一貪欲纏苦
二瞋恚纏苦三惛沈睡眠纏苦四掉舉惡作纏苦五疑纏苦復有六
苦一因苦謂惡趣因故二果苦生諸趣故三求財位苦四勤守護苦五无厭足苦
六變壞苦如是六種總說爲苦復有七苦一生苦二老苦三病苦四死苦五怨憎會
苦六愛別離苦七求不得苦復有八苦一寒苦二熱苦三飢苦四渴苦五不自在
苦六逼惱苦謂无繫等諸外道類七他逼惱苦謂遭遇他手塊等觸故垂等觸
八一類威儀多時住苦復有九苦一自衰損苦二他衰損苦三親屬衰損苦四
財位衰損苦五无病衰損苦六戒衰損苦七見衰損苦八現法苦九後法苦復有
十苦一諸食資具匱之苦二諸飲資具匱之苦三騎乘資具匱之苦四衣服資具
匱之苦五莊嚴資具匱之苦六器物資具匱之苦七香鬘塗飾資具匱之苦八
歌舞伎樂資具匱之苦九照明資具匱之苦十男女給侍資具匱之苦
當知復有餘九種苦一一切苦二廣大苦三一切門苦四邪行苦五流轉苦六不隨欲苦
七違害苦八隨逐苦九一切種苦一切苦中復有二苦一宿因所生苦二現緣所生苦廣
大苦中復有四苦一長時苦二猛利苦三雜類苦四无間苦一切門苦中亦有四苦一那

BD05619 號　瑜伽師地論卷四四　（6–3）

十苦一諸食資具匱之苦二諸飲資具匱之苦三騎乘資具匱之苦四衣服資具
匱之苦五莊嚴資具匱之苦六器物資具匱之苦七香鬘塗飾資具匱之苦八
歌舞伎樂資具匱之苦九照明資具匱之苦十男女給侍資具匱之苦
當知復有餘九種苦一一切苦二廣大苦三一切門苦四邪行苦五流轉苦六不隨欲苦
七違害苦八隨逐苦九一切種苦一切苦中復有二苦一宿因所生苦二現緣所生苦廣
大苦中復有四苦一長時苦二猛利苦三雜類苦四无間苦一切門苦中亦有四苦一那
落迦苦二傍生苦三世界苦四善趣所攝苦邪行苦中復有五苦一於現法中犯
觸於他不饒益得發起故苦二受用種種不平等食所發起苦三即
由現法苦之所逼切自然造作所發起苦四由多安住非理作意所受煩惱隨煩惱纏
所起諸苦五由多發起諸身語意種種惡行所受當來諸惡趣苦流轉苦中復
有六種輪轉生死不定之生苦一自身不定二父母不定三妻子不定四奴婢僕使不定
五朋友宰官親屬不定六財位不定自身不定者謂先爲王後爲僕隸父母等
不定者謂先爲父乃至親屬後時輪轉反作怨害及惡知識財位不定者謂先大富
遺後極貧賤不隨欲苦中復有七苦一欲求長壽不隨所欲生短壽苦二欲求端
正不隨所欲生醜陋苦三欲生上族不隨所欲生下族苦四欲求大富不隨所欲生貧窮
苦五欲求大力不隨所欲生羸劣苦六欲求了知所知境界不隨所欲愚癡无智現
行生苦七欲求勝他不遂所欲反爲他勝而生大苦違害苦中復有八苦一諸殺害者
妻子等事損減生苦二諸害家者貪等煩惱增盛生苦三飢儉逼惱之所生苦四怨
敵逼惱之所生苦五曠野險難迫迮逼之所生苦六繫屬於他之所生苦七支節不具
損惱生苦八煞縛破截捶打驅擯逼惱生苦隨逐苦中復有九苦依世八法有八種苦一
壞法壞時苦二盡法盡時苦三老法老時苦四病法病時苦五死法死時苦六无利苦七无譽苦
苦八有譏苦是名八苦九希求苦如是總說名隨逐苦一切種苦中復有十苦謂如前說
之樂所治有五種苦一因苦二受苦三唯无樂苦四愛不斷苦五出離遠離寂靜菩提
樂所對治求欲界繫異生苦是名五苦復有五苦一逼迫苦二衆具匱之苦三界不
平等苦四所愛變壞苦五三界煩惱品麁重苦是名五苦前五五總十種苦當知
是名一切種苦　前五十五今五十五總有一百一十種種苦是菩薩悲所緣境
界緣此境故諸菩薩悲生起增長脩習圓滿
又諸菩薩於大苦蘊緣十九苦發起大悲何等名爲十九種苦一愚癡異熟苦二行苦
所攝苦三畢竟苦四因苦五生苦六自作逼惱苦七戒衰損苦八見衰損苦九宿
因苦十廣大苦十一那落迦苦十二善趣所攝苦十三一切邪行所生苦十四一切流
轉苦十五无智苦十六增長苦十七隨逐苦十八受苦十九麁重苦

BD05619 號　瑜伽師地論卷四四　（6–4）

是名一切種苦　前五十五今五十五總有一百一十種……
眾緣此境故諸菩薩悲生起增長脩習圓滿
又諸菩薩於大苦藴緣十九苦發起大悲何等名爲十九種苦一愚癡異熟苦二行苦
所攝苦三畢竟苦四因苦五生苦六自作逼惱苦七戒毀損苦八見毀損苦九宿
因苦十廣大苦十一那落迦苦十二善趣所攝苦十三一切邪行所生苦十四一切流
轉苦十五无智苦十六增長苦十七隨逐苦十八受苦十九麁重苦
由四因緣故悲名大悲一緣甚深微細難了諸有情苦爲境生故二於長
時積習成故謂諸菩薩經於无量百千大劫積習所成三猛
利性喜而發起故謂諸菩薩由是性喜悲所執持爲息有情衆苦因
緣尚能棄捨百千身命況一身命及以資財於一切種治罰大苦爲諸
有情悉能堪忍四極清淨故謂諸菩薩已到究竟菩薩清淨若諸
如來已到佛地如來淨清
又諸菩薩由前所說百一十苦於諸
有情脩悲心時財爲脩習一切菩薩所脩有悲心復能速證悲善樂淨證
入菩薩意樂地於諸有情獲得菩薩極親善心極愛念心欲作息无猒倦心
代受苦心調柔自在有堪能心諸聲聞已得證入苦諦現觀已到究竟於苦
深遠猒俱行心相續而轉不如菩薩於諸有情悲前行心正隨在百一十種
極大苦藴　菩薩如是以所脩悲熏脩心故於內外事无有少分而不
能捨无有淨戒律儀而不能學无有惡害不能忍无有精進而不能起无有
靜慮而不能證无有妙慧而不能入是故如來若有請問菩薩菩提
誰所建立皆正答言菩薩菩提悲心所建立　如前所說一一无量皆有
菩薩如意圓德隨轉皆能攝受无量愛果果皆无量種
一向如善无罪隨轉當知菩薩精勤脩習如是无量能得四種功德勝利謂
由脩習此无量故先得最勝現法樂住攝受增長无量最勝福德資糧
能於无上正等菩提意樂堅固謂欲饒益諸有情故於生死中堪忍
受一切大苦　本地分中菩薩地第十五初持瑜伽處菩提分品第十七之一
云何菩薩菩提分法嗢拕南曰　慚愧堅力持　无猒論世智　正依无礙解　資糧菩提分
止觀惟巧便　陀羅尼正願　三摩地有三　法嗢拕南四　云何名爲菩薩慚愧當
知慚愧略有二種一者自性二者依處言自性者謂諸菩薩於羅現得能正覺知
我爲非法內生恥羞是名爲慚即於其中能正覺知於他敬畏外生羞恥是名爲愧

BD05619號　瑜伽師地論卷四四　（6–5）

受一切大苦　本地分中菩薩地第十五初持瑜……
云何菩薩菩提分法嗢拕南曰　慚愧堅力持　无猒論世智　正依无礙解　資糧菩提分
止觀惟巧便　陀羅尼正願　三摩地有三　法嗢拕南四　云何名爲菩薩慚愧當
知慚愧略有二種一者自性二者依處言自性者謂諸菩薩於羅現得能正覺知
我爲非法內生恥羞是名爲慚即於其中能正覺知於他敬畏外生羞恥是名爲愧
菩薩羞恥本性猛利況復脩習如是應知名爲菩薩慚愧自性言依處者略有
四種若諸菩薩於所應作不作而生羞恥當知是名第一依處若諸菩薩於
不應作隨順違犯而生羞恥當知是名第二依處若諸菩薩於覆已惡而生羞恥當
知是名第三依處若諸菩薩於自所生惡作有依隨逐不捨而生羞恥當知是名第
四依處如是應知名爲菩薩慚愧依處　云何菩薩堅力持性當知此性略有二種一
者自性二者依處言自性者謂能禁制染汙心性不隨煩惱自在行性堪若性
種種衆名福利怖畏難現在前而正加行无傾動性勇猛相應能正思擇是故得成
得堅力持性如是名爲堅力持性自性如是菩薩堅力持性略說應知有五依處一會
遇生死輪轉種種大苦所化有情種種邪行二者爲益諸有情故普受長時生死流
轉三者遭遇異論外道諍競難詰及處大衆宣揚法義四者誓受一切菩薩所
應學處五者聽聞廣大甚深難思議法是名堅力持依處
云何菩薩心无猒倦當知菩薩由五因緣普於一切正加行中心无猒倦一者菩薩
自性有力故无猒倦二者菩薩即於如是无猒倦心數數串習故无猒倦三者
菩薩方便攝受精進勇猛能正隨觀前後所得展轉殊勝故无猒倦四者菩
薩成就福利增上妙慧正思擇力故无猒倦五者菩薩於有情福利悲心
極勇故心恒常現前故无猒倦　云何菩薩善知諸論謂諸菩薩於
五明處名句文身相應諸法從他善受善誦通利即於如是諸法妙義或從
他所善聽善受或自專精善擇善思如是知法知義菩薩於法於義

BD05619號　瑜伽師地論卷四四　（6–6）

上問疾品云以无所受而受諸受今此品廣明三界六道二乘
異學皆是无受而受也　无閒梵云阿鼻新云阿鼻旨此
云无閒此五種業有四无閒一趣報无閒二身量无閒三壽
命无閒四受苦无閒　地獄者梵云那落迦此云苦具舊
云泥梨新或言泥羅夜此云非行謂非法行處八耶法者
身謂耶見耶思惟耶精進耶語耶業耶命耶念　定也
高原陸地及植種於空者辟二乘於撑滅无為中求如來種
也此是捨生死之滅非不生不滅之寂滅故不得如來種也
卑濕淤泥及糞壤之地此辟凡夫煩惱若能聞經妙悟煩惱即
井却得見如来種也壤者尚書注云土无塊曰壤　見无為
者取小乘見道十六心已去也此有二緣不同如来種一以斷惑故
无復悟或乃井也二爲捨生死故不能返入起大悲也故下文云如
卄者不盡有爲不住无爲也　不入煩惱大海則不能得
一切智寶者二乘偏真捨生死證井既能捨此證彼安能返入
生死大悲廣濟以无所受而受諸受哉如是偏悟乃不能得无
上菩提一切種智也若卄中道乃生死即井既能不捨生死便證
井之能不離井使入生死未嘗不離未嘗不濟所以於煩惱海中
起佛法身　永絕其根者昔者仏爲聲聞說生身佛菩提樹
下卅四心成道雙林井不說如来常住法身不生不滅應跡爲人
現其生滅是以聲聞但知三乘同有生身成道灰滅井不知有

生死大悲廣濟以无所受而受諸受我如是偏悟乃不能得无
上菩提一切種智也若菩薩中道乃生死即菩薩能不捨生死使證
菩薩能不雜菩薩使入生死亦當不離亦當不濟所以煩惱海中
起佛法身　永絕其根者昔者仏為聲聞說生身佛菩提樹
下卅四心成道雙林菩薩不說如來常住法身不生不滅應跡為人
現其生滅是以聲聞但知三界同生身成道灰滅菩薩不知有
法身常住應跡生滅今法經忽聞大士行非道為仏道即惑種為
仏種深自思惟煩惱已盡餘報未幾將欲廣游非道漏業
已除乃取菩提三祇行數後未知法性應生大悲游化所以根敗之歎
由此生焉若法華大悟權實深知真應故无此歎也後次聲
聞滅惑取真偏悟乘中以此取於无上仏法失之遠矣凡夫雖
具足煩惱然未曾捨惑取證以若聞大乘自然能達乃垢即淨
即色即空圓真仏種由此而生也或名尋經未乃此意將謂
聲聞決定畢竟不得无上菩提深之甚矣仍有若以煩惱性
為仏性二乘名无明住也煩惱仍得比或獨非仏性乎若以生死
性名菩薩性二乘名變易生死仍得比生死非菩薩性耶且以嚴冬
之月水結成冰仲春之時冰名為水迷時煩惱覺乃菩提理
況若斯更何惑矣況聲聞乃指丈六為生死之身大經名云
吾今此身即是常身法身准此生死即菩薩煩惱即佛性
之理盡矣　智度菩薩母者智度者正見也方便者方行
也智而能信法身始生焉法喜以下並塗香等明修持以增
長推滅一行以果成雖知以下以益物也　女者權智大悲曲
順物心以女男者實智正直百非俱破以男子綱覈不受耶諂
弟子塵勞者菩薩昔日淪迴為无明郎王惡愛魔王之所榮使
今成正覺智圓或盡諸塵勞門皆為仏事隨意榮使故以
弟子也　无漏林樹者離煩惱熱以蔭覆於林樹得大清涼
覺意花者此花結果花也結果故下華鬘之花此莊嚴花非

順物心以女男者實智正直百非俱破以男子網殺不受耶諂
弟子塵勞者菩背日倫迴爲无明郎王恩愛魔王之所榮使
令成正覺智圓武盡諸塵勞门皆爲仏事隨意榮使故以
弟子也　无漏林樹者䕃煩惱熱以蔭覆於林樹得大清涼
覺意花者此花結果花也結果故下華鬘之花此莊嚴花非
結菓花也　解脫者此是九无㝵九解脫之解脫此也智惠斷
非想地惑亦九解脫名智惠果也下云八解脫者此是禪定
解脫非智惠法也　八解脫者一內有色觀外色二內无色
觀外色三淨解脫身是住身作證四空處五識處六无所有
處七非想非非想處八滅盡定解脫　七淨花者於心二淨在
七方便位見淨度疑淨分別道淨此三在見道位離身邊耶三
見名淨離疑名度疑淨離戒取見取善取識耶名道正道名分別
道淨行在脩道位離九地脩惑名爲行淨七涅槃淨在无学道
淨命生者所言耶命者謂詐現異相等耶心活命名耶命也離此
耶命名淨命謂淨心活命也今言淨命生者謂凡夫脩禪爲貪
著生於梵世无求出離以味禪名耶命也若求卅猒患三界
而脩禪者此正求惠命故云淨命生也　食者智惠也資
養法身故类者禪定也除欲渴愛故　淨心澡浴者淨心
有三種心淨已度諸禪定名戒盡爲淨一　淨心觀仏離不忻
者信心无疑爲淨二也今淨名好澡浴者懺悔除罪三也　或現
劫盡燒等者此大三灾劫名也　治法師劫頌云　論空成住壞
皆第二十增　劫欲將壞時　唯一增減內
皆第二十增　十九壞情類　唯一增減內
皆第二十增　劫將欲壞時　十九壞情類　唯一增減內　壞彼器世間
有情居始壞　无間死不生　畜鬼東北西　汝南贍部洲　乃至化樂天
時經十九減　怖災不造惡　及无愛欲心　地空諸有情　並習三禪定
有情脫盡已　日熱四倍常　七日並現時　大火洞然起　梵衆汝辨輔

皆第二十增　劫將欲壞時　十九壞情類　唯一增減內　壞彼器世間
有情居始壞　无間死不生　畜鬼東北西　次南贍部洲　乃至化樂天
時往十九減　怖災不造惡　及无愛欲心　地空諸有情　並習三禪定
有情既盡已　日熱四倍常　七日並現時　火炎洞然起　梵眾次梵輔
怖畏生二禪　梵王最後生　尒時名劫壞　過空十二已　界中風漸生
天人劫欲成　次復大風起　倍廣量无數　厚十六洛叉　金剛不能壞
此名持界風　光音金藏虛　布及三千界　金輪內滿此　風過不離流
洙十一洛叉准俱舍洙十億二万　風鼓成水結　始作金剛輪
厚三億二万俱舍云下八落叉水除凝結成金　廣十億三千俱舍云此水金輪廣徑十二洛叉也
四百踰繕那　次有金剛雲　注雨滿其內　先成梵王界　次第至四天
隨成有情位　妙高七山等　北西東及南　餓鬼及傍生　乃至地獄界
時往一增減　方名器世立　二禪福盡者　下生贍部洲　身量既倍長
所食唯地味　味後食蘇露　露隱粳米生　食之故不消　則有諸便穢
身先貪故隱　日月由是生　男女形不同　因之起婬慾　分地護粳米
不与取盜生　立王懦置臣　然罪由斯起　自後犯他色　因是有耶婬
十惡次第生　隨罪入三惡　一人生无間　是名成劫滿　既覩善惡報
便有集善人　先生北東西　初天至鬼世　以是次第生　時經九劫
一人初生梵　即是成劫初　漸次生忉利　乃名成劫滿　後增減二十
是乃名住劫　八十度增減　方名一大劫　七火次第起　於後一水災
七七火七水　始有一風災　火先无間起　上壞於初禪　次七火一水
八劫壞二禪　以彼極光淨　壽命重少是　八七火七水　與彼一風災
六十四大劫　壞三禪遍淨　小三災起時　八万百減一　至三十飢饉
年月日各七　二十劫疾疫　日月二經七　十五日惟七　是名減至極
從此倍又增　增至八万歲　是名為增極　却還增減極　是名一中劫此
小三災已下公即是釋偈　中劫有飢饉等文
入不二法門　釋次此品目略分三
別第一釋門第二釋不二法第三釋入初言門者能通爲門故
法華經云以仏教門出三界皆至理无言之言有應物之根不一

年月日各七 二十劫疫灾 日月亦經七 十五日惟七 是名減盈損

從此倍又增 增至八万歲 是名為增劫 擬增減損 是名一中劫 此

小三灾已下公即是釋偈 中劫有飢饉等文

入不二法門 釋次此品目略分三

別第一釋門第二釋不二法第三釋入初言門者能通為門故

法華經云以仏教門出三界皆至理无言〃〃者應物〃根不一

教亦多門今分兩別一三乘〃者別門三車出宅是也二一乘圓

悟門唯有一門而復殊小是今不二法門即復一乘門然趣言不

二法門別〃廾二門別〃非〃別隱致別入會悟不二若以理統収之可攝

為四門 師子菩薩達罪性与福无異此言中存不二性即名

門也 妙臂菩薩觀心相空如幻化者无菩薩心无聲聞心此言中是

心如幻二心齊〃空即空門也 電天菩薩曰无明性即是明 存明即有明

之不可取 遣明即空 此言中雙具〃有〃无〃門也乃至善眼菩薩知一相

即是无相〃亦不取无相〃亦門也 普守菩薩曰我尚不可得非

有門也非我何可得非无門也此言中二〃言名遣〃已入真即非

空非有門也諸門異說七類入此四門攝之可見是知至理亡言

四句斯絕言〃應物四句皆門也理由言顯〃理〃亡言名言跡〃興必

有所寄〃〃託之要趣此四為故大論云般若波羅蜜猶如清涼

池四門皆入 此用悟理云登也 又云般若波羅蜜猶如大火聚四邊不可取

耶見火燒故 此偈明執久滯理也 復次之可託自他四句空〃之中論云諸法不

自生亦不從他生不共不无因是故知无生〃是理即絕四教

四起所有德頂〃云見垢實性即无淨相 此自句門 此言中垢自性淨

无別淨也德守〃云曰有我故便有我所若无我有我則无我

所 此地句门 此言中假我遣我所即他句也明相〃云前際後際空故中

際亦空此前後共〃空方得中際〃空也珠頂王〃云住正道者則不

分別是耶是正 此二共句门 此言中二亡即共亡存即共存故言共也德

藏云有所得為二若无所得則无取无捨 此无因句门 此言中更无因

起直〃云本无所得故〃云无因也復次趣分二门前卅一有待门

後二大士絕待門〃可前卅二語門後淨名大士默然門所以

BD05620號 淨名經關中釋抄卷下 （6-5）

自生々不從他生不共不无因是故知无生々是理即絶[illegible]
四起仍者德頂々云見垢實性即无淨相此自句門此言中垢自性淨
无别淨也德守々云曰有我故使有我所若无我々有我則无我
所此地句門此言中假我遣我所即他句也明相々云前際後際空故未
際亦空此前後共空方得中際々空也珠頂王々云住正道者則不
分别是耶是正此二共句門此言中亡即共亡存即共存故言共也德
藏云有所得爲二若无所得則无取无捨此无因句門此言中更无因
起直云本无所得故云无因也復次摠分二門前卅一有待門
以二大士絶待門々可前卅二語門後淨名大士默然門所以
此中人々爲說者明隨悟之門必多所證之理不異乃至大仙頂諸
菩爲說之意亦然華嚴經善才處々求善知識一々善知識
各々唯知此一法門而入法界之其意也故經云返逥真法實衆
生々種々門入
第二言不二法門者方法之々其性不二法性
寂知即不二法此法據理本自亡名諸經立名亦隨緣不一此
言不二法華云亦花嚴云法界々日如々真解脫法性々空
即理明智之日本覺故大論云般若是一法仏說種々名隨諸
衆生類爲立異字問要於一法何故名多答法爲有定名一
名不應多應物故多名明知法无名也亦亦阿含等定二法門以
要斷漏得无漏故捨垢取淨也大品經三乘共行十地等雙
因登无生名定不二漸次大乘五十二位歷別循行
[illegible]

分無別無斷故善現一切三摩地門清淨故
無明清淨無明清淨故一切智智清淨何以
故若一切三摩地門清淨若無明清淨若一
切智智清淨無二無二分無別無斷故一切
三摩地門清淨故行識名色六處觸受愛
取有生老死愁歎苦憂惱清淨行乃至老死愁
歎苦憂惱清淨故一切智智清淨何以故若
一切三摩地門清淨若行乃至老死愁歎苦
憂惱清淨若一切智智清淨無二無二分無
別無斷故
善現一切三摩地門清淨故布施波羅蜜多
清淨布施波羅蜜多清淨故一切智智清淨
何以故若一切三摩地門清淨若布施波羅
蜜多清淨若一切智智清淨無二無二分無
別無斷故一切三摩地門清淨故淨戒安忍
精進靜慮般若波羅蜜多清淨淨戒乃至般
若波羅蜜多清淨故一切智智清淨何以故
若一切三摩地門清淨若淨戒乃至般若波
羅蜜多清淨若一切智智清淨無二無二分
無別無斷故善現一切三摩地門清淨故內
空清淨內空清淨故一切智智清淨何以故
若一切三摩地門清淨若內空清淨若一切

BD05621 號　大般若波羅蜜多經卷二四一　（1–1）

BD05621 號背　雜寫　（1–1）

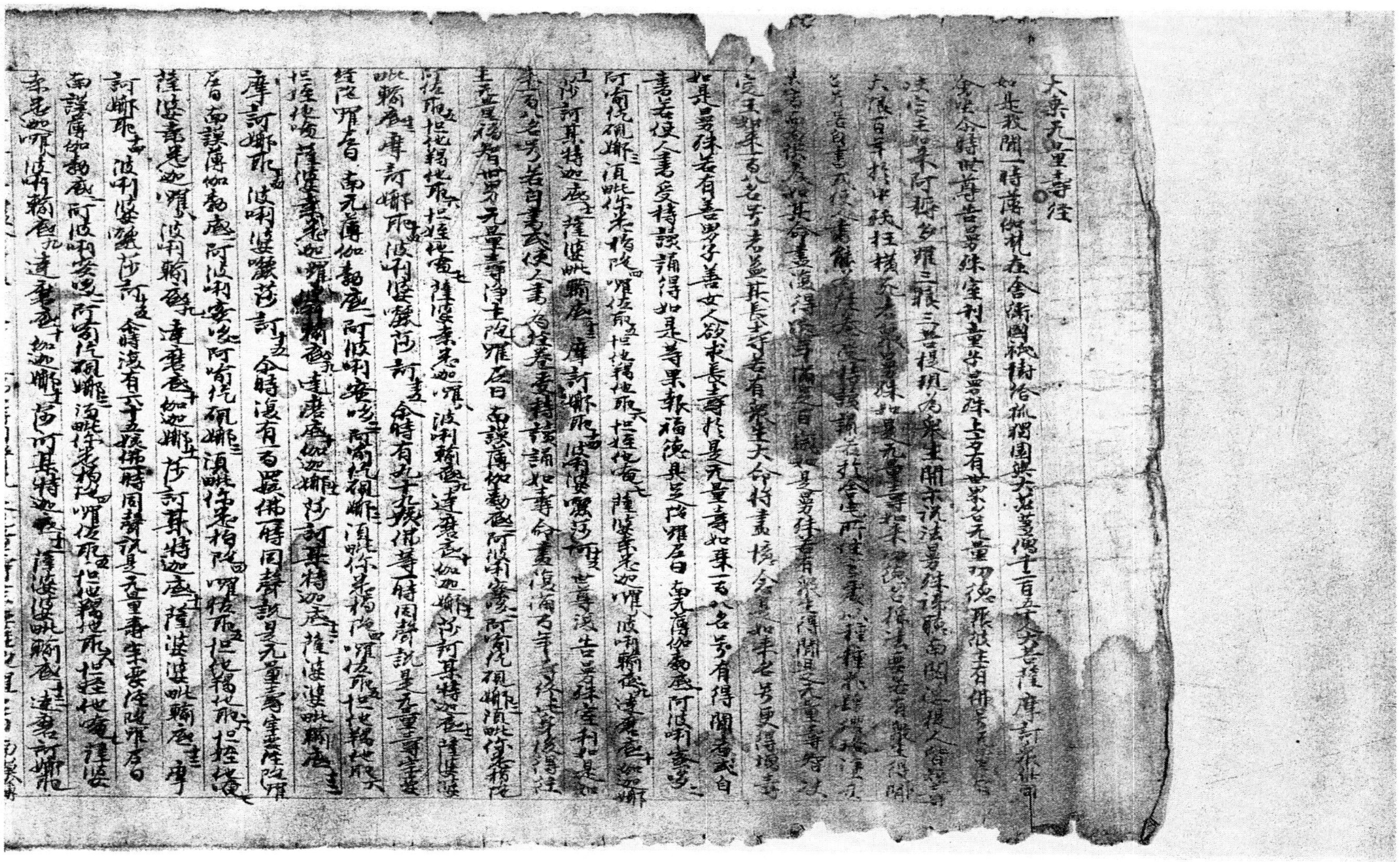

BD05622號　金剛般若波羅蜜經

（5–1）

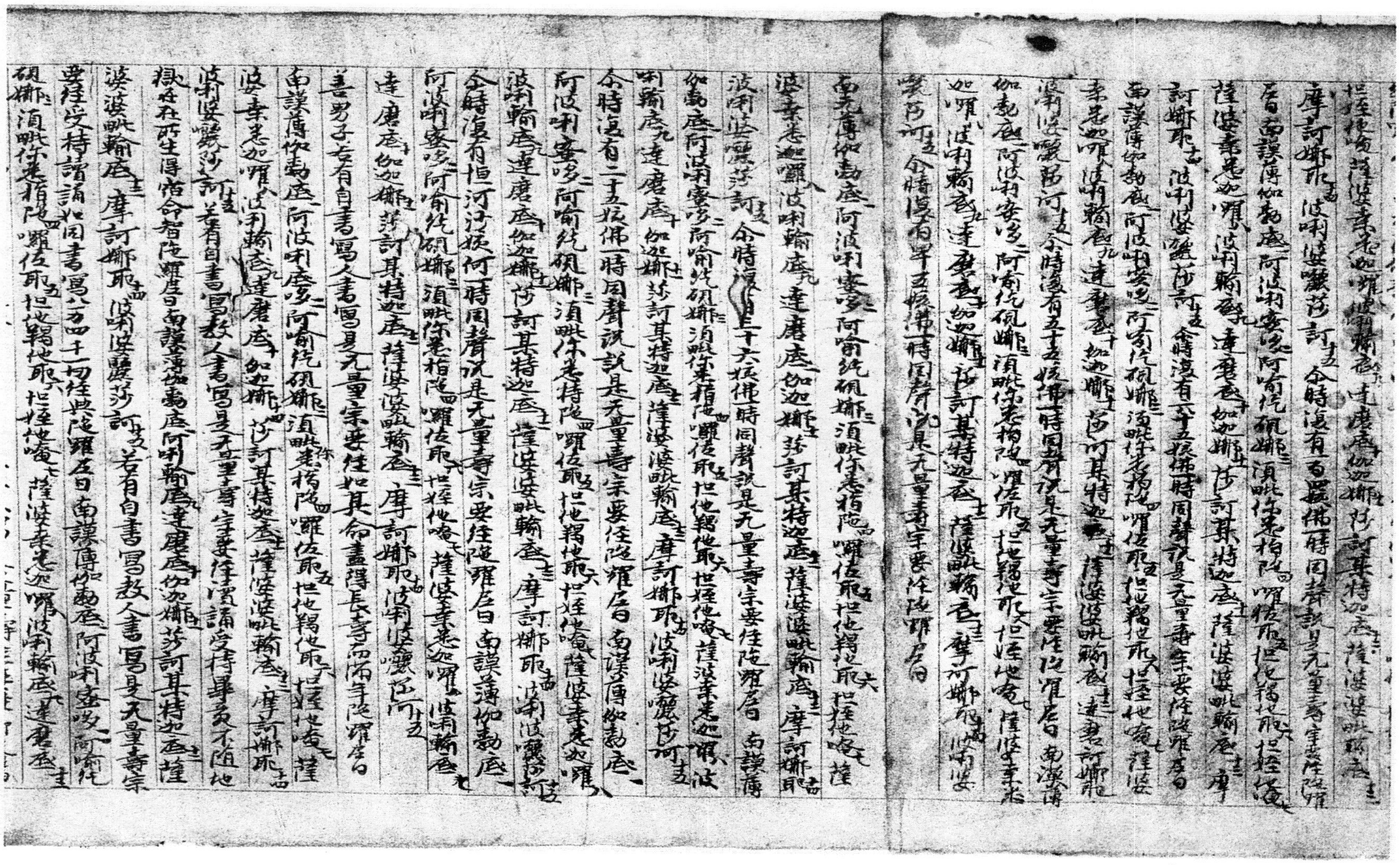

BD05622號　金剛般若波羅蜜經

（5–2）

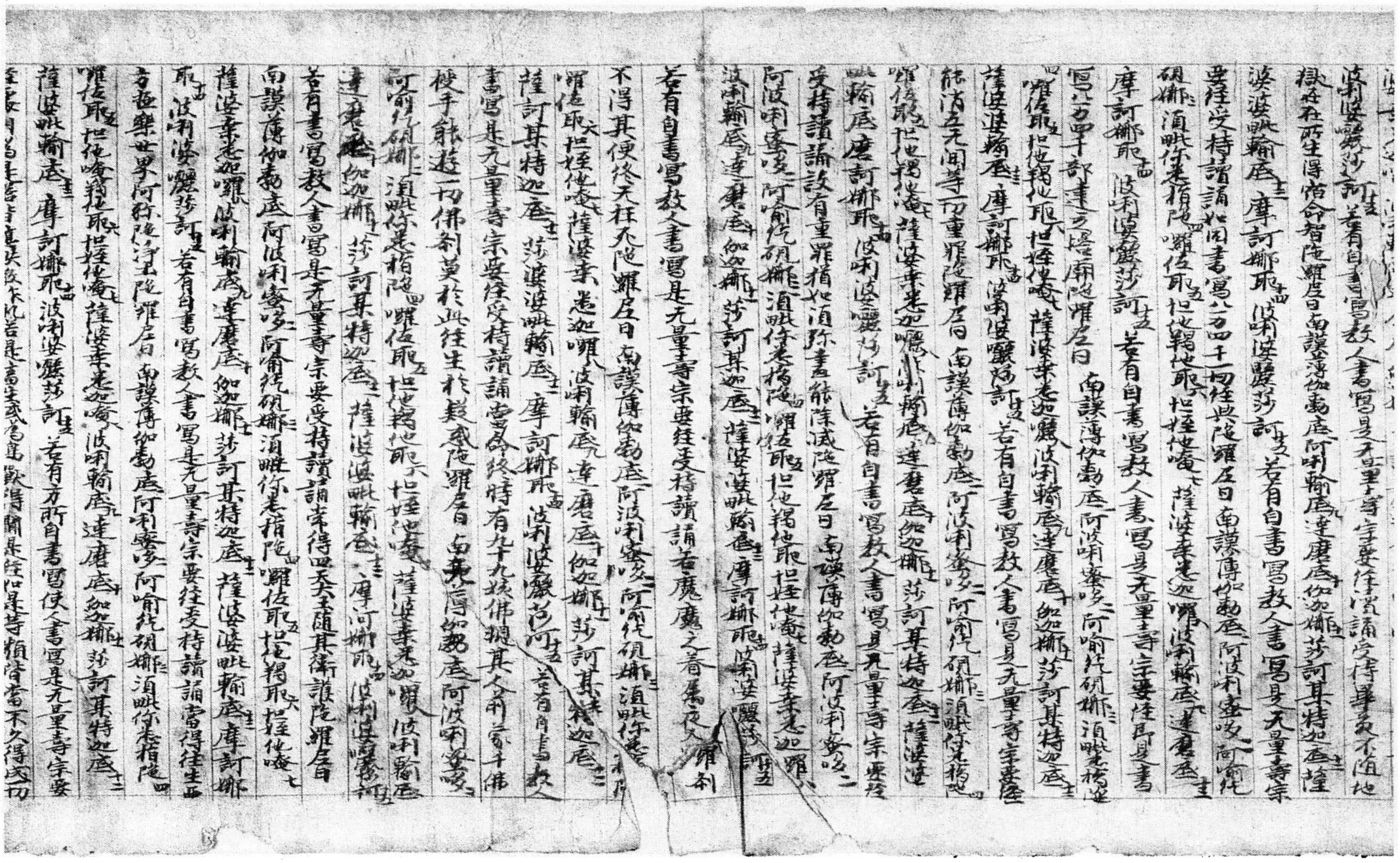

BD05622號　金剛般若波羅蜜經　（5–3）

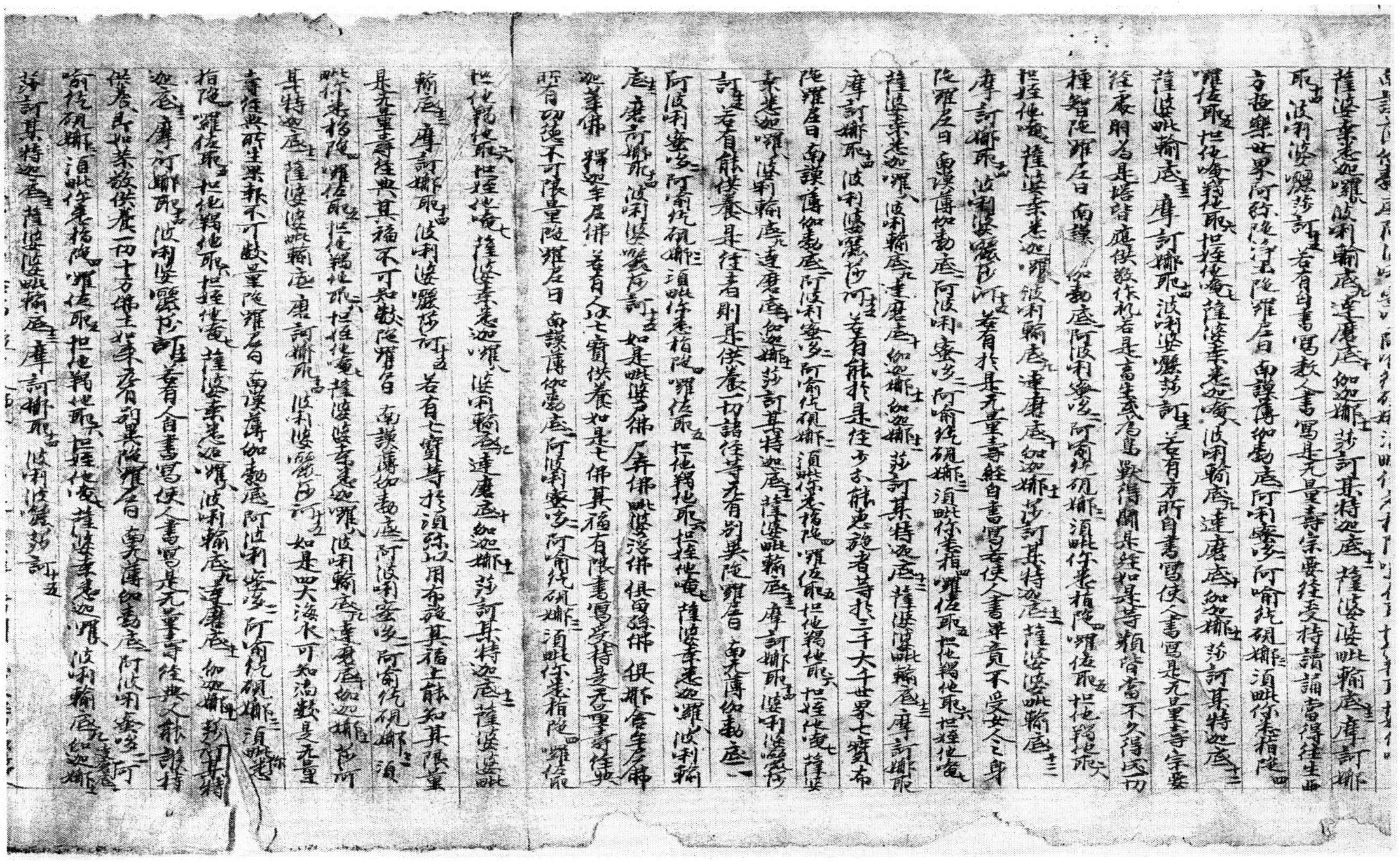

BD05622號　金剛般若波羅蜜經　（5–4）

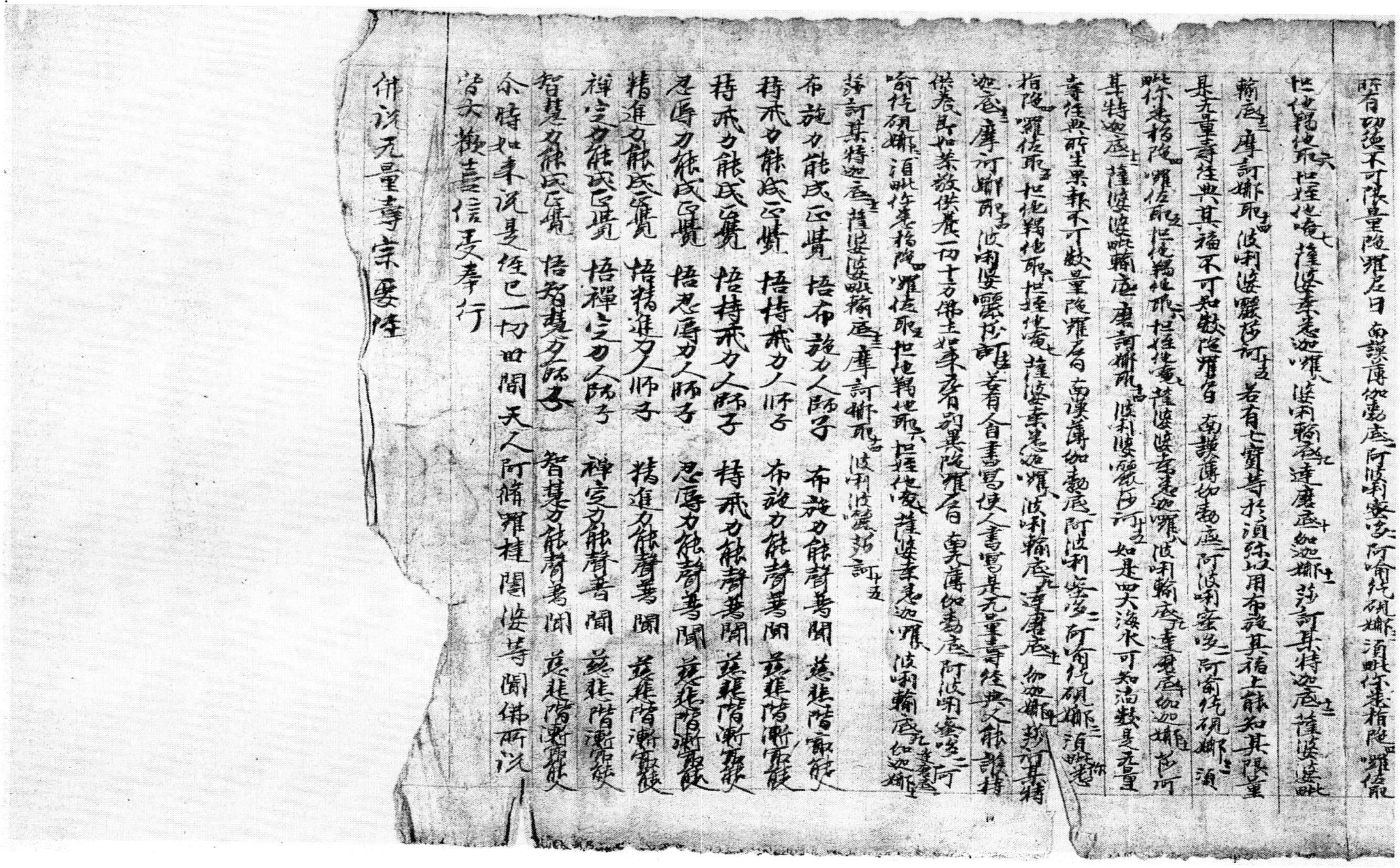

BD05622 號　金剛般若波羅蜜經

（5–5）

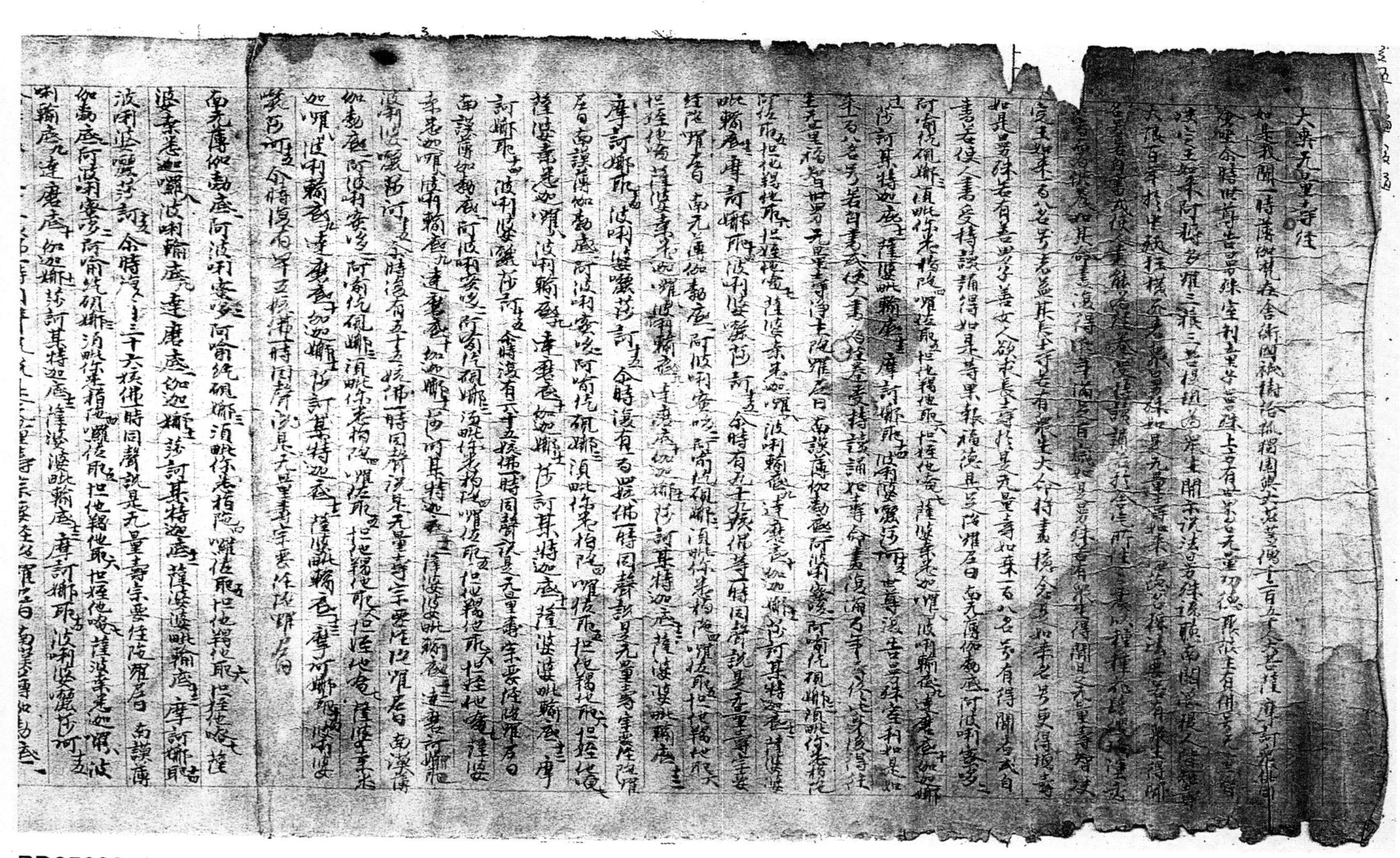

BD05623 號　無量壽宗要經

（5–1）

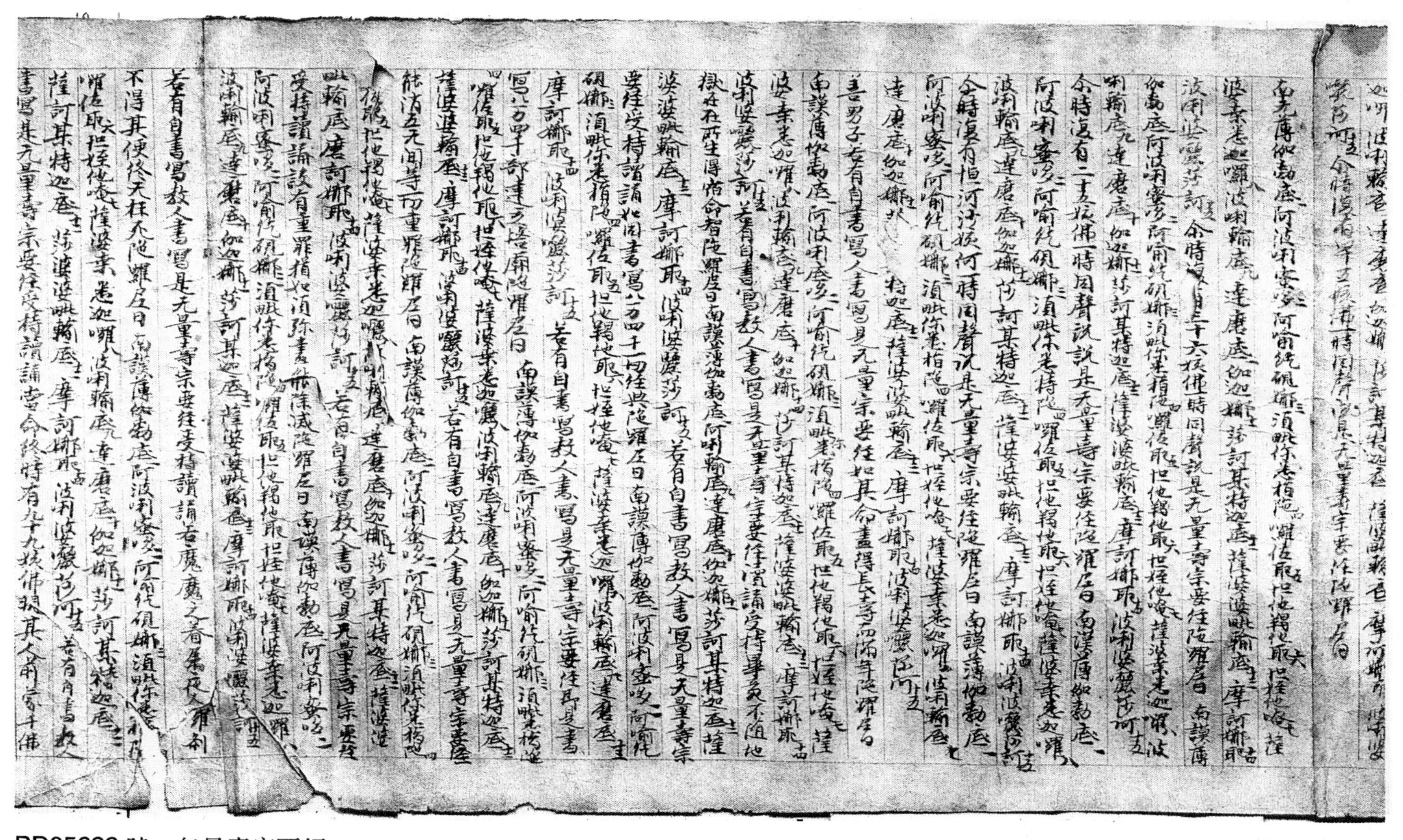

BD05623號　無量壽宗要經　（5–2）

BD05623號　無量壽宗要經　（5–3）

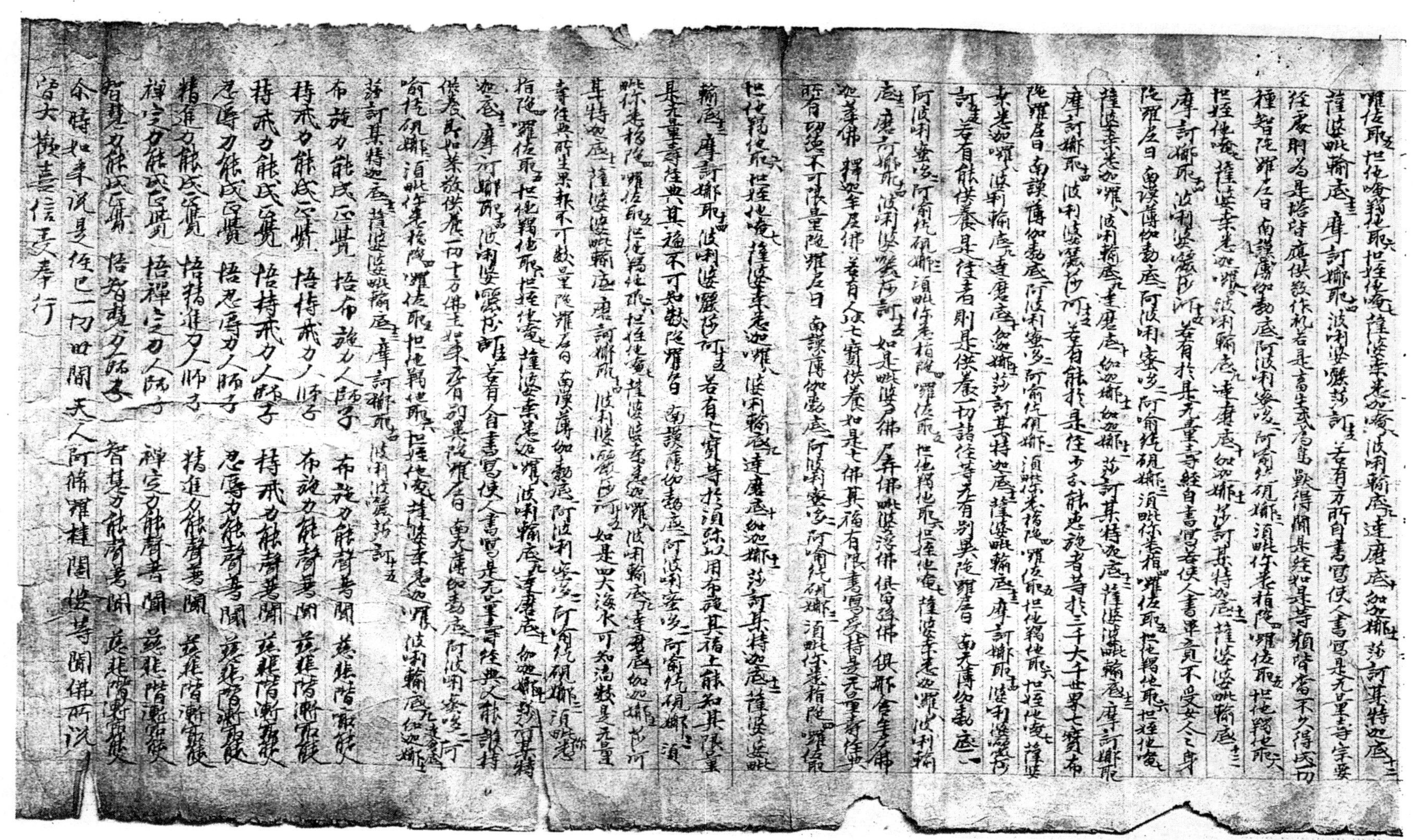

BD05623 號　無量壽宗要經　（5–4）

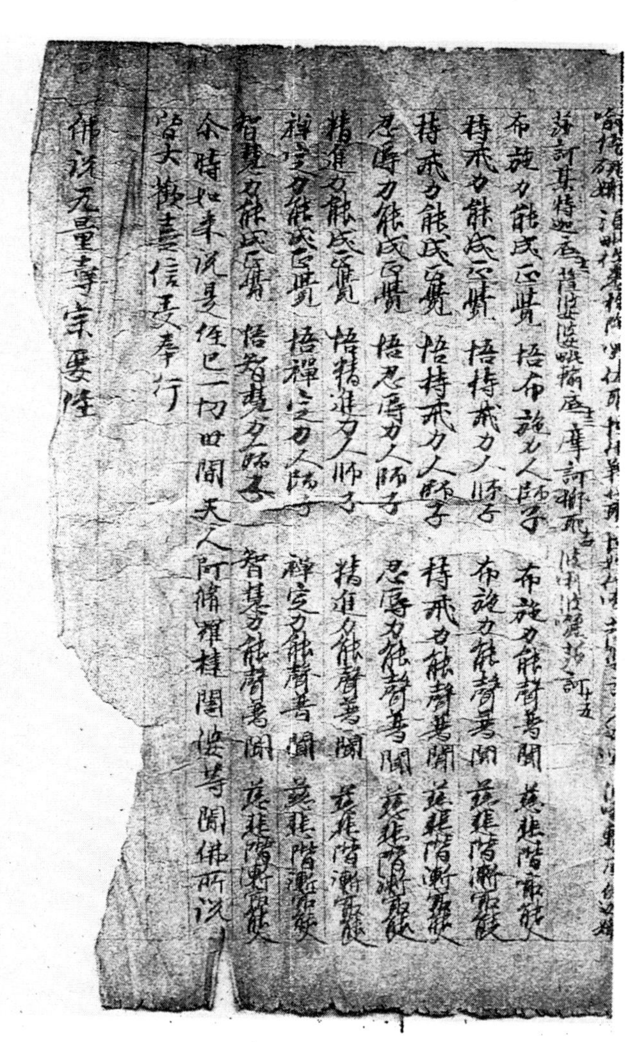

BD05623 號　無量壽宗要經　（5–5）

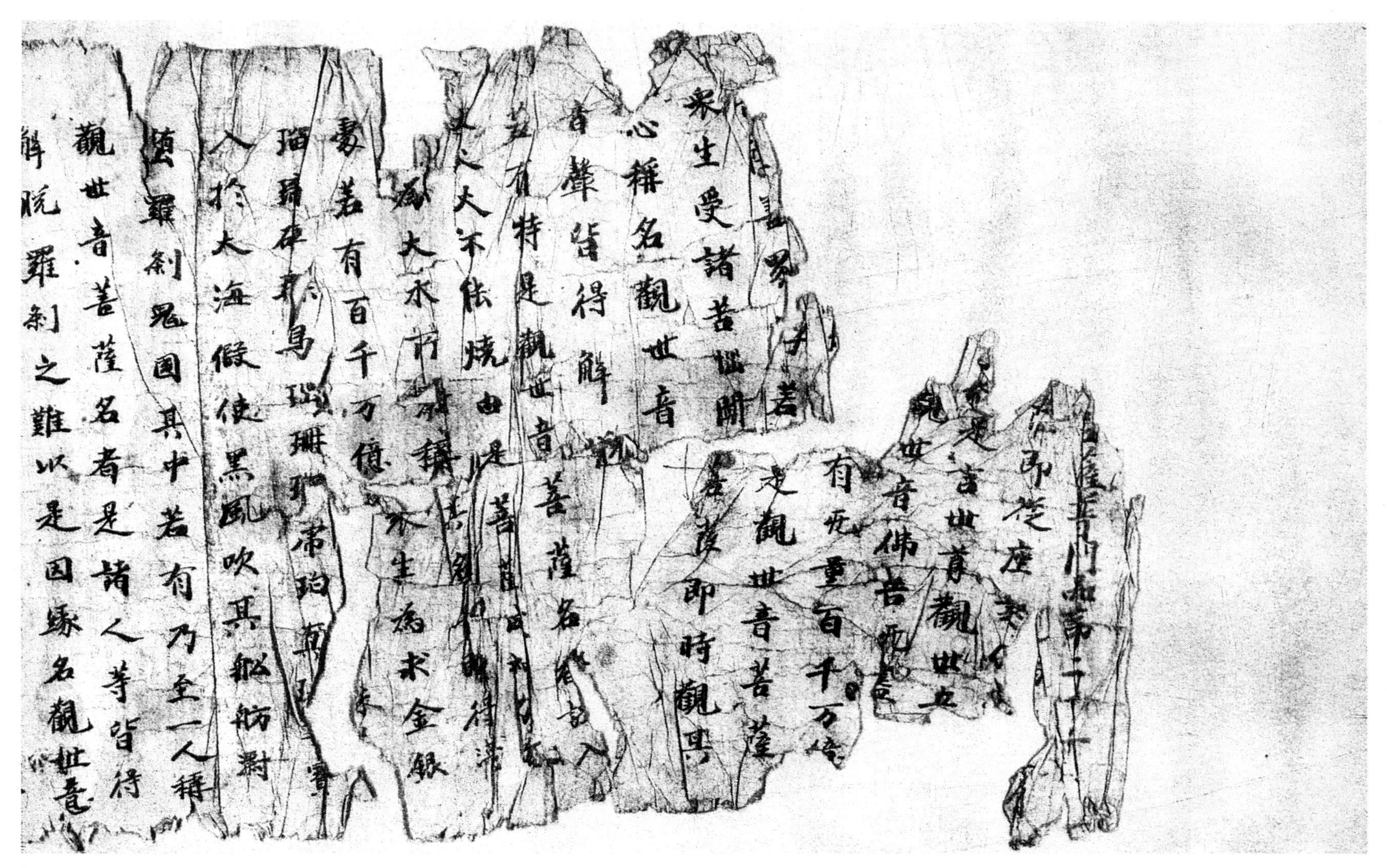
衆生受諸苦惱聞
心稱名觀世音
音聲皆得解
衆若有百千万億
瑠璃砗𤦲馬瑙珊瑚琥珀真
入於大海假使黑風吹其船舫飄
墮羅剎鬼國其中若有乃至一人稱
觀世音菩薩名者是諸人等皆得
解脫羅剎之難以是因緣名觀世音

BD05624號　觀世音經　（5–1）

衆若有百千万億
瑠璃砗𤦲馬瑙珊瑚琥珀真珠寶
入於大海假使黑風吹其船舫飄
墮羅剎鬼國其中若有乃至一人稱
觀世音菩薩名者是諸人等皆得
解脫羅剎之難以是因緣名觀世音
若復有人臨當被害稱觀世音菩
薩名者彼所執刀杖尋段段壞而得
解脫若三千大千國土滿中夜叉羅
剎欲來惱人聞其稱觀世音菩薩
名者是諸惡鬼尚不能以惡眼視之
況復加害設復有人若有罪若无罪
杻械枷鎖檢繫其身稱觀世音菩薩
名者皆悉斷壞即得解脫
若三千大千國土滿中怨賊有一商主
將諸商人賫持重寶經過險路其中
一人作是唱言諸善男子勿得恐怖汝
等應當一心稱觀世音菩薩名號是
菩薩能以无畏施於衆生汝等若
稱名者於此怨賊當得解脫衆商
人聞俱發聲言南无觀世音菩薩

BD05624號　觀世音經　（5–2）

等應當一心稱觀世音菩薩名号是
菩薩能以无畏施於衆生汝等若
稱名者於此怨賊當得解脫衆商
人聞俱發聲言南无觀世音菩薩
稱其名故即得解脫无盡意觀世音
菩薩摩訶薩威神之力巍巍如是
若有衆生多於婬欲常念恭敬觀
世音菩薩便得離欲若多瞋恚常念
恭敬觀世音菩薩便得離瞋若多愚
癡常念恭敬觀世音菩薩便得離癡
无盡意觀世音菩薩有如是等大威
神力多所饒益是故衆生常應心念
若有女人設欲求男礼拜供養觀世音
菩薩便生福德智慧之男設欲求女便
生端正有相之女宿殖德本衆人愛敬
无盡意觀世音菩薩有如是力
若有衆生恭敬礼拜觀世音菩薩福不
唐捐是故衆生皆應受持觀世音菩
薩名号无盡意若有人受持六十二億
恒河沙菩薩名字復盡形供養飲食
衣服卧具醫藥於汝意云何是善男
子善女人功德多不无盡意言甚多
世尊

BD05624號　觀世音經　（5–3）

唐捐是故衆生皆應受持觀世音菩
薩名号无盡意若有人受持六十二億
恒河沙菩薩名字復盡形供養飲食
衣服卧具醫藥於汝意云何是善男
子善女人功德多不无盡意言甚多
世尊
佛言若復有人受持觀世音菩薩名
号乃至一時礼拜供養是二人福正等
无異於百千万億劫不可窮盡无盡
意受持觀世音菩薩名号得如是无
量无邊福德之利
无盡意菩薩白佛言世尊觀世音菩薩
云何遊此娑婆世界云何而為衆生說法
方便之力其事云何
佛告无盡意菩薩善男子若有國土衆生
應以佛身得度者觀世音菩薩即現佛身
而為說法應以辟支佛身得度者即現辟
支佛身而為說法應以聲聞身得度者
即現聲聞身而為說法應以梵王身得
度者即現梵王身而為說法應以帝釋
身得度者即現帝釋身而為說法應以
自在天身得度者即現自在天身而為說
法應大自在天身得度者即現大自在天
身而為說法應以毗沙門身得度者即

BD05624號　觀世音經　（5–4）

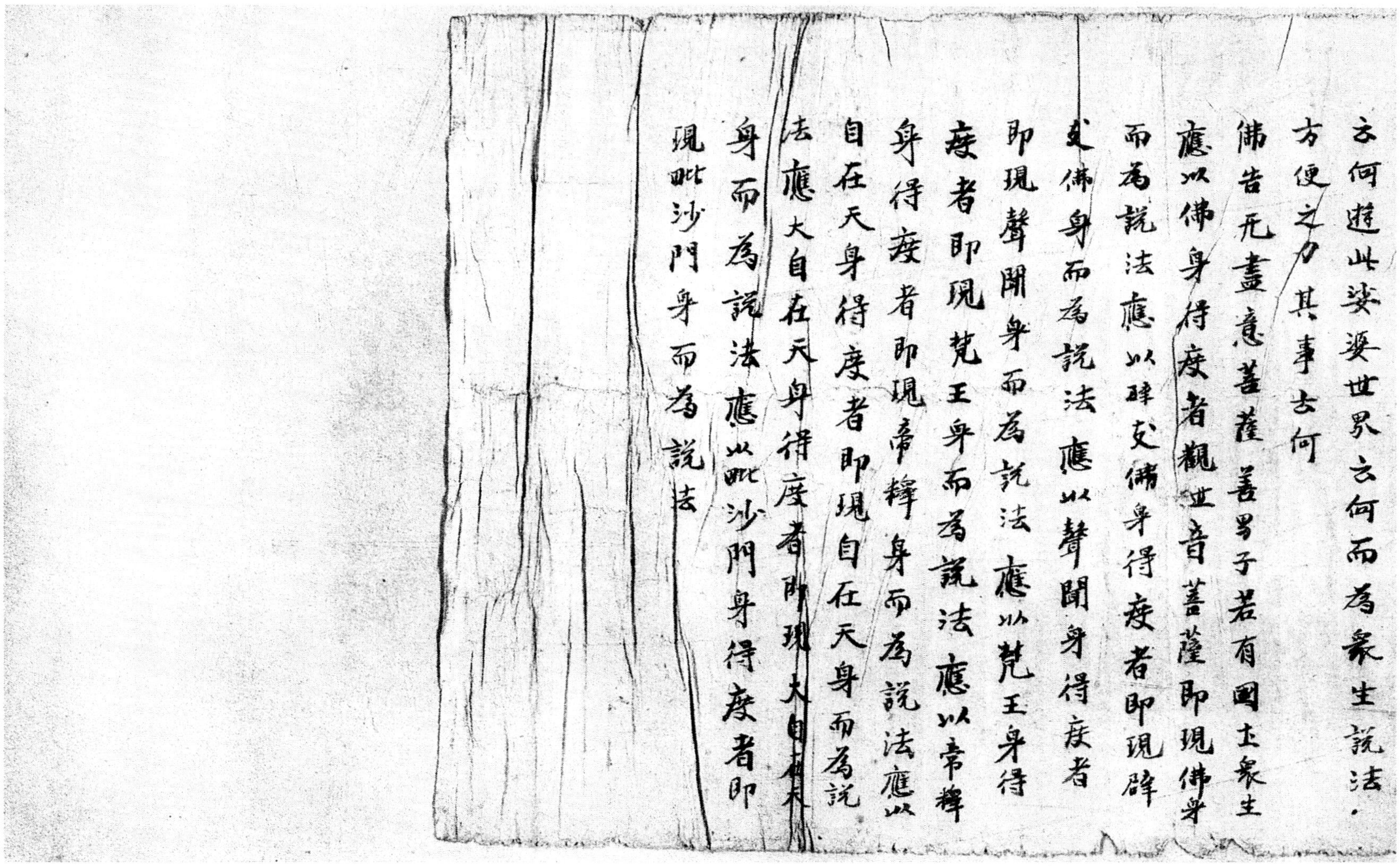

云何遊此娑婆世界云何而為衆生說法
方便之力其事云何
佛告无盡意菩薩善男子若有國土衆生
應以佛身得度者觀世音菩薩即現佛身
而為說法應以辟支佛身得度者即現辟
支佛身而為說法應以聲聞身得度者
即現聲聞身而為說法應以梵王身得
度者即現梵王身而為說法應以帝釋
身得度者即現帝釋身而為說法應以
自在天身得度者即現自在天身而為說
法應大自在天身得度者即現大自在天
身而為說法應以毗沙門身得度者即
現毗沙門身而為說法

BD05624號　觀世音經　（5–5）

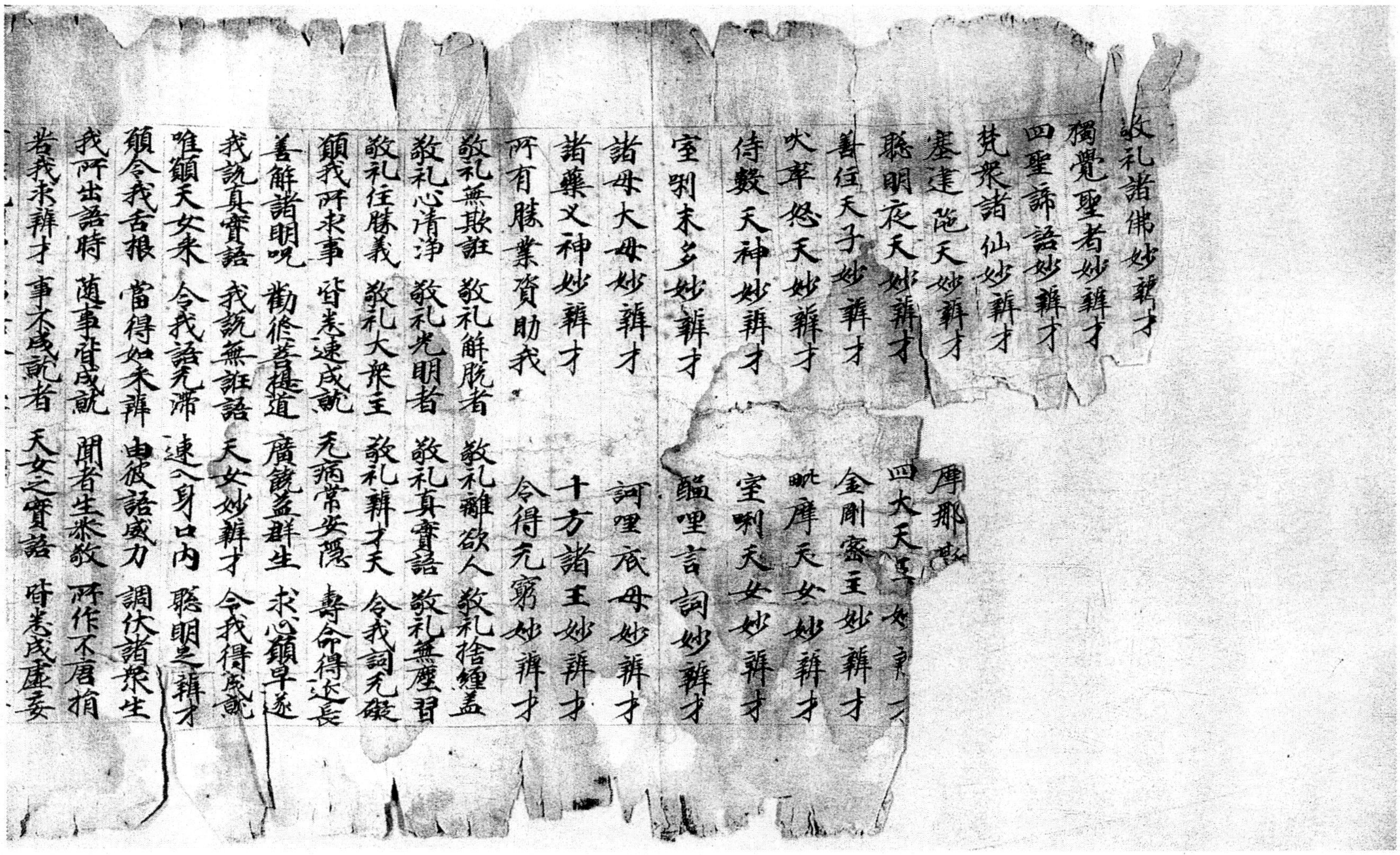

敬礼諸佛妙辯才
獨覺聖者妙辯才
四聖諦語妙辯才
梵衆諸仙妙辯才
塞建陁天妙辯才　摩那斯[illegible]
聰明夜天妙辯才　四大天[illegible]
善住天子妙辯才　金剛密主妙辯才
吠率怒天妙辯才　毗摩天女妙辯才
侍數天神妙辯才　室唎天女妙辯才
室剎末多妙辯才　䫂哩言詞妙辯才
諸母大母妙辯才　訶哩底母妙辯才
諸藥叉神妙辯才　十方諸王妙辯才
所有勝業資助我　令得无窮妙辯才
敬礼無欺誑　敬礼解脫者　敬礼離欲人　敬礼捨纏蓋
敬礼心清淨　敬礼光明者　敬礼真實語　敬礼無塵習
敬礼住勝義　敬礼大衆主　敬礼辯才天　令我詞无礙
願我所求事　皆悉速成就　无病常安隱　壽命得延長
善解諸明呪　勤修菩提道　廣饒益群生　求心願早遂
我說真實語　我說無誑語　天女妙辯才　令我得成就
唯願天女來　令我語无滯　速入身口內　聰明足辯才
願令我舌根　當得如來辯　由彼語威力　調伏諸衆生
我所出語時　隨事皆成就　聞者生恭敬　所作不唐捐
若我求辯才　事不成就者　天女之實語　皆悉成虛妄

BD05625號　金光明最勝王經卷八　（4–1）

願我所求事 皆悉速成就 无病常安隱 壽命得延長
善解諸明呪 勸修菩提道 廣饒益群生 求心願早遂
我說真實語 我說無誑語 天女妙辯才 令我得成就
唯願天女來 令我語无滯 速入身口內 聰明足辯才
願令我舌根 當得如來辯 由彼語威力 調伏諸眾生
我所出語時 隨事皆成就 聞者生恭敬 所作不唐捐
若我求辯才 事不成就者 天女之實語 皆悉成虛妄
有作无間罪 佛語令調伏 及以阿羅漢 所有報恩語
舍利子目連 世尊眾第一 斯等真實語 願我皆成就
我今皆召請 佛之聲聞眾 皆願速來至 成就我求心
所求真實語 皆願无虛誑 上從色究竟 及以淨居天
大梵及梵輔 一切梵王眾 乃至遍三千 索訶世界主
并及諸眷屬 我今皆請召 唯願降慈悲 哀憐同攝受
他化自在天 及以樂變化 覩史多天眾 慈氏當成佛
夜摩諸天眾 及三十三天 四大王眾天 一切諸天眾
地水火風神 依妙高山住 七海山神眾 所有諸眷屬
滿財及五頂 日月諸星辰 如是諸眾生 令世間安隱
斯等諸天神 不樂作罪業 敬佛鬼子母 及最小愛兒
天龍藥叉眾 乾闥阿蘇羅 及以緊那羅 莫呼洛伽等
我以世尊力 悉皆申請召 願降慈悲心 與我无礙辯
一切人天眾 能了他心者 皆願加神力 與我妙辯才
乃至盡虛空 周遍於法界 所有含生類 與我妙辯才
尒時辯才天女聞是請已告婆羅門言善哉
大士若有男子女人能依如是呪及呪讚如前
所說受持法式歸敬三寶虔心正念於所求事
皆不唐捐兼復受持讀誦此金光明微妙
經典所願求者无不果遂速得成就除 不

BD05625號　金光明最勝王經卷八　（4–2）

乃至盡虛空 周遍於法界 所有含生類 與我妙辯才

尒時辯才天女聞是請已告婆羅門言善哉
大士若有男子女人能依如是呪及呪讚如前
所說受持法式歸敬三寶虔心正念於所求事
皆不唐捐兼復受持讀誦此金光明微妙
經典所願求者无不果遂速得成就除 不
至心時婆羅門深心歡喜合掌頂受
尒時佛告辯才天女善哉善哉善女天汝能
流布是妙經王擁護所有受持經者及能利
益一切眾生令得安樂說如是法施與辯才
不可思議得福无量諸發心者速趣菩提

金光明最勝王經大吉祥天女品第十六

尒時大吉祥天女即從座起前礼佛足合掌
恭敬白佛言世尊我若見有苾芻苾芻尼鄔
波索迦鄔波斯迦受持讀誦為人解說是金
光明最勝王經者我當專心恭敬供養此等
法師所謂飲食衣服卧具醫藥及餘一切所
須資具皆令圓滿无有乏少若晝若夜於此
經王所有句義觀察思量安樂而住令此經
典於贍部洲廣行流布為彼有情已於无量
百千佛所種善根者常使得聞不速隱沒復
於无量百千億劫當受人天種種勝樂常得
豐稔永除飢饉一切有情恒受安樂亦得值
遇諸佛世尊於未來世速證无上大菩提果
永絕三塗輪迴苦難世尊我念過去有瑠璃
金山寶花光照吉祥功德海[illegible]
十号具足我於彼所種[illegible]
[illegible]

BD05625號　金光明最勝王經卷八　（4–3）

金光明最勝王經大吉祥天女品第十六
爾時大吉祥天女即從座起前禮佛足合掌
恭敬白佛言世尊我若見有苾芻苾芻尼鄔
波索迦鄔波斯迦受持讀誦為人解說是金
光明最勝王經者我當專心恭敬供養此等
法師所謂飲食衣服臥具醫藥及餘一切所
須資具皆令圓滿无有乏少若晝若夜於此
經王所有句義觀察思量安樂而住令此經
典於贍部洲廣行流布為彼有情已於无量
百千佛所種善根者常使得聞不速隱沒復
於无量百千億劫當受人天種種勝樂常得
豐稔永除飢饉一切有情恒受安樂亦得值
遇諸佛世尊於未來世速證无上大菩提果
永絕三塗輪迴苦難世尊我念過去有瑠璃
金山寶光照吉祥功德海
十号具足我於彼所種
悲愍念威神
風方通

BD05625號　金光明最勝王經卷八　（4–4）

二

善供養佛云何供養法謂諸菩薩聽聞正
法若書寫受持讀誦通利思惟修習不
顛到思惟不顛到修習是名菩薩善供養
法云何供養僧謂供給衣服飲食臥具湯
藥下至水器眾具皆足是名菩薩善供養
僧如是供養佛法僧時是名菩薩成就供養施善男子
云何菩薩成就無所依施所謂菩薩行布
施時終不為求天王位果及生餘天亦不求
人王及小王等是名菩薩成就無所依施善
男子云何菩薩成就清淨施所謂菩薩行施
之時觀察施物及能所施皆非實有離諸
障导貪染過患是名菩薩成就清淨施善
男子菩薩成就十種是名菩薩成就施波
羅蜜多
復次善男子菩薩成就十種法即能圓滿
戒波羅蜜多何等為十一者守護波羅提木叉
律儀二者守護菩薩淨戒律儀三者遠離
一切熱惱四者遠離不如理思惟五者驚怖
所作諸業六者驚怖所作違犯七者怖見
他物八者要期堅固九者得淨尸羅而無所

BD05626號　寶雨經（兌廢稿）卷一　（2–1）

三

兑

施時終不爲求天王位果及生餘天亦不求
人王及小王等是名菩薩成就無所依施善
男子云何菩薩成就清淨施所謂菩薩行施
之時觀察施物及能所施皆非實有離諸
障导貪欲過患是名菩薩成就清淨施善
男子菩薩成就十種是名菩薩成就施波
羅蜜多
復次善男子菩薩成就十種法即能圓滿
戒波羅蜜多何等爲十一者守護波羅提木叉
律儀二者守護菩薩淨戒律儀三者遠離
一切熱惱四者遠離不如理思惟五者驚怖
所作諸業六者驚怖所作違犯七者怖見
他物八者要期堅固九者得淨尸羅而無所
依十者尸羅三輪清淨善男子云何菩薩
守護波羅提木叉律儀所謂菩
薩善學如來所說素怛纜毗奈耶法
善受學處菩薩修學及以學處不著種
族故不執異見故不著徒衆故不見補特
伽羅過患生尊重心故是諸菩薩所修學處
是名菩薩守護波羅提木叉律儀云何守
護菩薩淨戒律儀所謂菩薩如是思惟若

BD05626號　寶雨經（兑廢稿）卷一　（2–2）

正法念處經身念處品之六　卷第六十九　元魏世三藏瞿曇[illegible]譯
復次循行者隨順觀外身十大山中復有何
等河池流水花果鳥獸彼以聞慧或以天眼
見僧迦賒山僧迦賒樹六時之花其樹晝夜
光明不斷如閻浮提然大炬火其香普薰滿
僧迦賒山有四大林一名青影林二名鳥意
林三名溫涼林四名含毗羅林若至此林其
花如雲從空而下合和聚集故名僧迦賒山
僧迦賒言聚集 青影林者隨有一切白色衆鳥住在此
林以林力故如瑠璃色故名青影林鳥音林
者若入此林如意所念鳥出妙音欝單曰人
見之生大歡喜故名鳥音林溫涼林者若人
有寒入則溫暖若有熱者入此林中即得清
涼林中有鳥名曰風行是命命鳥以鳥力故
一念能行一千由旬若人見鳥憶念欲行即
乘此鳥一念能至一千由旬其命命鳥能解

BD05627號　正法念處經（兑廢稿）卷六九　（2–1）

林三名溫涼林四名僧迦賒羅林若至此林其
花如雲從空而下合和聚集故名僧迦賒山
僧迦賒言聚集 青影林者隨有一切白色衆鳥住在此
林以林力故如瑠璃色故名青影林鳥音林
者若入此林如意所念鳥出妙音讚嘆白人
見之生大歡喜故名鳥音林溫涼林者若人
有寒入則溫暖若有熱者入此林中即得清
涼林中有鳥名曰風行是命命鳥以鳥力故
一念能行一千由旬若人見鳥憶念欲行即
乘此鳥一念能至一千由旬其命命鳥能解
四天下人所有語言亦能宣說如人受樂如
人欲樂其身七寶莊嚴兩翼青寶車𤦲頗梨
赤蓮華寶莊嚴其身見者歡喜觀僧迦賒山
有第二林名曰鸚鵡林鳥歡喜有蓮華池湅
覆其上若閻浮提鵝王中熱而死生此池中
覆其上若閻浮提鵝王中熱而死生此池中
有第二林名曰鸚鵡林鳥歡喜有蓮華
赤蓮華寶莊嚴其身見者歡喜觀
僧迦賒山人欲樂其身七寶莊
嚴

BD05627號　正法念處經（兌廢稿）卷六九　（2–2）

戒經為上最　如來立禁戒　半月半月說
和合僧集會　未受大戒者出　不來諸比丘尼說欲及
清淨　僧今和合何所作為　大姊僧聽今十五
日衆僧說戒若僧時到僧忍聽和合說戒白如是
諸大姊我今欲說波羅提木叉戒汝等諦聽善心念之若知
有犯者即應自懺悔不犯者默然默然者知諸大姊清淨若有
有他問者即如是答如是比丘尼在於衆中乃至三問憶念有罪
不懺悔者得故妄語罪故妄……佛說障道法若彼比丘尼
憶念有罪欲求清淨者應懺悔懺悔得安樂諸大姊我已
說戒經序今問諸大姊是中清淨不……諸大姊是中清淨默然
故是事如是持諸大姊是八波羅夷法半月半月說戒經中來
若比丘尼作婬欲事犯不淨行乃至共畜生是比丘尼波羅夷不共住
若比丘尼在聚落若空處不與物懷盜心取隨所盜物若為王若大
大臣所捉若縛若殺若駈出國汝是賊汝癡汝无所知若比丘
尼作如是不與取是比丘尼波羅夷不共住
若比丘尼故自手斷人命若持刀授與人若歎死譽死勸死

BD05628號　四分比丘尼戒本　（28–1）

若比丘尼作婬欲事犯不淨行乃至共畜生是比丘尼波羅夷不共住
若比丘尼在聚落若空處不與物懷盜心取隨所盜物若為王若王大
臣所捉若縛若殺若驅出國汝是賊汝癡汝無所知若比丘
尼作如是不與取是比丘尼波羅夷不共住
若比丘尼故自手斷人命若持刀授與人若歎死譽死勸死咄
人用此惡活為寧死不生作如是心念無數方便歎死譽死
勸死是比丘尼波羅夷不共住
若比丘尼實無所知自歎譽言我得上人法已入聖智勝法
我知是我見是後於異時若問若不問欲求清淨故[illegible]
諸大姊我實不知不見而言我知我見虛誑妄語除增上慢
是比丘尼波羅夷不共住
若比丘尼染污心共染污心男子從腋已下膝已上身相觸若
捺若摩若牽若推若上摩若下摩若舉若下若捉若捺
是比丘尼波羅夷不共住是身相觸也
若比丘尼染污心知男子染污心受捉手捉衣入屏處共立
共語共行或身相倚或共期是比丘尼波羅夷不共住犯此
八事故
若比丘尼知比丘尼犯波羅夷不自舉不語眾人不白大眾
若於異時彼比丘尼或命終或眾中舉或休道或入外道眾
後作是言我先知有如是如是罪是比丘尼波羅夷不共
住覆藏重罪故
若比丘尼知比丘僧為作舉如法如律如佛所教不順從不懺悔
僧未與作共住而順從諸比丘尼語言大姊此比丘為僧所舉
如法如律如佛所教不順從不懺悔僧未與作共住汝莫順
從如是比丘尼諫彼比丘尼時堅持不捨彼比丘尼應乃
至第二第三諫令捨此事故若乃至三諫捨者善若不捨者
是比丘尼波羅夷不共住犯隨舉
諸大姊我已說八波羅夷法若比丘尼犯一一波羅夷法不得
與諸比丘尼共住如前後亦如是是比丘尼得波羅夷罪不應
共住今問諸大姊是中清淨不 三問 諸大姊是中清淨默然
故是事如是持 諸大姊是十七僧伽婆尸沙法半月半月說戒經中來

BD05628號　四分比丘尼戒本　（28–2）

從如是比丘尼諫彼比丘尼時堅持不捨彼比丘尼應乃
至第二第三諫令捨此事故若乃至三諫捨者善若不捨者
是比丘尼波羅夷不共住犯隨舉
諸大姊我已說八波羅夷法若比丘尼犯一一波羅夷法不得
與諸比丘尼共住如前後亦如是是比丘尼得波羅夷罪不應
共住今問諸大姊是中清淨不 三問 諸大姊是中清淨默然
故是事如是持 諸大姊是十七僧伽婆尸沙法半月半月說戒經中來
若比丘尼媒嫁持男語語女持女語語男若為成婦事若
為私通乃至須臾是比丘尼犯初法應捨僧伽婆尸沙
若比丘尼瞋恚不喜以無根波羅夷法謗欲壞彼清淨
行後於異時若問若不問知是事無根說我瞋恚故作如是
語是比丘尼犯初法應捨僧伽婆尸沙
若比丘尼瞋恚不喜於異分事中取片非波羅夷比丘尼以無根波羅
夷法謗欲破彼人梵行後於異時若問若不問知是以分事中取
片彼比丘尼住瞋恚故作如是說是比丘尼犯初法應捨僧伽婆尸沙
若比丘尼詣官言人若居士若居士兒若奴若客作人若晝若
夜若一念頃若彈指頃若須臾頃是比丘尼犯初法應捨僧伽婆尸沙
若比丘尼先知是賊女罪應死多人所知不問王大臣不問種姓
便度出家受具戒是比丘尼犯初法應捨僧伽婆尸沙
若比丘尼知比丘尼為僧所舉如法如律如佛所教不順從未
懺悔僧未與作共住為愛故不問僧僧不約勅出界外
作羯磨與解罪是比丘尼犯初法應捨僧伽婆尸沙
若比丘尼獨渡水獨入村獨宿獨在後行是比丘尼犯初法應
捨僧伽婆尸沙
若比丘尼染污心知染污心男子從彼受可食者及食并餘物
是比丘尼犯初法應捨僧伽婆尸沙
若比丘尼教比丘尼作如是語大姊彼有染污心無染污心能
那汝何汝自無染污心於彼若得食以時清淨受取此比丘尼
犯初法應捨僧伽婆尸沙
若比丘尼欲壞和合僧方便受破僧法堅持不捨是比丘尼
[illegible]諫彼比丘尼言大姊汝莫壞和合僧莫方便壞和合僧[illegible]

BD05628號　四分比丘尼戒本　（28–3）

捨僧伽婆尸沙
若比丘尼染汙心知染汙心男子從彼受可食者及食并餘物
是比丘尼犯初法應捨僧伽婆尸沙
若比丘尼教比丘尼作如是語大姊彼有染汙心无染汙心能
那汝何汝自无染汙心於彼若得食以時清淨受取此比丘尼
犯初法應捨僧伽婆尸沙
若比丘尼欲壞和合僧方便受破僧法堅持不捨是比丘尼
應諫彼比丘尼言大姊汝莫壞和合僧莫方便壞和合僧莫
受壞僧法堅持不捨大姊應與僧和合與僧和合歡喜不諍
同一師學如水乳合於佛法中有增益安樂住是比丘尼諫彼
比丘尼時堅持不捨是比丘尼應三諫捨此事故乃至三諫捨者
善不捨者是比丘尼犯初法應捨僧伽婆尸沙
若比丘尼有餘比丘尼群黨若一若二若三乃至无數彼比丘尼
語是比丘尼言大姊汝莫諫此比丘尼此比丘尼法語比丘尼律
語比丘尼此比丘尼所說我等心喜樂此比丘尼所說我等忍可
是比丘尼語彼比丘尼言大姊莫作是說言此比丘尼是法語比
丘尼律語比丘尼此比丘尼所說我等喜樂此比丘尼所說我等
忍可何以故此比丘尼所說非法語非律語大姊莫欲破壞和
合僧當樂欲和合僧大姊與僧和合歡喜不諍同一師學如水
乳合於佛法中有增益安樂住是比丘尼諫彼比丘尼時堅持不捨
是比丘尼應三諫捨此事故乃至三諫捨者善不捨者是比丘尼犯
三法應捨僧伽婆尸沙
若比丘尼依城邑若村落住汙他家行惡行行惡行亦見亦聞
汙他家亦見亦聞是比丘尼諫彼比丘尼言大姊汝汙他家行
行惡行亦見亦聞汙他家亦見亦聞大姊汝汙他家行惡行
今可離此村落去不須住此彼比丘尼語此比丘尼作是言大姊
諸比丘尼有愛有恚有怖有癡有如是同罪比丘尼有駈者
有不駈者是諸比丘尼語彼比丘尼言大姊莫作是語有愛
有恚有怖有癡亦莫言有如是同罪比丘尼有駈者有不駈
者何以故而諸比丘尼不愛不恚不怖不癡有如是同罪比丘
尼有駈者有不駈者大姊汙他家行惡行行惡行亦見亦聞

諸比丘尼有愛有恚有怖有癡有如是同罪比丘尼有駈者
有不駈者是諸比丘尼語彼比丘尼言大姊莫作是語有愛
有恚有怖有癡亦莫言有如是同罪比丘尼有駈者有不駈
者何以故而諸比丘尼不愛不恚不怖不癡有如是同罪比丘
尼有駈者有不駈者大姊汙他家行惡行行惡行亦見亦聞
汙他家亦見亦聞是比丘尼諫彼比丘尼時堅持不捨是比丘
尼應三諫捨此事故乃至三諫捨者善不捨者是比丘尼犯三法
應捨僧伽婆尸沙
若比丘尼惡性不受人語於戒法中諸比丘尼如法諫已自身
不受諫語言大姊汝莫向我說若好若惡我亦不向我（汝）說若
好若惡諸大姊且止莫諫我是比丘尼當諫彼比丘尼言大姊汝
莫自身不受諫語大姊自身當受諫語大姊如法諫諸比丘
尼亦當如法諫大姊如是佛弟子眾得增益展轉相諫展
轉相教展轉懺悔是比丘尼如法諫時堅持不捨是比丘尼應
諫捨此事故乃至三諫捨者善不捨者是比丘尼犯三法應
捨僧伽婆尸沙
若比丘尼相親近住共作惡行惡聲流布展轉共相覆罪
是比丘尼當諫彼比丘尼言大姊汝等莫相親近共作惡行惡
聲流布共相覆罪汝等若不相親近於佛法中得增益安
樂住是比丘尼諫彼比丘尼時堅持不捨是比丘尼應三諫捨
此事故乃至三諫捨者善不捨者是比丘尼犯三法應捨僧伽婆尸沙
若比丘尼比丘尼僧為作呵諫時餘比丘尼教作如是言汝等
莫別住當共住我亦見餘比丘尼不別住共作惡行惡聲流
布共相覆罪僧以恚故教汝別住是比丘尼應諫彼比丘尼
言大姊汝莫教餘比丘尼言汝等莫別住我亦見餘比丘
尼共住共作惡行惡聲流布共相覆罪僧以恚故教汝別住
今正有此二比丘尼共住共作惡行惡聲流布共相覆罪更无
有餘若此比丘尼別住於佛法中有增益安樂住是比丘尼
諫彼比丘尼時堅持不捨是比丘尼應三諫令捨此事故乃
至三諫捨者善不捨者是比丘尼犯三法應捨僧伽婆尸沙

尼共住共作惡行惡聲流布共相覆罪僧以恚故教汝別住
今正有此二比丘尼共住共作惡行惡聲流布共相覆罪更无
有餘若此比丘尼別住於佛法中有增益安樂住是比丘尼
諫彼比丘尼時堅持不捨是比丘尼應三諫令捨此事故乃
至三諫捨者善不捨者是比丘尼犯三法應捨僧伽婆尸沙
若比丘尼取以一小事瞋恚不喜便作是語我捨佛捨法捨僧
不獨有此沙門婆羅門脩梵行者我等
亦可於彼脩梵行是比丘尼當諫彼比丘尼言大姊汝莫取
以一小事瞋恚不喜便作是語我捨佛捨法捨僧不獨有此
沙門釋子亦更有餘沙門婆羅門脩梵行者我等亦可於彼
脩梵行若是比丘尼諫彼比丘尼時堅持不捨彼比丘尼應
三諫捨此事故乃至三諫捨者善不捨者是比丘尼犯三法應
捨僧伽婆尸沙
若比丘尼喜鬪諍不善憶持諍事後瞋恚作是語僧有
愛有恚有怖有癡是比丘尼應諫彼比丘尼言妹汝莫喜
鬪諍不善憶持諍事後瞋恚作是語僧有愛有恚有
怖有癡而僧不愛不恚不怖不癡汝自有愛有恚有怖
有癡是比丘尼諫彼比丘尼時堅持不捨彼比丘尼應三諫
捨此事故乃至三諫捨者善不捨者是比丘尼犯三法應捨僧
伽婆尸沙
諸大姊我已說十七僧伽婆尸沙法九初犯罪八乃至三諫
若比丘尼犯一一法應半月二部僧中行摩那埵行摩那埵已餘
有出罪應二部四十人僧中出是比丘尼罪若少一人不滿四十衆
出是比丘尼罪是比丘尼罪不得除諸比丘尼亦可呵此是時今
問諸大姊是中清淨不 三問 諸大姊是中清淨默然故是
事如是持 諸大姊是三十尼薩耆波逸提法半月半月說戒經中來
若比丘尼衣已竟迦絺那衣已出捨畜長衣經十日不淨施得
畜若過者尼薩耆波逸提
若比丘尼衣已竟迦絺那衣已出捨五衣中離一一衣異處宿
經一夜除僧羯磨尼薩耆波逸提

BD05628號　四分比丘尼戒本

（28–6）

事如是持 諸大姊是三十尼薩耆波逸提法半月半月說戒經中來
若比丘尼衣已竟迦絺那衣已出捨畜長衣經十日不淨施得
畜若過者尼薩耆波逸提
若比丘尼衣已竟迦絺那衣已出捨五衣中離一一衣異處宿
經一夜除僧羯磨尼薩耆波逸提
若比丘尼衣已竟迦絺那衣已捨若得非時衣欲須便受
已疾疾成衣若足者善若不足者得畜一月為滿足故若
過畜者尼薩耆波逸提
若比丘尼從非親里比丘尼居士居士婦乞衣除餘時尼薩耆
波逸提餘時者若奪衣失衣燒衣漂衣是名時
若比丘尼奪衣失衣燒漂衣若非親里居士若居士婦自恣
請多與衣是比丘尼當知足受衣若過受尼薩耆波逸提
若比丘尼居士居士婦為比丘尼辦衣價具如是衣價與某
甲比丘尼是比丘尼先不受自恣請到居士家作如是說善
哉居士為我辦如是如是衣價與我為好故若得衣者尼
薩耆波逸提
若比丘尼二居士居士婦與比丘尼辦衣價我曹辦如是衣
價與某甲比丘尼是比丘尼先不受自恣請到二居士家
作如是言善哉居士辦如是如是衣價與我共作一衣為好
故若得衣者尼薩耆波逸提
若比丘尼若王若大臣若婆羅門若居士居士婦遣使為
比丘尼送衣價持如是衣價與某甲比丘尼彼使至比丘尼所
語言阿姨為汝送衣價受取是比丘尼語彼使如是言我不
應受此衣價我若須衣合時清淨當受彼使語比丘尼言
阿姨有執事人不須衣比丘尼應言有若僧伽藍民若優
婆塞此是比丘尼執事人常為比丘尼執事彼使至執事
人所與衣價已還到比丘尼所如是言阿姨所是某甲執事
人我已與衣價大姊知時往彼當得衣比丘尼若須衣者
當往執事人所二反三反語言我須衣若二反三反為作憶
念得衣者善若不得衣四反五反六反在前默然立令彼
憶念若四反五反六反在前默然住得衣者善若不得衣過

BD05628號　四分比丘尼戒本

（28–7）

阿蘭有執事人不須衣比丘尼應言有若僧伽藍民若
婆塞此是比丘尼執事人常爲比丘尼執事彼使至執事
人所與衣價已還到比丘尼所如是言阿蘭所是某甲執事
人我已與衣價大姊知時往彼當得衣比丘尼若須衣者
當往執事人所二反三反語言我須衣若二反三反爲作憶
念得衣者善若不得衣四反五反六反在前默然立令彼
憶念若四反五反六反在前默然住得衣者善若不得衣過
是求得衣者尼薩耆波逸提若不得衣隨彼使所來處
若自往若遣使往語言汝先遣使持衣價與某甲比丘尼
是比丘尼竟不得衣汝還取莫使失此是時
若比丘尼自取金銀若錢若教人取若口可受者尼薩耆波逸提
若比丘尼種種買賣寶物者尼薩耆波逸提
若比丘尼種種賣買者尼薩耆波逸提
若比丘尼鉢減五綴不漏更求新鉢爲好故尼薩耆波逸提
是比丘尼當持此鉢於尼衆中捨從次第貿至下坐鉢與
此比丘尼言妹持此鉢乃至破此是時
若比丘尼自求縷使非親里織師織作衣者尼薩耆波逸提
若比丘尼居士居士婦使織師爲比丘尼織作衣彼比丘尼
先不受自恣請便往到彼所語織師言此衣爲我織極好
織令廣長堅緻齊整好我當少多與汝價若比丘尼與
價乃至一食直得衣者尼薩耆波逸提
若比丘尼與比丘尼衣已後瞋恚若自奪若教人奪取還
我衣來不與汝是比丘尼應還衣彼取衣者尼薩耆波逸提
若比丘尼有諸病畜藥蘇油生蘇蜜石蜜得食殘宿乃至
七日得服若過七日服尼薩耆波逸提
若比丘尼十日未滿夏三月若有急施比丘尼知是急施衣
應受受已乃至衣時應畜若過畜者尼薩耆波逸提
若比丘尼知物向僧自求入己者尼薩耆波逸提
若比丘尼欲索是更索彼者尼薩耆波逸提
若比丘尼知檀越所爲僧施異迴作餘用者尼薩耆波逸提
若比丘尼所爲施物異自求爲僧迴作餘用者尼薩耆波逸提

BD05628 號　四分比丘尼戒本　（28–8）

七日得服若過七日服尼薩耆波逸提
若比丘尼十日未滿夏三月若有急施比丘尼知是急施衣
應受受已乃至衣時應畜若過畜者尼薩耆波逸提
若比丘尼知物向僧自求入己者尼薩耆波逸提
若比丘尼欲索是更索彼者尼薩耆波逸提
若比丘尼知檀越所爲僧施異迴作餘用者尼薩耆波逸提
若比丘尼所爲施物異自求爲僧迴作餘用者尼薩耆波逸提
若比丘尼檀越所施物異迴作餘用者尼薩耆波逸提
若比丘尼檀越所爲施物異自求爲僧迴作餘用者尼薩耆波逸提
若比丘尼畜長鉢者尼薩耆波逸提
若比丘尼多畜好色器者尼薩耆波逸提
若比丘尼許他比丘尼病衣後不與者尼薩耆波逸提
若比丘尼以非時衣受作時衣者尼薩耆波逸提
若比丘尼與比丘尼貿易衣後瞋恚還自奪取若使人奪
妹還我衣來我不與汝汝衣屬汝我衣還我者尼薩耆波逸提
若比丘尼乞重衣齊價直四張氎過者尼薩耆波逸提
若比丘尼欲乞輕衣極重價直兩張半氎過者尼薩耆波逸提
諸大姊我已說三十尼薩耆波逸提法今問諸大姊是中清淨不三問
諸大姊是中清淨默然故是事如是持
諸大姊是一百七十八波逸提法半月半月說戒經中來
若比丘尼故妄語者波逸提
若比丘尼毀呰語者波逸提
若比丘尼兩舌語者波逸提
若比丘尼與男子同室宿者波逸提
若比丘尼共未受大戒女人同一室宿若過三宿波逸提
若比丘尼與未受具戒人共誦者波逸提
若比丘尼知他有麤惡罪向未受大戒人說除僧羯磨波逸提
若比丘尼向未受大戒人說過人法言我知是我見是實者波逸提
若比丘尼與男子說法過五六語除有知女人波逸提
若比丘尼自手掘地若教人掘者波逸提　十
若比丘尼壞鬼神村者波逸提

BD05628 號　四分比丘尼戒本　（28–9）

若比丘尼與未受具戒人共誦者波逸提
若比丘尼知他有麁惡罪向未受大戒人說除僧羯磨波逸提
若比丘尼向未受大戒人說過人法言我知是我見是實者波逸提
若比丘尼與男子說法過五六語除有知女人波逸提
若比丘尼自手掘地若教人掘者波逸提 十
若比丘尼壞鬼神村者波逸提
若比丘尼妄作異語惱他者波逸提
若比丘尼嫌罵知他者波逸提
若比丘尼取僧繩床若木床若臥具坐褥露地自敷若教人敷捨去不自舉不教人舉波逸提
若比丘尼於僧房中取僧臥具自敷若教人敷在中若坐若臥從彼處捨去不自舉不教人舉者波逸提
若比丘尼知比丘尼先住處後來於中間敷臥具止宿念言彼若嫌迮者自當避我去作如是因緣非餘非威儀波逸提
若比丘尼瞋他比丘尼不喜眾僧房中自牽出若教人牽出者波逸提
若比丘尼若在重閣上脫脚繩牀若木牀若坐若臥波逸提
若比丘尼知水有虫自用澆泥若草若教人澆者波逸提
若比丘尼作大房戶扉窓牖及餘莊餝具指授覆苫齊二三節若過者波逸提 廿
若比丘尼施一食處无病比丘尼應一食若過受者波逸提
若比丘尼別眾食除餘時波逸提餘時者病時作衣時施衣時行道時船上時大會時沙門施食時此是時
若比丘尼至檀越家慇懃請與餅麨飯比丘尼欲須須者當二三鉢應受持至寺內分與餘比丘尼食若比丘尼无病過三鉢受持至寺中不分與餘比丘尼食者波逸提
若比丘尼非時噉食者波逸提
若比丘尼殘宿食噉者波逸提
若比丘尼不受食及藥著口中除水楊枝波逸提
若比丘尼先受請已若前食後食行詣餘家不屬餘比丘尼除餘時波逸提餘時者病時作衣時施衣時施食時此是時

BD05628號　四分比丘尼戒本

若比丘尼非時噉食者波逸提
若比丘尼殘宿食噉者波逸提
若比丘尼不受食及藥著口中除水楊枝波逸提
若比丘尼先受請已若前食後食行詣餘家不屬餘比丘尼除餘時波逸提餘時者病時作衣時施衣時施食時此是時
若比丘尼食家中有寶強安坐者波逸提
若比丘尼食家中有寶在屏處坐者波逸提
若比丘尼獨與男子露地一處共坐者波逸提 三十
若比丘尼語比丘尼如是語大姊共汝至聚落當與汝食彼比丘尼竟不與教是比丘尼食如是言大姊去我與汝一處共坐共語不樂我獨坐獨語樂以是因緣非餘方便遣去波逸提
若比丘尼請比丘尼四月與藥无病比丘尼應受若過受除常請更請分請盡形請波逸提
若比丘尼往觀軍陣除時因緣波逸提
若比丘尼有因緣至軍中若二宿三宿過者波逸提
若比丘尼軍中住若二宿三宿或時觀軍陣鬪戰若觀遊軍象馬力勢者波逸提
若比丘尼飲酒者波逸提
若比丘尼水中戲者波逸提
若比丘尼以指相擊擽者波逸提
若比丘尼不受諫者波逸提
若比丘尼恐怖他比丘尼者波逸提 四十
若比丘尼半月洗浴无病比丘尼應受若過受除餘時波逸提餘時者熱時病時作時風雨時遠行來時此是時
若比丘尼无病為炙身故露地然火若教人然除餘時波逸提
若比丘尼藏他比丘尼若鉢若衣若坐具針筒自藏教人藏下至戲笑者波逸提
若比丘尼淨施比丘比丘尼式叉摩那尼沙彌沙彌尼衣後不問主取著者波逸提
若比丘尼得新衣當作三種染壞色青黑木蘭若比丘尼

BD05628號　四分比丘尼戒本

若比丘尼藏他比丘尼若鉢若衣若坐具針筒自藏教人
藏下至戲笑者波逸提
若比丘尼淨施比丘比丘尼式叉摩那尼沙弥沙弥尼衣後
不問主取著者波逸提
若比丘尼得新衣當作三種染壞色青黑木蘭若比丘尼
得衣不作三種染壞色青黑木蘭新衣持者波逸提
若比丘尼故斷畜生命者波逸提
若比丘尼知水有蟲飲者波逸提
若比丘尼故惱他比丘尼乃至少時不樂波逸提
若比丘尼有麁惡罪覆藏者波逸提
若比丘尼知僧諍事如法懺悔已後更發舉者波逸提 五十
若比丘尼知是賊伴共期一道行乃至一聚落波逸提
若比丘尼作如是語我知佛所說法行婬欲非障道法彼
比丘尼諫此比丘尼言大姊莫作是語莫謗世尊謗世尊
者不善世尊不作是語世尊无數方便說婬欲是障道
法犯婬者是障道法彼比丘尼諫此比丘尼時堅持不捨彼
比丘尼乃至三諫令捨是事乃至三諫時捨者善不捨者波逸提
若比丘尼知如是語人未作法如是邪見而不捨若畜同
一羯磨同一止宿波逸提
若比丘尼知沙弥尼作如是語我知佛所說法行婬欲非
障道法彼比丘尼諫此沙弥尼言汝莫作是語莫謗世尊
謗世尊不善世尊不作是語沙弥尼世尊无數方便說婬
欲是障道法犯婬欲者是障道法彼比丘尼諫此沙弥尼
時堅持不捨彼比丘尼應乃至三諫捨此事故乃至三諫
時若捨者善不捨者彼比丘尼應語是沙弥尼言汝自今已
去非佛弟子不得隨餘比丘尼行如諸沙弥尼得與比丘尼
二三宿汝今无是事汝去滅去不須此中住若比丘尼知是被
擯沙弥尼若畜共同至宿者波逸提
若比丘尼如法諫時作如是語我今不學是戒乃至問有智
慧持律者當難問波逸提若為求解應當難問

時若捨者善不捨者彼比丘尼應語是沙弥尼言汝自今已
去非佛弟子不得隨餘比丘尼行如諸沙弥尼得與比丘尼
二三宿汝今无是事汝去滅去不須此中住若比丘尼知是被
擯沙弥尼若畜共同至宿者波逸提
若比丘尼如法諫時作如是語我今不學是戒乃至問有智
慧持律者當難問波逸提若為求解應當難問
若比丘尼說戒時如是語大姊用是雜碎戒為說是戒時
令人惱愧懷疑輕毀戒故波逸提
若比丘尼說戒時作如是語大姊我今始知是戒半月半月說
戒經中來餘比丘尼知是比丘尼若二若三說戒中坐何況
多彼比丘尼无知无解若犯罪應如法治更重增无知法大
姊汝无利得不善汝說戒時不用心念不一心兩耳聽法
彼无知故波逸提
若比丘尼共同羯磨已後作如是說諸比丘尼隨親厚以衆
僧物與者波逸提
若比丘尼僧斷事時不與欲而起去者波逸提
若比丘尼與欲竟後更呵者波逸提 六十
若比丘尼共比丘尼鬪諍後聽此語已欲向彼說者波逸提
若比丘尼瞋恚故不喜打彼比丘尼者波逸提
若比丘尼瞋恚故不喜以手摶比丘尼者波逸提
若比丘尼瞋恚故不喜以无根僧伽婆尸沙法謗者波逸提
若比丘尼剎利水澆頭王王未出未藏寶若過宮門閾者
波逸提
若比丘尼若寶及寶莊飾具自捉若教人捉除僧伽藍中及
寄宿處波逸提若僧伽藍中若寄宿處若寶若以寶莊
飾具自捉若教人捉若識者當取如是因緣非餘
若比丘尼非時入聚落又不囑比丘尼者波逸提
若比丘尼作繩牀木牀足應高如來八指除入梐孔上者
截竟過者波逸提
若比丘尼持兜羅綿貯作繩牀木牀若卧具坐具波逸提
若比丘尼[illegible]波逸提 七十

若比丘尼若寶及寶莊飾具自捉教人捉除僧伽藍中及
寄宿處波逸提若僧伽藍中若寄宿處若寶若以寶莊
飾具自捉若教人捉若識者當取如是因緣非餘
若比丘尼非時入聚落又不囑比丘尼者波逸提
若比丘尼作繩牀木牀足應高如來八指除入梐孔上若
截竟過者波逸提
若比丘尼持兜羅綿貯作繩牀木牀若臥具坐具波逸提
若比丘尼噉蒜者波逸提
若比丘尼剃三處毛者波逸提 七十
若比丘尼以水作淨應齊兩指各一節若過者波逸提
若比丘尼以胡膠作男根者波逸提
若比丘尼共相拍者波逸提
若比丘尼比丘无病時供給水以扇扇者波逸提
若比丘尼乞生草穀者波逸提
若比丘尼在生草上大小便者波逸提
若比丘尼夜便大小便器中晝不看牆外弃者波逸提
若比丘尼往觀看伎樂者波逸提
若比丘尼入村內與男子在屏處共立共語者波逸提 卆
若比丘尼與男子共入屏障處者波逸提
若比丘尼入村內巷陌中遣伴遠去在屏處與男子共立耳語者波逸提
若比丘尼入白衣家內坐不語主人捨去者波逸提
若比丘尼入白衣家內不語主人輒坐牀者波逸提
若比丘尼入白衣家內不語主人輒自敷坐宿者波逸提
若比丘尼與男子共入闇室中者波逸提
若比丘尼不審諦受師語便向人說者波逸提
若比丘尼有小因緣事便呪詛墮三惡道不生佛法中
若我有如是事亦墮三惡道不生佛法中若我有如是
事亦墮三惡道不生佛法中者波逸提
若比丘尼共鬪諍不善憶持諍事推胷啼哭者波逸提
若比丘尼无病二人共牀臥者波逸提 卆
若比丘尼共同一褥一被臥除時者波逸提

BD05628號　四分比丘尼戒本

（28–14）

若比丘尼有小因緣事便呪詛墮三惡道不生佛法中
若我有如是事亦墮三惡道不生佛法中若我有如是
事亦墮三惡道不生佛法中者波逸提
若比丘尼共鬪諍不善憶持諍事推胷啼哭者波逸提
若比丘尼无病二人共牀臥者波逸提 卆
若比丘尼共同一褥一被臥除時者波逸提
若比丘尼知先住後至知後至先住為惱故在前誦經
問義教授者波逸提
若比丘尼同活比丘尼病不瞻視者波逸提
若比丘尼安居初聽餘比丘尼在房中安牀後瞋恚駈
出者波逸提
若比丘尼春夏冬一切時人間遊行除餘因緣者波逸提
若比丘尼夏安居訖不去者波逸提
若比丘尼邊界有疑恐怖處人間遊行者波逸提
若比丘尼於界內有疑恐怖處在人間遊行波逸提
若比丘尼親近居士居士兒共住作不隨順行餘比丘尼
諫此比丘尼言妹汝莫親近居士居士兒共住作不隨順
行大姉可別住若別住於佛法中有增益安樂住彼比
丘尼諫此比丘尼時堅持不捨彼比丘尼應三諫捨此事
故乃至三諫捨者善不捨者波逸提
若比丘尼往觀王宮文飾畫堂園林浴池者波逸提 一百
若比丘尼露身形在河水泉流水池水中浴者波逸提
若比丘尼作浴衣應量作應量作者長佛六磔手廣二
磔手半若過者波逸提
若比丘尼縫僧伽梨過五日者波逸提
若比丘尼過五日不看僧伽梨者波逸提
若比丘尼與衆僧衣作留難者波逸提
若比丘尼不問主便著他衣者波逸提
若比丘尼持沙門衣施與外道白衣者波逸提
若比丘尼作如是意衆僧如法分衣遮令不分恐弟子不

BD05628號　四分比丘尼戒本

（28–15）

若比丘尼綖僧伽梨過五日者波逸提
若比丘尼過五日不看僧伽梨波逸提
若比丘尼與衆僧衣作留難者波逸提
若比丘尼不問主便著他衣者波逸提
若比丘尼持沙門衣施與外道白衣者波逸提
若比丘尼作如是意衆僧如法分衣遮令不分恐弟子不
得者波逸提
若比丘尼作如是意令衆僧令不得出迦絺那衣後當
出欲令五事久得放捨者波逸提
若比丘尼作如是意遮比丘尼僧不出迦絺那衣欲令久
得五事放捨者波逸提　一百
若比丘尼餘比丘尼語言為我滅此諍事而不與作方便
令滅者波逸提
若比丘尼自手持食與白衣入外道食者波逸提
若比丘尼為白衣作使者波逸提
若比丘尼自手紡縷者波逸提
若比丘尼入白衣舍內在小牀大牀上若坐若卧者波逸提
若比丘尼至白衣舍語主人敷坐止宿明日不辭主人而去者
波逸提
若比丘尼自習誦世俗呪術者波逸提
若比丘尼教人誦習世俗呪術者波逸提
若比丘尼知女人妊身度與受具足戒者波逸提
若比丘尼知婦女乳兒與受具足戒者波逸提　一百十
若比丘尼知年不滿二十與受具足戒者波逸提
若比丘尼年十八童女不與二歲學戒年滿二十便與受具
足戒者波逸提
若比丘尼年十八童女與二歲學戒不與六法滿二十便與
受具足戒者波逸提
若比丘尼年十八童女與二歲學戒與六法滿二十衆僧
不聽便與受具足戒者波逸提

BD05628號　四分比丘尼戒本　（28–16）

若比丘尼年十八童女不與二歲學戒年滿二十便與受具
足戒者波逸提
若比丘尼年十八童女與二歲學戒不與六法滿二十便與
受具足戒者波逸提
若比丘尼年十八童女與二歲學戒與六法滿二十衆僧
不聽便與受具足戒者波逸提
若比丘尼度曾嫁婦女年十歲與二歲學戒年滿十二聽與
受具足戒若減十二與受具足戒者波逸提
若比丘尼度他小年曾嫁婦女與二歲學戒年滿十二不
衆僧便與受具足戒者波逸提
若比丘尼知如是人與受具足戒者波逸提
若比丘尼多度弟子不教二歲學戒不與二法攝取者
波逸提
若比丘尼不二歲隨和上尼者波逸提
若比丘尼僧不聽而受人具足戒者波逸提　一百三十
若比丘尼年未滿十二歲授人具足戒者波逸提
若比丘尼年滿十二歲衆僧不聽便授人具足戒者波逸提
若比丘尼僧不聽授人具足戒便言衆僧有愛有恚有
怖有癡欲聽者便聽不欲聽者便不聽如是語者波逸提
若比丘尼父母夫主不聽與授具足戒者波逸提
若比丘尼知女人與童男男子相敬愛愁憂瞋恚女人
度令出家授具足戒者波逸提
若比丘尼語式叉摩那言汝妹捨是學是當與汝受具足
戒若不方便與受具足戒者波逸提
若比丘尼語式叉摩那言持衣來與我我當與汝受具
足戒而不方便與受具足戒波逸提
若比丘尼不滿一歲授人具足戒者波逸提
若比丘尼與人受具足已經宿方往比丘僧中與受具足
戒者波逸提
若比丘尼不病不往受教授者波逸提　一百卌
若比丘[illegible]

BD05628號　四分比丘尼戒本　（28–17）

若比丘尼不滿一歲授人具足戒者波逸提
若比丘尼與人受具足已經宿方往比丘僧中與受具足
戒者波逸提
若比丘尼不病不往受教授者波逸提 一百卌
若比丘尼半月應往僧中求教授若不求者波逸提
若比丘尼僧夏安居竟應往比丘僧中說三事自恣見聞
疑若不往者波逸提
若比丘尼在无比丘處夏安居者波逸提
若比丘尼知有比丘僧伽藍不白而入者波逸提
若比丘尼罵比丘者波逸提
若比丘尼喜鬪諍不善憶持諍事後瞋恚不喜罵比
丘尼眾者波逸提
若比丘尼身生癰及種種瘡不白眾及餘人輙使男子破
若裹者波逸提
若比丘尼先受請若足食已後食飯麨乾飯魚及肉者
波逸提
若比丘尼於食家生嫉妬心者波逸提
若比丘尼以香塗摩身者波逸提 一百五十
若比丘尼以胡麻滓塗摩身者波逸提
若比丘尼使比丘尼塗摩身者波逸提
若比丘尼使式叉摩那塗摩身者波逸提
若比丘尼使沙弥尼塗摩身者波逸提
若比丘尼使白衣婦女塗摩身者波逸提
若比丘尼着衧髁衣者波逸提
若比丘尼畜婦女莊嚴身具除時因緣波逸提
若比丘尼着革屣持蓋行除時因緣波逸提
若比丘尼无病乘乘行除時因緣波逸提
若比丘尼不着僧祇支入村者波逸提 一百六十
若比丘尼向暮至白衣家先不被喚者波逸提
若比丘尼向暮開僧伽藍門不囑授餘比丘尼而出去者

若比丘尼着革屣持蓋行除時因緣波逸提
若比丘尼无病乘乘行除時因緣波逸提
若比丘尼不着僧祇支入村者波逸提 一百六十
若比丘尼向暮至白衣家先不被喚者波逸提
若比丘尼向暮開僧伽藍門不囑授餘比丘尼而出去者
波逸提
若比丘尼日没開僧伽藍門不囑授而出者波逸提
若比丘尼不前安居不後安居者波逸提
若比丘尼知女人常漏大小便涕唾常出者与受具足戒者
波逸提
若比丘尼知二形人与受具足戒者波逸提
若比丘尼知二道合者与受具足戒波逸提
若比丘尼知有負債難者病難者与受具足戒者波逸提
若比丘尼學世俗伎術以自活命者波逸提
若比丘尼以世俗伎術教授白衣者波逸提 一百七十
若比丘尼被擯不去者波逸提
若比丘尼欲問比丘義先不求而問者波逸提
若比丘尼知先住後至後至先住欲惱彼故在前經行
若立若坐若卧者波逸提
若比丘尼在有比丘僧伽藍内起塔者波逸提
若比丘尼見新受戒比丘應起迎送恭敬礼拜問訊請
与坐不者除因緣波逸提
若比丘尼為好故搖身趨行者波逸提
若比丘尼作婦女莊嚴香塗摩身者波逸提
若比丘尼使外道女香塗身者波逸提
諸大姊我已說一百七十八波逸提法今問諸大姊是中清
淨不 三問 諸大姊是中清淨默然故是事如是持
諸大姊是八波羅提提舍尼法半月半月說戒經中來
若比丘尼无病乞蘇而食者犯應懺悔可呵法應向餘比
丘尼說言大姊我犯可呵法所不應為我今向大姊懺悔是

若比丘尼[illegible]

諸大姊我已說一百七十八波逸提法今問諸大姊是中清
淨不三問　諸大姊是中清淨默然故是事如是持
諸大姊是八波羅提提舍尼法半月半月說戒經中來
若比丘尼無病乞蘇而食者犯應懺悔可呵法應向餘比
丘尼說言大姊我犯可呵法所不應為我今向大姊懺悔是
名悔過法
若比丘尼不病乞油而食者犯應懺悔可呵法應向餘比丘
尼說言大姊我犯可呵法所不應為我今向大姊懺悔是
名悔過法
若比丘尼不病乞蜜食者犯應懺悔可呵法應向餘比丘
尼說言大姊我犯可呵法所不應為我今向大姊懺悔
是名悔過法
若比丘尼不病乞黑石蜜食者犯應懺悔可呵法應向餘
比丘尼說言大姊我犯可呵法所不應為我今向大姊懺悔
是名悔過法
若比丘尼不病乞乳而食者犯應懺悔可呵法應向餘
比丘尼說言大姊我犯可呵法所不應為我今向大姊懺悔
是名懺悔過法
若比丘尼不病乞酪食者犯應懺悔可呵法應向餘比丘尼
說言大姊我犯可呵法所不應為我今向大姊懺悔是
名悔過法
若比丘尼不病乞魚食者犯應懺悔可呵法應向餘比丘
尼說言大姊我犯可呵法所不應為我今向大姊懺悔是
名悔過法
若比丘尼不病乞肉食者犯應懺悔可呵法應向餘比
丘尼說言大姊我犯可呵法所不應為我今向大姊懺悔
是名悔過法
諸大姊我已說八波羅提提舍尼法今問諸大姊是中清淨不三問
諸大姊是中清淨默然故是事如是持
諸大姊是衆學戒法半月半月說戒經中來

名悔過法
若比丘尼不病乞肉食者犯應懺悔可呵法應向餘比
丘尼說言大姊我犯可呵法所不應為我今向大姊懺悔
是名悔過法
諸大姊我已說八波羅提提舍尼法今問諸大姊是中清淨不三問
諸大姊是中清淨默然故是事如是持
諸大姊是衆學戒法半月半月說戒經中來
當齊整著涅槃僧應當學
當齊整著三衣應當學
不得反抄衣入白衣舍應當學
不得反抄衣入白衣舍坐應當學
不得衣纏頸入白衣舍應當學
不得衣纏頸入白衣舍坐應當學
不得覆頭入白衣舍應當學
不得覆頭入白衣舍坐應當學
不得跳行入白衣舍應當學
不得跳行入白衣舍坐應當學　十
不得白衣舍內蹲坐應當學
不得叉腰行入白衣舍應當學
不得叉腰行入白衣舍坐應當學
不得搖身行入白衣舍應當學
不得搖身行入白衣舍坐應當學
不得掉臂行入白衣舍應當學
不得掉臂行入白衣舍坐應當學
好覆身入白衣舍應當學
好覆身入白衣舍坐應當學
不得左右顧視行入白衣舍應當學　廿
不得左右顧視行入白衣舍坐應當學
靜默入白衣舍應當學
靜默入白衣舍坐應當學
不得戲笑行入白衣舍應當學

好覆身入白衣舍應當學
好覆身入白衣舍坐應當學
不得左右顧視行入白衣舍應當學 廿
不得左右顧視行入白衣舍坐應當學
靜默入白衣舍應當學
靜默入白衣舍坐應當學
不得戲笑行入白衣舍應當學
不得戲笑行入白衣舍坐應當學
用意受食應當學
平鉢受食應當學
平鉢受羹應當學
羹飯等食應當學
以次食應當學 卅
不得挑鉢中而食應當學
不得自為己索羹飯應當學
不得以飯覆羹更望得應當學
不得視比坐鉢中食應當學
當繫鉢想食應當學
不得大摶飯食應當學
不得大張口待飯食應當學
不得含飯語應當學
不得摶飯遙擲口中應當學
不得遺落飯食應當學 卌
不得頰食食應當學
不得嚼飯作聲食應當學
不得大噏飯食應當學
不得舌舐食應當學
不得振手食應當學
不得手把散飯食應當學
不得污手捉飲器應當學
不得洗鉢水弃白衣舍內應當學

BD05628號 四分比丘尼戒本 (28–22)

不得嚼飯作聲食應當學
不得大噏飯食應當學
不得舌舐食應當學
不得振手食應當學
不得手把散飯食應當學
不得污手捉飲器應當學
不得洗鉢水弃白衣舍內應當學
不得生草菜上大小便涕唾除病應當學
不得淨水中大小便涕唾除病應當學 五十
不得立大小便除病應當學
不得與反抄衣不恭敬人為說法除病應當學
不得為衣纏頸者說法除病應當學
不得為覆頭者說法除病應當學
不得為裹頭者說法除病應當學
不得為叉腰者說法除病應當學
不得為著草屣者說法除病應當學
不得為著木屐者說法除病應當學
不得為騎乘者說法除病應當學
不得在佛塔中止宿除為守護故應當學 六十
不得藏財物置佛塔中除為堅牢應當學
不得著草屣入佛塔中應當學
不得手捉草屣入佛塔中應當學
不得著草屣繞佛塔行應當學
不得著富羅入佛塔中應當學
不得手捉富羅入佛塔中應當學
不得塔下坐食留草及食污地應當學
不得擔死屍從塔下過應當學
不得塔下埋死屍應當學
不得塔下燒死屍應當學 七十
不得塔燒死屍應當學

BD05628號 四分比丘尼戒本 (28–23)

不得手捉富羅入佛塔中應當學
不得塔下坐食留草及食汙地應當學
不得擔死屍從塔下過應當學
不得塔下埋死屍應當學
不得塔下燒死屍應當學 七十
不得塔燒死屍應當學
不得佛塔四邊燒死屍臭氣來入應當學
不得持死人衣及牀從塔下過除浣染香薰應當學
不得佛塔下大小便應當學
不得向佛塔大小便應當學
不得遶佛塔四邊大小便使臭氣來入應當學
不得持佛像至大小便處應當學
不得在佛塔下嚼楊枝應當學
不得向佛塔嚼楊枝應當學
不得佛塔四邊嚼楊枝應當學 八十
不得在佛塔下涕唾應當學
不得向佛塔涕唾應當學
不得塔四邊涕唾應當學
不得向塔舒腳坐應當學
不得安佛塔在下房己在上房住應當學
人坐己立不得為說法除病應當學
人卧己坐不得為說法除病應當學
人在坐己在非坐不得為說法除病應當學
人在高坐己在下坐不得為說法除病應當學
人在前行己在後行不得為說法除病應當學 九十
人在高經行處己在下經行處不應為說法除病應當學
人在道己在非道不應為說法除病應當學
不得攜手在道行應當學
不得上樹過人頭除因緣應當學
不得絡囊盛鉢貫杖頭著肩上而行應當學
人持杖不恭敬為說法除病應當學

人在前行己在後行不得為說法除病應當學 九十
人在高經行處己在下經行處不應為說法除病應當學
人在道己在非道不應為說法除病應當學
不得攜手在道行應當學
不得上樹過人頭除因緣應當學
不得絡囊盛鉢貫杖頭著肩上而行應當學
人持杖不恭敬為說法除病應當學
人持劍不應為說法除病應當學
人持鉾不應為說法除病應當學
人持刀不應為說法除病應當學
人持蓋不應為說法除病應當學
諸大姉我已說眾學戒法今問諸大姉是中清淨不 三問
諸大姉是中清淨默然故是事如是持
諸大姉是七滅諍法半月半月說戒經中來
若比丘尼有諍事起即應除滅
應與現前毗尼當與現前毗尼
應與憶念毗尼當與憶念毗尼
應與不癡毗尼當與不癡毗尼
應與自言治當與自言治
應與覓罪相當與覓罪相
應與多人語當與多人語
應與如草覆地當與如草覆地
諸大姉我已說七滅諍法今問諸大姉是中清淨不 三問
諸大姉是中清淨默然故是事如是持
諸大姉我已說戒經序已說八波羅夷法已說十七僧伽
婆尸沙法已說三十尼薩耆波逸提法已說一百七十八波
逸提法已說八波羅提提舍尼法已說眾學戒法已說
七滅諍法此是佛所說戒經半月半月說戒經中來
若更有餘佛法是中皆共和合應當學
忍辱第一道 佛說無為最 出家惱他人 不名為沙門

婆尸沙法已說三十尼薩耆波逸提法已說一百七十八波
逸提法已說八波羅提提舍尼法已說衆學戒法已說
七滅諍法此是佛所說戒經半月半月說戒經中來
若更有餘佛法是中皆共和合應當學
忍辱第一道 佛說无為最 出家惱他人 不名為沙門
此是毗婆尸如來无所著等正覺說是戒經
譬如明眼人 能避險惡道 世有聰明人 能遠離諸惡
此是尸棄如來无所著等正覺說是戒經
不謗亦不嫉 當奉行於戒 飲食知止足 常樂在空閑
心定樂精進 是名諸佛教
此是毗葉羅如來无所著等正覺說是戒經
譬如蜂採花 不壞色與香 但取其味去 比丘入聚然
不違戾他事 不觀作不作 但自觀身行 若正若不正
此是拘樓孫如來无所著等正覺說是戒經
心莫作放逸 聖法當勤學 如是无憂愁 心定入涅槃
此是拘那含牟尼如來无所著等正覺說是戒經
一切惡莫作 當奉行諸善 自淨其志意 是則諸佛教
此是迦葉如來无所著等正覺說是戒經
善護於口言 自淨其志意 身莫作諸惡 此三業道淨
能得如是行 是大仙人道
此是釋迦牟尼如來无所著等正覺於十二年中為无事
僧說是戒經從是已後廣分別說諸比丘尼自為樂法樂
沙門者有慚有愧樂學戒者當於中學
明人能護戒 能得三種樂 名譽及利養 死得生天上
當觀如是處 有智勤護戒 戒淨有智慧 便得第一道
如過去諸佛 及以未來者 現在諸世尊 能勝一切憂
皆共尊敬戒 此是諸佛法 若有自為身 欲求於佛道
當尊重正法 此是諸佛教 七佛為世尊 滅除諸結使
說是七戒經 諸縛得解脫 已入於涅槃 諸戲永滅盡
尊行大仙說 聖賢稱譽戒 弟子之所行 入寂滅涅槃

BD05628號　四分比丘尼戒本

（28–26）

如過去諸佛 及以未來者 現在諸世尊 能勝一切憂
皆共尊敬戒 此是諸佛法 若有自為身 欲求於佛道
當尊重正法 此是諸佛教 七佛為世尊 滅除諸結使
說是七戒經 諸縛得解脫 已入於涅槃 諸戲永滅盡
尊行大仙說 聖賢稱譽戒 弟子之所行 入寂滅涅槃
世尊涅槃時 興起於大悲 集諸比丘衆 與如是教誡
莫謂我涅槃 淨行者无護 我今說戒經 亦善說毗尼
我雖般涅槃 當視如世尊 此經久住世 佛法得熾盛
以是熾盛故 得入於涅槃 若不持此戒 如所應布薩
喻如日沒時 世界皆闇冥 當護持此戒 如犛牛愛尾
和合一處坐 如佛之所說 我已說戒經 衆僧布薩竟
我今說戒經 所說諸功德 施一切衆生 皆共成佛道

四分尼戒本

BD05628號　四分比丘尼戒本

（28–27）

和合一處坐 如佛之所說 我已說戒經 衆僧布薩竟
我今說戒經 所說諸功德 施一切衆生 皆共成佛道
四分尼戒本

BD05628號　四分比丘尼戒本　（28–28）

[illegible]難 舍利弗吾從成佛已來種種因
緣種種譬喻廣演言教无數方便引導衆生
令離諸著所以者何如來方便知見波羅蜜
皆已具足舍利弗如來知見廣大深遠无量
无㝵力无所畏禪定解脫三昧深入无際成
就一切未曾有法舍利弗如來能種種分別
巧說諸法言辭柔軟悅可衆心舍利弗取要
言之无量无邊未曾有法佛悉成就止舍利
弗不須復說所以者何佛所成就第一希有
難解之法唯佛與佛乃能究盡諸法實相所
謂諸法如是相如是性如是體如是力如是
作如是因如是緣如是果如是報如是本末
究竟等尒時世尊欲重宣此義而說偈言
世雄不可量 諸天及世人 一切衆生類 无能知佛者
佛力无所畏 解脫諸三昧 及佛諸餘法 无能惻量者
本從无數佛 具足行諸道 甚深微妙法 難見難可了
於无量億劫 行此諸道已 道場得成果 我已悉知見

BD05629號　妙法蓮華經卷一　（8–1）

作如是因如是緣如是果如是報如是本末
究竟等尒時世尊欲重宣此義而說偈言
世雄不可量　諸天及世人　一切衆生類　无能知佛者
佛力无所畏　解脫諸三昧　及佛諸餘法　无能測量者
本從无數佛　具足行諸道　甚深微妙法　難見難可了
於无量億劫　行此諸道已　道場得成果　我已悉知見
如是大果報　種種性相義　我及十方佛　乃能知是事
是法不可示　言辭相寂滅　諸餘衆生類　无有能得解
除諸菩薩衆　信力堅固者
諸佛弟子衆　曾供養諸佛　一切漏已盡　住是最後身
如是諸人等　其力所不堪　假使滿世間　皆如舍利弗
盡思共度量　不能測佛智　正使滿十方　皆如舍利弗
及餘諸弟子　亦滿十方剎　盡思共度量　亦復不能知
辟支佛利智　无漏最後身　亦滿十方界　其數如竹林
斯等共一心　於億无量劫　欲思佛實智　莫能知少分
新發意菩薩　供養无數佛　了達諸義趣　又能善說法
如稻麻竹葦　充滿十方剎　一心以妙智　於恒河沙劫
咸皆共思量　不能知佛智
不退諸菩薩　其數如恒沙　一心共思求　亦復不能知
又告舍利弗　无漏不思議　甚深微妙法　我今已具得
唯我知是相　十方佛亦然　舍利弗當知　諸佛語无異
於佛所說法　當生大信力　世尊法久後　要當說真實
告諸聲聞衆　及求緣覺乘　我今脫苦縛　逮得涅槃者
佛以方便力　示以三乘教　衆生處處著　引之令得出
尒時大衆中有諸聲聞漏盡阿羅漢阿若憍

BD05629號　妙法蓮華經卷一　（8–2）

唯我知是相　十方佛亦然　舍利弗當知　諸佛語无異
於佛所說法　當生大信力　世尊法久後　要當說真實
告諸聲聞衆　及求緣覺乘　我今脫苦縛　逮得涅槃者
佛以方便力　示以三乘教　衆生處處著　引之令得出
尒時大衆中有諸聲聞漏盡阿羅漢阿若憍
陳如等千二百人及發聲聞辟支佛心比丘
比丘尼優婆塞優婆夷各作是念今者世尊
何故慇懃稱歎方便而作是言佛所得法甚
深難解有所言說意趣難知一切聲聞辟支
佛所不能及佛說一解脫義我等亦得此法
到於涅槃而今不知是義所趣尒時舍利弗
知四衆心疑自亦未了而白佛言世尊何因
何緣慇懃稱歎諸佛第一方便甚深微妙難
解之法我自昔來未曾從佛聞如是說今者
四衆咸皆有疑唯願世尊敷演斯事世尊何
故慇懃稱歎甚深微妙難解之法尒時舍利
弗欲重宣此義而說偈言
慧日大聖尊　久乃說是法　自說得如是　力无畏三昧
禪定解脫等　不可思議法
道場所得法　无能發問者　我意難可測　亦无能問者
无問而自說　稱歎所行道　智慧甚深妙　諸佛之所得
无漏諸羅漢　及求涅槃者　今皆墮疑網　佛何故說是
其求緣覺者　比丘比丘尼　諸天龍鬼神　及乾闥婆等
相視懷猶豫　瞻仰兩足尊　是事為云何　願佛為解說
於諸聲聞衆　佛說我第一　我今自於智　疑惑不能了

BD05629號　妙法蓮華經卷一　（8–3）

无問而自說　稱歎所行道　智慧甚微妙　諸佛之所得
无漏諸羅漢　及求涅槃者　今皆墮疑網　佛何故說是
其求緣覺者　比丘比丘尼　諸天龍鬼神　及揵闥婆等
相視懷猶豫　瞻仰兩足尊　是事為云何　願佛為解說
於諸聲聞衆　佛說我第一　我今自於智　疑惑不能了
為是究竟法　為是所行道
佛口所生子　合掌瞻仰待　願出微妙音　時為如實說
諸天龍神等　其數如恒沙　求佛諸菩薩　大數有八万
又諸万億國　轉輪聖王至　合掌以敬心　欲聞具足道
尒時佛告舍利弗止止不須復說若說是事
一切世間諸天及人皆當驚疑舍利弗重白
佛言世尊唯願說之唯願說之所以者何是
會无數百千万億阿僧祇衆生曾見諸佛諸
根猛利智慧明了聞佛所說則能敬信尒時
舍利弗欲重宣此義而說偈言
法王无上尊　唯說願勿慮　是會无量衆　有能敬信者
佛復止舍利弗若說是事一切世間天人阿
脩羅皆當驚疑增上慢比丘將墜於大坑尒
時世尊重說偈言
止止不須說　我法妙難思　諸增上慢者　聞必不敬信
尒時舍利弗重白佛言世尊唯願說之唯願
說之今此會中如我等比百千万億世世已
曾從佛受化如此人等必能敬信長夜安隱多
所饒益尒時舍利弗欲重宣此義而說偈言
无上兩足尊　願說第一法　我為佛長子　唯垂分別說

BD05629號　妙法蓮華經卷一　（8–4）

止止不須說　我法妙難思　諸增上慢者　聞必不敬信
尒時舍利弗重白佛言世尊唯願說之唯願
說之今此會中如我等比百千万億世世已
曾從佛受化如此人等必能敬信長夜安隱多
所饒益尒時舍利弗欲重宣此義而說偈言
无上兩足尊　願說第一法　我為佛長子　唯垂分別說
是會无量衆　能敬信此法　佛已曾世世　教化如是等
皆一心合掌　欲聽受佛語　我等千二百　及餘求佛者
願為此衆故　唯垂分別說　是等聞此法　則生大歡喜
尒時世尊告舍利弗汝已慇懃三請豈得不
說汝今諦聽善思念之吾當為汝分別解說
說此語時會中有比丘比丘尼優婆塞優婆
夷五千人等即從座起禮佛而退所以者何
此輩罪根深重及增上慢未得謂得未證謂
證有如此失是以不住世尊嘿然而不制止
尒時佛告舍利弗我今此衆无復枝葉純有
貞實舍利弗如是增上慢人退亦佳矣汝今
善聽當為汝說舍利弗言唯然世尊願樂欲
聞佛告舍利弗如是妙法諸佛如来時乃說
之如優曇鉢華時一現耳舍利弗汝等當信
佛之所說言不虛妄舍利弗諸佛隨宜說法
意趣難解所以者何我以无數方便種種因
緣譬喻言辭演說諸法是法非思量分別之
所能解唯有諸佛乃能知之所以者何諸佛
世尊唯以一大事因緣故出現於世舍利弗

BD05629號　妙法蓮華經卷一　（8–5）

佛之所說言不虛妄舍利弗諸佛隨宜說法
意趣難解所以者何我以无數方便種種因
緣譬喻言辭演說諸法是法非思量分別之
所能解唯有諸佛乃能知之所以者何諸佛
世尊唯以一大事因緣故出現於世舍利弗
云何名諸佛世尊唯以一大事因緣故出現
於世諸佛世尊欲令衆生開佛知見使得清
淨故出現於世欲示衆生佛知見故出現於
世欲令衆生悟佛知見故出現於世欲令衆
生入佛知見道故出現於世舍利弗是為諸
佛以一大事因緣故出現於世佛告舍利弗
諸佛如來但教化菩薩諸有所作常為一事
唯以佛之知見示悟衆生舍利弗如來但以一
佛乘故為衆生說法无有餘乘若二若三舍利
佛一切十方諸佛法亦如是舍利弗過去諸
佛以无量无數方便種種因緣譬喻言辭
而為衆生演說諸法是法皆為一佛乘故是
諸衆生從諸佛聞法究竟皆得一切種智舍
利弗未來諸佛當出於世亦以无量无數方
便種種因緣譬喻言辭而為衆生演說諸法
是法皆為一佛乘故是諸衆生從佛聞法究
竟皆得一切種智舍利弗現在十方无量百
千万億佛土中諸佛世尊多所饒益安樂衆
生是諸佛亦以无量无數方便種種因緣譬
喻言辭而為衆生演說諸法是法皆為一佛

BD05629號　妙法蓮華經卷一　（8–6）

竟皆得一切種智舍利弗現在十方无量百
千万億佛土中諸佛世尊多所饒益安樂衆
生是諸佛亦以无量无數方便種種因緣譬
喻言辭而為衆生演說諸法是法皆為一佛
乘故是諸衆生從佛聞法究竟皆得一切種
智舍利弗是諸佛但教化菩薩欲以佛之知
見示衆生故欲以佛之知見悟衆生故欲令
衆生入佛知見故舍利弗我今亦復如是知
諸衆生有種種欲深心所著隨其本性以種
種因緣譬喻言辭方便力而為說法舍利弗
如此皆為得一佛乘一切種智故舍利弗十
方世界中尚无二乘何况有三舍利弗諸佛
出於五濁惡世所謂劫濁煩惱濁衆生濁見
濁命濁如是舍利弗劫濁亂時衆生垢重慳
貪嫉妬成就諸不善根故諸佛以方便力於
一佛乘分別說三舍利弗若我弟子自謂阿
羅漢辟支佛者不聞不知諸佛如來但教化
菩薩事此非佛弟子非阿羅漢非辟支佛又
舍利弗是諸比丘比丘尼自謂已得阿羅漢
是最後身究竟涅槃便不復志求阿耨多羅
三藐三菩提當知此輩皆是增上慢人所以
者何若有比丘實得阿羅漢若不信此法无
有是處除佛滅度後現前无佛所以者何佛
滅度後如是等經受持讀誦解義者是人難

BD05629號　妙法蓮華經卷一　（8–7）

方世界中尚无二乘何况有三舍利弗諸佛
出於五濁惡世所謂劫濁煩惱濁衆生濁見
濁命濁如是舍利弗劫濁亂時衆生垢重慳
貪嫉妬成就諸不善根故諸佛以方便力於
一佛乘分別說三舍利弗若我弟子自謂阿
羅漢辟支佛者不聞不知諸佛如來但教化
菩薩事此非佛弟子非阿羅漢非辟支佛又
舍利弗是諸比丘比丘尼自謂已得阿羅漢
是最後身究竟涅槃便不復志求阿耨多羅
三藐三菩提當知此輩皆是增上慢人所以
者何若有比丘實得阿羅漢若不信此法无
有是處除佛滅度後現前无佛所以者何佛
滅度後如是等經受持讀誦解義者是人難
得若遇餘佛於此法中便得決了舍利弗汝
等當一心信解受持佛語諸佛如來言无虛
妄无有餘乘唯一佛乘尒時世尊欲重宣此
義而說偈言

BD05629號　妙法蓮華經卷一　（8–8）

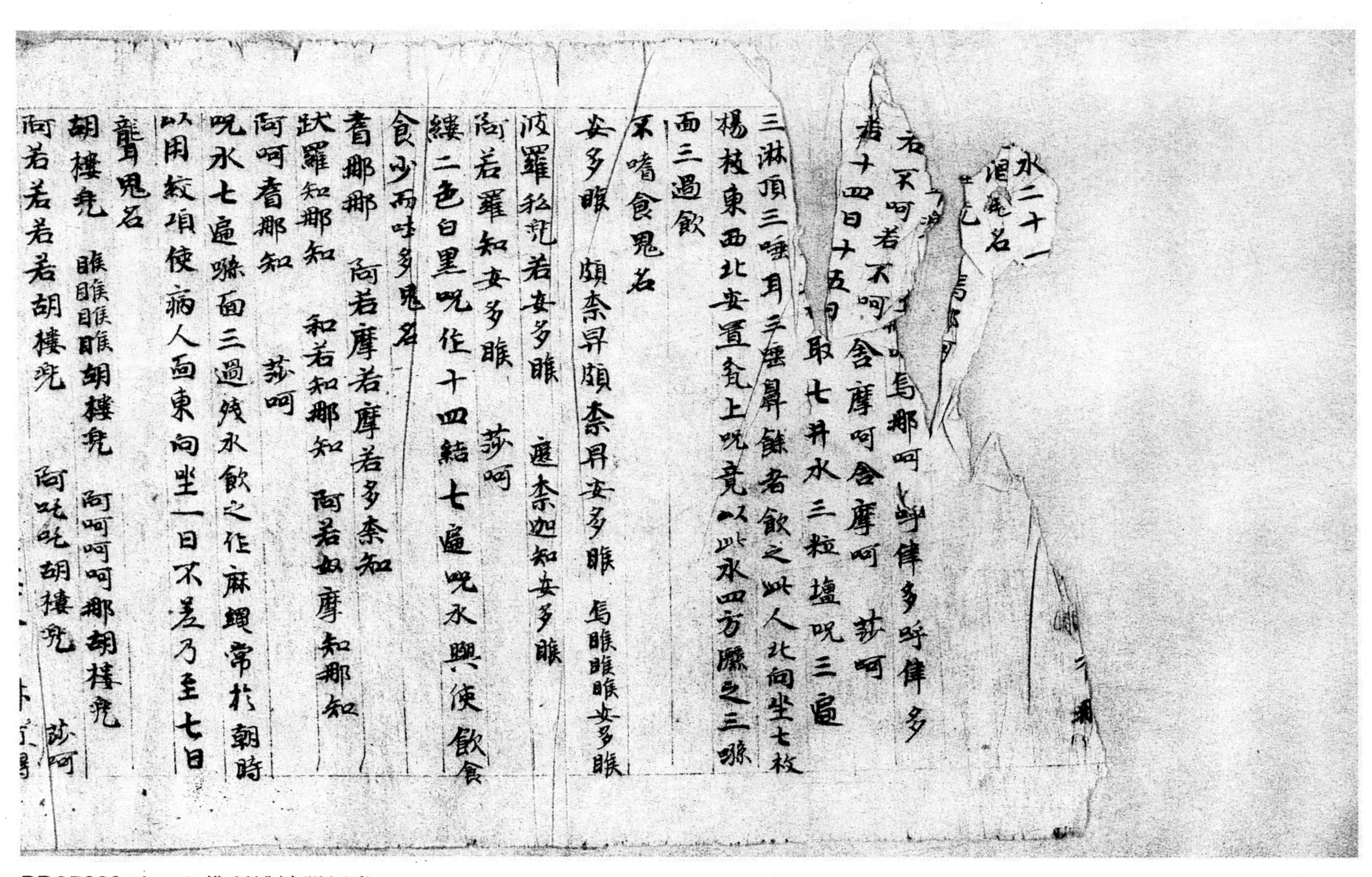
水二十一
泪鬼名
……烏耶呵呼律多呼律多
若不呵若不呵舍摩呵舍摩呵　莎呵
若十四日十五日取七升水三粒塩呪三遍
三淋頂三唾耳三歷鼻餘者飲之此人北向坐七枚
楊枝東西北安置瓮上呪竟以此水四方灑之三[illegible]
面三遍飲
不嗜食鬼名
安多眭　頞柰昇頞柰昇安多眭　烏眭眭眭安多眭
波羅私兜若安多眭　遮柰迦知安多眭
阿若羅知安多眭　莎呵
縷二色白黑呪作十四結七遍呪水與使飲食
食少而吐多鬼名
耆耶耶　阿若摩若摩若多柰知
䟦羅知耶知　和若知耶知　阿若如摩知耶知
阿呵耆耶知　莎呵
呪水七遍噀面三過殘水飲之作麻繩常於朝時
以用絞項使病人面東向坐一日不差乃至七日
龍胃鬼名
胡樓兜　眭眭眭眭眭胡樓兜　阿呵呵呵耶胡樓兜
阿若若若胡樓兜　阿吒吒胡樓兜　莎呵

BD05630號　七佛所說神咒經卷四　（4–1）

跋羅知那知　和若知那知　阿若女摩夫那知
阿呵耆那知　莎呵
呪水七遍喺面三過殘水飲之作麻䋲常於朝時
以用絞項使病人面東向坐一日不差乃至七日
龍耳鬼名
胡樓兜　睺睺睺睺胡樓兜　阿呵呵呵那胡樓兜
阿若若若胡樓兜　阿吒吒胡樓兜　莎呵
須三升小豆一升水煎得三升蘇蜜各半升煎得
二升樓取清七七遍呪於晨朝時慈萁豆安綿
鵄取七遍一一稱鬼名
健睺鬼名
浮浮流兜　阿吒臟知浮流兜　睺睺睺睺
若浮浮兜　蘇摩帝浮流兜　呼呼呼呼
阿吒那浮流兜　莎呵
三遍呪水喹病人面
支兜那是主公鬼名
副梨副梨支兜那　呵呵呵呵那支兜那
胡律兜支兜那　呼呼呼呼阿若兜支兜那
莎呵
病人東向坐三遍呪一瓮水以七枚楊枝東西南
北安置瓮上呪竟以此水四方灑之三喺面三過飲
瘂鬼凡有二十五種
破梨吒　破破破破梨吒　烏呼呼呼呼
破梨吒　阿睺睺睺睺破梨吒　阿鵄鵄鵄
鵄破梨吒　迦梨吒　支休那破梨吒
莎呵
呪水七遍喹之五色綫結作七結繫項
一切毒虵鬼名
阿那耆　若阿帝囊阿那耆　机梨帝囊阿
那耆　阿若帝那阿那耆　莎呵
呪水二七遍喹五情根及以喹瘡并洗瘡三遍

BD05630號　七佛所說神咒經卷四

（4–2）

破梨吒　阿睺睺睺破梨吒　阿鵄鵄鵄
鵄破梨吒　迦梨吒　支休那破梨吒
莎呵
呪水七遍喹之五色綫結作七結繫項
一切毒虵鬼名
阿那耆　若阿帝囊阿那耆　机梨帝囊阿
那耆　阿若帝那阿那耆　莎呵
呪水二七遍喹五情根及以喹瘡并洗瘡三遍
薑刺鬼名
摩昇　阿羅那帝摩昇　耆若陁摩昇
阿不梨多陁柰昇　莎呵
呪水七遍喹五情根若以洗瘡
蝦蟇毒鬼名
波耆尼　烏睺流兜脩波耆尼　若波耆
波舍尼　阿若梨知波舍尼　莎呵
呪水三遍喹五情根并洗瘡餘水飲之吉
雹鬼名
破知那　流流兜破知那　車那兜破知那
阿摩耆兜破知那　阿呼梨兜破知那　莎呵
三升水一掌白粉和之七遍喹吸三口餘者洗
瘡永差三日用　猒蠱鬼名
睺睺　奴吒兜睺睺　尼多那睺睺
阿若兜睺睺　阿吒兜睺睺　毗律多睺睺
奴吒兜睺睺　莎呵
三升水銅瓮盛以白𦄂覆上以七枚楊枝
從橫安上呪三七遍用竟棄之廁中
鼠漏鬼名
遮吒尼　波賴帝遮吒尼　阿若帝遮吒尼
摩賴帝遮吒尼　阿摩賴帝遮吒尼　莎呵
用三束葱白五寸長束之一升椒二升水煎
得一升呪三七遍接取一升飲餘者洗瘡

BD05630號　七佛所說神咒經卷四

（4–3）

徘揥安上呪三七遍用竟棄之廁中
鼠漏鬼名
遮吒尼　波賴帝遮吒尼　阿若帝遮吒尼
摩賴帝遮吒尼　阿摩賴帝遮吒尼　莎呵
用三束葱白五寸縷束之一升椒二升水煮
得一升呪三七遍接取一升飲餘者洗瘡
赤眼鬼名
烏奴多　阿若兜冤吒烏奴多　牟律帝
那烏奴多　若晝冤多烏奴多　耆摩帝
烏奴多　莎呵
取三升麴一升水煮得三升接取二升呪二七
遍日取一蔺用噀之亦洗眼二七日
齆鼻鬼名
遮波晝　阿若兜遮波晝　浮律多尼遮波晝
浮波律多尼遮波晝　阿若多尼遮波晝
波律多尼遮波晝　莎呵
一升苦酒三升水煮得二升呪三七遍日用二蔺
灌鼻三十一日用
腋臭鬼名
若多奴知　睺睺睺睺多奴知　浮流流流
流多奴知　摩賴帝多奴知　阿那那那
多奴知　莎呵
石灰三升苦酒三升滕上和之呪三七遍摶之
男先安左腋女先安右腋下
此摟勒叉天王所說神呪
水腫鬼名

BD05630號　七佛所說神咒經卷四　（4–4）

兌

嚴菩薩普慧行菩薩法慧菩薩勝慧菩薩上
慧菩薩金剛慧菩薩師子遊戲菩薩大音聲
王菩薩師子吼菩薩甚深音聲菩薩无染著
菩薩離一切垢菩薩月光菩薩白光菩薩智光
菩薩智德菩薩賢德菩薩月德菩薩蓮花德
菩薩寶德菩薩曼殊室利法王子菩薩摩訶薩等
復有十六善大丈夫賢護菩薩而為上首
復有賢劫菩薩慈氏菩薩而為上首
復有四大王衆天吳天而為上首
復有三十三天衆帝釋天王而為上首
復有時分天衆時分天王而為上首
復有知足天衆知足天王而為上首
復有樂變化天衆樂變化天王而為上首
復有他化自在天衆他化自在天王而為上首
復有日分魔王衆商主魔羅而為上首
復有梵天王衆大梵天王而為上首
復有淨居天衆摩醯首羅天王而為上首
復有無量百千阿素羅衆毗摩質多羅阿
素羅王睒末羅阿素羅王娑稚阿素羅王
羅怙羅阿素羅王等而為上首

BD05631號　寶雨經（兌廢稿）卷一　（2–1）

復有十六善丈夫賢護菩薩而為上首
復有賢劫菩薩慈氏菩薩而為上首
復有四大王衆天吳天而為上首
復有三十三天衆帝釋天王而為上首
復有時分天衆時分天王而為上首
復有知足天衆知足天王而為上首
復有樂變化天衆樂變化天王而為上首
復有他化自在天衆他化自在天王而為上首
復有白分魔王衆商主魔羅而為上首
復有梵天王衆大梵天王而為上首
復有淨居天衆摩醯首羅天王而為上首
復有無量百千阿素羅衆毗摩質多羅阿
素羅王睒末羅阿素羅王娑稚阿素羅王
羅怙羅阿素羅王等而為上首
復有無量百千諸龍王衆阿那婆達多龍
王摩那斯龍王娑揭羅龍王和脩吉龍王
等而為上首
復有无量百千諸龍王子威光而為上首
復有無量百千諸龍王姝女及餘无量天龍
藥叉健達縛阿素羅揭路荼緊捺羅莫
呼羅伽人非人等皆來集會時伽耶山頂周
四踰繕那地及虛空無微塵許衆不充滿為

BD05631號　寶雨經（兑廢稿）卷一　（2–2）

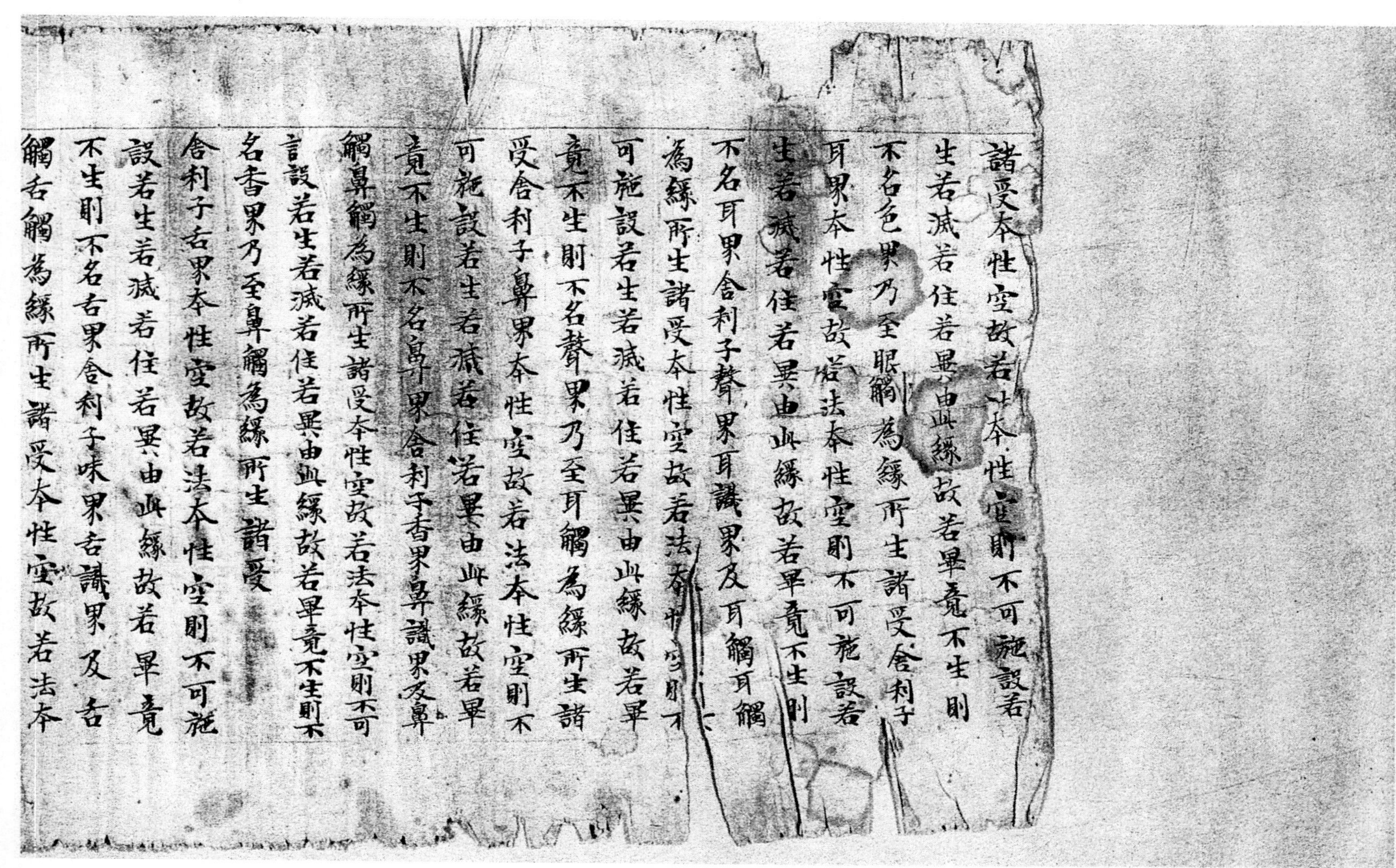
諸受本性空故若法本性空則不可施設若
生若滅若住若異由此緣故若畢竟不生則
不名色界乃至眼觸為緣所生諸受舍利子
耳界本性空故若法本性空則不可施設若
生若滅若住若異由此緣故若畢竟不生則
不名耳界舍利子聲界耳識界及耳觸耳觸
為緣所生諸受本性空故若法本性空則不
可施設若生若滅若住若異由此緣故若畢
竟不生則不名聲界乃至耳觸為緣所生諸
受舍利子鼻界本性空故若法本性空則不
可施設若生若滅若住若異由此緣故若畢
竟不生則不名鼻界舍利子香界鼻識界及鼻
觸鼻觸為緣所生諸受本性空故若法本性空則不可
言設若生若滅若住若異由此緣故若畢竟不生則不
名香界乃至鼻觸為緣所生諸受
舍利子舌界本性空故若法本性空則不可施
設若生若滅若住若異由此緣故若畢竟
不生則不名舌界舍利子味界舌識界及舌
觸舌觸為緣所生諸受本性空故若法本

BD05632號　大般若波羅蜜多經（兑廢稿）卷六九　（2–1）

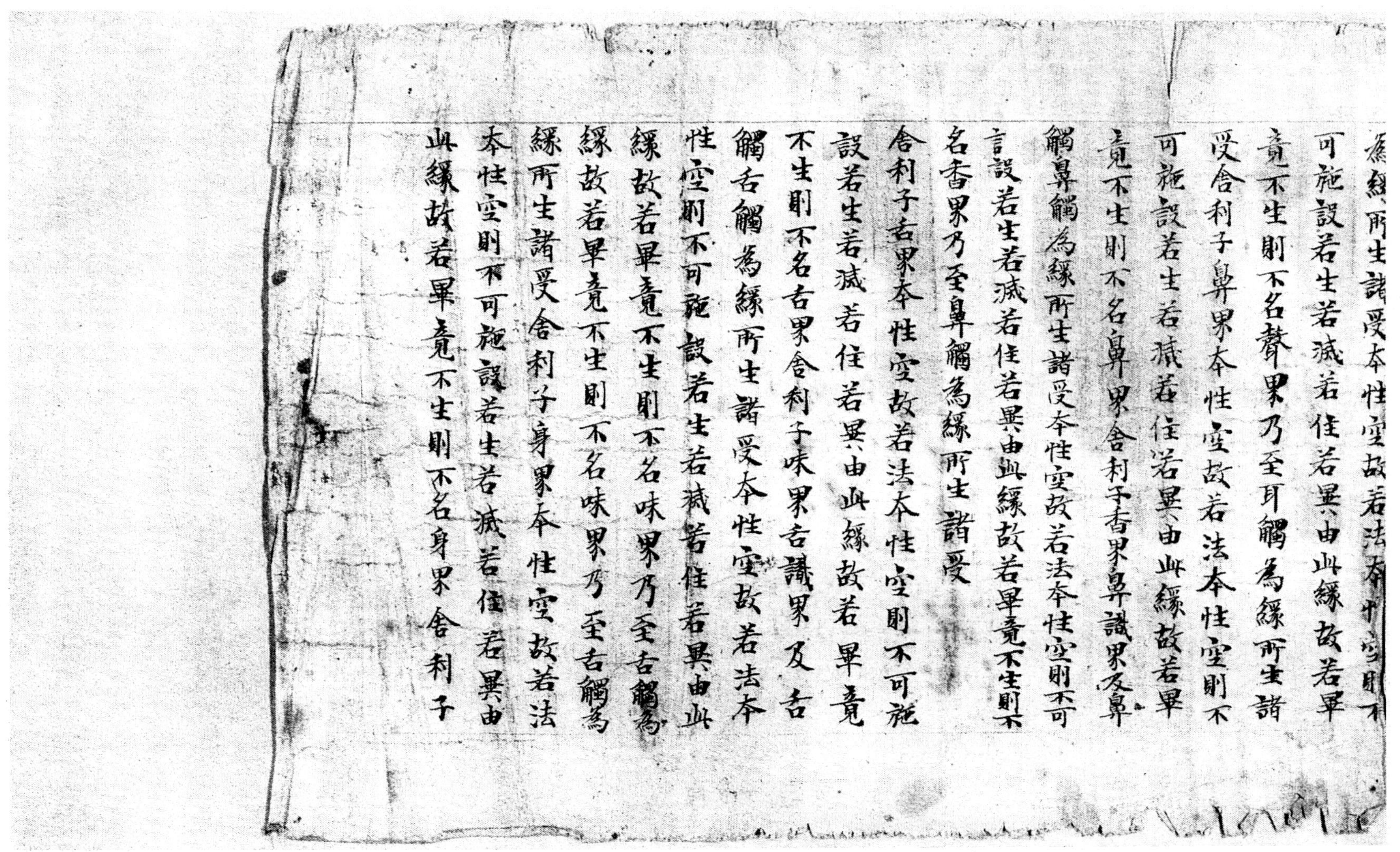
為緣所生諸受本性空故若法本性空則不
可施設若生若滅若住若異由此緣故若畢
竟不生則不名聲界乃至耳觸為緣所生諸
受舍利子鼻界本性空故若法本性空則不
可施設若生若滅若住若異由此緣故若畢
竟不生則不名鼻界舍利子香界鼻識界及鼻
觸鼻觸為緣所生諸受本性空故若法本性空則不可
言設若生若滅若住若異由此緣故若畢竟不生則不
名香界乃至鼻觸為緣所生諸受
舍利子舌界本性空故若法本性空則不可施
設若生若滅若住若異由此緣故若畢竟
不生則不名舌界舍利子味界舌識界及舌
觸舌觸為緣所生諸受本性空故若法本
性空則不可施設若生若滅若住若異由此
緣故若畢竟不生則不名味界乃至舌觸為
緣故若畢竟不生則不名味界乃至舌觸為
緣所生諸受舍利子身界本性空故若法
本性空則不可施設若生若滅若住若異由
此緣故若畢竟不生則不名身界舍利子

BD05632號　大般若波羅蜜多經（兌廢稿）卷六九　　（2–2）

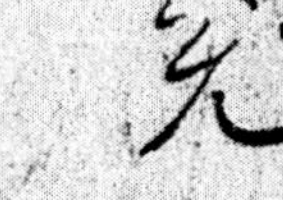

獨行邪王言有他國來欲得我家是以避之所
以者何不欲傷害於人兵救婆羅門子聞王
所説即便擲地而大啼泣不能自勝王便前
牽婆羅門子諫曉使起不須復啼所求索者
今當相與婆羅門子言王今失國當持何等
以相濟乞王便報言彼國來王相募甚重卿
今可截我頭持往與之在所求索皆可得也
於是婆羅門子即説偈言
世間慈父母　命盡墮泥犁　今加害於王　其罪等无異
我今實不忍　加惡於大王　寧令身命盡　終不造逆意
於是薩和達王復語婆羅門子言卿若不欲
取頭者便可截我鼻耳送之亦可所以者何
以截鼻耳不復中王故也婆羅門子報王言
如我今日不忍為是王復語婆羅門子言若
不能尒者便可縛我送往與之可大有所
得婆羅門子能相知王還不為彼王所危害
國乃當相縛於是王與婆羅門子便共相將
侶還去國廿餘里王以欲至便自反手語婆
羅門子言卿可縛我婆羅門子乃縛王一國
人民皆聞知王薩和達為他國婆羅門子所

兌

以栢滑中王使報言彼國募王相募甚重
今可截我頭持往與之在所求索皆可得也
於是婆羅門子即說偈言
世間慈父母　命盡墮泥犁　今加害於王　其罪等无異
我今實不忍　加惡於大王　寧令身命盡　終不造逆意
於是薩和達王復語婆羅門子言卿若不欲
取頭者便可截我鼻耳送之亦可所以者何
以截鼻耳不復中王故也婆羅門子報王言
如我今日不忍為是王復語婆羅門子言若
不能尒者便可縛我送往與之可大有所
得婆羅門子能相知王還不為彼王所危害
國乃當相縛於是王與婆羅門子便共相將
侶還去國廿餘里王以欲至便自反手語婆
羅門子言卿可縛我婆羅門子乃縛王一國
人民皆聞知王薩和達為他國婆羅門子所
見縛送人民男女大小見王莫不啼哭擗地
崩絕劇喪父母遂前詣宮門諸臣即入白彼
王前所募云去王薩和達者為婆羅門子所
見縛送今在宮門彼王即言便促現之薩和

兌

復次脩行者隨順觀外身觀弗婆提有何等
山彼以聞慧或以天眼見第六山名真珠髻
縱廣千由旬園林流池周匝具足種種花菓
禽獸具足亦如前說真珠髻山出一大河名不
見岸廣一由旬有人住於真珠髻山名曰
普眼如是弗婆提六山圍遶弗婆提國有三
大城一名善門城二名山樂城三名普遊戲
城一一大城廣三由旬中下之城有六十三有
一中城名鳩吒含次名大波舍次名普吼城
有如是等中城之第一最大下城名一切
頁次名大音城次名曠野孔穴城有如是等
小城之中第一最大復有三億五十万三千
五百五十六聚落第一聚落名迦尸摩羅次
名水沫次名根村次名樹啼村次名一切人次
名葉聚落次名毗頭羅次名波迦村次名毗
瓮次名徒呵次名林聚落次名赤掟次名阿叉
次名風吹次名髻村次名頂樹次名黑飯有
如是等第一聚落此等衆人其面圓滿像地
洲形閻浮提人耳瓔莊嚴臂釧單日人眼為
莊嚴瞿陁尼人項頸莊嚴弗婆提人肩髀莊
嚴四天下人自身嚴好
復次脩行者觀業果報衆生何業生弗婆提

BD05634號　正法念處經（兌廢稿）卷七〇　（2–1）

城一一大城廣三由旬中下之城有六十三有
一中城名鳩吒含次名大波舍次名普吼城
有如是等中城之第一最大下城名一切
頁次名大音城次名曠野孔穴城有如是等
小城之中第一最大復有三億五十万三千
五百五十六聚落第一聚落名迦尸摩羅次
名水沫次名根村次名樹啼村次名一切人次
名葉聚落次名毗頭羅次名波迦村次名毗
瓮次名徒呵次名林聚落次名赤掟次名阿叉
次名風吹次名髻村次名頂樹次名黑飯有
如是等第一聚落此等衆人其面圓滿像地
洲形閻浮提人耳瓔莊嚴臂釧單日人眼為
莊嚴瞿陁尼人項頸莊嚴弗婆提人肩髀莊
嚴四天下人自身嚴好
復次脩行者觀業果報衆生何業生弗婆提
有上中下業彼以聞慧或以天眼見此衆生
先世不知業法果報以不知故施非福田或
難乞求命乃施与或勤苦求亦如前說以此

BD05634號　正法念處經（兌廢稿）卷七〇　（2–2）

兑

色慢種姓之慢及與富慢當知是人則不造
作身口惡業如實見色无常苦空无我實无
所有无有堅固是不淨器駿毛爪齒皮肉和
合无量骨㻾筋髓脂肉屎尿膿血充滿其中
我此色身初亦不淨中亦不淨後亦不淨无
量業煩惱因緣所生无堅无常无實无我今
我此身若至死時不為我伴乃至一步棄於
塚間或以火燒或為鵰鷲烏鵶狐狗之所噉食
若人如是思惟憶念於色慢中或滅或薄復
次若沙門婆羅門起種姓慢自言我種姓勝
若以實觀於真諦中无有種姓但妄分別以
愚癡故妄生分別此種姓勝此種姓不如如
實不然何以故以有生故是故有姓如是變
易隨何等人有實布施持戒智慧之心調伏
有此功德其人雖生下姓之中名大種姓何
以故以有功德勝種姓故非生種姓功德因
緣非生因緣若无功德則无因緣是故沙門
復次觀於色慢若沙門婆羅門及餘凡人觀
我此色於嬰兒時雖有色貌昇面不動非動
時色動時之

BD05635號　正法念處經（兑廢稿）卷六二　（2-1）

若人如是思惟憶念於色慢中或滅或薄復
次若沙門婆羅門起種姓慢自言我種姓勝
若以實觀於真諦中无有種姓但妄分別以
愚癡故妄生分別此種姓勝此種姓不如如
實不然何以故以有生故是故有姓如是變
易隨何等人有實布施持戒智慧之心調伏
有此功德其人雖生下姓之中名大種姓何
以故以有功德勝種姓故非生種姓功德因
緣非生因緣若无功德則无因緣是故沙門
復次觀於色慢若沙門婆羅門及餘凡人觀
我此色於嬰兒時雖有色貌昇面不動非動
時色動時之色非匍匐色乃至少年色非中
年色中年之色非老年色老年之色非死
時色如新死色非久死色如我死屍衆鳥噉食
與虫所噉風吹日曝雨漬濕爛一切破壞分
散根藉淄於塚間此身分散為无量分骨節
分張髑髏異處咽喉肩脾手指爪甲諸節異

BD05635號　正法念處經（兑廢稿）卷六二　（2-2）

若比丘使非親里比丘尼……
薩耆波逸提

若比丘從非親里居士若居士婦乞衣除餘時
尼薩耆波逸提餘時者若比丘奪衣失衣
燒衣漂衣此是餘時

若比丘奪衣失衣燒衣漂衣若非親里居士若
居士婦自恣請多與衣是比丘當知足受衣
若過受者尼薩耆波逸提

若比丘居士若居士婦為比丘具辦衣價持如是衣
價與某甲比丘是比丘先不受自恣請便到居
士家作如是說善哉居士為我辦如是衣與我
為好故若得者尼薩耆波逸提

若比丘二居士居士婦與比丘辦是衣價
持如是衣價與某甲比丘是比丘先不受自恣請到
二居士家作如是說善哉居士辦如是如是衣價與
我共作一衣為好故若得者尼薩耆波逸提

若比丘若王大臣若婆羅門若居士居士婦
遣使為比丘送衣價持如是衣價與某甲比丘
彼使人至比丘所語比丘言大德今為汝故送是衣
價受取是比丘應語彼使如是言我不應受此衣
價我若須衣合時清淨當受……

BD05636號　四分僧戒本

（20–1）

我共作一衣為好故若得者尼薩耆波逸提

若比丘若王大臣若婆羅門若居士居士婦
遣使為比丘送衣價持如是衣價與某甲比丘
彼使人至比丘所語比丘言大德今為汝故送是衣
價受取是比丘應語彼使如是言我不應受此衣
價若我須衣合時清淨當受彼使語是比丘言大
德有執事人不須衣比丘應言有若僧伽藍民若
優婆塞此是比丘執事人常為諸比丘執事彼使
往執事人所與衣價已還到比丘所作如是言大德
所示某甲執事人我已與衣價大德知時往彼當得
衣須衣比丘當往執事人所若二反三反為作憶念語言我須衣
若二反三反為作憶念得衣者善若不得衣四反五反
六反在前默然立令彼憶念若四反五反六反在前默
然住若得衣者善若不得衣過是求得衣者尼薩
耆波逸提

若不得衣從所遣使衣價處若自往若遣使往語言
汝先遣使持衣價與某甲比丘是比丘竟不得衣汝
還取莫使失此是時

若比丘雜野蠶綿作新臥具者尼薩耆波逸提

若比丘以新純黑羺羊毛作新臥具者尼薩耆波逸提

若比丘作新臥具應用二分純黑羊毛三分白四分尨作新臥具……

若比丘不用二分黑三分白四分尨作新臥具者尼薩耆波逸提

若比丘作新臥具持至六年若減六年不捨更作新者除僧羯磨……

……是

BD05636號　四分僧戒本

（20–2）

若比丘以新純黑糯羊毛作卧具者尼薩耆波逸提
若比丘作新卧具應用二分純黑羊毛三分白四分尨作新
卧具若不用二分黑三分白四分尨作新卧具者尼薩耆波逸提若比丘作新
卧具應六年持若減六年不捨故更作新者除僧羯磨
尼薩耆波逸提
若比丘作新坐具當取故者縱廣一搩手帖新者上為壞
色故若比丘作新坐具不取故者縱廣一搩手帖新者
上不壞色故尼薩耆波逸提
若比丘道路行明得羊毛比丘須者應取若無人持得
自持乃至三由旬若無人持自持過三由旬者尼薩耆波逸提
若比丘使非親里比丘尼浣染擘羊毛者尼薩耆波逸提
若比丘自手取金銀若錢若教人取若口可受者尼薩耆波逸提
若比丘種種賣買金銀寶物者尼薩耆波逸提
若比丘種種販賣者尼薩耆波逸提　二十事
若比丘畜長鉢不淨施得畜十日若過者尼薩耆波逸提
若比丘畜鉢減五綴不漏更求新鉢為好故若得者尼
薩耆波逸提　彼比丘應往僧中捨展轉取最下鉢與之令持至破此是時
若比丘自乞縷使非親里織師織作衣者尼薩耆波逸提
若比丘居士居士婦使織師為比丘織作衣彼比丘先不受
自恣請便往織師所語言此衣為我織極好織令
廣長堅緻齊整好我當少多與價若比丘與價乃至
一食直若得衣者尼薩耆波逸提
若比丘先與比丘衣後瞋恚若自奪取若教人奪取還
我衣來不與汝若比丘應還衣彼取衣者尼薩耆波逸提

BD05636號　四分僧戒本　（20–3）

自恣請便往織師所語言此衣為我織極好織令
廣長堅緻齊整好我當少多與價若比丘與價乃至
一食直若得衣者尼薩耆波逸提
若比丘先與比丘衣後瞋恚若自奪取若教人奪取還
我衣來不與汝若比丘應還衣彼取衣者尼薩耆波逸提
若比丘病畜蘇油生蘇蜜石蜜齊七日得服若過者尼
薩耆波逸提
若比丘春殘一月在應求雨浴衣半月應用浴若比丘春
一月前求雨浴衣半月前用浴者尼薩耆波逸提
若比丘十日未滿夏三月若有急施衣應受受已乃
至衣時應畜若過畜者尼薩耆波逸提
若比丘夏三月安居竟至八月十五日滿已若迴遠
有疑恐怖畏難處比丘在如是處住於三衣中若
留一衣置村舍內及有緣離衣宿乃至六夜若
過者尼薩耆波逸提
若比丘知他欲與僧物自迴入已者尼薩耆波逸提
諸大德我已說三十尼薩耆波逸
提法今問諸大德是中清淨不（如是三說）
諸大德是中清淨默然故是事如是持
諸大德是九十波逸提法半月半月戒經中說
若比丘故妄語者波逸提
若比丘種類毀呰語者波逸提
若比丘兩舌語者波逸提
若比丘與女人同室宿者波逸提
若比丘與未受大戒人共宿過二夜至三夜者波逸提

BD05636號　四分僧戒本　（20–4）

若比丘故妄語者波逸提
若比丘種類毀訾語者波逸提
若比丘兩舌語者波逸提
若比丘與女人同室宿者波逸提
若比丘與未受大戒人共宿過二夜至夜三曉者波逸提
若比丘與未受具戒人同誦者波逸提
若比丘知他有麁惡罪向未受大戒人說除僧羯磨波逸提
若比丘向未受大戒人說過人法言我知是我見是見知實者波逸提
若比丘與女人說法過五六語除有知男子波逸提
若比丘自手掘地若教人掘波逸提十一
若比丘壞鬼神村者波逸提
若比丘妄作異語惱他者波逸提
若比丘嫌罵者波逸提
若比丘取僧繩牀木牀若臥具坐蓐露地自敷若教人敷捨去不自舉不教人舉者波逸提
若比丘僧房舍內敷僧臥具坐蓐若自敷教人敷在
中若坐若臥從彼捨去不自舉不教人舉波逸提
若比丘先知比丘住處後來於其中間強敷臥具止宿
念言彼若嫌迮者自當避我去作是因緣非餘非威儀者波逸提
若比丘瞋他比丘不喜僧房舍內若自牽出若教人牽出
波逸提
若比丘僧房重閣上脫腳繩牀木牀若坐若臥波逸提
若比丘知水有虫自用澆泥澆草教人澆波逸提
若比丘欲作大房戶扇窗牖及諸莊飾具指授覆
苫齋二三節若過者波逸提二十
若比丘僧不差教授比丘尼者波逸提

若比丘僧房重閣上脫腳繩牀木牀若坐若臥波逸提
若比丘知水有虫自用澆泥澆草教人澆波逸提
若比丘欲作大房戶扇窗牖及諸莊飾具指授覆
苫齋二三節若過者波逸提二十
若比丘僧不差教授比丘尼者波逸提
若比丘為僧差教授比丘尼乃至日沒者波逸提
若比丘語諸比丘如是言諸比丘為飲食故教授比丘尼者波
逸提
若比丘與非親里比丘尼衣除貿易波逸提
若比丘與非親里比丘尼作衣者波逸提
若比丘與比丘尼屏處坐者波逸提
若比丘與比丘尼期同道行乃至聚落除餘時波逸提餘時者
伴行有疑恐怖處此是時
若比丘與比丘尼期乘一船若上水若下水除直渡者波逸提
若比丘知比丘尼讚歎因緣得食食除施主先有意者波逸提
若比丘與婦人期同道行乃至聚落者波逸提三十
若比丘施一食處無病比丘應受一食若過者波逸提
若比丘展轉食除餘時波逸提餘時者病時作衣時施衣時是時
若比丘別眾食除餘時波逸提餘時者病時施衣時作
作衣時道行時乘船行時大會時沙門施食時此是時
若比丘至檀越家殷勤請與餅麨飯比丘須者應兩三鉢受
持至寺內應分與餘比丘食若比丘無病過兩三鉢受持至寺
內不分與餘比丘食者波逸提
若比丘食竟或時受請不作餘食法更食者波逸提

作衣時道行時船行時大會時沙門施食時此是時
若比丘至檀越家殷勤請與餅麨飯比丘須者應兩三鉢受
持至寺內應分與餘比丘食若比丘无病過兩三鉢受持至寺
內不分與餘比丘食[illegible]丘者波逸提
若比丘食竟或時受請不作餘食法更食者波逸提
若比丘知他比丘足食竟若受請不作餘食法殷勤請與
食大德取是食以是因緣非餘欲使他犯者波逸提
若比丘非時食者波逸提
若比丘食殘宿食者波逸提
若比丘不受食若藥舉著口中除水及楊枝波逸提
若比丘得好美食乳酪魚肉无病為己索者波逸提 四十
若比丘外道男外道女自手與食者波逸提
若比丘先受請已若前食後食行詣餘家不囑餘比丘
除餘時波逸提餘時者病時作衣時施衣時此是時
若比丘食家中有寶强安坐者波逸提
若比丘食家中有寶屏處坐者波逸提
若比丘獨與女人露地坐者波逸提
若比丘語諸比丘如是語大德共至聚落當與汝
食彼比丘竟不教與是比丘食語言汝去我與汝共坐共語
不樂我獨坐獨語樂以是因緣非餘方便遣去者波逸提
若比丘請四月與藥无病比丘應受過若受除常請
更請者盡形請者波逸提
若比丘往觀軍陣除時因緣波逸提
若比丘有因緣至軍中若過二宿至三宿者波逸提
若比丘軍中住若二宿三宿或時觀軍陣鬪戰或觀

BD05636號　四分僧戒本　（20–7）

更請者盡形請者波逸提
若比丘往觀軍陣除時因緣波逸提
若比丘有因緣至軍中若過二宿至三宿者波逸提
若比丘軍中住若二宿三宿或時觀軍陣鬪戰或觀
遊軍象馬勢力者波逸提 五十
若比丘飲酒者波逸提
若比丘水中戲者波逸提
若比丘擊攊他比丘者波逸提
若比丘不受諫者波逸提
若比丘恐怖他比丘者波逸提
若比丘半月洗浴无病比丘應受若過受除餘時波逸提餘
時者熱時病時作時風時雨時遠行來時此是時
若比丘无病為炙身故露地然火若教人然除時因緣波逸提
若比丘藏他比丘衣鉢坐具鍼筒若自藏若教人藏下至戲咲者
波逸提
若比丘淨施比丘尼式叉摩那沙彌沙彌尼衣不問主輙著者
波逸提
若比丘得新衣當作三種染壞色青黑木蘭若比丘得
新衣不作三種染壞色青黑木蘭新衣持者波逸提 六十
若比丘故斷畜生命者波逸提
若比丘知水有虫飲波逸提
若比丘故惱他比丘乃至少時不樂者波逸提
若比丘知他比丘有麁惡罪覆藏者波逸提
若比丘年滿廿与受具足戒若比丘知年未滿廿与

BD05636號　四分僧戒本　（20–8）

若比丘知水有虫飲波逸提
若比丘故惱他比丘乃至少時不樂者波逸提
若比丘知他比丘有麁悪罪覆藏者波逸提
若比丘年滿廿与受具足戒若比丘知年未滿廿与
受具足戒此人不得戒諸比丘亦可呵彼遇癡故波逸提
若比丘知諍事如法悔已後更發起者波逸提
若比丘知是賊伴共一道行乃至聚落者波逸提
若比丘作如是語我知佛所說行婬欲非鄣道法彼比丘
諫是比丘言大德莫作是語莫謗世尊者不善世尊不作
是語世尊无數方便說婬欲是鄣道法彼比丘諫是比丘
時堅持不捨彼比丘乃至三諫捨者善不捨者波逸提
若比丘知如是語人未作如是法如是悪見不捨若畜同一心宿
同一羯磨者波逸提
若比丘知沙弥作如是語我知佛所說法行婬欲非鄣道法彼
比丘諫此沙弥言汝莫作是語莫謗世尊者不善世尊不作是
語莫謗世尊者不善世尊不作是語世尊无數方便說
行婬欲是鄣道法彼比丘如是語時持堅不捨彼比丘乃
至三諫捨者善不捨者彼比丘應語此沙弥言汝自今已後
非佛弟子不得隨餘比丘如沙弥得与大比丘二三宿
汝今无事汝出去滅不須此中住知賊是僧沙弥若畜
同一心宿者波逸提十七
若比丘餘比丘如法諫時作如是語我不學此戒
乃至問有智慧持戒律者我當難問波逸
提欲求解者應當難問
若比丘說是戒時作如是語大德何用此雜碎戒為

BD05636號　四分僧戒本　（20–9）

若比丘餘比丘如法諫時作如是語我不學此戒
乃至問有智慧持戒律者我當難問波逸
提欲求解者應當難問
若比丘說是戒時作如是語大德何用此雜碎戒為
說是戒時令人惱愧懷疑輕呵戒故波逸提
若比丘說是戒時作如是語大德我今始知是法是戒半
月半月戒經中說若餘比丘知是比丘若二若三說戒中坐
何況多彼比丘无知无解若犯罪應如法治更增无知大
德汝无利得不善汝說戒時不一心思念攝耳聽法彼
无知故波逸提
若比丘共同羯磨已後如是語諸比丘隨親厚以僧物与者波逸提
若比丘僧斷事時不与欲而起去者波逸提
若比丘与欲已後更呵者波逸提
若比丘与比丘闘諍聽此語已向彼說者波逸提
若比丘瞋恚故不喜打他比丘者波逸提
若比丘瞋恚故不喜以手搏比丘者波逸提
若比丘瞋恚故不喜以无根僧伽婆尸沙謗比丘者波逸提十八
若比丘剎利水澆頭王王未出未藏寶若入過宮門者波逸提
若比丘若寶及寶莊飾具若自捉若教人捉除僧伽藍中及寄
宿處波逸提
若比丘在僧伽藍中若寄宿處若取寶若寶莊飾具
若自捉若教人捉識者當取如是因緣非餘
若比丘非時入聚落不囑比丘者波逸提
若比丘作繩床若木床足應高如來八指除入梐孔
上截竟過者波逸提
若比丘持兜羅綿貯作繩床木床若卧具坐褥成
者波逸提

BD05636號　四分僧戒本　（20–10）

若比丘作繩床若木床足應高如來八指除入梐孔
上截竟過者波逸提
若比丘持兜羅綿貯作繩床木床若卧具坐褥成
者波逸提
若比丘用骨牙角作針筒成者波逸提
若比丘作尼師壇當應量作是中量者長佛
佛二搩手廣一搩手半廣長各益半搩手若過
成者波逸提
若比丘作覆瘡衣當應量作是中量者長佛四搩手
廣二搩手若過者波逸提
若比丘作雨浴衣當應量作是中量者長佛六搩手廣
二搩手半若過成者波逸提
若比丘佛衣等量作衣若過成者波逸提
是佛衣量長佛九搩手廣六搩手是名佛
衣量
諸大德我已說九十波逸提法今問諸大德是中
清淨不 如是三說
諸大德是中清淨默然故是事如是持
諸大德是四波羅提提舍尼法半月半月戒經中說
若比丘入村中無病從非親里比丘尼自手受食食是
比丘應悔過言大德我犯可呵法所不應為我今向
大德悔過是名悔過法 若比丘在白衣家食是中有
一比丘尼指示与某甲羹与某甲飯諸比丘應語彼比丘
尼如是言大姊且止須諸比丘食竟是比丘應悔過言
大德我犯可呵法所不應為我今向大德悔過是名悔過法

BD05636號 四分僧戒本 (20–11)

比丘應悔過言大德我犯可呵法所不應為我今向
大德悔過是名悔過法若比丘在白衣家食是中有
一比丘尼指示与某甲羹与某甲飯諸比丘應語彼比丘
尼如是言大姊且止須諸比丘食竟是比丘應悔過言
大德我犯可呵法所不應為我今向大德悔過是名悔過法
若比丘先作學家羯磨若比丘知如是學家先不受請
無病自手受食食是比丘應悔過言大德我犯可呵法所
不應為我今向大德悔過是名悔過法
若比丘在阿練若逈遠有疑恐怖處若比丘在如是阿
練若住處先不語檀越僧伽藍外不受食在僧伽藍
內無病自手受食食是比丘應悔過言大德我犯可呵法
所不應為我今向大德悔過是名悔過法
諸大德我已說四波羅提提舍尼法今問諸大德是中清淨不
諸大德是中清淨默然故是事如是持
諸大德此衆學法半月半月戒經中說
齊整著內衣應當學
齊整著三衣應當學
不得反抄衣入白衣舍應當學
不得反抄衣入白衣舍坐應當學
不得衣纏頸入白衣舍應當學
不得衣纏頸白衣舍坐應當學
不得覆頭入白衣舍應當學
不得覆頭入白衣舍坐應當學
不得跳行入白衣舍應當學
不得跳行入白衣舍坐應當學
不得蹲行入白衣舍應當學

BD05636號 四分僧戒本 (20–12)

不得覆頭入白衣舍坐應當學

不得跳入行白衣舍應當學

不得跳行入白衣舍坐應當學

不得蹲行入白衣舍應當學

不得蹲行入白舍坐應當學

不得扠腰入白衣舍應當學

不得扠腰入白衣舍應當學

不得搖身入白衣舍應當學

不得搖身入白衣舍坐應當學

不得掉臂入白衣舍應當學

不得掉臂入白衣舍坐應當學

不得覆身入白衣舍當應學

不得覆身入白衣舍坐應當學

不得左右顧視入白衣舍應當學十二

不得左右顧視入白衣舍坐應當學

靜嘿入白衣舍當應學

靜嘿入白衣舍坐應當學

不得戲咲入白衣舍應當學

不得戲咲入白衣舍坐應當學

正意受食應當學

平鉢受飯應當學

平鉢受羹應當學

羹飯俱食應當學

以次食應當學 十三

不得挑鉢中而食應當學

无病不得為己索羹飯應當學

BD05636號　四分僧戒本　（20–13）

平鉢受羹應當學

羹飯俱食應當學

以次食應當學 十三

不得挑鉢中而食應當學

无病不得為己索羹飯應當學

不得以飯覆羹上更望得應當學

不得視比坐鉢中起嫌心應當學

當繫鉢想食應當學

不得大摶飯食應當學

不得大張口待飯食應當學

不得含飯語應當學

不得摶飯遥擲口中食應當學

不得遺落飯食應當學 十四

不得頰飯食應當學

不得嚼飯作聲食應當學

不得故噏飯食應當學

不得舌舐食應當學

不得振手食應當學

不得手把散飯食當應學

不得汙手捉食器應當學

不得洗鉢水棄白衣舍內應當學

不得生草上大小便涕唾除病應當學

不得[illegible]水中大小便涕唾除病應當學

不得立大小便除病應當學

不得與反抄衣人說法除病應當學

不得為衣纏頸人說法除病應當學

BD05636號　四分僧戒本　（20–14）

不得生草上大小便涕唾除病應當學
不得[illegible]水中大小便涕唾除病應當學
不得立大小便除病應當學
不得与反抄衣人說法除病應當學
不得為衣纏頸人說法除病應當學
不得為覆頭人說法除病應當學
不得為裹頭人說法除病應當學
不得為叉腰人說法除病應當學
不得為着草屣人說法除病應當學
不得為着木屐人說法除病應當學
不得為騎乘人說法除病應當學
不得佛塔內宿除為守視應當學 十六
不得佛塔內藏財物除為堅牢故應當學
不得着革屣入佛塔中應當學
不得捉革屣入佛塔中應當學
不得着革屣遶佛塔行應當學
不得着富羅入佛塔中應當學
不得捉富羅入佛塔中應當學
不得佛塔下坐食留草及食汚地捲去應當學
不得擔死屍從佛塔下過應當學
不得塔下埋死屍應當學
不得塔下燒死屍應當學 十七
不得塔前燒死屍應當學
不得遶佛塔四邊燒死屍使臭氣來入應當學
不得持死人衣從佛下過除浣染熏香應當學

BD05636 號　四分僧戒本　（20–15）

不得塔下燒死屍應當學 十七
不得塔前燒死屍應當學
不得遶佛塔四邊燒死屍使臭氣來入應當學
不得持死人衣從佛下過除浣染熏香應當學
不得在塔下大小便應當學
不得向塔大小便應當學
不得遶塔四邊大小便使臭氣來入應當學
不得持佛像至大小便處應當學
不得在塔下嚼楊枝應當學
不得向塔嚼楊枝應當學
不得遶塔四邊嚼楊枝應學當
不得在塔下涕唾應當學
不得向塔涕唾應當學
不得遶塔四邊涕唾應當學
不得向塔舒脚坐應[illegible]學當
不得安佛在下房己在上房住應當學
人坐己立不得為說法除病應當學
人卧己坐不得為說法除病應當學
人在坐己在非坐不得為說法除病應當學
人在高坐己在下坐不得為說法除病應當學
人在前己在後不得為說法除病應當學
人在高經行處己在下經行處不得為說法除病應當學
人在道己在非道不得為說法除病應當學
不得携手在道行應當學
不得上過人樹除時因緣應當學

BD05636 號　四分僧戒本　（20–16）

人在高經行處已在下經行處不得為說法除二病應當學
人在道已在非道不得為說法除二病應當學
不得携手在道行應當學
不得上過人樹除時因緣應當學
不得絡囊盛鉢貫杖頭置肩上行應當學
人持杖不得為說法除病應當學
人持劍不得為說法除病應當學
人持鉾不得為說法除病應當學
人持刀不得為說法除病應當學
人持蓋不得為說法除病應當學
諸大德我已說衆學法今問諸大德是中清淨不 如是三說
諸大德是中清淨嘿然故是事如是持 諸大德此
七滅諍法半月半月戒經中說
若比丘有諍事起應除滅
應與現前毗尼當與現前毗尼
應與憶念毗尼當與憶念毗尼
應與不癡毗尼當與不癡毗尼
應與自言治當與自言治
應與覓罪相當與覓罪相
應與多覓罪相當與多覓罪相
應與如草布地當與如草布地
諸大德我已說七滅諍法今問諸大德是中清淨不 如是三說
諸大德是中清淨嘿然故是事如是持
諸大德我已說戒經序已說四波羅夷法已說十三僧
伽婆尸沙法已說二不定法已說卅尼薩耆波逸提法已
說九十波逸提法已說四波羅提提舍尼法已說衆學

BD05636號　四分僧戒本　（20–17）

諸大德我已說七滅諍法今問諸大德是中清淨不 如是三說
諸大德是中清淨嘿然故是事如是持
諸大德我已說戒經序已說四波羅夷法已說十三僧
伽婆尸沙法已說二不定法已說卅尼薩耆波逸提法已
說九十波逸提法已說四波羅提提舍尼法已說衆學
法已說七滅諍法此是佛所說戒經半月半月戒經中說
若更有餘佛法是中皆共和合應當學
忍辱第一道　佛說无為最　出家惱他人　不名為沙門
此是毗婆尸如來无所著等正覺說是戒經
譬如明眼人　能避嶮惡道　世有聰明人　能遠諸惡
此是尸棄如來无所著等正覺說是戒經
不謗亦不嫉　當奉行於戒　飲食知止足　常樂在空閑
心定樂精進　是名諸佛教
此是毗葉羅如來无所著等正覺說是戒經
譬如蜂採華　不壞色與香　但取其味去　比丘出聚然
不違戾他事　不觀作不作　但自觀身行　若正若不正
此是拘留孫如來无所著等正覺說是戒經
心莫作放逸　聖法當懃學　如是无憂愁　心定入涅槃
此是拘那含牟尼如來无所著等正覺說是戒經
一切莫作惡　當奉行諸善　自正其志意　是則諸佛教
此是迦葉如來无所著等正覺說是戒經
善護於口言　自淨其志意　身莫作諸惡　此三業道淨
能得如是行　是大仙人道

BD05636號　四分僧戒本　（20–18）

一切莫作惡　當奉行諸善　自淨其志意　是則諸佛教
此是迦葉如來无所着等正覺說是戒經
善護於口言　自淨其志意　身莫作諸惡　此三業道淨
能得如是行　是大仙人道
此是釋迦牟尼如來无着等正覺於十二年中為无
事僧說是戒經從此已後廣分別說
諸比丘自為樂法樂沙門者有慚有愧樂學戒者
當於中學
明人能護戒　能得三種樂　名譽及利養　死得生天上
當觀如是處　有智勤護戒　戒淨有智慧　便得第一道
如過去諸佛　及以未來者　現在諸世尊　能勝一切憂
皆共尊敬戒　此是諸佛法　若有為自身　欲求於佛道
當尊重正法　此是諸佛教　七佛為世尊　滅除諸結使
說是七戒經　諸縛得解脫　已入於涅槃　諸戲永滅盡
尊行大仙說　聖賢稱譽戒　弟子之所行　入寂滅涅槃
世尊涅槃時　興起於大悲　集諸比丘眾　與如是教戒
莫謂我涅槃　淨行者无護　我今說戒經　亦善說毗尼
我雖般涅槃　當視如世尊　此經久住世　佛法得熾盛
以是熾盛故　得入於涅槃　若不持此戒　如所應布薩
喻如日沒時　世界皆闇冥　當護持是戒　如犛牛愛尾
和合一處坐　如佛之所說　我已說戒經　眾僧布薩竟
我今說戒經　所說諸功德　施一切眾生　皆共成佛道
四分戒本
佛說犯戒罪報輕重經一卷

BD05636 號　四分僧戒本　（20–19）

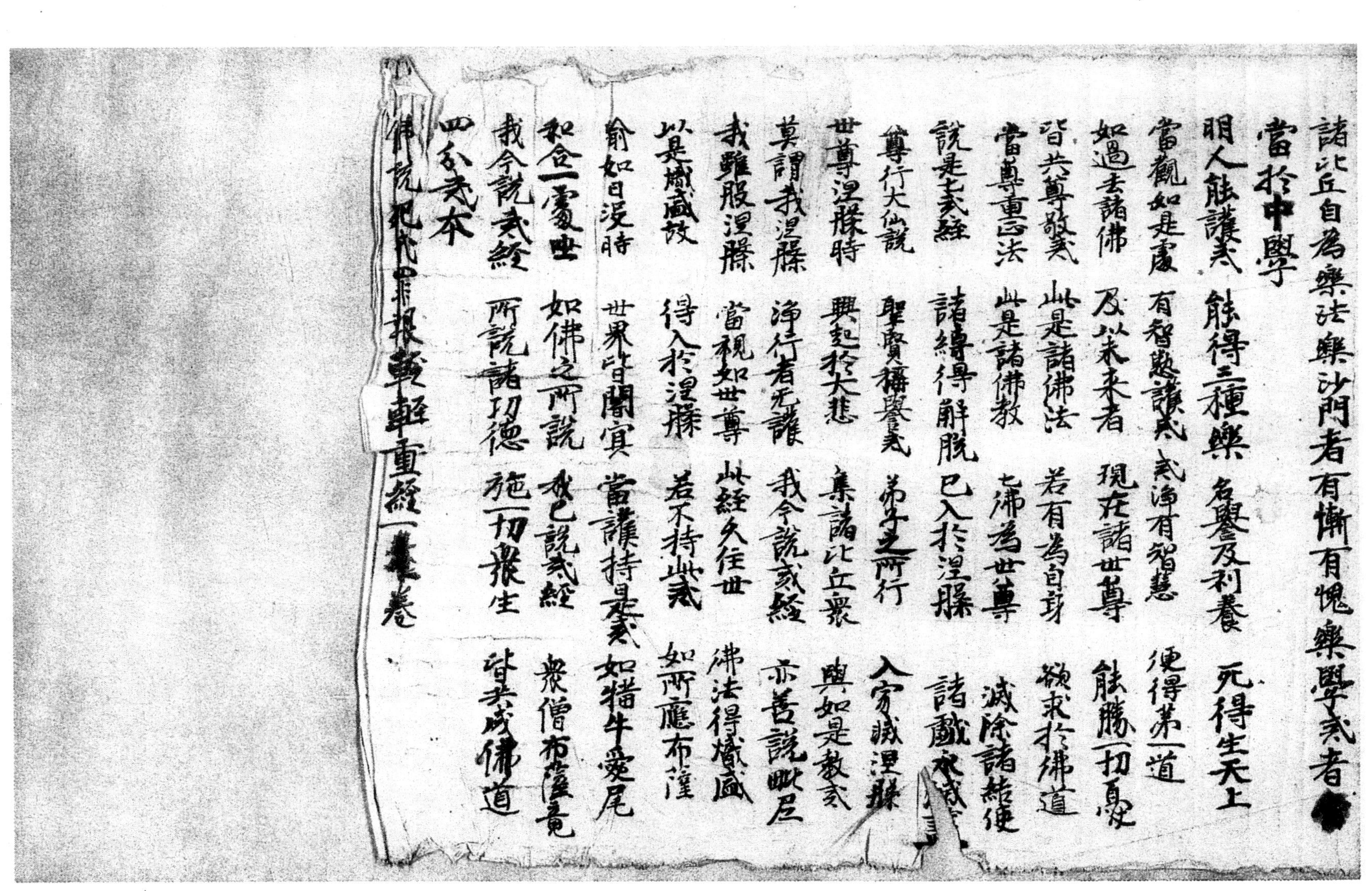

諸比丘自為樂法樂沙門者有慚有愧樂學戒者
當於中學
明人能護戒　能得三種樂　名譽及利養　死得生天上
當觀如是處　有智勤護戒　戒淨有智慧　便得第一道
如過去諸佛　及以未來者　現在諸世尊　能勝一切憂
皆共尊敬戒　此是諸佛法　若有為自身　欲求於佛道
當尊重正法　此是諸佛教　七佛為世尊　滅除諸結使
說是七戒經　諸縛得解脫　已入於涅槃　諸戲永滅盡
尊行大仙說　聖賢稱譽戒　弟子之所行　入寂滅涅槃
世尊涅槃時　興起於大悲　集諸比丘眾　與如是教戒
莫謂我涅槃　淨行者无護　我今說戒經　亦善說毗尼
我雖般涅槃　當視如世尊　此經久住世　佛法得熾盛
以是熾盛故　得入於涅槃　若不持此戒　如所應布薩
喻如日沒時　世界皆闇冥　當護持是戒　如犛牛愛尾
和合一處坐　如佛之所說　我已說戒經　眾僧布薩竟
我今說戒經　所說諸功德　施一切眾生　皆共成佛道
四分戒本
佛說犯戒罪報輕重經一卷

BD05636 號　四分僧戒本　（20–20）

著 録 凡 例

本目録採用條目式著録法。諸條目意義如下：

1.1 著録編號。用漢語拼音首字“BD”表示，意為“北京圖書館藏敦煌遺書”，簡稱“北敦號”。文獻寫在背面者，標註為“背”。一件遺書上抄有多個文獻者，用數字 1、2、3 等標示小號。一號中包括幾件遺書，且遺書形態各自獨立者，用字母 A、B、C 等區别。

1.2 著録分類號。本條記目録暫不分類，該項空缺。

1.3 著録文獻的名稱、卷本、卷次。

1.4 著録千字文編號。

1.5 著録縮微膠卷號。

2.1 著録遺書的總體數據。包括長度、寬度、紙數、正面抄寫總行數與每行字數、背面抄寫總行數與每行字數。如該遺書首尾有殘破，則對殘破部分單獨度量，用加號加在總長度上。凡屬這種情況，長度用括弧標註。

2.2 著録每紙數據。包括每紙長度及抄寫行數或界欄數。

2.3 著録遺書的外觀。包括：（1）裝幀形式。（2）首尾存況。（3）護首、軸、軸頭、天竿、縹帶，經名是書寫還是貼簽，有無經名號，扉頁、扉畫。（4）卷面殘破情況及其位置。（5）尾部情況。（6）有無附加物（蟲繭、油污、線繩及其他）。（7）有無裱補及其年代。（8）界欄。（9）修整。（10）其他需要交待的問題。

2.4 著録一件遺書抄寫多個文獻的情況。

3.1 著録文獻首部文字與對照本核對的結果。

3.2 著録文獻尾部文字與對照本核對的結果。

3.3 著録録文。

3.4 著録對文獻的説明。

4.1 著録文獻首題。

4.2 著録文獻尾題。

5 著録本文獻與對照本的不同之處。

6.1 著録本遺書首部可與另一遺書綴接的編號。

6.2 著録本遺書尾部可與另一遺書綴接的編號。

7.1 著録題記、題名、勘記等。

7.2 著録印章。

7.3 著録雜寫。

7.4 著録護首及扉頁的内容。

8 著録年代。

9.1 著録字體。如有武周新字、合體字、避諱字等，予以説明。

9.2 著録卷面二次加工的情況。包括句讀、點標、科分、間隔號、行間加行、行間加字、硃筆、墨塗、倒乙、删除、兑廢等。

10 著録敦煌遺書發現後，近現代人所加内容，裝裱、題記、印章等。

11 備註。著録揭裱互見、圖版本出處及其他需要説明的問題。

上述諸條，有則著録，無則空缺。

為避文繁，上述著録中出現的各種參考、對照文獻，暫且不列版本説明。全目結束時，將統一編制本條記目録出現的各種參考書目。

本條記目録為農曆年份標註其公曆紀年時，未進行歲頭年末之換算，請讀者使用時注意自行換算。

條 記 目 錄

BD05548—BD05636

1.1 BD05548 號
1.3 妙法蓮華經卷一
1.4 珍 048
1.5 105:4562
2.1 (1.7 +608.3) ×26 厘米; 14 紙; 374 行, 行 16 ~19 字。
2.2 01: 1.7 +15, 10; 02: 45.8, 28; 03: 45.8, 28;
04: 45.7, 28; 05: 45.7, 28; 06: 45.7, 28;
07: 45.7, 28; 08: 45.5, 28; 09: 45.6, 28;
10: 45.6, 28; 11: 45.7, 28; 12: 45.7, 28;
13: 45.5, 28; 14: 45.3, 28。
2.3 卷軸裝。首殘尾脫。經黄紙。卷面多水漬, 有破裂, 第 2 紙中間有 1 個殘洞, 接縫處有開裂。背面有古代裱補。有烏絲欄。
3.1 首殘→大正 262, 9/3B27 ~28。
3.2 尾殘→9/10A29。
7.1 卷首背面有勘記: "《維摩經》, 無頭未。"
8 7 ~8 世紀。唐寫本。
9.1 楷書。
11 圖版:《敦煌寶藏》, 84/474A ~483A。

1.1 BD05549 號
1.3 妙法蓮華經卷六
1.4 珍 049
1.5 105:5719
2.1 (1.5 +38.5 +2) ×27 厘米; 1 紙; 25 行, 行 17 字。
2.3 卷軸裝。首尾均殘。通卷油污, 上下端碎損比較嚴重。有烏絲欄。已修整。
3.1 首行下殘→大正 262, 9/46C13 ~14。
3.2 尾行上殘→9/47A9 ~10。
8 7 ~8 世紀。唐寫本。
9.1 楷書。
11 圖版:《敦煌寶藏》, 94/383A ~B。

1.1 BD05550 號
1.3 大般若波羅蜜多經(兌廢稿)卷二五九
1.4 珍 050
1.5 084:2687
2.1 27.6 ×27 厘米; 1 紙; 25 行, 行 17 字。
2.3 卷軸裝。首尾均脫。尾有餘空。有烏絲欄。
3.1 首殘→大正 220, 6/313A25。
3.2 尾殘→6/313B22。
8 8 ~9 世紀。吐蕃統治時期寫本。
9.1 楷書。
9.2 有刮改。
11 圖版:《敦煌寶藏》, 74/424A。

1.1 BD05551 號
1.3 維摩詰所說經卷中
1.4 珍 051
1.5 070:1126
2.1 (5 +69.5) ×26 厘米; 2 紙; 43 行, 行 17 字。
2.2 01: 5 +43, 28; 02: 26.5, 15。
2.3 卷軸裝。首殘尾斷。通卷多處殘破。有烏絲欄。
3.1 首 3 行下殘→大正 475, 14/544B26 ~29。
3.2 尾殘→14/545A13。
6.2 尾→BD05554 號。
8 8 ~9 世紀。吐蕃統治時期寫本。
9.1 楷書。
9.2 有硃筆斷句。
11 圖版:《敦煌寶藏》, 65/389B ~390B。

1.1 BD05552 號
1.3 維摩詰所說經卷上
1.4 珍 052
1.5 070:0999
2.1 288 ×25.5 厘米; 6 紙; 168 行, 行 17 字。

2.2　01：48.0，28；　02：47.5，28；　03：47.5，28；
　　04：48.5，28；　05：48.0，28；　06：48.5，28。
2.3　卷軸裝。首尾均脱。卷面有污穢。有烏絲欄。
3.1　首殘→大正 475，14/540B6。
3.2　尾殘→14/542B12。
6.2　尾→BD07096 號。
8　8～9 世紀。吐蕃統治時期寫本。
9.1　楷書。
9.2　有行間校加字。
11　圖版：《敦煌寶藏》，64/330B～334A。

1.1　BD05553 號
1.3　四分律二分卷七
1.4　珍 053
1.5　155：6803
2.1　160×26.5 厘米；4 紙；100 行，行 17 字。
2.2　01：40.0，25；　02：40.0，25；　03：40.0，25；
　　04：40.0，25。
2.3　卷軸裝。首尾均脱。有烏絲欄。
3.1　首殘→大正 1428，22/776C15。
3.2　尾殘→22/778A6。
6.1　首→BD05522 號。
8　5～6 世紀。南北朝寫本。
9.1　楷書。
9.2　有校改。有倒乙。
11　圖版：《敦煌寶藏》，102/20B～22B。

1.1　BD05554 號
1.3　維摩詰所說經卷中
1.4　珍 054
1.5　070：1127
2.1　(2+67+2)×26.5 厘米；2 紙；34 行，行 17 字。
2.2　01：2+21，13；　02：46+2，21。
2.3　卷軸裝。首尾均殘。接縫處有開裂。有烏絲欄。
3.1　首行中殘→大正 475，14/545A13～15。
3.2　尾行上下殘→14/545B21。
6.1　首→BD05551 號。
6.2　尾→BD05555 號。
8　8～9 世紀。吐蕃統治時期寫本。
9.1　楷書。
9.2　有硃筆斷句。
11　圖版：《敦煌寶藏》，65/391A～391B。

1.1　BD05555 號
1.3　維摩詰所說經卷中
1.4　珍 055
1.5　070：1109
2.1　(3+72.5+1)×26.5 厘米；3 紙；43 行，行 17 字。
2.2　01：3+11，07；　02：49.0，28；　03：12.5+1，08。
2.3　卷軸裝。首尾均殘。接縫處有開裂，卷中下邊有破裂。有烏絲欄。
3.1　首行中下殘→大正 475，14/545B21～22。
3.2　尾行殘→14/546A8～9。
6.1　首→BD05554 號。
6.2　尾→BD05542 號。
8　8～9 世紀。吐蕃統治時期寫本。
9.1　楷書。
9.2　有硃筆斷句。
11　圖版：《敦煌寶藏》，65/354B～355B。

1.1　BD05556 號
1.3　金光明最勝王經卷六
1.4　珍 056
1.5　083：1782
2.1　(4+90.1)×26.5 厘米；2 紙；56 行，行 17 字。
2.2　01：4+43.3，28；　02：46.8，28。
2.3　卷軸裝。首殘尾脱。有烏絲欄。
3.1　首 2 行下殘→大正 665，16/428C19～21。
3.2　尾殘→16/429B22。
6.1　首→BD05288 號。
6.2　尾→BD05324 號。
8　8～9 世紀。吐蕃統治時期寫本。
9.1　楷書。
9.2　有刮改。
11　圖版：《敦煌寶藏》，70/70A～71A。

1.1　BD05557 號
1.3　妙法蓮華經卷一
1.4　珍 057
1.5　105：4581
2.1　(13.2+555.8)×27.3 厘米；13 紙；323 行，行 17 字。
2.2　01：13.2，08；　02：47.1，28；　03：48.1，28；
　　04：48.1，28；　05：48.0，28；　06：48.2，28；
　　07：48.1，28；　08：48.2，28；　09：48.2，28；
　　10：48.1，28；　11：48.3，28；　12：48.5，28；
　　13：26.9，07。
2.3　卷軸裝。首殘尾全。卷面多水漬，第 2 紙上部嚴重殘損。有燕尾。有烏絲欄。已修整。
3.1　首 8 行中下殘→大正 262，9/4B7～15。
3.2　尾全→9/10B21。
4.2　妙法蓮華經卷第一（尾）。
7.3　背有雜寫字痕 4 個。
8　8～9 世紀。吐蕃統治時期寫本。
9.1　楷書。

11　圖版：《敦煌寶藏》，84/606A～613A。

1.1　BD05558 號
1.3　正法念處經（兑廢稿）卷一〇
1.4　珍 058
1.5　134:6652
2.1　47.5×27.5 厘米；1 紙；27 行，行 17 字。
2.3　卷軸裝。首全尾脱。有烏絲欄。
3.1　首全→大正 721，17/53B25。
3.2　尾殘→17/53C25～26。
4.1　正法念處經地獄品之六，卷十，後魏世三藏菩提留支譯（首）。
7.1　卷中部空白處有勘記“不全，欠行”。上邊有一“兑”字。
8　8 世紀。唐寫本。
9.1　楷書。
11　圖版：《敦煌寶藏》，101/81A～B。

1.1　BD05559 號
1.3　佛名經（十六卷本）卷一六
1.4　珍 059
1.5　063:0820
2.1　1061.5×31.3 厘米；25 紙；611 行，行 21 字。
2.2　01：40.0，23；　02：42.4，25；　03：42.4，25；
04：42.5，25；　05：42.5，25；　06：42.0，25；
07：43.0，25；　08：42.5，25；　09：42.5，25；
10：42.9，25；　11：42.5，25；　12：42.9，25；
13：42.8，25；　14：42.5，25；　15：42.5，25；
16：42.5，25；　17：42.5，25；　18：42.8，25；
19：42.5，25；　20：42.5，25；　21：42.8，25；
22：42.5，25；　23：42.5，25；　24：42.5，25；
25：42.5，13。
2.3　卷軸裝。首尾均全。首紙上部殘缺，卷前部上下邊有殘損，卷面有等距離黴斑。有烏絲欄。
3.1　首全→《七寺古逸經典研究叢書》，3/794 頁第 1 行。
3.2　尾全→《七寺古逸經典研究叢書》，3/839 頁第 595 行。
4.1　佛説佛名經卷第十六（首）。
4.2　佛名經卷第十六（尾）。
5　與《七寺古逸經典研究叢書》本對照，多《罪業報應教化地獄經》兩段，前一段 12 行，後一段 14 行。
8　9～10 世紀。歸義軍時期寫本。
9.1　楷書。
9.2　有刪除號。有行間校加字。
11　圖版：《敦煌寶藏》，62/524A～536A。

1.1　BD05560 號
1.3　天地八陽神咒經
1.4　珍 060
1.5　256:7637
2.1　（11＋260.5）×25.1 厘米；6 紙；147 行，行 17 字。
2.2　01：11＋34，28；　02：45.5，28；　03：45.0，28；
04：45.0，28；　05：45.5，28；　06：45.5，07。
2.3　卷軸裝。首殘尾全。首紙有殘洞，卷面多破裂。背面有古代裱補。有烏絲欄。已修整。
3.1　首 7 行中下殘→大正 2897，85/1423A22～B1。
3.2　尾全→85/1425B3。
4.2　佛説八陽神咒經（尾）。
5　與《大正藏》本對照，尾有缺文，參見《大正藏》2897，85/1425B1～2。
7.3　第 1 紙背面 2 塊裱補紙上分别有雜寫“善現，究竟□，威儀□”、“皆成”。
8　7～8 世紀。唐寫本。
9.1　楷書。
11　圖版：《敦煌寶藏》，107/187B～191B。
從該號背面揭下古代裱補紙一塊，今編為 BD16504 號。

1.1　BD05561 號
1.3　無量壽宗要經
1.4　珍 061
1.5　275:7838
2.1　206.5×30.5 厘米；5 紙；129 行，行 30 餘字。
2.2　01：41.0，27；　02：41.5，28；　03：41.5，28；
04：41.5，28；　05：41.0，18。
2.3　卷軸裝。首尾均全。首紙有破裂，卷上部有水漬。有烏絲欄。
3.1　首全→大正 936，19/82A3。
3.2　尾全→19/84C29。
4.1　大乘無量壽經（首）。
4.2　佛説無量壽宗要經（尾）。
7.1　卷尾有題名“孟郎子”。
8　8～9 世紀。吐蕃統治時期寫本。
9.1　楷書。
11　圖版：《敦煌寶藏》，108/87B～90A。

1.1　BD05562 號
1.3　維摩詰所説經卷中
1.4　珍 062
1.5　070:1200
2.1　107.5×26.5 厘米；3 紙；60 行，行 17 字。
2.2　01：18.5，10；　02：50.0，28；　03：39.0，22。
2.3　卷軸裝。首尾均斷。有烏絲欄。
3.1　首殘→大正 475，14/548A28。
3.2　尾殘→14/549A5。
6.1　首→BD05539 號。
6.2　尾→BD05273 號。

8　8～9 世紀。吐蕃統治時期寫本。
9.1　楷書。
11　圖版：《敦煌寶藏》，65/653A～654B。

1.1　BD05563 號
1.3　妙法蓮華經卷七
1.4　珍 063
1.5　105:6033
2.1　(34.5+101)×25.5 厘米；3 紙；78 行，行 17 字。
2.2　01：34.5+3.5，22；　02：49.0，28；　03：48.5，28。
2.3　卷軸裝。首殘尾脫。經黄紙。卷面有等距離黴爛，前 2 紙殘破嚴重。有烏絲欄。已修整。
3.1　首 20 行中下殘→大正 262，9/57A3～22。
3.2　尾殘→9/58A15。
7.3　行間有雜寫"有"。
8　7～8 世紀。唐寫本。
9.1　楷書。
11　圖版：《敦煌寶藏》，96/359A～360B。

1.1　BD05564 號
1.3　大般若波羅蜜多經卷五七八
1.4　珍 064
1.5　084:3374
2.1　95.3×25.9 厘米；2 紙；56 行，行 17 字。
2.2　01：47.7，28；　02：47.6，28。
2.3　卷軸裝。首尾均脫。首紙有破裂，尾紙後部上殘。有烏絲欄。
3.1　首殘→大正 220，7/989A23。
3.2　尾行上殘→7/989C20～21。
8　8～9 世紀。吐蕃統治時期寫本。
9.1　楷書。
11　圖版：《敦煌寶藏》，77/442A～443A。

1.1　BD05565 號
1.3　妙法蓮華經卷七
1.4　珍 065
1.5　105:6038
2.1　(2+110.5)×25.5 厘米；3 紙；63 行，行 17 字。
2.2　01：2+46，27；　02：49.5，28；　03：15.0，08。
2.3　卷軸裝。首殘尾斷。前 2 紙有等距離黴爛殘洞，接縫處有開裂。有烏絲欄。
3.1　首行中下殘→大正 262，9/57B4～5。
3.2　尾殘→9/58B7。
8　7～8 世紀。唐寫本。
9.1　楷書。
9.2　有行間校加字。
11　圖版：《敦煌寶藏》，96/368B～370A。

1.1　BD05566 號
1.3　大方等大集經賢護分卷四
1.4　珍 066
1.5　023:0235
2.1　(5+882.5)×25.6 厘米；19 紙；517 行，行 17 字。
2.2　01：5+38，26；　02：47.0，28；　03：46.5，28；
04：47.0，28；　05：47.0，28；　06：47.0，28；
07：47.0，28；　08：47.0，28；　09：47.0，28；
10：47.0，28；　11：47.0，28；　12：47.0，28；
13：47.0，28；　14：47.0，28；　15：47.0，28；
16：47.0，28；　17：46.5，28；　18：47.0，28；
19：46.5，15。
2.3　卷軸裝。首尾均全。首紙有破裂殘缺。尾有原硬木軸，兩端塗淺色漆。背有古代裱補。有烏絲欄。已修整。
3.1　首 3 行上殘→大正 416，13/886A20～21。
3.2　尾全→13/892A12。
4.1　□…□品第八，卷第四（首）。
4.2　賢護菩薩所問經卷第四（尾）。
5　與《大正藏》本對照，尾多音義 2 行。
8　8～9 世紀。吐蕃統治時期寫本。
9.1　楷書。有武周新字"天"，僅出現一次。
9.2　有刮改。
11　圖版：《敦煌寶藏》，57/354A～366B。

1.1　BD05567 號
1.3　金光明最勝王經卷二
1.4　珍 067
1.5　083:1574
2.1　92.3×26.2 厘米；2 紙；46 行，行 17 字。
2.2　01：46.3，28；　02：46.0，18。
2.3　卷軸裝。首脫尾全，尾有蟲繭。有烏絲欄。
3.1　首殘→大正 665，16/413A19。
3.2　尾全→16/413C6。
4.2　金光明最勝王經卷第二（尾）。
8　8～9 世紀。吐蕃統治時期寫本。
9.1　楷書。
9.2　有行間校加字。
11　圖版：《敦煌寶藏》，68/411B～412B。

1.1　BD05568 號
1.3　維摩詰所說經卷中
1.4　珍 068
1.5　070:1060
2.1　1031×25.5 厘米；23 紙；585 行，行 17 字。
2.2　01：20.5，護首；　02：47.0，27；　03：47.0，28；
04：47.5，28；　05：47.5，28；　06：47.5，28；
07：47.0，28；　08：47.0，28；　09：47.5，28；

10：47.0，28；　11：47.0，28；　12：47.0，28；
13：47.0，28；　14：47.0，28；　15：47.0，28；
16：47.5，28；　17：47.0，28；　18：47.0，28；
19：47.0，28；　20：47.0，28；　21：47.0，28；
22：47.0，26；　23：21.0，拖尾。

2.3　卷軸裝。首尾均全。有護首，繫有青蓮色縹帶。卷尾繫有麻繩。有烏絲欄。

3.1　首全→大正 475，14/544A22。

3.2　尾全→14/551C27。

4.1　維摩詰經文殊師利問疾品第五，中（首）。

4.2　維摩詰經卷中（尾）。

8　9～10 世紀。歸義軍時期寫本。

9.1　楷書。

9.2　有刮改。

11　圖版：《敦煌寶藏》，64/564A～578A。

1.1　BD05569 號

1.3　妙法蓮華經（兌廢稿）卷一

1.4　珍 069

1.5　105:4603

2.1　(39.5＋7.7)×27.8 厘米；1 紙；21 行，行 17 字。

2.3　卷軸裝。首全尾殘。卷面有殘洞。卷背有鳥糞。有刻劃欄。尾有餘空。

3.1　首全→大正 262，9/1C14。

3.2　尾缺→9/2A11。

4.1　妙法蓮華經序品第一（首）。

8　7～8 世紀。唐寫本。

9.1　楷書。

11　圖版：《敦煌寶藏》，85/72A。

1.1　BD05570 號 1

1.3　阿彌陀經

1.4　珍 070

1.5　014:0167

2.1　(16＋148.6)×25.9 厘米；4 紙；95 行，行 17 字。

2.2　01：16＋32，28；　02：48.0，29；　03：48.1，29；
04：20.5，9。

2.3　卷軸裝。首殘尾全。尾有原軸，兩端塗棕色漆。上下有刻劃欄。已修整。

2.4　本遺書包括 2 個文獻：（一）《阿彌陀經》，85 行，今編為 BD05570 號 1。（二）《阿彌陀佛說咒》，10 行，今編為 BD05570 號 2。

3.1　首 6 行上下殘→大正 366，12/347A12～17。

3.2　尾全→12/348A28。

5　與《大正藏本》對照，尾少“作禮而去”四字。

8　7～8 世紀。唐寫本。

9.1　楷書。

11　圖版：《敦煌寶藏》，57/40B～42B。

1.1　BD05570 號 2

1.3　阿彌陀佛說咒

1.4　珍 070

1.5　014:0167

2.4　本遺書由 2 個文獻組成，本號為第 2 個，10 行。餘參見 BD05570 號 1 之第 2 項、第 11 項。

3.1　首全→大正 369，12/352A23。

3.2　尾全→12/352B3。

4.1　阿彌陀佛說咒曰（首）。

5　與《大正藏》本對照，尾多說明：“咒中諸口傍字皆依本音轉舌言之，無口者依字讀。”

8　7～8 世紀。唐寫本。

9.1　楷書。

1.1　BD05571 號

1.3　妙法蓮華經卷一

1.4　珍 071

1.5　105:4553

2.1　(6＋703.9)×26 厘米；16 紙；403 行，行 16～18 字。

2.2　01：6＋12.6，09；　02：48.9，29；　03：49.0，28；
04：49.0，28；　05：48.9，28；　06：48.9，28；
07：48.8，28；　08：49.0，28；　09：49.0，28；
10：48.8，28；　11：48.8，28；　12：48.9，28；
13：49.0，28；　14：48.9，28；　15：48.7，28；
16：06.7，01。

2.3　卷軸裝。首殘尾全。卷面多油污，第 3 紙下部有殘損。有燕尾。尾有原軸，兩端塗紫紅色漆。有烏絲欄。

3.1　首 2 行中殘→大正 262，9/3A27～29。

3.2　尾全→9/10B21。

4.2　妙法蓮華經卷第一（尾）。

8　7～8 世紀。唐寫本。

9.1　楷書。

11　圖版：《敦煌寶藏》，84/381A～390B。

1.1　BD05572 號

1.3　金光明最勝王經卷六

1.4　珍 072

1.5　083:1773

2.1　(2.3＋44.5)×26.4 厘米；1 紙；28 行，行 17 字。

2.3　卷軸裝。首尾均脫。卷首右下殘缺。有烏絲欄。

3.1　首行下殘→大正 665，16/428A17～18。

3.2　尾殘→16/428B17。

6.2　尾→BD05288 號。

8　8～9 世紀。吐蕃統治時期寫本。

9.1　楷書。

11　圖版：《敦煌寶藏》，70/39A。

1.1　BD05573 號
1.3　妙法蓮華經卷六
1.4　珍 073
1.5　105:5862
2.1　78.5×25 厘米；2 紙；39 行，行 17 字。
2.2　01：48.0，28；　02：30.5，11。
2.3　卷軸裝。首脱尾全。經黄紙。有烏絲欄。
3.1　首殘→大正 262，9/54B26。
3.2　尾全→9/55A9。
4.2　妙法蓮華經卷第六（尾）。
7.1　卷尾有題記“張”。
8　7~8 世紀。唐寫本。
9.1　楷書。
11　圖版：《敦煌寶藏》，95/398A~399A。

1.1　BD05574 號
1.3　大般若波羅蜜多經卷四四九
1.4　珍 074
1.5　084:3146
2.1　283.1×25.7 厘米；6 紙；168 行，行 17 字。
2.2　01：46.7，28；　02：46.9，28；　03：47.3，28；
04：47.3，28；　05：47.2，28；　06：47.7，28。
2.3　卷軸裝。首尾均脱。第 5、6 紙接縫處下開裂。有烏絲欄。
3.1　首殘→大正 220，7/264C9。
3.2　尾殘→7/266C4。
7.1　卷首背面有勘記“四百卌九”。
8　8~9 世紀。吐蕃統治時期寫本。
9.1　楷書。
9.2　有刮改。
11　圖版：《敦煌寶藏》，76/481B~485A。

1.1　BD05575 號
1.3　金光明最勝王經卷二
1.4　珍 075
1.5　083:1546
2.1　46×26.5 厘米；1 紙；28 行，行 17 字。
2.3　卷軸裝。首尾均脱。有烏絲欄。
3.1　首殘→大正 665，16/409C8。
3.2　尾殘→16/410A8。
8　8~9 世紀。吐蕃統治時期寫本。
9.1　楷書。
11　圖版：《敦煌寶藏》，68/366B~367A。

1.1　BD05576 號
1.3　金剛般若波羅蜜經
1.4　珍 076
1.5　094:4195
2.1　264×27 厘米；6 紙；139 行，行 17 字。
2.2　01：50.5，28；　02：50.5，28；　03：50.5，28；
04：50.5，28；　05：50.5，27；　06：11.5，拖尾。
2.3　卷軸裝。首脱尾全。經黄紙。卷尾上下有蟲繭。有燕尾。有烏絲欄。
3.1　首殘→大正 235，8/750C22。
3.2　尾全→8/752C2。
6.1　首→BD05579 號。
5　與《大正藏》本相比，本卷經文無冥司偈，參見《大正藏》，8/751C16~19。
8　7~8 世紀。唐寫本。
9.1　楷書。
11　圖版：《敦煌寶藏》，82/366B~369B。

1.1　BD05577 號
1.3　金光明最勝王經卷二
1.4　珍 077
1.5　083:1563
2.1　45.5×26.5 厘米；1 紙；28 行，行 20 字（偈頌）。
2.3　卷軸裝。首脱尾殘。卷面有破裂。有烏絲欄。
3.1　首殘→大正 665，16/411C21。
3.2　尾殘→16/412B18。
8　8~9 世紀。吐蕃統治時期寫本。
9.1　楷書。
11　圖版：《敦煌寶藏》，68/396A。

1.1　BD05578 號 A
1.3　金剛般若波羅蜜經
1.4　珍 078
1.5　094:3756
2.1　5×4.5 厘米；1 紙；2 行，殘片。
2.3　卷軸裝。殘片。卷面有油污。與 BD05578 號 B 原為同卷，但中間有缺失，不能直接綴接。有烏絲欄。
3.1　首殘→大正 235，8/749A20。
3.2　尾殘→8/749A21。
8　7~8 世紀。唐寫本。
9.1　楷書。

1.1　BD05578 號 B
1.3　金剛般若波羅蜜經
1.4　珍 078
1.5　094:3756
2.1　（7.5+126）×27.2 厘米；3 紙；74 行，行 17 字。
2.2　01：7.5+25，18；　02：50.5，28；　03：50.5，28。
2.3　卷軸裝。首殘尾脱。經黄紙。首紙有破裂，接縫處有開裂。

有油污。有烏絲欄。已修整。
3.1 首4行下殘→大正235，8/749B1~5。
3.2 尾殘→8/750A20。
8 7~8世紀。唐寫本。
9.1 楷書。
11 圖版：《敦煌寶藏》，80/194A~195B。

1.1 BD05579號
1.3 金剛般若波羅蜜經
1.4 珍079
1.5 094:4020
2.1 101×27厘米；2紙；56行，行17字。
2.2 01：50.5，28； 02：50.5，28。
2.3 卷軸裝。首尾均脫。經黃紙。有烏絲欄。
3.1 首殘→大正235，8/750A20。
3.2 尾殘→8/750C22。
6.2 尾→BD05576號。
8 7~8世紀。唐寫本。
9.1 楷書。
11 圖版：《敦煌寶藏》，81/524A~525A。

1.1 BD05580號
1.3 四分僧戒本
1.4 珍080
1.5 156:6866
2.1 (2+36)×26.3厘米；1紙；24行，行17字。
2.3 卷軸裝。首殘尾脫。卷面油污、殘破。有烏絲欄。
3.1 首1行下殘→大正1430，22/1025C4。
3.2 尾殘→22/1026A1。
8 8~9世紀。吐蕃統治時期寫本。
9.1 楷書。
9.2 有行間校加字。
11 圖版：《敦煌寶藏》，102/328A。

1.1 BD05581號
1.3 妙法蓮華經卷七
1.4 珍081
1.5 105:5951
2.1 (25+528.2)×25.5厘米；13紙；318行，行17字。
2.2 01：25+17，25； 02：42.7，25； 03：42.7，25；
04：42.7，25； 05：42.7，25； 06：42.7，24；
07：42.7，25； 08：42.7，25； 09：42.7，25；
10：42.7，25； 11：42.7，25； 12：42.7，25；
13：41.5，19。
2.3 卷軸裝。首脫尾全。經黃紙。卷面有水漬、油污及破損，第1、3紙下部有殘洞。有烏絲欄。已修整。
3.1 首15行殘→大正262，9/57C27~58A27。
3.2 尾全→9/62B1。
4.2 妙法蓮華經卷第七（尾）。
8 7~8世紀。唐寫本。
9.1 楷書。
11 圖版：《敦煌寶藏》，96/172A~179B。

1.1 BD05582號
1.3 維摩詰所說經卷上
1.4 珍082
1.5 070:0891
2.1 (12+799)×25厘米；17紙；452行，行18~19字。
2.2 01：12+19，18； 02：49.0，28； 03：49.5，28；
04：49.5，28； 05：49.5，28； 06：49.5，28；
07：49.5，28； 08：49.5，28； 09：49.5，28；
10：49.5，28； 11：49.5，28； 12：49.5，28；
13：49.5，28； 14：49.5，28； 15：49.5，28；
16：49.5，28； 17：38.0，14。
2.3 卷軸裝。首殘尾全。卷首破裂嚴重，接縫處有破裂，尾紙有破裂。背有古代裱補。已修整。
3.1 首8行中上殘→大正475，14/538B19~26。
3.2 尾全→14/544A19。
4.2 維摩詰經卷上（尾）。
8 8世紀。唐寫本。
9.1 楷書。
9.2 有行間加行。
11 圖版：《敦煌寶藏》，63/548B~559B。

1.1 BD05583號
1.3 大般若波羅蜜多經卷三二一
1.4 珍083
1.5 084:2871
2.1 (1.5+282.5)×26厘米；7紙；159行，行17字。
2.2 01：01.5，01； 02：48.6，28； 03：48.4，28；
04：48.2，28； 05：48.6，28； 06：48.7，28；
07：40.0，18。
2.3 卷軸裝。首殘尾全。尾有原軸，兩端塗硃漆，上軸頭損壞。有烏絲欄。
3.1 首行下殘→大正220，6/640C22~23。
3.2 尾全→6/642C5。
4.2 大般若波羅蜜多經卷第三百廿一（尾）。
8 8世紀。唐寫本。
9.1 楷書。
11 圖版：《敦煌寶藏》，75/310A~313B。

1.1 BD05584號
1.3 金剛般若波羅蜜經
1.4 珍084

1.5　094:3715
2.1　(10.6 +501.5) ×25.5 厘米；7 紙；282 行，行 17 字。
2.2　01：10.6 +55，38；　02：74.7，43；　03：74.7，43；
　　04：74.5，43；　05：74.5，43；　06：74.6，43；
　　07：73.5，29。
2.3　卷軸裝。首殘尾全。卷面有等距離油污，有破裂。背有古代裱補。有烏絲欄。
3.1　首 6 行下殘→大正 235，8/749A18 ~25。
3.2　尾全→8/752C3。
4.2　金剛［般］若波羅蜜經（尾）。
5　與《大正藏》本相比，本卷經文無冥司偈，參見《大正藏》，8/751C16 ~19。
7.1　卷尾有硃筆題記："未年正月社人張庭休寫，一心供養。"
8　8 ~9 世紀。吐蕃統治時期寫本。
9.1　楷書。
9.2　有硃筆倒乙、行間校加字、行間加行。有刮改。
11　圖版：《敦煌寶藏》，80/8A ~14B。

1.1　BD05585 號
1.3　金剛般若波羅蜜經
1.4　珍 085
1.5　094:4189
2.1　(3.8 +197.5) ×26 厘米；4 紙；112 行，行 17 字。
2.2　01：3.8 +46.5，28；　02：50.5，28；　03：50.5，28；
　　04：50.0，28。
2.3　卷軸裝。首尾均脫。經黄紙。卷首右上殘缺，卷面有水漬，接縫處有開裂。有烏絲欄。
3.1　首 2 行上殘→大正 235，8/750C21 ~22。
3.2　尾殘→8/752B3。
8　7 ~8 世紀。唐寫本。
9.1　楷書。
11　圖版：《敦煌寶藏》，82/351B ~354A。

1.1　BD05586 號
1.3　四分律比丘戒本
1.4　珍 086
1.5　156:6877
2.1　(7 +33.5 +4.5) ×27 厘米；2 紙；30 行，行 18 字。
2.2　01：07.0，05；　02：33.5 +4.5，25。
2.3　卷軸裝。首尾均殘。有烏絲欄。
3.1　首 5 行上中殘→大正 1429，22/1019C16 ~19。
3.2　尾 3 行下殘→22/1020A19。
8　8 ~9 世紀。吐蕃統治時期寫本。
9.1　楷書。
9.2　有行間校加字。
11　圖版：《敦煌寶藏》，102/356A ~B。

1.1　BD05587 號
1.3　妙法蓮華經卷二
1.4　珍 087
1.5　105:4812
2.1　(81.1 +2) ×25.2 厘米；2 紙；48 行，行 17 字。
2.2　01：34.7，20；　02：46.4 +2，28。
2.3　卷軸裝。首尾均殘。卷面有水漬，有等距殘洞。背面有古代裱補。有烏絲欄。
3.1　首行上殘→大正 262，9/10C6 ~7。
3.2　尾行上殘→9/11B21 ~22。
8　8 ~9 世紀。吐蕃統治時期寫本。
9.1　楷書。
11　圖版：《敦煌寶藏》，86/660A ~661A。

1.1　BD05588 號
1.3　大通方廣懺悔滅罪莊嚴成佛經卷上
1.4　珍 088
1.5　277:8214
2.1　(14.5 +736.4) ×27 厘米；17 紙；470 行，行 19 ~24 字。
2.2　01：14.5 +2，11；　02：45.5，29；　03：46.0，29；
　　04：46.0，29；　05：46.0，29；　06：46.0，29；
　　07：46.0，29；　08：46.0，29；　09：46.0，29；
　　10：45.8，29；　11：45.8，29；　12：45.8，29；
　　13：46.0，29；　14：46.0，29；　15：46.0，29；
　　16：46.0，29；　17：45.5，24。
2.3　卷軸裝。首殘尾全。首紙殘損，卷上邊多水漬，第 5 紙有破裂，卷面多處剜補。有燕尾。有烏絲欄。
3.1　首 10 行上下殘→大正 2871，85/1340B5 ~16。
3.2　尾全→85/1345B1。
4.2　大通方廣經卷上（尾）。
8　7 ~8 世紀。唐寫本。
9.1　楷書。
11　圖版：《敦煌寶藏》，109/268A ~277B。

1.1　BD05589 號
1.3　金剛般若波羅蜜經
1.4　珍 089
1.5　094:3641
2.1　(3.8 +471.2) ×27 厘米；12 紙；286 行，行 17 字。
2.2　01：03.8，02；　02：43.3，24；　03：44.4，26；
　　04：43.5，27；　05：42.5，25；　06：44.2，26；
　　07：42.0，25；　08：44.0，28；　09：44.8，27；
　　10：47.0，30；　11：46.5，29；　12：29.0，17。
2.3　卷軸裝。首殘尾全。背有古代裱補。有烏絲欄。
3.1　首 2 行下殘→大正 235，8/749A12 ~14。
3.2　尾全→8/752C3。
4.2　金剛般若波羅蜜經（尾）。

5　與《大正藏》本相比，本卷經文無冥司偈，參見《大正藏》，8/751C16～19。
8　9～10世紀。歸義軍時期寫本。
9.1　楷書。
9.2　有行間校加字。
11　圖版：《敦煌寶藏》，79/300A～306A。

1.1　BD05590號
1.3　大般若波羅蜜多經（兑廢稿）卷四一一
1.4　珍090
1.5　084:3082
2.1　47.4×27.6厘米；1紙；26行，行17字。
2.3　卷軸裝。首尾均脱。卷前部上邊有殘損，卷面多油污，有蟲繭。尾有餘空。有烏絲欄。
3.1　首殘→大正220，7/60A26。
3.2　尾缺→7/60B23。
5　與《大正藏》本對照，有缺文，參見《大正藏》220，6/60A27第2字～A28第1字。
8　8世紀。唐寫本。
9.1　楷書。有武周新字"正"。
11　圖版：《敦煌寶藏》，76/343B。

1.1　BD05591號
1.3　金光明最勝王經卷六
1.4　珍091
1.5　083:1791
2.1　92.7×26.5厘米；2紙；55行，行17字。
2.2　01：47.2，28；　02：45.5，27。
2.3　卷軸裝。首脱尾斷。有烏絲欄。
3.1　首殘→大正665，16/429C22。
3.2　尾殘→16/430B23。
6.1　首→BD05342號。
8　8～9世紀。吐蕃統治時期寫本。
9.1　楷書。
11　圖版：《敦煌寶藏》，70/99B～100B。

1.1　BD05592號
1.3　大般若波羅蜜多經卷三八四
1.4　珍092
1.5　084:3044
2.1　（7+566.7）×27.1厘米；13紙；364行，行17字。
2.2　01：7+37.5，28；　02：44.2，28；　03：44.0，28；
04：44.1，28；　05：44.0，28；　06：44.0，28；
07：44.0，28；　08：44.3，28；　09：44.0，28；
10：44.3，28；　11：44.3，28；　12：43.8，28；
13：44.2，28。
2.3　卷軸裝。首全尾脱。卷首右下殘缺，有殘洞，上邊下邊殘破。有烏絲欄。
3.1　首4行下殘→大正220，6/983A7～12。
3.2　尾殘→6/987A29。
4.1　大般若波羅蜜多經卷第三百八十四，/初分諸法平等品第六十九之二，□…□/（首）。
8　8～9世紀。吐蕃統治時期寫本。
9.1　楷書。
9.2　有刮改。有行間校加字。有校改。
11　圖版：《敦煌寶藏》，76/196A～203A。

1.1　BD05593號
1.3　妙法蓮華經卷一
1.4　珍093
1.5　105:4551
2.1　（23+298.7+1.8）×26.5厘米；8紙；192行，行17字。
2.2　01：23+17，23；　02：47.1，28；　03：47.0，28；
04：47.1，28；　05：47.0，28；　06：47.0，28；
07：46.5，28；　08：01.8，01。
2.3　卷軸裝。首尾均殘。經黄紙。卷尾背多鳥糞。有烏絲欄。
3.1　首13行下殘→大正262，9/3A6～24。
3.2　尾行殘→9/6A20。
8　7～8世紀。唐寫本。
9.1　楷書。
9.2　有行間加行。
11　圖版：《敦煌寶藏》，84/364B～369A。

1.1　BD05594號
1.3　金光明最勝王經卷三
1.4　珍094
1.5　083:1600
2.1　（15+511.4）×26厘米；13紙；320行，行17字。
2.2　01：15+1.8，10；　02：46.5，29；　03：46.3，29；
04：46.3，29；　05：46.4，29；　06：46.5，29；
07：46.5，29；　08：46.2，29；　09：46.5，29；
10：46.4，29；　11：45.5，29；　12：37.0，20；
13：09.5，拖尾。
2.3　卷軸裝。首殘尾全。有燕尾。背有古代裱補。有烏絲欄。
3.1　首8行上下殘→大正665，16/414A1～9。
3.2　尾全→16/417C16。
4.2　金光明最勝王經卷第三（尾）。
5　尾附音義。
8　8～9世紀。吐蕃統治時期寫本。
9.1　楷書。
9.2　有行間校加字。
11　圖版：《敦煌寶藏》，68/551A～557B。

1.1　BD05595號

1.3　妙法蓮華經卷六
1.4　珍 095
1.5　105:5752
2.1　46.5×26 厘米；1 紙；28 行，行 17 字。
2.3　卷軸裝。首尾均脱。經黄紙。卷面油污殘破。有烏絲欄。
3.1　首殘→大正 262，9/50A16。
3.2　尾殘→9/50B26。
8　7～8 世紀。唐寫本。
9.1　楷書。
11　圖版：《敦煌寶藏》，94/616B～617A。

1.1　BD05596 號
1.3　大般涅槃經（北本）卷一
1.4　珍 096
1.5　115:6288
2.1　(3.5+653.2)×25.5 厘米；18 紙；402 行，行 17 字。
2.2　01：3.5+18，12；　02：35.2，22；　03：37.5，23；
04：37.5，23；　05：37.5，23；　06：37.5，23；
07：37.5，23；　08：37.5，23；　09：37.5，23；
10：37.5，23；　11：37.5，23；　12：37.5，23；
13：37.5，23；　14：37.5，23；　15：37.5，23；
16：37.5，23；　17：37.5，23；　18：37.5，23。
2.3　卷軸裝。首殘尾脱。卷首殘破嚴重，卷面多碎裂。背有多處古代裱補。有烏絲欄。有劃界欄針孔。
3.1　首 2 行下殘→大正 374，12/366B18～20。
3.2　尾殘→12/371A23。
8　5～6 世紀。南北朝寫本。
9.1　楷書。
9.2　有刮改、倒乙。有行間校加字。
11　圖版：《敦煌寶藏》，97/573B～582B。

1.1　BD05597 號
1.3　大般若波羅蜜多經（兑廢稿）卷四五三
1.4　珍 097
1.5　084:3152
2.1　47.2×26.4 厘米；1 紙；24 行，行 17 字。
2.3　卷軸裝。首尾均脱。卷上邊有破裂。尾有餘空。有烏絲欄。
3.1　首殘→大正 220，7/286C26。
3.2　尾缺→7/287A22。
7.1　卷首上邊有“兑”字。
8　8～9 世紀。吐蕃統治時期寫本。
9.1　楷書。
11　圖版：《敦煌寶藏》，76/491A。

1.1　BD05598 號
1.3　妙法蓮華經卷四
1.4　珍 098
1.5　105:5298
2.1　(7+49.5)×25.5 厘米；2 紙；34 行，行 17 字。
2.2　01：7+3.5，06；　02：46.0，28。
2.3　卷軸裝。首尾均殘。經黄紙。通卷下部黴爛殘破，有脱落殘片。有烏絲欄。
3.1　首 4 行上下殘→大正 262，9/27C8～11。
3.2　尾殘→9/28A20。
8　7～8 世紀。唐寫本。
9.1　楷書。
11　圖版：《敦煌寶藏》，90/496B～497A。

1.1　BD05599 號
1.3　妙法蓮華經卷一
1.4　珍 099
1.5　105:4511
2.1　(16.8+770.2)×25.9 厘米；17 紙；462 行，行 17 字。
2.2　01：16.8+8，14；　02：47.1，28；　03：47.3，28；
04：47.0，28；　05：48.0，28；　06：48.0，28；
07：47.5，28；　08：47.6，28；　09：47.6，28；
10：47.8，28；　11：47.7，28；　12：47.9，28；
13：47.8，28；　14：47.8，28；　15：47.8，28；
16：47.6，28；　17：47.7，28。
2.3　卷軸裝。首殘尾脱。卷面有等距離油污、黴爛。背有古代裱補。有烏絲欄。
3.1　首 10 行上下殘→大正 262，9/2A3～14。
3.2　尾殘→9/9C14。
8　9～10 世紀。歸義軍時期寫本。
9.1　楷書。
11　圖版：《敦煌寶藏》，83/571B～583B。

1.1　BD05600 號
1.3　妙法蓮華經卷五
1.4　珍 100
1.5　105:5522
2.1　(4.5+26)×25 厘米；1 紙；18 行，行 17 字。
2.3　卷軸裝。首殘尾脱。經黄紙。卷面有 1 個殘洞。背有古代裱補。有烏絲欄。
3.1　首 2 行上下殘→大正 262，9/37A18～19。
3.2　尾殘→9/37B8。
8　7～8 世紀。唐寫本。
9.1　楷書。
11　圖版：《敦煌寶藏》，92/624A。

1.1　BD05601 號
1.3　無量壽宗要經
1.4　李 001
1.5　275:8169

2.1　(5 +114.5 +4.5) ×31 厘米；4 紙；81 行，行 30 餘字。
2.2　01：5 +24.5，19；　02：44.0，29；　03：44.0，29；
04：2 +4.5，04。
2.3　卷軸裝。首尾均殘。卷上部有油污。有烏絲欄。
3.1　首全→大正 936，19/82A21 ~26。
3.2　尾全→19/84B4。
5　與《大正藏》本對照，有一段咒語重複抄寫，參見《大正藏》936，19/84A27 ~ B2。
8　8 ~9 世紀。吐蕃統治時期寫本。
9.1　行楷。
9.2　有刮改。
11　圖版：《敦煌寶藏》，109/172B ~174A。

1.1　BD05602 號
1.3　妙法蓮華經（八卷本）卷七
1.4　李 002
1.5　105:5844
2.1　354 ×27 厘米；8 紙；204 行，行 17 字。
2.2　01：48.0，28；　02：48.0，28；　03：48.0，28；
04：48.0，28；　05：48.0，27；　06：48.0，28；
07：48.0，28；　08：18.0，09。
2.3　卷軸裝。首脫尾全。首紙有 2 處殘洞，第 7、8 紙接縫處上部開裂，卷面多水漬、變色。有烏絲欄。
3.1　首殘→大正 262，9/54A16。
3.2　尾全→9/56C1。
4.2　妙法蓮華經卷第七（尾）。
5　與《大正藏》本對照，分卷不同，相當於《大正藏》妙法蓮華經卷第六藥王菩薩本事品第二十三起至卷第七妙音菩薩品第二十四。屬於八卷本。
8　9 ~10 世紀。歸義軍時期寫本。
9.1　楷書。
11　圖版：《敦煌寶藏》，95/351A ~355A。

1.1　BD05603 號
1.3　金光明最勝王經卷二
1.4　李 003
1.5　083:1568
2.1　46.5 ×26.5 厘米；1 紙；28 行，行 20 字（偈頌）。
2.3　卷軸裝。首殘尾脫。有烏絲欄。
3.1　首殘→大正 665，16/412B19。
3.2　尾殘→16/412C19。
8　8 ~9 世紀。吐蕃統治時期寫本。
9.1　楷書。
11　圖版：《敦煌寶藏》，68/403A。

1.1　BD05604 號
1.3　阿彌陀經
1.4　李 004
1.5　014:0127
2.1　(22 +68.5) ×25.3 厘米；2 紙；55 行，行 17 字。
2.2　01：22 +23，27；　02：45.5，28。
2.3　卷軸裝。首全尾脫。卷首右下破損嚴重，卷前部破裂斷開。有烏絲欄。已修整。
3.1　首全→大正 366，12/346B25。
3.2　尾殘→12/347B7。
4.1　佛說阿彌陀經（首）。
8　8 世紀。唐寫本。
9.1　楷書。
9.2　有硃筆點標及行間校加字。
11　圖版：《敦煌寶藏》，56/596B ~597B。

1.1　BD05605 號
1.3　維摩詰所說經卷中
1.4　李 005
1.5　070:1088
2.1　(2 +1019) ×25.5 厘米；23 紙；559 行，行 17 字。
2.2　01：02.0，01；　02：48.5，27；　03：48.5，27；
04：48.5，27；　05：48.5，27；　06：48.5，27；
07：48.5，27；　08：48.5，27；　09：48.5，27；
10：49.0，27；　11：49.0，27；　12：48.5，27；
13：48.5，27；　14：48.5，27；　15：48.5，27；
16：48.5，27；　17：48.5，27；　18：06.5，04；
19：43.0，24；　20：48.5，27；　21：48.5，27；
22：48.5，27；　23：48.0，17。
2.3　卷軸裝。首殘尾全。第 2 紙下邊有破裂，卷尾上下有蟲繭。有烏絲欄。
3.1　首行上下殘→大正 475，14/544B24 ~25。
3.2　尾全→14/551C27。
4.2　維摩詰經卷中（尾）。
8　8 ~9 世紀。吐蕃統治時期寫本。
9.1　楷書。
9.2　部分經文有硃筆斷句。有倒乙。
11　圖版：《敦煌寶藏》，65/234A ~248A。

1.1　BD05606 號
1.3　妙法蓮華經卷二
1.4　李 006
1.5　105:4810
2.1　(8.3 +31.1) ×24.6 厘米；1 紙；23 行，行 17 字。
2.3　卷軸裝。首殘尾脫。經黄紙。有烏絲欄。
3.1　首 5 行上下殘→大正 262，9/10C2 ~7。
3.2　尾殘→9/11A6。
8　7 ~8 世紀。唐寫本。
9.1　楷書。

11　圖版:《敦煌寶藏》,86/656A。

1.1　BD05607 號
1.3　首羅比丘見月光童子經
1.4　李 007
1.5　372:8460
2.1　(14.5+352.1+1.8)×25.1 厘米;8 紙;212 行,行 16~18 字。
2.2　01:14.5+21.5,20;　02:49.5,28;　03:49.5,28;
04:42.3,24;　05:49.6,28;　06:49.6,28;
07:49.6,28;　08:40.5+1.8,24。
2.3　卷軸裝。首尾均殘。經黄紙。卷首殘破嚴重,卷上邊及卷尾有蟲繭,接縫處有開裂。第 2 紙背面有古代裱補。有烏絲欄。
3.1　首 8 行下殘→《敦煌學》,16/第 50 頁第 1 行~第 6 行。
3.2　尾行中殘→《敦煌學》,16/第 54 頁第 16 行。
7.1　第 1 紙背面有勘記"不頭經"。
8　7~8 世紀。唐寫本。
9.1　楷書。
9.2　有行間校加字。
11　圖版:《敦煌寶藏》,110/389A~394A。

1.1　BD05608 號
1.3　妙法蓮華經卷四
1.4　李 008
1.5　105:5342
2.1　(4.2+62.5)×25.4 厘米;2 紙;43 行,行 17 字。
2.2　01:4.2+19.5,15;　02:45.7,28。
2.3　卷軸裝。首殘尾脱。卷首殘破嚴重,紙張油污變脆。有烏絲欄。
3.1　首 3 行上殘→大正 262,9/31C19~21。
3.2　尾殘→9/32B24。
8　8~9 世紀。吐蕃統治時期寫本。
9.1　楷書。
11　圖版:《敦煌寶藏》,91/97A~98A。

1.1　BD05609 號 1
1.3　妙法蓮華經卷六
1.4　李 009
1.5　105:5842
2.1　460×27 厘米;10 紙;345 行,行 31~35 字。
2.2　01:48.0,37;　02:48.0,38;　03:48.0,38;
04:48.0,38;　05:48.0,37;　06:48.0,37;
07:48.0,37;　08:48.0,37;　09:48.0,37;
10:28.0,09。
2.3　卷軸裝。首殘尾全。卷后部下邊有破裂。背有古代裱補。有燕尾。有烏絲欄。
2.4　本遺書包括 2 個文獻:(一)《妙法蓮華經》卷六,62 行,今編為 BD05609 號 1。(二)《妙法蓮華經》卷七,283 行,今編為 BD05609 號 2。
3.1　首殘→大正 262,9/53B28。
3.2　尾全→9/55A9。
4.2　妙法蓮華經卷第六(尾)。
8　8~9 世紀。吐蕃統治時期寫本。
9.1　楷書。
9.2　有硃筆行間校加字。
11　圖版:《敦煌寶藏》,95/338A~344A。

1.1　BD05609 號 2
1.3　妙法蓮華經卷七
1.4　李 009
1.5　105:5842
2.4　本遺書由 2 個文獻組成,本號為第 2 個,283 行。餘參見 BD05609 號 1 之第 2 項、第 11 項。
3.1　首全→大正 262,9/55A12。
3.2　尾全→9/62B1。
4.1　妙法蓮華經妙音菩薩品第二十四,七(首)。
4.2　妙法蓮華經卷第七(尾)。
7.3　第 3 紙有雜寫:"王意"。卷背有雜寫筆痕。
8　8~9 世紀。吐蕃統治時期寫本。
9.1　楷書。

1.1　BD05610 號
1.3　金剛般若波羅蜜經
1.4　李 010
1.5　094:4095
2.1　(50.5+5.3)×26 厘米;2 紙;30 行,行 17 字。
2.2　01:50.5,28;　02:05.3,02。
2.3　卷軸裝。首脱尾殘。經黄紙。有烏絲欄。
3.1　首殘→大正 235,8/750B19。
3.2　尾 2 行下殘→8/750C21。
8　7~8 世紀。唐寫本。
9.1　楷書。
11　圖版:《敦煌寶藏》,82/110A~B。

1.1　BD05611 號
1.3　金光明最勝王經卷四
1.4　李 011
1.5　083:1670
2.1　(11+529.3+1)×26 厘米;12 紙;328 行,行 17 字。
2.2　01:11+28.2,23;　02:46.1,28;　03:46.3,28;
04:46.5,28;　05:46.5,28;　06:46.5,28;
07:46.5,28;　08:46.4,28;　09:45.5,28;
10:45.5,28;　11:45.3,28;　12:40+1,25。
2.3　卷軸裝。首殘尾斷。卷首殘破,卷面油污嚴重。有烏絲欄。

已修整。
3.1　首6行下殘→大正665，16/418A26～B3。
3.2　尾行殘→16/422B12。
8　8～9世紀。吐蕃統治時期寫本。
9.1　楷書。
11　圖版：《敦煌寶藏》，69/208A～215A。

1.1　BD05612號
1.3　大般若波羅蜜多經（兌廢稿）卷四二二
1.4　李012
1.5　084:3101
2.1　48.5×27.1厘米；1紙；27行，行17字。
2.3　卷軸裝。首尾均脫。尾有餘空。有烏絲欄。
3.1　首殘→大正220，7/122C24。
3.2　尾殘→7/123A21。
7.1　卷首上邊有一"兌"字。
8　8世紀。唐寫本。
9.1　楷書。
11　圖版：《敦煌寶藏》，76/386B。

1.1　BD05613號
1.3　妙法蓮華經卷一
1.4　李013
1.5　105:4701
2.1　59×26厘米；2紙；33行，行20字（偈）。
2.2　01：48.1，28；　02：10.9，05。
2.3　卷軸裝。首脫尾全。有烏絲欄。
3.1　首殘→大正262，9/9C15。
3.2　尾全→9/10B21。
4.2　妙法蓮華經卷第一（尾）。
8　8～9世紀。吐蕃統治時期寫本。
9.1　楷書。
11　圖版：《敦煌寶藏》，85/304A～B。

1.1　BD05614號
1.3　出生菩提心經（兌廢稿）
1.4　李014
1.5　051:0443
2.1　48.8×28.3厘米；1紙；28行，行17字。
2.3　卷軸裝。首尾均脫。有烏絲欄。尾有餘空。
3.1　首脫→大正837，17/893B16。
3.2　尾脫→17/893C19。
7.1　上邊有兩個"兌"字。
8　7～8世紀。唐寫本。
9.1　楷書。
11　圖版：《敦煌寶藏》，59/172A～172B。

1.1　BD05615號
1.3　大般若波羅蜜多經（兌廢稿）卷六八
1.4　李015
1.5　084:2191
2.1　47.5×26.8厘米；1紙；23行，行17字。
2.3　卷軸裝。首尾均脫。尾有餘空。有烏絲欄。
3.1　首殘→大正220，5/386A10。
3.2　尾缺→5/386B5。
7.1　卷尾上邊有勘記"此紙填了"，並有一"兌"字。
7.3　有雜寫"善"。
8　8～9世紀。吐蕃統治時期寫本。
9.1　楷書。
11　圖版：《敦煌寶藏》，72/227B。

1.1　BD05616號
1.3　妙法蓮華經卷二
1.4　李016
1.5　105:4829
2.1　48.5×24.8厘米；1紙；28行，行17字。
2.3　卷軸裝。首殘尾脫。經黄紙。卷内有等距離殘洞。有烏絲欄。
3.1　首殘→大正262，9/11A7。
3.2　尾殘→9/11B21。
7.3　卷背有雜筆劃。
8　7～8世紀。唐寫本。
9.1　楷書。
11　圖版：《敦煌寶藏》，87/34A～B。

1.1　BD05617號
1.3　妙法蓮華經卷一
1.4　李017
1.5　105:4554
2.1　（17.5+724.7）×25.9厘米；16紙；442行，行16～17字。
2.2　01：17.5+21.3，24；　02：46.7，28；　03：46.9，28；
04：47.1，28；　05：46.9，28；　06：47.0，28；
07：46.8，28；　08：47.0，28；　09：47.0，28；
10：47.1，28；　11：46.9，28；　12：47.0，28；
13：46.9，28；　14：47.0，28；　15：46.8，28；
16：46.3，26。
2.3　卷軸裝。首殘尾全。首紙殘損嚴重，卷面多水漬，上邊有等距離殘缺，尾紙下部有1個殘洞。有烏絲欄。
3.1　首11行碎損→大正262，9/3A2～15。
3.2　尾全→9/10B21。
4.2　妙法蓮華經卷第一（尾）。
8　7～8世紀。唐寫本。
9.1　楷書。
11　圖版：《敦煌寶藏》，84/391A～402A。

1.1　BD05618 號
1.3　金剛般若波羅蜜經
1.4　李 018
1.5　094:3725
2.1　437.9×25.5 厘米；9 紙；245 行，行 17 字。
2.2　01：36.9，21；　02：50.0，28；　03：50.0，28；
　　04：50.0，28；　05：50.0，28；　06：50.0，28；
　　07：50.5，28；　08：50.5，28；　09：50.0，28。
2.3　卷軸裝。首殘尾脱。經黄紙。卷首殘破，有一小殘片脱落。卷面有水漬，下邊有殘損，接縫處有開裂。背有古代裱補。有烏絲欄。
3.1　首殘→大正 235，8/749A27～28。
3.2　尾殘→8/752B5。
5　與《大正藏》本相比，本卷經文無冥司偈，參見《大正藏》，8/751C16～19。
8　7～8 世紀。唐寫本。
9.1　楷書。
11　圖版：《敦煌寶藏》，80/42B～48A。

1.1　BD05619 號
1.3　瑜伽師地論卷四四
1.4　李 019
1.5　201:7209
2.1　204.8×30.7 厘米；5 紙；135 行，行 28 字。
2.2　01：30.6，20；　02：44.8，30；　03：44.8，31；
　　04：42.3，27；　05：42.3，27。
2.3　卷軸裝。首殘尾脱。首紙内有 2 個殘洞。有烏絲欄。
3.1　首殘→大正 1579，30/534C27。
3.2　尾殘→30/537C25。
8　9～10 世紀。歸義軍時期寫本。
9.1　楷書。
11　圖版：《敦煌寶藏》，104/575A～577B。

1.1　BD05620 號
1.3　淨名經關中釋抄卷下
1.4　李 020
1.5　402:8538
2.1　(5.3+189.2+2.5)×29.3 厘米；6 紙；121 行，行 24 字。
2.2　01：05.3，03；　02：45.3，28；　03：45.5，27；
　　04：45.2，28；　05：45.0，28；　06：8.2+2.5，07。
2.3　卷軸裝。首斷尾殘。卷面有油污及破裂，接縫處有開裂。竪欄為烏絲欄，上下為刻劃欄。
3.1　首殘→大正 2778，85/529B24。
3.2　尾 2 行上下殘→85/531C10～13。
5　與《大正藏》本對照，文字略有參差。
8　9～10 世紀。歸義軍時期寫本。
9.1　行楷。
9.2　有刪除號。有倒乙。
11　圖版：《敦煌寶藏》，110/546A～548B。

1.1　BD05621 號
1.3　大般若波羅蜜多經卷二四一
1.4　李 021
1.5　084:2631
2.1　37.4×26 厘米；1 紙；22 行，行 17 字。
2.3　卷軸裝。首脱尾殘。有烏絲欄。
3.1　首殘→大正 220，6/215A29。
3.2　尾殘→6/215B21。
7.3　卷背有雜寫“思（忍?）◇”。
8　9～10 世紀。歸義軍時期寫本。
9.1　楷書。
11　圖版：《敦煌寶藏》，74/298A。

1.1　BD05622 號
1.3　金剛般若波羅蜜經
1.4　李 022
1.5　094:3892
2.1　(4.6+383.3)×24.5 厘米；9 紙；236 行，行 17 字。
2.2　01：4.6+14.5，12；　02：46.2，28；　03：46.2，28；
　　04：46.2，28；　05：46.0，28；　06：46.0，28；
　　07：46.2，28；　08：46.0，28；　09：46.0，28。
2.3　卷軸裝。首殘尾全。經黄紙。卷面黴污嚴重，有破裂，卷尾殘破，第 1～5 紙及第 6～9 紙脱開。有烏絲欄。已修整。
3.1　首 3 行上、下殘→大正 235，8/749C7～9。
3.2　尾全→8/752C2。
5　與《大正藏》本相比，本卷經文無冥司偈，參見《大正藏》，8/751C16～19。
8　7～8 世紀。唐寫本。
9.1　楷書。
11　圖版：《敦煌寶藏》，81/84A～89A。

1.1　BD05623 號
1.3　無量壽宗要經
1.4　李 023
1.5　275:7839
2.1　(157+3)×31 厘米；4 紙；107 行，行 30 餘字。
2.2　01：43.0，28；　02：42.5，29；　03：42.5，29；
　　04：29+3，21。
2.3　卷軸裝。首全尾殘。第 1 紙上邊殘缺，下邊破裂；第 2 紙中間有破裂和殘洞；第 3 紙下邊有破裂殘缺，中間有殘洞；第 4 紙下邊有破裂。有烏絲欄。
3.1　首全→大正 936，19/82A3。
3.2　尾全→19/84C29。
4.1　大乘無量壽經（首）。

4.2 佛說無量壽宗要經（尾）。
8 8～9 世紀。吐蕃統治時期寫本。
9.1 行楷。
11 圖版：《敦煌寶藏》，108/90B～92B。

1.1 BD05624 號
1.3 觀世音經
1.4 李 024
1.5 105:5991
2.1 （12＋135）×27 厘米；4 紙；70 行，行 14～15 字。
2.2 01：12＋18.5，14； 02：39.0，19； 03：39.5，20；
04：38.0，17。
2.3 卷軸裝。首全尾殘。首紙殘破嚴重，右上殘缺。第 3 紙上邊有破裂。尾有餘空。
3.1 首 5 行上下殘→大正 262，9/56C2～6。
3.2 尾缺→9/57B5。
4.1 □…□菩薩普門品第二十五（首）。
8 9～10 世紀。歸義軍時期寫本。
9.1 楷書。
11 圖版：《敦煌寶藏》，96/278B～280A。

1.1 BD05625 號
1.3 金光明最勝王經卷八
1.4 李 025
1.5 083:1872
2.1 （9.3＋91.3＋6.2）×27.5 厘米；3 紙；66 行，行 17 字。
2.2 01：9.3＋7.3，10； 02：45.5，28；
03：38.5＋6.2，28。
2.3 卷軸裝。首尾均殘。卷首殘破嚴重，卷面有等距離油污及水漬。有烏絲欄。
3.1 首 6 行下殘→大正 665，16/438A7～12。
3.2 尾 4 行下殘→16/439A11～13。
8 7～8 世紀。唐寫本。
9.1 楷書。
11 圖版：《敦煌寶藏》，70/457A～458A。

1.1 BD05626 號
1.3 賓雨經（兌廢稿）卷一
1.4 李 026
1.5 391:8521
2.1 47×26 厘米；1 紙；28 行，行 16 字。
2.3 卷軸裝。首尾均脫。有烏絲欄。
3.1 首殘→大正 660，16/287A8。
3.2 尾殘→16/287B6。
7.1 右上、左上角各有一勘記"三"。上邊有一個"兌"字。
8 9～10 世紀。歸義軍時期寫本。
9.1 楷書。
9.2 有刮改。
11 圖版：《敦煌寶藏》，110/504A～B。

1.1 BD05627 號
1.3 正法念處經（兌廢稿）卷六九
1.4 李 027
1.5 134:6659
2.1 48.5×27 厘米；1 紙；26 行，行 17 字。
2.3 卷軸裝。首全尾脫。有烏絲欄。
3.1 首全→大正 721，17/406C2。
3.2 尾殘→17/406C27。
4.1 正法念處經身念處品之六，卷第六十九，後魏世三藏留支譯（首）。
7.3 卷尾 5 行爲經文雜寫。
8 7～8 世紀。唐寫本。
9.1 楷書。
11 圖版：《敦煌寶藏》，101/89A～B。

1.1 BD05628 號
1.3 四分比丘尼戒本
1.4 李 028
1.5 157:6974
2.1 （12＋974.5）×26.5 厘米；21 紙；645 行，行 23 字。
2.2 01：12＋33，31； 02：47.0，32； 03：47.0，32；
04：47.0，32； 05：47.0，32； 06：47.5，32；
07：47.5，32； 08：47.5，32； 09：47.5，32；
10：47.5，32； 11：47.5，32； 12：47.5，32；
13：47.5，32； 14：47.5，32； 15：47.5，32；
16：47.5，32； 17：47.5，32； 18：47.5，32；
19：47.5，32； 20：47.5，32； 21：41.0，06。
2.3 卷軸裝。首尾均全。卷首殘破嚴重，右上殘缺；卷面有油污，卷中部有殘洞，下邊殘破。第 1 至 4 紙有紅色污漬。有烏絲欄。卷尾繫有麻繩。
3.1 首 8 行上中殘→大正 1431，22/1031A7～22。
3.2 尾全→22/1041A18。
4.1 □...□門懷素集（首）。
4.2 四分尼戒本（尾）。
8 8～9 世紀。吐蕃統治時期寫本。
9.1 楷書。
9.2 有刪除號。有行間校加字。
11 圖版：《敦煌寶藏》，103/207B～219B。

1.1 BD05629 號
1.3 妙法蓮華經卷一
1.4 李 029
1.5 105:4658
2.1 （250.1＋1.5）×24.9 厘米；5 紙；140 行，行 17 字。

2.2　01：50.1，28；　02：50.6，28；　03：50.6，28；
　　04：50.6，28；　05：48.2+1.5，28。
2.3　卷軸裝。首尾均殘。經黄紙。卷面殘破。背有古代裱補。有烏絲欄。
3.1　首殘→大正 262，9/5C1。
3.2　尾行殘→9/7C11。
8　7~8 世紀。唐寫本。
9.1　楷書。
11　圖版：《敦煌寶藏》，85/184B~187B。

1.1　BD05630 號
1.3　七佛所説神咒經卷四
1.4　李 030
1.5　242:7455
2.1　(8.7+127.3)×27.8 厘米；4 紙；89 行，行字不等。
2.2　01：8.7+9.7，10；　02：39.0，26；　03：39.1，27；
　　04：39.5，26。
2.3　卷軸裝。首殘尾脱。首紙上部殘破。有烏絲欄。
3.1　首 4 行上殘→大正 1332，21/559B3~6。
3.2　尾殘→21/560A26。
8　7~8 世紀。唐寫本。
9.1　楷書。
11　圖版：《敦煌寶藏》，106/317B~319A。

1.1　BD05631 號
1.3　寶雨經（兑廢稿）卷一
1.4　李 031
1.5　391:8522
2.1　47×26.5 厘米；1 紙；28 行，行 16 字。
2.3　卷軸裝。首尾均脱。有烏絲欄。
3.1　首殘→大正 660，16/283C19。
3.2　尾殘→16/284A19。
7.1　卷上邊有“兑”字。
8　9~10 世紀。歸義軍時期寫本。
9.1　楷書。
9.2　有刮改。
11　圖版：《敦煌寶藏》，110/505A~B。

1.1　BD05632 號
1.3　大般若波羅蜜多經（兑廢稿）卷六九
1.4　李 032
1.5　084:2194
2.1　47.5×27.1 厘米；1 紙；25 行，行 17 字。
2.3　卷軸裝。首尾均脱。卷面有破裂，上邊殘缺。卷背有鳥糞。尾有餘空。有烏絲欄。
3.1　首殘→大正 220，5/392C11。
3.2　尾缺→5/393A7。
8　8~9 世紀。吐蕃統治時期寫本。
9.1　楷書。
11　圖版：《敦煌寶藏》，72/231B。

1.1　BD05633 號
1.3　一切施主所行檀波羅蜜經（兑廢稿）
1.4　李 033
1.5　461:8696
2.1　47×27.9 厘米；1 紙；24 行，行 17 字。
2.3　卷軸裝。首尾均脱。有烏絲欄。
3.4　説明：

此經已佚。但為《經律異相》卷二六、《法苑珠林》卷四七所收，可參見大正 2121，53/141C28~142A18，大正 2122，53/647C5~648A3。

本遺書文字與《經律異相》本、《法苑珠林》本均有差異。故本遺書是原經之兑廢稿，還是《經律異相》卷二六、《法苑珠林》卷四七抄本，尚需考證。

7.1　卷上邊有 2 個“兑”字。
8　8~9 世紀。吐蕃統治時期寫本。
9.1　楷書。
11　圖版：《敦煌寶藏》，111/214A~B。

1.1　BD05634 號
1.3　正法念處經（兑廢稿）卷七〇
1.4　李 034
1.5　420:8589
2.1　47.8×27.4 厘米；1 紙；25 行，行 17 字。
2.3　卷軸裝。首尾均脱。尾有餘空。有烏絲欄。
3.1　首殘→大正 721，17/416B15。
3.2　尾缺→17/416C12。
7.1　上邊有一個“兑”字。
8　8 世紀。唐寫本。
9.1　楷書。
11　圖版：《敦煌寶藏》，110/637A~B。

1.1　BD05635 號
1.3　正法念處經（兑廢稿）卷六二
1.4　李 035
1.5　420:8590
2.1　46×26.8 厘米；1 紙；25 行，行 17 字。
2.3　卷軸裝。首尾均脱。尾有餘空。有烏絲欄。
3.1　首殘→大正 721，17/366B16。
3.2　尾缺→17/366C20。
7.1　上邊有一個“兑”字。
8　8 世紀。唐寫本。
9.1　楷書。
11　圖版：《敦煌寶藏》，110/638A~B。

1.1　BD05636 號
1.3　四分僧戒本
1.4　李 036
1.5　156:6860
2.1　(3+692)×29.5 厘米；19 紙；389 行，行 21 字。
2.2　01：03.0，02；　02：40.5，21；　03：41.5，22；
04：41.0，22；　05：41.0，22；　06：41.0，22；
07：41.0，22；　08：41.0，24；　09：41.0，25；
10：41.0，25；　11：41.0，23；　12：41.0，24；
13：42.0，24；　14：42.5，25；　15：42.5，24；
16：42.5，24；　17：05.5，03；　18：25.0，13；
19：41.0，22。
2.3　卷軸裝。首殘尾全。首紙殘缺。背有近代裱補。有折疊欄。
3.1　首 2 行中下殘→大正 1430，22/1025A17。
3.2　尾全→22/1030C10。
4.2　四分戒本（尾）。
7.3　尾有雜寫："佛說犯戒罪報輕重經一卷"。
8　9～10 世紀。歸義軍時期寫本。
9.1　楷書。
9.2　有硃墨筆校改、塗抹。有硃筆倒乙。有圈刪、刪除符號。有行間校加字及行間加行。
11　圖版：《敦煌寶藏》，102/296B～306B。

新舊編號對照表

一、千字文號與北敦號、縮微膠卷號對照表

千字文號	北敦號	縮微膠卷號
珍 048	BD05548 號	105：4562
珍 049	BD05549 號	105：5719
珍 050	BD05550 號	084：2687
珍 051	BD05551 號	070：1126
珍 052	BD05552 號	070：0999
珍 053	BD05553 號	155：6803
珍 054	BD05554 號	070：1127
珍 055	BD05555 號	070：1109
珍 056	BD05556 號	083：1782
珍 057	BD05557 號	105：4581
珍 058	BD05558 號	134：6652
珍 059	BD05559 號	063：0820
珍 060	BD05560 號	256：7637
珍 061	BD05561 號	275：7838
珍 062	BD05562 號	070：1200
珍 063	BD05563 號	105：6033
珍 064	BD05564 號	084：3374
珍 065	BD05565 號	105：6038
珍 066	BD05566 號	023：0235
珍 067	BD05567 號	083：1574
珍 068	BD05568 號	070：1060
珍 069	BD05569 號	105：4603
珍 070	BD05570 號 1	014：0167
珍 070	BD05570 號 2	014：0167
珍 071	BD05571 號	105：4553
珍 072	BD05572 號	083：1773
珍 073	BD05573 號	105：5862
珍 074	BD05574 號	084：3146
珍 075	BD05575 號	083：1546
珍 076	BD05576 號	094：4195
珍 077	BD05577 號	083：1563
珍 078	BD05578 號 A	094：3756
珍 078	BD05578 號 B	094：3756
珍 079	BD05579 號	094：4020
珍 080	BD05580 號	156：6866
珍 081	BD05581 號	105：5951
珍 082	BD05582 號	070：0891
珍 083	BD05583 號	084：2871
珍 084	BD05584 號	094：3715
珍 085	BD05585 號	094：4189
珍 086	BD05586 號	156：6877
珍 087	BD05587 號	105：4812
珍 088	BD05588 號	277：8214
珍 089	BD05589 號	094：3641
珍 090	BD05590 號	084：3082
珍 091	BD05591 號	083：1791
珍 092	BD05592 號	084：3044
珍 093	BD05593 號	105：4551
珍 094	BD05594 號	083：1600
珍 095	BD05595 號	105：5752
珍 096	BD05596 號	115：6288
珍 097	BD05597 號	084：3152
珍 098	BD05598 號	105：5298
珍 099	BD05599 號	105：4511
珍 100	BD05600 號	105：5522
李 001	BD05601 號	275：8169
李 002	BD05602 號	105：5844
李 003	BD05603 號	083：1568
李 004	BD05604 號	014：0127
李 005	BD05605 號	070：1088
李 006	BD05606 號	105：4810
李 007	BD05607 號	372：8460
李 008	BD05608 號	105：5342
李 009	BD05609 號 1	105：5842
李 009	BD05609 號 2	105：5842
李 010	BD05610 號	094：4095
李 011	BD05611 號	083：1670
李 012	BD05612 號	084：3101

李 013	BD05613 號	105：4701	李 025	BD05625 號	083：1872
李 014	BD05614 號	051：0443	李 026	BD05626 號	391：8521
李 015	BD05615 號	084：2191	李 027	BD05627 號	134：6659
李 016	BD05616 號	105：4829	李 028	BD05628 號	157：6974
李 017	BD05617 號	105：4554	李 029	BD05629 號	105：4658
李 018	BD05618 號	094：3725	李 030	BD05630 號	242：7455
李 019	BD05619 號	201：7209	李 031	BD05631 號	391：8522
李 020	BD05620 號	402：8538	李 032	BD05632 號	084：2194
李 021	BD05621 號	084：2631	李 033	BD05633 號	461：8696
李 022	BD05622 號	094：3892	李 034	BD05634 號	420：8589
李 023	BD05623 號	275：7839	李 035	BD05635 號	420：8590
李 024	BD05624 號	105：5991	李 036	BD05636 號	156：6860

二、縮微膠卷號與北敦號、千字文號對照表

縮微膠卷號	北敦號	千字文號	縮微膠卷號	北敦號	千字文號
014：0127	BD05604 號	李 004	084：3044	BD05592 號	珍 092
014：0167	BD05570 號 1	珍 070	084：3082	BD05590 號	珍 090
014：0167	BD05570 號 2	珍 070	084：3101	BD05612 號	李 012
023：0235	BD05566 號	珍 066	084：3146	BD05574 號	珍 074
051：0443	BD05614 號	李 014	084：3152	BD05597 號	珍 097
063：0820	BD05559 號	珍 059	084：3374	BD05564 號	珍 064
070：0891	BD05582 號	珍 082	094：3641	BD05589 號	珍 089
070：0999	BD05552 號	珍 052	094：3715	BD05584 號	珍 084
070：1060	BD05568 號	珍 068	094：3725	BD05618 號	李 018
070：1088	BD05605 號	李 005	094：3756	BD05578 號 A	珍 078
070：1109	BD05555 號	珍 055	094：3756	BD05578 號 B	珍 078
070：1126	BD05551 號	珍 051	094：3892	BD05622 號	李 022
070：1127	BD05554 號	珍 054	094：4020	BD05579 號	珍 079
070：1200	BD05562 號	珍 062	094：4095	BD05610 號	李 010
083：1546	BD05575 號	珍 075	094：4189	BD05585 號	珍 085
083：1563	BD05577 號	珍 077	094：4195	BD05576 號	珍 076
083：1568	BD05603 號	李 003	105：4511	BD05599 號	珍 099
083：1574	BD05567 號	珍 067	105：4551	BD05593 號	珍 093
083：1600	BD05594 號	珍 094	105：4553	BD05571 號	珍 071
083：1670	BD05611 號	李 011	105：4554	BD05617 號	李 017
083：1773	BD05572 號	珍 072	105：4562	BD05548 號	珍 048
083：1782	BD05556 號	珍 056	105：4581	BD05557 號	珍 057
083：1791	BD05591 號	珍 091	105：4603	BD05569 號	珍 069
083：1872	BD05625 號	李 025	105：4658	BD05629 號	李 029
084：2191	BD05615 號	李 015	105：4701	BD05613 號	李 013
084：2194	BD05632 號	李 032	105：4810	BD05606 號	李 006
084：2631	BD05621 號	李 021	105：4812	BD05587 號	珍 087
084：2687	BD05550 號	珍 050	105：4829	BD05616 號	李 016
084：2871	BD05583 號	珍 083	105：5298	BD05598 號	珍 098

105：5342	BD05608 號	李 008
105：5522	BD05600 號	珍 100
105：5719	BD05549 號	珍 049
105：5752	BD05595 號	珍 095
105：5842	BD05609 號 1	李 009
105：5842	BD05609 號 2	李 009
105：5844	BD05602 號	李 002
105：5862	BD05573 號	珍 073
105：5951	BD05581 號	珍 081
105：5991	BD05624 號	李 024
105：6033	BD05563 號	珍 063
105：6038	BD05565 號	珍 065
115：6288	BD05596 號	珍 096
134：6652	BD05558 號	珍 058
134：6659	BD05627 號	李 027
155：6803	BD05553 號	珍 053
156：6860	BD05636 號	李 036
156：6866	BD05580 號	珍 080
156：6877	BD05586 號	珍 086
157：6974	BD05628 號	李 028
201：7209	BD05619 號	李 019
242：7455	BD05630 號	李 030
256：7637	BD05560 號	珍 060
275：7838	BD05561 號	珍 061
275：7839	BD05623 號	李 023
275：8169	BD05601 號	李 001
277：8214	BD05588 號	珍 088
372：8460	BD05607 號	李 007
391：8521	BD05626 號	李 026
391：8522	BD05631 號	李 031
402：8538	BD05620 號	李 020
420：8589	BD05634 號	李 034
420：8590	BD05635 號	李 035
461：8696	BD05633 號	李 033